Texte détérioré — reliure défectueuse

NF Z 43-120-11

Y²

10405

ŒUVRES DE RABELAIS

TYPOGRAPHIE FIRMIN DIDOT. — MESNIL (EURE).

ŒUVRES
DE
RABELAIS

COLLATIONNÉES POUR LA PREMIÈRE FOIS

SUR LES ÉDITIONS ORIGINALES

ACCOMPAGNÉES

D'UN COMMENTAIRE NOUVEAU

PAR

MM. BURGAUD DES MARETS ET RATHERY

SECONDE ÉDITION

REVUE ET AUGMENTÉE

TOME SECOND

PARIS

LIBRAIRIE DE FIRMIN DIDOT FRÈRES, FILS ET Cie

IMPRIMEURS DE L'INSTITUT, RUE JACOB, 56

1873

Tous droits réservés.

LE GARGANTUA

ET

LE PANTAGRUEL.

LE QUART[1] LIVRE DES FAITS ET DICTS HEROIQUES DU BON [2] PANTAGRUEL,
COMPOSÉ PAR M. FRANÇOIS RABELAIS,
DOCTEUR EN MEDECINE [3].

ANCIEN PROLOGUE.

Beuveurs tres illustres, et vous goutteurs[4] tres precieux, j'ay veu, receu, ouy, et entendu l'ambassadeur que la seigneurie de vos seigneuries a transmis par devers ma pater-

---

[1] Quatrième.
[2] On lit : *du noble*, dans l'édition partielle de 1548.
[3] Le Duchat et Johanneau ajoutent ici : *Et calloier des isles Hieres*.
Ces mots ne se lisent point à cette place dans l'édition de 1552; mais ils se trouvent sur le titre de l'édition partielle.
On sait qu'en 1548, il avait été donné, sous le titre de *Quart livre*, onze chapitres précédés d'un prologue. Était-ce de la part de l'auteur un essai pour sonder les dispositions de la nouvelle cour? Nous pouvons le supposer. François Ier n'était plus là pour le défendre contre *la censure sorbonique*. Il fallut ajourner l'entreprise, et c'est en 1552 seulement que le livre parut entier chez Michel Fezandat. Le premier prologue n'ayant plus le mérite de l'à-propos, Rabelais en composa un second. Quelques éditeurs ont reproduit les deux; mais ils impriment à tort le premier après l'épître au cardinal Odet. Nous suivrons l'ordre de publication, qui est plus logique.
[4] *Goutteurs*, pour *goutteux*, se trouve dans l'édition princeps et même dans l'édition partielle antérieure. Nous le maintenons parce qu'il y a évidemment, dans cette manière d'écrire le mot, l'intention d'une équivoque plaisante.

nité[1], et m'a semblé bien bon et facond[2] orateur. Le sommaire de sa proposition je reduis en trois motz, lesquelz sont de tant grande importance que jadis entre les Romains par ces trois motz le Preteur respondoit à toutes requestes exposées en jugement[3] : par ces trois motz decidoit toutes controversies, tous complainctz, procés et differents, et estoient les jours dits malheureux et nefastes, esquelz le Preteur n'usoit de ces trois motz, fastes et heureux, esquelz d'iceux user souloit : Vous *donnez*, vous *dictes*, vous *adjugez*. O gens de bien, je ne vous peux voir[4]! La digne vertu de Dieu vous soit, et non moins à moy, eternellement en aide. Or çà, de par Dieu, jamais rien ne faisons, que son tres sacré nom ne soit premierement loué.

Vous me *donnez*. Quoy? Un beau et ample breviaire. Vraybis[5], je vous en remercie. Ce sera le moins de mon plus[6]. Quel breviaire fust, certes ne pensois, voyant les reigletz, la rose, les fermailz, la relieure, et la couverture, en laquelle je n'ay omis à considerer les crocs et les pies, peintes au dessus, et semées en moult belle ordonnance. Par lesquelles (comme si fussent lettres hieroglyphicques) vous dictes facilement, qu'il n'est ouvrage que de maistres, et courage que de crocqueurs de pies. Crocquer pie signifie certaine joyeuseté, par metaphore extraicte du prodige qui advint en Bretaigne, peu de temps avant la bataille donnée prés Saint

---

[1] Nous pensons, avec l'abbé Morellet, que notre auteur fait ici allusion au titre de *calloier* qu'il avait ajouté à son nom.

[2] Eloquent (du latin *facundus*).

[3] Ces trois mots sacramentels étaient : *Do, dico, addico*. Ils résumaient les fonctions judiciaires du préteur à Rome, et du propréteur dans les provinces.

C'est aux trois mots *do, dico, addico*, qu'Ovide fait allusion dans ces deux vers :

Ille nefastus erit, per quem tria verba [silentur].
Fastus erit, per quem lege licebit agi.
(*Fastes*, I, 47)

[4] Des seigneurs de la cour de Henri II venaient d'envoyer à Rabelais un flacon d'argent en forme de bréviaire. Ils n'avaient pas osé se montrer ouvertement et c'est pour cela sans doute que Rabelais vient de dire : *Gens de bien, je ne vous peux voir*. Notre malin auteur ne voudrait-il pas exprimer aussi qu'on rencontre difficilement *des gens de bien*.

[5] Assurément.

[6] Je vous en remercie ; c'est le moins que je doive faire. *The most I can, the least I should* (Cotgrave.)

Aubin du Cormier [1]. Nos peres le nous ont exposé, c'est raison que nos successeurs ne l'ignorent. Ce fut l'an de la bonne vinée [2] : on donnoit la quarte de bon vin et friand pour une aiguillette borgne [3].

Des contrées de levant advola grand nombre de gays [4] d'un cousté, grand nombre de pies de l'autre, tirans tous vers le ponant. Et se coustoyoient en tel ordre, que sus le soir les gays faisoient leur retraicte à gauche (entendez icy l'heur de l'augure) [5], et les pies à dextre, assez prés les uns des autres. Par quelque region qu'ilz passassent, ne demouroit pie qui ne se raliast aux pies, ne gay qui ne se joignist au camp des gays. Tant allerent, tant volerent, qu'ilz passerent sus Angiers, ville de France, limitrophe de Bretaigne, en nombre tant multiplié que, par leur vol, ilz tollissoient [6] la clarté du soleil aux terres subjacentes.

En Angiers estoit pour lors un vieux oncle [7], seigneur de saint George, nommé Frapin [8] : c'est celuy qui a fait et composé les beaux et joyeux noelz, en langage poictevin. Il

[1] Théodulphe, évêque d'Orléans, a décrit un combat singulier entre deux troupes d'oiseaux, qui se serait livré en 798 sur les frontières du pays toulousain et du Quercy, et dont il aurait été témoin. Le Florentin Pogge, dans ses *Facéties*, raconte une bataille de ce genre qui aurait eu lieu *in confinibus Galliæ*, en 1452. On citait aussi un fait semblable comme s'étant passé en Lombardie :

Le jour que les geays et les pies
Combatoyent en Lombardie.
(*Ancien Theatre françois*, vol. 3, p. 32.)

Enfin on lit dans Mme de Sévigné : « On m'écrit cent fagots de nouvelles de Paris, une prophétie de Nostradamus qui est étrange et un combat d'oiseaux en l'air dont après un long combat il en demeure vingt-deux mille sur la place. Nous avons l'esprit dans ce pays de n'en rien croire. » Lettre des Rochers, du 11 mars 1676.

[2] Il est question, dans les Contes d'Eutrapel, « de la *bonne année* où « il se trouva tant de vin au pays « d'Anjou, qu'en plusieurs endroits « de la ville d'Angers on en donnoit « à qui en vouloit aller querir pour « rien. » (23e chap.)

[3] Ferrée d'un seul bout (*that hath but one tag*, Cotgrave).

[4] Geais.

[5] Le présage favorable. On sait que, chez les Romains, la gauche était, dans les augures, le côté heureux.

Intonuit lævum.....
(Virgile.)

[6] Ils enlevaient. *Tollir* (du latin *tollere*) était un mot très-usité au moyen âge.

[7] Oncle (*avunculus*) est pris ici dans le sens général de personne âgée, comme *ante* ou tante et comme l'espagnol *tio*.

[8] Rabelais désigne-t-il par son vrai nom le personnage qu'il cite,

avoit un gay en delices à cause de son babil, par lequel tous les survenans invitoit à boire, jamais ne chantoit que de boire, et le nommoit son Goitrou[1]. Le gay, en furie martiale, rompit sa caige, et se joignit aux gays passans. Un barbier voisin, nommé Bahuart, avoit une pie privée bien gallante. Elle de sa personne augmenta le nombre des pies, et les suivit au combat. Voicy choses grandes et paradoxes : vrayes toutesfois, veues, et averées. Notez bien tout. Qu'en advint-il? Quelle fut la fin? Qu'il en advint, bonnes gens? Cas merveilleux! Prés la croix de Malchara[2] fut la bataille tant furieuse, que c'est horreur seulement y penser. La fin fut que les pies perdirent la bataille, et sus le camp furent felonnement occises, jusques au nombre de 2589362109, sans les femmes et petitz enfans : c'est à dire, sans les femelles et petitz piaux, vous entendez cela. Les gays resterent victorieux, non toutesfois sans perte de plusieurs de leurs bons souldars : dont fut dommage bien grand en tout le pays. Les Bretons sont gens[3], vous le sçavez. Mais s'ilz eussent entendu

---

et sur lequel nous n'avons rien trouvé? ou bien, appelant plaisamment seigneur de Saint-Georges le curé de Saint-Georges en Anjou, a-t-il en vue Lucas Le Moyne ou Le Moigne, auteur de noëls autrefois célèbres? *Frapin* correspondrait assez bien, si notre supposition est juste, au nom de Le Moyne. On sait qu'on donnait aux moines le sobriquet de frères *frapparts*.

Les *Noëls de Lucas Le Moigne* ont été réimprimés en 1860 par la Société des Bibliophiles d'après une édition de 1520 qui a passé de la bibliothèque Cigongne dans celle de M. le duc d'Aumale.

Ce recueil est presque tout en français; mais il pourrait bien n'être qu'une traduction du poitevin.

[1] On peut croire, dit l'abbé Morellet, que Frapin appelait son geai *goitrou*, parce que cet animal, qui était bien nourri, avait toujours un gros jabot, ressemblant à un goitre.

[2] Dans les *Contes d'Eutrapel*, I, 300, édit. de 1632, il est question de la journée de *Marhara* « où les pies et les geais se peleuderent tant brusquement ».

Nous n'avons pu découvrir aucune localité qui se rapproche de ces deux noms; mais, aux environs de Saint-Aubin-du-Cormier, près de la *Lande de la Rencontre* où l'on s'accorde à placer le théâtre du combat, se trouve la *Lande-aux-Oiseaux* qui paraît rappeler la légende à laquelle Rabelais fait allusion.

[3] L'adjectif *gent, gente*, qui dans plusieurs patois signifie gentil, doit s'entendre ici dans le sens de brave, *ingenuus, generosus*. Brave a aussi les deux sens.

le prodige, facilement eussent cognu que le malheur seroit de leur cousté. Car les queues des pies sont en forme de leurs hermines [1] : les gays ont en leurs pennaiges quelques pourtraictz des armes de France.

A propos, le Goitrou, trois jours aprés, retourna tout hallebrené [2] et fasché de ces guerres, ayant un œil poché. Toutesfois, peu d'heures après qu'il eust repeu en son ordinaire, il se remit en bon sens. Les gorgias peuple, et escoliers d'Angiers [3], par tourbes accouroient voir Goitrou le borgne, ainsi accoustré. Goitrou les invitoit à boire comme de coustume, adjoustant à la fin d'un chascun invitatoire : Crocquez pie. Je presuppose que tel estoit le mot du guet au jour de la bataille, tous en faisoient leur debvoir. La pie de Bahuart ne retournoit point. Elle avoit esté crocquée. De ce fut dit en proverbe commun : Boire d'autant et à grands traitz estre pour vray crocquer la pie [4]. De telles figures à memoire perpetuelle fit Frapin peindre son tinel [5] et salle basse. Vous

---

[1] L'hermine figure, comme chacun le sait, dans les armes de la Bretagne.

[2] Tout sale, *embrené*, dans un piteux état. Voy. Cotgrave.

[3] Les écoliers d'Angers se distinguaient par le sobriquet de *bragars*, qui exprime, *comme gorgias*, l'idée d'élégants, de *fashionables*.

[4] *Croquer la pie*, c'est, suivant Le Duchat, vider sa bouteille en aussi peu de temps qu'un peintre en met à croquer une pie. De pareilles subtilités ne sont guère de notre goût. *Pier* s'est dit dans le sens de *boire* (πίνω, πίομαι, en grec; *piem*, en polonais). Le dictionnaire de l'Académie donne encore le mot *piot* comme synonyme de vin. *Kroguein*, en vannetais, *croch*, en gaëlique, *crogi*, en velche, signifient : accrocher. *Croquer la pie*, pourrait peut-être se traduire par l'expression triviale : Crocheter une bouteille. L'abbé Morellet ne l'entend point ainsi.

« Tout le monde sait, dit-il,
« qu'on appelle *la pie* le manche
« et les os du gigot qu'on envoie
« griller au feu d'enfer, lorsque le
« reste du gigot est presqu'en entier mangé. Cette grillade est,
« comme dit ailleurs Rabelais, un
« compulsoire de buvettes, un aiguillon de vin, parce qu'elle est
« salée et poivrée abondamment ;
« ainsi on a appelé cette gentillesse
« des bons buveurs : *croquer la*
« *pie*. »

Quoi qu'il en soit, Rabelais, qui explique ici *croquer la pie*, à sa manière, n'avait point inventé l'expression, car on lit dans la *Nef de santé*, Verard, 1507, in-4º :

Galans, allons *croquer la pie*,
Je n'en puis plus si je ne pie
Quelque pianche bonne et freche.

[5] Lieu où mangent les familiers d'une grande maison, ou aussi les domestiques. Regnier s'est servi de ce mot. *Tinella* a le même sens en

la pourrez voir en Angiers, sus le tartre [1] saint Laurent.

Ceste figure, sus vostre breviaire posée, me fit penser qu'il y avoit je ne sçay quoy plus que breviaire. Aussi bien à quel propos me feriez vous present d'un breviaire? J'en ay (Dieu mercy et vous) des vieux jusques aux nouveaux. Sus ce doubte ouvrant ledit breviaire, j'apperceu que c'estoit un breviaire fait par invention mirificque, et les reigletz tous à propos, avec inscriptions opportunes. Donc vous voulez qu'à prime je boive vin blanc : à tierce, sexte, et none, pareillement : à vespres et complies, vin clairet. Cela vous appellez crocquer pie : vrayement vous ne fustes onques de mauvaise pie couvés. Je y donneray requeste [2].

Vous *dictes*. Quoy? Qu'en rien ne vous ay fasché par tous mes livres cy devant imprimés. Si à ce propos, je vous allegue la sentence d'un ancien Pantagrueliste, encores moins vous fascheray.

> Ce n'est (dit il) louange populaire
> Aux princes avoir peu complaire [3].

Plus dictes que le vin du tiers livre a esté à vostre goust, et qu'il est bon. Vray est qu'il y en avoit peu, et ne vous plaist ce que l'on dit communement : Un peu et du bon. Plus vous plaist ce que disoit le bon Evispande Verron [4] : Beaucoup et du bon. D'abondant m'invitez à la continuation de l'histoire Pantagrueline, allegans les utilités et fruictz parceus en la lecture d'icelle, entre tous gens de bien : vous excusans de ce que n'avez obtemperé à ma priere, contenant qu'eussiez vous reservé à rire au septante huitiesme livre. Je le vous pardonne de bien bon cœur. Je ne suis tant farouche ne im-

---

italien. (Voyez le *Dictionn. de la Crusca.*)

On a dit aussi *tinal* et *tinel*, pour désigner le lieu où est établi le pressoir au vin.

[1] Tertre.

[2] J'accorderai la requête. Le Duchat trouve cette façon de parler assez extraordinaire. Cela prouve que les termes du palais ne lui étaient pas familiers.

[3] Principibus placuisse viris non ultima laus est. (Horace.)

[4] Nous suivons l'édition originale. D'autres écrivent : *Evispan de Verron.* Nous ne savons qui ces mots désignent.

DU LIVRE IV.

placable que vous penseriez. Mais ce que vous en disois n'estoit pour vostre mal. Et vous dis pour response, comme est la sentence d'Hector proferée par Nevius, que c'est belle chose estre loué de gens louables[1]. Par reciprocque declaration, je dis et maintiens jusques au feu exclusivement (entendez et pour cause) que vous estes grands gens de bien, tous extraictz de bons peres et bonnes meres, vous promettant, foy de pieton[2], que si jamais vous rencontre en Mesopotamie, je feray tant avec le petit comte George de la basse Egypte[3], qu'à chascun de vous il fera present d'un beau crocodile du Nil, et d'un cauquemare[4] d'Euphrates.

Vous *adjugez*. Quoy? A qui? Tous les vieux quartiers de lune aux cafars, cagotz, matagotz, botineurs[5], papelardz, burgotz, patespelues, porteurs de rogatons[6], chattemites. Ce sont noms horrifiques, seulement oyant leur son. A la prononciation desquelz, j'ay veu les cheveulx dresser en teste de vostre noble ambassadeur. Je n'y ay entendu que le haut allemant, et ne sçay quelle sorte de bestes comprenez en ces

---

[1] Rabelais se souvient des passages suivants de Cicéron :

« Aliter enim Nævianus ille gaudet Hector, — Lætus sum laudari me abs te, pater, *laudato viro*. « (*Tusc.*, IV, 31.)

« Placet enim Hector ille mihi Nævianus, qui non tantum laudari se lætatur, sed addit etiam, *a laudato viro*. » (*Ep. ad Div.* V. 12.)

« Ea est enim profecto jucunda laus, quæ ab iis proficiscitur, qui ipsi in laude vixerunt. » (*Ep. ad Div.*, XII, 6.)

[2] Parodie du serment : *Foy de chevalier!*

[3] Pasquier parle dans ses *Recherches* de « douze pénitenciers qui vinrent à Paris le 17 août 1427, c'est à savoir un duc, un *comte* et dix hommes, lesquels étoient de la basse Égypte, et qui devoient par pénitence aller sept ans parmi le monde ». Le *petit comte George de la basse Égypte* était peut-être un aventurier de ce genre.

[4] Ce mot que Johanneau confond à tort avec *coquemart* est le même que *cauchemar*, et servait à exprimer non-seulement cette espèce d'oppression qu'engendre un mauvais rêve, mais encore l'animal fantastique qu'on croyait en être la cause. Rabelais, qui nommera plus tard le *cauquemare* parmi les monstres énumérés au chap. 64. du liv. IV, le désigne ici comme habitant les eaux de l'Euphrate.

[5] Villon dit des moines :

Bottés, housés com pescheurs d'oystres.

[6] « Ces porteurs de rogatons qui exercent foire vilaine et deshonneste ». Calvin, *Pamphlet sur les reliques*.

denominations. Ayant fait diligente recherche par diverses contrées, n'ay trouvé homme qui les advouast, qui ainsi tolerast estre nommé ou designé. Je presuppose que c'estoit quelque espece monstrueuse de animaux barbares, ou temps des hautz bonnetz[1] : maintenant est deperie en nature[2], comme toutes choses sublunaires ont leur fin et periode : et ne sçavons quelle en soit la diffinition, comme vous sçavez que, subject pery, facilement perit sa denomination.

Si par ces termes entendez les calumniateurs de mes escrits, plus aptement les pourrez vous nommer diables. Car en grec calumnie est dite *diabole*. Voyez combien detestable est devant Dieu et les anges ce vice dit calumnie (c'est quand on impugne le bien fait, quand on mesdit des choses bonnes) que par iceluy non par autre, quoy que plusieurs sembleroient plus enormes, sont les diables d'enfer nommés et appellés. Ceux cy ne sont, proprement parlant, diables d'enfer, ilz en sont appariteurs et ministres. Je les nomme diables noirs, blancs, diables privés, diables domesticques[3]. Et ce que ont fait envers mes livres, ilz feront (si on les laisse faire) envers tous autres. Mais ce n'est de leur invention. Je le dis, afin que tant desormais ne se glorifient au surnom du vieux Caton le Censorin[4].

---

[1] Comme on les portait à la fin du XVe siècle. On a retrouvé récemment à la Bibliothèque nationale, dans l'intérieur de la couverture d'un volume, une chanson contre la mode des hauts bonnets. Voy. le *Recueil de poésies des XVe et XVIe siècles*, dans la *Bibliothèque elzevirienne*, IV, 236.

[2] « Fort bonne plaisanterie, » dit l'abbé Morellet, « car Rabelais savait parfaitement que cette espèce n'étoit pas *déperie en nature* et que le monde en étoit plein. C'étaient les moines surtout qui en vouloient à ses livres, et qui avaient bien leurs raisons. »

[3] *Diables noirs, blancs* : ce sont, dit l'abbé Morellet, dans ses notes, les principales couleurs des vêtements des moines : minimes, cordeliers, bernardins, augustins, bénédictins sont les noirs ; les blancs sont tous les chanoines réguliers, les jacobins sont pies. *Diables privés domestiques*, parce qu'ils se mêlent de toutes les affaires des familles, entrant dans les maisons.

[4] Le Duchat, qui n'a pas compris ce passage, blâme mal à propos Rabelais d'avoir confondu *censorinus* (ex-censeur à Rome) avec *calomniateur*. Notre auteur fait tout le contraire ; il ne veut pas que ceux qui ont censuré son livre croient avoir mérité le nom glorieux de censeur, porté par le vieux Caton.

Avez vous jamais entendu que signifie cracher au bassin? Jadis les predecesseurs de ces diables privés, architectes de volupté, everseurs d'honnesteté, comme un Philoxenus, un Gnatho, et autres de pareille farine, quand par les cabaretz et tavernes, esquelz lieux tenoient ordinairement leurs escoles, voyoient les hostes estre de quelques bonnes viandes et morceaux friandz serviz, ilz crachoient villainement dedans les platz, afin que les hostes, abhorrens leurs infames crachatz et morveaux, desistassent manger des viandes apposées, et tout demourast à ces villains cracheurs et morveux. Presque pareille, non toutesfois tant abominable histoire nous conte l'on du medecin d'eau douce, neveu de l'advocat feu Amer, lequel disoit l'aisle du chapon gras estre mauvaise, et le cropion redoutable, le col assez bon, pourveu que la peau fust ostée : afin que les malades n'en mangeassent, tout fust reservé pour sa bouche.

Ainsi ont fait ces nouveaux diables engipponnés [1]. Voyans tout ce monde en fervent appetit de voir et lire mes escrits, par les livres precedens, ont craché dedans le bassin : c'est à dire les ont tous par leur maniment conchiés, decriés et calumniés, en ceste intention que personne ne les eust, personne ne les leust, fors leurs Poiltronités [2]. Ce que j'ay veu de mes propres yeulx, ce n'estoit pas des oreilles, voire jusques à les conserver religieusement entre leurs besongnes de nuyt, et en user comme de breviaires à usage quotidian. Ilz les ont tolluz es malades, es goutteux, es infortunés, pour lesquelz en leur mal esjouir les avois faits et composés. Si je prenois en cure tous ceux qui tombent en meshaing [3] et maladie, ja besoing ne seroit mettre telz livres en lumiere et impression.

Hippocrates a fait un livre exprés, lequel il a intitulé *de l'estat du parfaict medecin* (Galien l'a illustré de doctes commentaires), auquel il commande rien n'estre au medecin (voire jusques à particulariser les ongles) qui puisse offenser le patient: tout ce qu'est au medecin, gestes, visage, vestemens,

---

[1] Affublés d'un jupon, c'est-à-dire d'une robe de moine.

[2] Parodie des qualifications prétentieuses que prenaient les docteurs de Sorbonne.

[3] Infirmité.

paroles, regardz, touchement, complaire et delecter le malade. Ainsi faire en mon endroict, et à mon lourdoys je me peine et efforce envers ceux que je prends en cure. Ainsi font mes compaignons de leur cousté, dont par adventure, sommes dits Parabolains [1] au long faucile [2] et au grand code, par l'opinion de deux gringuenaudiers [3] aussi follement interpretée comme fadement inventée.

Plus y a, sur un passage du sixiesme des *epidemies* dudit pere Hippocrates, nous suons disputans à sçavoir mon [4] si la face du medecin chagrin, tetricque [5], reubarbatif, mal plaisant, mal content, contriste le malade, et du medecin la face joyeuse, sereine, plaisante, riante, ouverte, esjouyst le malade (cela est tout esprouvé et certain), mais que telles contristations et esjouyssemens proviennent par apprehension du malade contemplant ces qualités, ou par transfusion des esprits screins ou tenebreux, joyeux ou tristes, du medecin au malade, comme est l'advis des Platonicques et Averroistes. Puis donc que possible n'est que de tous malades sois appellé,

---

[1] Les *Parabolani* étaient des espèces d'infirmiers dont il est question dans le Code de Justinien, et que l'on a quelquefois confondus avec les médecins.

[2] Le *focile* est l'avant-bras. Rabelais fait allusion à l'ancienne robe des médecins. Elle avait quatre manches dont deux descendaient jusque sur les mains, et les deux autres étaient pendantes au-dessous du coude, et justifient bien l'épithète que Rabelais donne à ce dernier mot.

Le Duchat ne voit là (entre *code* et *coude*) qu'une *froide équivoque*, à laquelle l'auteur doit n'avoir pas songé. Morellet croit à tort que *code* désigne ici la queue de la robe (*cauda*).

[3] C'est-à-dire de deux semeurs d'ordures, des faiseurs *de bordures de m....*, comme s'exprime ailleurs Rabelais, pour désigner les commentateurs. Ces reproches s'adressent à quelque *Accursius maudit*.

[4] Bien que les mots : *à sçavoir mon*, pris isolément, aient un sens que nous avons expliqué t. I, p. 324, il nous paraît évident qu'il y a ici une faute et qu'il faut lire : *à sçavoir, non si la face du medecin*, etc.; et plus loin : *mais que telles contristations* doit s'entendre comme s'il y avait ; *mais si*, etc. Le Duchat, en expliquant ainsi le passage, a oublié l'argument le plus décisif en faveur de la leçon et de l'interprétation proposées par lui : c'est qu'on trouve un peu plus loin (voy. p. 15) une rédaction presque identique de la même idée, et que là on lit positivement : *disputans et cherchans non si...., mais si*, etc.

[5] Maussade.

que tous malades je prenne en cure, quelle envie est ce tollir es langoreux et malades le plaisir et passetemps joyeux (sans offense de Dieu, du roy, ne d'autre) qu'ilz prennent, oyans en mon absence la lecture de ces livres joyeux?

Or puis que par vostre adjudication et decret ces mesdisans et calumniateurs sont saisis et emparés des vieux quartiers de lune, je leur pardonne : il n'y aura pas à rire pour tous desormais, quand voyrons ces folz lunatiques, aucuns ladres, autres bougres, autres ladres et bougres ensemble, courir les champs, rompre les bancz, grinsser les dents, fendre carreaux, battre pavés, soy pendre, soy noyer, soy precipiter, et à bride avallée courir à tous les diables, selon l'energie, faculté et vertu des quartiers qu'ilz auront en leurs caboches, croissans, initians, amphicyrces[1], brisans[2] et desinens. Seulement envers leurs malignités et impostures useray de l'offre, que fit Timon le misanthrope à ses ingratz Atheniens.

Timon, fasché de l'ingratitude du peuple athenien en son endroict, un jour entra au conseil public de la ville, requerant luy estre donnée audience, pour certain negoce concernant le bien public. A sa requeste fut silence faite, en expectation d'entendre choses d'importance, veu qu'il estoit au conseil venu, qui tant d'années auparavant s'estoit absenté de toutes compagnies, et vivoit en son privé[3]. Adonc leur dist : Hors mon jardin secret[4], dessous le mur, est un ample,

---

[1] Ou plutôt amphicyrtes, ἀμφίκυρτος. C'est (comme l'a dit Le Duchat) l'état où se trouve la lune le 11e jour du mois, quand elle croit, et le 19e, quand elle décroît.

[2] Suivant Ménage, la lune est dans son quartier brisant le 4e jour de sa croissance et le 26e de sa décroissance.

La Bibliothèque nationale possède un volume renfermant les ouvrages de Th. Gaza : *De mensibus Atticis*, et de L. Greg. Gyraldus : *De annis et mensibus*, Bâle, 1536 et 1541, in-8º, qui porte la signature autographe : *Francisci Rabelæsi καὶ τῶν αὐτοῦ φίλων*. Rabelais a pu y puiser (voy. p. 119 et 127, du second traité : *Lunæ divisio*, etc.) les notions consignées ici. D'ailleurs, il ne faut pas oublier qu'il avait fait des almanachs.

[3] Vivait retiré.

[4] C'est-à-dire : Mon jardin réservé (*secretus* en latin). Il y a encore à Rome une partie des jardins du pape à laquelle on donne ce nom.

beau, et insigne figuier, auquel vous autres messieurs les Atheniens desesperés, hommes, femmes, jouvenceaux et pucelles, avez de coustume à l'escart vous pendre et estrangler. Je vous adverty que, pour accommoder ma maison, j'ay deliberé dedans huitaine demolir iceluy figuier : pourtant quiconques de vous autres et de toute la ville aura à se pendre, s'en depesche promptement. Le terme susdit expiré, n'auront lieu tant apte, ne arbre tant commode.

A son exemple, je denonce à ces calumniateurs diaboliques, que tous ayent à se pendre dedans le dernier chanteau [1] de ceste lune. Je les fourniray de licolz. Lieu pour se pendre je leur assigne entre *Midy et Faveroles* [2]. La lune renouvellée, ilz n'y seront receuz à si bon marché, et seront contrainctz eux mesmes à leurs depens achapter cordeaux, et choisir arbre pour pendaige, comme fit la seignore Leontium, calumniatrice du tant docte et eloquent Theophraste [3].

---

[1] Quartier.

[2] Il n'y a pas moins de 27 localités en France portant le nom de Faveroles. Nous n'en connaissons pas qui s'appelle *Midy*. La plaisanterie consiste précisément à rapprocher une désignation de temps d'une désignation de lieu.

On dit encore aujourd'hui dans la Charente pour désigner une heure qui ne doit pas arriver : « Attendez-moi entre midi et la Croix verte. »

[3] Allusion à un passage assez obscur de Pline (*Hist. nat.* préf.), où il dit que cette courtisane eut l'audace d'écrire contre Théophraste, et que de là vient le proverbe : Choisir un arbre pour se pendre. Les uns en ont conclu, comme Rabelais, que Leontium s'était réellement pendue ; les autres, en plus grand nombre, ont entendu la phrase en ce sens, que si Théophraste avait pu choisir un adversaire, comme on choisit un arbre pour se pendre, il en eût pris un autre plus digne de lui.

A TRES ILLUSTRE PRINCE, ET REVERENDISSIME

MON SEIGNEUR ODET[1],

CARDINAL DE CHASTILLON[2].

Vous estes deuement adverty, prince tres illustre, de quants[3] grands personnages j'ay esté et suis journellement stipulé, requis, et importuné pour la continuation des mythologies[4] pantagruelicques : alleguans que plusieurs gens langoureux, malades, ou autrement faschés et desolés, avoient à la lecture d'icelles trompé leurs ennuyz, temps joyeusement passé, et receu alaigresse et consolation nouvelle. Es quelz je suis coustumier de respondre, que icelles par esbat composant, ne pretendois gloire ne louange aucune : seulement avois esgard et intention par escrit donner ce peu de soulaigement que pouvois es affligés et malades absens[5], lequel voluntiers, quand besoing est, je fais es presens qui soy aident de mon art et service.

Quelques fois je leur expose par long discours comment Hippocrates, en plusieurs lieux, mesmement on sixiesme livre des *Epidemies*, descrivant l'institution du medecin son

---

[1] A la suite de quelques exemplaires de 1552 et à la fin de l'édition de 1553, se trouve un petit glossaire, sous le titre suivant : *Briefve declaration d'aucunes dictions plus obscures contenues on quatrieme livre des faits et dicts heroiques de Pantagruel.* Ce glossaire a été attribué à Rabelais. Nous le reproduisons tout entier, en plaçant chaque explication sous les mots qu'elle concerne.

Pour qu'elles soient bien distinctes des nôtres, ces notes seront toujours entre deux crochets.

[2] Frère aîné de l'amiral de Coligny.

[3] Par combien de grands.....?

[4] [Mythologies, fabuleuses narrations. C'est une diction grecque.]

[5] C'est le témoignage que rend à Rabelais Louis Rouzeau, lorsqu'après avoir fait de lui l'éloge rapporté dans la *Notice* p. 19, il ajoute : *Hoc elogium homini debui, quia non raro ab eo melancholia tuto, cito et jucunde liberatus sim.*

disciple : Soranus Ephesien [1], Oribasius [2], Cl. Galen, Hali Abbas [3], autres auteurs consequens [4] pareillement, l'ont composé en gestes, maintien, regard, touchement, contenance, grace, honnesteté, netteté de face, vestemens, barbe, cheveulx, mains, bouche, voire jusques à particulariser les ongles, comme s'il deust jouer le rolle de quelque amoureux ou poursuivant [5] en quelque insigne comœdie, ou descendre en camp clos pour combattre quelque puissant ennemy. De fait, la pratique de medecine bien proprement est par Hippocrates comparée à un combat, et farce jouée à trois personnages, le malade, le medecin, la maladie [6]. Laquelle composition lisant quelque fois, m'est souvenu d'une parole de Julia à Octavian Auguste son pere. Un jour elle s'estoit devant luy presentée en habits pompeux, dissoluz et lascifz : et luy avoit grandement despleu, quoy qu'il n'en sonnast mot. Au lendemain, elle changea de vestemens, et modestement se habilla, comme lors estoit la coustume des chastes dames romaines. Ainsi vestue se presenta devant luy. Il qui le jour precedent n'avoit par paroles declaré le desplaisir qu'il avoit eu la voyant en habits impudicques, ne peut celer le plaisir qu'il prenoit la voyant ainsi changée, et luy dist : O combien cestuy vestement plus est seant et louable en la fille de Auguste! Elle eut son excuse prompte, et luy respondit : Huy me suis je vestue pour les œilz de mon pere. Hier je l'estois pour le gré de mon mary [7].

---

[1] Médecin d'Éphèse, qui exerça son art à Alexandrie et à Rome vers l'an 125 après J.-C.

[2] Médecin et ami de l'empereur Julien. M. Daremberg a récemment publié ses œuvres. Paris, 1851, in-8°.

[3] Médecin persan qui florissait vers 980.

Un commentateur l'a pris pour un abbé, *l'abbé Hali!*

[4] Ce mot veut-il dire ici, *de consequence*, comme l'emploient encore aujourd'hui les gens du peuple, ou plutôt *consequents* ne signifie-t-il pas postérieurs, venus à la suite?

[5] On a désigné ainsi ceux qui prétendaient à la main d'une femme. Madame Dacier s'est servi de ce mot dans sa traduction d'Homère, « les poursuivants de Pénélope ».

[6] Rabelais parodie spirituellement le passage d'Hippocrate. Voici la traduction qu'en donne Littré. L'art ('Η τέχνη...) se compose de trois termes : la maladie, le malade et le médecin.

[7] « Hodie enim me patris oculis ornavi, heri viri. » Tout ce pas-

Semblablement, pourroit le medecin, ainsi desguisé en face et habits, mesmement revestu de riche et plaisante robe à quatre manches, comme jadis estoit l'estat, et estoit appellée *Philonium,* comme dit Petrus Alexandrinus *in 6. epid.* respondre à ceux qui trouveroient la prosopopée[1] estrange : Ainsi me suis je acoustré, non pour me guorgiaser et pomper[2], mais pour le gré du malade lequel je visite : auquel seul je veux entierement complaire, en rien ne l'offenser ne fascher.

Plus y a. Sus un passage du pere Hippocrates on livre cy dessus allegué, nous suons, disputans et recherchans, non si le minois du medecin chagrin, tetrique[3], reubarbatif[4], Catonian[5], mal plaisant, mal content, severe, rechigné contriste le malade ; et du medecin la face joyeuse, seraine, gracieuse, ouverte, plaisante resjouist le malade (cela est tout esprouvé et tres certain) : mais si telles contristations et esjouissemens proviennent par apprehension du malade contemplant ces qualités en son medecin, et par icelles conjecturant l'issue et catastrophe[6] de son mal ensuivir : sçavoir est, par les joyeuses joyeuse et desirée : par les fascheuses fascheuse et abhorrente : ou par transfusion des esprits serains ou tenebreux, aerés ou terrestres, joyeux ou melancholicques du medecin en la personne du malade. Comme est l'opinion de Platon et Averroïs.

Sus toutes choses, les auteurs susdits ont au medecin baillé advertissement particulier des paroles, propous, abouchemens, et confabulations, qu'il doit tenir avec les malades, de la part des quelz seroit appellé. Lesquelles toutes doivent à un but tirer, et tendre à une fin, c'est le resjouir sans offense de Dieu, et ne le contrister en façon quelconques.

---

sage de Rabelais est traduit de Macrobe. (*Saturnales,* II, 5.)

[1] [Desguisement, fiction de personne.]

Προσωπεῖον, en grec, signifie : masque.

[2] Pour faire montre d'élégance et de recherche.

[3] [Rebours, rude, maussade, aspre.]

[4] N'y a-t-il pas, dans cette manière d'écrire *rébarbatif,* une allusion à la *reubarbe,* comme on écrivait alors ?

[5] [Severe, comme fut Caton le Censorin.] — Caton le Censeur.

[6] [Fin, issue.]

Comme grandement est par Herophilus blasmé Callianax medecin, qui, à un patient l'interrogeant et demandant, mourray je? impudentement respondit :

> Et Patroclus à mort succomba bien[1],
> Qui plus estoit que ne es homme de bien.

A un autre, voulant entendre l'estat de sa maladie, et l'interrogeant à la mode du noble Patelin[2] :

> Et mon urine
> Vous dit elle point que je meure?

Il follement respondit : Non, si t'eust Latona, mere des beaulx enfans Phoebus et Diane, engendré[3]. Pareillement est de Cl. Galen, *lib. 4, comment. in 6, epidem.* grandement vituperé Quintus, son precepteur en medecine, lequel à certain malade en Rome, homme honorable, luy disant : Vous avez desjeuné, nostre maistre, vostre haleine me sent le vin, arrogamment respondit : La tienne me sent la fiebvre : duquel est le flair et l'odeur plus delicieux, de la fiebvre ou du vin?

Mais la calomnie de certains canibales[4], misantropes[5], agelastes[6] avoit tant contre moy esté atroce et desraisonnée, qu'elle avoit vaincu ma patience : et plus n'estois deliberé en

---

[1] Iliade, 21-107.

[2] On sait que ce sont les paroles de Pathelin voulant attendrir le drapier qui réclame le prix de son drap.

[3] Elle ne le dirait pas, si tu étais fils de Latone; mais comme tu ne l'es pas, elle le dit. — Les deux réponses qui suivent se trouvent citées dans le commentaire de Galien sur le VIe livre d'Hippocrate. Mais c'est Bacchius qui blâme Callianax, et non Hérophile, chef de l'école à laquelle Callianax appartenait.

[4] [Peuple monstrueux en Afrique, ayant la face comme chiens et abbayant en lieu de rire.]

[5] [Haissans les hommes, fuyans la compagnie des hommes. Ainsi fut surnommé Timon Athénien. (Ciceron, 4, *Tusc.*)]

Cette note prouve que, du temps de Rabelais, le mot de *misanthrope* était loin d'avoir la popularité qui Molière lui a donnée depuis.

[6] [Point ne rians, tristes, fascheux. — Ainsi fut surnommé Crassus, oncle de celuy Crassus, qui fut occis des Parthes, lequel en la vie ne fut veu rire qu'une fois, comme escrivent Lucillius, Ciceron, 5, *de Finibus*, Pline, liv. 7.]
— Point ne riants! — C'est une grosse injure dans la bouche de Rabelais.

escrire un iota[1]. Car l'une des moindres contumelies[2] dont ilz usoient, estoit que telz livres tous estoient farciz d'heresies diverses : n'en povoient toutes fois une seule exhiber en endroit aucun : de folastries joyeuses, hors l'offense de Dieu et du Roy, prou (c'est le subject et theme[3] unique d'iceux livres); d'heresies, point : sinon, perversement et contre tout usage de raison et de langage commun, interpretans ce que à peine de mille fois mourir, si autant possible estoit, ne voudrois avoir pensé : comme qui pain interpreteroit pierre; poisson, serpent; œuf, scorpion. Dont quelque fois me complaignant en vostre presence, vous dis librement que, si meilleur christian je ne m'estimois qu'ilz me monstrent estre en leur part, et que si en ma vie, escrits, paroles, voire certes pensées, je recognoissois scintille[4] aucune d'heresie, ilz ne tomberoient tant detestablement es lacs de l'esprit calomniateur, c'est *diabolos*, qui par leur ministere me suscite tel crime. Par moy mesmes, à l'exemple du phoenix, seroit le bois sec amassé, et le feu allumé, pour en iceluy me brusler.

Alors me distes que de telles calomnies avoit esté le defunct roy François, d'eterne[5] memoire, adverty : et curieusement ayant, par la voix et prononciation du plus docte et fidele anagnoste[6] de ce royaume, ouy et entendu lecture distincte d'iceux livres miens (je le dis, parce que meschantement l'on m'en a aucuns supposé faulx et infames[7]), n'avoit trouvé pas-

---

[1] [Un poinct. C'est la plus petite lettre des Grecs. Ciceron, 3, *de Orat.* Martial, lib. 2.]

[2] Injures. *Contumelia* en latin.

[3] [Position, argument, ce que l'on propose à discuter, prouver et deduire.]

[4] Étincelle. *Scintilla* en latin.

[5] D'éternelle. *Æterna* en latin.

[6] [Lecteur.] Ce mot désigne ici Pierre du Châtel, par qui François Iᵉʳ voulut se faire lire les premiers livres de Rabelais, incriminés auprès de lui.

[7] Bernier, dans son *Jugement sur les œuvres de Rabelais*, ou plutôt A. Leroy auquel il avait emprunté ce détail, assure (*Rabelæsina Elogia*, lib. II, p. 157 et lib. III, p. 85), d'après les lettres latines de Martial Roger de Limoges, communiquées à ce dernier par J. Mentel, que, du vivant de Rabelais, on lui avait attribué des choses qui passaient la plaisanterie, deux livres de bouffonneries impies et de grossier épicuréisme, « *nefanda ludicra, Lucianistarum et Icadistarum duo libri, quorum titulos horren-*

sage aucun suspect. Et avoit eu en horreur quelque mangeur de serpens [1], qui fondoit mortelle heresie sus un N mis pour un M [2] par la faulte et negligence des imprimeurs.

Aussi avoit son filz, nostre tant bon, tant vertueux, et des cieulx benist roy Henry, lequel Dieu nous vueille longuement conserver : de maniere que pour moy il vous avoit octroyé privilege et particuliere protection contre les calomniateurs. Cestuy evangile [3] depuis m'avez de vostre benignité reiteré à Paris, et d'abondant lorsque nagueres visitastes monseigneur le cardinal du Bellay, qui pour recouvrement de santé après longue et fascheuse maladie, s'estoit retiré à saint Maur [4] : lieu, ou (pour mieulx et plus proprement dire) paradis de salubrité, amenité, serenité, commodité, delices, et tous honnestes plaisirs de agriculture, et vie rusticque.

C'est la cause, Monseigneur, pourquoy presentement, hors toute intimidation, je metz la plume au vent : esperant que par vostre benigne faveur, me serez contre les calomniateurs comme un second Hercules gaulois [5], en savoir, prudence et eloquence : *Alexicacos* [6] en vertus, puissance et autorité : duquel veritablement dire je peux ce que de Moses, le grand prophete et capitaine en Israel, dit le sage roy Salomon, *Ecclesiastic.* 45 : Homme craignant et aimant Dieu : agreable à

---

dos vix auderem dicere, sunt enim ex cerebro saturnino derivati. »

[1] Allusion au passage de Pline (*H. N.* v. 8) : « Troglodytæ specus excavant, hæc illis domus. Victus serpentium carnes, stridorque, non vox. » L'application, dit Morellet, de cette description des Troglodytes, peuples de l'intérieur de l'Afrique, aux moines retirés du monde, affectant la mortification et une vie austère, sans société avec les autres hommes et n'ayant ni voix ni figure humaine, est on ne peut plus ingénieuse.

[2] *Asne,* pour *asme.* Ce n'est pas le seul endroit de Rabelais où l'on rencontre *asne* pour *asme.* Que la plaisanterie provînt de son fait ou de la faute des imprimeurs, il était urgent de la répudier. Morellet trouve que l'excuse n'était pas de bonne foi. Valait-il mieux se laisser brûler?

[3] [Bonne nouvelle.]

[4] On sait que le cardinal y avait fait construire un château célèbre.

[5] [Qui par son eloquence tira à soy les nobles François : comme descrit Lucien.]

[6] [Defenseur, aidant en adversité, detournant le mal. C'est un des surnoms de Hercules. Pausanias, *in Attica.* En mesme effect est dit Apopompæus et Apotropæus.]

A MONSEIGNEUR ODET.   19

tous humains : de Dieu et des hommes bien aimé : duquel heureuse est la memoire. Dieu en louange l'a comparé aux preux : l'a fait grand en terreur des ennemis. En sa faveur a fait choses prodigieuses et espovantables : en presence des rois l'a honoré : au peuple par luy a son vouloir declaré et par luy sa lumiere a monstré. Il l'a en foy et debonnaireté consacré, et esleu entre tous humains. Par luy a voulu estre sa voix ouie, et à ceux qui estoient en tenebres estre la loy de vivificque science annoncée.

Au surplus vous promettant, que ceux qui par moy seront rencontrés congratulans de ces joyeux escrits, tous je adjureray vous en sçavoir gré total : uniquement vous en remercier, et prier nostre Seigneur pour conservation et accroissement de ceste vostre Grandeur : à moy rien ne attribuer, fors humble subjection et obeissance voluntaire à vos bons commandemens. Car, par vostre exhortation tant honorable, m'avez donné et courage et invention : et sans vous m'estoit le cœur failly, et restoit tarie la fontaine de mes esprits animaulx. Nostre Seigneur vous maintienne en sa sainte grace. De Paris, ce 28 de janvier 1552[1].

Vostre tres humble et tres obeissant serviteur,

FRANÇOIS RABELAIS, *medecin.*

---

[1] Cette date, qui est aussi celle de l'*achevé d'imprimer* de Michel Fezandat, est du nouveau style déjà suivi par quelques personnes, et notamment par certains libraires intéressés, comme aujourd'hui, à postdater leurs publications en devançant l'année légale. Le parlement, au contraire, jusqu'en 1567, datait rigoureusement ses actes de l'année civile, ce qui explique comment l'extrait suivant, daté du 1er mars 1551 (vieux style. Pâques tombant le 17 avril de l'année 1552) est, de fait, postérieur d'un mois à la mise en vente du *Quatriesme livre.* Ce qui confirme cette supputation, c'est la coïncidence du mardi avec le 1er mars, coïncidence qui se rencontre précisément pour l'année 1551 (vieux style).

Extrait des Registres du Parlement, du mardi 1er *mars* 1551 ».

« Sur la remontrance et requeste faicte ce jourd'hui à la court par le procureur du roy, à ce que, pour le bien de la foy et religion, et attendu la censure faicte par la Faculté de theologie contre certain livre maulvais exposé en vente soubz le tiltre de *Quatriesme livre de Pantagruel,* AVEC PRIVILEGE DU ROY; la matiere mise en deliberation, et aprés avoir veu la dicte censure, la dicte court a ordonné que le libraire, ayant mis en impression le dict livre, sera promptement mandé en ycelle, et luy seront faictes defences de vendre et expouser le dict livre dedans quinzaine : pendant lequel temps ordonne la court au dict procureur general du roy d'advertir le dict seigneur roy de la censure faicte sus le dict livre par la dicte faculté de theologie et luy en envoyer ung double, pour suyvre son bon plaisir : entendu estre ordonné ce que de raison. Et, le dict libraire mandé, luy ont esté faictes les dictes defences, sus la peine de punition corporelle. »

PROLOGUE DE L'AUTEUR,

M. FRANÇOIS RABELAIS,

POUR LE QUATRIEME LIVRE DES FAITS ET DICTS HEROIQUES DE PANTAGRUEL.

Aux lecteurs benevoles.

Gens de bien, Dieu vous sauve et gard! Où estes vous? Je ne vous peux voir[1]. Attendez que je chausse mes lunettes.

Ha, ha. Bien et beau s'en va quaresme, je vous voy. Et donc? Vous avez eu bonne vinée, à ce que l'on m'a dit. Je n'en serois en piece[2] marry. Vous avez remede trouvé infinable[3] contre toutes alterations? C'est vertueusement operé. Vous, vos femmes, enfans, parens et familles, estes en santé desirée. Cela va bien, cela est bon: cela me plaist. Dieu, le bon Dieu, en soit eternellement loué: et (si telle est sa sacre volunté) y soyez longuement maintenuz.

Quant est de moy[4], par sa sainte benignité, j'en suis là, et me recommande. Je suis, moyennant un peu de Pantagruelisme (vous entendez que c'est certaine gayeté d'esprit conficte en mespris des choses fortuites), sain et degourt[5]: prest à boire, si voulez. Me demandez vous pourquoy, gens de bien? Response irrefragable. Tel est le vouloir du tres bon, tres grand Dieu, onquel je acquiesce, auquel je obtempere, duquel je revere la sacrosainte parole de bonnes nouvelles, c'est l'Evangile, onquel est dit *Luc.* 4. en horrible sarcasme[6] et

---

[1] Cette plaisanterie favorite de Rabelais a été mise en action par Lagniet dans son 16ᵉ Proverbe.

[2] En aucune façon, pas le moins du monde. (V. Cotgrave.) Le mot *piece* appartient encore au patois normand; il y est très-usité comme négation.

[3] Sans fin. *Infaillible* (1553).

[4] Pour ce qui est de moi.

[5] Joyeux, gaillard. (*Jocond*, Cotgrave.)

[6] [Moquerie poignante, amere.] Il n'est pas sans intérêt de savoir que du temps de Rabelais le mot *sarcasme* (en grec σαρκασμός, dérision) avait besoin d'une explication.

sanglante derision au medecin negligent de sa propre santé. Medecin, ô gueriz toy mesmes.

Cl. Gal. non pour telle reverence en santé soy maintenoit, quoy que quelque sentiment il eust des sacres Bibles, et eust cogneu et frequenté les saints christians de son temps, comme appert *lib.* 11. *de usu partium*, *lib.* 2. *de differentiis pulsuum*, *cap.* 3. *et ibidem lib.* 3, *cap.* 2. *et lib. de rerum affectibus* (s'il est de Galen); mais par crainte de tomber en ceste vulgaire et satyricque mocquerie [1] :

Ἰατρὸς ἄλλων, αὐτὸς ἕλκυσι βρύων.
Medecin est des autres en effect :
Toutesfois est d'ulceres tout infect.

De mode qu'en grande braveté il se vante, et ne veult estre medecin estimé, si depuis l'an de son aage vingt et huitiesme jusques en sa haute vieillesse il n'a vescu en santé entiere, exceptez quelques fiebvres ephemeres [2] de peu de durée : combien que de son naturel il ne fust des plus sains, et eust l'estomac evidentement dyscrasié [3]. Car (dit il *lib.* 5. *de sanit. tuenda*) difficilement sera creu le medecin avoir soing de la santé d'autruy, qui de la sienne propre est negligent.

Encores plus bravement se vantoit Asclepiades medecin avoir avec Fortune convenu en ceste paction [4], que medecin reputé ne fust, si malade avoit esté depuis le temps qu'il commença practiquer en l'art, jusques à sa derniere vieillesse [5].

---

[1] [Comme est des antiques satyrographes Lucillius, Horatius, Persius, Juvenalis. C'est une maniere de mesdire d'un chascun à plaisir et blasonner les vices : ainsi qu'on fait es jeux de la bazoche par personnages desguisés en satyres.]

[2] [Lesquelles ne durent plus d'un jour naturel, sçavoir est, 24 heures.]
Ce mot, *éphémère*, qui a passé dans l'usage commun, fut longtemps et jusqu'au milieu du XVIIe siècle un terme purement scientifique, comme Rabelais l'entend ici.

[3] [Mal temperé, de mauvaise complexion. Communement on dit *biscarié* en langage corrompu.]
Ce mot est resté en divers patois de la langue d'oil.

[4] Ce traité.

[5] Voici en effet ce que nous lisons dans l'line le Naturaliste :
« Summa autem (fama) Asclepiadi Prusiensi..... maxime sponsione facta cum fortuna, ne medicus crederetur, si unquam invalidus ullo modo fuisset ipse ; et victor suprema in senecta lapsu scalarum exanimatus est. »
(Liv. VII, c. 37.)

PROLOGUE DE L'AUTEUR.

A laquelle entier il parvint et vigoureux en tous ses membres, et de fortune triomphant. Finablement sans maladie aucune precedente, fit de vie à mort eschange, tombant par male garde du haut de certains degrés mal emmortaisés et pourriz.

Si par quelque desastre s'est santé de vos seigneuries emancipée, quelque part, dessus, dessous, davant darriere, à dextre à senestre, dedans dehors, loing ou prés vos territoires qu'elle soit, la puissiez vous incontinent avec l'aide du benoist Servateur rencontrer! En bonne heure de vous rencontrée [1], sus l'instant soit par vous asserée [2], soit par vous vendiquée [3], soit par vous saisie et mancipée [4]. Les loix vous le permettent, le roy l'entend, je le vous conseille. Ne plus ne moins que les legislateurs antiques autorisoient le seigneur vendiquer son serf fugitif, la part qu'il seroit trouvé [5]. Ly bon Dieu, et ly bons homs! n'est il escrit et practiqué, par les anciens coustumes de ce tant noble, tant antique, tant beau, tant florissant, tant riche royaume de France, que le mort saisit le vif [6]? Voyez ce qu'en a recentement exposé le bon, le docte, le sage, le tant humain, tant debonnaire, et equitable André Tiraqueau, conseiller du grand, victorieux, et triumphant roy Henry, second de ce nom, en sa tres redoubtée court de parlement à Paris. Santé est nostre vie, comme tresbien declare Ariphron Sicyonien [7]. Sans santé n'est la vie vie, n'est la vie vivable : ἄβιος βίος, βίος ἀβίοτος [8]. Sans santé n'est la vie que langueur : la vie n'est que simulachre de mort. Ainsi donc vous estans de santé privés, c'est à dire mors, saisissez vous du vif : saisissez vous de vie, c'est santé.

J'ay cestuy espoir en Dieu qu'il oyra nos prieres, veu la

---

[1] Si vous avez la bonne chance de la rencontrer, qu'elle soit...
[2] Saisie.
[3] Revendiquée.
[4] Prise en possession, *manu capta*.
[5] Partout où il serait trouvé.
[6] C'est une très-ancienne maxime de notre droit, qui signifie que la propriété passe du mort à son héritier, sans être un instant en suspens. Rabelais va nous l'expliquer à sa manière.
[7] C'était un poëte de Sicyone, dont parle Athénée.
[8] [Vie non vie, vie non vivable.]

LIVRE IV.

ferme foy en laquelle nous les faisons : et accomplira cestuy nostre souhait, attendu qu'il est mediocre. Mediocrité a esté par les sages anciens dite aurée [1], c'est à dire precieuse, de tous louée, en tous endroits agreable. Discourez par les [2] sacres Bibles : vous trouverez que de ceux les prieres n'ont jamais esté esconduites, qui ont mediocrité requis.

Exemple on petit Zachée [3], duquel les Musaphiz [4] de saint Ayl [5] prés Orleans se vantent avoir le corps et reliques, et le nomment saint Sylvain [6]. Il souhaitoit, rien plus, voir nostre benoist Servateur au tour de Hierusalem. C'estoit chose mediocre et exposée à un chascun. Mais il estoit trop petit, et parmy le peuple, ne pouvoit. Il trepigne, il trotigne, il s'efforce, il s'escarte, il monte sus un sycomore. Le

---

[1] *Auream quisquis mediocritatem Diligit.*
(Horace, *Odes*, liv. II, ode 1.)

[2] Parcourez la sainte Bible. *Discurrere*, dans le sens latin.

[3] Zachée est ce publicain dont parle saint Luc, ch. 19. Étant de très-petite taille, il monta sur un arbre pour voir passer Notre-Seigneur Jésus-Christ, qui le convertit.

[4] [En langue turque et slavonique, docteurs et prophetes.]

[5] En latin, *Sanctus Agilus*, aujourd'hui Saint-Ay, qui se prononce Saint-Y.

Rabelais veut probablement désigner ici les religieux de Voisins, abbaye située à Saint-Ay. Il connaissait le seigneur du lieu, gentilhomme attaché au seigneur de Langey (ce devait être Orsons Lorens, écuyer. Voyez la *Notice biographique*). On a de Rabelais une lettre datée de Saint-Ay. Elle nous a été conservée par l'Estoile. C'est la seule, parmi celles qui sont connues, où l'on retrouve la jovialité de l'auteur de *Gargantua*. Dans un manuscrit de Polluche, conservé à la bibliothèque d'Orléans, on lit ce passage : « La tradition ancienne du pays atteste que Rabelais a demeuré quelque temps à Saint-Ay. Encore aujourd'hui (vers 1747), on voit au bas du coteau où est située l'église et sur le bord de la rivière une fontaine appelée la *fontaine de Rabelais*, avec une table ronde de pierre sur laquelle on assure que cet écrivain venait quelquefois travailler au frais. » Ajoutons que cette fontaine existe encore, quoiqu'elle ait perdu son nom. Nous l'avons vue, et elle sert de lavoir aux femmes du village.

[6] Saint Sylvain, que quelques légendes apocryphes confondent avec Zachée, est honoré dans l'église de Saint-Ay, dont il est le second patron. C'est ce qui résulte du manuscrit que nous venons de citer.

Et voilà un exemple entre mille de la connaissance minutieuse que Rabelais avait des localités dont il est question dans son livre. Les commentateurs qui ignoraient ces détails se sont perdus en suppositions sur saint Ayl, saint Sylvain, etc.

tresbon Dieu cogneut sa sincere et mediocre affectation [1]. Se presenta à sa veue : et fut non seulement de luy veu, mais oultre ce fut ouy, visita sa maison, et benist sa famille.

A un filz de prophete en Israel, fendant du bois prés le fleuve Jordan, le fer de sa coignée eschappa (comme est escrit 4. *Reg.* 6) et tomba dedans iceluy fleuve. Il pria Dieu le luy vouloir rendre. C'estoit chose mediocre. Et en ferme foy et confiance, jetta non la coignée aprés le manche, comme en scandaleux solecisme [2] chantent les diables censorins [3] : mais le manche aprés la coignée, comme proprement vous dictes. Soudain apparurent deux miracles. Le fer se leva du profond de l'eau, et se adapta au manche. S'il eust souhaité monter es cieulx dedans un charriot flamboyant, comme Helie, multiplier en lignée comme Abraham, estre autant riche que Job, autant fort que Samson, aussi beau que Absalon, l'eust il impetré? C'est une question.

A propos de souhaits mediocres en matiere de coignée (advisez quand sera temps de boire), je vous raconteray ce qu'est escrit parmy les apologues du sage Esope le François. J'entends Phrygien et Troian, comme aferme Maxim. Planudes : duquel peuple, selon les plus veridiques chroniqueurs, sont les nobles François descenduz. Elian escrit qu'il fut Thracian : Agathias, aprés Herodote, qu'il estoit Samien. Ce m'est tout un.

De son temps, estoit un pauvre villageois [4] natif de Gravot [5], nommé Couillatris, abateur et fendeur de bois, et en cestuy bas estat, guaingnant cahin caha [6] sa pauvre vie. Advint qu'il perdit sa coignée. Qui fut bien fasché et marry? Ce fut il [7]. Car de sa coignée dependoit son bien et sa vie : par sa coignée, vivoit en honneur et reputation entre tous

---

[1] Son désir sincere et modeste.

[2] [Vicieuse maniere de parler.]

[3] Rabelais fait très-probablement ici allusion à la Sorbonne et à ses censures.

[4] Ce sujet a été traité par la Fontaine, liv. V, fable 1. (*Le Bûcheron et Mercure.*)

[5] Dans les environs de Chinon.

[6] [Motz vulgaires en Touraine. Tellement quellement, que bien que mal.]

[7] Ce fut lui. (*Ille*, en latin.)

riches buscheteurs : sans coignée, mouroit de faim. La mort six jours après le rencontrant sans coignée, avec son dail[1] l'eust fauschée et cerclé[2] de ce monde. En cestuy estrif commença crier, prier, implorer, invoquer Jupiter par oraisons moult disertes (comme vous sçavez que Necessité fut inventrice d'eloquence), levant la face vers les cieulx, les genoilz en terre, la teste nue, les bras hautz en l'air, les doigts des mains esquarquillés, disant à chascun refrain de ses suffrages[3] à haute voix infatigablement : Ma coignée, Jupiter, ma coignée, ma coignée. Rien plus, ô Jupiter, que ma coignée, ou deniers pour en achapter une autre. Helas! ma pauvre coignée! Jupiter tenoit conseil sus certains urgens affaires : et lors opinoit la vieille Cybele, ou bien le jeune et clair Phoebus, si voulez. Mais tant grande fut l'exclamation de Couillatris, qu'elle fut en grand effroy ouie on plein conseil et consistoire des dieux.

Quel diable (demanda Jupiter) est là bas, qui hurle si horrifiquement? Vertus de Styx[4], ne avons nous par cy devant esté, presentement ne sommes nous assez icy à la decision empeschés[5] de tant d'affaires controvers et d'importance[6]? Nous

---

[1] Sa faux. — Le mot *dail* est encore usité en Poitou, en Saintonge et ailleurs. — On dit *dal*, *daillio*, en limousin; *dailh*, *dailho*, en provençal; *dalla*, en catalan; *dalle*, en espagnol. On trouve en roman, *dalh*, *dayll*. — *Dail*, dans l'évangile gothique d'Ulphilas, a le sens de *partie*. C'est probablement de là que nous sont venus les mots *dail* et *tailler*.

[2] *Serclé*, *sarclé*, arraché comme une mauvaise herbe.

[3] Invocations des saints. « Orationes quibus Dei sanctorum *suffragia*, seu auxilia imploramus. » (Du Cange.)

[4] [C'est un paluz en enfer, selon les poëtes, par lequel jurent les dieux, comme escrit Virgile, VI, *Æneid.*, et ne se parjurent. La cause est, pour ce que Victoire, fille de Styx, fut à Jupiter favorable en la bataille des Geants, pour laquelle recompenser Jupiter octroya que les dieux jurans par sa mere, jamais ne fauldroient, etc... Lisez ce qu'en escrit Servius on lieu dessus allegué.]

[5] Embarrassés.

[6] Dans l'énumération qui suit, des affaires « à la décision desquelles les dieux avoient esté ou estoient encore empeschés », Rabelais a placé, suivant son usage, des faits réels et contemporains à côté d'événements supposés. On ne s'étonnera donc pas que nous laissions ces derniers de côté, sauf à donner tout simplement quelques explications des termes qui en sont susceptibles.

avons vuidé le debat de Presthan roy des Perses, et de sultan Solyman empereur de Constantinople. Nous avons clos le passage entre les Tartres [1] et les Moscovites. Nous avons respondu à la requeste du Cheriph. Aussi avons nous à la devotion de Guolgotz Rays [2]. L'estat de Parme est expedié : aussi est celuy de Maydenbourg, de la Mirandole, et de Afrique. Ainsi nomment les mortelz ce que, sus la mer Mediterranée, nous appellons *Aphrodisium*. Tripoli [3] a changé de maistre par male garde. Son periode [4] estoit venu.

Icy sont les Gascons renians et demandans restablissement de leurs cloches [5].

En ce coing sont les Saxons, Estrelins, Ostrogotz et Alemans, peuple jadis invincible, maintenant aber keids [6], et subjugués par un petit homme tout estropié [7]. Ilz nous demandent vengeance, secours, restitution de leur premier bon sens et liberté antique. Mais que ferons nous de ce Rameau et de ce Galland [8] qui, capparassonnés de leurs marmitons, suppous et astipulateurs, brouillent toute ceste Academie de Paris? J'en suis en grande perplexité. Et n'ay encores resolu quelle

---

[1] Tartares.
[2] On a pensé qu'il s'agissait de l'amiral turc Dragut Rays, qui désolait vers ce temps la Méditerranée.
[3] Cette ville fut reprise en 1551 par les Turcs sur les chevaliers de Saint-Jean de Jérusalem.
[4] [Revolution, clausule, fin de sentence.]
[5] En 1549, à la suite d'une révolte pour la gabelle, on avait retiré aux habitants de la Guienne leurs cloches et leurs franchises municipales.
[6] [En allemant, vilifiés, Bisso?] Le Duchat suppose, avec assez de vraisemblance qu'il faut lire *haber-geiss*, mot qui, dans le dialecte d'Alsace, désignait la toupie d'Allemagne, Rabelais voulant indiquer par là que l'empereur Charles-Quint faisait aller les Allemands comme des toupies.

Certains commentateurs ont proposé de lire : *Aberscheiss*, *abetkeids*, *aberkerds*, sans grand profit pour l'éclaircissement du texte.
[7] On a supposé que l'*homme tout estropié* pourrait bien être Charles-Quint, perclus de goutte.
[8] Allusion évidente à la querelle entre Ramus et Pierre Galland, qui divisa vers cette époque (1551) l'université de Paris, et dans laquelle le second défendait Aristote attaqué par le premier.

Ce qui explique cette attaque contre Galland, c'est que celui-ci avait quelque peu mêlé Rabelais à sa querelle avec Ramus en disant à ce dernier : « La plupart de ceux qui lisent vos sornettes ne le font pas pour en retirer le moindre profit, mais pour se divertir et par manière de passe-temps, comme ils lisent les fables grossières de Rabelais. »

part je doibve encliner. Tous deux me semblent autrement bons compagnons et bien couillus. L'un a des escuz au soleil[1], je dis beaux et tresbuchans : l'autre en vouldroit bien avoir. L'un a quelque sçavoir : l'autre n'est ignorant. L'un aime les gens de bien : l'autre est des gens de bien aimé. L'un est un fin et cauld[2] renard : l'autre mesdisant, mesescrivant et abayant contre les antiques philosophes et orateurs[3], comme un chien. Que t'en semble, dis, grand vietdaze Priapus? J'ay maintesfois trouvé ton conseil et advis equitable et pertinent,

... Et habet tua mentula[4] mentem.

Roy Jupiter (respondit Priapus desfleubant[5] son capussion, la teste levée, rouge, flamboyante et asseurée), puis que l'un vous comparez à un chien abayant, l'autre à un fin freté[6] renard, je suis d'advis que, sans plus vous fascher ne alterer, d'eux faciez ce que jadis fistes d'un chien et d'un renard. Quoy? demanda Jupiter. Quand? Qui estoient ilz? Où fut ce?

O belle memoire! respondit Priapus. Ce venerable pere Bacchus, lequel voyez cy à face cramoisie, avait pour soy venger des Thebains un renard feé, de mode que, quelque mal et dommaige qu'il fist, de beste du monde ne seroit pris ne offensé.

Ce noble Vulcan avoit d'aerain Monesian[7] fait un chien,

---

[1] Ramus était-il riche, comme le prétend un commentateur? Ce qui pourrait le faire croire, c'est le legs de 500 livres de rente qu'il fit au Collége royal.

[2] Fin, rusé, dit Du Cange, qui écrit *cault*. Nous avons encore dans notre langue les mots *cautèle* et *cauteleux*.

[3] Ceci se rapporte à Ramus, à propos de ses attaques contre Aristote, Quintilien, Cicéron.

[4] Cette équivoque entre *mentula*, diminutif de *mens*, esprit, et le même mot employé dans un sens obscène, devait être fort du goût de nos pères et bien leur prêter à rire, car Rabelais y revient à trois reprises en quelques pages.

[5] Désaffublant, mot à mot désagrafant, de *defibulare*. (Du Cange.)

[6] Ce mot vient-il de *fractus*, rompu, comme le veut Le Duchat? Nous ne le croyons pas. Mais le sens n'en est pas douteux, et l'expression a été employée par plusieurs auteurs du XVIe siècle. S'il nous fallait indiquer une étymologie, nous aimerions mieux dire que *fin freté* signifie : fin au complet, qui a sa charge, son fret, comme un navire.

[7] *Monesio ære fabricatum*, dit Pollux, *Onomasticon*, d'où cette fable est tirée. (Liv. V, c. 5.)

PROLOGUE DE L'AUTEUR.

et à force de soufler, l'avoit rendu vivant et animé. Il le vous donna : vous le donnastes à Europe vostre mignonne. Elle le donna à Minos : Minos à Pocris, Pocris enfin le donna à Cephalus. Il estoit pareillement feé, de mode que à l'exemple des advocatz de maintenant, il prendroit toute beste rencontrée, rien ne luy eschapperoit. Advint qu'ilz se rencontrerent. Que firent ilz? Le chien, par son destin fatal, devoit prendre le renard : le renard par son destin, ne devoit estre pris.

Le cas fut rapporté à vostre conseil. Vous protestates non contrevenir aux Destins. Les Destins estoient contradictoires. La verité, la fin, l'effect de deux contradictions ensemble fut declarée impossible en nature. Vous en suastes d'ahan. De vostre sueur, tombant en terre, nasquirent les choux cabus [1]. Tout ce noble consistoire, par defaut de resolution categorique, encourut alteration mirifique : et fut en iceluy conseil beu plus de soixante et dixhuit bussars de nectar [2]. Par mon advis, vous les convertissez en pierres. Soudain fustes hors toute perplexité : soudain furent tresves de soif criées par tout ce grand Olympe. Ce fut l'année des couilles molles, prés Teumesse [3], entre Thebes et Chalcide.

A cestuy exemple je suis d'advis que petrifiez ces chien et renard. La metamorphose [4] n'est incognue. Tous deux portent nom de Pierre. Et parce que, selon le proverbe des Limosins, à faire la gueule d'un four sont trois pierres necessaires, vous les associerez à maistre Pierre du Coingnet, par vous jadis pour mesmes causes petrifié [5]. Et seront, en

---

[1] Pommés.
[2] [Vin des dieux, celebre entre les poëtes.]
Aujourd'hui ce mot n'aurait pas besoin d'explication, même pour les enfants.
[3] Pausanias, qui rapporte aussi cette fable, dit en effet que le renard était de Teumesse. Ainsi Rabelais mêle toujours des détails minutieusement exacts à des faits controuvés.

[4] [Transformation.]
[5] On connait la singulière vengeance exercée par le clergé contre l'avocat général Pierre de Cugnières, qui, sous Philippe de Valois, avait défendu l'autorité royale contre ses entreprises. Parodiant son nom et sa figure, il fit placer dans plusieurs églises, notamment à Paris, à Sens, etc., une petite statue grotesque à laquelle on donnait le sobriquet de *Pierre du Coignet*,

figure trigone equilaterale [1], on grand temple de Paris, ou on milieu du pervis, posées ces trois pierres mortes [2], en office de exteindre avec le nez, comme au jeu de fouquet, les chandelles, torches, cierges, bougies, et flambeaux allumés : lesquelles vivantes allumoient couillonniquement le feu de faction, simulte, sectes couillonniques, et partialité entre les ocieux escoliers. A perpetuelle memoire [3] que ces petites philauties [4] couillonniformes plus tot davant vous contemnées [5] furent que condamnées. J'ay dit.

Vous leur favorisez, dist Jupiter, à ce que je voy, bel messer Priapus. Ainsi n'estes à tous favorable. Car veu que tant ilz convoitent perpetuer leur nom et memoire, ce seroit bien leur meilleur estre ainsi après leur vie en pierres dures et marbrines convertiz, que retourner en terre et pourriture.

Icy darriere, vers ceste mer Thyrrhene [6] et lieux circonvoisins de l'Apennin [7], voyez vous quelles tragedies [8] sont excitées par certains pastophores [9] ? Ceste furie durera son temps comme les fours des Limosins, puis finira : mais non si tost. Nous y aurons du passetemps beaucoup. Je y voy un inconvenient. C'est que nous avons petite munition de fouldres, depuis le temps que vous autres Condieux [10] par mon outroy particulier, en jettiez sans espargne, pour vos esbatz, sus Antioche la neufve. Comme depuis à vostre exemple, les gorgias champions qui entreprindrent garder la forteresse de Dindenaroys contre tous venans, consommerent leurs munitions à force de tirer aux moineaux. Puis

---

et qui servait à éteindre les cierges.

[1] [Ayant trois angles en eguale distance un de l'autre.]

[2] De Cugnières, Ramus et Galland avaient tous trois le prénom de *Pierre*.

C'est sur cette plaisanterie que repose un poème de Joachim du Bellay, qui fit alors beaucoup de bruit : *la Satyre de M. Pierre du Cuignet sur la Petromachie de l'Université de Paris.*

[3] Pour perpétuer le souvenir de ce fait que...

[4] [Amour de soy.]
Ces petits amours-propres, dirions-nous aujourd'hui.

[5] Méprisées. Du latin *contemnere*.

[6] [Mer Tyrhene, pres de Rome.]

[7] [Les Alpes de Boloigne.]

[8] [Tumultes et vacarmes excités pour chose de petite valeur.]

[9] [Pontifes entre les Ægyptiens.]

[10] Vous autres, mes compagnons en divinité, dieux avec moi.

n'eurent de quoy, en temps de necessité, soy defendre : et vaillamment cederent la place, et se rendirent à l'ennemy, qui ja levoit son siege, comme tout forcené et desesperé : et n'avoit pensée plus urgente que de sa retraicte, accompagnée de courte honte. Donnez y ordre, filz Vulcan : esveillez vos endormiz Cyclopes, Asteropes, Brontes, Arges, Polypheme, Steropes, Pyracmon : mettez les en besoigne : et les faites boire d'autant. A gens de feu ne fault vin espargner. Or depeschons ce criart là bas. Voyez, Mercure, qui c'est ? et sachez qu'il demande.

Mercure regarde par la trappe des cieulx, par laquelle ce que l'on dit ça bas en terre ilz escoutent : et semble proprement à un escoutillon de navire (Icaromenippe disoit qu'elle semble à la gueulle d'un puitz) : et voit que c'est Couillatris qui demande sa coignée perdue : et en fait le rapport au conseil. Vrayement, dist Jupiter, nous en sommes bien. Nous, à ceste heure, n'avons autre faciende que rendre coignées perdues ? Si fault il luy rendre. Cela est escrit es Destins, entendez vous ? aussi bien comme si elle valust la duché de Milan. A la verité, sa coignée luy est en tel pris et estimation que seroit à un roy son royaume. Ça, ça, que ceste coignée soit rendue. Qu'il n'en soit plus parlé [1]. Resoulons le different du clergé et de la taulpeterie de Landerousse. Où en estions nous ?

Priapus restoit debout au coing de la cheminée. Il, entendant le rapport de Mercure, dist en toute courtoisie et joviale honnesteté : Roy Jupiter, on temps que, par vostre ordonnance et particulier benefice, j'estois gardian des jardins en terre, je notay que ceste diction, *coignée,* est equivoque à plusieurs choses. Elle signifie un certain instrument par le service duquel est fendu et coupé le bois. Signifie aussi (au moins jadis signifioit) la femelle bien à point et souvent gimbretiletolletée. Et vis que tout bon compagnon appelloit sa garse fille de joye : Ma coignée. Car avec cestuy ferrement (cela disoit exhibant son coingnoir dodren-

---

[1] Par ce passage et plusieurs autres, on voit que Rabelais, dans sa description du conseil des dieux, s'est inspiré de Lucien.

tal) [1] ilz leur coingnent si fierement et d'audace [2] leurs emmanchouoirs, qu'elles restent exemptes d'une peur epidemiale [3] entre le sexe feminin, c'est que du bas ventre ilz leurs tombassent sus les talons, par default de telles agraphes. Et me souvient (car j'ay mentule, voire dis je memoire, bien belle, et grande assez pour emplir un pot beurrier) avoir un jour du Tubilustre [4], es feries de ce bon Vulcan en may, ouy jadis en un beau parterre [5], Josquin des Prez [6], Olkegan [7], Hobrethz [8], Agricola [9], Brumel [10], Ca-

---

[1] [Long d'une demie coubtée, ou de neuf poulsees romaines.]

[2] Et hardiment.

[3] Epidémique.

[4] [Onquel jour estoient en Rome benistes les trompettes dediées aux sacrifices, en la basse court des tailleurs.]

Rabelais appelle basse cour des tailleurs ce que Varron, d'accord avec les inscriptions, nomme *atrium sutorium*. L'auteur de la note avait-il lu dans quelque manuscrit *in atrio sartorio*?

[5] M. A. Farrenc nous a très-obligeamment communiqué ses notes sur plusieurs des noms qui vont suivre. Nous y avons puisé de nombreux renseignements.

[6] Josquin des Prez, l'un des plus grands musiciens de son temps, a dû naître, entre 1450 et 1455, à Saint-Quentin. M. C. Gomart nous le montre (dans ses curieuses *Recherches*) enfant de chœur à la maîtrise de la collégiale de cette ville. Josquin eut pour maître le célèbre Ockeghem; il mourut vers 1531. Les plus anciens recueils de musique imprimée, sortis des presses de Petrucci, à Venise, et de P. Attaignant, à Paris, contiennent des œuvres de Josquin des Prez.

[7] Jean Ockeghem, dont le nom a été écrit Ockenheim, Okekem, Okenghem, Okergan et Olkegan, a dû, suivant M. Fétis, naître à Bavay, vers 1430. — Il fut premier chapelain chantre de la chapelle de Charles VII, de Louis XI et de Charles VIII. A la fin de sa carrière, il était attaché au service de l'abbaye de Saint-Martin de Tours en qualité de chantre et de trésorier. Il est mort dans cette ville peu après 1512. Cretin, qui a écrit une *Deploration* sur son trespas, s'exprime ainsi :

Il est donc mort? C'est mon. Mais qui? helas!
C'est Okergan le vaillant tresorier
De Saint-Martin, qui eut grand tresor hier
Et huy n'a riens, fors le merite seul
Que ore emporte aveccques un linseul.

[8] Hobrecht ou Obrecht (Jacques), célèbre contrapuntiste hollandais, paraît être né à Utrecht vers 1430. En 1465, il était maître de chapelle de l'église cathédrale de cette ville. Il passe pour avoir enseigné la musique à Erasme, qui, à l'âge de six ans (en 1473), aurait été placé comme enfant de chœur dans cette église.

[9] Agricola (Alexandre) est né dans les Pays-Bas. Ses œuvres sont citées comme des modèles par Sebald Heyden, dans le livre intitulé : *Musica*, publié en 1557.

On trouve des compositions d'Agricola dans les divers recueils imprimés par Petrucci à Venise et à Fossombrone.

[10] Brumel (Antoine). M. Fétis

melin[1], Vigoris[2], de la Fage[3], Bruyer[4], Prioris[5], Seguin[6], de la Rue[7], Midy[8], Moulu[9], Mouton[10], Guascoigne[11], Loyset

---

lui reconnaît un talent extraordinaire pour l'époque où il vécut. Petrucci a publié, en 1503, un recueil de cinq messes à quatre voix de la composition de Brumel. — On trouve trois autres de ses messes dans un recueil intitulé : *Liber XV missarum clectarum quæ per excellentissimos musicos compositæ fuerunt*. Roma, 1516.

[1] Ce nom nous est inconnu.

[2] Nous n'avons trouvé aucun renseignement sur ce compositeur.

[3] M. Fétis le nomme *Jean* de La Fage, et il ajoute qu'il fut souvent appelé en France maistre Jean, et en Italie La Faghe.

Dans le deuxième livre des motets de la couronne, publiés en 1519 à Fossombrone par Petrucci, on trouve le motet *O benignissime Domine Jesu*, par maistre Jean, et celui *Elisabeth Zachariæ magnum*; par *La Faghe*. Faut-il en conclure avec M. Fétis que Jean fut le prénom de La Fage?

M. Schmid (*Ottaviano dei Petrucci*) cite divers recueils où figure le nom de La Fage précédé soit de P., soit de F. — Etait-ce toujours le même compositeur?

[4] Ce nom, que nous reproduisons d'après l'édition originale, est écrit *Bruyor* par Le Duchat. Ne serait-ce pas Brugiér ou Brubyer (Antoine), musicien dont A. Schmid signale un morceau dans le recueil intitulé : *Bicina gallica, latina et germanica*?

[5] C'était un compositeur qui vivait vers 1512; car Cretin, dans sa *Deploration* sur le trespas d'Ockeghem, le somme de composer *un ne recorderis* :

Agricola, Verbonnet, Prioris,
Ne parlez plus de joyeux chants ne ris,
Mais composez *ung ne recorderis*
Pour lamenter nostre maistre et bon pere.

[6] Ce nom nous est inconnu.

[7] Ou de La Rue (Pierre). Glaréan (*Dodecachordon*, p. 134) en fait un Français; d'autres le font Belge. La Rue fut maître de chapelle à Anvers, au commencement du XVIe siècle.

[8] Nous n'avons trouvé nulle part le nom de Midy.

[9] M. Fétis et M. Schmid indiquent plusieurs recueils contenant des œuvres de ce musicien.

[10] Mouton (Jean) était Français et élève de Josquin des Prez, suivant ce que nous apprend Glaréan, qui le connut à Paris, en 1521. Mouton fit partie de la musique de François Ier; il dédia des messes à Léon X. Dans les recueils publiés par Petrucci, par Attaignant et ailleurs, on trouve des compositions de Jean Mouton.

[11] Guascoigne ou Gascogue (Matthieu) vivait au commencement du XVIe siècle. Les divers livres publiés par Pierre Attaignant contiennent des compositions de ce musicien; on en trouve aussi dans le *Concentus harmonicus* de Sablinger (Augsbourg, 1545). L'abbé Baini indique des messes sur des chansons françaises écrites par Gascogne, qui se trouvent dans les archives de la chapelle pontificale à Rome.

Compere[1], Penet[2], Fevin[3], Rouzée[4], Richardfort[5], Rousseau[6], Consilion[7], Constantio Festi[8], Jacquet Bercan[9], chantans melodieusement :

> Grand Tibault, se voulant coucher
> Avecques sa femme nouvelle,

[1] Loyset ou Louis Compere, célèbre contrapuntiste, qu'on a souvent confondu avec Loyset Piéton, paraît être né à Saint-Quentin vers le milieu du xve siècle. Il est mort le 16 août 1518. (*Etudes sur Saint-Quentin*, par Ch. Gomart.)

[2] Penet (Hilaire). A. Schmid, dans son livre *Ottaviano dei Petrucci*, cite quelques compositions de Penet.

[3] Fevin (Antoine) est né à Orléans vers la fin du xve siècle. Johanneau et Le Duchat le transforment à tort en *Fenin*. M. Fétis, qui a mis en partition trois messes de ce compositeur, assure que la troisième, *Missa de Feria*, à cinq voix, est un chef-d'œuvre de science et de facture. Un volume de messes d'Antoine de Fevin, publié en 1515 par Petrucci, en contient une (*le vilain jalous*) par de Fevin (Robert). Antoine et Robert étaient-ils frères? (Ant. Schmid.)

[4] De Rore (Cyprien), ou plutôt Van Roor, un des meilleurs madrigalistes du xvie siècle, suivant le P. Martini, est né à Malines en 1516. Il a été appelé quelquefois Rouzée ou La Rouzée. Il étudia sous Villaert, maître de chapelle de Saint-Marc, et, le 7 décembre 1562, il fut appelé à Venise pour succéder à son ancien maître, qui venait de mourir. Il n'entra en fonction qu'en mai 1563. (Caffi, *Histoire de la chapelle de Saint-Marc*). De Rore est mort en l'année 1565, maître de chapelle d'Octave Farnèse, duc de Parme.

[5] Richafort (Jean), compositeur belge, est né dans la deuxième moitié du xve siècle. Suivant le témoignage de Duverdier et de Ronsard, Richafort eut pour maître Josquin des Prez.

[6] Rousseau est sans doute le même que Roussel (François). Il était Italien, et ses compatriotes le nommaient F. *Rossello*, si nous en croyons Le Duchat. M. Fétis n'hésite pas à faire des deux un seul personnage. L'abbé Baini est un peu plus réservé : « F. *Rossello*, dit-il, o *Rosselli, forse il medesimo che F. Roussel.* » — Roussel fut nommé, en 1548, maître des enfants de chœur de la chapelle pontificale. D'après un registre de cette chapelle, il dut quitter Rome le 26 février 1550 ; on l'y retrouve, en 1572, maître de chapelle de Saint-Jean-de-Latran ; entre 1550 et 1572, il a bien pu venir en France et être nommé (comme le prétend Le Duchat) l'un des sous-maîtres de la chapelle de Henri II.

[7] Consilion ou Consilium (Jacques) vivait dans la première partie du xvie siècle. Il est connu par des motets et des chansons imprimées dans des recueils de ce temps.

[8] Const. Festi ou Festa, compositeur de l'école romaine, né vers la fin du xve siècle et mort le 10 avril 1545.

[9] Berchem (Jacques, Giachetto ou Jaquet), un des plus habiles compositeurs de son temps, est né en Flandre, au commencement du xvie siècle. Les Italiens l'ont appelé quelquefois *Giachetto di Mantova*.

S'en vint tout bellement cacher
Un gros maillet en la ruelle.
O mon doux amy! (ce dist elle),
Quel maillet vous voy je empoigner?
C'est (dist il) pour mieulx vous coingner.
Maillet (dist elle) il n'y faut nul.
Quand gros Jean me vient besoingner,
Il ne me coingne que du cul.

Neuf olympiades[1], et un an intercalare[2] après (ô belle mentule, voire dis je memoire. Je solecise souvent en la symbolization et colligance de ces deux motz)[3], je ouy Adrian Villart[4], Gombert[5], Janequin[6], Arcadelt[7], Claudin[8],

---

[1] [Maniere de compter les ans entre les Grecs, qui estoit de cinq en cinq ans.]

[2] [Onquel escheoit le bissexte comme est en ceste presente année 1552.] — Plin., lib. II, cap. 47.

[3] Je fais souvent erreur en identifiant, en confondant ces deux mots. — Rabelais, en grand écrivain qu'il est, se voit forcé de s'excuser de la fréquence de son *solécisme*; mais il était sûr qu'il ferait rire ses contemporains, et il n'en veut pas perdre l'occasion.

[4] Willaert (Adrien), un des plus célèbres musiciens belges du XVIᵉ siècle, fondateur de l'école de Venise, né à Bruges vers 1490, suivant M. Fétis, ou plutôt vers 1480, ainsi que le dit M. Caffi, et mort à Venise le 7 décembre 1562, maître de chapelle de l'église ducale de Saint-Marc.

[5] Gombert (Nicolas), compositeur belge, élève de Josquin des Prez, devint maître de chapelle de l'empereur Charles-Quint. M. Fétis, qui a mis en partition quelques œuvres de Gombert, vante surtout son talent dans le style fugué.

[6] Jannequin (Clément). Ses compositions brillent par l'invention et par une originalité dont on ne trouve point d'exemple dans les musiciens qui l'ont précédé. En 1515, il composa une chanson imitative à quatre parties sur la défaite des Suisses à la bataille de Marignan. Il a écrit des motets; on a aussi de lui : *le Chant des oiseaux, les Chants du rossignol, le Chant de l'alouette, la Prise de Boulogne, le Siege de Metz, le Caquet des femmes, la Jalouzie, la Chasse du cerf, la Guerre de Renty, les Cris de Paris*, etc. Janequin vivait encore en 1559, ainsi que le prouve le titre du *Verger de musique*, imprimé cette même année par Adrien Le Roy et Ballard.

[7] Arcadelt (Jacques), dont le nom est quelquefois orthographié *Archadet, Arkadelt, Harcadelt* ou *Arkadet*, est né dans les Pays-Bas vers la fin du XVᵉ siècle. Il eut divers emplois à la chapelle pontificale, puis il devint maître de chapelle du cardinal de Lorraine. Des motets inédits, des messes de sa composition, sont conservés dans les archives de la chapelle pontificale.

[8] Sermisy (Claude de), compositeur de mérite, est désigné dans la plupart des anciens recueils sous le simple nom de Claudin. Il était,

LIVRE IV.

Certon [1], Manchicourt [2], Auxerre [3], Villiers [4], Sandrin [5], Sohier [6], Hesdin [7], Morales [8], Passereau [9], Maille [10], Maillart [11], Jacotin [12], Heurteur [13], Verdelot [14], Carpen-

en 1532, sous-maître de la chapelle de François Ier, et, en 1547, maître de chapelle de Henri II. Le Duchat confond à tort Claude de Sermisy avec un autre compositeur du XVIe siècle, nommé Claudin le Jeune, ou simplement Claudin, et qui vivait encore en 1598.

[1] Certon (Pierre), compositeur de la première moitié du XVIe siècle, fut maître des enfants de chœur de la Sainte-Chapelle.

[2] Manchicourt (Pierre de), né à Béthune, vers 1530, fut d'abord chanoine d'Arras, puis *præfectus insignis ecclesiæ Turonensis*, ainsi qu'on le peut lire en tête d'un recueil publié à Paris, en 1539, chez P. Attaignant et Hubert Jullet, sous le titre de *XIX musicales cantiones*. (Ant. Schmid.)

[3] Nous lisons dans Ant. Schmid que le XVe livre de chansons à quatre parties (*XXX chansons nouvelles*) publié à Paris, en 1544, par Attaignant et Jullet, en contient d'un compositeur nommé Dauxerre.

[4] On trouve dans les recueils du XVIe siècle quelques motets et chansons de Pierre Villiers ou Vuillers.

[5] Ant. Schmid cite quelques morceaux d'un compositeur nommé Sandrin ou Sandryn.

[6] Ant. Schmid indique quelques morceaux de Sohier (Matthieu) dans des recueils du XVIe siècle.

[7] Hesdin (Pierre), greffier de la confrérie de Saint-Julien. (Fétis.)

[8] Morales (D. Cristobal), né à Séville, fut chanteur de la chapelle du pape, de 1535 à 1540, et maître de chapelle de la cathédrale de Séville, en 1545; il est mort probablement vers 1553.

[9] Dans le recueil intitulé : *Vingt et neuf chansons musicales à quatre parties* (Attaignant (P.), 1530) on en trouve une de Passereau. Il y en a aussi dans un recueil publié à Venise, en 1538, par Ant. Gardane, et dans les XIIIe et XVIe livres de chansons publiées en 1543 et 1545 par Attaignant.

[10] Ant. Schmid nous apprend que les XIIe et XVe livres de chansons publiées à Paris par Attaignant et Jullet, et dont un exemplaire se trouve à la bibliothèque impériale de Vienne, contiennent des chansons de Maille.

[11] Maillart (Jean) doit, suivant le témoignage de M. Fétis, avoir eu quelque renommée, car on trouve de ses compositions dans la plupart des recueils du temps.

[12] Jacotin a écrit plusieurs chansons sur des airs français.

[13] Heurteur (Guillaume le) était chanoine à l'église Saint-Martin de Tours vers le milieu du XVIe siècle.

[14] Verdelot (Philippe) était Belge. Guicciardini le place parmi les artistes qui avaient cessé de vivre en 1567. M. Fétis pense que Verdelot a peu produit; mais un témoignage contemporain nous fournit la preuve du contraire.

« Già sapete che qui in Firenze Verdelotto era mio amicissimo, del quale io ardirei di dire .... che ci fussino, come in vero ci sono *infinite* composizioni di musica, che ancor hoggi fanno maravigliare i più giudiziosi compositori che ci sieno. (*Ragionamenti Acad.* di Cosimo Bartoli. Venise, 1567.)

A. Schmid cite plusieurs compositions de Verdelot qui sont à la bi-

tras[1], Lheritier[2], Cadeac[3], Doublet[4], Vermont[5], Bouteiller[6], Lupi[7], Pagnier[8], Millet[9], du Mollin[10], Alaire[11], Marault, Morpain[12], Gendre[13], et autres joyeux musiciens en un jardin

[1] bliothèque impériale de Vienne. Le vrai nom de ce compositeur est Genet (Elzéar). Celui de Carpentras lui vient du lieu de sa naissance. Genet était prêtre et maître de la chapelle du pape. Il a écrit un *Magnificat* et des *Lamentations de Jérémie* pour la semaine sainte. Léon X fut tellement ravi de ce dernier ouvrage qu'il en nomma l'auteur évêque *in partibus*, le 1er novembre 1518. Genet revint à Avignon vers 1530. Il fit imprimer, de 1532 à 1535, par Jean de Channay, quatre recueils de ses œuvres, dont un seul exemplaire, grand in-folio, se trouve conservé à la bibliothèque impériale de Vienne.

[2] Lheritier (Jean), compositeur de l'école française, vécut dans la première moitié du XVIe siècle. Ant. Schmid signale plusieurs ouvrages de Lheritier dans le IIe livre des Motets de la couronne, publiés à Fossombrone, en 1519.

[3] Cadéac (Pierre) était Français. Le XVe livre des motets, publié à Paris, par P. Attaignant, en 1535, est le plus ancien recueil où l'on ait signalé le nom de ce musicien.

[4] Ce nom nous est inconnu.

[5] Vermont *Petrus* (Pierre) ou Vermond, ténor de la chapelle de François Ier, en 1532 (Castil-Blaze, *Chapelle-musique des rois de France*), était, en 1547, chapelain des hautes messes. (Fétis.) On trouve des motets de Vermont non-seulement dans les VIIe et XIe livres publiés par Attaignant, comme le dit M. Fétis, mais aussi dans les Ier, IIIe, IVe, IXe et XIIe livres.

[6] M. Fétis cite deux musiciens du nom de Bouteiller. Bouteiller l'aîné était maître de musique de la cathédrale de Châlons-sur-Marne, et Bouteiller le jeune, maître de musique de la cathédrale de Meaux. M. Ant. Schmid nous apprend que dans le Ier et le IIe livre de motets, publiés à Paris, en 1534, par P. Attaignant, il s'en trouve sous le nom de Bouteiller l'aîné.

[7] On trouve, au XVIe siècle, plusieurs compositeurs du nom de Lupi : Jean Lupi, Denis Lupi second et Lupus. M. Schmid ne fait qu'un personnage de Jean Lupi et de Lupus.

[8] Ant. Schmid cite un recueil de motets imprimé à Nuremberg, en 1540, dans lequel figure parmi les auteurs un compositeur du nom de Paignier.

[9] Nous ne savons rien sur lui.

[10] Du Mollin ou Dumoulin (Jean) est cité par Walther et Gerber. Il était maître de chapelle de la cathédrale de Sens. Ant. Schmid indique divers recueils où l'on trouve des messes et des motets de Jean Dumoulin.

[11] Schmid cite des messes d'Alaire dans un recueil d'Attaignant, 1534.

[12] Le nom de Morpain figure dans le XVIe livre de chansons à quatre parties, publié à Paris, en 1545, par Attaignant et Jullet. (Schmid.)

[13] Gendre (Jean le), né à Paris, au commencement du XVIe siècle, est auteur d'une *Briefve introduction en la musique, tant en plainchant que choses faictes*, Paris, Attaignant, 1554. Il a écrit des chansons.

secret, sous belle feuillade, autour d'un rampart de flacons, jambons, pastés, et diverses cailles coyphées mignonnement chantans:

>S'il est ainsi que coignée sans manche
>Ne sert de rien, ne houstil sans poingnée,
>Afin que l'un dedans l'autre s'emmanche
>Prends que sois manche, et tu seras coignée.

Ores seroit à sçavoir quelle espece de coignée demande ce criart Couillatris.

A ces motz tous les venerables dieux et déesses s'eclaterent de rire, comme un microcosme [1] de mouches. Vulcan, avec sa jambe torte, en fit pour l'amour de s'amie trois ou quatre beaux petitz saultz en plate forme. Ça, ça (dist Jupiter à Mercure), descendez presentement là bas, et jettez es pieds de Couillatris trois coignées: la sienne, une autre d'or, et une tierce d'argent massives toutes d'un qualibre. Luy ayant baillé l'option de choisir, s'il prend la sienne et s'en contente, donnez luy les deux autres. S'il en prend autre que la sienne, coupez luy la teste avec la sienne propre. Et desormais ainsi faites à ces perdeurs de coignées.

Ces paroles achevées, Jupiter contournant la teste comme un singe qui avalle pillules, fit une morgue [2] tant espouvantable que tout le grand Olympe trembla.

Mercure avec son chapeau pointu, sa capeline, talonnieres, et caducée, se jette par la trappe des cieulx, fend le vuide de l'air, descend legierement en terre : et jette es pieds de Couillatris les trois coignées, puis luy dit : Tu as assez crié pour boire. Tes prieres sont exaulsées de Jupiter. Regarde laquelle de ces trois est ta coignée, et l'emporte. Couillatris souleve la coignée d'or : il la regarde et la trouve bien poisante : puis dit à Mercure : M'armes [3], ceste c'y n'est mie la mienne. Je

---

[1] [Petit monde.]
[2] Un regard sévère. Les Bourguignons ont encore le verbe *morgognai* (diminutif de *morguai*), regarder d'un œil fixe et impertinent.

Cette expression rappelle le vers de Virgile.
.... Et totum nutu tremefecit Olympum.
(*Énéide*.)

[3] Sur mon âme.

n'en veulx grain. Autant fait de la coignée d'argent, et dit : Non est ceste cy. Je la vous quitte. Puis prend en main la coignée de bois : il regarde au bout du manche : en iceluy recognoit sa marque : et tressaillant tout de joye, comme un renard qui rencontre poulles esguarées, et soubriant du bout du nez, dit : Merdigues, ceste cy estoit mienne. Si me la voulez laisser, je vous sacrifiray un bon et grand pot de laict tout fin couvert de belles frayres [1] aux Ides (c'est le quinziesme jour) de may.

Bon homme, dist Mercure, je te la laisse, prends la. Et pource que tu as opté et souhaité mediocrité en matiere de coignée, par le veuil [2] de Jupiter je te donne ces deux autres. Tu as de quoy dorenavant te faire riche. Sois homme de bien.

Couillatris courtoisement remercie Mercure : revere le grand Jupiter : sa coignée antique attache à sa ceinture de cuir, et s'en ceinct sus le cul, comme Martin de Cambray. Les deux autres plus poisantes il charge à son coul. Ainsi s'en va prelassant [3] par le pays, faisant bonne troigne parmy ses paroissiens et voisins, et leur disant le petit mot de Patelin : En ay je [4] ? Au lendemain, vestu d'une sequenie [5] blanche, charge sus son dours [6] les deux precieuses coignées, se transporte à Chinon [7], ville insigne, ville noble, ville antique, voire premiere du monde, selon le jugement et assertion des plus doctes Massoretz. En Chinon il change sa coignée d'argent en beaux testons et autre monnoye blanche : sa coignée d'or en beaux salutz, beaux moutons à la grande laine, belles riddes [8], beaux royaulx, beaux escuz au

---

[1] Fraises.

[2] La volonté.

[3] La Fontaine a fait son profit de ce mot pittoresque :

L'âne, se prelassant, marche seul devant eux.
(Le Meunier, son Fils et l'Asne.)

[4] Sous-ent. du drap ? quand Patelin se vante auprès de sa femme d'avoir soutiré le drap au marchand.

[5] Souquenille ou souquenie, espèce de blouse. Molière, dans l'A-varé, s'est servi de ce mot, que nous retrouvons sous ses formes propres dans la plupart des dialectes slaves. *Sukienka*, en polonais, *Suknicka*, en bohême, *Sukniozka*, en sorabe *Sukgniza*, en ragusien, etc.

[6] Dos.

[7] On sait que Chinon était la patrie de Rabelais.

[8] « Les pièces d'or appelées *rides* ont la figure d'un chevalier eslan-

soleil. Il en achapte force mestairies, force granges, force mas [1], force bordes [2] et bordieux, force cassines : prés, cens, force vignes, bois, terres labourables, pastis, estangs : moulins, jardins, saulsayes : bœufz, vaches, brebis, moutons, chevres, truyes, pourceaulx, asnes, chevaulx, poulles, coqs, chappons, poulletz, oyes, jars, canes, canars, et du menu [3]. Et en peu de temps fut le plus riche homme du pays : voire plus que Maulevrier le boiteux.

Les francs gontiers et Jacques bons homs [4] du voisinage, voyans ceste heureuse rencontre de Couillatris, furent bien estonnés : et fut en leurs esprits la pitié et commiseration, que auparavant avoient du pauvre Couillatris, en envie changée de ses richesses tant grandes et inopinées. Si commencerent courir, s'enquerir, guementer, informer par quel moyen, en quel lieu, en quel jour, à quelle heure, comment et à quel propous luy estoit ce grand thesaur advenu. Entendans que c'estoit par avoir perdu sa coignée, Hen, hen, dirent ilz, ne tenoit il qu'à la perte d'une coignée que riches ne fussions? Le moyen est facile, et de coust bien petit. Et donc telle est on temps present la revolution des cieulx, la constellation des astres, et aspect des planettes, que quiconque coignée perdra soudain deviendra ainsi riche? Hen, hen. Ha, par Dieu, coignée, vous serez perdue, et ne vous

---

çant son cheval pour courre, » dit Fauchet, qui dérive ce mot de l'allemand *reiten*, chevaucher. Il ressemble encore plus à l'anglais *ride*.

[1] Lots de terre (en patois poitevin).

[2] Habitations de campagne. En Gascogne, et ailleurs, les métayers s'appellent encore des *bordiers*.

[3] De la menue volaille, expression poitevine.

[4] Le *Francgontier* ou *Francgaultier*, au moyen âge, c'est le type de la vie libre, c'est l'habitant des forêts ou des campagnes, quelque chose comme l'*outlaw* de Robin Hood. Voy. les *Dicts* et les *Contredicts du Franc-Gauthier* de Philippe de Vitry et Marot, et dans le *Dialogue du Mondain* :

De tous estats le plus entier
Et qui me revient à merveilles,
C'est la vie de Franc-gautier,
Qui vit entre ses pastourelles
Au chant des oyseaulx soubs les fueilles, etc.

Jacques Bonhomme était le nom ou le surnom du chef de la Jacquerie, au temps du roi Jean. De là le sobriquet de *bonhomme* donné aux paysans. On disait que les gens d'armes vivaient sur le *bonhomme*. On lit dans une vieille chanson :

Cessez, cessez, gens d'armes et piétons,
De piller et manger le bonhomme
Qui dès longtemps Jacques Bonhomme
Se nomme.

en desplaise. Adonc tous perdirent leurs coignées. Au diable l'un [1] à qui demoura coignée. Il n'estoit filz de bonne mere qui ne perdist sa coignée. Plus n'estoit abatu, plus n'estoit fendu bois on pays, en ce default de coignées.

Encores dit l'apologue Esopique, que certains petits janspill'hommes [2] de bas relief, qui à Couillatris avoient le petit pré et le petit moulin vendu pour soy guorgiaser à la monstre [3], advertiz que ce thesaur luy estoit ainsi et par ce moyen seul advenu, vendirent leurs espées pour achapter coignées, afin de les perdre, comme faisoient les paysans, et par icelle perte recouvrir montjoie [4] d'or, et d'argent. Vous eussiez proprement dit que fussent petits Romipetes [5], vendans le leur, empruntans l'autruy, pour achapter mandats à tas d'un pape nouvellement creé. Et de crier et de prier, et de lamenter et invocquer Jupiter. Ma coignée, ma coignée, Jupiter! Ma coignée deçà, ma coignée delà, ma coignée, ho, ho, ho, ho! Jupiter, ma coignée! L'air tout autour retentissoit aux cris et hurlemens de ces perdeurs de coignées.

Mercure fut prompt à leur apporter coignées, à un chascun offrant la sienne perdue, autre d'or, et une tierce d'argent. Tous choisissoient celle qui estoit d'or, et l'amassoient remercians le grand donateur Jupiter. Mais sus l'instant qu'ilz la levoient de terre, courbés et enclins, Mercure leur tranchoit les testes, comme estoit l'edict de Jupiter. Et fut des testes coupées le nombre equal et correspondant aux coignées perdues. Voyla que c'est. Voyla qu'advient [6] à ceux qui en simplicité souhaitent et optent choses mediocres. Prenez y tous exemple, vous autres gualliers [7] de plat pays qui dictes que, pour dix mille francs d'intrade [8], ne quitte-

---

[1] L'homme, celui à qui, etc.
[2] Variante rabelaisienne de *gentilhomme*.
[3] Les *monstres* ou revues féodales étaient une occasion de dépense pour les pauvres gentilshommes. Du Bellay dit qu'au camp du Drap-d'Or plus d'un noble portait ses prés et ses moulins sur ses épaules.
[4] Monceau. On appelait ainsi des buttes de terre surmontées d'une croix, qui servaient de stations aux pèlerins. Othon de Frisingen donne le nom de *Mons gaudii* au Vatican.
[5] Pèlerins se rendant à Rome.
[6] Ce qui advient.
[7] Galériens, gens de peu.
[8] De rente.

riez vos souhaits. Et desormais ne parlez ainsi impudentement, comme quelquefois je vous ay ouy souhaitans : Pleust à Dieu que j'eusse presentement cent soixante et dixhuit millions d'or! Ho, comment je triompherois! Vous males mules[1]? Que souhaiteroit un roy, un empereur, un pape d'avantage?

Aussi voyez vous par experience que, ayans fait telz oultrés souhaits, ne vous en advient que le tac [2] et la clavelée : en bourse pas maille : non plus que aux deux belistrandiers [3] souhaiteux à l'usage de Paris [4]. Desquelz l'un souhaitoit avoir en beaux escuz au soleil, autant que a esté en Paris despendu, vendu et achapté, depuis que pour l'edifier on y jetta les premiers fondemens, jusques à l'heure presente : le tout estimé au taux, vente, et valeur de la plus chere année qui ait passé en ce laps de temps. Cestuy en vostre advis estoit il desgousté? Avoit il mangé prunes aigres sans peler? Avoit il les dents esguassées? L'autre souhaitoit le temple de Nostre Dame tout plein d'aiguilles asserées, depuis le pavé jusques au plus haut des voultes, et avoir autant d'escuz au soleil qu'il en pourroit entrer en autant de sacs que l'on pourroit couldre de toutes et une chascune aiguille, jusques à ce que toutes fussent crevées ou espoinctées. C'est souhaité cela. Que vous en semble? Qu'en advint il? Au soir un chascun d'eux eut les mules au talon, le petit cancre au menton, la male [5] toux au poulmon, le catarrhe au gavion, le gros froncle [6] au cropion. Et au diable le boussin de pain pour s'escurer les dents.

Souhaitez donc mediocrité : elle vous adviendra, et en-

---

[1] Je vous souhaite de mauvaises engelures aux talons. C'était une imprécation fort usitée. Le Dict. de l'Acad. donne encore à *mules* le sens d'engelures.

[2] Pasquier parle, dans ses *Recherches*, de la maladie du *tac* qui courut vers 1411 et qu'on souhaitait à ses ennemis, en manière d'imprécation. On sait que la *cla-*

velée est une maladie des bestiaux.

[3] Terme de mépris. Nous avons conservé *bélître*.

[4] Qui en souhaitent plus long que les autres. C'est une analogie tirée des Offices et de l'aune à l'usage de Paris.

[5] La mauvaise.

[6] Ce mot est encore usité en

cores mieulx, deuement ce pendant labourans et travaillans. Voire mais, dictes vous, Dieu m'en eust aussi toust donné soixante et dixhuit mille comme la treiziesme partie d'un demy. Car il est tout puissant. Un million d'or luy est aussi peu qu'un obole. Hay, hay, hay. Et de qui estes vous appris ainsi discourir et parler de la puissance et predestination de Dieu, pauvres gens? Paix. St, St, St. Humiliez vous davant sa sacrée face, et recognoissez vos imperfections.

C'est, goutteux, sus quoy je fonde mon esperance, et croy fermement que (s'il plaist au bon Dieu) vous obtiendrez santé : veu que rien plus que santé pour le present ne demandez. Attendez encores un peu avec demie once de patience.

Ainsi ne font les Genevois [1], quand au matin avoir dedans leurs escritoires et cabinetz discouru, propensé et resolu, de qui et de quelz celuy jour ilz pourront tirer denares [2], et qui par leur astuce sera beliné [3], corbiné [4], trompé et affiné [5], ilz sortent en place, et s'entresaluant, disent : *Sanita et guadain, messer.* Ilz ne se contentent de santé : d'abondant ilz souhaitent gaing, voire les escuz de Gadaigne [6]. Dont advient qu'ilz souvent n'obtiennent l'un ne l'autre. Or en bonne santé toussez un bon coup, beuvez en trois, secouez de hait vos oreilles, et vous oyrez dire merveilles du noble et bon Pantagruel.

Poitou, en Saintonge, en Berry, etc., pour *furoncle*.

[1] Les habitants de Gênes, et non point ceux de Genève. Nous avons maintes fois entendu donner le nom de *Genevois* aux marchands de Gênes qui se rendaient en grand nombre à Bordeaux pour les foires.

[2] Argent.

[3] Dom Bélin, ou le mouton, est le type de la simplicité dans le *Roman du Renard.* De là *béliner,* tromper, de même qu'on dit trivialement dans le même sens : dindonner.

[4] De *cor binum,* cœur double. Voy. Du Cange au mot *Corbium.*

[5] Notre maître Mitis
Pour la seconde fois les trompe et les affine.
(La Fontaine, l. III, f. 10.)

[6] Thomas de Guadagne, financier du temps, qui prêta de l'argent à François Ier prisonnier. Gain se dit en italien *guadagno.*

CHAPITRE I.

Comment Pantagruel monta sur mer pour visiter l'oracle de la dive Bacbuc.

On mois de juin, au jour des festes Vestales [1], celuy propre auquel Brutus conquesta Espagne, et subjuga les Espagnolz, onquel aussi Crassus l'avaricieux fut vaincu et defait par les Parthes, Pantagruel prenant congé du bon Gargantua son pere, iceluy bien priant (comme en l'Eglise primitive estoit louable coustume entre les saints christians) pour le prospere navigage de son filz et toute sa compaignie, monta sur mer au port de Thalasse, accompaigné de Panurge, frere Jean des Entomeures, Epistemon, Gymnaste, Eusthenes, Rhizotome, Carpalim et autres siens serviteurs et domestiques anciens, ensemble de Xenomanes [2] le grand voyageur et traverseur des voies perilleuses [3], lequel certains jours paravant estoit arrivé au mandement de Panurge. Iceluy pour certaines et bonnes causes avoit à Gargantua laissé et signé, en sa grande et universelle hydrographie, la route qu'ilz tiendroient visitans l'oracle de la dive Bouteille Bacbuc [4].

Le nombre des navires fut tel que vous ay exposé au tiers livre en conserve [5] de triremes, ramberges [6], galions, et li-

---

[1] De Vesta, le 9 juin.
[2] Ce mot, formé du grec, signifie : Ami des étrangers.
[3] On sait que c'était le surnom pris par Jehan Bouchet, ami de Rabelais.
[4] C'est une onomatopée hébraïque (*Bacbuc*) pour exprimer le glouglou de la bouteille.
Le mot chaldéen *bacbuc* est employé dans la Bible, 1° dans le sens de bouteille (Rois, XIV, 3, Jérémie, XIX, 1 ; (grec βόμβυλος); 2° comme nom propre, Esra, II, 51, Néhémie, VII, 53.
[5] En compagnie, pour les protéger et en être protégé au besoin.
[6] Un contemporain et ami de Rabelais va nous donner l'explication de ce mot. « Il y a une espèce

burnicques[1] nombre pareil : bien equippées, bien calfatées, bien munies avec abondance de Pantagruelion. L'assemblée de tous officiers, truchemens, pilotz, capitaines, nauchiers, fadrins[2], hespailliers[3] et matelotz fut en la *Thalamege*[4]. Ainsi estoit nommée la grande et maistresse nauf de Pantagruel, ayant en pouppe pour enseigne une grande et ample Bouteille, à moitié d'argent bien lis et poly : l'autre moitié estoit d'or esmaillé de couleur incarnat. En quoy facile estoit juger que blanc et clairet estoient les couleurs des nobles voyagiers, et qu'ilz alloient pour avoir le mot de la Bouteille.

Sur la pouppe de la seconde estoit haut enlevée une lanterne antiquaire, faite industrieusement de pierre sphengitide[5] et speculaire : denotant qu'ilz passeroient par Lanternois.

La tierce pour devise avoit un beau et profond hanap de porcelaine. La quarte un potet d'or à deux anses, comme si fust une urne antique. La quinte un broc insigne, de sperme[6] d'emeraude. La siziéme un bourrabaquin[7] monachal, fait des quatre metaulx ensemble. La septieme un entonnoir

---

de navires particuliers, dont usoient nos ennemis (les Anglais), en forme plus longue que ronde, et plus estroitte beaucoup que les galeres, pour mieux se regir et commander aux courantes qui sont ordinaires en ceste mer : à quoy les hommes sont si duits qu'avecques ces vaisseaux ils contendent de vitesse avec les galeres, et les nomment ramberges. » *Mémoires de Martin du Bellay*, liv. X.

[1] « Les Liburniens, dit Appien, étaient une peuplade d'Illyrie dont les citoyens désolaient la mer d'Ionie, et pillaient les îles avec des navires légers et rapides ; c'est de là qu'aujourd'hui encore les Romains donnent le nom de *liburniennes* à leurs birèmes rapides et légères. »

[2] *Fadri*, en catalan, signifiait primitivement jeune garçon, et désignait en marine de jeunes matelots.

[3] Rameurs. Nous avons expliqué ce mot à la p. 740 du Ier vol., note 2.

[4] Les thalaméges égyptiennes étaient des navires de luxe où se trouvaient des lits, *thalami*; tel était celui de Cléopâtre.

[5] Il faut probablement lire *Phengitide*, car Pline, l. XXXVI, cap. 46, parle d'une pierre qu'il appelle *phengites* et qu'il rapproche de la pierre spéculaire.

[6] Le Duchat cite un ancien auteur, Du Pinet, qui désigne par les mots *presme d'emeraulde* une espèce d'émeraude bâtarde. La transformation de *presme* en *sperme* est tout à fait dans le goût de Rabelais.

[7] Sorte de verre à boire.

de ebene, tout requamé¹ d'or à ouvrage de tauchie ². La huitieme un gobelet de lierre bien precieux, battu d'or à la damasquine. La neuvieme une brinde ³ de fin or obrizé ⁴. La dixieme, une breusse de odorant agaloche ⁵ (vous l'appellez bois de aloes) porfilée d'or de Cypre à ouvrage d'Azemine ⁶. L'unzieme une portouoire ⁷ d'or faite à la mosaïque. La douzieme un barrault ⁸ d'or terny, couvert d'une vignette de grosses perles indicques, en ouvrage topiaire ⁹. De mode que personne n'estoit tant triste, fasché, rechigné, ou melancholicque fust, voire y fust Heraclitus le pleurart, qui n'entrast en joye nouvelle, et de bonne ratte ne soubrist, voyant ce noble convoy de navires en leurs devises: ne dist que les voyagiers estoient tous beuveurs gens de bien, et ne jugeast en prognostic asseuré que le voyage, tant de l'aller que du retour, seroit en alaigresse et santé parfaicte.

En la Thalamege donc fut l'assemblée de tous. Là Pantagruel leur fit une brieve et sainte exhortation, toute autorisée de propos extraitz de la Sainte Escripture, sus l'argument de navigation. Laquelle finie, fut haut et clair faite priere à Dieu, oyans et entendans tous les bourgeois et citadins de Thalasse, qui estoient sur le mole accouruz pour voir l'embarquement.

Aprés l'oraison fut melodieusement chanté le psaulme du saint roy David, lequel commence: *Quand Israel hors d'Egypte sortit.* Le psaulme parachevé, furent sur le tillac les

---

¹ Brodé, *ricamato* (ital.).
² De divers métaux émaillés.
³ Il est évident, par ce qui précède et ce qui suit, que ce mot a ici le sens de vase à boire. « *Brindare* dicunt Itali pro propinare: » ainsi s'exprime Du Cange, et en effet les Italiens ont encore le terme de *brindisi*, toast, mais leurs lexicographes le disent étranger et le soupçonnent d'être d'origine grecque.
⁴ Recuit et purifié. (Voyez dans Du Cange, *Lexicon mediæ et infimæ græcitatis*, verbo Ὄβρυζον.)
⁵ Du Grec ἀγάλλοχον, aloès.
⁶ A la persane, suivant Le Duchat.
⁷ Hotte de vendange.
⁸ Mesure de liquides, usitée en Languedoc, où elle contient 27 pintes, et en mesures nouvelles, 51,42.
⁹ Imitant les végétaux. Le *topiarius*, chez les Romains, était celui qui façonnait les arbres et les plantes.

tables dressées, et viandes promptement apportées. Les Thalassiens, qui pareillement avoient le psaulme susdit chanté, firent de leurs maisons force vivres et vinage apporter. Tous beurent à eux. Ilz beurent à tous. Ce fut la cause pourquoy personne de l'assemblée onques par la marine ne rendit sa gorge, et n'eut perturbation d'estomac ny de teste. Auxquelz inconveniens ne eussent tant commodement obvié, beuvans par quelques jours paravant de l'eau marine, ou pure, ou mixtionnée avec le vin : ou usans de chair de coings, d'escorce de citron, de jus de grenades aigres-douces: ou tenans longue diete : ou se couvrans l'estomac de papier : ou autrement faisans ce que les fouz medecins ordonnent à ceux qui montent sur mer.

Leurs beuvettes souvent reiterées, chascun se retira en sa nauf: et en bonne heure, firent voile au vent grec levant, selon lequel le pilot principal, nommé Jamet Brayer [1], avoit designé la route, et dressé la calamite de toutes les boussoles. Car l'advis sien et de Xenomanes aussi fut, veu que l'oracle de la dive Bacbuc estoit prés le Catay en Indie superieure, ne prendre la route ordinaire des Portugalois, lesquelz, passans la ceincture ardente [2], et le cap de Bona-Speranza [3] sur la pointe meridionale d'Afrique oultre l'Æ-

---

[1] Suivant une communication obligeante de M. Ferdinand Denis, si versé dans ces matières, Jamet Brayer n'est pas un personnage imaginaire. Il était né dans le Poitou, avait acquis dès le règne de Louis XII la réputation d'excellent marin, et la conserva sous François Ier. A cette époque il existait en France plusieurs pilotes renommés, tels que Guillaume le Testu, Alphonse le Saintongeais, etc.

M. Margry, se fondant sur le prénom diminutif *Jamet* donné au père de Jacques Cartier dans son acte de baptême, sur le point de départ commun, Saint-Malo, d'où le pilote de Pantagruel et le célèbre explorateur du Canada mirent également à la voile pour leurs voyages de découverte, n'hésite pas à croire que Rabelais veut désigner ce dernier sous le pseudonyme transparent de Jamet Brayer.

Quant à Xenomanes, il y voit la personnification du pilote Jean Alphonse de Saintonge que nous venons de nommer, et qui a, lui aussi, « laissé et signé une *grande hydrographie.* » Margry, l'*Hydrographie d'un découvreur du Canada et les Pilotes de Pantagruel*, dans *les Navigations françaises du XIVe au XVIe siècle*. Paris, 1867, petit in-8º.

[2] La zone torride.

[3] Le cap des tempêtes, doublé pour la première fois en 1487, par

quinoxial, et perdans la veue et guide de l'aisseuil septentrional, font navigation enorme : ains suivre au plus prés le parallele de ladite Indie, et girer autour d'iceluy pole par occident : de maniere que tournoyans sous septentrion l'eussent en pareille elevation comme il est au port de Olone, sans plus en approcher, de peur d'entrer et estre retenuz en la mer Glaciale. Et suivans ce canonique destour par mesme parallele, l'eussent à dextre vers le levant, qui au departement leur estoit à senestre.

Ce que leur vint à profit incroyable. Car sans naufrage, sans danger, sans perte de leurs gens, en grande serenité (exceptez un jour prés l'isle des Macreons), firent le voyage de Indie superieure en moins de quatre mois : lequel à peine fesoient [1] les Portugaloys en trois ans, avec mille fascheries [2] et dangers innumerables. Et suis en ceste opinion, sauf meilleur jugement, que telle route de fortune fut suivie par ces Indians qui naviguerent en Germanie, et furent honorablement traictés par le roy des Suedes [3], on temps que Q. Metellus Celer estoit proconsul en Gaulle, comme descrivent Corn. Nepos, Pomp. Mela, et Pline [4] aprés eux.

Barthelemy Dias, avait reçu d'Emmanuel le nom de *cabo da Boa Esperança*. Rabelais le désigne par sa dénomination italienne. A l'époque où parut le IVe livre, en 1552, le travail de Fernand Lopes de Castanheda aurait pu à la rigueur être en partie connu de Rabelais : nous supposons cependant que notre auteur puise toute son érudition sur l'Inde dans Ludovico Varthema, que nous voyons réimprimé coup sur coup, en italien, à Venise, 1517; même ville, 1520, et Milan, 1523. Varthema ou Barthema, qui voyageait dans les Indes orientales dès l'année 1507, avait produit une vive sensation en Italie, et c'était par lui qu'on était instruit des étonnantes expéditions que renouvelait le Portugal. L'ami d'Erasme, Damiao de Goes, voyageait alors dans le nord de l'Europe, et avait pu instruire Rabelais de certaines particularités touchant les navigations de long cours. Dès le XVIe siècle la théorie réalisée par Macclure préoccupait déjà bien des esprits, et Rabelais se rendait l'interprète d'idées qu'il réléguait néanmoins dans le domaine de la cosmographie fantastique. L'espace de temps assigné au mode de navigation employé par les Portugais pour se rendre aux Indes est évidemment fort exagéré. (Nous devons également cette note à M. F. Denis.)

[1] Leçon moderno. — *Fervient*, éd. part. et de 1552.
[2] Milles peines.
[3] Suèves.
[4] *Hist. nat.*, l. II, c. 67.

CHAPITRE II.

Comment Pantagruel en l'isle de Medamothi achapta plusieurs belles choses.

Cestuy jour et les deux subsequens, ne leur apparut terre ne chose autre nouvelle. Car autresfois avoient aré [1] ceste route. Au quatrieme descouvrirent une isle nommée Medamothi [2], belle à l'œil et plaisante, à cause du grand nombre des phares et hautes tours marbrines, desquelles tout le circuit estoit orné, qui n'estoit moins grand que de Canada [3].

Pantagruel, s'enquerant qui en estoit dominateur, entendit que c'estoit le roy Philophanes [4], lors absent pour le mariage de son frere Philotheamon [5] avec l'infante du royaume de Engys [6]. Adonc descendit on havre, contemplant, ce pendant que les chormes [7] des naufz faisoient aiguade, divers tableaux, diverses tapisseries, divers animaux, poissons, oiseaux et autres marchandises exotiques et peregrines, qui estoient en l'allée du mole, et par les halles du port. Car c'estoit le tiers jour des grandes et solennes foires du lieu, esquelles annuellement convenoient tous les plus riches et fameux marchands d'Afrique et Asie. D'entre lesquelles frere Jean achapta deux rares et precieux tableaux, en l'un desquelz estoit au vif peint le visage d'un appellant [8] : en l'autre estoit le por-

---

[1] Labouré ; c'est le *maris æquor arandum* de Virgile.

[2] Μηδαμόθι, nulle part, en grec.

[3] On sait que ce pays avait été nouvellement découvert par Jacques Cartier.

[4] Qui aime l'éclat, le grand jour.

[5] Ami des spectacles.

[6] Ἐγγύς, proche ; c'est tout à fait le pendant de l'ile Nulle-part.

[7] Pour chiormes ou chiourmes, les équipages.

[8] On disait proverbialement, d'une personne qui avait le visage altéré, défait, qu'elle avait un *visage d'appelant*, c'est-à-dire d'homme qui a perdu son procès et qui en attend la révision.

traict d'un varlet qui cherche maistre, en toutes qualités requises, gestes, maintien, minois, alleures, physionomie, et affections : peinct et inventé par maistre Charles Charmois[1], peinctre du roy Megiste[2] : et les paya en monnoie de cinge.

Panurge achapta un grand tableau peinct et transsumpt[3] de l'ouvrage jadis fait à l'aiguille par Philomela, exposante et representante à sa sœur Progné comment son beau frere Tereus l'avoit depucellée[3], et sa langue coupée, afin que tel crime ne decelast. Je vous jure, par le manche de ce fallot, que c'estoit une peincture gualante et mirifique. Ne pensez, je vous prie, que ce fust le protraict d'un homme couplé sus une fille. Cela est trop sot, et trop lourd. La peincture estoit bien autre, et plus intelligible. Vous la pourrez voir en Theleme, à main gauche, entrans en la haute galerie.

Epistemon en achapta un autre, onquel estoient au vif peinctes les Idées de Platon, et les Atomes de Epicurus. Rhizotome en achapta un autre on quel estoit Echo selon le naturel representée.

Pantagruel par Gymnaste fit achapter la vie et gestes de Achilles, soixante et dixhuit pieces de tapisserie à hautes lisses, longues de quatre, larges de trois toises, toutes de saye phrygienne, requamée d'or et d'argent. Et commençoit la tapisserie aux nopces de Peleus et Thetis, continuant la nativité d'Achilles, sa jeunesse descrite par Stace Papinie, ses gestes et faits d'armes celebrés par Homere, sa mort et exeques descrits par Ovide, et Quinte Calabrois, finissant en l'apparition de son ombre, et sacrifice de Polyxene descrit par Euripides[4].

---

[1] Dans le manuscrit du Ve livre, qui est à la Bibliothèque nationale, il est aussi question à la fin du ch. 26, du « pourtraict d'un varlet cherchant maistre, jadis depainct par Charles Charmois Aurelian ». M. de Laborde, *Renaissance des arts*, p. 950, identifie ce personnage avec Charles Carmoy, qui travailla aux peintures de Fontainebleau de 1537 à 1550, et avec « maistre Charles (peintre fort excellent) », dont Bernard Palissy fait mention dans son *Discours de la nature des eaux*, etc.

[2] Μέγιστος, très-grand. Philibert de l'Orme est aussi qualifié au ch. 61 de ce livre, de « grand architecte du roi Megiste ».

[3] Emprunté, copié.

[4] Brantôme parle d'une tapisserie

Fit aussi achapter trois beaux et jeunes unicornes : un masle de poil alezan tostade, et deux femelles de poil gris pommelé. Ensemble un tarande [1], que luy vendit un Scythien de la contrée des Gelones.

Tarande est un animal grand comme un jeune taureau, portant teste comme est d'un cerf, peu plus grande : avec cornes insignes largement ramées : les pieds forchuz : le poil long comme d'un grand ours : la peau peu moins dure qu'un corps de cuirasse. Et disoit le Gelon peu en estre trouvé parmy la Scythie, parce qu'il change de couleur selon la varieté des lieux esquelz il paist et demoure. Et represente la couleur des herbes, arbres, arbrisseaux, fleurs, lieux, pastiz, rochiers, generalement de toutes choses qu'il approche.

Cela luy est commun avec le Poulpe marin, c'est le Polype : avec les Thoes, avec les Lycaons de Indie [2] : avec le Chameleon, qui est une espece de Lizart tant admirable, que Democritus a fait un livre entier de sa figure, anatomie, vertus, et proprieté en magie. Si est ce que je l'ay veu couleur changer, non à l'approche seulement des choses colorées, mais de soy mesmes, selon la peur et affections qu'il avoit [3]. Comme sus un tapis verd, je l'ay veu certainement verdoyer : mais y restant quelque espace de temps, devenir jaune, bleu, tanné, violet par succes [4] : en la façon que voyez la creste des coqs d'Inde couleur selon leurs passions changer. Ce que sus tout trouvasmes en cestuy Tarande admirable est que non seulement sa face et peau, mais aussi tout son poil telle couleur prenoit quelle estoit es choses voisines. Prés de Panurge

---

qu'il avait vue à Gênes chez un banquier, qui la faisait trente mille écus. « Elle estoit, dit-il, historiée des faicts d'Achilles devant Troye, et de ses combats, si bien representés qu'on sembloit les voir à bon escient. »

[1] Animal plus ou moins fantastique, dont Pline, au chap. 34 de son livre VIII, et Ælien, liv. II, ch. 16 (*Historia animalium*), donnent une description que leur emprunte ici Rabelais, sans y ajouter beaucoup.

[2] « Sunt et sævissimæ feræ omni colore varii Lycaones. » (Pomponius Mela, III, 9.)

[3] « Colorem mutat (Polypus) ad similitudinem loci et maxime in metu. » (Plin., *Natur. histor.*, lib. VIII. c. 51.)

[4] Successivement.

vestu de sa toge bure, le poil luy devenoit gris : prés de Pantagruel vestu de sa mante d'escarlate, le poil et peau luy rougissoit : prés du pilot vestu à la mode des Isiaces [1] de Anubis en Egypte, son poil apparut tout blanc. Lesquelles deux dernieres couleurs sont au Chameleon deniées. Quand hors toute peur et affection il estoit en son naturel, la couleur de son poil estoit telle que voyez es asnes de Meung [2].

---

[1] Des prêtres d'Isis, vêtus de blanc, disent les commentateurs, mais ce n'était donc pas des prêtres d'Anubis. Il est vrai qu'Anubis étant frère ou fils d'Osiris, dont Isis était la sœur, cela ne sortait pas de la famille.

[2] On donnait ce sobriquet aux habitants de la ville de Meung, et Rabelais, fidèle à ses rancunes contre les moines, ne manque pas cette occasion de l'appliquer aux cordeliers, qui avaient un couvent dans cette ville.

CHAPITRE III.

Comment Pantagruel receut lettres de son pere Gargantua, et de l'estrange maniere de sçavoir nouvelles bien soudain de pays estrangiers et loingtains.

Pantagruel occupé en l'achapt de ces animaux peregrins [1], furent ouiz du mole dix coups de verses et faulconneaux [2] : ensemble grande et joyeuse acclamation de toutes les naufz [3]. Pantagruel se tourne vers le havre, et voit que c'estoit un des celoces [4] de son pere Gargantua, nommé la Chelidoine [5] : pource que, sus la poupe, estoit en sculpture de ærain corinthien une hirondelle de mer elevée. C'est un poisson grand comme un dar [6] de Loyre, tout charnu, sans esquames [7], ayant aisles cartilagineuses (quelles sont es souris chaulves) [8], fort longues et larges : moyennans lesquelles je l'ay souvent veu voler une toyse au dessus de l'eau, plus d'un traict d'arc. A Marseille on le nomme lendole [9]. Ainsi estoit ce vaisseau legier comme une hirondelle [10], de sorte que plus toust sembloit sus

---

[1] Étrangers (*peregrinus*, en latin).
[2] Ces mots désignent deux pièces d'artillerie. — Nous avons déjà rencontré et expliqué le mot de *fauconneau*. Quant à celui de *verses*, nous le croyons emprunté aux Espagnols. Nous lisons, en effet, dans le Dictionnaire de leur académie :
« *Verso*. Especie de culebrina
« de muy poco calibre, que ya no
« se usa en buenas fundiciones. »
[3] Navires.
[4] En grec ; χέλης, en latin, *celox*. Sorte de brigantin, suivant Cotgrave. Isidore (liv. XIX, chap. 1) définit les *celoces* : « Biremes vel triremes, ad ministerium classis aptæ. »
[5] L'hirondelle (du grec χελιδών).
[6] Petit poisson blanc, aux nageoires rouges. On lui donne encore ce nom en plusieurs lieux.
[7] Écailles (*squama*, en latin).
[8] Chauves-souris. En poitevin et en saintongeais on dit : *souris-chauves* et *souris-chaudes*.
[9] On donne encore à Marseille le nom de *lendola* à l'exocet sauteur, *exocætus exsiliens* (Lin.).
[10] Volat hirundo sane perquam similis volucri (Pline, liv. IX-26).

mer voler que voguer. En iceluy estoit Malicorne [1], escuyer tranchant de Gargantua, envoyé expressement de par luy, entendre l'estat et portement [2] de son filz le bon Pantagruel, et luy porter lettres de creance.

Pantagruel, aprés la petite acolade et barretade [3] gracieuse, avant ouvrir les lettres, ne autres propos tenir à Malicorne, luy demanda : Avez vous icy le Gozal [4], celeste messaiger ? Ouy, respondit il. Il est en ce panier emmaillotté. C'estoit un pigeon pris on colombier de Gargantua, esclouant [5] ses petits sus l'instant que le susdit celoce departoit. Si fortune adverse fust à Pantagruel advenue, il y eust des jetz [6] noirs attaché es pieds : mais pource que tout luy estoit venu à bien et prosperité, l'ayant fait demailloter, luy attacha es pieds une bandelette de tafetas blanc : et sans plus differer, sus l'heure le laissa en pleine liberté de l'air. Le pigeon soudain s'envole, haschant [7] en incroyable hastivité, comme vous sçavez qu'il n'est vol que de pigeon, quand il a œufz ou petits, pour l'obstinée sollicitude en luy par nature posée de recourir et secourir ses pigeonneaux. De mode qu'en moins de deux heures il franchit par l'air le long chemin qu'avoit le celoce en extreme diligence par trois jours et trois nuytz parfaict, voguant à rames et à veles, et luy continuant vent en poupe. Et fut veu en entrant dedans le colombier on propre nid de ses petits. Adonc entendant le

---

[1] La terre de Malicorne, dans la Sarthe, a donné son nom à une très-ancienne famille, et passa ensuite successivement à celles de Sourches, de Beaumanoir-Lavardin et de la Châtre.

[2] La manière de se porter, la santé.

[3] Salut du bonnet. Du mot *barrette*, qui est resté pour désigner la coiffure des cardinaux, mais qui s'appliquait autrefois à une espèce de coiffe généralement usitée. *Barrete*, *barreta*, désignaient autrefois, en espagnol, un casque de guerre.

— La barretade était peut-être le salut du casque, comme le font encore nos soldats.

[4] Pigeon, colombe, en hébreu. On voit que les pigeons messagers ne sont pas une invention nouvelle.

[5] Eclosant, faisant éclore.

[6] Liens, attaches ; en latin *jacti*. C'est un terme de fauconnerie.

[7] Coupant, fendant (sous-entendu : l'air). Hascher : *to cut the air*, Cotgrave. Frontin, liv. 3, et Pline (X, 37) parlent de l'emploi des pigeons pour correspondre avec des assiégés.

preux Gargantua qu'il portoit la bandelette blanche resta en joye et seureté du bon portement [1] de son filz.

Telle estoit l'usance [2] des nobles Gargantua et Pantagruel, quand sçavoir promptement vouloient nouvelles de quelque chose fort affectée et vehementement desirée, comme l'issue de quelque bataille, tant par mer, comme par terre : la prise ou defense de quelque place forte : l'appoinctement de quelques differens d'importance : l'accouchement heureux ou infortuné de quelque royne ou grande dame : la mort ou convalescence de leurs amis et alliés malades : et ainsi des autres. Ilz prenoient le Gozal, et par les postes le faisoient de main en main jusques sus les lieux porter dont ilz affectoient les nouvelles. Le Gozal, portant bandelette noire ou blanche selon les occurrences et accidens, les ostoit de pensement [3] à son retour, faisant en une heure plus de chemin par l'air, que n'avoient fait par terre trente postes en un jour naturel. Cela estoit rachapter et gaigner temps. Et croyez comme chose vraysemblable, que par les colombiers de leurs cassines, on trouvoit sus œufz ou petits, tous les mois et saisons de l'an, les pigeons à foison. Ce que est facile en mesnagerie, moyennant le salpetre en roche et la sacrée herbe Vervaine [4].

Le Gozal lasché, Pantagruel leut les missives de son pere Gargantua, desquelles la teneur ensuit :

Filz trescher, l'affection que naturellement porte le pere à son filz bien aimé, est en mon endroit tant acreue, par l'esgard et reverence des graces particulieres en toy par election divine posées, que depuis ton partement [5], me a non une fois tollu [6] tout autre pensement. Me delaissant on coeur ceste unique et soingneuse [7] peur, que vostre embarquement ait esté

---

[1] On lit *partement*, dans l'éd. de 1552. C'est une faute évidente. La leçon que nous donnons se trouve dans l'édit. partielle. Il ne s'agit pas du départ, mais de la santé de Pantagruel. Comparez ligne 3, page 54, et ligne 8, page 56.

[2] La coutume.

[3] Les tirait d'inquiétude.

[4] On attribuait jadis une vertu fécondante à la verveine (*Veneris vena*, suivant quelques-uns).

[5] Ton départ.

[6] Ravi, du latin *tollere*. Rabelais emploie souvent ce terme.

[7] Soucieuse, inquiétante.

de quelque meshaing ou fascherie accompaigné. Comme tu sçais que à la bonne et sincere amour est craincte perpetuellement annexée. Et pource que, selon le dict de Hesiode, d'une chascune chose le commencement est la moitié du tout [1], et selon le proverbe commun, à l'enfourner [2] on fait les pains cornuz, j'ay pour de telle anxiété vuider mon entendement, expressement depesché Malicorne, à ce que par luy je sois acertainé de ton portement [3] sus les premiers jours de ton voyage. Car s'il est prospere, et tel que je le souhaite, facile me sera prevoir, pronostiquer et juger du reste. J'ay recouvert [4] quelques livres joyeux, lesquelz te seront par le present porteur renduz. Tu les liras, quand te vouldras refraichir de tes meilleures estudes. Ledit porteur te dira plus amplement toutes nouvelles de ceste court. La paix de l'Eternel soit avec toy. Salue Panurge, frere Jean, Epistemon, Xenomanes, Gymnaste, et autres tes domestiques mes bons amis. De ta maison paternelle, ce treizieme de juin [5].

Ton pere et amy,

GARGANTUA.

---

[1] Johanneau a mis ici la note suivante : « C'est ce qu'Ovide a exprimé par ce vers :

Dimidium facti qui bene cœpit habet. »

Or, dans cette note si courte, répétée de confiance par les commentateurs à la suite, il y a trois fautes. D'abord il fallait citer « le dict d'Hesiode » : Ἀρχὴ τὸ ἥμισυ παντός, et non celui de ses imitateurs. Ensuite ce n'est pas Ovide, c'est Horace qui l'a imité (lib. I, epist. II, v. 40), dans un vers que Johanneau défigure, et que nous rétablissons :

Dimidium facti qui cœpit habet ; sapere
[aude, etc.

[2] C'est de la première opération, c'est-à-dire de « l'enfourner », que dépend la bonne ou mauvaise confection du pain.

[3] Assuré que tu te portes bien.

[4] Recouvré. Henri IV, qui venait de rentrer en possession de bijoux engagés par lui dans un moment de besoin, écrivait à Gabrielle : « J'ai *recouvert* un cœur de diamant qui vous fera mourir d'envie. »

[5] Johanneau fait observer avec raison que cette date ne peut pas s'admettre.

Pantagruel est parti le 9 ; le céloce arrive le quatrième jour après son départ, et il met trois jours et trois nuits dans son voyage. La lettre devrait porter la date du 10. C'est une légère faute d'impression. Si l'on était assez naïf pour exiger de notre auteur des calculs bien rigoureux, il paraîtrait aussi que le céloce aurait dû gagner plus de temps sur Pantagruel, qui ne s'est pas épargné les flâneries.

CHAPITRE IV.

Comment Pantagruel escrit à son pere Gargantua, et luy envoye plusieurs belles et rares choses.

Aprés la lecture des lettres susdites, Pantagruel tint plusieurs propos avec l'escuyer Malicorne, et fut avec luy si long temps, que Panurge interrompant luy dist : Et quand boirez vous? Quand boirons nous? Quand boira monsieur l'escuyer? N'est ce assez sermonné pour boire? C'est bien dit, respondit Pantagruel. Faites dresser la collation en ceste prochaine hostellerie, en laquelle pend pour enseigne l'image d'un satyre à cheval[1]. Ce pendant pour la depesche de l'escuyer, il escrivit à Gargantua comme s'ensuit :

Pere tres debonnaire, comme à tous accidens en ceste vie transitoire non doubtés[2] ne soubsonnés, nos sens et facultés animales patissent plus enormes et impotentes perturbations (voire jusques à en estre souvent l'ame desemparée du corps, quoy que telles subites nouvelles fussent à contentement et souhait) que si eussent au paravant esté propensés et preveuz, ainsi me a grandement esmeu et perturbé l'inopinée venue de vostre escuyer Malicorne. Car je n'esperois aucun voir[3] de vos domestiques, ne de vous nouvelles ouir avant la fin de cestuy nostre voyage. Et facilement acquiesçois en la douce recordation de vostre auguste majesté, escrite, voire certes insculpée[4] et engravée on posterieur ventricule[5] de mon cerveau, souvent au vif me la representant en sa propre et naïfve figure.

---

[1] Cette enseigne était bien faite pour attirer des voyageurs comme les nôtres.
[2] Non redoutés.
[3] Voir aucun.
[4] Du latin *insculpere*.
[5] C'est la mémoire.
— Sans doute c'était là le siége de la mémoire, suivant les phrénologistes du temps.

Mais puis que m'avez prevenu par le benefice de vos gracieuses lettres, et par la creance [1] de vostre escuyer mes esprits recréé en nouvelles de vostre prosperité et santé, ensemble de toute vostre royale maison, force m'est (ce que par le passé m'estoit voluntaire) premierement louer le benoist Servateur, lequel, par sa divine bonté, vous conserve en ce long teneur [2] de santé parfaicte : secondement vous remercier sempiternellement de ceste fervente et inveterée affection que à moy portez vostre tres humble filz et serviteur inutile. Jadis un Romain nommé Furnius dist à Cesar Auguste recevant à grace et pardon son pere, lequel avoit suivy la faction de Antonius : Aujourdhuy me faisant ce bien, tu me as reduit en telle ignominie que force me sera, vivant, mourant, estre ingrat reputé par impotence de gratuité [3]. Ainsi pourray je dire que l'excés de vostre paternelle affection me range en ceste angustie et necessité qu'il me conviendra vivre et mourir ingrat. Si non que de tel crime sois relevé par la sentence des Stoiciens, lesquelz disoient trois parties estre en benefice. L'une du donnant, l'autre du recevant, la tierce du recompensant : et le recevant tres bien recompenser le donnant, quand il accepte voluntiers le bienfait, et le retient en souvenance perpetuelle. Comme au rebours le recevant estre le plus ingrat du monde, qui mespriseroit et oublieroit le benefice.

Estant donc opprimé d'obligations infinies toutes procreées de vostre immense benignité, et impotent à la minime partie de recompense, je me saulveray pour le moins de calomnie, en ce que de mes esprits n'en sera à jamais la memoire abolie : et ma langue ne cessera confesser et

---

[1] Par le témoignage, l'assurance. (*Affiance, confidence*, Cotgrave.)

[2] Cette longue continuation.

[3] Ce passage est emprunté à Sénèque, et l'on peut dire que cette fois Rabelais reste inférieur à l'original : « Nullo magis Cæsarem Augustum demeruit, et ad alia impetranda facilem sibi reddidit Furnius, quam quod, quum patri Antonianas partes secuto veniam impetrasset, dixit :

« Hanc unam, Cæsar, habeo in« juriam tuam ; effecisti ut viverem
« et morerer ingratus. »

protester que vous rendre graces condignes est chose transcendente[1] ma faculté et puissance.

Au reste, j'ay ceste confiance en la commiseration et aide de nostre Seigneur, que de ceste nostre peregrination la fin correspondra au commencement, et sera le totaige[2] en alaigresse et santé perfaict. Je ne fauldray à reduire en commentaires et ephemerides tout le discours de nostre navigage[3] : afin que à nostre retour vous en ayez lecture veridicque.

J'ay icy trouvé un Tarande de Scythie, animal estrange et merveilleux à cause des variations de couleur en sa peau et poil, selon la distinction des choses prochaines. Vous le prendrez en gré. Il est autant maniable et facile à nourrir qu'un agneau. Je vous envoie pareillement trois jeunes unicornes plus domesticques et apprivoisées, que ne seroient petits chattons. J'ay conferé avec l'escuyer, et dit la maniere de les traicter. Elles ne pasturent en terre[4], obstant leur longue corne on front. Force est que pasture elles prennent es arbres fruictiers, ou en rateliers idoines[5], ou en main, leur offrant herbes, gerbes, pommes, poires, orge, touzelle[6], brief toutes especes de fruictz et legumaiges. Je m'esbahis comment nos escrivains antiques les disent tant farouches, feroces, et dangereuses, et onques vives n'avoir esté veues. Si bon vous semble ferez espreuve du contraire : et trouverez qu'en elles consiste une mignotize[7] la plus grande du monde, pourveu que malicieusement on ne les offense.

---

[1] Excédant, qui surpasse.
[2] Le tout, le résultat, comme dans une addition.
[3] La relation, le bulletin de notre navigation.
[4] Faisant obstacle, s'y opposant.
[5] Appropriés, convenables, faits pour elles (*idoneus* en latin).
[6] Sorte de blé d'une qualité supérieure (*fine wheat*, Cotgrave). Probablement, comme on l'a déjà dit, blé sans barbe (*tondu*), de *touser*, qui signifiait *tondre*.
Richelet raconte dans son Dictionnaire qu'ayant lu ce mot dans le *Diable de Papefiguière* il en demanda le sens à La Fontaine, qui lui répondit qu'il n'en savait rien, mais qu'il croyait que c'était une herbe de Touraine, parce qu'il avait emprunté ce mot à Rabelais.
[7] Gentillesse.

Pareillement, vous envoie la vie et gestes de Achilles en tapisserie bien belle et industrieuse. Vous asseurant que les nouveautés d'animaux, de plantes, d'oiseaux, de pierreries que trouver pourray, et recouvrer en toute nostre peregrination, toutes je vous porteray[1], aidant Dieu nostre Seigneur, lequel je prie en sa sainte grace vous conserver.

De Medamothi, ce quinzieme de juin. Panurge, frere Jean, Epistemon, Xenomames, Gymnaste, Eusthenes, Rhizotome, Carpalim, après le devot baisemain, vous resaluent en usure centuple.

Vostre humble filz et serviteur,

PANTAGRUEL.

Pendant que Pantagruel escrivoit les lettres susdites, Malicorne fut de tous festoyé, salué, et accollé à double rebraz. Dieu sçait comment tout alloit, et comment recommendations de toutes parts trottoient en place. Pantagruel, après avoir parachevé ses lettres, banqucta avec l'escuyer. Et luy donna une grosse chaine d'or, pesante huit cens escuz, en laquelle par les chainons septenaires estoient gros diamans, rubiz, esmeraudes, turquoises, unions[2], alternativement enchassés. A un chascun de ses nauchiers fit donner cinq cens escuz au soleil. A Gargantua son pere envoya le Tarande, couvert d'une housse de satin broché d'or : avec la tapisserie contenante la vie et gestes de Achilles : et les trois unicornes capparassonnées de drap d'or frizé. Ainsi departirent de Medamothi Malicorne, pour retourner vers Gargantua : Pantagruel, pour continuer son navigage. Lequel en haute mer fit lire par Epistemon les livres apportés par l'escuyer. Desquelz, pource qu'il les trouva joyeux et plaisans, le transsumpt[3] voluntiers vous donneray, si devotement[4] le requerez.

---

[1] C'est ce que Rabelais lui-même ne manquait pas de faire à l'occasion pour ses amis. Voy. la Notice, p. 32.

[2] Perles.

[3] Une expédition, une copie.

[4] Curieusement (curiously, Cotgrave).

CHAPITRE V.

Comment Pantagruel rencontra une nauf[1] de voyagers retournans du pays Lanternois.

Au cinquieme jour, ja commençans tournoyer le pole peu à peu, nous eloignans de l'Æquinoctial, decouvrismes une navire marchande faisant voile à horche[2] vers nous. La joye ne fut petite, tant de nous comme des marchands : de nous, entendans nouvelles de la marine[3] : de eux, entendans nouvelles de terre ferme. Nous rallians avec eux, cogneus nous qu'ilz estoient François Xantongeois. Devisant et raisonnant ensemble, Pantagruel entendit qu'ilz venoient de Lanternois. Dont eut nouveau accroissement d'alaigresse, aussi eut toute l'assemblée, mesmement nous enquestans de l'estat du pays et mœurs du peuple Lanternier : et ayant advertissement que sur la fin de juillet subsequent estoit l'assignation du chapitre general des Lanternes : et que si lors y arrivions (comme facile nous estoit) voyrions belle, honorable, et joyeuse compaignie des Lanternes : et que l'on y faisoit grands apprestz, comme si l'on y deust profondement lanterner[4]. Nous fut aussi dit que passans le grand royaume de Gebarim[5] nous serions honorificquement receuz et traictés

---

[1] On lit *navire* dans l'éd. part. dont ce chapitre est le second.

[2] A bâbord, à gauche, de l'italien *orza*.

[3] Nous dirions aujourd'hui : nouvelles maritimes.

[4] On a vu là une allusion au concile de Trente, qui durait encore, au grand déplaisir du roi de France. Si l'on considère que la sixième session du concile de Trente avait été indiquée au 29 juillet 1546, que cette assemblée se prolongeait malgré l'opposition du roi de France, on sera porté à croire avec les commentateurs que Rabelais a voulu la désigner par ce chapitre général des lanternes qui paraissait si disposé à « profondement lanterner ». En effet, il dura bien dix-huit années.

[5] Pluriel de *gebbar*, qui signifie en syriaque coq, et, par extension, homme courageux. Le grand royaume de Gebarim pourrait donc être le royaume des Français ou des *Galli*.

par le roy Ohabé, dominateur d'icelle terre. Lequel et tous ses subjectz pareillement parlent langage françois tourangeau.

Ce pendant que nous entendions ces nouvelles, Panurge prit debat avec un marchant de Taillebourg, nommé Dindenault. L'occasion du debat fut telle. Ce Dindenault, voyant Panurge sans braguette, avec ses lunettes attachées au bonnet, dist de luy à ses compagnons : Voyez là une belle medaille de coqu. Panurge à cause de ses lunettes oyoit des oreilles beaucoup plus clair que de coustume. Donc entendant ce propos demanda au marchant : Comment diable serois je coqu, qui ne suis encores marié, comme tu es, selon que juger je peux à ta troigne mal gracieuse ?

Ouy vrayement, respondit le marchant, je le suis : et ne voudrois ne l'estre pour toutes les lunettes d'Europe, non pour toutes les besicles[1] d'Afrique. Car j'ay une des plus belles, plus advenantes, plus honnestes, plus prudes femmes en mariage, qui soit en tout le pays de Xantonge : et n'en desplaise aux autres. Je luy porte de mon voyage une belle et de unze poulcées longue branche de corail rouge[2], pour ses estrenes. Qu'en as tu à faire? De quoy te mesles tu? Qui es tu? Dond es tu? O lunetier de l'Antichrist, responds si tu es de Dieu.

Je te demande, dist Panurge, si par consentement et convenence de tous les elemens j'avois sacsacbezevezinemassé[3] ta tant belle, tant advenante, tant honneste, tant prude femme, de mode que le roide dieu des jardins Priapus, lequel[4] icy habite en liberté, subjection forcluse de braguettes attachées[5], luy fut on corps demeuré, en tel desastre que jamais

---

[1] Non pour toutes les braguettes d'Asie et d'Afrique (édit. partielle).

[2] Sic, édit. part. *Coural*, éd. de 1552. Nous n'aimons guère à nous appesantir sur les passages obscènes, qui, en général, se comprennent de reste. Nous ferons seulement remarquer, avec Johanneau, qu'au premier livre une des gouvernantes de Gargantua se sert de l'expression : *ma branche de coural* (de corail) dans le même sens qu'ici, où elle fait équivoque.

[3] Biscoté, dans l'éd. partielle.

[4] Qui, éd. partielle.

[5] Ayant renoncé, s'étant soustrait à l'assujettissement d'attacher ses braguettes.

n'en sortiroit, eternellement y resteroit, sinon que tu le tirasses avec les dents, que ferois tu? Le laisserois tu là sempiternellement? ou bien le tirerois tu à belles dents? Responds, o belinier [1] de Mahumet, puis que tu es de tous les diables. Je te donnerois, respondit le marchant, un coup d'espée sus ceste oreille lunetiere [2], et te tuerois comme un belier. Ce disant desgainoit son espée. Mais elle tenoit au fourreau. Comme vous sçavez que sur mer tous harnois facilement chargent rouille [3], à cause de l'humidité excessive, et nitreuse. Panurge recourt vers Pantagruel à secours. Frere Jean mit la main à son bragmard fraischement esmoulu, et eust felonnement occis le marchant, ne fust que le patron de la nauf, et autres passagers supplierent Pantagruel n'estre fait scandale en son vaisseau. Dont fut appointé tout leur different : et toucherent les mains ensemble Panurge et le marchant, et beurent d'autant l'un à l'autre de hait, en signe de parfaicte reconciliation.

---

[1] Braguetier (éd. part.).

[2] Les oreilles de Panurge sembloient porter lunettes parce que ses lunettes étaient attachées à son bonnet. Aussi dit-on plus haut : « Qu'il oyoit beaucoup plus clair que de coustume. »

[3] S'enroillent (éd. part.).

CHAPITRE VI[1].

Comment, le debat appaisé, Panurge marchande avec Dindenault un de ses moutons[2].

Ce debat du tout [3] appaisé, Panurge dist secretement à Epistemon et à frere Jean : Retirez vous icy un peu à l'escart, et joyeusement passez temps à ce que verrez. Il y aura bien beau jeu, si la corde ne rompt [4]. Puis s'adressa au marchant, et de rechef beut à luy plein hanap de bon vin Lanternois. Le marchand le pleigea gaillard[5], en toute courtoisie et honnesteté. Cela fait, Panurge devotement le prioit luy vouloir de grace vendre un de ses moutons[6]. Le marchant luy respondit : Halas, halas, mon amy, nostre voisin, comment vous sçavez bien trupher[7] des pauvres gens. Vrayement vous estes un gentil chalant[8]. O le vaillant achapteur de moutons. Vraybis, vous portez le minois non mie d'un achapteur de moutons, mais bien d'un coupeur de bourses. Deu Colas, faillon[9],

---

[1] Les ch. 6, 7 et 8 qui vont suivre n'en font qu'un, le 3me, dans l'éd. part.

[2] La ruse de Panurge pour se venger de Dindenault est empruntée à la XIe Macaronée de Merlin Coccaïe, où Cingar emploie le même moyen pour se débarrasser des marchands tessinois et de leurs moutons, qui encombraient l'embarcation dont il avait besoin. Mais ce qu'on chercherait vainement dans le poëte mantouan, c'est le plaisant dialogue qui suit et ces détails empreints d'une verve toute rabelaisienne.

[3] Complétement.

[4] Métaphore qui semble empruntée au jeu de la balançoire.

[5] Boire à quelqu'un, ce n'etait pas seulement boire à sa santé, mais le provoquer à boire : *pleiger* ou *pleiger gaillard*, c'était : accepter le défi, ou la lutte à boire.

[6] Fraudifer ergo loquit pastorem Cingar
[ad nnum
Vis compagne mihi castronem vendere
[grassum?
(Merlini Coccaii *Macaronea* XI.)

[7] Railler, tromper. *Trufar*, en provençal ; *truffare*, en italien ; *trupher*, en vieux français, ont plutôt ce dernier sens.

[8] Une drôle de pratique, dirions-nous aujourd'hui.

[9] [Ce sont mots lorrains. De par saint Nicolas, compaignon.]
Voilà évidemment ce que l'auteur de la note a voulu dire, mais

qu'il feroit bon [1] porter bourse pleine auprés de vous en la tripperie sus le degel! Han, han, qui ne vous cognoistroit, vous feriez bien des vostres. Mais voyez hau, bonnes gens, comment il taille de l'Historiographe!

Patience, dist Panurge. Mais à propos, de grace speciale, vendez moy un de vos moutons. Combien? Comment, respondit le marchant, l'entendez vous, nostre amy, mon voisin? Ce sont moutons à la grande laine. Jason y prit la toison d'or [2]. L'ordre de la maison de Bourgoigne [3] en fut extraict. Moutons de levant, moutons de haute fustaye, moutons de haute gresse. Soit [4], dist Panurge, mais de grace vendez m'en un, et pour cause : bien et promptement vous payant en monnoye de ponant, de taillis, et de basse gresse [5]. Combien?

Nostre voisin, mon amy, respondit le marchant, escoutez ça un peu de l'autre oreille.

PANURGE. A vostre commandement.
LE MARCHANT. Vous allez en Lanternois?
PANURGE. Voire.
LE MARCHANT. Voir le monde?
PANURGE. Voire.
LE MARCHANT. Joyeusement?
PANURGE. Voire.
LE MARCHANT. Vous avez, ce croy je, nom Robin mouton?
PANURGE. Il vous plaist à dire.
LE MARCHANT. Sans vous fascher?
PANURGE. Je l'entends ainsi.

Le Duchat, qui avait fait une étude toute spéciale du patois messin, explique autrement le passage. Suivant lui, *Colas m'faillon* sont des termes de caresse et quelquefois de raillerie, et Colas ne s'entend point du saint de ce nom, mais se rapporte à *m'faillon, mon fillol Nicolas*.
— Deu! ou deuh! est une interjection que nous retrouvons dans les patois de la Moselle et de la Meuse.

[1] Qu'il serait dangereux; c'est une ironie.
[2] C'est sur ces moutons à la grand'laine (on sait que c'était le nom d'une monnaie) que fut prise la toison d'or de Jason.
[3] De la Toison d'or.
[4] Je le croy. (Edit. part.).
[5] C'est la contre-partie de ce que vient de dire le marchand.
Moutons du *Levant*, moutons *de haulte futaye*, moutons de *haulte gresse*.

Le marchant. Vous estes, ce croy je, le joyeux du roy?
Panurge. Voire [1].

Le marchant. Fourchez là. Ha, ha, vous allez voir le monde, vous estes le joyeux du roy, vous avez nom Robin mouton. Voyez ce mouton là, il a nom Robin comme vous. Robin, Robin, Robin, Bes, bes, bes, bes. O la belle voix!

Panurge. Bien belle et harmonieuse.

Le marchant. Voicy un pact qui sera entre vous et moy, nostre voisin et amy. Vous qui estes Robin mouton, serez en ceste couppe de balance, le mien mouton Robin sera en l'autre : je gaige un cent de huitres de Busch [2] que, en poidz, en valleur, en estimation, il vous emportera haut et court : en pareille forme que serez quelque jour suspendu et pendu.

Patience, dist Panurge. Mais vous feriez beaucoup pour moy et pour vostre posterité, si me le vouliez vendre, ou quelque autre du bas cœur [3]. Je vous en prie, sire monsieur.

Nostre amy, respondit le marchant, mon voisin, de la toison de ces moutons seront faits les fins draps de Rouen : les louchetz des balles de Limestre [4], au pris d'elle, ne sont que

---

[1] « Il est visible, dit ici Le Duchat, que Rabelais, lorsqu'il introduit Panurge répondant à Dindenault par je *l'entends ainsi* et par quatre *voire* de suite, se moque des trop fréquents *voire* et *je l'entends ainsi* de Calvin. »
Voici en effet ce qu'on lit dans le catéchisme qui porte son nom :
Le ministre. — Par cela nous voyons qu'il n'y a nul si grand malheur que de ne vivre pas selon Dieu.
L'enfant. — Voire.
Le ministre. — Ainsi il nous est démontré que celui qui doit sauver les autres est exempt de toute macule, etc.
L'enfant. — Je l'entends ainsi.
Et à la plupart des interpellations du ministre, l'enfant répond, comme ici Panurge : *voire*, ou : *je l'entends ainsi*.

Catéchisme de Calvin dans le *Recueil des principaux catéchismes des Eglises réformées.* Genève, P. Chouët, 1573, in-8°, p. 5, 6, 14 et *passim*.

[2] La Teste de Buch, bourgade située sur le bassin d'Arcachon (Gironde) ; on trouve en effet des huitres dans ce bassin, et les gourmets de Bordeaux ont pour elles une juste estime.

[3] C'est-à-dire qui n'ait pas le mérite d'une *belle voix*, comme Robin, suivant la supposition de Le Duchat ; mais ne vaudrait-il pas mieux, comme Morellet, voir là une allusion à la distinction établie dans les cathédrales et les chapitres entre les chanoines et le *bas chœur?*

[4] Il y a, dans le plaidoyer du seigneur de Humevesne, tome I, page 379, un passage qui ressemble

bourre. De la peau seront faits les beaux marroquins, lesquelz on vendra pour marroquins Turquins, ou de Montelimart, ou de Espagne pour le pire. Des boyaulx, on fera cordes de violons et harpes, lesquelles tant cherement on vendra comme si fussent cordes de Munican ou Aquileie[1]. Que pensez vous? S'il vous plaist, dist Panurge, m'en vendrez un, j'en seray bien fort tenu au courrail de vostre huys[2]. Voyez cy argent content. Combien? Ce disoit monstrant son esquarcelle pleine de nouveaux Henricus[3].

à celui-ci, et qui ne contribue guère à l'éclaircir. « Le monde, y est-il dit, est maintenant tout détravé des louchetz des balles de Lucestre. » On a cru que *Lucestre* pouvait être là pour Leicestre, le comté de Leicester étant renommé pour ses étoffes de laine. Quoi qu'il en soit, il est certain qu'ici *Limestre* semble être écrit pour *Lincestre*, qui désigne une espèce de drap fin, d'origine espagnole (*linciste*), et qui, dit Ménage, se fabriquait à Rouen et à Darnetal avec des laines espagnoles. On lit dans la *Macette* de Regnier :

Combien, pour avoir mis leur honneur en
[sequestre.
Ont-elles en velours echangé leur lincestre?

Mais qu'est-ce que les *louchets* des balles de Lincestre? Tout ce que nous pouvons dire, c'est que ce mot semble désigner le choix, l'élite des ballots, puisque l'auteur ajoute : « au près d'elle ne sont que bourres ».

Cotgrave en effet l'explique par : coin d'un ballot, probablement dans le sens où l'on dit : laines *du bon coin*.

[1] Nous ne savons ce que c'est que Munican (Munich peut-être), mais Aquila est une ville de l'Abruzze supérieure, et l'on sait que de tout temps les cordes de Naples ont été en réputation.

[2] *Courrail, courreil, courreau*, pêne ou verrou, dit Du Cange. « Icelui Guyonnet de toute sa force frappa au dit huys, tellement qu'il rompit le courreil d'icelluy et se ouvrist le dit huys. » Johanneau soupçonne avec assez de vraisemblance qu'il y a ici une allusion à quelque cérémonie d'hommage féodal. Panurge se déclare l'*obligé* de Dindenaut s'il veut lui vendre son mouton.

[3] Henri II n'était monté sur le trône que depuis peu d'années. La monnaie frappée à son nom était nouvelle.

CHAPITRE VII.

Continuation du marché entre Panurge et Dindenault

Mon amy, respondit le marchant, nostre voisin, ce n'est viande que pour rois et princes. La chair en est tant delicate, tant savoureuse, et tant friande que c'est basme [1]. Je les ameine d'un pays onquel les pourceaux (Dieu soit avec nous) ne mangent que myrobalans. Les truyes en leur gesine [2] (saulve l'honneur de toute la compaignie) [3] ne sont nourries que de fleurs d'orangiers. Mais, dist Panurge, vendez m'en un, et je vous le payeray en roy, foy de pieton [4]. Combien? Nostre amy, respondit le marchant, mon voisin, ce sont moutons extraictz de la propre race de celuy qui porta Phrixus et Hellé [5] par la mer dite Hellesponte. Cancre, dist Panurge, vous estes *clericus vel addiscens* [6]. *Ita,* sont choux, respondit le marchant, *vere* ce sont pourreaux. Mais rr. rrr. rrrr. rrrr. Ho Robin rr. rrrrrrrr. Vous n'entendez ce langage [7].

---

[1] C'est baume. Edit. part.

[2] Vieux mot pour désigner les couches d'une femme, dit le *Dictionnaire de l'Académie*. Comme Rabelais, La Fontaine l'a employé en parlant des animaux :

Où la laie était en gésine.
Fabl., III, 7.

[3] Rabelais n'oublie point que c'est un Saintongeais qui parle. Dindenault n'a garde de manquer aux règles de la *civilité puérile et honnête* de son pays.

Aujourd'hui encore un Saintongeais ne se permet jamais de prononcer devant son supérieur ou ses supérieurs le nom d'un animal, sans le faire suivre du correctif : Sauve votre respect, ou sauve l'honneur de la compagnie.

[4] Nous avons déjà rencontré cette parodie du serment : *Foy de chevalier.*

[5] Enfants d'Athamas, roi de Thèbes. Ils furent transportés en Colchide par un bélier qu'ils immolèrent au dieu Mars et dont la toison fut la fameuse toison d'or.

[6] Vous êtes clerc ou vous aspirez à l'être. (*Addisco*, apprendre, en latin.)

[7] Dindenault, jaloux de montrer sa science, dit que les mots latins *ita* et *vere* (oui, vraiment) signifient choux, poireaux. Puis il revient à une langue qui lui est plus familière, celle qu'on parle aux bêtes. — Nous avons plus d'une fois entendu des conducteurs de moutons se servir de la même *expression* que

A propous. Par tous les champs esquelz ilz pissent, le bled y provient comme si Dieu y eust pissé[1]. Il n'y faut autre marne ne fumier. Plus y a. De leur urine les Quintessentiaux[2] tirent le meilleur salpetre du monde. De leurs crottes (mais qu'il ne vous desplaise[3]) les medecins de nos pays guerissent soixante et dixhuit especes de maladies. La moindre desquelles est le mal Saint Eutrope[4] de Xaintes, dont Dieu nous saulve et gard. Què pensez vous, nostre voisin, mon amy? Aussi me coustent ilz bon.

Couste et vaille[5], respondit Panurge. Seulement vendez m'en un, le payant bien. Nostre amy, dist le marchant, mon voisin, considerez un peu les merveilles de nature consistans en ces animaux que voyez, voire en un membre que estimeriez inutile. Prenez moy ces cornes là, et les concassez un peu avec un pillon de fer, ou avec un landier[6], ce m'est tout un. Puis les enterrez en veue du soleil la part que voudrez[7], et souvent les arrousez. En peu de mois vous en voirez naistre les meilleurs asperges[8] du monde. Je n'en daignerois ex-

---

Dindenault, pour rappeler les bêtes flâneuses.

[1] [C'est une maniere de parler vulgaire en Paris et par toute France entre les simples gens, qui estiment tous les lieux avoir eu particuliere benediction, esquelz Nostre Seigneur avait fait excretion de urine ou autre excrement naturel, comme de la salive est escrit (Joannis, 9) : « Lutum fecit ex sputo. »] — Cette phrase, proverbiale dès le temps de Rabelais, n'a pas cessé de l'être dans nos campagnes.

[2] Les abstracteurs de quintessence, comme les appelle ailleurs Rabelais, c'est-à-dire les alchimistes, les distillateurs.

[3] Pourvu que cela ne vous déplaise pas. — C'est une tournure saintongeaise. Immédiatement après un terme salo, Dindenault place un mot de politesse, suivant la vieille habitude des paysans de son pays, encore suivie de nos jours.

[4] [Maniere de parler vulgaire, comme le mal Saint-Jean, le mal de Saint-Martin, le mal Saint-Fiacre. Non que iceux benoitz saints ayent eu telles maladies, mais pour ce qu'ilz en guerissent.]

[5] N'importe son prix et sa valeur.

[6] Un chenet.

[7] A l'endroit où vous voudrez.

[8] Rabelais fait asperge masculin comme l'est en latin *asparagus*. Dindenault, *clericus vel addiscens*, renchérit ici un peu sur Pline le Naturaliste, qui dit qu'on obtient par ce procédé, non pas les meilleures asperges du monde, mais des asperges sauvages.

« Invenio (*sylvestrem asparagum*) « nasci et arietis cornibus tusis at- « que defossis. »
(Pline, liv. XIX, ch. 8.)

cepter ceux de Ravenne[1]. Allez moy dire que les cornes de vous autres messieurs les coqus ayent vertu telle, et proprieté tant mirifique.

Patience, respondit Panurge. Je ne sçay, dist le marchant, si vous estes clerc. J'ay veu prou de clercs, je dis grands clercs, coqus. Ouy dea. A propos, si vous estiez clerc, vous sçauriez que, es membres plus inferieurs de ces animaulx divins, ce sont les pieds, y a un os, c'est le talon[2], l'astragale, si vous voulez, duquel, non d'autre animal du monde, fors de l'asne Indian et des dorcades de Libye, l'on jouoit antiquement au royal jeu des tales[3], auquel l'empereur Octavian Auguste un soir guaingna plus de 50000 escuz[4]. Vous autres coqus n'avez garde d'en guaigner autant.

Patience, respondit Panurge. Mais expedions. Et quand, dist le marchant, vous auray je, nostre amy, mon voisin, dignement loué les membres internes? les espaules, les esclanges, les gigotz, le haut cousté, la poictrine, le foye, la ratelle, les trippes, la guogue[5], la vessie, dont on joue à la balle. Les coustelettes, dont on fait en Pygmion[6] les beaux petits arcs,

---

[1] Leur réputation date de loin. On lit aussi dans Pline:

« Nullum gratius his (asparagis) solum quam *Ravennalium* hortorum. » (Liv. XIX, ch. 8.)

Martial n'attribue point la qualité des asperges de Ravenne à des cornes concassées, mais à des arêtes de poisson:

Mollis in æquorea quæ crevit spina Ravenna
Non erit incultis gratior asparagi.

On sait que Rabelais, dans son voyage en Italie, avait étudié avec une attention particulière les plantes médicinales et culinaires.

[2] « Talos asinus indicus unus solidipedum habet. » (Pline, l. XI, c. 40.)

[3] Des osselets.

[4] Voici en effet ce qu'on lit dans Suétone:

« Talis enim jactatis..... Ego perdidi viginti millia nummorum, meo nomine: sed cum effuse in lusu liberalis fuissem, ut soleo plerumque. Nam si quas manus remisi cuique exegissem, aut retinuissem quod cuique donavi, vicissem vel *quinquaginta millia.* »

(*Vie d'Auguste*, ch. 71.)

[5] En Poitou, dans la Charente, *gogue* se dit d'une sorte de mets fait avec du sang caillé.

Nous lisons dans le *Glossaire du centre de la France*, par M. le comte Jaubert: « *Gogue*, boudin grossier fait avec des boyaux et du sang de bœuf. » On coupe les gogues par morceaux, et on les fait frire pour les manger. C'était autrefois un mets recherché. La vieille expression faire *yogaille*, être en *gogaille* ou *goguettes*, l'indique de reste.

[6] Dans le pays des Pygmées.

pour tirer des noyaux de cerises contre les grues. La teste dont avec un peu de soulphre on fait une mirifique decoction, pour faire viander[1] les chiens constippés du ventre.

Bren, bren, dist le patron de la nauf au marchant, c'est trop icy barguigné[2]. Vends luy si tu veulx : si tu ne veulx, ne l'amuse plus. Je le veulx, respondit le marchant, pour l'amour de vous. Mais il en payera trois livres tournois de la piece en choisissant. C'est beaucoup, dist Panurge. En nos pays j'en aurois bien cinq, voire six pour telle somme de deniers[3]. Advisez que ne soit trop. Vous n'estes le premier de ma cognoissance qui, trop tost voulant riche devenir et parvenir, est à l'envers tombé en pauvreté, voire quelquefois s'est rompu le coul. Tes fortes fiebvres quartaines, dist le marchant, lourdault sot que tu es! Par le digne veu de Charrous[4], le moindre de ces moutons vault quatre fois plus que

---

[1] Fienter. *Viander* avait aussi autrefois le sens de repaitre, mais Cotgrave constate la première acception.

[2] Marchandé (*to bargain* en anglais).

[3] Nous trouvons dans le mémoire de M. Leber, *Sur la fortune privée au moyen âge*, qu'un mouton valait à la fin du XVIe siècle 2 livres, c'est-à-dire environ 10 francs au taux actuel de l'argent. Mais le prix des bestiaux avait à peu près doublé depuis le commencement du siècle. Le mouton de Dindenault était donc fort cher pour l'époque.

[4] Charroux, petite ville du haut Poitou, possédait un monastère célèbre, que Charlemagne avait doté de plusieurs reliques nommées, dit l'Alphabet de l'auteur, *la digne vertu* et *le digne vœu*. On disait aussi *sainte vertu* et *le saint vœu*. Il y a une lettre de Louis XI aux habitants de Poitiers, qui commence ainsi : « Tres chers et bien aimés, nous avons voué au *saint vœu* de Charroux six lampes d'argent, lesquelles nous y envoyons par le porteur, etc. »

— Voici ce que nous lisons dans un manuscrit attribué à Lenglet Du Fresnoy : « Rabelais, pour tourner en ridicule une relique qui était en grande réputation de son temps, fait jurer Dindenault par ce *digne vœu de Charroux*. Le peuple donnait ce nom à une grande statue de bois, de la forme d'un homme, couvert de plaques d'argent, que les moines gardaient dans un coin de leur monastère. Ils ne la montraient que tous les sept ans, et alors il y avait une prodigieuse quantité de peuple qui la venait voir. On ne permettait pas aux femmes d'en approcher pour la baiser. Ce grand honneur n'était que pour les hommes et les garçons. Mais les femmes étaient accoutumées de surprendre les hommes qui l'avaient baisé, leur sautant au cou et les baisant : par où elles s'imaginaient de sucer cette vertu efficace qu'ils avaient

le meilleur de ceux que jadis les Coraxiens [1] en Tuditanie, contrée d'Espagne, vendoient un talent d'or la piece. Et que pense tu, ô sot à la grande paye [2], que valoit un talent d'or?

Benoist monsieur, dist Panurge, vous eschauffez en vostre harnois [3], à ce que je voy et cognois. Bien tenez, voyez là vostre argent. Panurge, ayant payé le marchant, choisit de tout le troupeau un beau et grand mouton, et l'emportoit criant et bellant, voyans [4] tous les autres et ensemblement bellans et regardans quelle part on menoit leur compagnon. Cependant le marchant disoit à ses moutonniers : O qu'il a bien sceu choisir, le challant! Il s'y entend, le paillard. Vrayement, le bon vrayement, je le reservois pour le seigneur de Cancale, comme bien cognoissant son naturel. Car de sa nature il est tout joyeux et esbaudy, quand il tient une espaule de mouton en main bien seante et advenante, comme une raquette gauchiere [5], et avec un cousteau bien trenchant, Dieu sçait comment il s'en escrime.

gagnée en touchant la relique. « Une dame fut assez hardie un jour pour oser baiser *digne vœu*, et voilà que le saint de bois se mit en colère, crût en un instant de cinq pieds plus haut qu'il n'était. Au moins le peuple le disait ainsi, et les moines le donnaient comme une vérité évangélique. Cependant toute sa dignité et sa vertu ne purent pas le protéger contre le sieur Bouganet et autres gentilshommes protestants, qui, en 1562, le dépouillèrent de ses robes d'argent, et depuis ce temps-là on les a appelés les *valets de chambre* du digne vœu de Charroux. »

[1] Les Corasciens, peuple de la Colchide, exportaient en Tuditanie, province d'Espagne, des moutons qu'ils vendaient un talent d'or, suivant ce qu'on lit dans Strabon.

[2] Le Duchat prétend que les archers écossais ayant une *haute paye* ou *grande paye*, c'est ici une allusion de *sot* à *Scot*. Pour faire admettre de semblables explications, il faudrait au moins citer une preuve que cette plaisanterie ait été de mise.

[3] Locution proverbiale empruntée aux habitudes de la chevalerie. « Sire clerc, est-il dit dans *le Songe du Verger*, il semble que vous vous veuillez aucunement courroucer et en vostre harnois eschauffer. »

[4] Leçon de l'édition partielle, *oyans* et *bellans*, édition de 1552.

[5] Comme une raquette qu'on tiendrait de la main gauche. En effet, le gourmet inconnu que Rabelais désigne sous le nom de seigneur de Cancalle tient nécessairement ainsi l'épaule de mouton, puisque le cousteau bien trenchant est dans la main droite.

CHAPITRE VIII.

Comment Panurge fit en mer noyer le marchant et les moutons.

Soudain, je ne sçay comment, le cas fut subit, je n'eus loisir le considerer, Panurge, sans autre chose dire, jette en pleine mer son mouton criant et bellant. Tous les autres moutons crians et bellans en pareille intonation commencerent soy jetter et saulter en mer aprés à la file[1]. La foulle estoit à qui premier y saulteroit aprés leur compagnon. Possible n'estoit les en garder. Comme vous sçavez estre du mouton le naturel, tousjours suivre le premier, quelque part qu'il aille. Aussi le dit Aristoteles, *lib. 9. de histor. anim.*, estre le plus sot et inepte animant du monde[2].

Le marchant, tout effrayé de ce que devant ses yeulx perir voyoit et noyer ses moutons, s'efforçoit les empescher et retenir de tout son pouvoir[3]. Mais c'estoit en vain. Tous à la file saultoient dedans la mer, et perissoient. Finalement, il en prit un grand et fort par la toison sur le tillac de la nauf, cuidant ainsi le retenir, et saulver le reste aussi consequemment. Le mouton fut si puissant qu'il emporta en mer avec soy le marchant, et fut noyé, en pareille forme que les moutons de Polyphemus le borgne cyclope emporterent hors la caverne Ulyxes et ses compagnons. Autant en firent les autres bergers et moutonniers, les prenans uns par les cornes, autres par les jambes, autres par la toison. Lesquelz tous furent pareillement en mer portés et noyés miserablement.

---

[1]. Illico (nam mos est ovium sequitare priorem) Omnis grex sequitur.
(M. Cocceie, *Macar.*, XI.)
Comme un mouton qui va dessus la foi d'autrui.
(La Fontaine, *Fabl.* II, 10.)

[2] Πάντων καὶ τῶν τετραπόδων κάκιστον ἐστί. Arist.

[3] Ed. partielle et éd. de 1553. *Tout de son pouvoir*, éd. de 1552.

Panurge, à cousté du fougon[1], tenant un aviron en main, non pour aider les moutonniers, mais pour les engarder de grimper sur la nauf, et evader le naufrage, les preschoit eloquentement, comme si fust un petit frere Olivier Maillard[2], ou un second frere Jean Bourgeois[3] : leur remonstrant par lieux de rhetoricque les miseres de ce monde, le bien et l'heur de l'autre vie, affermant plus heureux estre les trespassés que les vivans en ceste vallée de misere, et à un chascun d'eux promettant eriger un beau cenotaphe[4], et sepulchre honoraire au plus haut du mont Cenis, à son retour de Lanternois : leur optant[5] ce neantmoins, en cas que vivre encores entre les humains ne leur faschast, et noyer ainsi ne leur vint à propos, bonne adventure, et rencontre de quelque baleine, laquelle au tiers jour subsequent les rendist sains et saulves en quelque pays de satin[6], à l'exemple de Jonas.

La nauf vuidée du marchant et des moutons, reste il icy, dist Panurge, ulle[7] ame moutonniere[8]? Où sont ceux de Thibault l'Aignelet[9]? Et ceux de Regnauld Belin[10], qui dorment

---

[1] Le foyer, la cuisine (*focus*, en latin). On dit encore *fouger* en Berry, en Poitou, en Saintonge, etc. C'est un terme de marine, comme l'italien *fogone*. « La première chose qui doit estre jettée seront les ustensiles de la nef, comme vieux câbles, ancres, *fougon* ou foyer à faire et tenir le feu. » *Guidon de la mer* (XVIe siècle); ch. V, paragr. 34.

[2] Frère mineur, prédicateur de Louis XI, célèbre par la bizarrerie de ses sermons. Il vécut de 1440 à 1505.

[3] Voy. t. I, p. 542, note 3.

[4] [Tombeau vuide, onquel n'est le corps de celuy pour l'honneur et memoire duquel il est erigé. Ailleurs est dit sepulchre honoraire, et ainsi le nomme Suetone.]

[5] Souhaitant (*optare*, en latin).

[6] Délicieux. (Voy. liv. V, ch. 30 et 31.)

[7] Quelque (*ullus*, en latin)

[8] [Mouton vivant et animé.]

Qu'un seul mouton se jette à la rivière,
Vous ne verrez nulle âme moutonnière
Rester au bord ; toutes feront le saut,

a dit la Fontaine, d'après Rabelais. Walckenaer et Charles Nodier lui ont fait honneur de la création de cette épithète, qu'il a répétée dans la fable du *Corbeau voulant imiter l'aigle*.

[9] Le berger qui vole les moutons dont on lui a confié la garde dans *Pathelin*.

[10] On se rappelle que *Belin* veut dire mouton. Rabelais suppose que ses bêtes dorment, tandis que les autres paissent, probablement par

quand les autres paissent? Je n'y sçay rien. C'est un tour de vieille guerre¹. Que t'en semble, frere Jean? Tout bien de vous, respondit frere Jean. Je n'ay rien trouvé mauvais, sinon qu'il me semble que, ainsi comme jadis on souloit² en guerre au jour de bataille ou assault, promettre aux souldars double paye pour celuy jour: s'ilz guaingnoient la bataille, l'on avoit prou de quoy payer: s'ilz la perdoient, c'eust esté honte la demander, comme firent les fuyards Gruyers³ après la bataille de Serizolles: aussi qu'en fin vous deviez le payement reserver: l'argent vous demourast en bourse. C'est, dist Panurge, bien chié pour l'argent. Vertus Dieu, j'ay eu du passetemps pour plus de cinquante mille francs. Retirons nous, le vent est propice. Frere Jean, escoute icy. Jamais homme ne me fit plaisir sans recompense, ou recognoissance pour le moins. Je ne suis point ingrat et ne le fus, ne seray. Jamais homme ne me fit desplaisir sans repentance, ou en ce monde, ou en l'autre. Je ne suis point fat jusques là. Tu, dist frere Jean, te damne comme un vieil diable. Il est escrit: *Mihi vindictam*⁴, *etc*. Matiere de breviaire.

---

¹ souvenir du vieux refrain déjà cité par lui-même, t. I, p. 243 :

    Ho, Regnault reveille-toy, veille,
    Ho, Regnault reveille toy.

Quant à cette tournure: où sont les moutons de Thibault? etc., elle revient à dire que les moutons de Dindenaut sont morts comme ceux de Thibault. C'est une allusion au vers fameux de Villon :

    Mais où sont les neiges d'antan?

² Nous en savons plus d'un, dit-il en les Igobant.

    C'est tour de vieille guerre. . . . .
    (La Fontaine, *le Chat et le vieux Rat*.)

² On avait l'habitude.

³ « A la pointe de la bataille de Cerisolles, estoient les Gruyers et troupes italiennes, qui firent fort mal leur devoir et s'enfuirent sans donner coup de pique. » *Chronique de Belleforest*. — Les Gruyers étaient des troupes stipendiées, levées dans le comté de Gruyère.

⁴ S. Paul, *Ep. aux Hébreux*, ch. X, v. 30 :

« Scimus enim qui dixit: Mihi vindicta, et ego retribuam. »

CHAPITRE IX.

Comment Pantagruel arriva en l'isle Ennasin, et des estranges alliances du pays.

Zephyre nous continuoit en participation d'un peu du garbin [1], et avions un jour passé sans terre descouvrir. Au tiers jour à l'aube des mousches [2] nous apparut une isle triangulaire, bien fort ressemblante quant à la forme et assiette à Sicile. On la nommoit l'isle des Alliances. Les hommes et femmes ressemblent aux Poictevins rouges [3], excepté que tous,

---

[1] Vent du sud-ouest. *Garbino*, en italien et en espagnol. On fait venir ce mot de l'arabe *gharb*, occident.

[2] Il s'est écrit bien des pages de commentaires sur cette expression. A quelle heure se lève le jour pour les mouches? Est-ce le matin, est-ce à midi, est-ce le soir? Chacune de ces opinions a trouvé d'ardents prosélytes. M. Génin, avec le ton leste qui lui était familier, a prétendu qu'aux ânes seuls il était permis d'assigner à l'aube des mouches une heure autre que celle de midi. L'avis des bêtes ne serait pas ici trop à dédaigner, si elles pouvaient le dire.

M. Génin est d'accord avec l'Académie de la Crusca :

« Alba de' tafani, mezzo di, detto per ischerzo; perchè allora cominciano a ronzare i tafani. »

Il est impossible qu'ici il s'agisse du soir, comme l'ont entendu Johanneau, de l'Aulnaye et d'autres; car aux premières lignes du chapitre X, nous lisons : *sur la declination du soleil* fismes scalle, etc. — Si nos voyageurs étaient arrivés le *soir* à l'isle des Alliances, ils n'auraient pas eu le temps de se rendre compte du pays, d'*entrer au cabaret, pour quelque peu se rafraîchir*, et de se trouver presque instantanément à une distance éloignée.

Si l'Académie de la Crusca a raison, elle est en désaccord avec tous les charretiers et cochers que nous avons consultés et qui nous ont affirmé que c'était sur les onze et les trois heures que la mouche piquait le plus fort.

[3] L'épithète de *rouges*, appliquée aux Poitevins, se rencontre souvent soit avant, soit depuis Rabelais. D'où leur vient-elle? Les étymologistes, qui ne sont jamais à court, répondent que *Pictones*, *Pictavi*, viennent de *Pictus*, peint, et que par conséquent les Pictons se peignaient le visage en rouge. — Des érudits ont, avec raison, cherché, non dans le latin, mais dans la lan-

hommes, femmes et petits enfans, ont le nez en figure d'un as de trefsles[1]. Pour ceste cause, le nom antique de l'isle estoit Ennasin. Et estoient tous parens et alliés ensemble, comme ilz se vantoient, et nous dist librement le potestat du lieu : Vous autres gens de l'autre monde tenez pour chose admirable, que d'une famille Romaine (c'estoient les Fabians) pour un jour (ce fut le treizieme du mois de febvrier) par une porte (ce fut la porte Carmentale[2], jadis située au pied du Capitole, entre le roc Tarpeian et le Tibre, depuis surnommée Scelerate) contre certains ennemis des Romains (c'estoient les Veientes Hetrusques) sortirent trois cens six hommes de guerre tous parens, avec cinq mille autres souldars tous leurs vassaux, qui tous furent occis : ce fut prés le fleuve Cremere, qui sort du lac de Baccane. De ceste terre pour un besoing sortiront plus de trois cens mille, tous parens et d'une famille.

Leurs parentés et alliances estoient de façon bien estrange : car estans ainsi tous parens et alliés l'un de l'autre, nous trouvasmes que personne d'eux n'estoit pere ne mere, frere ne sœur, oncle ne tante, cousin ne nepveu, gendre ne bruz, parrain ne marraine de l'autre. Sinon vrayement un grand vieillard enasé[3] lequel, comme je vis, appella une petite fille

---

gue des Pictes qui étaient de race celtique, l'origine du nom. Ils ont trouvé qu'il devait correspondre à piqués, pointillés, tatoués. Les Pictes en effet se tatouaient, mais en bleu.

Bouchet, dans les *Annales* (II-2), dit : un Poitevin autant *rouge* qu'un cramoisi Vénitien.

Morellet croit que les Poictevins sont appelés ici rouges, parce qu'ils étaient bons viveurs et qu'ils avaient le teint enluminé. Cette explication sans prétention est peut-être la meilleure.

[1] Nous trouvons dans le *Baron de Fœneste* le portrait d'un curé taillé sur le même patron :

« Il avait un nez en as de trefle « et les joues enflées à couleur de « gorge de coq d'Inde. »

[2] Tout le monde connait cet épisode de l'histoire romaine. Les détails qu'en donne Rabelais sont conformes aux récits des écrivains anciens. Les Romains, qui étaient superstitieux, appelèrent en effet la porte Carmentale *scelerata*. Ovide, dans ses *Fastes*, a consacré la tradition :

Carmentis portæ dextra via proxima Jano
Ire per hanc noli, quisquis es; omen habet.
(Liv. II, v. 201.)

[3] Sans nez. Cela semble se rap-

aagée de trois ou quatre ans, mon pere : la petite fillette l'appelloit ma fille.

La parenté et alliance entre eux estoit que l'un appelloit une femme, ma maigre[1] : la femme l'appelloit, mon marsouin. Ceux-là, disoit frere Jean, devroient bien sentir leur marée, quand ensemble se sont frottés leur lard. L'un appelloit une guorgiase bachelette en soubriant : Bon jour, mon estrille. Elle le resalua, disant : Bonne estrenne, mon fauveau. Hay, hay, hay, s'escria Panurge, venez voir une estrille, une fau, et un veau. N'est ce estrille fauveau[2] ? Ce fauveau à la raye noire doibt bien souvent estre estrillé. Un autre salua une sienne mignonne, disant : Adieu, mon bureau. Elle luy respondit : Et vous aussi, mon procès. Par saint Treignant[3], dist Gymnaste, ce procès doibt estre souvent sus ce bureau. L'un appelloit une autre, mon verd. Elle l'appelloit son coquin. Il y a bien là, dist Eusthenes, du verdcoquin[4]. Un autre salua une sienne alliée, disant : Bon di[5], ma coignée. Elle respondit : Et à vous, mon manche. Ventre bœuf, s'escria Carpalim, comment ceste coignée est emmanchée ! Comment ce manche est encoigné ! Mais seroit ce point la grande manche que demandent les courtisanes romaines[6] ? Ou un cordelier à la grande manche ?

Passant oultre je vis un averlant[7] qui, saluant son alliée,

---

porter au nom de l'île *Ennasin* et exprimer une idée semblable.

[1] Grand poisson de mer (*Dict. de l'Acad.*) : c'est le nom de la seiche sur les côtes de la Saintonge.

[2] Une estrille, une faux, un veau,
C'est-à-dire estrille fauveau
En bon rebus de Picardie.
(Marot, *Epît. du coq-à-l'âne*.)

Ce rébus était déjà célèbre du temps de Marot et de Rabelais. Le libraire Durand Gerlier en avait fait l'enseigne de sa maison, vers 1483.

[3] Voy. t. I, p. 363.

[4] Ce mot, qui se trouve encore dans le Dictionnaire de l'Académie, signifiait proprement un ver qui ronge la vigne, et, au figuré, un vertige, une espèce de monomanie.

[5] Bon jour (*bona dies*).

[6] Rabelais joue ici sur le double sens du mot *manche*. Le premier n'a pas besoin d'explication. Le second répond à notre mot épingle, pour boire ; c'est le *paraguantes* des Espagnols, la *mancia* des Italiens. Du Bellay s'est servi du mot *manche* en ce sens :

Aucunes fois n'estant de la partie,
J'estois si bien de mon fait advertie,
Qu'autant de fois qu'une rette on gagnoit,
Autant de fois la *manche* on me donnoit.
(*Jeux rustiques*.)

[7] Palefrenier, peut-être. Nous avons déjà dit qu'en patois boulon-

l'appella mon matraz : elle l'appelloit mon loudier[1]. De fait il avoit quelques traictz de loudier lourdault. L'un appelloit une autre ma mie, elle l'appelloit ma crouste. L'un une autre appelloit sa palle, elle l'appelloit son fourgon. L'un une autre appelloit ma savate, elle le nommoit sa pantoufle. L'un une autre nommoit ma botine, elle l'appelloit son estivallet[2]. L'un une autre nommoit sa mitaine, elle le nommoit mon gand. L'un une autre nommoit sa couane, elle l'appelloit son lard. Et estoit entre eux parenté de couane de lard.

En pareille alliance, l'un appelloit une sienne mon homelete, elle le nommoit mon œuf : et estoient alliés comme une homelete d'œufz[3]. De mesmes un autre appelloit une sienne ma tripe, elle l'appelloit son fagot. Et onques ne peuz sçavoir quelle parenté, alliance, affinité ou consanguinité fust entre eux, la rapportant à nostre usage commun, sinon qu'on nous dist qu'elle estoit trippe de ce fagot[4]. Un autre saluant une sienne disoit : Salut mon escaille. Elle respondit : Et à vous mon huitre. C'est, dist Carpalim, une huitre en escaille. Un autre de mesmes saluoit une sienne disant : Bonne vie ma gousse. Elle respondit : Longue à vous mon poys. C'est, dist Gymnaste, un poys en gousse. Un autre grand villain claquedent, monté sus hautes mulles de bois rencontrant une grosse, grasse, courte guarse, luy dist : Dieu gard, mon sabbot, ma trombe, ma touppie[5]. Elle luy respondit fierement : Gard pour gard[7], mon fouet. Sang Saint Gris[7], dist

---

nais, *averlant* signifiait : faiseur d'embarras.

[1] Matras s'est dit pour matelas. Dans la vie de saint Vincent : « Habetur Vincti quoddam stratum ex lana confectum, quod vulgo vocant *matracium*. » (Du Cange.) Quant à *loudier*, il répond à notre mot courte-pointe.

[2] Chaussure d'été (du latin *æstivalis*). « Calceorum species, quibus æstate utebantur. » (Du Cange.) *Stivale*, en italien.

[3] Ce n'était pas un pléonasme pour ceux qui admettaient la racine grecque de ce mot. *Homelète d'œufs* se dit encore dans les campagnes.

[4] Il y a là quelque équivoque que nous ne saisissons point, et qui doit être tirée de fort loin, puisque l'auteur lui-même dit qu'on ne pouvait savoir quelle affinité il y avait entre tripe et fagot.

[5] Ces trois mots : *sabot*, *trombe*, *toupie*, ont le même sens. *Sabot* se dit encore en Poitou et en Saintonge. Cotgrave traduit *trombe* par *top*.

[6] Souhait pour souhait.

[7] Sans nous perdre dans des con-

Xenomanes, est il fouet competent pour mener ceste touppie?

Un docteur regent, bien peigné et testonné, avoir quelque temps devisé avec une haute damoiselle, prenant d'elle congé luy dist : Grand mercy bonne mine. Mais, dist elle, tres grand à vous mauvais jeu. De bonne mine, dist Pantagruel, à mauvais jeu n'est alliance impertinente. Un bachelier en busche[1] passant dist à une jeune bachelette : Hay, hay, hay. Tant y a que ne vous vis, Muse. Je vous voy, respondit elle, Corne, voluntiers. Accouplez les, dist Panurge, et leur soufflez au cul. Ce sera une cornemuse. Un autre appella une sienne ma truie, elle l'appella son foin. Là me vint en pensement que cette truie voluntiers se tournoit à ce foin. Je vis un demy gallant bossu, quelque peu prés de nous, saluer une sienne alliée, disant : Adieu mon trou. Elle de mesmes le resalua, disant : Dieu gard ma cheville. Frere Jean dist : Elle, ce croy je, est toute trou, et il de mesmes tout cheville. Ores est à sçavoir si ce trou par ceste cheville peut entierement estre estouppé.

Un autre salua une sienne : disant : Adieu ma mue. Elle respondit : Bon jour mon oison. Je croy, dist Ponocrates, que cestuy oison est souvent en mue. Un averlant causant avec une jeune galoise luy disoit : Vous en souvienne vesse. Aussi fera, ped, respondit elle. Appellez vous, dist Pantagruel au potestat, ces deux là parens? Je pense qu'ilz soient ennemis, non alliés ensemble : car il l'a appellée vesse. En nos pays vous ne pourriez plus oultrager une femme qu'ainsi l'appellant. Bonnes gens de l'autre monde, respondit le potestat, vous avez peu de parens telz et tant proches comme sont ce ped et ceste vesse. Ilz sortirent invisiblement tous

---

jectures étymologiques sur le nom de ce saint, qu'on chercherait vainement dans le calendrier, contentons-nous de dire, avec de Marsy, que bien longtemps avant Henri IV on jurait par le *sang* ou par le *ventre Saint-Gris*.

[1] Une tête dure, un âne, suivant l'explication de Cotgrave (*woodden loggerhead*). Nous ne sommes pas convaincus que cette explication soit bonne.

On a compris autrefois, et l'on comprend encore en Poitou et en Saintonge, par *bûches* les petits jambages que s'exercent à tracer ceux qui apprennent à écrire. Ceci pourrait expliquer le sens ironique qui serait attaché à ces mots : *un bachelier en busche*.

deux ensemble d'un trou, en un instant. Le vent de Galerne, dist Panurge, avoit donc lanterné leur mere. Quèlle mere, dist le potestat, entendez vous? C'est parenté de vostre monde. Ilz n'ont pere ny mere. C'est à faire à gens de delà l'eau, à gens bottés de foin. Le bon Pantagruel tout voyoit, et escoutoit : mais à ces propos il cuida perdre contenance.

Avoir bien curieusement considéré l'assiette de l'isle et mœurs du peuple Ennasé, nous entrasmes en un cabaret pour quelque peu nous refraichir. Là on faisoit nopces à la mode du pays. Au demourant chere et demie. Nous presens fut fait un joyeux mariage, d'une poire femme bien gaillarde, comme nous sembloit, toutesfois ceux qui en avoient tasté la disoient estre molasse, avec un jeune fromaige à poil follet, un peu rougeastre. J'en avois autresfois ouy la renommée, et ailleurs avoient esté faits plusieurs telz mariages. Encores dit on, en nostre pays de vache [1], qu'il ne fut onques tel mariage qu'est de la poire et du fromaige. En une autre salle, je vis qu'on marioit une vieille botte avec un jeune et soupple brodequin. Et fut dit à Pantagruel que le jeune brodequin prenoit la vieille botte à femme, pource qu'elle estoit bonne robe [2], en bon point, et grasse à profit de mesnage [3], voire fust ce pour un pescheur [4]. En une autre salle basse je vis un jeune escafignon [5] espouser une vieille pantoufle. Et nous fut dit que ce n'estoit pour la beauté ou bonne grace d'elle, mais par avarice et convoitise d'avoir les escuz dont elle estoit toute contrepoinctée [6].

---

[1] Sur cette expression, voy. t. I, p. 308, note 1.
Peut-être y avons-nous trop subtilisé sur l'origine de cette locution très-usitée alors. Marot, Oïhenart, etc., s'en sont servis.

[2] Avenante (de l'italien *buona roba*). Cette expression, suivant le Dictionnaire de la Crusca, n'est usitée que *in sentimento osceno*.

[3] Bonne à l'user, comme dit Goldsmith, dans le *Vicaire de Wakefield*, en parlant des qualités d'une bonne ménagère : « For such qualities as should wear well. »

[4] Allusion à la phrase proverbiale employée par Rabelais lui-même : *botté comme un pêcheur d'huîtres*.

[5] Un escarpin.

[6] Nous dirions aujourd'hui : cousue. — Il paraît que les mariages de *raison* étaient bien connus au temps de Rabelais.

5.

CHAPITRE X.

Comment Pantagruel descendit en l'isle de Cheli, en laquelle regnoit le roy saint Panigon.

Le garbin nous souffloit en pouppe, quand laissans ces mal plaisans Allianciers [1], avec leur nez de as de trefile, montasmes en haute mer. Sur la declination du soleil, fismes scalle [2] en l'isle de Cheli [3], isle grande, fertile, riche et populeuse, en laquelle regnoit le roy saint Panigon. Lequel accompaigné de ses enfans, et princes de sa court, s'estoit transporté jusques prés le havre, pour recevoir Pantagruel. Et le mena jusques en son chasteau : sus l'entrée du dongeon se offrit la royne, accompaignée de ses filles et dames de court. Panigon voulut qu'elle et toute sa suite baisassent Pantagruel et ses gens. Telle estoit la courtoisie et coustume du pays. Ce que fut fait, excepté frere Jean, qui s'absenta et s'escarta parmy les officiers du roy. Panigon vouloit, en toute instance, pour cestuy jour et au lendemain retenir Pantagruel. Pantagruel fonda son excuse sur la serenité du temps et opportunité du vent, lequel plus souvent est desiré des voyagiers que rencontré, et le fault emploier quand il advient, car il n'advient toutes et quantes fois qu'on le souhaite. A ceste remonstrance, aprés boire vingt et cinq ou trente fois par homme, Panigon nous donna congé.

Pantagruel retournant au port et ne voyant frere Jean demandoit quelle part il estoit, et pourquoy n'estoit en-

---

[1] Faiseurs de jeux de mots, d'*alliances* de mots.
[2] Escale.
[3] Rabelais a-t-il tiré le mot *Cheli* de l'hébreu (*cheli*, gâteau), du grec (χεῖλη, lèvres) ou de son cerveau? Nous sommes aussi peu éclairés sur cette grave question que nos prédécesseurs ; mais nous aimons mieux avouer notre ignorance que de la prouver par un commentaire.

semble la compaignie. Panurge ne sçavoit comment l'excuser, et vouloit retourner au chasteau pour l'appeller, quand frere Jean accourut tout joyeux, et s'escria en grande guayeté de cœur disant : Vive le noble Panigon. Par la mort bœuf de bois, il rue en cuisine [1]. J'en viens, tout y va par escuelles [2]. J'esperois bien y cotonner à profit et usage monacal le moule de mon gippon [3]. Ainsi mon amy, dist Pantagruel, tousjours en ses cuisines [4]! Corpe de galline [5], respondit frere Jean, j'en sçay mieulx l'usage et ceremonies que de tant chiabrener [6] avec ces femmes. *Magny, magna, chiabrena* [7], reverence, double, reprinse [8], l'accolade, la fressurade [9], baise la main de vostre mercy, de vostre majesta, vous soyez le bien venu [10] tarabin, tarabas [11]. Bren, c'est merde à Rouen [12]. Tant chiasser et ureniller [13]. Dea, je ne dis pas que je n'en tirasse

[1] Il se jette sur les plats.
La Fontaine a fait son profit de cette expression dans la fable du *Jardinier et son Seigneur*.

[2] Rien n'est épargné. Déjà, au premier livre, Grandgousier « commandoit que tout allast par escuelle ». La vieille *Bible des noëls*, gothique, du commencement du XVIᵉ siècle, porte, page 145 :

Je mets tout par escuelle.

L'expression s'était conservée à Saint-Cyr, car on voit dans les lettres de madame de Maintenon que ces demoiselles disaient à la veille d'un jour de réjouissance : « Tout ira par écuelles. »

[3] Le moule du gippon ou du jupon, c'est l'estomac et le ventre. Cotonner signifie : bourrer douillettement.

[4] Aux cuisines de Panigon, à moins que *ses* ne soit là pour *ces*, confusion fréquente autrefois, et dont on trouve encore des exemples au XVIIᵉ siècle.

[5] Corps de poule. *Corpo di gallina* en italien.

[6] Faire le joli cœur. Nous avons vu citer au premier livre, parmi des titres d'ouvrages imaginaires : *le Chiabrena des pucelles*. Voy. t. I, p. 348, note 1, et p. 548, note 2.

[7] Grimaces, cajoleries.

[8] Répétition des révérences.

[9] Cotgrave traduit ce mot par *salutation*, qui a en anglais le sens de : baiser, embrassade. En effet, *fressure*, outre sa signification ordinaire d'entrailles, parties intérieures, s'emploie aussi pour désigner le siége des désirs amoureux.

De ma fressure
Dame luxure
Jà s'emparoit.
(La Fontaine, *Janot et Catin*.)

[10] Éd. part. vous soyez. Ed. 1552.

[11] Termes de conjuration, dont on se sert encore en plaisantant.

[12] C'était probablement un dicton populaire. Bouchet en le reproduisant, *Serée* XIII, ajoute : qui ne la mange aux faux-baumes.

[13] Cette phrase elliptique doit exprimer, comme les précédentes, une de ces formules de politesse dont il faut user envers les femmes et qui impatientent frère Jean.

Faut-il écrire *ureniller* ou *vre-*

quelque traict dessus la lie à mon lourdois [1], qui me laissast insinuer ma nomination [2]. Mais ceste brenasserie de reverences me fasche plus qu'un jeune diable. (Je voulois dire, un jeusne double.) Saint Benoist n'en mentit jamais [3].

Vous parlez de baiser damoiselles : par le digne et sacré froc que je porte, voluntiers je m'en deporte, craignant que m'advieigne ce que advint au seigneur de Guyercharois [4]. Quoy? demanda Pantagruel, je le cognois. Il est de mes meilleurs amis. Il estoit, dist frere Jean, invité à un sumptueux et magnifique banquet que faisoit un sien parent et voisin : auquel estoient pareillement invités tous les gentilz hommes, dames, et damoiselles du voisinage. Icelles, attendantes sa venue, deguiserent les pages de l'assemblée, et les habillerent en damoiselles bien pimpantes et atourées. Les pages endamoisellés à luy entrant prés le pont leviz se presenterent. Il les baisa tous en grande courtoisie et reverences magnifiques. Sus la fin, les dames, qui l'attendoient en la galerie, s'esclaterent de rire, et firent signes aux pages à ce qu'ilz oustassent leurs atours. Ce que voyant le bon seigneur, par honte et despit ne daigna baiser icelles dames et damoiselles naifves [5]. Allegant, veu qu'on luy avoit ainsi desguisé

---

niller? Les éditions originales ont *vreniller*, mais cela ne prouve rien. Le signe *v* s'employait pour *u*, surtout au commencement d'un mot. — *Vreniller* est un vieux terme qui appartient encore à une partie du Poitou et à la Saintonge; il signifie : se remuer beaucoup sans utilité ni profit. — Si l'on préfère lire *ureniller*, il faudrait le prendre pour un diminutif de *uriner*, créé sans doute par Rabelais.

[1] Frère Jean, qui vient d'exprimer, en termes d'une bizarre et triviale énergie, sa répugnance à courtiser les femmes, ajoute : Cependant je ne dis pas que je ne leur ferais pas un petit doigt de cour à ma manière (*à mon lourdois*) et à mon aise, comme on tire à même d'une pièce *dessus la lie*.

[2] C'est-à-dire si on me laissait prendre rang, comme nous l'avons expliqué à la page 100 du premier volume, note 1.

[3] On se rappelle que frère Jean, moine de Seuillé, est bénédictin. C'est comme s'il disait : dans la règle de Saint-Benoît on ne ment jamais. Quant à la tournure : *n'en mentit jamais*, elle se retrouve dans la phrase très-usitée aujourd'hui : *vous en avez menti*.

[4] La Guierche (on dit aujourd'hui la Guerche) était une seigneurie dont le château existe encore sur les bords de la Creuse, à dix lieues de Tours.

[5] Naturelles, véritables; les vraies dames et demoiselles.

les pages, que par la mort bœuf de bois ce devoient là estre les varletz, encores plus finement desguisés.

Vertus Dieu, *da jurandi*[1], pourquoy plus tost ne transportons nous nos humanités en belle cuisine de Dieu? Et là ne considerons le branlement des broches, l'harmonie des contrehastiers[2], la position des lardons, la temperature des potages, les preparatifz du dessert, l'ordre du service du vin? *Beati immaculati in via*[3]. C'est matiere de breviaire.

---

[1] Nous avons déjà expliqué cette expression empruntée aux grammaires latines de l'époque, où on lisait : *da (exemplum) jurandi*, etc.

[2] Chenets à crémaillère qui supportaient plusieurs broches superposées, dans les grandes cuisines d'autrefois.

[3] Heureux ceux qui ne se salissent point dans le chemin. C'est une citation du psaume 118. Frère Jean veut parler du chemin de la cuisine.

CHAPITRE XI.

Pourquoy les moines sont voluntiers en cuisine.

C'est, dist Epistemon, naifvement parlé en moine. Je dis moine moinant, je ne dis pas, moine moiné[1]. Vrayement vous me reduisez en memoire ce que je vis et ouy en Florence, il y a environ vingt ans[2]. Nous estions bien bonne compagnie de gens studieux, amateurs de peregrinité, et convoiteux de visiter les gens doctes, antiquités, et singularités d'Italie. Et lors curieusement contemplions l'assiette et beauté de Florence, la structure du dome, la sumptuosité des temples et palais magnificques. Et entrions en contention qui plus aptement les extolleroit[3] par louanges condignes : quand un moine d'Amiens, nommé Bernard Lardon, comme tout fasché et monopolé[4] nous dist : Je ne sçay que diantre vous trouvez icy tant à louer. J'ay aussi bien contemplé comme vous, et ne suis aveugle plus que vous. Et puis : Qu'est ce? Ce sont belles maisons. C'est tout. Mais Dieu, et monsieur saint Bernard, nostre bon patron soit avec nous, en toute ceste ville encores n'ay je veu une seule routisserie, et y ay curieusement regardé et consideré. Voire je vous dis comme

---

[1] Il est probable, comme le remarque Johanneau, que Rabelais veut établir une distinction entre les supérieurs et les gouvernés, les moines *menants* et les moines *menés*.

[2] C'est ainsi qu'on lit dans les éditions de 1552. L'édition partielle, publiée en 1548, portait : douze ans.

Il est probable que notre auteur se met ici en scène et rappelle, en l'embellissant peut-être, un épisode de ses voyages en Italie.

[3] Exalterait.

[4] Intrigué. Le mot *monopole* avait autrefois un sens beaucoup plus étendu qu'aujourd'hui. On le trouve souvent dans les anciens édits avec la signification de manœuvre coupable, fraude, ruse, intrigue.

espiant et prest à compter et nombrer, tant à dextre comme à senestre, combien et de quel cousté plus nous rencontrerions de routisseries routissantes. Dedans Amiens, en moins de chemin quatre fois voire trois qu'avons fait en nos contemplations, je vous pourrois monstrer plus de quatorze routisseries antiques et aromatizantes [1]. Je ne sçay quel plaisir avez pris voyans les lions et africanes [2] (ainsi nommiez vous, ce me semble, ou bien ours bistides [3] ce qu'ilz appellent tygres) prés le beffroy : pareillement, voyans les porcs espicz et austruches on palais du seigneur Philippe Strossi [4]. Par ma foy, nos fieulx [5], j'aimerois mieulx voir un bon et gras oison en broche. Ces porphyres, ces marbres sont beaux. Je n'en dis point de mal. Mais les darioles d'Amiens sont meilleures à mon goust. Ces statues antiques sont bien faites, je le veux croire. Mais par saint Ferreol d'Abbeville [6], les jeunes bachelettes de nos pays sont mille fois plus advenantes.

Que signifie, demanda frere Jean, et que veult dire que tousjours vous trouvez moines en cuisines, jamais n'y trouvez rois, papes, ne empereurs? Est ce, respondit Rhizotome, quelque vertu latente, et proprieté specificque absconse dedans les marmites et contrehastiers, qui les moines y attire, comme l'aimant à soy le fer attire : n'y attire empereurs, papes, ne rois? Ou c'est une induction et inclination naturelle aux frocz et cagoulles adherente, laquelle de soy mene et pousse les bons religieux en cuisine, encores qu'ilz n'eussent election ne deliberation d'y aller? Il veult dire, respondit

---

[1] Il faut remarquer que les pâtissiers et les rôtisseurs d'Amiens sont encore renommés.

[2] *Africana* avait en effet le sens que lui donne Rabelais. On trouve ce mot dans divers auteurs, et entre autres dans Pline le Naturaliste : « Senatus consultum fuit vetus, ne « liceret *Africanas* in Italiam ad- « vehere. » (Liv. VIII, 18.)

[3] Nous lisons ces mots dans l'édition partielle de 1548.

[4] Riche négociant florentin, père de celui qui fut maréchal de France. Rabelais en parle dans la première de ses lettres datées d'Italie.

[5] Nos enfants, en patois picard.

[6] Voici ce que dit, à propos de ce passage, M. l'abbé Corblet, dans son *Glossaire du patois picard* : « Nous ne connaissons que quatre saints du nom de Ferréol, et aucun d'eux n'est né en Picardie. »
Le moyen âge mettait les oies sous la protection de saint Ferréol : « Les uns disent que saint Feriol est le plus habile à garder les oyes. » H Estienne, *Apol. p. Her.*, ch. 38.

Epistemon, formes suivantes la matiere. Ainsi les nomme Averrois. Voire, voire, dist frere Jean.

Je vous diray, respondit Pantagruel, sans au probleme proposé respondre. Car il est un peu chatouilleux : et à peine y toucheriez vous, sans vous espiner. Me souvient avoir leu [1] que Antigonus, roy de Macedonie, un jour entrant en la cuisine de ses tentes, et y rencontrant le poëte Antagoras, lequel fricassoit un congre [2] et luy mesmes tenoit la paille, luy demanda en toute alaigresse : Homere fricassoit il congres, lors qu'il descrivoit les prouesses de Agamemnon ? Mais, respondit Antagoras : O roy, estimes tu que Agamemnon, lors que telles prouesses faisoit, fust curieux de sçavoir si personne en son camp fricassoit congres ? Au roy sembloit indecent que en sa cuisine le poëte faisoit telle fricassée. Le poëte luy remonstroit que chose trop plus abhorrente estoit rencontrer le Roy en cuisine.

Je dameray ceste cy [3], dist Panurge, vous racontant ce que Breton Villandry [4] respondit un jour au seigneur duc de Guise. Leur propos estoit de quelque bataille du roy François contre l'empereur Charles cinquiesme, en laquelle Breton estoit gorgiasement armé, mesmement de greives [5] et solleretz [6] asserés, monté aussi à l'avantage : n'avoit toutesfois esté veu au combat. Par ma foy, respondit Breton, j'y ay

---

[1] Dans Plutarque : Ἀποφθέγματα βασιλέων καὶ στρατηγῶν. — (Ἀντιγόνου, 17.)

[2] Poisson de mer semblable à une anguille. (Dict. de l'Académie.)

[3] Terme figuré emprunté au jeu de dames, c'est-à-dire : Je vais vous raconter quelque chose de plus fort. On dit encore dans le même sens : *Damer le pion à quelqu'un.*

[4] On chercherait inutilement ce nom dans le Dictionnaire de la noblesse et dans les dictionnaires historiques auxquels Johanneau renvoie ; mais le père Lelong (t. III, n° 29949) indique Claude Le Breton, seigneur de Villandry, secrétaire d'Etat des finances en 1536-1537, mort en 1556, et l'on trouve dans Tessereau, *Histoire chronologique de la grande chancellerie de France*, t. I, p. 95, la mention suivante : « Le 4ᵉ jour du mois de fevrier suivant (1544), Claude Breton, seigneur de Villandry, fut reçu en l'office de secretaire du Roy, Maison, Couronne de France, par la resignation, à condition de survivance, de Jean Breton, son pere. »

[5] Armure qui protégeait le devant des jambes.

[6] Armures qui défendaient les pieds.

esté, facile me sera le prouver, voire en lieu onquel vous n'eussiez osé vous trouver. Le seigneur Duc prenant en mal ceste parole, comme trop brave et temerairement proferée, et se haulsant de propos, Breton facilement en grande risée l'appaisa, disant : J'estois avec le baguage. Onquel lieu vostre honneur n'eust porté soy cacher comme je faisois. En ces menuz devis arriverent en leurs navires. Et plus long sejour ne firent en icelle isle de Cheli.

CHAPITRE XII.

Comment Pantagruel passa Procuration, et de l'estrange maniere de vivre entre les Chiquanous.

Continuant nostre route, au jour subsequent passasmes *Procuration*[1], qui est un pays tout chaffouré et barbouillé. Je n'y cognus rien. Là vismes des procultous[2] et Chicanous, gens à tout le poil[3]. Ilz ne nous inviterent à boire ne à manger. Seulement, en longue multiplication de doctes reverences, nous dirent qu'ilz estoient tous à nostre commandement, en payant. Un de nos truchemens racontoit à Pantagruel comment ce peuple gaignoient leur vie en façon bien estrange, et en plein diametre contraire aux Romicoles. A Rome, gens infinis gaignent leur vie à empoisonner, à battre et à tuer. Les Chiquanous la gaignent à estre battuz. De mode que, si par long temps demouroient sans estre battuz, ilz mourroient de male faim, eux, leurs femmes et enfans[4].

C'est, disoit Panurge, comme ceux qui, par le rapport de Cl. Galien, ne peuvent le nerf caverneux vers le cercle equateur dresser, s'ilz ne sont tres bien fouettés. Par saint Thibault[5], qui ainsi me fouetteroit me feroit bien au rebours desarsonner, de par tous les diables.

---

[1] Il y a une équivoque sur le mot *passer*.

[2] On a dit autrefois vulgairement *proculeux* et *proculous* pour procureurs. Rabelais fait de *proculous*, *procultous* : qui foule tout le monde aux pieds.

[3] Gens capables de tout.

[4] Frappez, j'ai quatre enfants à nourrir, dit l'Intimé dans les *Plaideurs*. Racine s'est inspiré de ce chapitre et des suivants.

[5] Ce saint est probablement choisi par Rabelais à cause des nombreuses flagellations qu'il avait l'habitude de s'administrer.

La maniere, dist le truchement, est telle. Quand un moine, prestre, usurier, ou advocat veult mal à quelque gentilhomme de son pays, il envoye vers luy un de ces Chiquanous. Chiquanous le citera, l'adjournera, l'outragera, l'injuriera impudentement, suivant son record [1] et instruction : tant que le gentilhomme, s'il n'est paralytique de sens, et plus stupide qu'une rane gyrine [2], sera contrainct luy donner bastonnades et coups d'espée sur la teste, ou la belle jarretade, ou mieulx le jetter par les creneaux et fenestres de son chasteau. Cela fait, voila Chiquanous riche pour quatre mois. Comme si coups de baston fussent ses naifves moissons [3]. Car il aura du moine, de l'usurier, ou advocat, salaire bien bon : et reparation du gentilhomme, aucunes fois si grande et excessive, que le gentilhomme y perdra tout son avoir, avec danger de miserablement pourrir en prison, comme s'il eust frappé le Roy.

Contre tel inconvenient, dist Panurge, je sçay un remede tres bon, duquel usoit le seigneur de Basché [4]. Quel? demanda Pantagruel. Le seigneur de Basché, dist Panurge, estoit homme courageux, vertueux, magnanime, chevalereux. Il retournant de certaine longue guerre en laquelle le duc de Ferrare, par l'aide des François, vaillamment se defendit contre les furies du pape Jules second [5], par chascun jour estoit adjourné, cité, chiquané, à l'appetit et passetemps du gras prieur de saint Louant [6].

Un jour, desjeunant avec ses gens (comme il estoit humain

---

[1] Suivant qu'il en a été *recordé*, averti.

[2] [Grenouille informe. Les grenouilles en leur premiere generation sont dites gyrins, et ne sont qu'une chair petite, noire, avec deux grands œilz et une queue, dont estoient dits les sots gyrins. Plato, *in Theæteto*. Aristoph. Pline, l. 9, c. 51. Aratus.]

[3] Ses récoltes naturelles.

[4] Le fief de Basché était en Anjou. Le Duchat nous apprend qu'il y eut un Perron ou Perrot de Basché, maître d'hôtel de Charles VIII, et qui fut envoyé par lui en Italie.

[5] Ce pape belliqueux, et ardent ennemi de la France, fut en guerre avec Louis XII, qui prit la défense d'Alphonse d'Est, duc de Ferrare, opprimé par lui.

[6] Ce prieuré était situé dans le diocèse de Tours, et dépendait autrefois de l'abbaye de Saint-Paul de Cormery, ordre de Saint-Benoît.

et debonnaire), manda querir son boulangier nommé Loyre, et sa femme, ensemble le curé de sa paroisse, nommé Oudart, qui le servoit de sommelier [1], comme lors estoit la coustume en France : et leurs dist en presence de ses gentilzhommes et autres domesticques : Enfans, vous voyez en quelle fascherie me jettent journellement ces maraux Chiquanous. J'en suis là resolu que, si ne me y aidez, je delibere abandonner le pays et prendre le party du soudan à tous les diables. Desormais quand ceans ilz viendront, soyez prestz, vous Loyre et vostre femme, pour vous representer en ma grande salle avec vos belles robes nuptiales, comme si l'on vous fiansoit, et comme premierement fustes fiansés. Tenez. Voyla cent escuz d'or, lesquelz je vous donne pour entretenir vos beaux accoustremens. Vous, messire Oudart, ne faillez y comparoistre en vostre beau suppellis et estolle, avec l'eau beniste, comme pour les fianser. Vous pareillement, Trudon (ainsi estoit nommé son tabourineur), soyez y avec vostre flutte et tabour. Les paroles dites, et la mariée baisée, au son du tabour vous tous baillerez l'un à l'autre du souvenir des nopces, ce sont petits coups de poing. Ce faisans vous n'en souperez que mieulx. Mais quand ce viendra au Chiquanous, frappez dessus comme sus seigle verde, ne l'espargnez. Tappez, daubez [2], frappez [3], je vous en prie. Tenez, presentement, je vous donne ces jeunes ganteletz de joutte, couvers de

---

[1] Ceci montre à quel point les curés étaient, pour les seigneurs, des commensaux traités sans façon.

[2] Dauber, battre à coups de poing. (Dict. de l'Acad.) — *Daubein*, en vannetais. En gaëlique *daobhaidh* veut dire féroce, et *doubadou*, en provençal, abattoir.

[3] Dans la symbolique de l'ancien droit, des soufflets donnés aux enfants étaient un moyen de graver dans leur mémoire le souvenir des conventions auxquelles ils assistaient. Il en était de même pour le contrat de mariage, à l'occasion duquel l'usage était, dans certaines provinces, de se donner « des petits coups de poing, *en souvenir des nocces* ». Dans le *Printemps d'Yver*, à propos des noces de Claribel, célébrées à Poitiers, il est dit : « Notre patient fut tout estonné qu'on lui demanda la livrée ; tellement qu'après les coups de poings de fiançailles, à la mode du pays, Claribel changea le deuil de son pere pour les joies d'un nouveau mariage. »

chevrotin[1]. Donnez luy coups sans compter à tors et à travers. Celuy qui mieulx le daubera, je recognoistray pour mieulx affectionné. N'ayez peur d'en estre repris en justice. Je seray guarant pour tous. Telz coups seront donnés en riant, selon la coustume observée en toutes fiansailles.

Voire mais, demanda Oudart, à quoy cognoistrons nous le Chiquanous? Car en ceste vostre maison journellement abordent gens de toutes pars. Je y ay donné ordre, respondit Basché. Quand à la porte de ceans viendra quelque homme, ou à pied, ou assez mal monté, ayant un anneau d'argent gros et large on poulce[2], il sera Chiquanous. Le portier l'ayant introduit courtoisement sonnera la campanelle. Alors soyez prestz, et venez en salle jouer la tragicque comedie[3] que vous ay exposé.

Ce propre jour, comme Dieu le voulut, arriva un vieil, gros et rouge Chiquanous. Sonnant à la porte, fut par le portier recognu à ses gros et gras houzeaulx[4], à sa meschante jument, à un sac de toile plein d'informations, attaché à sa ceinture, signamment[5] au gros anneau d'argent qu'il avoit on poulce gauche. Le portier luy fut courtois, l'introduict bonnestement, joyeusement, sonne la campanelle. Au son d'icelle Loyre et sa femme se vestirent de leurs beaux habillemens, comparurent en la salle, faisans bonne morgue. Oudart se revestit de suppellis et d'estolle : sortant de son office rencontre Chiquanous : le mene boire en son office longuement, ce pendant qu'on chaussoit ganteletz de tous coustés, et luy dist : Vous ne poviez à heure venir plus opportune. Nostre maistre est en ses bonnes : nous ferons tantoust bonne chere, tout ira par escuelles : nous sommes ceans de nopces : tenez, beuvez, soyez joyeux.

---

[1] Dont on se servait pour s'exercer, et recouverts d'une peau de chevreau rembourrée.

[2] Cet anneau « gros et large » servait à sceller les exploits.

[3] [Farce plaisante au commencement, triste en la fin.]

[4] Sorte de chaussure de jambes, contre la pluie et la crotte, comme le sont les guêtres. (Dict. de l'Ac.) — Grâce à l'uniforme de nos zouaves, tout le monde sait aujourd'hui ce que c'est que des houseaux.

[5] Notamment.

Pendant que Chiquanous beuvoit, Basché voyant en la salle ses gens en equippage requis mande querir Oudart. Oudart vient portant l'eau beniste. Chiquanous le suit. Il entrant en la salle n'oublia faire nombre de humbles reverences, cita Basché, Basché luy fit la plus grande caresse du monde, luy donna un angelot, le priant assister au contract et fiansailles. Ce que fut fait. Sus la fin coups de poing commencerent sortir en place. Mais quand ce vint au tour de Chiquanous, ilz le festoyerent à grands coups de ganteletz, si bien qu'il resta tout estourdy et meurtry : un œil poché au beurre noir, huit costes freussées [1], le brechet enfondré [2], les omoplates en quatre quartiers, la maschouere inferieure en trois loppins, et le tout en riant. Dieu sçait comment Oudart y operoit, couvrant de la manche de son suppellis le gros gantelet asseré, fourré d'hermines, car il estoit puissant ribault. Ainsi retourne à l'isle Bouchard Chiquanous, accoustré à la tygresque [3] : bien toutesfois satisfait et content du seigneur de Basché : et moyennant le secours des bons chirurgiens du pays, vesquit tant que voudrez. Depuis n'en fut parlé. La memoire en expira avec le son des cloches [4], les quelles quarillonnerent à son enterrement.

---

[1] Rompues (*fresum, fractum, divisum, a frendeo.* Du Cange).

[2] Le brechet enfoncé. Le brechet est l'os de la poitrine auquel aboutissent les côtes par devant. (*Dict. de l'Acad.*)

[3] Tout pommelé de diverses contusions, suivant Le Duchat. De Marsy trouve l'explication absurde, il croit que ces mots signifient : comme si les tigres l'eussent déchiré. — Nous sommes de l'avis de Le Duchat. Les meurtrissures dont le corps de Chiquanous était couvert devaient ressembler aux taches rousses dont le tigre est moucheté. D'ailleurs un homme déchiré par des tigres ne s'en relève point.

[4] « C'est un souvenir du Psalmiste : Civitates destruxisti : periit memoria eorum cum sonitu. » (*Psal.* IX, v. 7.)

CHAPITRE XIII.

Comment, à l'exemple de maistre François Villon, le seigneur de Basché loue ses gens.

Chiquanous issu du chasteau, et remonté sus son esgue orbe[1] (ainsi nommoit il sa jument borgne), Basché sous la treille de son jardin secret manda querir sa femme, ses damoiselles, tous ses gens : fit apporter vin de collation, associé d'un nombre de pastés, de jambons, de fruictz, et fromaiges, beut avec eux en grande alaigresse, puis leurs dist : Maistre François Villon[2], sus ses vieux jours, se retira à Saint Maixent en Poictou, sous la faveur d'un homme de bien, abbé dudit lieu. Là pour donner passetemps au peuple, entreprit faire jouer la Passion en gestes et langage poictevin. Les rolles distribués, les joueurs recollés, le theatre preparé, dist au Maire et eschevins que le mystere pourroit estre prest à l'issue des foires de Niort : restoit seulement trouver habillemens aptes aux personnages. Les Maire et eschevins y donnerent ordre. Il pour un vieil paysant habiller qui jouoit Dieu le pere, requist frere Etienne Tappecoue,

---

[1] Jument borgne (*equa orba* en latin).

[2] Ce poëte était né en 1430. — On croit qu'il est mort vers 1484. Ses friponneries l'avaient, en 1461, fait condamner par le Châtelet de Paris à être pendu. La peine ayant été commuée par le parlement, il se retira à Saint-Maixent, et puis en Angleterre. Sans aucun doute, Villon revint à Saint-Maixent, *sus ses vieux jours*, c'est-à-dire sur les dernières années de sa vie. — De Marsy, et plus récemment M. Génin, ont révoqué en doute l'authenticité de cette anecdote, dont on retrouve les principaux traits dans le dialogue d'Erasme intitulé *Spectrum*. Mais personne n'a lu ni étudié les œuvres de Villon autant que l'a fait notre auteur; il paraît impossible qu'il n'ait pas connu la vie du poëte, et qu'il se soit trompé sur des faits presque contemporains et racontés par lui avec des particularités aussi précises.

secretain des Cordeliers du lieu, luy prester une chappe et estolle. Tappecoue le refusa, allegant que par leurs statutz provinciaulx, estoit rigoureusement defendu rien bailler ou prester pour les jouans. Villon replicquoit que le statut seulement concernoit farces, mommeries et jeuz dissoluz : et qu'ainsi l'avoit veu pratiquer à Bruxelles et ailleurs. Tappecoue, ce non obstant, luy dist peremptoirement qu'ailleurs se pourveust, si bon luy sembloit : rien n'esperast de sa sacristie. Car rien n'en auroit sans faulte. Villon fit aux joueurs le rapport en grande abhomination, adjoustant que de Tappecoue Dieu feroit vengeance et punition exemplaire bien toust.

Au samedy subsequent Villon eut advertissement que Tappecoue, sus la poultre du convent (ainsi nomment ilz une jument non encores saillie) estoit allé en queste à Saint Ligaire, et qu'il seroit de retour sus les deux heures aprés midy. Adonc fit la monstre [1] de la Diablerie parmy la ville et le marché. Ses diables estoient tous capparassonnés de peaux de loups, de veaulx, et de beliers, passementées de testes de mouton, de cornes de boeufz, et de grands havetz [2] de cuisine : ceinctz de grosses courraies, esquelles pendoient grosses cymbales de vaches, et sonnettes de muletz à bruit horrifique. Tenoient en main aucuns bastons noirs pleins de fusées : autres portoient longs tizons allumés, sus lesquelz à chascun carrefour jettoient pleines poignées de parasine [3] en pouldre, dont sortoit feu et fumée terrible. Les avoir ainsi conduicts avec contentement du peuple et en grande frayeur des petits enfans, finalement les mena banqueter

---

[1] L'exhibition, l'essai, la répétition, comme nous dirions aujourd'hui.

[2] Un havet est un croc, un crochet. — Ce mot se trouve souvent dans nos vieux auteurs. *Un havet de cuisine* est peut-être un grand crochet double, comme nous en avons vu dans les campagnes, en forme de S ; par une des extrémités on l'attache à la crémaillère et par l'autre à l'anse d'un chaudron.

Dans le patois du Berry, *havé* signifie : saisi par la chaleur. Le *havet*, si nous avons compris ce mot, donnerait bien raison de l'expression.

[3] Résine, poix-résine. On écrivait ce mot diversement : *pairasine*, *parraisine*, etc.

en une cassine, hors la porte en laquelle est le chemin de Saint Ligaire. Arrivans à la cassine, de loing il apperceut Tappecoue qui retournoit de queste, et leurs dist en vers macaroniques :

> Hic est de patria, natus de gente belistra,
> Qui solet antiquo bribas portare bisacco.

Par la mort diene (dirent adonc les diables) il n'a voulu prester à Dieu le pere une pauvre chappe : faisons luy peur. C'est bien dit, respond Villon. Mais cachons nous jusques à ce qu'il passe, et chargez vos fusées et tizons. Tappecoue arrivé au lieu, tous sortirent on chemin au devant de luy, en grand effroy jettans feu de tous coustés sus luy et sa poultre, sonnans de leurs cymbales, et hurlans en diables : Hho, hho, hho, hho, brrrourrrourrrs, rrrourrrs, rrrourrrs. Hou, hou, hou. Hho, hho, hho. Frere Estienne, faisons nous pas bien les diables?

La poultre toute effrayée se mit au trot, à petz, à bonds, et au gualot : à ruades, fressurades [1], doubles pedales, et petarrades : tant qu'elle rua bas Tappecoue, quoy qu'il se tint à l'aube du bast [2] de toutes ses forces. Ses estrivieres estoient de cordes : du cousté hors le montouoir son soulier fenestré [3] estoit si fort entortillé qu'il ne le peut onques tirer. Ainsi estoit traisné à escorcheCul par la poultre, tousjours multipliante en ruades contre luy, et fourvoyante de peur par les hayes, buissons et fossés. De mode qu'elle luy cobbit [4] toute la teste, si que la cervelle en tomba prés la croix Osaniere [5], puis les bras en pieces, l'un çà, l'autre là, les jambes de mesmes, puis des boyaulx fit un long carnaige,

---

[1] A brisures, à tout rompre.

[2] *Pars sellæ equestris*, dit Du Cange, probablement les ais, la charpente de la selle.
De l'orée selle les dous alves d'argent.
(*Chanson de Roland.*)

[3] Attaché ... ses lanières croisées et figu... petits carreaux de fenêtre.

[4] Bossela, martela. Ce terme appartient encore aux patois de la Sologne, du Berry, etc., et s'y emploie avec la même acception.

[5] [En Poictevin, c'est la croix ailleurs dite Boisseliere : pres laquelle au dimanche des Rameaux l'on chante : Hosanna filio David, etc.]

en sorte que la poultre au convent arrivante de luy ne portoit que le pied droit, et soulier entortillé.

Villon, voyant advenu ce qu'il avoit pourpensé, dist à ses diables : Vous jouerez bien, messieurs les diables, vous jouerez bien, je vous affie [1]. O que vous jouerez bien. Je despite [2] la Diablerie de Saulmur, de Doué, de Monmorillon, de Langés, de Saint Espain, de Angiers [3] : voire, par Dieu, de Poictiers, avec leur parlouoire [4], en cas qu'ilz puissent estre à vous parragonnés [5]. O que vous jouerez bien !

Ainsi, dist Basché, prevoy je, mes bons amis, que vous dorenavant jouerez bien ceste tragicque farce, veu qu'à la premiere monstre et essay, par vous a esté Chiquanous tant disertement daubé, tappé et chatouillé. Presentement je double à vous tous vos gaiges. Vous, m'amie (disoit il à sa femme), faites vos honneurs, comme voudrez. Vous avez en vos mains et conserve tous mes thesors. Quant est de moy, premierement, je boy à vous tous, mes bons amis. Or ça, il est bon et frais. Secondement, vous, maistre d'hostel, prenez ce bassin d'argent. Je le vous donne. Vous, escuyers, prenez ces deux coupes d'argent doré. Vos pages de trois mois ne soient fouettés. M'amie, donnez leurs mes beaux plumailz blancs, avec les pampillettes [6] d'or. Messire Oudart, je vous

---

[1] Je vous garantis.

[2] *Je défie. Dépiter* a conservé cette acception dans les patois du Berry et de la Normandie.

[3] On voit par cette énumération que la Touraine, l'Anjou, le Poitou étaient célèbres par leurs *diableries* ou mystères dans lesquels figuraient des diables. Il y en avait aussi dans d'autres provinces. Ainsi M. Em. Jolibois a publié, en 1838, la *Diablerie de Chaumont*.

[4] On appelait *Parloir aux bourgeois* une grande salle ou halle qui existait à Paris et dans plusieurs autres villes, pour servir aux réunions municipales et autres. Bouchet, dans ses *Annales d'Aquitaine*, mentionne plusieurs « excellentes feinctes » qu'il vit jouer, en 1535, à Poitiers et à Saumur, telles que « Mystères de l'Incarnation, Nativité, Passion, Resurrection et Ascension de N. S. J. C. »

Son ami Rabelais fut aussi, dans sa jeunesse, amateur de ces spectacles ; il en aurait même composé, si l'on en croit le P. Garasse qui le fait parler ainsi :

« Commençant de faire à Poictiers
Une farce et un dialogue,
Je fus ouy fort volontiers
Et cet œuvre me mit en vogue.
(*Le Rabelais réformé*, p. 13.)

[5] Comparés, assimilés.

[6] *Pampillette* est une variante de *papillette*, que l'on trouve à la page 292 du tome Ier ; tous deux

donne ce flaccon d'argent. Cestuy autre je donne aux cuisiniers : aux varletz de chambre je donne ceste corbeille d'argent : aux palefreniers je donne ceste nasselle d'argent doré : aux portiers je donne ces deux assiettes : aux muletiers, ces dix happesouppes. Trudon, prenez toutes ces cuilleres d'argent, et ce drageouoir[1]. Vous, laquais, prenez ceste grande salliere. Servez moy bien, amis, je le recognoistray : croyans fermement que j'aimerois mieulx, par la vertu Dieu, endurer en guerre cent coups de masse sus le heaulme au service de nostre tant bon roy, qu'estre une fois cité par ces mastins Chiquanous, pour le passetemps d'un tel gras prieur.

---

sont des diminutifs de *papilla*, bouton, houppe.

[1] « Dans les documents anglais : « *dragenall*. Les dragées donnèrent leur nom au drageoir ; mais c'était ce qu'on y mettait le moins. « Les épices de chambre (qu'il ne « faut confondre avec les épices de « cuisine), composéees de confitures « sèches, de bonbons à la mode, le « remplissaient. » (De Laborde, *Gloss. des émaux.*)

CHAPITRE XIV.

Continuation des Chiquanous daubés en la maison de Basché.

Quatre jours aprés un autre jeune, haut et maigre Chiquanous alla citer Basché à la requeste du gras Prieur. A son arrivée fut soudain par le portier recogneu, et la campanelle sonnée. Au son d'icelle, tout le peuple du chasteau entendit le mystere. Loyre poitrissoit sa paste, sa femme belutoit la farine. Oudart tenoit son bureau [1]. Les gentilzhommes jouoient à la paulme. Le seigneur Basché jouoit aux trois cens trois [2] avec sa femme. Les damoiselles jouoient aux pingres [3], les officiers jouoient à l'imperiale, les pages jouoient à la mourre [4] à belles chinquenauldes. Soudain fut de tous

---

[1] N'est-ce pas une manière ironique de dire qu'il vaquait à son office de sommelier?

[2] Quelque jeu de cartes où il fallait marquer ce nombre de points.

[3] Johanneau confond les pingres avec les osselets. Nous croyons qu'il se trompe. Dans la liste des jeux de Gargantua, les *pingres* se trouvent placés à côté des *billes*, ce qui semble indiquer une certaine analogie. Cotgrave dit que les pingres se jouaient avec de petites billes d'ivoire, et que c'était un jeu de femme.

[4] Suivant le Dictionnaire de l'Académie, c'est un jeu que deux personnes jouent ensemble en se montrant rapidement les doigts, les uns élevés et les autres fermés, afin de donner à deviner le nombre des premiers. — C'est aussi l'explication du Dictionnaire de la Crusca, au mot *Mora*.

Cotgrave l'entend un peu différemment. C'est, dit-il, un jeu galant. Deux personnes se tournent le dos; l'une d'elles lève les mains, et l'autre devine combien il y a de doigts ouverts.

Johanneau et de l'Aulnaye se sont un peu *chiquanés* sur la question de savoir si *à la mourre à belles chiquenaudes* faisait deux jeux ou un seul. — Nous ne sommes pas en état de décider cette grave question; mais il nous paraît que la *chiquenaude* pouvait bien être la punition infligée à celui qui n'avait pas deviné juste.

entendu que Chiquanous estoit en pays. Lors Oudart se revestir. Loyre et sa femme prendre leurs beaux accoustremens, Trudon sonner de sa flutte, battre son tabourin; chascun rire, tous se preparer, et ganteletz en avant.

Basché descend en la basse court. Là Chiquanous le rencontrant, se mit à genoilz devant luy, le pria ne prendre en mal, si de la part du gras Prieur il le citoit : remonstra par harangue diserte comment il estoit personne publique, serviteur de moinerie, appariteur de la mitre abbatiale, prest à en faire autant pour luy, voire pour le moindre de sa maison, la part qu'il luy plairoit l'emploiter et commander. Vrayement, dist le seigneur, ja ne me citerez que premier n'ayez beu de mon bon vin de Quinquenays [1], et n'ayez assisté aux nopces que je fais presentement. Messire Oudart, faites le boire tres bien, et refraichir : puis l'amenez en ma salle. Vous soyez le bien venu.

Chiquanous bien repeu et abbrevé entre avec Oudart en salle, en laquelle estoient tous les personnages de la farce, en ordre, et bien deliberés. A son entrée chascun commença soubrire. Chiquanous rioit par compaignie, quand par Oudart furent sus les fiansés dits motz mysterieux, touchées les mains, la mariée baisée, tous aspersés d'eau beniste. Pendant qu'on apportoit vin et espices, coups de poing commencerent trotter. Chiquanous en donna nombre à Oudart. Oudart sous son suppellis avoit son gantelet caché : il s'en chausse comme d'une mitaine. Et de dauber Chiquanous, et de drapper Chiquanous : et coups des jeunes ganteletz de tous coustés pleuvoir sus Chiquanous. Des nopces, disoient ilz, des nopces, des nopces, vous en souvienne [2]. Il fut si bien accoustré que le sang luy sortoit par la bouche, par le nez, par les oreilles, par les œilz. Au demourant, courbatu [3],

---

[1] Nous avons inutilement cherché ce nom dans Cassini; mais il se trouve, tout auprès de Chinon, dans la carte du Chinonnois, édition de Le Duchat.

[2] Cela confirme l'origine que nous avons assignée à cet usage de se donner des coups de poing aux noces.

[3] On dit familièrement *courbaturé*, mais *courbatu* se trouve dans le Dictionnaire de l'Académie.

espaultré[1] et froissé[2], teste, nucque, dos[3], poictrine, bras, et tout. Croyez qu'en Avignon, au temps de carnaval, les bacheliers onques ne jouerent à la raphe[4] plus melodieusement que fust joué sus Chiquanous. En fin il tombe par terre. On luy jetta force vin sus la face, on luy attacha à la manche de son pourpoinct belle livrée de jaune et verd[5], et le mit on sus son cheval morveux. Entrant en l'isle Bouchard ne sçay s'il fut bien pensé et traicté, tant de sa femme comme des myres[6] du pays. Depuis n'en fut parlé.

Au lendemain cas pareil advint, pour ce qu'on sac et gibbessierre du maigre Chiquanous n'avoit esté trouvé son exploict. De par le gras Prieur fut nouveau Chiquanous envoyé citer le seigneur de Basché, avec deux records pour sa seureté. Le portier sonnant la campanelle resjouit toute la famille, entendans que Chiquanous estoit là. Basché estoit à table, disnant avec sa femme et gentilzhommes. Il mande querir Chiquanous, le fit asseoir prés de soy, les records prés les damoiselles, et disnerent tres bien et joyeusement. Sus le dessert Chiquanous se leve de table : presens et oyans les records, cite Basché : Basché gracieusement luy demande copie de sa commission. Elle estoit ja preste. Il prend acte de son exploict : à Chiquanous et à ses records furent quatre escuz soleil donnés : chascun s'estoit retiré pour la farce. Trudon commence à sonner du tabourin. Basché prie Chiquanous assister aux fiansailles d'un sien officier, et en recevoir le contract, bien le payant et contentant. Chiquanous fut courtois. Desgaina son escriptoire, eut papier

---

[1] Les *épaules* démises.
[2] Brisé.
[3] Ed. 1553. *Dours*, 1552.
[4] Dans les *Mémoires sur l'Université de Montpellier*, par Astruc, on voit « qu'aussitôt qu'un étudiant était admis au grade de bachelier, il recevait de ses camarades et leur rendait quelques petits coups de poing ».

Raphe, dit Nicot, est un vieux mot qui veut dire poignée. *Rap*, en anglais, signifie coup, et, comme disent les dictionnaires : bon coup donné avec vitesse. La note de Le Duchat sur ce passage est un échantillon curieux d'explication à côté de la difficulté.

[5] Couleurs des fous au moyen âge
[6] Médecins.

promptement, ses records prés de luy. Loyre entre en salle par une porte : sa femme avec les damoiselles par autre, en accoustremens nuptiaux. Oudart revestu sacerdotalement les prend par les mains, les interrege de leurs vouloirs : leurs donne sa benediction, sans espargne d'eau beniste. Le contrat est passé et minuté. D'un cousté sont apportés vin et espices : de l'autre livrée [1] à tas, blanc et tanné [2], de l'autre sont produitz [3] ganteletz secretement.

---

[1] C'étaient les rubans de couleur qu'on distribuait aux gens de la noce. Dans la description d'une noce en Touraine sous Henri IV, au commencement des *Mémoires de Marolles*, on lit : « Les livrées des épousailles n'étoient point oubliées; chacune les portoit à sa ceinture ou sur le haut de manches. »

Cette signification du mot *livrée* se trouve encore dans le Dictionnaire de l'Académie.

[2] De couleur blanche et de couleur foncée.

L'usage de la livrée s'est maintenu dans nos campagnes. Les femmes portent au corsage et les hommes à la boutonnière deux petits bouts de ruban, en général de couleur blanche et verte.

[3] Procurés, apportés.

CHAPITRE XV.

Comment par Chiquanous sont renouvellées les antiques coustumes de fiansailles.

Chiquanous, avoir degouzillé[1] une grande tasse de vin Breton, dist au seigneur : Monsieur, comment l'entendez vous? L'on ne baille point icy des nopces? Sainsambreguoy, toutes bonnes coustumes se perdent. Aussi ne trouve l'on plus de lievres au giste. Il n'est plus d'amis. Voyez comment en plusieurs eglises l'on a desemparé[2] les antiques beuvettes des benoists saints O O, de Noel[3]? Le monde ne fait plus que resver. Il approche de sa fin. Or tenez. Des nopces, des nopces, des nopces. Ce disant, frappoit sus Basché et sa femme, après sus les damoiselles, et sus Oudart.

Adonc firent ganteletz leur exploict,[4] si que à Chiquanous fut rompue la teste en neuf endroits : à un des records fut le bras droit defaucillé[5], à l'autre fut demanchée la mandibule[6] superieure, de mode qu'elle luy couvroit le menton à demy, avec denudation de la luette, et perte insigne des dents molares, masticatoires, et canines. Au son du tabourin changeant son intonation, furent les gantcletz mussés[7], sans estre

---

[1] Après avoir lestement avalé. Nous retrouvons en divers patois *degouziller* (*degoiziller* en berrichon), avec le sens de : parler vite, longtemps et mal.

[2] Abandonné, ou détruit. Les deux sens se trouvent dans le Dictionnaire de l'Académie; seulement le dernier n'est plus usité qu'en termes de marine.

[3] On appelait *OO* de Noël les antiennes que l'on chantait dans la semaine qui précédait cette fête : *ô Sapientia*, *ô Adonaï*, etc.

[4] Si bien, tant que.

[5] Démis. (*Put out of joynt*, Cotgrave).

[6] Mâchoire (*mandibula*, *mandibulum*, en latin.)

[7] Dissimulés, cachés.

aucunement apperceuz et confictures multipliées de nouveau, avec liesse nouvelle. Beuvans les bons compagnons uns aux autres, et tous à Chiquanous et ses records, Oudart renioit et despitoit [1] les nopces, allegant qu'un des records luy avoit desincornifistibulé toute l'autre espaule. Ce non obstant, beuvoit à luy joyeusement. Le records demandibulé joignoit les mains, et tacitement luy demandoit pardon. Car parler ne povoit il. Loyre se plaignoit de ce que le records debradé [2] luy avoit donné si grand coup de poing sus l'autre coubte [3] qu'il en estoit devenu tout esperruquancluzelubelouzerirelu du talon.

Mais, disoit Trudon, cachant l'œil gauche avec son mouchoir, et monstrant son tabourin defoncé d'un costé, quel mal leurs avois je fait? Il ne leurs a suffy m'avoir ainsi lourdement morrambouzevezengouzequoquemorguatasacbacguevezinemaffressé mon pauvre œil: d'abondant ilz m'ont defoncé mon tabourin. Tabourins à nopces sont ordinairement battuz: tabourineurs bien festoyés, battuz jamais. Le Diable s'en puisse coiffer. Frere, luy dist Chiquanous manchot, je te donneray unes belles, grandes, vieilles Lettres Royaulx [4] que j'ay icy en mon baudrier, pour repetasser ton tabourin: et pour Dieu pardonne nous. Par nostre dame de Riviere [5] la belle dame, je n'y pensois en mal.

Un des escuyers, chlopant et boytant, contrefaisoit le bon et noble seigneur de la Roche Posay [6]. Il s'adressa au records embavieré [7] de machoueres, et luy dist: Estes vous des frap-

---

[1] Maudissait. Cette acception est donnée par Cotgrave.

[2] Au bras démis.

[3] Coude (*cubitus*).

[4] Pour *lettres royales*. On disait ainsi par un reste de l'usage autrefois général d'après lequel les adjectifs qui, en latin, n'avaient qu'une forme pour le masculin et le féminin suivaient la même règle en français. Ces *lettres royaux* étaient sur parchemin.

[5] Suivant Johanneau, ce nom s'applique à un bourg de la Guyenne, nommé la Rivière (arrondissement de Libourne, canton de Fronsac), où il y avait un pèlerinage renommé.

[6] C'est une ville de Touraine, près de Loches. Jean Chastaignier, seigneur de la Roche-Posay, fut maître-d'hôtel des rois François Ier et Henri II. Il boitait d'une blessure qu'il avait reçue, en 1522, au siége de Pavie.

[7] Portant une *bavette* à la mâchoire. C'était celui à qui la mandibule supérieure avait été démanchée.

pins, des frappeurs, ou des frappars? Ne vous suffisoit nous avoir ainsi morcrocassebezassevezassegrigueliguoscopapopondrillé tous les membres superieurs à grands coups de bobelins¹, sans nous donner telz morderegrippipiotabirofreluchamburelurecoquelurintimpanemens sus les grefves² à belles pointes de houzeaux³?

Appelez vous cela jeu de jeunesse?

Par Dieu, jeu n'est ce⁴.

Le records joignant les mains, sembloit luy en requerir pardon, marmonnant de la langue, mon, mon, mon, vrelon, von, von, comme un marmot.

La nouvelle mariée pleurante rioit, riante pleuroit⁵, de ce que Chiquanous ne s'estoit contenté la daubant sans choys ne election des membres : mais l'avoir lourdement deschevelée, d'abondant luy avoit trepignemampenillorifrizonoufressuré les parties honteuses en trahison. Le diable, dist Basché, y ait part. Il estoit bien necessaire que monsieur le Roy (ainsi se nomment Chiquanous) me daubast ainsi ma bonne femme d'eschine. Je ne luy en veulx mal toutesfois. Ce sont petites caresses nuptiales. Mais j'apperçoy clairement qu'il m'a cité en ange, et daubé en diable. Il tient je ne sçay quoy du frere frappart. Je boy à luy de bien bon cœur, et à vous aussi, messieurs les records. Mais disoit sa femme, à quel propous et sus quelle querelle m'a il tant et trestant festoyée à grands coups de poing? Le diantre l'emport, si je le veulx. Je ne le veulx pas pourtant, ma dia⁶. Mais je diray cela de

---

¹ Chaussures. Johanneau explique ce mot par : *brodequins*. Il n'était usité que pour désigner une chaussure grossière. Les *bobelineurs* rentraient dans la corporation des savetiers.

² Sur le devant des jambes.

³ Outre les houseaux-guêtres, dont il a déjà été question, il y avait des houseaux-bottes qui couvraient le pied et qui se terminaient quelquefois en pointe comme les souliers à la poulaine.

⁴ Ce jeu de mots se retrouve aussi dans Guillaume Cretin, et probablement ailleurs.

⁵ C'est le δακρυόεν γελάσασα d'Homère.

⁶ [*Ma Dia*, maniere de parler vulgaire en Touraine, ressemble au grec Mὰ Δία, non par Jupiter, comme Nè Dea, Nὴ Δία, par Jupiter.]

luy, qu'il a les plus dures oinces [1] qu'onques je senty sus mes espaules.

Le maistre d'hostel tenoit son bras gauche en escharpe, comme tout morquaquoquassé : Le diable, dist il, me fit bien assister à ces nopces. J'en ay, par la vertus Dieu, tous les bras enguoulevezinemassés.

Appelez vous cecy fiansailles?

Je les appelle fiantailles de merde.

C'est, par Dieu, le naïf banquet des Lapithes, descrit par le philosophe Samosatoys [2]. Chiquanous ne parloit plus. Les records s'excuserent, qu'en daubant ainsi, n'avoient eu maligne volunté : et que pour l'amour de Dieu on leur pardonnast. Ainsi departent. A demie lieu de là Chiquanous se trouva un peu mal. Les records arrivent à l'isle Bouchard, disans publiquement que jamais n'avoient veu plus homme de bien que le seigneur de Basché, ne maison plus honorable que la sienne. Ensemble que jamais n'avoient esté à telles nopces. Mais toute la faulte venoit d'eux qui avoient commencé la frapperie. Et vesquirent encores ne sçay quants jours [3] aprés.

De là en hors fut tenu comme chose certaine que l'argent de Basché plus estoit aux Chiquanous et records pestilent, mortel et pernicieux que n'estoit jadis l'or de Tholose [4], et

---

[1] Tous les commentateurs ont expliqué *oinces* par : griffes. C'est une erreur évidente. Il ne s'agit dans tout le chapitre que de solides coups de poing, et non d'égratignures. Le mot *oince* appartient encore aux patois du Poitou et de la Saintonge, et désigne les phalanges des doigts. Dans les coups de poing bien administrés, ce sont en effet les phalanges qui se font le mieux sentir.

[2] Lucien, qui était de Samosate.

[3] Combien de jours.

[4] [Duquel parle Ciceron, l. III, *de Natura deorum* · Aulu-Gellius lib. III; Justin, lib. XXII; Strabo, lib. IV. — Il porta malheur à ceux qui l'emporterent, savoir est Q. Cepio, consul romain, et toute son armée qui tous comme sacrileges perirent miserablement.]

— Nous lisons en effet dans Cicéron, liv. III, ch. 30, *de Natura deorum* : « Cognosce alias quæs- « tiones, *auri Tolosani*, conjura- « tionis Jugurthinæ, etc. »

Aulu-Gelle, liv. III, ch. 9, explique ainsi l'origine du proverbe : « Cum oppidum Tolosanum in « terra Gallia Q. Cæpio consul di- « ripuisset, multumque auri in ejus

le cheval Sejan [1] à ceux qui le possederent. Depuis fut le dit seigneur en repous, et les nopces de Basché en proverbe commun [2].

« oppidi templis fuisset, quisquis ex ea aurum attigit, misero cruciabilique exitu periit. »

Justin, liv. XXXIII, ch. 3, dit que les Tectosages, revenus à Toulouse, leur ancienne patrie, accablés d'une peste affreuse, ne purent la chasser qu'en écoutant les avertissements des aruspices et en jetant dans le *lac de la ville* l'or et l'argent qu'ils ne devaient qu'à la guerre et au sacrilège. D'après cet historien, qui n'est pas tout à fait d'accord avec Aulu-Gelle, ce sont ces mêmes richesses que Cépion retira du lac, à son grand malheur.

Suivant Strabon, liv. IV, ch. 13, les Tectosages les auraient rapportées de l'expédition de Delphes.

Ronsard, qui est un peu Romain, a dit :

Et l'or saint dérobé leur soit l'or de *Tholose*.
(*Discours des misères de ce temps*.)

[1] [Le cheval de Cn. Sejan, lequel porta malheur à tous ceux qui le possederent. Lisez Aulu-Gell., lib. III, cap. 9.]

En effet, Aulu-Gelle parle d'après Gabius Bassus et Modestinus de ce cheval, descendant en ligne directe de ceux de Diomède. « Primum (dit-il) illum Cn. Sejum dominum ejus a M. Antonio qui postea triumvir reipublicæ constituendæ fuit, capitis damnatum miserando supplicio affectum esse : eodem tempore Cornelium Dolabellam consulem in Syriam proficiscentem famam istius equi adductum Argos devertisse, cupidineque habendi ejus exarsisse, emisseque eum sestertiis centum millibus : sed ipsum quoque Dolabellam in Syria bello civili obsessum atque interfectum esse : mox eumdem equum, qui Dolabellæ fuerat, C. Cassium, qui Dolabellam obsederat, abduxisse. Eum Cassium postea satis notum est, victis partibus, fusoque exercitu suo, miseram mortem oppetiisse : deinde Antonium post anteritum Cassii, parta victoria, equum illum nobilem Cassii requisisse ; et cum eo potitus esset ipsum quoque postea victum atque desertum, detestabili exitio interisse. Hinc proverbium de hominibus calamitatis ortum, dicique solitum : *Ille homo habet equum Sejanum.* »

[2] C'est-à-dire proverbiales.

CHAPITRE XVI.

Comment par frere Jean est fait essay du naturel des Chiquanous[1].

Ceste narration, dist Pantagruel, sembleroit joyeuse, ne fust que devant nos œilz fault la crainte de Dieu continuellement avoir[2]. Meilleure (dist Epistemon) seroit, si la pluie de ces jeunes ganteletz fust sus le gras Prieur tombée. Il dependoit[3] pour son passetemps argent, part à fascher Basché, part à voir ses Chiquanous daubés. Coups de poing eussent aptement atouré[4] sa teste rase : attendue l'enorme concussion que voyons huy entre ces juges pedanées sous l'orme[5]. En quoy offensoient[6] ces pauvres diables Chiquanous?

Il me souvient, dist Pantagruel, à ce propos, d'un antique gentilhomme romain, nommé L. Neratius. Il estoit de

---

[1] Johanneau prétend que dans ce chapitre Rabelais a imité les *Alapistes* d'Athénée : lisez d'Arnobe. Mais il y est modèle bien plus qu'imitateur, et l'on reconnaîtra facilement les emprunts que lui a faits l'auteur des *Plaideurs*.

[2] Pantagruel, qui estime tant les *debteurs* et qui rit volontiers de tout, ne rit pas néanmoins de la manière dont les seigneurs du temps payaient leurs dettes. Johanneau le fait remarquer avec raison.

[3] Dépensait.

[4] Décoré.

[5] Les commentateurs expliquent bien ce que tout le monde sait : que les juges *pedanées sous l'orme* étaient des juges ambulants et sans siéges. Mais pourquoi l'auteur applique-t-il cette qualification au prieur de Saint-Louan et à ses pareils? Il faut se reporter aux passages qui précèdent, dans lesquels les moines sont représentés abusant de leur juridiction, multipliant contre leurs justiciables les mesures vexatoires, payant les *chicanous* pour se donner le plaisir de les voir *daubés* par les seigneurs, et faisant payer à leur tour le plaisir qu'ils ont eu de dauber les chicanous au gentilhomme dont ils tirent « reparation si excessive que celui-ci y perdra tout son avoir. »

[6] En quoi ces pauvres diables chicanous commettaient-ils une faute, péchaient-ils ? Rabelais emploie

noble famille et riche en son temps. Mais en luy estoit ceste tyrannique complexion, que issant de son palais il faisoit emplir les gibbessieres de ses varletz d'or et d'argent monnoyé, et rencontrant par les rues quelques mignons braguars et mieux en point, sans d'iceux estre aucunement offensé, par gayeté de coeur leurs donnoit de grands coups de poing en face. Soudain aprés, pour les appaiser et empescher de non soy complaindre en justice, leurs departoit de son argent. Tant qu'il les rendoit contens et satisfaits, selon l'ordonnance d'une loy des douze Tables. Ainsi dependoit son revenu, battant les gens au pris de son argent[1].

Par la sacre botte de saint Benoist, dist frere Jean, presentement j'en sçauray la verité. Adonc descend en terre, mit la main à son escarcelle, et en tira vingt escuz au soleil. Puis dist à haute voix en presence et audience d'une grande tourbe du peuple chiquanourroys : Qui veut gaigner vingt escuz d'or, pour estre battu en diable? Io, io, io[2], respondirent tous. Vous nous affollerez[3] de coups, monsieur, cela est seur. Mais il y a beau guain. Et tous accouroient à la foule, à qui seroit premier en date, pour estre tant precieusement[4] battu. Frere Jean de toute la trouppe choisit un Chiquanous à rouge muzeau, lequel on poulce de la main dextre portait un gros et large anneau d'argent, en la palle[5] duquel estoit enchassée une bien grande crapaudine[6].

---

ici *offenser* dans une des acceptions qu'avait en latin le mot *offendere*. (*Quod in eodem genere, in quo ipsi offendissent, alios reprehendissent*. (Cicéron.)

[1] Rabelais a emprunté ce récit à Aulu-Gelle. Nous lisons, en effet, dans cet auteur, l. XX, ch. 1, les lignes suivantes, placées dans la bouche d'un interlocuteur :

« Quidam (inquit) Lucius Nera-
« tius fuit, egregie homo improbus
« atque immani vecordia : is pro
« delectamento habebat, os homi-
« nis liberi manus suæ palma ver-
« berare (*de souffleter un homme
« libre*). Eum servus sequebatur,
« crumenam plenam assium porti-
« tans, et quemcumque depalmave-
« rat, numerari statim secundum
« XII tabulas quinque et viginti
« asses jubebat. »

[2] Moi, moi, moi, en italien.
[3] Étourdiriez de coups.
[4] A si bon prix.
[5] Le chaton.
[6] Ou crapoudine. Les uns voulaient que ce fût une pierre fine; les autres que ce fût un fossile. « Ce qui nous importe, » dit M. de

LIVRE IV, CHAPITRE XVI.

L'ayant choisi, je vis que tout ce peuple murmuroit, et entendis un grand, jeune, et maigre Chiquanous, habile et bon clerc, et (comme estoit le bruit commun[1]) honneste homme en court d'eglise, soy complaignant et murmurant de ce que le rouge muzeau leur ostoit toutes practiques : et que si en tout le territoire n'estoient que trente coups de baston à gaigner, il en emboursoit tousjours vingt huit et demy[2]. Mais tous ces complainctz[3] et murmures ne procedoient que d'envie.

Frere Jean dauba tant et trestant Rouge muzeau, dos et ventre, bras et jambes, teste et tout, à grands coups de baston, que je le cuidois mort assommé. Puis luy bailla les vingt escuz. Et mon villain debout, aise comme un roy ou deux. Les autres disoient à frere Jean : Monsieur, frere diable, s'il vous plaist encores quelques uns battre pour moins d'argent, nous sommes tous à vous, monsieur le diable. Nous sommes trestous à vous, sacs, papiers, plumes, et tout.

Rouge muzeau s'escria contre eux, disant à haute voix : Feston dicne[4], Guallefretiers[5], venez vous sus mon marché? Me voulez vous ouster et seduire mes chalands? Je vous cite par devant l'official[6] à huitaine mirelaridaine[7]. Je vous chiquaneray en diable de Vauverd[8]. Puis se tournant

---

Laborde dans son *Glossaire des émaux*, « c'est qu'on lui attribuait « la vertu d'indiquer, en suant, la « présence du poison, et cela parce « qu'elle était censée se trouver « dans les têtes des crapauds, et « même, selon Albert le Grand, « conserver empreinte à sa surface « la figure de cet animal. »

[1] Comme le bruit en courait.

[2] « Il y a lieu de croire, dit Le Duchat (qui n'est pas toujours si prudent et si réservé), que ceci a donné occasion à M. Racine, dans ses *Plaideurs*, de faire dire à l'Intimé :

Et si dans la province
Il se donnoit en tout vingt coups de nerf
[de bœuf,

Mon père, pour sa part, en emboursoit dix-[neuf.

[3] C'est presque notre mot de *complaintes*.

[4] Fête-Dieu.

[5] Gueux sans feu ni lieu. On dit aussi, en Berry, dans le même sens *galefretiau* et *galefertiau*. (*Glossaire du centre de la France*.) *Galfâtre* est usité dans le sens de mendiant.

[6] Devant le juge, en justice.

[7] Nous pensons avec Le Duchat que *mirelaridaine* doit être le refrain de quelque chanson.

[8] Le palais de Vauvert bâti, dit-on, par le roi Robert, et hanté par des revenants, a donné lieu à

vers frere Jean, à face riante et joyeuse, luy dist : Reverend pere en diable Monsieur, si m'avez trouvé bonne robe, et vous plaist encores en me battant vous esbattre, je me contenteray de la moitié de juste pris. Ne m'espargnez, je vous en prie. Je suis tout et trestout à vous, monsieur le diable : teste, poulmon, boyaulx, et tout. Je le vous dis à bonne chere[1]. Frere Jean interrompit son propous, et se destourna autre part. Les autres Chiquanous se retiroient vers Panurge, Epistemon, Gymnaste, et autres : les supplians devotement estre par eux à quelque petit pris battuz : autrement estoient en danger de bien longuement jeusner. Mais nul n'y voulut entendre.

Depuis cherchans eau fraiche pour la chorme[2] des naufz, rencontrasmes deux vieilles Chiquanoures du lieu : lesquelles ensemble miserablement pleuroient et lamentoient. Pantagruel estoit resté en sa nauf, et ja faisoit sonner la retraicte. Nous doubtans qu'elles fussent parentes du Chiquanous, qui avoit eu bastonnades, interrogions les causes de telle doleance. Elles respondirent, que de plourer avoient cause bien equitable, veu qu'à heure presente l'on avoit au gibbet baillé le moine par le coul[3] aux deux plus gens de bien qui fussent en tout Chiquanourroys. Mes pages, dist Gymnaste, baillent le moine par les pieds à leurs compagnons dormars. Bailler le moine par le coul, seroit pendre et estrangler la personne. Voire, voire, dist frere Jean. Vous en parlez comme saint Jean de la Palisse[4]. Interrogées sus les causes de cestuy pendaige, respondirent qu'ilz avoient desrobé les ferre-

---

cette locution proverbiale qu'on retrouve dans Villon et dans plusieurs auteurs de l'époque.

[1] De bon cœur.

[2] *Chorme* pour *chiorme* ou *chiourme*. La *chiourme* désignait l'ensemble des rameurs d'une galère, l'équipage, comme le dit Cotgrave, et non pas, comme le veut Johanneau, les forçats, les galériens. L'équipage de Pantagruel, du fils du roi, devait être composé de marins d'élite. Nous avons déjà vu ce terme pris en pareil sens.

[3] C'est-à-dire qu'on les avait pendus. Donner le moine, c'était attacher aux pieds d'une personne endormie une corde qu'on tirait de loin pour l'éveiller et lui faire peur. Dans les deux cas, c'est la corde qui fait son office.

[4] [Maniere de parler vulgaire par syncope, en lieu de l'Apocalipse, comme idolatre pour idololatre.]

mens de la messe [1] : et les avoient mussés sous le manche de la paroisse. Voyla, dist Epistemon, parlé en terrible Allegorie.

---

[1] [Les ferremens de la messe, disent les poictevins villageois ce que nous disons ornements, et le manche de la paroece ce que nous disons le clochier, par metaphore assez lourde.]

« Il faut (lisons-nous dans des notes manuscrites attribuées à Lenglet du Fresnoy) que ceci regarde quelque vol sacrilège de l'argenterie d'une église qui se soit fait dans le temps. On voit aussi par là quelle estime Rabelais faisait des *Chiquanous*, puisqu'il dit ces deux fripons être les plus honnêtes du pays. »

CHAPITRE XVII.

Comment Pantagruel passa les isles de Tohu et Bohu : et de l'estrange mort de Bringuenarilles, avalleur de moulins à vent.

Ce mesmes jour passa Pantagruel les deux isles de Tohu et Bohu[1], esquelles ne trouvasmes que frire[2]. Bringuenarilles[3] le grand geant avoit toutes les paeles, paelons, chaudrons, coquasses[4], lichefretes, et marmites du pays avallé, en faulte de moulins à vent, desquelz ordinairement il se paissoit. Dont estoit advenu, que peu devant le jour, sus l'heure de sa digestion, il estoit en griefve maladie tombé, par certaine crudité d'estomac, causée de ce (comme disoient les medecins du lieu) que la vertu concoctrice de son estomac, apte naturellement à moulins à vent tous brandifz[5] digerer, n'avoit peu à per-

---

[1] [Hebrieu : deserte et non cultivée.]
Ainsi que le fait observer Johanneau, ces deux mots se trouvent en effet au commencement de la Genèse. *Terra erat solitudo* (tohu) *et inanitas* (bohu).

[2] Rien à frire, comme on dit encore vulgairement.

[3] Cotgrave traduit ce mot par *wide nosetrills*, naseaux pattus. Le Duchat veut qu'il vienne de l'allemand *brechen* (briser), et le traduit par : fendeur de naseaux.
Voltaire reconnaît Henri VIII dans Bringuenarilles ; Johanneau dit que c'est Charles-Quint ; un autre y voit François Ier. Ceci prouve que les chercheurs d'allégories ne sont pas trop d'accord, et il nous paraît plus sage de ne pas courir après elles, quand il est si difficile de les reconnaître, et quand probablement Rabelais est celui de tous qui y a le moins songé.

[4] Petits chaudrons, bouilloires (*kettle, chafer*, Cotgrave). Dans le Nivernais on donne le nom de *coquassons* à de petits pots ou fragments de pots de terre.

[5] C'est-à-dire que Bringuenarilles était capable d'avaler les moulins à vent tout entiers, tout d'une pièce, brandissant leurs ailes. Cette expression appartient encore au langage populaire et provincial. Elle se trouve dans Molière :
« PIERROT. Ils ont des chemises qui ont des manches où j'entrerions *tout brandis*, toi et moi. »
(*Festin de Pierre*, II, 1.)
Dans son *Glossaire de Molière*

fection consommer les paeles et coquasses : les chaudrons et marmites avoit assez bien digeré. Comme disoient cognoistre aux hypostases[1] et eneoremes[2] de quatre bussars d'urine qu'il avoit à ce matin en deux fois rendue.

Pour le secourir, userent de divers remedes selon l'art. Mais le mal fut plus fort que les remedes. Et estoit le noble Bringuenarilles à cestuy matin trepassé, en façon tant estrange, que plus esbahir ne vous fault de la mort d'Æschylus. Lequel, comme luy eust fatalement esté par les vaticinateurs predit, qu'en certain jour, il mourroit par ruine de quelque chose qui tomberoit sus luy, iceluy jour destiné, s'estoit de la ville, de toutes maisons, arbres, rochers, et autres choses esloigné, qui tomber peuvent, et nuire par leur ruine. Et demoura on milieu d'une grande prairie, soy commettant en la foy du ciel libre et patent[3], en seureté bien asseurée, comme luy sembloit : si non vrayement que le ciel tombast. Ce que croyoit estre impossible. Toutesfois on dit que les alouettes grandement redoubtent la ruine des cieulx. Car les cieulx tombans, toutes seroient prises.

Aussi la redoubtoient jadis les Celtes voisins du Rhin : ce sont les nobles, vaillans, chevalereux, belliqueux et triumphans François : lesquelz, interrogés par Alexandre le grand, quelle chose plus en ce monde craignoient, esperant bien que de luy seul feroient exception, en contemplation de ses grandes prouesses, victoires, conquestes, et triomphes, respondirent rien ne craindre, sinon que le ciel tombast[4]. Non toutesfois faire refus d'entrer en ligue, confederation, et amitié avec un si preux et magnanime roy.

Si vous croyez Strabo, liv. 7, et Arrian, liv. 1. Plutarche

M. Génin ne dit rien du mot *brandis*.

[1] *Sédimes* (éd. part.). Sédiments des urines. (*Dict. de l'Acad.*)

[2] Ἐναιώρημα, en grec. Une partie de l'urine grossière et blanche, ou plutôt un nuage ou bourgeons suspendus en son milieu : de ἐν dedans, et αἴρειν, suspendre, élever. (Thévenin, *Dict. des mots grecs de médecine*.)

[3] Ouvert.

[4] Arrien raconte le fait et la réponse des Celtes :

Ἔφασαν δεδιέναι μήποτε ὁ οὐρανὸς αὐτοῖς ἐμπέσοι.

(Liv. I, ch. 4.)

aussi on livre qu'il a fait de la face qui apparoist on corps de la lune, allegue un nommé Phenace[1], lequel grandement craignoit que la lune tombast en terre : et avoit commiseration et pitié de ceux qui habitent sous icelle, comme sont les Æthiopiens et Taprobaniens[2], si une tant grande masse tomboit sus eux. Du ciel et de la terre avoit peur semblable, s'ilz n'estoient deuement fulciz[3] et appuyés sus les colomnes de Atlas, comme estoit l'opinion des anciens, selon le tesmoignage de Aristoteles, *liv. 5, Meta ta phys.*

Æschylus ce non obstant par ruine fut tué, et cheute d'une caquerolle[4] de tortue, laquelle, d'entre les gryphes d'une aigle haute en l'air tombant sus sa teste luy fendit la cervelle.

Plus de Anacreon poëte, lequel mourut estranglé d'un pepin de raisin. Plus de Fabius preteur romain, lequel mourut suffoqué d'un poil de chevre, mangeant une esculée[5] de laict[6]. Plus de celuy honteux, lequel par retenir son vent, et default de peter un meschant coup, subitement mourut en la presence de Claudius, empereur romain[7]. Plus de celuy qui à Rome

---

[1] On lit autrement ce nom dans toutes les bonnes éditions de Plutarque : Φαρνάκης.
Mais dans plusieurs éditions des Adages d'Erasme, et dans celui qui est intitulé *quid si cœlum ruat*, on trouve *Phenace*, comme l'écrit Rabelais. Le Duchat en conclut que notre auteur avait puisé là sa citation, et non dans Plutarque lui-même.

[2] Les habitants de l'île de Ceylan. Dans Camoëns cette île porte toujours le nom de *Taprobana*.

[3] Soutenus. *Fulciti*, en latin.

[4] Écaille. Suivant Valère-Maxime (liv. IX, ch. 12), Eschyle étant sorti hors de la ville qu'il habitait en Sicile, et s'étant assis au soleil, un aigle, portant une tortue, prit la tête chauve du poëte pour une pierre et y laissa tomber sa tortue dans la pensée d'en briser l'écaille.

[5] Une écuellée.

[6] Ces deux derniers exemples sont tirés de Pline, *Hist. nat.*, liv. VII, ch. 5 (7) :

« .... Ut Anacreon poeta, acino
« uvæ passæ : ut Fabius senator
« prætor, in lactis haustu uno pilo
« strangulatus. »

Valère-Maxime parle aussi de la mort d'Anacréon :

« Sicut Anacreonti quoque, quamvis statum humanæ vitæ supergresso ; quem uvæ passæ succo tenues et exiles virium reliquias foventem, unius grani pertinacior in aridis faucibus humor absumpsit. »

(Liv. IX, ch. 12.)

[7] Suétone fait allusion à ce fait. Seulement il ne tue pas l'infortuné, comme Rabelais ; il se contente de le mettre en grand péril. Claude, qui donnait souvent de somptueux festins, et qui tenait à se conserver ses convives, élabora, suivant le même historien, un édit pour per-

LIVRE IV, CHAPITRE XVII.

est en la voye Flaminie enterré, lequel en son epitaphe[1] se complainct estre mort par estre mords[2] d'une chatte au petit doigt. Plus de Q. Lecanius Bassus[3], qui subitement mourut d'une tant petite poincture d'aiguille on poulce de la main gauche, qu'à peine la pouvoit on voir. Plus de Guignemault[4], medecin normand, grand avaleur de pois gris, et berlandier tres insigne, lequel subitement en Monspellier trespassa, par faulte d'avoir payé ses debtes et pour de biays s'estre avec un tranche plume tiré un ciron de la main.

Plus de Philomenes[5], auquel son varlet, pour l'entrée de disner ayant appresté des figues nouvelles, pendant le temps qu'il alla au vin, un asne couillart esguaré estoit entré on logis, et les figues apposées mangeoit religieusement[6]. Phi-

---

mettre de péter à table. « Flatum crepitumque in convivio emittendi. » (Suétone, *Claud.*, 32.)

[1] Voici cette épitaphe telle que Le Duchat, aidé de son érudition ordinaire, nous l'a *déterrée* :

Hospes, disce novum mortis genus, improba felis
Dum trahitur (*alias* dum teneo), digitum mordet, et intereo.

[2] Être mort pour avoir été mordu. *Mords* se disait autrefois pour *mordu*, et Henri Estienne était partisan de la première forme. Il faudrait n'avoir jamais étudié le style de Rabelais, pour voir, dans le rapprochement de ces deux mots : *mort* et *mords*, une négligence. C'est bien formellement dans une intention plaisante qu'il les allie. Pour nous, ce ne serait pas peut-être de très-bon goût; mais nos pères ont bien pu penser autrement.

[3] Pline, *Hist. nat.*, liv. XXVI, ch. 1, parle de deux personnages consulaires qui moururent la même année : l'un, J. Rufus, d'une maladie assez commune, *medicorum inscitia*; l'autre, Lecanius Bassus, *pollice lævæ manus evulsa acu ab semetipso, tam parvo vulnere, ut vix cerni posset.*

[4] L'édition de 1548 porte la leçon que nous donnons et qui a été ainsi modifiée en 1552 : « Quenelault, medecin normand, lequel subitement à Monspellier trespassa par de biays, etc. »

[5] Pourquoi Rabelais écrit-il *Philomenes*, au lieu de Philémon, comme on lit dans Valère-Maxime (Φιλήμων, dans Lucien)? Est-ce parce qu'il avait ainsi vu ce nom écrit dans le Valère-Maxime de 1517, in-fol., comme le suppose Le Duchat? Est-ce une simple faute d'impression? Peu importe. Voici comment Lucien raconte le même fait :

Καὶ Φιλήμων δὲ ὁ κωμικὸς ὁμοίως τῷ Κρατίνῳ ἑπτὰ καὶ ἐνενήκοντα ἔτη βιοὺς κατέκειτο μὲν ἐπὶ κλίνης ἠρεμῶν, θεασάμενος δὲ ὄνον τὰ παρεσκευασμένα αὐτῷ σῦκα κατεσθίοντα ὥρμησε μὲν εἰς γέλωτα, καλέσας δὲ τὸν οἰκέτην καὶ σὺν πολλῷ καὶ ἀθρόῳ γέλωτι εἰπὼν προσδοῦναι τῷ ὄνῳ ἀκράτου ἐπιρροφεῖν, ἀποπνιγεὶς ὑπὸ τοῦ γέλωτος ἀπέθανε.

[6] Avec componction.

7.

lomenes survenant, et curieusement contemplant la grace de l'asne sycophage[1], dist au varlet qui estoit de retour : Raison veult, puis qu'à ce devot asne as les figues abandonné, que pour boire tu luy produises[2] de ce bon vin que as apporté. Ces paroles dites, entra en si excessive gayeté d'esprit, et s'esclata de rire tant enormement, continuement, que l'exercice de la ratelle luy tollut[3] toute respiration, et subitement mourut.

Plus de Spurius Saufeius[4], lequel mourut humant un œuf mollet à l'issue du bain. Plus de celuy lequel dit Boccace[5] estre soudainement mort par s'escurer les dents d'un brin de sauge.

> Plus de Philippot Placut,
> Lequel, estant sain et dru,
> Subitement mourut[6],

en payant une vieille debte, sans autre precedente maladie. Plus de Zeusis le peinctre, lequel subitement mourut à force de rire, considerant le minoys et portraict d'une vieille par

---

[1] [Maschefigue.]
[2] Tu lui présentes (*producere*, latin).
[3] Enleva.
[4] Rabelais n'est pas tout à fait d'accord avec Pline sur le nom de Saufeius. « *Appius* Saufejus (lit-on au VII° liv. de l'*Hist. nat.*), cum a balneo reversus mulsum bibisset ovumque sorberet, obiit. » Valère-Maxime n'en parle pas dans son chapitre *des Morts extraordinaires*. Rabelais, ainsi que l'a judicieusement fait observer Le Duchat, a dû prendre le nom de *Spurius* dans Fulgose (*de Inusitatis mortis generibus*). Ce qui donne à la conjecture de Le Duchat un très-grand poids, c'est que dans ce même chapitre notre auteur, indiquant les sources de ses citations, désigne formellement Fulgose.
[5] Quatrième journée (et non cinquième, comme Johanneau le fait dire à Le Duchat), septième nouvelle. En voici le sommaire, dans la traduction d'Antoine Le Maçon (1558) : « Simonne aimant Pasquin, et estant avec lui en un jardin, advint que Pasquin se frotta les dents d'une feuille de sauge, dont il mourut. Simonne fut reprise de la justice, et se frotta pareillement les dents d'une de ces feuilles de sauge, dont semblablement elle mourut... Or on trouva dessous la plante de ce saugier un crapaud d'une merveilleuse grandeur, duquel on jugea que cette sauge devoit estre devenue envenimée. »
Chacun connaît le joli conte de *Simone*, emprunté à Boccace par Alfred de Musset.
[6] Ces lignes rimées ressemblent à une vieille épitaphe. Il y en a beaucoup de ce style

'uy representée en peincture. Plus de mille autres qu'on vous die, fust Verrius, fust Pline, fust Valere, fust Baptiste Fulgose[1], fust Bacabery l'aisné[2]. Le bon Bringuenarilles (helas) mourut estranglé, mangeant un coing de beurre frais à la gueule d'un four chaud, par l'ordonnance des medecins.

Là d'abondant nous fut dit que le roy de Cullan en Bohu avoit defait les satrapes du roy Mechloth, et mis à sac les forteresses de Belima. Depuis passasmes les isles de Nargues et Zargues. Aussi les isles de Teneliabin et Geneliabin[3], bien belles et fructueuses en matiere de clysteres. Les isles aussi de Enig et Evig[4], desquelles par avant estoit advenue l'estafilade[5] au Langrauff d'Esse.

---

[1] Auteurs qui ont traité des morts extraordinaires.

[2] Le Duchat dit qu'on appelait autrefois Bac-au-Béry et Bac-à-Béry ce qu'on appelle aujourd'hui Berry-au-Bac, départ. de l'Aisne, arrond. de Laon; mais cela n'apprend pas grand'chose sur le personnage réel ou fantastique dont il est ici question.

[3] [Ces deux noms sont des dictions arabiques qui signifient l'un marine, l'autre miel rosat.]

[4] [Mots allemands, sans, avec. En la composition et appointement du langrauff d'Esse avec l'empereur Charles cinquiesme, on lieu de *Enig* (*sans* detention de sa personne) fut mis *Evig* (*avec* detention).]

[5] Cette traduction comme le remarque Le Duchat, est tout à fait fautive. *Enig* (*einig*, comme on écrit aujourd'hui) signifie : quelque, aucune, et *ewig*, éternelle, perpétuelle. — Il ne s'agissait pas pour le landgrave d'être ou de n'être pas en prison, mais, ainsi que cela résulte de plusieurs mémoires du temps, notamment de ceux de Melvil, 1745, I, 36, de demeurer *ohne cinige gefängniss*, sans aucune prison, ou *ohne ewige gefängniss*, sans prison perpétuelle, ce qui supposait qu'il serait emprisonné au moins quelque temps.

On dit aujourd'hui vulgairement donner un *coup de canif* dans un contrat, c'est-à-dire le déchirer, le violer.

CHAPITRE XVIII.

Comment Pantagruel evada une forte tempeste en mer[1].

Au lendemain, rencontrasmes à poge[2] neuf orques[3] chargées de moines, Jacobins, Jesuites, Capussins, Hermites, Augustins, Bernardins, Celestins, Theatins, Egnatins, Amadeans[4], Cordeliers, Carmes, Minimes, et autres saints religieux, lesquelz alloient au concile de Chesil[5], pour grabeler[6] les articles de la foy contre les nouveaulx hereticques. Les voyant Panurge entra en exces de joye, comme asseuré d'avoir toute bonne fortune pour celuy jour et autres subsequens en long ordre[7]. Et ayant courtoisement salué les beatz peres, et recommandé le salut de son ame à leurs devotes prieres et menuz suffrages, fit jetter en leurs naufs soixante et dixhuit douzaines de jambons, nombre de caviatz, dizaines de cervelatz, centaines de boutargues[8], et deux mille beaux angelotz[9] pour les ames des trepassés.

---

[1] Dans un ouvrage assez rare, imprimé en Hollande 1783, in-8º, *la Morale enjouée*, par le marquis de Culant, on trouve, p. 198, *la Tempête de Rabelais*, mise en vers.

[2] A main droite (*at right hand*, Cotgrave). — En effet la *poge* (*poggia*, en italien) est une corde ou petit palan de l'antenne, placée au côté droit, comme l'*orse* est au côté gauche.

[3] Navire de transport (*hourque*), suivant le *Glossaire nautique* de M. Jal. Cotgrave traduit : *huge ship*, grand navire.

[4] Communauté religieuse fondée par *Amédée* de Savoie, en 1448.

[5] *Cesil*, ou *Chesil*, était pour les Hébreux, comme Orion pour les Grecs, l'astre des tempêtes.

[6] Examiner, discuter.

[7] De Marsy voit là un trait satirique des plus remarquables, car l'augure va se trouver faux.

[8] (*Poutargo*, en provençal.) Œufs de poissons salés et conservés. Voy. t. I, p. 91, la note 3.

[9] C'était une monnaie frappée sous Philippe de Valois et qui portait, sur une des faces, la figure d'un ange.

Pantagruel restoit tout pensif et melancholicque[1]. Frere Jean l'apperceut, et demandoit dont luy venoit telle fascherie non accoustumée, quand le pilot, considerant les voltigemens du peneau[2] sur la pouppe, et prevoyant un tyrannicque grain et fortunal[3] nouveau, commanda tous estre à l'herte, tant nauchiers, fadrins, et mousses, que nous autres voyagiers : fit mettre voiles bas, mejane[4], contremejane, triou[5], maistralle[6], epagon[7], civadiere[8] : fit caller les boulingues, trinquet de prore[9], et trinquet de gabie, descendre le grand artemon, et de toutes les antemnes, ne rester que les grizelles et coustieres[10].

Soudain la mer commença s'enfler et tumultuer du bas abysme : les fortes vagues battre les flancs de nos vaisseaulx : le maistral, accompagné d'un cole effrené[11], de noires gruppades[12], de terribles sions[13], de mortelles bourrasques,

---

[1] Pantagruel avait-il, lui, pris les moines pour des oiseaux de mauvais augure ? Des commentateurs le supposent ; Johanneau dit que cela est d'une grande finesse. A notre avis, ce dernier trait n'ajouterait rien à la malice de Panurge, et il nous paraîtrait peu dans le caractère de Pantagruel. Pourquoi ne pas supposer plutôt que ce dernier, en marin expérimenté, pressentait la tempête ?

[2] De la flamme, du pavillon.

[3] Tempête, ouragan (*fortunale*, burrasca (*Dict. de la Crusca*).

[4] Voile d'artimon et de contre-artimon (μετζάνα, grec moderne).

[5] Pour *tréou*. Voile de fortune de la galère. — Quand la tempête ne permettait pas qu'on mît dehors une des grandes voiles triangulaires, on déployait le *tréou*, voile relativement petite, et, avec son secours, on fuyait devant le temps (Jal, *Glossaire naval*.)

[6] Grande voile (*maestra*, en italien).

[7] L'auteur du *Glossaire naval*, qui prétend que Rabelais a ici accumulé à plaisir les termes nautiques, sans trop se soucier de leur propriété, remarque que l'*epigon* n'était pas une voile, mais une poulie, un moufle. ('Επάγων, en grec ; *spigone*, en italien ; *epigon*, en provençal.)

[8] Nom d'une voile à peu près abandonnée aujourd'hui, qui s'attachait à une vergue suspendue sous le mât de beaupré. (Jal, *Glossaire naval*.)

[9] Trinquet ou misaine (mât, vergue et voile). Le *trinquet de proue* était le petit hunier, et le *trinquet de gabie*, le grand hunier.

[10] Les *coustières* ou *côtières* étaient ce que nous appelons les haubans, et les *grizelles* leurs enfléchures.

[11] D'une bourrasque effrénée. (Cotgrave.)

[12] Des nuages noirs amoncelés

[13] Conflits de vents poussés en sens contraire.

siffler à travers nos antemnes : le ciel tonner du haut, fouldroyer, esclairer, pluvoir, gresler, l'air perdre sa transparence, devenir opaque, tenebreux et obscurcy, si que autre lumiere ne nous apparoissoit que des foudres, esclairs, et infractions des flambantes nuées : les categides[1], thielles[2], lelapes[3] et presteres[4] enflamber tout autour de nous par les psoloentes[5], arges[6], elicies[7] et autres ejaculations etherées : nos aspectz **tous** estre dissipés et perturbés : les horrifiques typhones [8] suspendre les montueuses vagues du courant. Croyez que ce nous sembloit estre l'antique chaos, onquel estoient feu, air, mer, terre, tous les elemens en refractaire confusion.

Panurge ayant du contenu en son estomac bien repeu les poissons scatophages[9], restoit acropy sus le tillac, tout affligé, tout meshaigné[10], et à demy mort invoqua tous les benoistz saints et saintes à son aide, protesta de soy confesser en temps et lieu, puis s'escria en grand effroy disant : Major dome[11], hau, mon amy, mon pere, mon oncle, produisez un peu de salé. Nous ne boirons tantost que trop, à ce que je voy. A petit manger bien boire, sera desormais ma devise. Pleust à Dieu, et à la benoiste, digne, et sacrée Vierge, que maintenant, je dis tout à ceste heure, je fusse en terre ferme bien à mon aise.

O que trois et quatre fois heureux sont ceux qui plantent

---

[1] Tempête (du grec καταιγίς).
[2] Bourrasques (du grec θύελλα).
[3] Tempêtes (du grec λαῖλαψ).
[4] Orage (du grec πρηστήρ).
[5] Foudres (du grec ψόλος, fumée, flamme, éclair).
[6] Ἀργής, ἀργῆτος, blanc de lumière, épithète de la foudre, ou la foudre elle-même, dit le Lexique de Suidas.
[7] Éclairs en zigzag (du grec ἑλικίας, tortueux), d'où notre mot *hélice*. C'est ce qu'en Poitou, en Saintonge et ailleurs les paysans appellent encore : *elouèses*.
[8] Suivant ce que nous lisons dans Aulu-Gelle, les Grecs donnaient le nom de τυφῶνες à des nuages épais et enflammés.
[9] [Maschemerde, vivant d'excrements. Ainsi est de Aristophanes in Pluto nommé Æsculapius en moquerie commune à tous medecins.]
[10] En restituant ici deux points en place d'une virgule, nous rendons claires trois lignes obscures dans toutes les éditions.
[11] Par analogie avec l'officier de ce nom qui, dans les grandes maisons, remplissait les fonctions de maître d'hôtel, le *majordome*, à bord d'un navire, était le cambusier en chef.

LIVRE IV, CHAPITRE XVIII.

choux! O Parces, que ne me filastes vous pour planteur de choux! O que petit est le nombre de ceux à qui Jupiter a telle faveur porté, qu'il les a destinés à planter choux! Car ilz ont tousjours en terre un pied : l'autre n'en est pas loing. Dispute de felicité et bien souverain qui vouldra : mais quiconque plante choux est presentement par mon decret declaré bien heureux, à trop meilleure raison que Pyrrhon[1] estant en pareil danger que nous sommes, et voyant un pourceau prés le rivage qui mangeoit de l'orge espandu, le declara bien heureux en deux qualités, sçavoir est qu'il avoit orge à foison, et d'abondant estoit en terre.

Ha! pour manoir deifique et seigneurial il n'est que le plancher des vaches. Ceste vague nous emportera. Dieu servateur! O mes amis! un peu de vinaigre. Je tressue de grand hahan. Zalas, les vettes[2] sont rompues, le prodenou[3] est en pieces, les cosses[4] esclatent, l'arbre du haut de la guatte[5] plonge en mer : la carine est au soleil, nos gumenes[6] sont presque tous rouptz. Zalas, zalas, où sont nos boulingues? Tout est frelore bigoth[7]. Nostre trinquet est avau l'eau. Zalas à qui

---

[1] Rabelais paraît avoir ici, pour mieux l'accommoder à son propos, ajouté un peu au texte des auteurs anciens qui ont cité ce trait de Pyrrhon. En effet, Plutarque, dans son traité : Πῶς ἄν τις αἴσθοιτο ἑαυτοῦ προκόπτοντος ἐπ' ἀρετῇ, § XI, rapporte seulement que Pyrrhon, surpris par une tempête en naviguant, montra à ses amis un jeune porc qui mangeait tranquillement de l'orge, disant que le sage devait imiter son impassibilité. Diogène Laerce, dans ses *Vies des philosophes*, reproduit et explique le même trait, en disant que c'était sur le vaisseau même que se trouvait le pourceau stoïcien.

[2] Drisse de l'antenne de la galère. On lit *veles*, même *voiles* dans des éditions fautives. M. Jal, qui sans doute n'avait consulté que celles-là, remarque judicieusement que Rabelais avait dû écrire *vettes*. Telle est en effet la leçon des deux éditions partielles, et de celles de 1552, 1553 et 1556.

[3] Corde ou petit câble qui environne et ceint les mâts pour les fortifier. (Morellet.)

[4] Pour l'explication de ce mot, v. p. 188, note 2.

[5] Le mât de lune d'où l'on observe, l'on *guette*, de l'ital. *guatare*.

[6] *Gomorra*, en ital. signifie les câbles auxquels les ancres sont attachées.

[7] Tout est perdu, par Dieu! *Frelore* est une corruption de l'allemand *verloren*, perdu, qui s'était introduite dans le langage populaire par suite de la présence en France des troupes auxiliaires allemandes

appartiendra ce bris? Amis, prestez moy icy derriere une de ces rambades[1]. Enfans, vostre landrivel[2] est tombé. Helas! n'abandonnez l'orgeau[3], ne aussi le tirados[4]. Je oy l'aigneuillot[5] fremir. Est il cassé? Pour Dieu, saulvons la brague[6] : du fernel[7] ne vous souciez. Bebebé bous, bous, bous. Voyez à la calamite[8] de voste boussole, de grace, maistre Astrophile[9], dond nous vient ce fortunal? Par ma foy, j'ay belle peur. Bou bou, bou bous bous. C'est fait de moy. Je me conchie de male rage de peur. Bou bou, bou bou, Otto to to to to ti, otto to to to to ti. Bou bou bou, ou ou ou bou bou bous bous. Je naye. Je naye. Je meurs. Bonnes gens, je naye.

---

et suisses. On le trouve déjà dans *Pathelin*, v. 740. Mais la phrase de Rabelais rappelle plus particulièrement le passage de la fameuse *Chanson de la guerre*, mise en musique par Clément Jennequin :

Escampe toute frelore,
La lintelore frelore,
Escampe toute frelore, bigot!

[1] Constructions élevées à la proue d'une galère, au-dessus des canons.

[2] Cotgrave traduit ce mot par *lanterne*, fanal. M. Jal suppose qu'il faut lire *andrivel* ou *andriveau*, cordage qui servait à se haler ou à s'amarrer.

[3] Pour *arjau*, barre du gouvernail.

[4] L'auteur du *Glossaire nautique* n'a pas trouvé ce mot ailleurs que dans Rabelais; mais il croit que c'est le *tiradore* italien qu'on trouve dans le Dictionnaire de Duez, et il interprète ce mot : le garant du palan avec lequel on manœuvrait le gouvernail.

[5] Pour *aiguillot*, gond que l'on fixe au gouvernail d'un navire pour le faire tourner derrière l'étambot.

[6] Fort cordage destiné à borner le recul du canon qui fait feu.

[7] Pour *frenel*, anneau de corde attaché au banc de la galère, où l'on passait la poignée de la rame.

[8] A l'aiguille. On lit dans les éditions de 1552 et de 1553, *calamité*, ce qui est une faute évidente.

[9] Ami des astres, le pilote.

CHAPITRE XIX.

Quelles contenances eurent Panurge et frere Jean durant tempeste.

Pantagruel, preaiablement avoir[1] imploré l'aide du grand Dieu servateur, et faite oraison publique en fervente devotion, par l'advis du pilot tenoit l'arbre fort et ferme, frere Jean s'estoit mis en pourpoinct pour secourir les nauchers. Aussi estoient Epistemon, Ponocrates, et les autres. Panurge restoit de cul sus le tillac, pleurant et lamentant. Frere Jean l'apperceut passant sus la coursie[2], et luy dist : Par Dieu, Panurge le veau, Panurge le pleurart, Panurge le criart, tu ferois beaucoup mieux nous aidant icy, que là pleurant comme une vache, assis sus tes couillons, comme un magot. Be be be bous, bous, bous (respondit Panurge), frere Jean mon amy, mon bon pere, je naye, je naye, mon amy, je naye. C'est fait de moy, mon pere spirituel, mon amy, c'en est fait. Vostre bragmart ne m'en sçauroit saulver. Zalas, zalas, nous sommes au dessus de Ela[3] : hors toute la gamme. Bebe be bous bous. Zalas, à ceste heure sommes nous au dessous de Gamma ut[4]. Je naye. Ha mon pere, mon oncle, mon tout. L'eau est entrée en mes souliers par le collet. Bous, bous, bous,

---

[1] Après avoir préalablement.
[2] Passage établi au milieu d'une galère de la proue à la poupe.
[3] Au-dessus du plus haut. Le ton de *E la*, dans la langue de l'ancienne musique, était le plus élevé de tous.
[4] Le ton d'*ut* était le plus bas, comme celui d'*E la* était le plus haut.

Panurge veut dire que le navire, qui était tout à l'heure au sommet d'une vague, est retombé au pied d'une autre.

La métaphore est bien cherchée pour un poltron qui est en danger.

paisch, hu, hu, hu, ha, ha, ha, ha, ha, je naye. Zalas, zalas, hu, hu, hu, hu, hu, hu. Bebe bous, bous bobous, bobous, ho, ho, ho, ho, ho. Zalas, zalas. A ceste heure fais bien à poinct l'arbre forchu, les pieds à mont, la teste en bas. Pleust à Dieu que presentement je fusse dedans la orque[1] des bons et beatz peres Concilipetes[2], lesquelz ce matin nous rencontrasmes, tant devotz, tant gras, tant joyeux, tant douilletz, et de bonne grace. Holos, holos, holos, zalas, zalas, ceste vague de tous les diables (*mea culpa Deus*), je dis ceste vague de Dieu enfondrera nostre nauf. Zalas : frere Jean, mon pere, mon amy, confession. Me voyez cy à genoulx. *Confiteor*, vostre saincte benediction.

Viens, pendu au diable, dist frere Jean, icy nous aider, de par trente legions de diables, viens. Viendra il ? Ne jurons point, dist Panurge, mon pere, mon amy, pour ceste heure. Demain tant que voudrez. Holos, holos. Zalas, nostre nauf prend eau, je naye, zalas, zalas. Be be be be be bous, bous, bous, bous. Or sommes nous au fond. Zalas, zalas. Je donne dixhuit cens mille escuz d'intrade[3] à qui me mettra en terre, tout foireux et tout breneux comme je suis, si onques homme fut en ma patrie de bren. *Confiteor*. Zalas, un petit mot de testament, ou codicille pour le moins.

Mille diables, dist frere Jean, saultent au corps de ce coqu. Vertus Dieu, parles tu de testament à ceste heure que sommes en danger, et qu'il nous convient evertuer, ou jamais plus ? Viendras tu, ho diable ? Comite[4] mon mignon, o le gentil algousan[5]! Deça, Gymnaste, icy sus l'estanterol[6]. Nous sommes par la vertus Dieu troussés à ce coup. Voyla nostre phanal

---

[1] Le vaisseau.
Le conscrit irlandais qui s'écrie, à sa première bataille : « Je voudrais en ce moment que mon plus mortel ennemi me fît descendre la grande rue de Dublin à grands coups de pieds dans le derrière ! » nous paraît plus plaisant que Panurge, par cela même qu'il se montre bien plus modeste dans son souhait.

[2] [Comme romipètes, allant au concile.]
[3] De rente.
[4] Officier de chiourme.
[5] Lieutenant (Cotgrave).
[6] Pilier de bois qui supportait le berceau de la poupe, sur laquelle était établi le tendelet. L'auteur du *Glossaire naval* ajoute que la phrase de Rabelais ne présente pas de sens pour un marin.

extainct. Cecy s'en va à tous les millions de diables. Zalas, zalas, dist Panurge, zalas. Bou, bou, bou, bous. Zalas, zalas. Estoit ce icy que de perir nous estoit predestiné? Holos, bonnes gens, je naye, je meurs. *Consummatum est*. C'est fait de moy.

Magna, gna, gna, dist frere Jean. Fy qu'il est laid le pleurart de merde. Mousse ho de par tous les diables, garde l'escantoula [1]. T'es tu blessé? Vertus Dieu, attache à l'un des bitous [2], icy, de là, de par le diable, hay. Ainsi, mon enfant.

Ha frere Jean, dist Panurge, mon pere spirituel, mon amy, ne jurons point. Vous pechez. Zalas, zalas. Bebebebous, bous bous, je naye, je meurs, mes amis. Je pardonne à tout le monde. Adieu, *in manus*. Bous, bous, bouououous. Saint Michel d'Aure : Saint Nicolas, à ceste fois et jamais plus. Je vous fais icy bon veu et à Nostre Seigneur, que si à ce coup m'estes aidans, j'entends que me mettez en terre hors ce danger icy, je vous edifieray une belle grande petite chapelle ou deux

   Entre Quande et Monssoreau,
   Et n'y paistra vache ne veau [3].

Zalas, zalas, il m'en est entré en la bouche plus de dix-huit seilleaux [4] ou deux. Bous, bous, bous, bous. Qu'elle est amere et salée!

Par la vertu, dist frere Jean, du sang, de la chair, du ventre, de la teste, si encores je te oy pioller, coqu au diable, je te gualleray en loup marin : vertus Dieu, que ne le jettons

---

[1] Pompe, selon Oudin. Comme la nauf prend eau, il est naturel qu'il conseille au mousse de ne pas abandonner la pompe.

[2] Ou plutôt *bitons*, pièces de bois verticales auxquelles on attachait les amarres qu'on voulait fixer à terre.

[3] Le dicton rimé était ainsi conçu :

 Entre Cande et Montsoreau
 Il ne paît brebis ni veau.

Mais Panurge, en digne précurseur de Figaro, introduit des variantes dans les proverbes qu'il cite.

En voici un autre, usité dans le département de l'Oise :

 Entre Câtillon et Fumechon
 Il n'y a pas de quoi planter un oignon.

[4] Sceau. *Seillau* est encore usité en divers patois. Ce n'est pas un diminutif, comme le prétend Johanneau.

nous au fond de la mer? Hespaillier, ho gentil compagnon, ainsi mon amy. Tenez bien lassus[1]. Vrayement voicy bien esclairé, et bien tonné. Je croy que tous les diables sont deschainés aujourdhuy ou que Proserpine est en travail d'enfant. Tous les diables dansent aux sonnettes.

---

[1] Là-haut. Ce mot est encore usité en Poitou, en Saintonge, en Berry, etc.

Un vieux noël disait :
Graces soient rendues
Au Dieu de *lassus*.

CHAPITRE XX.

Comment les nauchiers abandonnent les navires au fort de la tempeste.

Ha, dist Panurge, vous pechez, frere Jean, mon amy ancien. Ancien dis je, car de present je suis nul, vous estes nul. Il me fasche le vous dire. Car je croy que ainsi jurer vous face grand bien à la ratelle : comme à un fendeur de bois fait grand soulagement celuy qui à chascun coup prés de luy crie Han, à haute voix : et comme un joueur de quilles est mirificquement soulagé, quand il n'a jetté la boulle droit, si quelque homme d'esprit prés de luy panche et contourne la teste et le corps à demy du cousté auquel la boulle autrement bien jettée eust fait rencontre de quilles. Toutesfois vous pechez, mon amy doulx. Mais si presentement nous mangeons quelque espece de cabirotades [1], serions nous en seureté de cestuy orage ? J'ay leu que sus mer, en temps de tempeste, jamais n'avoient peur, tousjours estoient en seureté les ministres des dieux Cabires, tant celebrés par Orphée, Apollonius, Pherecydes, Strabo, Pausanias, Herodote.

Il radote [2], dist frere Jean, le pauvre diable. A mille et millions et centaines de millions de diables soit le coqu cornard au diable. Aide nous icy, hau tigre [3]. Viendra il ? Icy à orche.

---

[1] Nous avons déjà vu ce mot dans le sens de grillade de chevreau (*cabirou*, en provençal); mais ici, il y a de plus, comme la suite l'indique, une allusion aux dieux *Cabires*, divinités mystérieuses dont le culte avait été importé de Phénicie en Grèce.

[2] Cette plaisanterie entre *Hérodote* et *radote*, encore pratiquée de nos jours, et amenée par la rime plutôt que par la raison, est-elle de l'invention de Rabelais? Nous la croirions volontiers plus ancienne que lui.

[3] On sait que de nos jours on appelle *tigre* une espèce de *groom*, de domestique. Est-ce par suite de quelque usage semblable que frère Jean donne ce nom à Panurge, en le sommant de l'aider? Nous n'oserions l'affirmer.

Teste Dieu pleine de reliques[1], quelle patenostre de cinge est ce que tu marmottes là entre les dents? Ce diable de fol marin est cause de la tempeste et il seul ne aide à la chorme[2]. Par Dieu si je vais là, je vous chastieray en diable tempestatif. Icy, fadrin[3] mon mignon : tiens bien, que je y face un nou Gregeois[4]. O le gentil mousse! Pleust à Dieu que tu fusses abbé de Talemouze, et celuy qui de present l'est fust guardian du Croullay[5]! Ponocrates mon frere, vous blesserez là. Epistemon, gardez vous de la jalousie[6], je y ay veu tomber un coup de fouldre. Inse[7]. C'est bien dit. Inse, inse, inse. Vieigne esquif. Inse. Vertus Dieu qu'est ce là? Le cap est en pieces. Tonnez, diables, petez, rottez, fiantez. Bren pour la vague. Elle a, par la vertus Dieu, failly à m'emporter sous le courant. Je croy que tous les millions de diables tiennent icy leur chapitre provincial, ou briguent pour election de nouveau recteur. Orche. C'est bien dit. Gare la caveche[8] hau mousse, de par le diable, hay. Orche. Orche.

Bebebebous, bous bous, dist Panurge, bous, bous, bebe be bou bous, je naye. Je ne voy ne ciel, ne terre. Zalas, zalas. De quatre elemens ne nous reste icy que feu et eau. Bouboubous, bous, bous. Pleust à la digne vertus de Dieu qu'à heure presente je fusse dedans le clos de Sevillé, ou chez Innocent le pastissier, devant la cave peincte[9] à Chinon, sus peine de me mettre en pourpoinct pour cuyre les petits pastés. Nostre homme, sçauriez vous me jetter en terre? Vous

---

[1] C'est un des serments du seigneur de la Roche du Maine.

[2] A la chiourme, à la manœuvre.

[3] C'est un premier matelot qui conduit les autres. Frère Jean ne parle qu'à un mousse; mais, pour le flatter, il l'appelle Fadrin. (Morellet.)

[4] Nœud à la grecque.

[5] Ou Croulé (près de Chinon), où il y avait un couvent de cordeliers.

[6] Balustrade qui fermait la galère à la poupe.

[7] *Inser*, c'est faire mouvoir le gouvernail appelé *insail* plus bas. *Hisse* ou *isse*, cri d'encouragement usité dans la Méditerranée, dit Le Duchat, pour animer la chiourme à ramer deçà ou delà.

[8] *Cavéche*, *cabéche*, tête, en Saintonge : la poulie appelée en ital. *cabezza* et en français *cap* ou *tête de mouton*.

[9] C'était le nom donné à une dépendance de la maison de Rabelais, à Chinon, une espèce de cellier situé dans un endroit élevé, plutôt qu'une cave proprement dite, et qui avait été autrefois peint ou badigeonné.

sçavez tant de bien, comme l'on m'a dit. Je vous donne tout Salmigondinoys, et ma grande caquerolliere, si par vostre industrie je trouve unes fois terre ferme. Zalas, zalas, je naye. Dea, beaux amis, puis que surgir ne pouvons à bon port, mettons nous à la rade, je ne sçay où. Plongez toutes vos ancres. Soyons hors ce danger, je vous en prie. Nostre amé[1], plongez le scandal, et les bolides[2], de grace. Sachons la hauteur du profond. Sondez nostre amé, mon amy, de par Nostre Seigneur. Sachons si l'on boiroit icy aisement debout, sans soy baisser. J'en croy quelque chose.

Uretacque[3] hau, cria le pilot, uretacque. La main à l'insail[4]. Amene uretacque. Bressine[5], Uretacque. Guare la pane. Hau amure, amure bas, hau uretacque, cap en houlle[6]. Desmanche le heaulme[7]. Acappaye[8].

[1] Nom donné au maître d'équipage, et, sur une galère, au comite.

[2] La corde et le plomb de la sonde.

[3] L'uretac est une fausse amure dont on se servait pour renforcer l'amure de misaine.

[4] La drisse, ce qui sert à isser ou hisser les voiles.

[5] Le bressin est aussi une espèce de drisse, et bressine, comme uretacque, semble l'impératif d'un verbe formé avec le substantif.

[6] La tête du vaisseau à la lame.

[7] Le manche du gouvernail (helm, en anglais).

Un auteur dont il nous siérait mal de contester l'érudition en fait de choses maritimes, puisque nous l'avons souvent mise à profit dans les notes de ce livre, a consacré un des *Mémoires* (n° 9) de son *Archéologie navale* à relever les bévues que Rabelais avait commises dans sa description du « Naviguaige » de Pantagruel. Certes nous ne prétendons pas que Rabelais possédât la science universelle, et il est bien certain qu'ici, comme ailleurs, l'accumulation des termes techniques procède chez lui d'une intention plaisante plutôt que sérieuse ; cependant il ne faut pas l'accuser légèrement d'employer ces termes à contre-sens. Prenons pour exemple ce passage. M. Jal prétend, p. 518 du *Mémoire* précité, qu'il est absurde de démancher la barre du gouvernail, quand un navire est à la cape. Nous ne sommes pas marins, mais voici ce que nous lisons dans un auteur américain fort au courant des choses de la mer : « Ordinairement, quand on veut mettre à la cape, on attache la barre ; mais cela est tout à fait inutile, car le gouvernail n'a pas d'action sur un navire à la cape, et cela ne se fait qu'à cause du tapage irritant que produit la barre quand elle est libre. » (*Aventures de Gordon Pym*, par Edgar Poë.) Il est évident qu'au lieu d'attacher la barre, on peut très-bien la démancher, puisque le gouvernail est sans action.

[8] Mets à la cape.

En sommes nous là? dist Pantagruel. Le bon Dieu servateur nous soit en aide! Acappaye hau, s'escria Jamet Brahier maistre pilot, acappaye. Chascun pense de son ame, et se mette en devotion, n'esperant aide que par miracle des cieulx! Faisons, dist Panurge, quelque bon et beau veu. Zalas, zalas, zalas. Bou bou, bebebebous : bous, bous, zalas, zalas, faisons un pelerin [1]. Ça, ça, chascun boursille à beaux liards. Ça.

Deça hau, dist frere Jean, de par tous les diables. A poge. Acappaye, on nom de Dieu. Desmanche le heaulme hau. Acappaye. Acappaye. Beuvons hau. Je dis du meilleur et plus stomachal. Entendez vous haut majour dome. Produisez, exhibez. Aussi bien s'en va cecy à tous les millions de diables. Apporte cy hau, page, mon tirouoir (ainsi nommoit il son breviaire). Attendez, tire mon amy, ainsi : vertus Dieu, voicy bien greslé et fouldroyé vrayement. Tenez bien là haut, je vous en prie. Quand aurons nous la feste de Tous Saints? Je croy qu'aujourdhuy est l'infeste feste de tous les millions de diables.

Helas, dist Panurge, frere Jean se damne bien à credit. O que j'y perds un bon amy. Zalas, zalas, voicy pis que antan [2]. Nous allons de Scylle en Carybde, holos, je naye. *Confiteor*, un petit mot de testament, frere Jean, mon pere : monsieur l'abstracteur, mon amy, mon Achates : Xenomanes, mon tout. Helas, je naye, deux motz de testament. Tenez icy sus ce transpontin [3].

---

[1] Cotisons-nous pour envoyer un pèlerin à Rome, à Saint-Jacques.

Une traduction de l'Arioste, imprimée en 1555, dit, en parlant d'une circonstance semblable : « On fait un pelerin au mont Sinay, un promis en Gallice, à Rome, au Sepulchre, à la Vierge de Lorette. »

[2] Qu'avant cette année, que précédemment.

[3] Strapontin.

CHAPITRE XXI.

Continuation de la tempeste, et brief discours sus testamens faits sus mer.

Faire testament, dist Epistemon, à ceste heure qu'il nous convient evertuer et secourir nostre chorme sus peine de faire naufrage, me semble acte autant importun et mal à propos comme celuy des Lances pesades[1] et mignons de Cæsar entrant en Gaule, lesquelz se amusoient à faire testamens et codicilles, lamentoient leur[2] fortune, plouroient l'absence de leurs femmes et amis romains, lors que par necessité leurs convenoit courir aux armes, et soy evertuer contre Ariovistus leur ennemy. C'est sottise telle que du chartier, lequel sa charrette versée par un retouble[3], à genoilz imploroit l'aide de Hercules et ne aiguillonnoit ses boeufz, et ne mettoit la main pour soublever les roues. De quoy vous servira icy faire testament? Car, ou nous evaderons ce danger, ou nous serons noyés. Si evadons, il ne vous servira de rien.

---

[1] Officiers subalternes (*the meanest officers*, Cotgrave). Rabelais a puisé dans les *Commentaires* de César les faits qu'il va citer.
« Hi neque vultum fingere, neque interdum lacrimas tenere poterant..... Vulgo totis castris testamenta obsignabantur. »
(*De Bello Gallico*, l. I, ch. 39.)

[2] Nous lisons *leur* sans *s* dans l'édit. partielle de Pierre de Tours et dans la très-correcte édition de 1556. La partielle de 1548, celles de 1552 et celles de 1553 ont *leurs*. *Leur* signifiant à eux, à elles, est souvent écrit avec *s* dans Rabelais, bien que Meygret, dès 1550, réprouve cette forme ; mais *leurs*, pronom possessif, suivi d'un substantif au singulier, nous semble étrange. Voy. p. 238, note I.

[3] *Restipulus*, dans Du Cange, terre labourée où il reste encore de la paille, *stipula*.
Retouble, en poitevin, en saintongeais, en berrichon, etc., désigne un champ non labouré, hérissé de brins de paille tenant aux racines, quand on a scié le blé, le seigle, l'avoine.

Testamens ne sont valables ne autorisés sinon par mort des testateurs. Si sommes noyés, ne nayera il pas comme nous? Qui le portera aux executeurs?

Quelque bonne vague, respondit Panurge, le jettera à bord comme fit Ulyxes : et quelque fille de roy, allant à l'esbat sus le serain, le rencontrera[1]: puis le fera tres bien executer, et prés le rivage me fera eriger quelque magnifique cenotaphe, comme fit Dido à son mary Sychée[1], Eneas à Deiphobus, sur le rivage de Troye prés Rhoete[2] : Andromache à Hector, en la cité de Butrot[3] : Aristoteles, à Hermias et Eubulus[4] : les Atheniens, au poëte Euripides : les Romains, à Drusus en Germanie, et à Alexandre Severe, leur empereur, en Gaule : Argentier, à Callaischre[5] : Xenocrite, à Lysidices : Timares, à son fils Theleutagores : Eupolis et Aristodice, à leur filz Theotime : Onestes, à Timocles : Callimache, à Sopolis, filz de Dioclides[6] : Catulle, à son frere : Statius, à son pere : Germain de Brie[7], à Hervé, le naucher breton.

Resves tu? dist frere Jean. Aide icy de par cinq cens mille et millions de charrettées de diables, aide : que le cancre te puisse venir aux moustaches, et trois razes de anguonnages[8]

---

[1] *Æneid.* I, 553.
 . . . . inhumati venit imago
Conjugis...
[2] *Æneid.* VI, 504.
Tunc egomet tumulum rhœteo in littore
        [inanem
Constitui...
[3] *Æneid.* III, 294 et suiv.
Ante urbem (*Buthroti*) in luco, falsi Si-
      [moentis ad undam
Libabat cineri Andromache...
[4] V. Diog. Laerce, Vie d'Aristote.
[5] Un Grec nommé Κάλλαισχρος ayant péri sur mer, on lui fit des épitaphes. Il y en a deux dans l'*Anthologie*, dont l'une par Ἀργυροπλαστής, nom que Rabelais traduit par Argentier.
[6] Ces noms sont encore empruntés à l'*Anthologie*, ainsi que la plupart des suivants.
[7] Hervé de Porzmoguer, et non de *Primoguet*, comme on l'a souvent appelé par corruption, capitaine breton, est le héros d'un célèbre combat naval livré le 10 août 1512, à la hauteur du cap Saint-Mathieu. Hervé, cerné par douze vaisseaux anglais, alors que son navire *la Cordelière* était devenu la proie des flammes, aima mieux périr que de se rendre. Germain de Brie, ami de Rabelais, composa à ce sujet une pièce à laquelle celui-ci fait allusion : *Hervei Cenotaphium.*
[8] « [Tuscan. Trois demies aulnes de bosses chancreuses. »]
Cotgrave explique *anguonnages* par *botches*, ulcères. Raze est une mesure de longueur employée dans quelques-unes de nos provinces. Frère Jean souhaite à Panurge trois

LIVRE IV, CHAPITRE XXI.

pour te faire un haut de chausses, et nouvelle braguette! Nostre nauf est elle encarée[1]? vertus Dieu, comment la remolquerons nous? Que tous les diables de coup de mer voicy! Nous n'eschapperons jamais ou je me donne à tous les diables.

Alors fut ouye une piteuse exclamation de Pantagruel, disant à haute voix : Seigneur Dieu, saulve nous. Nous perissons. Non toutesfois advienne selon nos affections, mais ta sainte volunté soit faite[2]. Dieu, dist Panurge, et la benoiste Vierge soient avec nous. Holos, holos, je naye. Bebebebous, bebe bous, bous. *In manus.* Vray Dieu, envoye moy quelque daulphin pour me saulver en terre comme un beau petit Arion. Je sonneray bien de la harpe, si elle n'est desmanchée.

Je me donne à tous les diables, dist frere Jean (Dieu soit avec nous, disoit Panurge entre les dents), si je descends là, je te monstreray par evidence que tes couillons pendent au cul d'un veau coquart, cornart, escorné. Mgnan, mgnan, mgnan. Viens icy nous aider, grand veau pleurart, de par trente millions de diables qui te saultent au corps. Viendras tu? ô veau marin. Fy qu'il est laid le pleurart. Vous ne dictes autre chose? Ça joyeux tirouoir en avant, que je vous espluche à contrepoil[3]. *Beatus vir qui non abiit.* Je sçay tout cecy par coeur. Voyons la legende de monsieur saint Nicolas[4].

Horrida tempestas montem turbavit acutum.

Tempeste fut un grand fouetteur d'escoliers au college de Montagu[5]. Si, par fouetter pauvres petits enfans, escoliers

---

razes d'ulcères dont il se fera une culotte. (Morellet.)

[1] Engravée, échouée (*gravelled*, Cotgrave). Les Espagnols disent encore *encallar*, par suite de la permutation assez fréquente de la lettre *r* en *l*, comme dans *arbol*, *marmol*, *Argel*.

[2] Ce sont les paroles de saint Pierre dans un danger semblable.

[3] Lire son bréviaire à contre-poil, c'est-à-dire à rebours, était une espèce de sacrilége.

[4] Saint Nicolas est le saint qu'on invoque plus communément dans les dangers de mer; on le représente avec des enfants qu'on suppose avoir été sauvés par lui, dans une cuve ou baquet. (Morellet.)

[5] Pierre Tempeste, principal du

innocens, les pedagogues sont damnés, il est, sus mon honneur, en la roue de Ixion, fouettant le chien courtault qui l'esbranle : s'ilz sont par enfans innocens fouetter saulvés, il doibt estre au dessus des...[1]

collége de Montaigu, mort en 1530, était, si nous ajoutons foi à ce que rapporte Claude Malingre en ses *Antiquités de Paris*, « rigide correcteur des escoliers delinquans, à raison de quoy, ilz composerent plusieurs carmes contre luy, que j'ay veus. Desquelz le premier estoit :

Horrida tempestas montem turbavit acultum. »

C'est une parodie de celui d'Horace :

Horrida tempestas cœlum contraxit et imbres...

Frère Jean se laisse distraire de son bréviaire ou de la légende de saint Nicolas par le souvenir de Montaigu.

[1] La phrase de frère Jean est interrompue par l'exclamation de Panurge au chapitre suivant : « Terre, terre ! »

CHAPITRE XXII.

Fin de la tempeste.

Terre, terre, s'escria Pantagruel, je voy terre. Enfans, courage de brebis[1]. Nous ne sommes pas loing du port. Je voy le ciel, du costé de la Transmontane, qui commence s'esparer[2]. Advisez à Siroch[3]. Courage, enfans, dist le pilot, le courant est refoncé. Au trinquet de gabie. Inse, inse. Aux boulingues de contremejane. Le cable au capestan. Vire, vire, vire. La main à l'insail. Inse, inse, inse. Plante le heaulme. Tiens fort à guarant[4]. Pare les couetz[5]. Pare les escoutes. Pare les bolines[6]. Amure babord. Le heaulme sous le vent. Casse escoute[7] de tribord, filz de putain. (Tu es bien aise, homme de bien, dist frere Jean au matelot, d'entendre nouvelles de ta mere.) Vien du lo[8]. Prés et plein[9]. Haut la barre. (Haute est, respondoient les matelotz.) Taille vie[10]. Le cap au seuil[11]. Malettes[12] hau. Que l'on coue bonnette. Inse, inse.

---

[1] Un tantinet de courage! — Cette expression était autrefois très-usitée.

[2] S'éclaircir (*spararsi*, italien). En patois normand, un temps *éparé* est un temps clair, serein. En saintongeais, on dit : Le ciel s'épare, pour exprimer que les nuages s'étendent et se dissipent après un orage.

[3] Au *sirocco*, au vent de sud-est.

[4] Le garant d'un palan est la corde qui court sur les rainures des deux poulies dont il se compose.

[5] Ou amures.

[6] Boulines.

[7] *Cassar la scotta*, serrer l'écoute, la haler avec une grande force comme si l'on voulait la rompre.

[8] On dirait aujourd'hui : Viens au lof. Le lof est le côté du navire qui reçoit le vent.

[9] « Serre le vent, mais que les voiles soient pleines. » Jal, *Archéologie navale*, II, 521.

[10] Coupe la voie (*taglia via*, en italien).

[11] M. Jal, qui a lu *feuil*, propose d'écrire *seuil*. La faute n'existe point dans les édit. de 1552, de 1553, de 1556. Le pilote ordonne de mettre le cap sur l'entrée du port dont Pantagruel a dit tout à l'heure que la nef n'est pas loin.

[12] *Maillettes*, œillets à passer la corde des voiles.

C'est bien dit et advisé, disoit frere Jean. Sus, sus, sus, enfans, diligentement. Bon. Inse, inse. A poge. C'est bien dit et advisé. L'orage me semble critiquer [1] et finir en bonne heure. Loué soit Dieu pourtant. Nos diables commencent escamper dehinch[2]. Mole[3]. C'est bien et doctement parlé. Mole, mole. Icy de par Dieu. Gentil Ponocrates, puissant ribauld! Il ne fera qu'enfans masles, le paillard. Eusthenes[4] gallant homme! Au trinquet de prore. Inse, inse. C'est bien dit. Inse, de par Dieu, inse, inse. Je n'en daignerois rien craindre,

Car le jour est feriau,
Nau, Nau, Nau [5].

(Cestuy celeume [6], dist Epistemon, n'est hors de propous : et me plaist, car le jour est feriau.) Inse, inse. Bon.

O! s'escria Epistemon, je vous commande tous bien esperer. Je voy ça Castor à dextre. Be be bous bous bous, dist Panurge, j'ay grand peur que soit Helene [7] la paillarde. C'est vrayement, respondit Epistemon, Mixarchageuas [8], si plus te

---

[1] L'édition de 1548 porte *minuer*. Le sens est le même. L'orage *critique*, dit Le Duchat, quand il est dans une *crise* à la suite de laquelle il diminue.

[2] D'ici, *dehinc*, c'est un mot tout latin.

[3] Mollis, impératif. Frère Jean demande au vent de mollir, de s'adoucir, ou ordonne de détendre un cordage.

[4] Εὐσθενής, fort, robuste, en grec.

[5] C'est le refrain d'un vieux noël poitevin que nous avons déjà cité.
Au grand saint Nau
Chanteray sans point my feindre;
I n'en daignerois rien craindre,
Car le jour est feriau, etc.

[6] [Chant pour exhorter les mariniers et leur donner du courage.]

Salonia en espagnol, *Soulomi* en provençal. *Calendau*, p. 528.

Du grec χέλευσμα. « Toutes les manœuvres pénibles, dit l'auteur de l'*Archéologie navale*, se faisaient autrefois à bord au bruit d'un chant rhythmé. « C'est pour cela que frère Jean en belle humeur entonne un refrain de noël.

[7] Pour comprendre ce passage, il faut se rapporter à Pline (II, 37). Castor et Pollux sont deux étoiles favorables dont l'apparition met en déroute *diram ac minacem Helenam*.

La parole d'Épistémon est consolante; mais Panurge voit tout en noir.

V. Euripide (*Oreste*).

[8] « Surnom que les Argiens donnaient à Castor. » *'Alphabet de*

plaist la denomination des Argives. Haye, haye. Je voy terre : je voy port : je voy grand nombre de gens sus le havre. Je voy du feu sus un obeliscolychnic[1]. Haye, haye, dist le pilot, double le cap[2], et les basses. Doublé est, respondoient les matelotz. Elle s'en va, dist le pilot : aussi vont celles de convoy. Aide au bon temps.

Saint Jean, dist Panurge, c'est parlé cela. O le beau mot ! Mgna, mgna, mgna, dist frere Jean, si tu en taste goutte, que le diable me taste. Entends tu, couillu au diable ? Tenez, nostre amé, plein tanquart[3] du fin meilleur. Apporte les frizons[4], hau Gymnaste, et ce grand mastin de pasté jambique, ou Jambonique, ce m'est tout un. Gardez de donner à travers.

Courage, s'escria Pantagruel, courage, enfans. Soyons courtoys. Voyez cy prés nostre nauf deux lutz[5], trois flouins[6], cinq chippes[7], huit volontaires[8], quatre gondoles, et six fregates, par les bonnes gens de ceste prochaine isle envoyées à nostre secours. Mais qui est cestuy Ucalegon[9] là bas qui

---

l'auteur.) Plutarque, dans ses *OEuvres morales*, Ἑλληνικά, 23, dit en effet, que les Argiens nomment Castor *Mixarchagevas*, ou, suivant une meilleure leçon, *Mixarchagetas*, c'est-à-dire demi-dieu. (*Thesaurus græcæ linguæ.*)

[1] Phare en forme d'obélisque.

[2] Le cap qui défend l'entrée du port, et les basses ou roches à la surface de la mer.

[3] *Tankard* désigne encore en anglais un grand pot à bière.

[4] Johanneau, sans autre preuve, affirme que les *frizons* ce sont les tripes. Nous croyons qu'il aurait changé d'avis s'il avait lu, dans le *Dictionnaire de marine* d'Aubin, Amsterdam, 1736, in-4° : « Frisons, ce sont les pots de terre ou de métal dont on se sert sur quelques vaisseaux pour tenir la boisson. » (*Dutch tankard*, Cotgrave.)

[5] Nom d'un petit navire que sa forme arrondie avait fait comparer à l'instrument de musique nommé *luth*. « Les Génois armèrent..... tout plein de petites *luz* à douze rames pour aller assieger la place. » *Chron. de J. d'Auton.*

[6] Le *Flouin*, dit Nicot, est une manière de vaisseau de mer approchant de la ramberge, peu plus petit, lequel va à la voile et à rame, comme la galère, mais n'a point de banc, ains les rameurs voguent de dessus le pont et debout. »

[7] *Ship*, vaisseau, en anglais.

[8] Ce mot désigne-t-il des navires montés par des *volontaires*, ou marchant à *volonté* ?

[9] [Non aidant. C'est le nom d'un vieil Trojan celebré par Homere, *Iliade*, III.]

Homère, en effet, représente Ucalégon dans le conseil de Priam, où il discourait éloigné des combats.

ainsi crie et se desconforte? Ne tenois je l'arbre seurement des mains, et plus droit que ne feroient deux cens gumenes[1]? C'est, respondit frere Jean, le pauvre diable de Panurge, qui a la fievre de veau[2]. Il tremble de peur quand il est saoul.

Si, dist Pantagruel, peur il a eu durant ce colle[3] horrible et perilleux fortunal, pourveu qu'au reste il se fust evertué, je ne l'en estime un pelet[4] moins. Car comme craindre en tout heurt est indice de gros et lasche cœur : (ainsi comme faisoit Agamemnon, et, pour ceste cause le disoit Achilles en ses reproches ignominieusement avoir oeilz de chien, et cœur de cerf[5],) aussi ne craindre, quand le cas est evidemment redoutable, est signe de peu ou faulte d'apprehension[6]. Ores, si chose est en ceste vie à craindre, aprés l'offense de Dieu, je ne veulx dire que soit la mort. Je ne veulx entrer en la dispute de Socrates et des academicques, mort n'estre de soy mauvaise, mort n'estre de soy à craindre. Je dis ceste espece de mort par naufrage estre, ou rien n'estre à craindre. Car comme est la sentence d'Homere, chose griefve, abhorrente et denaturée est perir en mer. La raison est baillée par les Pitagoriens, pour ce que l'ame est feu, et de substance ignée. Mourant donc l'homme en eau (element contraire) leur semble (toutesfois le contraire est verité) l'ame estre entierement esteincte[7]. De fait, Eneas, en la tempeste de laquelle fut le convoy de ses navires prés Sicile surpris, regrettoit n'estre mort de la main du fort Diomedes, et disoit: ceux estre trois et quatre fois heureux qui estoient morts en

---

Dans Virgile, *Æn.* II, 34 :

...... Jam proximus ardet
Ucalegon.

[1] Câbles.
[2] On appelle *fièvre de veau* le petit frisson qui suit quelquefois un repas trop copieux. C'est pourquoi l'auteur ajoute : « Il tremble de peur quand il est saoul, » ce dernier mot étant pris dans un double sens.

[3] Cette tourmente.
[4] Un petit poil, un brin.
[5] Οἰνοβαρὲς, κυνὸς ὄμματ' [ἔχων, κραδίην δ' ἐλάφοιο. *Iliade*, ch. I, v. 225.
[6] Il est bien clair que le mot *appréhension* a ici le sens de faculté compréhensive, intelligence.
[7] Cette phrase entière, que nous reproduisons d'après l'édition partielle, a été prudemment supprimée dès 1552.

la conflagration de Troye[1]. Il n'est ceans mort personne. Dieu servateur en soit eternellement loué. Mais vrayement voicy un mesnage assez mal en ordre. Bien. Il nous fauldra reparer ce bris. Gardez que ne donnons par terre.

---

[1] . . . . . O terque quaterque beati,
Quis ante ora patrum Trojæ sub mœnibus
[altis
Contigit oppetere !
(Virg., Æn., I, 94.)

CHAPITRE XXIII.

Comment, la tempeste finie, Panurge fait le bon compagnon.

Ha, ha, s'escria Panurge, tout va bien. L'orage est passée [1]. Je vous prie de grace, que je descende le premier. Je voudrois fort aller un peu à mes affaires. Vous aideray je encores là? Baillez que je vrillonne [2] ceste corde. J'ay du courage prou, voire. De peur bien peu. Baillez ça, mon amy. Non, non, pas maille de craincte. Vray est que ceste vague decumane [3], laquelle donna de prore en pouppe, m'a un peu l'artere altéré. Voile bas. C'est bien dit. Comment, vous ne faites rien, frere Jean? Est il bien temps de boire à ceste heure? Que sçavons nous si l'estaffier de saint Martin [4] nous brasse

---

[1] Les gens illettrés qui font *orage* féminin peuvent invoquer l'autorité de Rabelais.

[2] Tortille, enroule.

[3] [Grande, forte, violente; car la dixieme vague est ordinairement plus grande, en la mer oceane, que les autres. Ainsi sont par cy apres dites ecrevisses decumanes, grandes; comme Columelle dit poyres decumanes, et Fest. Pomp. œufs decumans; car le dixieme est tousjours le plus grand; et en un camp, porte decumane.]

[4] Le diable, dit Le Duchat, et il ajoute : « La légende de saint Martin le lui donne pour estaffier en *certaine* occasion. » Johanneau lui fait dire en *cette* occasion, et il raconte l'histoire du pauvre à qui saint Martin donna la moitié de son manteau, ajoutant que c'était le diable qui s'était caché sous la figure d'un pauvre pour tenter le saint. Il renvoie à la *Vie des saints* de Baillet, qui ne dit rien de semblable. Il y a plus, Johanneau a pris Dieu pour le diable, car Baillet rapporte, avec Paulin de Périgueux et avec tous les hagiographes, que Jésus-Christ apparut la nuit suivante à saint Martin, revêtu de cette moitié de manteau et disant aux anges qui l'environnaient : « Martin, qui n'est que catéchumène, m'a couvert de ce vêtement. » Il est donc impossible d'accumuler plus de fautes en peu de

encores quelque nouvelle orage? Vous iray je encores aider de là? Vertus guoy, je me repens bien, mais c'est à tard, que n'ay suivy la doctrine des bons philosophes, qui disent soy pourmener prés la mer, et naviguer prés la terre estre chose moult seure et delectable : comme aller à pied, quand l'on tient son cheval par la bride. Ha, ha, ha, par Dieu tout va bien. Vous aideray je encores là? Baillez ça, je feray bien cela, ou le diable y sera.

Epistemon avoit une main toute au dedans escorchée et sanglante, par avoir en violence grande retenu un des gumenes : et entendant le discours de Pantagruel, dist : Croyez, seigneur, que j'ay eu de peur et de frayeur non moins que Panurge. Mais quoy? Je ne me suis espargné au secours. Je considere que si, vrayement mourir est (comme est) de necessité fatale et inevitable, en telle ou telle heure, en telle ou telle façon mourir est en la sainte volunté de Dieu. Pourtant, iceluy fault incessamment implorer, invocquer, prier, requerir, supplier. Mais là ne fault faire but et borne : de nostre part convient pareillement nous evertuer, et comme dit le saint Envoyé [1], estre cooperateurs avec luy. Vous sçavez que dist [2] C. Flaminius consul, lors que, par l'astuce de Annibal, il fut reserré prés le lac de Peruse, dit Thrasymene. Enfans, dist il à ses soudards, d'icy sortir ne vous fault esperer par veuz et imploration des dieux. Par force et vertu il nous convient evader, et à fil d'espée chemin faire par le milieu des ennemis. Pareillement en Salluste, l'aide (dit M. Portius Cato) des dieux n'est impetrée par vœux ocieux, par lamentations muliebres. En veillant, travaillant, soy

---

mots : erreur quant au fait lui-même; erreur quant à la phrase attribuée à Le Duchat; erreur quant à l'autorité de Baillet. Maintenant, pourquoi le diable a-t-il été désigné par le nom d'estafier de saint Martin? Sans doute, parce qu'il était continuellement à ses trousses. Sulpice-Sévère rapporte ainsi la menace que le démon aurait faite à Martin : « Quocumque ieris, vel quæcumque tentaveris, diabolus tibi adversabitur. » Nous voyons, par la légende du saint, que le diable lui a tenu parole.

[1] L'apôtre saint Paul.
[2] Ce que dit C. Flaminius consul.

evertuant ¹, toutes choses succedent à souhait et bon port. Si, en necessité et danger, est l'homme negligent, eviré, et paresseux, sans propos il implore les dieux. Ilz sont irrités et indignés.

Je me donne au diable, dist frere Jean (je en suis de moitié, dist Panurge), si le clous de Seuillé ne fust tout vendangé et destruict, si je ne eusse que chanté *Contra hostium insidias* (matiere de breviaire), comme faisoient les autres diables de moines, sans secourir la vigne à coups de baston de la croix, contre les pillars de Lerné ².

Vogue la galere, dist Panurge, tout va bien. Frere Jean ne fait rien là. Il se appelle frere Jean fait neant, et me regarde icy suant et travaillant pour aider à cestuy homme de bien ³, Matelot premier de ce nom. Nostre amé, ho. Deux motz, mais que je ne vous fasche. De quante espaisseur sont les ais de ceste nauf? Elles sont (respondit le pilot) de deux bons doigts espaisses, n'ayez peur. Vertus Dieu, dist Panurge, nous sommes donc continuellement à deux doigts prés de la mort. Est ce cy une des neuf joies ⁴ de mariage? Ha nostre amé, vous faites bien, mesurant le peril à l'aulne de peur ⁵. Je n'en ay point, quant est de moy. Je m'appelle Guillaume sans peur. De courage, tant et plus. Je n'entends courage de

---

¹ Vigilando, agendo, bene consulendo prospere omnia cedunt. Ubi socordiæ tete atque ignaviæ tradideris, nequicquam deos implores; irati, infestique sunt.
(Sall., *Bell. Catil.*)

² Voy. p. 192, t. Ier.

³ Les matelots ne passaient pas en général pour des saints; nous avons vu « le pilot », au chapitre précédent, qualifier l'un d'eux de « fils de putain », et frère Jean l'appeler ironiquement « homme de bien ». Panurge continue ici la plaisanterie, en disant que ce matelot homme de bien est le *premier du nom*.

⁴ On sait qu'un livre très-populaire du xvᵉ siècle avait pour titre : *les Quinze joies du mariage*. Rabelais, moins libéral, comme le remarque un commentateur, n'en compte ici que neuf. Un auteur anglais, Marsh, allant un peu plus loin que Rabelais, a porté à dix, dans un ouvrage publié en 1682, le nombre des *joies* en question. Enfin l'auteur anonyme d'un ouvrage manuscrit porté au catalogue Chardin (1824, nº 1982) a été bien plus hardi ; il a intitulé son œuvre : *Les trois cent soixante six joyes du mariage*. Comparant les chances du mariage à celles de la navigation, il trouve que dans l'un on est à deux doigts du cocuage, et dans l'autre à deux doigts de la mort.

⁵ Cette phrase, obscure si on

brebis. Je dis courage de loup, asseurance de meurtrier [1]. Et ne crains rien, que les dangers [2].

---

la laisse dans la bouche de Panurge, devient claire si l'on suppose que c'est le pilote qui la prononce. « Vous faites bien de dire que nous sommes à deux doigts de notre perte, si vous mesurez le péril à votre peur. » Et Panurge reprend : « Je n'en ay point, quant est de moy. »

[1] C'était une expression proverbiale pour exprimer la hardiesse d'un criminel à nier effrontément les faits à sa charge.

[2] Le vieux poëte Villon avait dit déjà :

Je ne craignois que les dangers.

(*Monologue du franc-archer*, dans les poésies de cet auteur.)

CHAPITRE XXIV.

Comment, par frere Jean, Panurge est declaré avoir eu peur sans cause durant l'orage.

Bon jour, messieurs, dist Panurge, bon jour trestous. Vous vous portez bien trestous, Dieu mercy et vous? Vous soyez les bien et à propos venuz. Descendons. Hespailliers hau, jettez le pontal[1] : approche cestuy esquif. Vous aideray je encores là? Je suis allovy[2] et affamé de bien faire et travailler, comme quatre bœufz. Vrayement voicy un beau lieu, et bonnes gens. Enfans, avez vous encores affaire de mon aide? N'espargnez la sueur de mon corps, pour l'amour de Dieu. Adam, c'est l'homme[3], nasquit pour labourer et travailler, comme l'oiseau pour voler. Nostre Seigneur veult, entendez vous bien? que nous mangeons nostre pain en la sueur de nos corps, non pas rien ne faisans, comme ce penaillon[4] de moine que voyez, frere Jean, qui boit, et meurt de peur. Voicy beau temps. A ceste heure cognois je la response de Anacharsis le noble philosophe, estre veritable, et bien en raison fondée, quand il, interrogé quelle navire

---

[1] *Pont volant.* (Cotgrave.) Le petit pont qu'on jette d'un navire pour descendre à terre.

[2] J'ai une faim de loup. — Ce terme appartient encore au patois normand.

[3] *Adam* (mot appartenant à la langue hébraïque) est, en effet, traduit par *homo* dans la Vulgate.

[4] *Penille*, *penaillon*, se disent, en Poitou et en Saintonge, pour : guenille, guenillon. C'est donc comme si l'on disait : ce moine déguenillé, *dépenaillé*, mot qui se trouve encore dans le Dictionnaire de l'Académie.

luy sembloit la plus seure, respondit : celle qui seroit on port[1].

Encores mieux, dist Pantagruel, quand, il interrogé desquelz plus grand estoit le nombre, des mors ou des vivans[2], demanda : Entre lesquelz comptez vous ceux qui naviguent sus mer? Subtilement signifiant que ceux qui sus mer naviguent, tant prés sont du continuel danger de mort, qu'ilz vivent mourans, et mourent vivans.

Ainsi, Portius Cato disoit dé trois choses seulement soy repentir. Sçavoir est s'il avoit jamais son secret à femme revelé : si en oisiveté jamais avoit un jour passé : et si par mer il avoit peregriné en lieu autrement accessible par terre [3].

Par le digne froc que je porte, dist frere Jean à Panurge, couillon mon amy, durant la tempeste tu as eu peur sans cause et sans raison. Car tes destinées fatales ne sont à perir en eau. Tu seras haut en l'air certainement pendu, ou bruslé gaillard comme un pere[4]. Seigneur, voulez vous un

---

[1] Nous lisons, en effet, dans Diogène Laerce (ch. 8, pag. 27, éd. Didot), qu'Anacharsis ἐρωτηθεὶς τίνα τῶν πλοίων εἰσὶν ἀσφαλέστερα ἔφη « τὰ νενεωλκημένα. » C'est aussi Anacharsis qui, suivant le même auteur, entendant dire qu'un navire était épais de quatre doigts, ajouta : Les navigateurs sont donc à quatre doigts de la mort, mot que Rabelais prête à Panurge dans le chap. précédent.

[2] « Τοὺς οὖν πλέοντας ποῦ τίθης; » (D. Laerce, éd. anc.) — Ménage et M. Cobet préfèrent la leçon πλέονας qui offre un autre sens.

[3] Rabelais a puisé ces détails dans Plutarque, *Vie de Caton*.

[4] Hardiment brûlé comme un hérétique.

Le mot *gaillard* est pris ici dans le sens adverbial. Nous avons déjà vu dans Rabelais l'expression : *pleiger gaillard*. Ce procédé appartenait et appartient encore au génie de notre langue ; nous disons : parler haut, chanter juste, etc., et non : parler *hautement*, chanter *justement*.

Comme un père nous paraît devoir être expliqué, comme un *patarin* ou hérétique, ainsi nommé du *Pater*.

Nous voyons, en effet, dans la Chronique de la croisade contre les Albigeois, que ceux qui tombaient entre les mains des croisés avaient pour seule alternative d'être brûlés ou pendus.

Le Duchat, qui avait à peu près entendu notre expression, s'est ravisé plus tard. Il a pris *gaillard* pour un adjectif, et, cédant à sa manie étymologique, il a cherché à nous prouver qu'ici *gaillard comme un père* signifiait : gai comme un perroquet. Ce sens

bon guaban¹ contre la pluie? Laissez moy ces manteaulx de loup et de bedouault². Faites escorcher Panurge, et de sa peau couvrez vous. Ne approchez pas du feu, et ne passez par devant les forges des mareschaulx, de par Dieu. En un moment, vous la verriez en cendres. Mais à la pluie exposez vous tant que voudrez, à la neige, et à la gresle. Voire, par Dieu, jettez vous au plonge³ dedans le profond de l'eau, ja ne serez pourtant mouillé. Faites en bottes d'hyver, jamais ne prendront eau. Faites en des nasses pour apprendre les jeunes gens à nager : ilz apprendront sans danger. Sa peau donc, dist Pantagruel, seroit comme l'herbe dite Cheveu de Venus, laquelle jamais n'est mouillée, ne remoitie, tousjours est seiche, encores qu'elle fust au profond de l'eau tant que voudrez. Pourtant est dite Adiantos⁴.

Panurge, mon amy, dist frere Jean, n'aye jamais peur de l'eau, je t'en prie. Par element contraire sera ta vie terminée. Voire, respondit Panurge, mais les cuisiniers des diables resvent quelquefois, et errent en leur office : et mettent souvent bouillir ce qu'on destinoit pour routir : comme en la cuisine de ceans les maistres queux⁵ souvent lardent perdrix, ramiers, et bizets, en intention (comme est vray semblable) de les mettre routir. Advient quelquefois que les perdrix aux choux, les ramiers aux pourreaulx, et les bizetz ilz mettent bouillir aux naveaulx.

Escoutez, beaux amis : Je proteste devant la noble compaignie que, de la chapelle vouée à monsieur S. Nicolas entre Quande et Monssoreau, j'entends que sera une chapelle⁶ d'eau rose, en laquelle ne paistra vache ne veau. Car je la jetteray au fond de l'eau. Voyla, dist Eusthenes, le gallant.

---

est hors de conteste pour Johanneau ; mais personne ne croira que les perroquets ou les pinsons, pas plus que les gens, soient gais quand on les brûle.

¹ Une sorte de casaque ; nous avons, dans ces derniers temps, fait revivre le mot *caban*.

² Blaireau.

³ Plongez.

⁴ Le mot ἀδίαντος, en grec, signifie, non humide. Ἀδίαντον désignait la plante que nous appelons capillaire (*capillus Veneris*).

⁵ Cuisiniers.

⁶ Un alambic à distiller de l'eau de rose.

Le mot *chapelle* se trouve avec

LIVRE IV, CHAPITRE XXIV.

Voyla le gallant, gallant et demy : s'est verifié le proverbe lombardique :

Passato el pericolo, gabbato el santo [1].

cette acception dans tous les anciens lexicographes et également dans une foule d'auteurs de ce temps.

Marot s'en est servi :
La *chapelle* ou se font eaux odoriferentes.

[1] [Le dangier passé, est le saint moqué].

CHAPITRE XXV.

Comment, après la tempeste, Pantagruel descendit es isles des Macreons.

Sus l'instant nous descendismes au port d'une isle laquelle on nommoit isle des Macreons[1]. Les bonnes gens du lieu nous receurent honorablement. Un vieil Macrobe[2] (ainsi nommoient ilz leur maistre eschevin) vouloit mener Pantagruel en la maison commune de la ville, pour soy rafraichir à son aise, et prendre sa refection : mais il ne voulut partir du mole que tous ses gens ne fussent en terre. Aprés les avoir recognuz, commanda chascun estre mué[3] de vestemens, et toutes les munitions des naufz estre en terre exposées : à ce que toutes les chormes fissent chere lie. Ce que fut incontinent fait. Et Dieu sçait comment il y eut beu et gallé[4]. Tout le peuple du lieu apportoit vivres en abon-

---

[1] [Gens qui vivent longuement.] — Μακραίων, en grec, a tout à fait ce sens ; *longævus*, en latin.

[2] [Homme de longue vie.] — Rabelais n'a point inventé ce nom. Pomponius Mela (liv. III, chap. 9) parle d'une race d'Ethiopiens qu'on nommait *Macrobii*, parce que leur vie était de moitié plus longue que celle des autres hommes.

[3] Changé.

[4] Il y fut bu et plaisanté.

Le Duchat, que nous critiquons souvent, a été ici très-bien servi par son érudition. Voici son commentaire :

« Patelin dit au Drapier :

Il y aura *beu et guallé*
Chez moy, ains que vous en aliez.

« L'auteur de *Lancelot du Lac*, vol. III, au feuillet 46 v°, édit. de 1520, a dit : Au matin, quand le jour apparut, coururent aux nefz les povres et les riches, entrerent dedans, et tous ceux qui en Gaule devoient passer. *Si y eut assez plouré et cryé.*

« On lit aussi dans Froissart, vol. I, ch. 194 : « Là eut tiré et *escarmouché.* »

« Je ne sache pas qu'il soit resté dans notre langue aucun vestige de cette façon de parler, qui, comme on voit, a eu cours en France pendant plus de trois cents ans. »

— Cette tournure, pleine d'expression et de vivacité, doit être mise au nombre de celles dont

dance. Les Pantagruelistes leur en donnoient davantage. Vray est ¹ que leurs provisions estoient aucunement ² endommagées par la tempeste precedente. Le repas finy, Pantagruel pria un chascun soy mettre en office et debvoir pour reparer le briz. Ce que firent, et de bon hait ³. La reparation leurs estoit facile, par ce que tout le peuple de l'isle estoient charpentiers, et tous artizans telz que voyez en l'arsenac de Venise : et l'isle grande seulement estoit habitée en trois portz, et dix paroisses : le reste estoit bois de haute fustaye, et desert comme si fust la forest de Ardeine.

A nostre instance le vieil Macrobe monstra ce qu'estoit spectable et insigne ⁴ en l'isle. Et par la forest umbrageuse et deserte, descouvrit plusieurs vieux temples ruinés, plusieurs obelisces ⁵, pyramides ⁶, monumens et sepulchres antiques, avec inscriptions et epitaphes divers, les uns en lettres hieroglyphicques ⁷, les autres en langage Ionicque,

---

l'abandon est certes le plus regrettable.

¹ Vray est que *quia* plus n'en dist. (Edition partielle qui s'arrête ici et dont le dernier chapitre porte le chiffre *onze*.)

² Quelque peu.

³ De bon gré, joyeusement. Ce mot, que nous avons déjà relevé plusieurs fois, a une origine celtique hors de doute. *Ait*, en irlandais et en gaélique, *het*, en breton, expriment la même idée.

Nos joyeux Gaulois, les plus fins rieurs du monde, ont dû naturellement maintenir mieux que tout autre ce vieux mot de leur langue.

⁴ Digne d'être vu et remarqué.

⁵ [Grandes et longues aiguilles de pierre, larges par le bas et peu à peu finissantes en pointe par le haut. Vous en avez à Rome pres le temple de Saint Pierre une entiere, et ailleurs plusieurs autres. Sus icelles, pres le rivage de la mer, l'on allumoit du feu pour luire aux mariniers ou temps de tempeste : et estoient dictes obeliscolychnies.]

⁶ [Grands bastimens de pierre ou de brique quarrés, larges par le bas et aigus par le haut, comme est la forme d'une flambe de feu, πῦρ. Vous en pourrez voir plusieurs sus le Nil pres le Caire.]

⁷ [Sacres sculptures. — Ainsi estoient dites les lettres des antiques sages Ægyptiens, et estoient faites des images diverses de arbres, herbes, animaux, poissons, oiseaux, instrumens : par la nature et office desquelz estoit representé ce qu'ilz vouloient designer. De icelles avez veu la divise de mon seigneur l'Admiral en une ancre, instrument tres poisant et un daulphin poisson legier sus tous animaux du monde, laquelle aussi avoit porté Octavian Auguste, voulant designer : Haste toy lentement; fais

les autres en langue Arabicque, Agarene [1], Sclavonicque, et autres. Des quelz Epistemon fit extraict curieusement. Ce pendant Panurge dist à frere Jean : Icy est l'isle des Macreons. Macreon en grec, signifie vieillart, homme qui a des ans beaucoup. Que veulx tu, dist frere Jean, que j'en face? Veulx tu que je m'en defface? Je n'estois mie on pays lors que ainsi fust baptisée. A propous, respondit Panurge, je croy que le nom de maquerelle en est extraict. Car maquerellaige ne compete que aux vieilles : aux jeunes compete culletaige. Pourtant seroit ce à penser que icy fust l'isle Maquerelle, original et prototype [2] de celle qui est à Paris. Allons pescher des huitres en escalle.

Le vieil Macrobe, en langage Ionicque, demandoit à Pantagruel comment et par quelle industrie et labeur estoit abourdé à leur port celle journée, en laquelle avoit esté troublement de l'air, et tempeste de mer tant horrifique. Pantagruel luy respondit que le haut Servateur avoit eu esgard à la simplicité et sincere affection de ses gens, lesquelz ne voyageoient pour guain ne traficque de marchandise. Une et seule cause les avoit en mer mis, sçavoir est studieux desir de voir, apprendre, cognoistre, visiter l'oracle de Bacbut, et avoir le mot de la Bouteille, sus quelques difficultés proposées par quelqu'un de la compaignie. Toutesfois, ce ne avoit esté sans grande affliction et danger evident de naufrage. Puis luy demanda quelle cause luy sembloit estre de cestuy espovantable fortunal, et si les mers adjacentes d'icelle isle estoient ainsi ordinairement

---

diligence paresseuse, c'est-à-dire : Expedie, rien ne laissant du necessaire. D'icelles entre les Grecs a escrit Orus Apollon. Pierre Colonne en a plusieurs exposé en son livre tuscan intitulé : *Hypnerotomachia Polyphili.*]

[1] *Arabique* et *agarene* ont le même sens. Rabelais, dans les livres précédents, a indifféremment employé les deux termes. Le Duchat et Johanneau s'efforcent, par maintes subtilités, d'établir une distinction qui ne les satisfait pas eux-mêmes. — Il est très-probable que, dans son manuscrit, Rabelais s'étant servi d'un des termes, l'avait ensuite remplacé par l'autre, et que le compositeur aura mal à propos maintenu les deux.

[2] [Premiere forme, patron, modele.]

LIVRE IV, CHAPITRE XXV.

subjectes à tempestes, comme en la mer Oceane sont le ratz de Sanmaieu [1], Maumusson, et, en la mer Mediterranéc, le gouffre de Satalie [2], Montargentan [3], Plombin [4], Capo Melio [5] en Laconie, l'estroict de Gilbathar, le far de Messine, et autres.

---

[1] En Bretagne. Du reste, le mot est à peu près breton. *Raz* signifie détroit, et *sant Mahé*, saint Matthieu. Le détroit de Saint-Matthieu était tellement redoutable qu'il a donné lieu, suivant Johanneau, à trois proverbes bretons. Montmusson est entre les îles d'Alvert et d'Oléron, dans la Charente Inférieure.
[2] Dans la Pamphylie.
[3] En Toscane.
[4] Le canal de Piombino.
[5] Le cap *Malea* ou *Malia*, à la pointe de la Laconie.

CHAPITRE XXVI.

Comment le bon Macrobe raconte à Pantagruel le manoir et discession des Heroes.

Adonc respondit le bon Macrobe : Amis peregrins, icy est une des isles Sporades[1], non de vos Sporades qui sont en la mer Carpathie : mais des Sporades de l'Ocean, jadis riche, frequente, opulente, marchande, populeuse, et subjecte au dominateur de Bretaigne[2]. Maintenant, par laps de temps et sus la declination[3] du monde, pauvre et deserte comme voyez.

En ceste obscure forest que voyez longue et ample plus de soixante et dixhuit mille parasanges[4] est l'habitation des demons et heroes. Lesquelz sont devenuz vieux : et croyons plus ne luisant le comete[5] presentement, lequel nous appareut par trois entiers jours precedens, que hier en soit mort quelqu'un. Au trespas duquel soit excitée celle horrible tempeste que avez paty. Car eux vivans tout bien abonde en ce lieu et autres isles voisines, et en mer est bonache[6] et serenité continuelle. Au trespas d'un chascun d'iceux, ordinairement oyons nous par la forest grandes et pitoyables

---

[1] Ce nom leur avait été donné, suivant Pomponius Mela, *quia dispersæ sunt* (liv. II, ch. 7). Σποράδες, en grec, signifie parsemées çà et là.

[2] Ceci semble désigner une île qui aurait été soumise à la domination anglaise. Des commentateurs vont même jusqu'à nommer l'île de Guernesey, à laquelle certains traits de la description de Rabelais paraissent pouvoir s'appliquer.

[3] Le déclin, la décadence.

[4] [Entre les Perses c'estoit une mesure des chemins contenante trente stades. (Herodotus, lib. II.)]

[5] Nous croyons que ne brille plus la comète, etc.

[6] C'est la forme picarde du vieux mot *bonasse*, que Cotgrave traduit par *calm*, calme.

lamentations, et voyons en terre pestes, vimeres et afflictions, en l'air troublemens et tenebres, en mer tempeste et fortunal.

Il y a, dist Pantagruel, de l'apparence en ce que dictes. Car, comme la torche ou la chandelle, tout le temps qu'elle est vivante et ardente, luist es assistans, esclaire tout au tour, delecte un chascun, et à chascun expose son service et sa clarté, ne fait mal ne desplaisir à personne : sus l'instant qu'elle est extaincte, par sa fumée et evaporation elle infectionne l'air, elle nuist es assistans, et à un chascun desplaist. Ainsi est il de ces ames nobles et insignes. Tout le temps qu'elles habitent leurs corps, est leur demeure pacifique, utile, delectable, honorable : sus l'heure de leur discession [1], communement adviennent par les isles et continent grands troublemens en l'air, tenebres, fouldres, gresles : en terre concussions, tremblemens, estonnemens : en mer, fortunal et tempeste, avec lamentations des peuples, mutations des religions, transports des royaumes, et eversions des republicques.

Nous (dist Epistemon) en avons nagueres veu l'experience on decés du preux et docte chevalier Guillaume du Bellay, lequel vivant, France estoit en telle felicité que tout le monde avoit sus elle envie, tout le monde se y rallioit, tout le monde la redoubtoit. Soudain aprés son trespas, elle a esté en mespris de tout le monde bien longuement [2].

Ainsi, dist Pantagruel, mort Anchise [3] à Drepani en Sicile, la tempeste donna terrible vexation à Æneas. C'est par adventure la cause pourquoy Herodes, le tyran et cruel roy de Judée, soy voyant prés de mort horrible et espovantable

---

[1] Départ, séparation (du latin *discessio*).

[2] Guillaume du Bellay, seigneur de Langey, homme de guerre et diplomate profond, l'un des frères du cardinal du Bellay. V. la *Notice*, p. 47.

Il est impossible de louer avec plus d'habileté que ne le fait ici Rabelais. C'est une dette de reconnaissance dignement payée.

[3] Anchise étant mort. — C'est une tournure latine que nous aurions dû adopter.

Hinc Drepani me portus et illætabilis ora
Accipit. Hic, pelagi tot tempestatibus actus,
. . . .
Amitto Anchisen.
(Virg., Æn., liv. III, v. 707-9.)

en nature (car il mourut d'une phthiriasis, mangé des verms et des poulx, comme paravant estoient mors L. Sylla [1], Pherecydes [2] Syrien, precepteur de Pythagoras [3], le poete gregeois Alcman [4] et autres), et prevoyant que à sa mort, les Juifz feroient feux de joye, fit en son serrail, de toutes les villes, bourgades, et chasteaulx de Judée, tous les nobles et magistratz convenir, sous couleur et occasion fraudulente de leur vouloir choses d'importance communicquer, pour le regime et tuition [5] de la province. Iceux venuz et comparens en personnes fit en l'hippodrome du serrail reserrer. Puis dist à sa sœur Salomé, et à son mary Alexandre : Je suis asseuré que de ma mort les Juifz se esjouiront : mais si entendre voulez et executer ce que vous diray, mes exeques [6] seront honorables, et y sera lamentation publicque. Sus l'instant que seray trespassé, faites par les archiers de ma garde, esquelz j'en ay expresse commission donné, tuer tous ces nobles et magistratz qui sont ceans reserrés. Ainsi faisans, toute Judée maulgré soy en dueil et lamentation sera, et semblera es estrangiers que ce soit à cause de mon trespas, comme si quelque ame heroique fust decedée.

Autant en affectoit un desesperé tyran, quand il dist : Moy mourant, la terre soit avec le feu meslée [7] : c'est à dire, perisse tout le monde. Lequel mot Neron le truant changea, disant, moy vivant, comme atteste Suetone. Ceste detestable parole, de laquelle parlent Cicero, *lib.* 3, *de Finibus*, et Seneque, *lib.* 2, de Clemence, est par Dion Nicæus et Suidas attribuée à l'empereur Tibere.

---

[1] On sait que Sylla mourut de la maladie *pédiculaire*.

[2] « Morborum tam infinita est multitudo, ut Pherecydes Syrius serpentium multitudine ex corpore ejus erumpente exspiraverit. » (Pline, *Hist. nat.*, l. VII, ch. 52.

[3] Pline l'appelle en effet *Pythagoræ doctor* (H. N. l. II, chap. 81).

[4] Poëte lyrique grec dont parle Pline, ch. 33, liv. XI, et non l. IX, comme l'indique Le Duchat.

[5] Protection (du latin *tueri*).

[6] Funérailles (*exsequiæ*, latin).

[7] Ἐμοῦ θανόντος γαῖα μιχθήτω πυρί, c. 38. v. *de Néron*. « Après moi le déluge » Comme dit chez nous le proverbe.

CHAPITRE XXVII.

Comment Pantagruel raisonne sus la discession des ames heroiques: et des prodiges horrifiques qui precederent le trespas du feu seigneur de Langey.

Je ne voudrois (dist Pantagruel continuant) n'avoir pati la tormente marine, laquelle tant nous a vexés et travaillés, pour non entendre ce que nous dit ce bon Macrobe. Encores suis je facilement induict à croire ce qu'il nous a dit du comete veu en l'air par certains jours, precedens telle discession. Car aucunes telles ames tant sont nobles, precieuses, et heroiques, que de leur deslogement et trespas nous est certains jours davant donnée signification des cieulx. Et comme le prudent medecin, voyant par les signes pronosticz son malade entrer en decours[1] de mort, par quelques jours davant advertit les femme, enfans, parens, et amis, du decés imminent du mary, pere, ou prochain, afin qu'en ce reste de temps qu'il a de vivre, ilz l'admonnestent donner ordre à sa maison, exhorter et benistre[2] ses enfans, recommander la viduité[3] de sa femme, declarer ce qu'il sçaura estre necessaire à l'entretenement des pupilles, et ne soit de mort surpris sans tester et ordonner de son ame et de sa maison : semblablement les cieulx benevoles, comme joyeux de la nouvelle reception de ces beates ames, avant leur decés semblent faire feux de joye par telz cometes, et apparitions meteores. Lesquelles voulent[4] les cieulx estre aux humains pour pronostic certain et veridicque prediction, que dedans peu

---

[1] En voie.
[2] Bénir.
[3] L'état de veuve.
[4] Veulent.

de jours, telles venerables ames laisseront leurs corps et la terre.

Ne plus ne moins que jadis, en Athenes, les juges Areopagites, ballotans pour le jugement des criminelz prisonniers, usoient de certaines notes selon la varieté des sentences : par Θ[1] signifians condemnation à mort : par T, absolution : par A, ampliation. Sçavoir est, quand le cas n'estoit encores liquide. Icelles, publiquement exposées, oustoient d'esmoy et pensement les parens, amis, et autres, curieux d'entendre quelle seroit l'issue et jugement des malfaicteurs detenuz en prison. Ainsi par telz cometes[2], comme par notes etherées, disent les cieux tacitement : Hommes mortelz, si de cestes heureuses ames voulez chose aucune sçavoir, apprendre, entendre, cognoistre, prevoir, touchant le bien et utilité publique ou privée, faites diligence de vous representer à elles, et d'elles response avoir. Car la fin et catastrophe de la comœdie approche. Icelle passée, en vain vous les regretterez.

Font davantage. C'est que, pour declarer la terre et gens terriens n'estre dignes de la presence, compaignie, et fruition[3] de telles insignes ames, l'estonnent et espovantent par prodiges, portentes[4], monstres, et autres precedens signes formés contre tout ordre de nature. Ce que vismes plusieurs jours avant le departement[5] de celle tant illustre, genereuse, et heroique ame du docte et preux chevalier de Langey duquel vous avez parlé.

Il m'en souvient, dist Epistemon, et encores me frissonne et

---

[1] Le θ était la première lettre de θάνατος, mort ; le τ, de τελείω, absoudre. Quant à l'ɑ, si Rabelais, ou plutôt Érasme (*Adages*), ne fait pas d'erreur, il pouvait être la première lettre d'un mot grec exprimant la même idée que le latin *non liquet*, ἄδηλον, par exemple.

Perse, dans le vers suivant, fait allusion à la lettre θ.

Et potis es vitio signum præfigere *theta*.

Il est mention du signe θ dans l'Apocalypse. Nous avons inutilement cherché dans les auteurs grecs des renseignements à ce sujet.

[2] On sait que ce mot se trouve fréquemment au masculin dans nos anciens auteurs.

[3] Possession, jouissance (du latin *frui, fruitum*).

[4] Phénomènes (*portenta*, latin).

[5] Départ.

tremble le cœur dedans sa capsule, quand je pense es prodiges tant divers et horrifiques lesquelz vismes apertement cinq et six jours avant son depart. De mode [1] que les seigneurs [2] de Assier [3], Chemant [4], Mailly [5] le borgne, saint Ayl [6], Villeneufve L'aguyart [7], maistre Gabriel [8], medecin de Savillan, Rabelais [9], Cohuau, Massuau [10], Maiorici, Bullou [11], Cercu [12] dit Bourguemaistre, François Proust, Ferron [13], Charles Girad, François Bourré [14], et tant d'autres amis, domestiques, et serviteurs du defunct, tous effrayés se regardoient les uns les autres en silence, sans mot dire

---

[1] De sorte que (*di modo che*, italien).

[2] Parmi ceux dont les noms suivent, il en est plusieurs, outre Rabelais (voy. la *Notice*, p. 47) qui sont portés sur le testament du s[r] de Langey. fait à Turin le 13 novembre 1542.

[3] François de Genouilhac, seigneur d'Assier, tué à la bataille de Cérisoles, en 1544.

[4] François Errault, seigneur de Chemant, président en la cour du parlement de Turin, nommé garde des sceaux au mois de juillet de cette même année 1543 (voy. la *Notice*, p. 51). Il fut l'un des exécuteurs du testament du s[r] de Langey qui lui légua, suivant Le Duchat, cent volumes de ses lettres, à choisir, laissant le surplus de ces mêmes lettres à Jacques d'Aunay, dont il va être question.

[5] L'un des deux frères de ce nom, commissaire de l'artillerie.

[6] Le seigneur de Saint-Ay. Voy. la *Notice* sur Rabelais, p. 53, et la lettre du 6 février 1547, à la fin de ce volume.

[7] Jacques d'Aunay, seigneur de Villeneuve-la-Guiart, neveu de G. Du Bellay. Outre le legs qui le concerne dans l'article du s[r] de Chemant, son oncle lui laisse un harnais doré, un coursier, un roussin, un cheval d'Espagne et un cheval turc.

[8] Gabriel Taphenon, médecin auquel Guillaume du Bellay légua cinquante écus dans son testament.

[9] On voit que Rabelais se place parmi les « amis, domestiques et serviteurs » qui ressentirent vivement la perte de Guillaume du Bellay.

[10] C'était un écrivain manceau, à ce que croit Johanneau. Il avait traduit, d'après l'original latin de Rabelais, aujourd'hui perdu, les *Stratagèmes de guerre* du sieur de Langey.

[11] Personnage qui ne nous est connu que par la mention du testament de du Bellay, cité par Le Duchat.
Du Bellay lui lègue un harnais doré, le coursier de Geyselles, et un des grands chevaux de son écurie.

[12] Probablement un membre de l'illustre famille picarde de Sarcus.

[13] Rabelais veut sans doute parler ici d'Arnold le Ferron, conseiller au parlement de Bordeaux.

[14] Il y avait un Jean Bourré, secrétaire de Louis XI, et il y a un village de Bourré-sur-Cher.

de bouche, mais bien tous pensans et prevoyans en leurs entendemens que de brief seroit France privée d'un tant perfaict et necessaire chevalier à sa gloire et protection, et que les cieulx le repetoient comme à eux deu par proprieté naturelle.

Huppe de froc[1], dist frere Jean, je veulx devenir clerc sus mes vieux jours. J'ay assez belle entendouoire, voire.

> Je vous demande en demandant,
> Comme le roy à son sergent,
> Et la royne à son enfant :

Ces heroes icy et semidieux desquelz avez parlé, peuvent ilz par mort finir? Par nettre dene[2] je pensois en[3] pensarois qu'ilz fussent immortelz, comme beaux anges, Dieu me le vueille pardonner. Mais ce reverendissime Macrobe dit qu'ilz meurent finablement. Non tous, respondit Pantagruel. Les Stoiciens les disoient tous estre mortelz, un excepté, qui seul est immortel, impassible, invisible.

Pindarus apertement dit es deesses Hamadryades plus de fil, c'est à dire plus de vie, n'estre fillé de la quenouille et fillasse des destinées et Parces iniques, que es arbres par elles conservées. Ce sont chesnes, desquelz elles nasquirent selon l'opinion de Callimachus, et de Pausanias *in Phoci*[4]. Esquelz consent Martianus Capella. Quant aux Semidieux, Panes, Satyres, Sylvains, Folletz, Ægipanes, Nymphes, Heroes, et Demons, plusieurs ont, par la somme totale resultante des aages divers supputés par Hesiode, compté leurs vies estre de 9720 ans : nombre composé de unité passante en quadrinité, et la quadrinité entiere quatre fois en soy doublée, puis le tout cinq fois multiplié par solides triangles. Voyez Plutarche on livre de la *Cessation des oracles*.

---

[1] Les moines portaient autrefois, attachée au froc de leur casaque, une petite houppe comme nous en voyons encore aujourd'hui aux cabans à capuchon. — Le serment de frère Jean n'est pas très-compromettant.

[2] Par Notre-Dame.

[3] Plaisanterie rabelaisienne, de même qu'on disait *Tours* en Touraine, comme si *Pensarois* était un pays.

[4] Pausanias, dans le livre X (Φωκικά), où il traite de la Phocide.

Cela, dist frere Jean, n'est point matiere de breviaire. Je n'en croy sinon ce que vous plaira. Je croy, dist Pantagruel, que toutes ames intellectives sont exemptes des cizeaux de Atropos. Toutes sont immortelles : Anges, Demons et Humaines. Je vous diray toutesfois une histoire bien estrange, mais escrite et asseurée par plusieurs doctes et savans historiographes à ce propous.

CHAPITRE XXVIII.

Comment Pantagruel raconte une pitoyable histoire touchant le trespas des heroes.

Epitherses[1], pere de Æmilian rheteur, navigant de Grece en Italie dedans une nauf chargée de diverses marchandises et plusieurs voyagiers, sus le soir cessant le vent auprés des isles Echinades[2], lesquelles sont entre la Morée et Tunis, fut leur nauf portée prés de Paxes[3]. Estant là abourdée, aucuns des voyagiers dormans, autres veillans, autres beuvans et souppans, fut de l'isle de Paxes ouie une voix de quelqu'un qui hautement appelloit *Thamoun*[4]. Auquel cry tous furent espovantés. Cestuy Thamous estoit leur pilot natif de Ægypte, mais non connu de nom, fors à quelques uns des voyagiers. Fut secondement ouie ceste voix : laquelle appelloit *Thamoun* en cris horrifiques. Personne ne respondant, mais tous restans en silence et trepidation, en tierce fois[5] ceste voix fut ouie plus terrible que davant. Dont advint que Thamous respondit : *Je suis icy, que me demande tu? que veulx tu que je face?* Lors fut icelle voix plus hautement ouie, luy disant et commandant, *quand il seroit en Palodes*[6] *publier et dire que Pan le grand Dieu estoit mort.*

Ceste parole entendue, disoit Epitherses tous les nauchiers

---

[1] Rabelais a puisé l'histoire qui suit dans Plutarque. (V. Περὶ τῶν ἐκλελοιπότων χρηστηρίων, vol. III, p. 510, éd. Didot.) Cet Epitherses fut le concitoyen et l'un des maîtres du célèbre écrivain grec. Αἰμιλιανοῦ γὰρ τοῦ ῥήτορος,... Ἐπιθέρσης ἦν πατὴρ, ἐμὸς πολίτης καὶ διδάσκαλος γραμματικῶν.

[2] Ante Ætoliam *Echinades*. (Plin., *Hist. nat.*, liv. IV, ch. XIX.)

[3] Des isles de Paxos. « Ad Leucadiam *Paxæ* duæ, quinque M. discretæ a Corcyra. » (Pline, *ibid.*)

[4] Thamous était le dieu Pan des Égyptiens. Rabelais, par un souvenir singulier de la syntaxe grecque, écrit Thamoun (régime direct) avec la forme de l'accusatif qu'il a trouvée dans Plutarque. Θαμοῦν τινος βοὴ καλοῦντος. (*De defectu oraculorum*, p. 510, l. 28, édit. Didot.)

[5] Une troisième fois.

[6] Κατὰ τὸ Παλῶδες, dit Plutarque. Amyot traduit ces mots

et voyagiers s'estre esbahis et grandement effrayés. Et entre eux deliberans quel seroit meilleur ou taire ou publier ce que avoit esté commandé, dist Thamous son advis estre, advenant que lors ilz eussent vent en pouppe [1], passer oultre sans mot dire : advenant qu'il fust calme en mer, signifier ce qu'il avoit ouy. Quand donc furent prés Palodes advint qu'ilz ne eurent ne vent ne courant. Adonc Thamous montant en prore, et en terre projectant sa veue, dist ainsi que luy estoit commandé, *que Pan le grand estoit mort.* Il n'avoit encores achevé le dernier mot, quand furent entenduz grands souspirs, grandes lamentations, et effroiz en terre, non d'une personne seule, mais de plusieurs ensemble. Ceste nouvelle (parce que plusieurs avoient esté presens) fut bien toust divulguée en Rome. Et envoya Tibere Cæsar lors empereur en Rome querir cestuy Thamous. Et [2] l'avoir entendu parler adjousta foy à ses paroles. Et se guementant [3] es gens doctes qui pour lors estoient en sa court et en Rome en bon nombre, qui estoit cestuy Pan, trouva par leur rapport qu'il avoit esté filz de Mercure et de Penelope [4]. Ainsi au paravant l'avoient escrit Herodote [5] et Cicero [6] on tiers livre *de la Nature des Dieux.* Toutesfois je le interpreterois de celuy grand Servateur [7] des fideles, qui fut en Judée ignominieusement occis par l'envie et iniquité des Pontifes, docteurs, prebstres et moines de la loy Mosaïcque. Et ne mé

---

par : « à l'endroit des basses, » comme s'il lisait πηλῶδες, vaseux, boueux. Mais il y avait en Epire un port nommé *Pelodes* ou *Palodes* (les Épirotes permutant dans leur dialecte l'η et l'α), nom qui, du reste, a probablement la racine que nous indiquons plus haut. Or Épitherses, venant de passer auprès des îles Échinades et Paxos, se trouvait précisément à la hauteur des côtes de l'Épire. Nous ne savons donc pourquoi Johanneau s'étonne de ne pas découvrir en *Égypte* le lieu mentionné par Plutarque.

[1] Soufflant à l'arrière du navire.
[2] Et après l'avoir.
[3] S'informant.
[4] Toute cette histoire est empruntée à Plutarque (*Des oracles qui ont cessé*).
[5] Πανὶ δὲ τῷ Πηνελόπης (ἐκ ταύτης γὰρ καὶ Ἑρμέω λέγεται γενέσθαι ὑφ' Ἑλλήνων ὁ Πάν)... (Hérod., liv. II, chap. 145.)
[6] « Ex quo... (tertio Mercurio) et Penelopa Pana natum ferunt. » (*De Natura deorum*, cap. 22.)
[7] Sauveur.

semble l'interpretation abhorrente. Car à bon droit peut il estre en langage gregois dit Pan. Veu qu'il est le nostre Tout, tout ce que sommes, tout ce que vivons, tout ce que avons, tout ce que esperons est luy, en luy, de luy, par luy. C'est le bon Pan le grand pasteur qui, comme atteste le bergier passionné Corydon, non seulement a en amour et affection ses brebis, mais aussi ses bergiers [1]. A la mort duquel furent plaincts [2], souspirs, effroiz, et lamentations en toute la machine de l'Univers, cieulx, terre, mer, enfers. A ceste mienne interpretation compete le temps. Car cestuy tres bon, tres grand Pan, nostre unique Servateur [3], mourut lez Hierusalem, regnant en Rome Tibere Cæsar [4].

Pantagruel, ce propous finy, resta en silence et profonde contemplation. Peu de temps après nous vismes les larmes decouler de ses œilz grosses comme œufz de austruche [5]. Je me donne à Dieu, si j'en mens d'un seul mot.

---

[1] Rabelais fait sans doute allusion à ce vers de la seconde églogue de Virgile :

... Pan curat oves oviumque magistros :

[2] Plaintes.

[3] Quoi qu'en dise Rabelais, cette application de l'histoire mystérieuse du Grand Pan à Jésus-Christ ne lui appartient pas, car elle se trouve dans Eusèbe. Van Dale l'a longuement réfutée dans sa *Dissertatio prima de oraculis*, p. 25 et suivantes.

[4] Boissard, dans son ouvrage *de Divinatione et magicis præstigiis*, va jusqu'à assigner la dix-neuvième année du règne de Tibère, année de la mort du Christ, comme celle où se passa l'aventure racontée avec grand détail par Plutarque.

[5] Les chercheurs d'allusions historiques reconnaissent à ce trait dans Pantagruel le roi Henri II. Mais Pantagruel, dont Rabelais a fait un excellent chrétien, peut bien verser quelques larmes au souvenir du supplice de Jésus-Christ, sans cesser d'être lui-même. Si notre auteur donne à ces larmes la grosseur d'un œuf d'autruche, qui n'a rien de disproportionné avec la taille du géant, ce n'est nullement pour se railler de son héros, mais bien pour finir par un trait qui déride les lecteurs. C'est là un procédé tout rabelaisien.

Des récits analogues à celui de Plutarque se retrouvent en plusieurs pays. D'Herbelot, dans sa *Bibliothèque orientale*, raconte que, l'année 456 de l'Hégire, de J.-C. 1063, des Turcs étant à la chasse entendirent crier : « Le grand roi des Djinns est mort, malheur à ce pays ! » On lit dans les frères Grimm qu'en certaines occasions on criait dans les campagnes : « Le Diable est mort ! » à quoi l'interlocuteur répondait : « Maintenant chacun peut entrer au royaume des cieux. » *Deutsche Märchen.*, p. 963.

CHAPITRE XXIX.

Comment Pantagruel passa l'isle de Tapinois, en laquelle regnoit Quaresmeprenant.

Les naufz du joyeux convoy refaites et reparées, les victuailles refraichiz, les Macreons plus que contens et satisfaits de la despense que y avoit fait Pantagruel, nos gens plus joyeux que de coustume, au jour subsequent fut voile faite au serain et delicieux Aguyon[1], en grande alaigresse. Sus le haut du jour fut, par Xenomanes[2] monstré de loing l'isle de Tapinois[3], en laquelle regnoit Quaresmeprenant, duquel Pantagruel avoit autrefois ouy parler, et l'eust volontiers veu en personne, ne fust que Xenomanes l'en descouragea, tant pour le grand destour du chemin, que pour le maigre passetemps qu'il dist estre en toute l'isle et court du Seigneur. Vous y verrez, disoit il, pour tout potaige[4] un grand avalleur de pois gris[5], un grand cacquerotier[6], un

---

[1] [Aguyon, entre les Bretons et Normands mariniers, est un vent doux, serein et plaisant.]

[2] Suivant Johanneau, Xenomanes est le connétable de Montmorency; suivant Esmangart, c'est le duc de Guise; suivant de Marsy, c'est Luther. Pour nous, c'est tout simplement Xenomanes.

[3] Ce mot, qui n'est plus usité que dans la locution *en tapinois*, avait autrefois, comme le grec ταπεινός, comme l'italien *tapino*, le sens d'humble, de misérable.

[4] *Pour tout potaige* est une expression figurée dont Rabelais se sert en maint endroit; elle signifie comme chacun sait: Tout bonnement, tout simplement. Le Duchat, prenant le mot au propre, nous fait observer qu'autrefois le potage était défendu en carême, ce qui ne veut rien dire ici.

[5] Les pois gris ou secs ne sont point un mets bien appétissant. Pour les savourer, il ne faut pas une faim ordinaire. De là l'ancienne expression d'avaleur de pois gris, pour désigner un homme affamé. (*Hungry guts*, Cotgrave.)

[6] Johanneau croit, avec Le Duchat, que *caquerotier* signifie cu-

grand preneur de taulpes[1], un grand boteleur de foin, un demy geant à poil follet et double tonsure, extraict de Lanternois, bien grand Lanternier[2], confalonnier[3] des Icthyophages[4], dictateur de Moustardois[5], fouetteur de petits enfans[6], calcineur de cendres[7], pere et nourrisson des medecins[8], foisonnant en pardons, indulgences et stations : homme de bien, bon catholic et de grande devotion. Il pleure les trois pars du jour. Jamais ne se trouve aux nopces[9]. Vray est que c'est le plus industrieux faiseur de lardoucres et brochettes[10] qui soit en quarante royaumes. Il y a environ six ans que, passant par Tapinois, j'en emportay une grosse[11] et la donnay aux bouchiers de Quande. Ilz les estimerent beaucoup, et non sans cause. Je vous en monstreray à nostre retour deux attachées sus le grand portail[12]. Les alimens desquelz il se paist, sont aubers salés, casquets, morrions salés, et salades salées[13]. Dont quelquefois patit une

fonceur de caques de harengs. Cotgrave traduit le mot par *catcher*, happeur, homme aux griffes crochues.

[1] Grand attrapeur, de sots et d'imbéciles, que l'auteur assimile à la taupe, qui n'y voit goutte. Cette explication de Johanneau peut bien être bonne.

[2] Rabelais emploie parfois ce terme pour désigner un cafard.

[3] [Porte-enseigne (Tuscan). —] *Confalonière* a en effet ce sens en italien, et nous en avons fait notre mot *gonfalonnier*.

[4] [Gens vivant de poisson, en Æthiopie intérieure, près l'Ocean occidental. (Ptolem., lib. IV, c. 9; Strabo, lib. IV.)]

[5] Parce que, suivant Le Duchat, en plusieurs mets de carême il entre de la moutarde.

[6] Peut-être parce que les pratiques rigoureuses du carême multiplient pour les maîtres les occasions de punir les petits enfans.

[7] Allusion au mercredi *des Cendres*.

[8] Rabelais n'a pas l'air de considérer la loi du carême comme un bon principe d'hygiène.

[9] D'après les lois de l'Église, les mariages ne peuvent se faire en carême.

[10] Le carême était le temps où l'on préparait une provision de lardoires et de brochettes, pour le moment hors d'usage. On dit dans certaines provinces, pour exprimer un mauvais accueil, qu'on a été reçu « comme un marchand de lardoires en carême ».

[11] Douze douzaines.

[12] Johanneau pense qu'il pouvait se trouver en effet des lardoires sculptées sur le portail de l'église de Cande; mais nous croyons que les expressions, *attachées sur le grand portail*, excluent cette interprétation, et indiquent qu'il s'agit de véritables lardoires suspendues en manière d'offrande par les bouchers, qui « les estimoient beaucoup ».

[13] Les hauberts, les casquets, les morions, les salades, sont des par-

lourde pissechaulde. Ses habillemens sont joyeux, tant en façon comme en couleur. Car il porte gris et froid [1] : rien davant et rien darriere : et les manches de mesmes [2].

Vous me ferez plaisir, dist Pantagruel, si comme m'avez exposé ses vestemens, ses alimens, sa maniere de faire, et ses passetemps, aussi me exposez sa forme et corpulence en toutes ses parties. Je t'en prie, couillette (dist frere Jean). Car je l'ay trouvé dedans mon breviaire : et s'ensuit après les festes mobiles [3]. Voluntiers, respondit Xenomanes. Nous en oirons par adventure plus amplement parler passans l'isle Farouche, en laquelle dominent les Andouilles farfelues [4], ses ennemies mortelles, contre lesquelles il a guerre sempiternelle. Et ne fust l'aide du noble Mardigras, leur protecteur et bon voisin, ce grand Lanternier Quaresmeprenant les eust ja pieça exterminées de leur manoir. Sont elles, demandoit frere Jean, masles ou femelles ? anges ou mortelles ? femmes ou pucelles ? Elles sont, respondit Xenomanes, femelles en sexe, mortelles en condition : aucunes [5] pucelles, autres non. Je me donne au diable, dist frere Jean, si je ne suis pour elles. Quel desordre est ce en nature faire guerre contre les femmes ? Retournons. Sacmentons [6] ce grand vilain.

---

ties d'armures. Tout cela, même bien salé, ne devait pas fort engraisser ceux qui s'en *paissoient*.

[1] Il y a ici une imitation des descriptions héraldiques.
Nicot, Ménage, Furetière, Richelet, Oudin, attestent qu'autrefois *gris* voulait dire froid, frisson, analogie qui se retrouve dans les mots bas-allemands : *grau, grausen, griesein*. A Bourges, à Paris et ailleurs, dans des localités exposées au vent, se lisait l'inscription : *Ici se donne le gris*. Il y avait au parvis Notre-Dame une grande statue de pierre, que le peuple de Paris appelait, selon Furetière, *le donneur de gris*, et suivant Piganiol, *M. Le Gris*.

[2] C'est une très-plaisante manière de dire que *le demy-geant* est tout nu.

[3] C'est en effet la place des leçons du carême dans le bréviaire.

[4] Ce mot voudrait-il dire ailées, de l'italien *farfalla*, papillon ? ou assaillantes, de *farfalium*, qui dans du Cange est interprété *assaut* ?

[5] Les unes.

[6] *Sacmenter* veut dire mettre en pièces. (*To hew in pieces*, Cotgrave.)
Johanneau rapporte ici une note diffuse et fort insignifiante, qu'il dit tirée de la *Briefve declaration*. Mais il fait une confusion ; il prend *l'Alphabet de l'auteur*, travail fort médiocre, pour la *Briefve declaration*, qui doit être de Rabelais.

Combattre Quaresmeprenant (dist Panurge) de par tous les diables. Je ne suis pas si fol et hardy ensemble. *Quid juris*, si nous trouvions enveloppés entre Andouilles et Quaresmeprenant, entre l'enclume et les marteaulx? Cancre. Oustez vous de là. Tirons oultre [1]. Adieu vous dis Quaresmeprenant. Je vous recommande les Andouilles, et n'oubliez pas les Boudins.

---

[1] Allons plus loin, passons.

CHAPITRE XXX.

Comment par Xenomanes est anatomisé et descript Quaresmeprenant.

Quaresmeprenant[1], dist Xenomanes, quant aux parties internes, a (au moins de mon temps avoit) la cervelle en grandeur, couleur, substance et vigueur, semblable au couillon gauche d'un ciron masle [2].

Les ventricules d'icelle, comme un tirefond [3].
L'excrescence vermiforme, comme un pillemaille [4].
Les membranes, comme la coqueluche d'un moine [5].
L'entonnoir, comme un oiseau de masson [6].
La voulte, comme un gouimphe [7].

---

[1] *Carême entrant* ou *carême prenant* s'entend ordinairement du mardi gras, du jour qui précède l'entrée du carême. Mais ici Rabelais en fait une espèce de personnification du carême lui-même.

[2] Voici encore une de ces énumérations dans lesquelles se délecte Rabelais, et que goûtent beaucoup moins ses commentateurs, parce que ces sortes de plaisanteries perdent infiniment à être détaillées et analysées. D'ailleurs il y aurait de la puérilité à prendre au sérieux la plupart de ces rapprochements, purement fantastiques le plus souvent.

[3] Ce mot se trouve dans le *Dictionnaire de l'Académie* avec les deux sens qu'il avait autrefois, d'instrument de chirurgie et d'outil de tonnelier.

[4] Sorte de maillet pour jouer au mail. On disait aussi *palemaille*.

[5] Capuchon d'un moine.

[6] Ce mot, consacré par l'Académie, a sans doute été donné au baquet dont se servent les maçons pour transporter leur mortier, parce que les deux bras qui le maintiennent ressemblent quelque peu aux ailes déployées d'un oiseau, et que d'ailleurs cet *oiseau* est souvent en l'air.

[7] Une gomphose, de γόμφος, clou, espèce d'articulation immobile où un os est emboîté dans une cavité comme un clou, une cheville dans un trou. Telle est l'implantation des dents dans l'alvéole.

(Nysten.)

Le conare ¹, comme un veze ².
Le retz admirable ³, comme un chanfrain.
Les additamens mammillaires, comme un bobelin ⁴.
Les tympanes, comme un moulinet ⁵.
Les os petreuz, comme un plumail ⁶.
La nucque, comme un fallot ⁷.
Les nerfz, comme un robinet.
La luette, comme une sarbataine.
Le palat, comme un moufle ⁸.
La salive, comme une navette.
Les amygdales, comme lunettes à un œil.
Le isthme ⁹, comme une portouoire ¹⁰.
Le gouzier, comme un panier vendangeret ¹¹.
L'estomac, comme un baudrier.
Le pylore, comme une fourche fiere ¹².
L'aspre artere, comme un gouet ¹³.
Le guaviet, comme un peloton d'estoupes.
Le poulmon, comme une aumusse.
Le cœur, comme une chasuble.
Le mediastin, comme un godet.

---

¹ En grec χωνάριον, en latin *conarium*, nom sous lequel Galien désignait la glande pinéale.
(Nysten.)

² En Poitou et en Saintonge, *veze* est le nom de la cornemuse ; mais il est féminin.

³ On donnait ce nom à de petits vaisseaux se croisant en tous sens, comme les fils d'un rets.

⁴ Les bouts des mamelles, comme un vieux cuir.

⁵ Les tympans, comme un petit moulin.

⁶ Par le mot *plumail* on désigne encore, en Poitou et en Saintonge, une sorte de plumeau qui consiste en un aileron d'oie ou de dindon.

⁷ Lanterne portée au bout d'un bâton.

⁸ Le palais comme une grosse mitaine de laine.

⁹ C'est une petite partie qui est entre la bouche et le gosier ; de ἰσθμός, un petit détroit de terre entre deux mers, à cause que cette partie est entre la bouche et le gosier, comme entre deux mers. (Thévenin, *Dict. des mots grecs de médecine.*)

¹⁰ Une hotte de vendange.

¹¹ De vendange. On dit *vendangeon* en Saintonge.

¹² C'est-à-dire fourche ferrée, ou *fiérée*, comme on disait autrefois.

¹³ Sorte de petit couteau. « Ung *goé* ou serpe, que le suppliant tenoit en sa main, de quoy il tailloit les vignes. » (*Lettres de rémission de 1409.*)

« Icelluy Jehan... a roingné de chacune d'icelles tasses un peu d'argent avec un oustil appelé *gouet*. » (*Lettres de rémission de 1382.*)

LIVRE IV, CHAPITRE XXX.

La plevre, comme un bec de corbin.
Les arteres, comme une cappe de Biart [1].
Le diaphragme, comme un bonnet à la coquarde [2].
Le foye, comme une bezague.
Les veines, comme un chassis.
La ratelle, comme un courquaillet [3].
Les boyaulx, comme un tramail.
Le fiel, comme une dolouoire.
La fressure, comme un guantelet.
Le mesantere, comme une mitre abbatiale.
L'intestin jeun, comme un daviet [4].
L'intestin borgne, comme un plastron.
Le colon, comme une brinde.
Le boyau cullier, comme un bourrabaquin monachal.
Les roignons, comme une truelle.
Les lumbes, comme un cathenat.
Les pores ureteres, comme une cramailliere.
Les veines emulgentes, comme deux glyphouoires [5].
Les vases spermatiques, comme un guasteau feuilleté.
Les parastates, comme un pot à plume [6].
La vessie, comme un arc à jallet [7].
Le col d'icelle, comme un batail [8].
Le mirach [9], comme un chappeau Albanois

---

[1] De Béarn.

[2] Bonnet d'homme s'attachant sous le menton. Dans les *Variétés historiques* publiées par Ed. Fournier, t. III, p. 36, il en est question.

On donnait autrefois aux dandys le nom de *coquars*.

« Lors me dist uns *coquars*.. »
(E. Deschamps. *La sedition des Maillotins*.)

Ce nom leur était donné parce qu'ils avaient des chaperons redressés à la façon d'une crête de coq. (*Biblioth. de l'École des Chartes*, tom. I, 2me série, p. 369.)

[3] Appeau de cailles (*calling of quails*, Cotgrave).

[4] Suivant de l'Aulnaye, le daviet serait le même mot que *davier*, sorte de pince de chirurgien et de dentiste.

[5] Clifoire. On dit encore en Berry *glifoire*, et aussi *fic-foire*, *flictoire*, ou *flictouére* (comme en Saintonge et dans le bas Poitou).

La clifoire est une espèce de seringue que font les petits enfants avec un bâton de sureau. (*Dict. de l'Acad.*)

[6] Grand pot où l'on met, dans les campagnes, les plumes fines en réserve pour en faire des lits. Ces pots ou grandes urnes ne sont point faits pour cet usage spécial; mais, ainsi que le dit Le Duchat et que nous l'avons vu, les paysans utilisent pour cela les grands vases fêlés.

[7] Une arbalète.

[8] Un battant de cloche.

[9] C'est un terme emprunté aux médecins arabes, et qui, si nous en

Le siphach[1], comme un brassal[2].
Les muscles, comme un soufflet.
Les tendons, comme un guand d'oiseau.
Les ligamens, comme une escarcelle.
Les os, comme cassemuseaulx.
La moelle, comme un bissac.
Les cartilages, comme une tortue de guarigues[3].
Les adenes, comme une serpe.
Les esprits animaulx, comme grands coups de poing
Les esprits vitaulx, comme longues chiquenauldes.
Le sang bouillant, comme nazardes multipliées.
L'urine, comme une papefigue.
La geniture, comme un cent de clous à latte. Et me contoit sa nourrice qu'il, estant marié avec Lamyquaresme, engendra seulement nombre de adverbes locaulx, et certains jeunes doubles.
La memoire avoit, comme une escharpe.
Le sens commun, comme un bourdon.
L'imagination, comme un carillonnement de cloches.
Les pensées, comme un vol d'estourneaulx.
La conscience, comme un denigement de heronneaulx.
Les deliberations, comme une pochée d'orgues[4].
La repentance, comme l'equippage d'un double canon.
Les entreprises, comme la saboure[5] d'un'gallion.
L'entendement, comme un breviaire dessiré.
Les intelligences, comme limaz sortans des fraires[6].
La volunté, comme trois noix en une escuelle.
Le desir, comme six boteaux de saint foin.
Le jugement, comme un chaussepied.
La discretion, comme une moufile.
La raison, comme un tabouret.

---

croyons Leonellus Faventinus, cité par Le Duchat, veut dire : la partie extérieure du ventre, y compris la peau, la chair et les huit muscles.

[1] C'est un mot arabe qui, d'après l'auteur cité dans la note précédente, signifie : *Panniculus nervosus solidus, continens inter se zirbum, stomachum et hepar.*
[2] Probablement un brassart.
[3] Tortue de terre, de broussailles.
[4] Un plein sac d'orge.
[5] Le lest, du latin *saburra*.
[6] Fraises.

CHAPITRE XXXI.

Anatomie de Quaresmeprenant quant aux parties externes.

Quaresmeprenant, disoit Xenomanes continuant, quant aux parties externes, estoit un peu mieulx proportionné, excepté les sept costes qu'il avoit oultre la forme commune des humains.

Les orteilz avoit, comme une espinette organisée.
Les ongles, comme une vrille.
Les pieds, comme une guinterne [1].
Les talons, comme une massue.
La plante, comme un creziou [2].
Les jambes, comme un leurre.
Les genouilz, comme un escabeau.
Les cuisses, comme un crenequin [3].
Les anches, comme un vibrequin.
Le ventre à poulaines, boutonné selon la mode antique, et ceinct à l'antibust.
Le nombril, comme une vielle.
La penilliere, comme une dariole.
Le membre, comme une pantoufle.
Les couilles comme une guedoufle [4]
Les genitoires, comme un rabot.

---

[1] Ou *guéterne*, *guéterre*. Guitare.

[2] Un creuset, suivant Cotgrave ; une lampe à crochet, d'après Johanneau, qui a, dit-il, trouvé le mot avec ce sens en Savoie.

[3] C'est, d'après Cotgrave, Nicot, etc., une sorte de heaume, de casque de cavalier. Mais Du Cange l'entend d'un instrument qui servait à bander les arbalètes.

[4] Grosse bouteille.

Les cremasteres, comme une raquette.
Le *perinæum*, comme un flageolet.
Le trou du cul, comme un mirouoir crystallin.
Les fesses, comme une herse.
Les reins, comme un pot beurrier.
L'alkatin [1], comme un billart.
Le dours [2], comme une arbaleste de passe.
Les spondyles, comme une cornemuse
Les coustes, comme un rouet.
Le brechet, comme un baldachin.
Les omoplates, comme un mortier.
La poictrine, comme un jeu de reguales [3].
Les mammelles, comme un cornet à bouquin.
Les aisselles, comme un eschiquier.
Les espaules, comme une civiere à bras.
Les bras, comme une barbute.
Les doigts, comme landiers de frarie [4].
Les rasettes [5], comme deux eschasses.
Les faucilles, comme faucilles.
Les coubdes, comme ratoires.
Les mains, comme une estrille.
Le col, nomme une saluerne [6].
La guorge, comme une chausse d'Hippocras.
Le nou [7], comme un baril: auquel pendoient deux gouytrouz de bronze bien beaulx et harmonieux, en forme d'une horologe de sable.
La barbe, comme une lanterne.
Le menton, comme un potiron.
Les oreilles, comme deux mitaines.
Le nez, comme un brodequin anté en escusson.
Les narines, comme un beguin

---

[1] Le péritoine.
[2] Le dos.
[3] Qu'est-ce qu'un jeu de reguales? Nous trouvons dans Du Cange *regulus*, dé à jouer.
[4] De confrérie, et, par suite, de fête de confrérie, où les landiers (chenets) jouent un grand rôle.

Un loup donc étant de frairie....
(La Fontaine.)

[5] *Rasceta*, mot arabe employé pour désigner les os du carpe, c'est-à-dire du poignet.
[6] Grand verre à boire, d'après Cotgrave.
[7] Le nœud de la gorge, probablement.

Les soucilles, comme une lichefrette.

Sus la soucille gauche avoit un seing en forme et grandeur d'un urinal.

Les paulpieres, comme un rebec [1].

Les œilz, comme un estuy de peignes.

Les nerfz opticques, comme un fuzil [2].

Le front, comme une retombe [3].

Les temples comme une chantepleure.

Les joues, comme deux sabotz.

Les maschoueres, comme un goubelet.

Les dents, comme un vouge. De ses telles dents de laict vous trouverez une à Colonges les royaulx en Poictou : et deux à la Brosse en Xantonge [4], sus la porte de la cave

La langue, comme une harpe.

La bouche, comme une housse.

Le visage bistorié, comme un bast de mulet.

La teste contournée, comme un alambic.

Le crane, comme une gibbessiere.

Les coustures, comme un anneau de pescheur [5].

La peau, comme une gualvardine.

L'epidermis, comme un beluteau.

Les cheveulx, comme une decrotoire

Le poil, tel comme a esté dit.

---

[1] Violon.
[2] Ou briquet.
[3] Ce mot désignait une espèce de coupe : *de Retumbis et Cyfis vitreis*, dans Du Cange. Voici la définition qu'en donne Cotgrave : « A false cup, wherein drink falling into an odd corner, seems to be drunk up; also a flat vault, or a room that's made vault-wise. »
[4] Nous trouvons la Brosse dans les Deux-Sèvres ; arrondissement de Thouars, mais non Colonges-les-Royaux.
[5] Ceci paraît une allusion à la formule *sub annulo piscatoris*.

CHAPITRE XXXII.

Continuation des contenances de Quaresmeprenant.

Cas admirable en nature (dist Xenomanes continuant) est voir et entendre l'estat de Quaresmeprenant.

S'il crachoit, c'estoient panerées de chardonnette [1].
S'il mouchoit, c'estoient anguillettes salées.
S'il pleuroit, c'estoient canards à la dodine [2].
S'il trembloit, c'estoient grands pastés de lievre.
S'il suoit, c'estoient moulues [3] au beurre frais.
S'il rottoit, c'estoient huitres en escalle.
S'il esternuoit, c'estoient pleins barilz de moustarde.
S'il toussoit, c'estoient boites de coudignac.
S'il sanglottoit, c'estoient denrées de cresson [4].
S'il baisloit, c'estoient potées de pois pilés.
S'il souspiroit, c'estoient langues de bœuf fumées.
S'il subloit [5], c'estoient hottées de singes verds.

---

[1] On donne encore ce nom, en Saintonge, à la fleur d'une espèce d'artichaut sauvage, qui est très employée pour faire cailler le lait.

[2] La dodine était une sauce à l'oignon. (*Onion sawce*, Cotgrave. *Salsa di cipolla per l'anetre*, A. Oudin.)

    Voules à la crapaudine
    Ou qu'il soit à la dodine?

dit une vieille chanson du XVIe siècle, en parlant d'un poulet qu'une femme offre à son mari pour détourner son attention.

[3] Morues. C'est encore là le sens de *moulue*, en patois de la Saintonge. Ailleurs on dit *molue*.

[4] Bottes de cresson. Primitivement une denrée, *denariata*, c'était une quantité de marchandise valant un denier. Le testament de Jeanne de Bourgogne, du 27 août 1319, porte : « Et donra l'on à chascun povre, que y sera, deux deniers ou deux denrées de pain. »

[5] S'il sifflait. Ce sens est hors de doute. *Subler*, *sublet*, pour siffler, sifflet, appartiennent encore

S'il ronfloit, c'estoient jadaulx[1] de febves frezes[2].

S'il rechinoit, c'estoient pieds de porc au sou[3].

S'il parloit, c'estoit gros bureau d'Auvergne[4], tant s'en falloit que fust soye cramoisie, de laquelle vouloit Parisatis estre les paroles tissues de ceux qui parloient à son filz Cyrus, roi des Perses[5].

S'il soufloit, c'estoient troncs pour les indulgences.

S'il guignoit des œilz, c'estoient gauffres et obelies[6].

S'il grondoit, c'estoient chats de Mars[7].

S'il dodelinoit de la teste, c'estoient charrettes ferrées.

S'il faisoit la moue, c'estoient bastons rompuz.

S'il marmonnoit, c'estoient jeux de la bazoche.

S'il trepignoit, c'estoient respitz et quinquenelles[8].

S'il reculoit, c'estoient coquecigrues de mer.

S'il bavoit, c'estoient fours à ban.

S'il estoit enroué, c'estoient entrées de moresques.

S'il petoit, c'estoient houzeaulx de vache brune.

S'il vesnoit[9], c'estoient bottines de cordouan[10].

S'il se gratoit, c'estoient ordonnances nouvelles.

---

aux patois du Poitou, de la Saintonge, du Berry, etc. — « Des perroquets, lesquels *sublent* merveilleusement haut. » (*Hist. macaronique.*) Voy. d'autres exemples cités par M. le comte Jaubert, dans son *Glossaire du centre de la France.*

[1] Un jadeau, en patois poitevin, c'est une espèce de vase en bois ou en jonc tressé, dans lequel on porte la pâte au four. Le mot *jatte* est de la même famille.

[2] De fèves dépouillées de leur écorce ou dérobées, comme s'exprime l'Académie.) *Pilled, or shaled beans,* Cotgrave.) *Freze* vient probablement de l'armoricain *freuza,* rompre, briser. On disait en proverbe souffler les pois (*soflai lé poi,* en bourguignon) pour ronfler bien fort.

Rabelais met des fèves à la place des pois; il ne pouvait certes pas moins faire en faveur d'un géant.

[3] *Sou* voulait dire toit à porc. Des pieds de porc au son ne signifieraient-ils pas, en style culinaire, des pieds au naturel (des pieds comme ils sont dans le toit)?

[4] Grosse étoffe de bure.

[5] Rabelais a trouvé le fait dans les *Apophthegmata regum et imperatorum* de Plutarque.

Παρύσατις ἡ Κύρου καὶ Ἀρταξέρξου μήτηρ, ἐκέλευσε τὸν βασιλεῖ μέλλοντα μετὰ παρρησίας διαλέγεσθαι, βυσσίνοις χρῆσθαι ῥήμασι. (*Scripta moralia*, t. I, 206, éd. Didot.)

Si nous en croyons Ælien, c'est bien ainsi qu'Aspasie parlait à Cyrus.

[6] Oublies.

[7] Ou martres (*Martes cattæ*).

[8] Délais de cinq ans accordés à un débiteur pour payer.

[9] Vessait.

[10] Cuir de cordoue.

S'il chantoit, c'estoient pois en gousse.
S'il fiantoit, c'estoient potirons et morilles.
S'il buffoit, c'estoient choux à l'huile, *alias* caules amb'olif.
S'il discouroit, c'estoient neiges d'antan.
S'il se soucioit, c'estoient des rez et des tondus.
Si rien donnoit, autant en avoit le brodeur.
S'il songeoit, c'estoient vitz volans [1], et rampans contre une muraille.
S'il resvoit, c'estoient papiers rantiers.

Cas estrange. Travailloit rien ne faisant : rien ne faisoit travaillant. Corybantioit dormant [2], dormoit corybantiant, les œilz ouvers comme font les lievres de Champaigne [3], craignant quelque camisade [4] d'Andouilles, ses antiques ennemies. Rioit en mordant, mordoit en riant. Rien ne mangeoit jeunant, jeunoit rien ne mangeant. Grignotoit par soubçon, beuvoit par imagination. Se baignoit dessus les hauts clochers, se seichoit dedans les estangs et rivieres. Peschoit en l'air, et y prenoit escrevisses decumanes [5]. Chassoit on profond de la mer, et y trouvoit ibices [6], stambouqs [7] et

---

[1] On nous pardonnera de citer ici une anecdote de Brantôme, en faveur de sa tournure toute rabelaisienne : « Une vieille gouvernante espagnolle, conduisant ses filles, et passant par une grande salle, et voyant des membres naturels peints à l'advantage et fort gros et demesurez contre la muraille, se prit à dire : *Mira que tan bravos nos los pintan estos hombres, como quien no los conociesse* : et ses filles se tournerent vers elle, et y prirent envie, fors une que j'ay connue, qui contrefaisant de la simple, demanda à une de ses compagnes, quels oiseaux estoient ceux-là ; car il y avoit aucuns peints avec des ailes; elle luy respondit que c'estoient oiseaux de Barbarie, plus beaux en leur naturel qu'en peinture ; et Dieu sçait si elle n'en avoit jamais veu, mais il falloit qu'elle en fît la mine. » *Dames galantes*, Leyde, 1666, t. I, p. 142.

[2] [Corybantier, dormir les œilz ouvers. —] Cette explication de la *Briefve declaration* est fondée sur ce que rapporte la mythologie, que les Corybantes, chargés de veiller sur Jupiter enfant, n'osaient dormir de peur qu'il ne fût dévoré par Saturne.

[3] C'est une plaisanterie ; cela se dit de tous les lièvres, champenois ou autres.

[4] Assaut soudain (*a sudden assaulting*, Cotgrave), ou surprise d'un ennemi (*surprisal of the enemy*), par cette raison, dit Cotgrave, que les assaillants cachaient leurs armes sous leurs chemises, ou bien qu'ils surprennaient l'ennemi en chemise.

[5] [Grandes ; cy dessus a esté exposé.]

[6] Boucs sauvages, chamois (*ibices*, en latin).

[7] Bouquetins (*stein-bock*), sorte

chamois. De toutes corneilles prises en tapinois, ordinairement poschoit les œilz[1]. Rien ne craignoit que son ombre, et le cry des gras chevreaulx. Battoit certains jours le pavé. Se jouoit es cordes des ceincts[2]. De son poing faisoit un maillet. Escrivoit sus parchemin velu, avec son gros gallimart, prognostications et almanachz. Voylà le gallant (dist frere Jean). C'est mon homme. C'est celuy que je cherche. Je luy vais mander un cartel. Voylà (dist Pantagruel) une estrange et monstreuse membreure d'homme, si homme le doibs nommer. Vous me reduisez en memoire la forme et contenance de Amodunt et Discordance[3]. Quelle forme (demanda frere Jean) avoient ilz ? Je n'en ouy jamais parler. Dieu me le pardoint. Je vous en diray (respondit Pantagruel) ce que j'en ay leu parmy les apologues antiques. Physis (c'est nature) en sa premiere portée enfanta *Beaulté* et *Harmonie* sans copulation charnelle, comme de soy mesmes est grandement feconde et fertile. Antiphysie, laquelle de tout temps est partie adverse de nature, incontinent eut envie sus cestuy tant beau et honorable enfantement : et au rebours, enfanta Amodunt et Discordance par copulation de Tellu-

---

de bouc sauvage qui vit sur les montagnes.

[1] *Cornicularum oculos configere*, Erasme. Ce proverbe signifiait, suivant une note de Listrius sur cet auteur, citée par Le Duchat, montrer, à l'aide d'une invention nouvelle, l'ignorance des anciens. Les corneilles passent pour avoir la vue très-perçante, et « leur pocher les œilz », c'est les faire passer pour aveugles à force de se montrer clairvoyant.

[2] Se jouer *des corps des saints*, c'était se jouer du serment le plus généralement usité au moyen âge. Rabelais, lui, joue, comme à son habitude, sur le mot en le travestissant : se jouer *ès chordes des ceincts*, c'est-à-dire plaisanter avec les cordeliers, ou de la corde qui leur servait de ceinture.

[3] Rabelais, ainsi que la Monnoye nous l'apprend, a puisé cet apologue dans un auteur qui n'était ni ancien ni très-connu, Cœlius Calcagninus.

« Natura, ut est per se ferax,
« primo partu Decorem atque Harmoniam edidit, nulla opera viri
« adjuta. Antiphysia vero, semper
« naturæ adversa, tam pulchrum
« fœtum protinus invidit, usaque
« Tellumonis amplexu, duo ex adverso monstra peperit, *Amoduntem* ac *Discrepantiam* nomine.
« Si formam indicaro, excitabo risum legentibus. Ea enim capite
« circumrotato incedebant, auribus
« prominulis, manibus in posteriora
« versis, rotundis pedibus in sublime porrectis. »

mon[1]. Ilz avoient la teste spherique et ronde entierement, comme un ballon : non doucement comprimée des deux coustés, comme est la forme humaine. Les oreilles avoient haut enlevées, grandes comme oreilles d'asne : les œilz hors la teste, fichés sus des os semblables aux talons, sans soucilles, durs comme sont ceux des cancres : les pieds ronds comme pelottes : les bras et mains tournés en arriere vers les espaules. Et cheminoient sus leurs testes, continuellement faisant la roue, cul sus teste, les pieds contre mont. Et (comme vous sçavez que es singesses semblent leurs petits singes plus beaux que chose du monde) Antiphysie louoit et s'efforçoit prouver que la forme de ses enfans plus belle estoit et advenante, que des enfans de Physis : disant que ainsi avoir les pieds et teste spheriques, et ainsi cheminer circulairement en rouant, estoit la forme competente et perfaicte alleure retirante à quelque portion de divinité : par laquelle les cieulx et toutes choses eternelles sont ainsi contournées. Avoir les pieds en l'air, la teste en bas, estoit imitation du createur de l'univers : veu que les cheveulx sont en l'homme comme racines, les jambes comme rameaux. Car les arbres plus commodement sont en terre fichées sus leurs racines que ne seroient sus leurs rameaux. Par ceste demonstration alleguant que trop mieux plus aptement estoient ses enfans comme une arbre droite, que ceux de Physis : lesquelz estoient comme une arbre renversée. Quant est des bras et des mains, prouvoit que plus raisonnablement estoient tournés vers les espaules, parce que ceste partie du corps ne devoit estre sans defenses : attendu que le davant estoit competentement muny par les dents, desquelles la personne peut non seulement user en maschant, sans l'aide des mains : mais aussi soy defendre contre les choses nuisantes.

---

[1] Ce personnage n'était pas inconnu des anciens. Varron et saint Augustin attestent que c'était la personnification des forces productrices de la terre. Aussi ne nous paraît-il pas impossible que Rabelais ait lu quelque chose de semblable « *parmy les apologues antiques* », comme il le dit formellement, dans quelque auteur ancien aujourd'hui perdu, et d'où Cælius Calcagninus aurait tiré son allégorie.

Ainsi par le temoignage et astipulation des bestes brutes tiroit tous les folz et insensés en sa sentence, et estoit en admiration à toutes gens escervelés et desguarniz de bon jugement, et sens commun. Depuis elle engendra les Matagotz, Cagotz et Papelars : les **Maniacles Pistolets**[1], les **Demoniacles Calvins**[2], imposteurs de Geneve, les enraigés **Putherbes**[3], Briffaulx, Caphars, Chattemittes, Canibales, et autres monstres difformes et contrefaits, en despit de nature.

[1] Le Duchat prétend que ceci désigne des *maniaques* ou sectaires qui parurent vers 1300 dans la ville de Pistoie.

[2] Rabelais, à notre avis, dit ici sa véritable pensée; nous ne l'avons nulle part trouvé calviniste. — Calvin, dans son traité de *Scandalis* (Genève, 1550, in-fol.), s'exprime ainsi :

« Agrippam, Villanovanum, Doletum et similes vulgo notum est tanquam cyclopas quospiam Evangelium fastuose sprevisse...

« Alii (ut Rabelaysus...) gustato Evangelio, eadem cæcitate sunt percussi. Cur istud? nisi quia sacrum illud vitæ æternæ pignus, sacrilega ludendi aut ridendi audacia ante profanarant? »

Cette accusation méritait un petit coup de boutoir de la part de maître François.

[3] Rabelais pouvait bien accoler l'épithète d'enragé au nom de Puits-Herbault; car voici avec quelle urbanité s'exprimait ce moine sur son compte :

« Rabeleso quid ad absolutam improbitatem deesse potest, cui neque Dei metus inest, neque hominum reverentia? Qui omnia, divina humanaque, proculcat et ludibrio habet... Perpotat, helluatur, græcatur, nidores culinarum persequitur ac cercopissat, miseras etiam chartas nefandis scriptionibus polluit... venenum vomit... Hominem inaudivi, atque ab iis certe qui illo familiariter utuntur, obnoxio ingenio atque inquinatione multo etiam vita esse quam sermone. » Sur ce dernier trait nous dirons que la vérité est précisément dans la proposition inverse. Voy. la *Notice*. p. 53.

CHAPITRE XXXIII.

Comment par Pantagruel fut un monstrueux Physetere apperceu prés l'isle farouche.

Sus le haut du jour approchans l'isle Farouche, Pantagruel de loing apperceut un grand et monstrueux Physetere [1] venant droit vers nous, bruyant, ronflant, enflé, enlevé [2] plus haut que les hunes des naufz, et jettant eaux de la gueule en l'air davant soy, comme si fust une grosse riviere tombante de quelque montaigne. Pantagruel le monstra au pilot, et à Xenomanes. Par le conseil du pilot furent sonnées les trompettes de la Thalamege [3] en intonation de Guare Serre [4]. A cestuy son toutes les naufz, Gallions, Ramberges, Liburnicques (selon qu'estoit leur discipline navale) se mirent en ordre et figure telle qu'est le Y gregeois [5] lettre de Pithagoras : telle que voyez observé par les grues en leur vol : telle qu'est en un angle acut [6] : on cone et base de laquelle estoit ladite Thalamege en equippage de [7] vertueusement combattre.

---

[1] Souffleur. « Maximum animal in gallico Oceano *physeter*, ingentis columnæ modo se attollens, altiorque navium velis diluviem quamdam eructans. » (*Pline le Nat.*)

[2] S'élevant.

[3] Notre auteur a trouvé ce procédé indiqué par les auteurs anciens. Strabon, entre autres (liv. XV, ch. 2-12), rapporte que Nearchus employa ce moyen pour dégager sa flotte assaillie par des *Physetères* : ναὶ ἅμα ταῖς σάλπιγξιν ἐφόβει. On parle aussi, dans les *Tactiques* de l'empereur Léon (xie siècle), de cet ancien usage d'embarquer des trompettes à bord des navires pour indiquer certaines manœuvres.

[4] Cette *intonation* était probablement une sonnerie indiquant qu'il fallait se *garer*, se tenir sur ses gardes, et *serrer* les navires les uns contre les autres dans l'ordre de combat.

[5] Y grec.

[6] Aigu.

[7] Bien préparée à.

Frere Jean on chasteau gaillard monta gallant et bien deliberé avec les bombardiers. Panurge commença crier et lamenter plus que jamais. Babillebabou, disoit il, voicy pis qu'antan¹. Fuyons. C'est, par la mort bœuf, Leviathan descript par le noble prophete Moses en la vie du saint homme Job. Il nous avallera tous et gens et naufz comme pilules. En sa grande gueule infernale nous ne luy tiendrons lieu plus que feroit un grain de dragée musquée en la gueule d'un asne. Voyez le cy². Fuyons, guaignons terre. Je croy que c'est le propre monstre marin qui fut jadis destiné pour devorer Andromeda. Nous sommes tous perduz. O que pour l'occire presentement fust icy quelque vaillant Perseus. Percé jus³ par moy sera (respondit Pantagruel). N'ayez peur. Vertus Dieu, dist Panurge, faictes que soyons hors les causes de peur. Quand voulez vous que j'aye peur, sinon quand le danger est evident? Si telle est (dist Pantagruel) vostre destinée fatale, comme nagueres exposoit frere Jean, vous devez peur avoir de Pyrœis, Heous, Aethon, Phlegon celebres chevaulx du soleil flammivomes, qui rendent feu par les narines : des Physeteres, qui ne jettent qu'eau par les ouyes et par la gueule, ne devez peur aucune avoir. Ja par leur eau ne serez en danger de mort. Par cestuy element plus tost serez guaranty et conservé que fasché ne offensé.

A l'autre (dist Panurge). C'est bien rentré de picques noires⁴. Vertu d'un petit poisson⁵, ne vous ay je assez exposé la transmutation des elemens, et le facile symbole⁶ qui est entre roust et bouilly, entre bouilly et routy? Halas. Voy le cy. Je m'en vais cacher là bas. Nous sommes tous mors à ce coup. Je voy sus la hune Atropos⁷ la felonne avec ses cizeaulx de

---

¹ Pis que la dernière fois; il veut parler de la tempête.
² Voyez-le ici, le voici.
³ Percé par terre; mauvais jeu de mots entre *Perseus* et *percé jus*.
⁴ Ce n'est point parler à propos.
⁵ Juron languedocien et provençal, suivant Le Duchat, pour éviter de jurer par la *vertu de Dieu*. C'est ainsi qu'on dit vulgairement : Nom d'un petit bonhomme!
Au chapitre 32 du livre III, Panurge a déjà employé un juron qui fait allusion à celui-ci : « Vertu d'autre que d'un petit poisson! » C'est comme s'il disait : Vertu Dieu!
⁶ Conférence, collation.
⁷ [La mort.]

frais esmouluz preste à nous tous coupper le filet de vie. Guare. Voy le cy. O que tu es horrible et abominable! Tu en as bien noyé d'autres, qui ne s'en sont point vantés. Dea s'il jettast[1] vin bon, blanc, vermeil, friant, delicieux, en lieu de ceste eau amere, puante, salée, cela seroit tolerable aucunement : et y seroit aucune occasion de patience, à l'exemple de celuy milourt Anglois, auquel estant fait commandement pour les crimes desquelz estoit convaincu, de mourir à son arbitrage, esleut mourir nayé dedans un tonneau de Malvesie[2]. Voy le cy. Ho ho diable Satanas, Leviathan. Je ne te peux voir, tant tu es hideux et detestable. Vestz à l'audience[3] : vestz aux Chiquanous.

[1] Encore s'il jetait.

[2] Allusion à George, duc de Clarence, frère d'Edouard IV. Rabelais avait pu lire dans Comines, liv. I, chap. VII :

« Le Roy Edouard fit mourir son « frere le duc de Clarence en une « pippe de Malvoisie, pource qu'il « se vouloit faire Roy comme on « disoit. »

Hume semble admettre le fait; Lingard en doute. En leur qualité de poëtes, Shakespeare et Byron l'admettent sans conteste, malgré l'excentricité, et peut-être à cause de l'excentricité.

[3] Si nous en croyons Cotgrave, *vestz* est une forme picarde, et signifie *va-t'en*.

Ce sens ne jurerait point ici. Rabelais, l'ennemi des *chiquanous*, leur envoie la hideuse bête, comme il l'enverrait au diable dont ils seraient les suppôts.

CHAPITRE XXXIV.

Comment par Pantagruel fut defait le monstrueux Physetere.

Le Physetere entrant dedans les brayes[1] et angles des nauſz et Guallions, jettoit eau sus les premieres[2] à pleins tonneaulx, comme si fussent les catadupes[3] du Nil en Æthiopie. Dards, dardelles, javelotz, espieux, corsecques[4], partuisanes, voloient sus luy de tous coustés. Frere Jean ne se y espargnoit. Panurge mouroit de peur. L'artillerie tonnoit et fouldroyoit en diable, et faisoit son debvoir de le pinser sans rire. Mais peu profitoit : car les gros boulets de fer et de bronze entrans en sa peau sembloient fondre à les voir de loing, comme font les tuilles au soleil. Alors Pantagruel, considerant l'occasion et necessité, desploye ses bras, et monstre ce qu'il sçavoit faire.

Vous dictes, et est escrit, que le truant Commodus, empereur de Rome, tant dextrement tiroit de l'arc, que de bien loing il passoit les fleches entre les doigts des jeunes enfans levans la main en l'air, sans aucunement

---

[1] Toiles goudronnées à l'aide desquelles on ferme les diverses ouvertures ménagées dans un bâtiment pour donner passage aux mâts, au gouvernail, etc.

[3] Chutes, cataractes. On dit catadupe et catadoupe (Dict. de l'Acad.) (*catadupa*, en latin).
[Lieu, en Æthiopie, onquel le Nil tombe de hautes montaignes, en si horrible bruyt que les voisins du lieu sont presque tous sours, comme escrit Claud. Galen. L'evesque de Caramith, celuy qui en Rome fut mon precepteur en langue arabicque, m'a dit que l'on oyt ce bruyt à plus de trois journées loing : qui est autant que de Paris à Tours. Voy. Ptol.; Cicer. *in Somn. Scipionis*; Pline, lib. VI, cap. 9, et Strabo. »]
Cette note de la *Briefve declaration* prouve que nous avons eu quelque raison de l'attribuer à Rabelais.

[4] Suivant Cotgrave, c'est une sorte de javelot à grosse tête (*broad-headed*).

les ferir [1]. Vous nous racontez aussi d'un archier Indian on temps que Alexandre le grand conquesta Indie, lequel tant estoit de traire perit [2], que de loing il passoit ses fleches par dedans un anneau, quoy qu'elles fussent longues de trois coubdées : et fust le fer d'icelles tant grand et poisant, qu'il en perçoit brancs d'acier [3], boucliers espois, plastrons asserés : tout generalement qu'il touchoit, tant ferme, resistant, dur et valide fust, que sçauriez dire. Vous nous dictes aussi merveilles de l'industrie des anciens François, lesquelz à tous estoient en l'art sagittaire preferés : et lesquelz en chasse de bestes noires et rousses frotoient le fer de leurs fleches avec Ellebore : pource que de la venaison ainsi ferue la chair plus tendre, friande, salubre, et delicieuse estoit : cernant toutesfois et oustant la partie ainsi atteincte tout au tour [4]. Vous faictes pareillement narré des Parthes, qui par darriere tiroient [5] plus ingenieusement que ne faisoient les autres nations en face. Aussi celebrez vous les Scythes en ceste dexterité. De la part desquelz jadis un ambassadeur envoyé à Darius, roy des Perses, luy offrit un oiseau, une grenouille, une souris, et cinq fleches, sans mot dire. Interrogé que pretendoient telz presens, et s'il avoit charge de rien dire, respondit que non. Dont restoit Darius tout estonné et hebeté en son entendement, ne fust que l'un des sept capitaines qui avoient occis les Mages, nommé Gobryes, luy exposa et interpreta, disant : Par ces dons et offrandes vous disent tacitement les Scythes : Si les Perses comme oiseaux ne volent au ciel, ou comme souris ne se cachent vers le centre de la terre, ou ne se mussent on profond des estangs et paluz comme grenouilles, tous seront à perdition mis par la puissance et sagettes [6] des Scythes [7].

---

[1] Les frapper.
[2] Était si habile à tirer de l'arc.
[3] Le branc d'acier était une arme blanche à très-large lame.
[4] Pline constate ainsi le fait : « Galli sagittas in venatu elleboro tingunt, circumcisoque vulnere teneriorem sentiri carnem affirmant. »
[5] Fidentemque fuga Parthum versisque sagittis. (Virg., *Géorg.*, liv. III, v. 31.)
[6] Flèches (*sagittæ*, en latin).
[7] Ce passage est traduit presque en entier, et non sans charme, de l'Histoire d'Hérodote, liv. IV, ch. 131-132.

Le noble Pantagruel en l'art de jetter et darder estoit sans comparaison plus admirable. Car avec ses horribles[1] piles, et dards (lesquelz proprement ressembloient aux grosses poultres sus lesquelles sont les ponts de Nantes, Saulmur, Bregerac, et à Paris les ponts au change et aux meusniers soustenuz, en longueur, grosseur, pesanteur et ferrure) de mille pas loing il ouvroit les huitres en escalle sans toucher les bords : il esmouchoit une bougie sans l'esteindre : frappoit les pies par l'œil : dessemeloit les bottes sans les endommager, deffourroit les barbutes[2] sans rien gaster : tournoit les feuillets du breviaire de frere Jean l'un après l'autre sans rien dessirer. Avec telz dards, desquelz estoit grande munition dedans sa nauf, au premier coup il enferra le Physetere sus le front, de mode qu'il luy transperça les deux machouoires et la langue, si que plus ne ouvrit la gueule, plus ne puisa, plus ne jetta eau. Au second coup il luy creva l'œil droit : au troisieme l'œil gauche. Et fut veu le Physetere en gande jubilation de tous porter ces trois cornes au front quelque peu panchantes davant, en figure triangulaire equilaterale : et tournoyer d'un cousté et d'autre, chancellant et fourvoyant, comme estourdy, aveugle, et prochain de mort. De ce non content Pantagruel luy en darda un autre sus la queue panchant pareillement en arriere. Puis trois autres sus l'eschine en ligne perpendiculaire[3], par equale distance de queue et bac[4] trois fois justement compartie. En fin luy en lança sus les flancs cinquante d'un cousté, et cinquante de l'autre. De maniere que le corps

---

[1] Comme on lit dans les édit. de 1552 et 1553. Le Duchat et Johanneau impriment : ses *exhorribles*. Bien qu'*exhorribles* puisse à la rigueur se justifier par le latin *exhorreo*, nous préférons la leçon que nous avons suivie.

La barbute était une sorte de casque (*qua caput tegebant milites et equites in prœliis*, Du Cange). Ce nom lui venait sans doute de ce qu'elle était hérissée de crins. —

Deffourrer les barbutes, c'était probablement enlever leur garniture de crin.

[3] [Les architectes disent tombante à plomb, droitement pendante.]

[4] Nous ne comprenons pas le mot *bac*, ni l'explication qu'en donne Johanneau. Nous serions tentés de croire qu'il faut lire : *de queue et cap* ou de queue et *bec*, de la queue à la tête.

du Physetere sembloit à la quille d'un gualion à trois gabies¹ emmortaisée par competente dimension de ses poultres, comme si fussent cosses² et portehausbancs de la carine. Et estoit chose moult plaisante à voir. Adonc mourant le Physetere se renversa ventre sus dours³, comme font tous poissons mors : et ainsi renversé⁴ les poultres contre bas en mer ressembloit au Scolopendre, serpent ayant cent pieds, comme le descript le sage ancien Nicander⁵.

---

¹ A trois hunes, à trois mâts. Les trois flèches plantées à égale distance sur le dos du physetère devaient produire cet effet.

² Ce mot que nous avons signalé p. 123, et que nous retrouvons ici, est constamment écrit de la même façon dans les éditions anciennes. On entendait par *cosses* des anneaux de fer, cannelés et garnis de petits cordages entortillés, pour ménager les gros cordages passant au travers de ces cosses.

M. Jal, si compétent en pareille matière, semble voir là une faute d'impression et propose de lire *costes*, ou côtes, les côtés du navire.

³ Ventre sur dos, le ventre en l'air.

⁴ Éd. orig. — Les éditeurs modernes écrivent *renversant*.

⁵ Auteur de l'*Ophiaque* ou *Traité des serpents*.

CHAPITRE XXXV.

Comment Pantagruel descend en l'isle Farouche, manoir antique des Andouilles

Les hespailliers de la nauf Lanterniere amenerent le Physetere lié en terre de l'isle prochaine, dite Farouche, pour en faire anatomie, et recueillir la gresse des roignons : laquelle disoient estre fort utile et necessaire à la guerison de certaine maladie qu'ilz nommoient Faulte d'argent. Pantagruel n'en tint compte, car autres assez pareilz, voire encores plus enormes, avoit veu en l'Ocean Gallicque. Condescendit toutesfois descendre en l'isle Farouche, pour seicher et refraichir aucuns de ses gens mouillés et souillés par le villain Physetere, à un petit port desert vers le midy situé lez une touche[1] de bois haute, belle, et plaisante : de laquelle sortoit un delicieux ruisseau d'eau douce, claire, et argentine. Là dessous belles tentes furent les cuisines dressées, sans espargne de bois. Chascun mué[2] de vestemens à son plaisir, fut par frere Jean la campanelle sonnée. Au son d'icelle furent les tables dressées et promptement servies. Pantagruel disnant avec ses gens joyeusement, sus l'apport de la seconde table[3] apperceut certaines petites Andouilles affaictées[4] gravir et monter sans mot sonner sus un haut arbre prés le retraict

---

[1] Sur la lisière d'un bouquet...
[2] Changé.
[3] Du second service.
[4] En divers patois, *affaité* signifie pimpant, arrogant. Dans d'autres patois, et en terme de fauconnerie il a le sens de dressé, apprivoisé. Nous ne savons pas au juste dans quelle acception Rabelais l'emploie ici.

du goubelet[1], si demanda à Xenomanes : Quelles bestes sont ce là ? pensant que fussent Escurieux, Bellettes, Martres ou Hermines. Ce sont Andouilles, respondit Xenomanes. Icy est l'isle Farouche, de laquelle je vous parlois à ce matin : entre lesquelles et Quaresmeprenant leur maling et antique ennemy est guerre mortelle de longtemps. Et croy que par les canonnades tirées contre le Physetere ayent eu quelque frayeur et doubtance que leur dit ennemy icy fust avec ses forces pour les surprendre, ou faire le guast[2] parmy ceste leur isle, comme ja plusieurs fois s'estoit en vain efforcé et à peu de profit, obstant le soing et vigilance des Andouilles : lesquelles (comme disoit Dido, aux compaignons d'Æneas voulans prendre port en Carthage sans son sceu et licence) la malignité de leur ennemy, et vicinité de ses terres contraignoient soy continuellement contregarder et veiller. Dea bel amy (dist Pantagruel) si voyez que par quelque honneste moyen puissions fin à ceste guerre mettre, et ensemble les reconcilier, donnez m'en advis. Je me y emploiray de bien bon cœur : et n'y espargneray du mien pour contemperer et amodier[3] les conditions controverses entre les deux parties.

Possible n'est pour le present, respondit Xenomanes. Il y a environ quatre ans que passant par cy et Tapinois je me mis en debvoir de traicter paix entre eux, ou longues treves pour le moins : et ores fussent[4] bons amis et voisins, si tant l'un comme les autres soy fussent despouillés de leurs affections[5] en un seul article. Quaresmeprenant ne vouloit on traicté de paix comprendre les Boudins saulvages, ne les Saulcissons montigenes[6] leurs anciens bons comperes et confederés. Les Andouilles requeroient que la forteresse de Cacques fust par leur discretion, comme est le chasteau de Sallouoir, regie et gouvernée, et que d'icelle fussent hors chassés ne sçay quelz puans, villains assassineurs, et briguans qui la tenoient. Ce

---

[1] Le lieu où l'on *retirait*, l'on serrait le gobelet et les divers objets à l'usage de la table.
[2] Porter le ravage.
[3] Adoucir et déterminer.
[4] Et déjà ils seraient.
[5] De leurs passions.
[6] [Engendrés ez montaignes.]

LIVRE IV, CHAPITRE XXXV.

que ne peult estre accordé, et sembloient les conditions iniques à l'une et à l'autre partie. Ainsi ne fut entre eux l'appoinctement conclud. Resterent toutesfois moins severes et plus doux ennemis, que n'estoient par le passé. Mais depuis la denonciation du concile national de Chesil[1], par laquelle elles furent farfouillées, guodelurées, et intimées : par laquelle aussi fut Quaresmeprenant declaré breneux[2], hallebrené[3] et stocfisé[4] en cas que avec elles il fist alliance ou appoinctement aucun, se sont horrifiquement aigris, envenimés, indignés, et obstinés en leurs courages : et n'est possible y remedier. Plus toust auriez vous les chatz et ratz, les chiens et lievres ensemble reconcilié.

---

[1] Rabelais veut parler du concile de Trente, qui se prononça en faveur du carême attaqué par les protestants, et aussi par quelques catholiques.

[2] Sali d'ordures, souillé. — Ce mot appartient encore au patois du Berri. En Saintonge, on dit *brenoux*.

[3] Déplumé.

[4] Réduit à l'état de morue sèche. Du hollandais *stokvisch*.

CHAPITRE XXXVI.

Comment par les Andouilles farouches est dressée embuscade contre Pantagruel.

Ce disant Xenomanes, frere Jean apperceut vingt et cinq ou trente jeunes Andouilles de legiere taille sus le havre, soy retirantes de grand pas vers leur ville, citadelle, chasteau et roquette de cheminées[1], et dist à Pantagruel : Il y aura icy de l'asne[2], je le prevoy. Ces Andouilles venerables vous pourroient, par adventure, prendre pour Quaresmeprenant, quoy qu'en rien ne luy sembliez. Laissons ces repaissailles[3] icy, et nous mettons en debvoir de leurs resister. Ce ne seroit, dist Xenomanes, pas trop mal fait. Andouilles sont Andouilles, tousjours doubles et traistresses. Adonc se leve Pantagruel de table pour descouvrir hors la touche de bois : puis soudain retourne, et nous asseure avoir à gauche descouvert une embuscade d'Andouilles farfelues[4], et du cousté droit, à demie lieue loing de là, un gros bataillon d'autres puissantes et gigantales Andouilles, le long d'une petite colline, furieusement en bataille marchantes vers nous au son de vezes et piboles[5], des guogues[6] et des vessies, des joyeux pifres[7] et tabours, des

---

[1] Ceci semble vouloir dire leur fort et leurs foyers sont obscurs.

[2] Cela signifie-t-il du bruit, du scandale, comme quand *on mène l'âne ?* — Johanneau, qui voit partout des allégories, croit que Rabelais a voulu dire : « Il y aura combat andouillique ou amoureux. L'Âne, ajoute-t-il, était consacré à Priape, à cause de sa lasciveté. »

[3] Ces pâtures.

[4] Aussi larges que hautes, suivant l'explication de Cotgrave.

[5] Des cornemuses et flageolets (en patois poitevin). *Vèze* a aussi le même sens en saintongeois, en vendéen et en berrichon.

[6] Le mot *gogues*, que nous avons vu employé dans un autre sens, semble ici désigner, comme les vessies, une sorte d'instrument.

[7] Fifres, de l'allemand *pfeiffer*.

trompettes et clairons. Par la conjecture de soixante et dix huit enseignes qu'il y comptoit, estimions leur nombre n'estre moindre de quarante et deux mille. L'ordre qu'elles tenoient, leur fier marcher et faces asseurées nous faisoient croire que ce n'estoient Friquenelles[1], mais vieilles Andouilles de guerre. Par les premieres fillieres jusques prés les enseignes, estoient toutes armées à haut appareil[2], avec picques petites, comme nous sembloit de loing : toutesfois bien poinctues et asserées. Sus les aisles estoient flancquegées[3] d'un grand nombre de Boudins sylvaticques, et Guodiveaux massifz et Saulcissons à cheval, tous de belle taille, gens insulaires, bandouilliers[4] et farouches.

Pantagruel fut en grand esmoy, et non sans cause, quoy que Epistemon luy remontrast que l'usance et coustume du pays Andouillois pouvoit estre ainsi caresser et en armes recevoir leurs amis estrangiers, comme sont les nobles rois de France par les bonnes villes du royaume receuz et salués à leurs premieres entrées aprés leur sacre et nouvel advenement à la couronne. Par adventure, disoit il, est ce la garde ordinaire de la Royne du lieu, laquelle advertie par les jeunes Andouilles du guet que vistes sus l'arbre, comment en ce port surgeoit[5] le beau et pompeux convoy de

---

[1] Andouilles grasses (Cotgrave); le menu fretin, comme l'entend Le Duchat. Dans son mépris pour les armes à feu, le chevalier Bayard les traitait de *friquenelles*, comme on le voit dans ses chroniqueurs.

[2] En grande tenue avec haussecol et corselet, dit Cot-grave.

[3] Flanquées (*fiancheggiate*, en italien). Le Duchat fait observer avec raison que déjà du temps de Rabelais (il aurait pu dire même auparavant), les italianismes envahissaient notre langue, et les termes de guerre, comme l'a remarqué très-justement Henri Estienne, étaient du nombre de ceux que nous empruntions de préférence à l'Italie.

[4] Brigands. Un chroniqueur du XVIe siècle donne ainsi l'origine de ce mot : « Les Pyrénées sont peuplées de François et Espagnols bannis de leur pays, qu'on nomme *bandoliers*, qui vivent sans mercy, devalisant ceux qui pensent traverser ces detroits pour gaigner la France ou l'Espagne... C'est en somme un vray refuge de debanchés, qu'Espagnols ou Gascons, en telle quantité qu'ils marchent par bandes et factions diverses qu'ils nomment *bandouil*. » (*La vraye et entiere histoire de ces derniers troubles*, par J. Le Frere de Laval. Paris, 1584, 8º, ann. 1570.)

[5] Surgissait.

vos vaisseaulx, a pensé que là devoit estre quelque riche et puissant prince, et vient vous visiter en personne. De ce non satisfait, Pantagruel assembla son conseil pour sommairement leurs advis entendre sus ce que faire devoient en cestuy estrif[1] d'espoir incertain et crainte evidente.

Adonc briefvement leur remonstra comment telles manieres de recueil[2] en armes avoit souvent porté mortel prejudice, sous couleur de caresse et amitié. Ainsi, disoit il, l'empereur Antonin Caracalle, à l'une fois, occist les Alexandrins : à l'autre, desfist la compaignie de Artaban, roy des Perses, sous couleur et fiction de vouloir sa fille espouser. Ce que ne resta impuny : car peu aprés il y perdit la vie[3]. Ainsi les enfans de Jacob, pour venger le rapt de leur sœur Dyna, sacmenterent[4] les Sichimiens. En ceste hypocritique[5] façon, par Galien, empereur Romain, furent les gens de guerre desfaits dedans Constantinople[6]. Ainsi, sous espece d'amitié, Antonius attira Artavasdes, roi de Armenie, puis le fit lier et enserrer de grosses chaines : finablement, le fit occire[7]. Mille autres pareilles histoires trouvons nous par les antiques monumens. Et à bon droit et jusques à present, de prudence grandement loué Charles, roy de France sixieme de ce nom, lequel, retournant victorieux des Flamens et Gantois en sa bonne ville de Paris, et au Bourget en France, entendant que les Parisiens avec leurs mailletz[8] (dont furent surnommés Maillo-

---

[1] En cette perplexité.
[2] D'accueil, d'accueillir.
[3] Rabelais a puisé ces détails dans Hérodien (*Vie de l'empereur Caracalla*), liv. IV, ch. 9 : « Ὡς εἶδε πᾶσαν τὴν πόλιν, etc. »
[4] Mirent à sac. (V. la *Genèse*, 1-34.)
[5] [Faincte, desguisée.]
[6] L'empereur Gallien, désesperant de se rendre maître de Byzance révoltée contre lui, négocia avec les habitants pour obtenir d'y être introduit ; alors, au mépris de ses promesses, il fit passer la garnison tout entière au fil de l'épée.

[7] « Armenia.... vacua tunc interque Parthorum et Romanas opes infida ob scelus Antonii, qui Artavasden, regem Armeniorum, specie amicitiæ illectum, dein catenis oneratum, postremo interfecerat. » (Tacite, *Ann.*, II, 3.)

[8] Les Parisiens s'étaient emparés de ces maillets en forçant l'hôtel de ville (1413).

Pour poy de cresson nouvelet
Fut prins en greve le maillet ;

a dit un poëte contemporain.

tins) estoient hors la ville, issuz en bataille, jusques au nombre de vingt mille combattans, n'y voulut entrer (quoy qu'ilz remontrassent que ainsi s'estoient mis en armes pour plus honorablement le recuillir sans autre fiction ne mauvaise affection) que premierement ne se fussent en leurs maisons retirés et desarmés.

Ce fut en effet, suivant quelques historiens, à l'occasion d'un impôt sur les bottes de cresson que la sédition éclata.

CHAPITRE XXXVII.

Comment Pantagruel manda querir les capitaines Riflandouille et Tailleboudin : avec un notable discours sur les noms propres des lieux et des personnes.

La resolution du conseil fut, qu'en tout evenement ilz se tiendroient sus leurs gardes. Lors par Carpalim et Gymnaste, au mandement de Pantagruel, furent appellés les gens de guerre qui estoient dedans les naufz Brindiere (desquelz coronel estoit Riflandouille) : et Portoueriere[1] (desquelz coronel estoit Tailleboudin le jeune). Je soulaigeray (dist Panurge) Gymnaste de ceste peine. Aussi bien vous est icy sa presence necessaire. Par le froc que je porte (dist frere Jean) tu te veux absenter du combat, couillu, et ja ne retourneras, sus mon honneur. Ce n'est mie grande perte. Aussi bien ne feroit il que pleurer, lamenter, crier et descouraiger les bons soubdars. Je retourneray certes, dist Panurge, frere Jean mon pere spirituel, bien toust. Seulement donnez ordre à ce que ces fascheuses Andouilles ne grimpent sus les naufz. Ce pendant que combaterez, je prieray Dieu pour vostre victoire, à l'exemple du chevaleureux capitaine Moses, conducteur du peuple israelicque.

La denomination (dist Epistemon à Pantagruel) de ces deux vostres coronelz Riflandouille et Tailleboudin en cestuy conflict nous promet asseurance, heur et victoire, si par fortune ces Andouilles nous vouloient oultrager. Vous le prenez bien (dist Pantagruel) et me plaist que par les noms de nos coronelz vous prevoiez et prognosticquez

---

[1] Les naufs *brindiere* et *portoueriere* étaient celles qui portaient pour enseigne une brinde ou une pourtoire, comme on l'a déjà vu dans le dénombrement de la flotte au chapitre Ier de ce livre.

la nostre victoire. Telle maniere de prognosticquer par noms n'est moderne. Elle fut jadis celebrée et religieusement observée par les Pythagoriens. Plusieurs grands seigneurs et empereurs en ont jadis bien fait leur profit. Octavian Auguste second empereur de Rome, quelque jour rencontrant un paysan, nommé Euthyche, c'est à dire, bien fortuné, qui menoit un asne, nommé Nicon, c'est en langue grecque Victorien, meu de la signification des noms tant de l'asnier que de l'asne, se asseura de toute prosperité, felicité et victoire[1]. Vespasian, empereur pareillement de Rome, estant un jour seulet en oraison on temple de Serapis, à la veue inopinée d'un sien serviteur, nommé Basilides, c'est à dire royal, lequel il avoit, loing darriere laissé malade, prit espoir et asseurance de obtenir l'empire romain[2]. Regilian, non pour autre cause ne occasion, fut par les gens de guerre esleu empereur, que par signification de son propre nom[3]. Voyez le Cratyle[4] du divin Platon. Par ma soif (dist Rhizotome) je le veulx lire : je vous oy souvent le allegant[5]). Voyez comment les Pythagoriens, par raison des noms et nombres, concluent que Patroclus devoit estre occis par Hector, Hector par Achilles, Achilles par Paris, Paris par Philoctetes.

---

[1] Ce trait est puisé dans Suétone :

« Apud Actium, descendenti in aciem asellus cum asinario occurrit. Homini Eutychus, bestiæ Nicon erat nomen. Utriusque simulacrum æneum victor posuit in templo, in quod castrorum suorum locum vertit. » (*Vie d'Aug.*, ch. 96.)

[2] « Cum de firmitate imperii capturus auspicium (Vespasianus), ædem Serapidis, submotis omnibus, solus intrasset, ac, propitiato multum deo, tandem se convertisset, verbenas, coronasque et panificia, ut illic adsolet, Basilides libertus obtulisse ei visus est : quem neque admissum a quoquam, et jam pridem propter nervorum valetudinem vix ingredi, longeque abesse, constabat. Ac statim advenere literæ, fusas apud Cremonam Vitellii copias, ipsum in Urbe interemptum nunciantes. » (Suét., *Vie de Vespasien*, ch. 7.)

[3] Quintus Nonus Regilianus, Dace d'origine.

Dans un diner qu'il donnait à des militaires, on se demanda l'origine de son nom. Un grammairien le fit venir de *rex*, *regis*, *regi*.

Il n'en fallut pas davantage pour qu'il fût acclamé empereur par les militaires, et le peuple ne tarda pas à suivre le même exemple.

[4] C'est un dialogue ainsi intitulé; et dans lequel il est spécialement traité de questions relatives aux noms.

[5] Je vous l'entends citer.

Je suis tout confus en mon entendement, quand je pense en l'invention admirable de Pythagoras[1], lequel, par le nombre *par* ou *impar* des syllabes d'un chascun nom propre, exposoit de quel cousté estoient les humains boiteux, bossus, borgnes, goutteux, paralytiques, pleuritiques, et autres telz malefices en nature : sçavoir est, assignant le nombre *par* au cousté gauche du corps, le *impar* au dextre. Vrayement (dist Epistemon) j'en vis l'experience à Xainctes, en une procession generale, present le tant bon, tant vertueux, tant docte et equitable president Briend Valée[2], seigneur du Douhet[3]. Passant un boiteux ou boiteuse, un borgne ou borgnesse, un bossu ou bossue, on luy rapportoit son nom propre. Si les syllabes du nom estoient en nombre *impar*, soudain, sans voir les personnes, il les disoit estre maleficiés, borgnes, boiteux, bossus du cousté dextre. Si elles estoient en nombre *par*, du cousté gauche. Et ainsi estoit la verité, onques n'y trouvasmes exception.

Par ceste invention (dist Pantagruel) les doctes ont affermé que Achilles estant à genoux, fut par la fleiche de Paris blessé on talon dextre : car son nom est de syllabes *impares*. Icy est à noter que les anciens se agenouilloient du pied dextre. Venus par Diomedes, davant Troie, blessée en la main gauche : car son nom en Grec est de quatre syllabes[4]. Vulcan boiteux du pied gauche, par mesmes raisons. Philippe, roy de Mace-

---

[1] « E Pythagoræ inventis non temere fallere, impositivorum nominum imparem vocalium numerum, clauditates, oculique orbitatem, ac similes casus dextris assignare partibus, parem lævis » (Pline, 28-6). Agrippa, *de Vanit. scient.*, cap. 15 (de sorte pythagorica), s'exprime ainsi : « Nec illud prætereundum censeo, quod asserebant Pythagorici, et quod alii putant, ipse etiam credidit Aristoteles, literarum elementa certos suos possidere numeros, ex quibus per propria hominum nomina divinabatur, etc. »

[2] On a déjà vu figurer p. 370 du Ier volume, ce personnage, qui paraît avoir été ami de Rabelais, et qui protégea le père de Scaliger contre l'inquisition.

[3] Nous devons ajouter à la note qui vient d'être rappelée : 1º que la seigneurie du Douhet était située dans les environs de la ville de Saintes, 2º que la propriété appartient aujourd'hui à Mme la marquise d'Argenson.

[4] [Vénus, en grec, a quatre syllabes, Ἀφροδίτη ; Vulcain en a trois, Ἥφαιστος.]

donie, et Har bal, borgnes de l'œil dextre. Encores pourrions nous particularizer des ischies[1], hernies, hemicraines[2], par ceste raison pythagorique.

Mais pour retourner aux noms, considerez comment Alexandre le grand, filz du roy Philippe, duquel avons parlé, par l'interpretation d'un seul nom parvint à son entreprise. Il assiegeoit la forte ville de Tyre, et la battoit de toutes ses forces par plusieurs sepmaines : mais c'estoit en vain. Rien ne profitoient ses engins[3] et molitions[4]. Tout estoit soudain demoli et remparé[5] par les Tyriens. Dont prit phantasie de lever le siege, avec grande melancholie, voyant en cestuy departement perte insigne de sa reputation. En tel estrif et fascherie se endormit. Dormant, songeoit qu'un satyre estoit dedans sa tente, dansant et sautelant avec ses jambes bouquines. Alexandre le vouloit prendre : le satyre tousjours luy eschappoit. En fin, le roy le poursuivant en un destroit, le happa. Sus ce poinct se esveilla. Et racontant son songe aux philosophes et gens savans de sa court, entendit que les dieux luy promettoient victoire, et que Tyre bien toust seroit prise : car ce mot *Satyros*, divisé en deux, est *sa Tyros*, signifiant *Tienne est Tyre*[6]. De fait, au premier assaut qu'il fit, il emporta la ville de force, et en grande victoire subjuga ce peuple rebelle.

Au rebours, considerez comment, par la signification d'un nom, Pompée se desespera[7]. Estant vaincu par Cæsar en la ba-

---

[1] [Vous les appelez sciatiques. Hernies, ruptures du boyau devallant en la bourse, ou par aiguosité, ou carnosité, ou varices, etc.] — La sciatique, la goutte qui vient aux hanches; de ἰσχίον, l'os de la jambe. (Thévenin, *Dict. des mots grecs de médecine*.)

[2] Migraines (ἡμικρανία, en grec).

[Vous les appelez migraines; c'est une douleur comprenant la moitié de la teste.]

[3] Ses machines de guerre.

[4] Entreprises, attaques (*attempt*, Cotgrave).

[5] C'est-à-dire tout était aussitôt reconstruit par les Syriens que démoli par Alexandre.

[6] Οἱ δὲ μάντεις τοὔνομα διαιροῦντες οὐκ ἀπιθάνως ἔφασαν αὐτῷ· « Σὰ γενήσεται Τύρος » (Plutarque, *Vie d'Alexandre*, éd. Didot).

[7] « Conspexit (Pompeius) in littore speciosum ædificium, gubernatoremque interrogavit quod ei nomen esset : qui respondit κακοβασιλέα

taille Pharsalique, ne eut moyen autre de soy saulver que par
fuite. Fuyant par mer, arriva en l'isle de Cypre. Prés la ville de
Paphos, apperceut sus le rivage un palais beau et somptueux.
Demandant au pilot comment l'on nommoit cestuy palais, entendit qu'on le nommoit κακοβασιλέα, c'est à dire, *mal roy*. Ce
nom luy fut en tel effroy et abomination, qu'il entra en desespoir, comme asseuré de ne evader que bien toust ne perdist la
vie. De mode que les assistans et nauchiers ouirent ses cris,
souspirs et gemissemens. De fait, peu de temps aprés un
nommé Achillas, paysant incogneu, luy trancha la teste. Encores pourrions nous, à ce propous, alleguer ce que advint à L.
Paulus Æmilius, lors que par le senat Romain fut esleu empereur, c'est à dire chef de l'armée, qu'ilz envoyoient contre
Perses, roy de Macedonie. Iceluy jour, sus le soir, retournant
en sa maison pour soy appester au deslogement, baisant une
sienne petite fille, nommée Tratia, advisa qu'elle estoit aucunement triste. Qui a il, dist il, ma Tratia? Pourquoy es tu
ainsi triste et faschée? Mon pere, respondit elle, Persa est
morte. Ainsi nommoit elle une petite chienne qu'elle avoit
en delices. A ce mot prit Paulus asseurance de la victoire
contre Perses[1]. Si le temps permettoit que puissions discourir
par les sacres bibles des Hebreux, nous trouverions cent passages insignes nous monstrans evidemment en quelle obser-
vance et religion leurs estoient les noms propres avec leurs
significations.

vocari : quæ vox spem ejus, quan-
tulacumque restabat, comminuit.
Neque id dissimulanter tulit, avertit
enim oculos ab illis tectis, ac dolo-
rem, quem ex diro omine conceperat,
gemitu perfecit. » (Val. Max., I,
5).

[1] Valère Maxime (Voy. ci-dessus)
et Cicéron (*de Divin.*, liv. I et II)
racontent le fait. Plutarque, dans
la Vie de Paul-Émile, le relate d'a-
près Cicéron. Le Duchat impute à
crime à Plutarque d'avoir pris pour
un chien une chienne. L'auteur grec
ait, il est vrai, parler ainsi Tratia :

Οὐ γὰρ οἶσθα, ὦ πάτερ, ὅτι ἡμῖν
ὁ Περσεὺς τέθνηκεν. Nous savons bien que V. Maxime et Cicéron
donnent à la bête le nom de *Persa* ;
mais *Persa* était un petit chien.

« Erat autem mortuus *catellus*
eo nomine. » (Cicéron.)

« Decesserat autem *catellus*,
quem puella in deliciis habuerat,
nomine *Persa*. » (Val. Maximus.)

Rabelais a donc commis une petite erreur ; mais Le Duchat a mal
choisi l'occasion de prouver que
Plutarque était *peu versé dans la
langue latine*.

Sus la fin de ce discours, arriverent les deux coronelz, accompaignés de leurs soudards, tous bien armés et bien deliberés. Pantagruel leur fit une briefve remonstrance, à ce qu'ilz eussent à soy monstrer vertueux au combat, si par cas estoient contraincts (car encores ne povoit il croire que les Andouilles fussent si traistresses), avec defense de commencer le hourt[1] : et leurs bailla *Mardigras* pour mot du guet.

---

[1] Le choc.

CHAPITRE XXXVIII.

Comment Andouilles ne sont à mespriser entre les humains.

Vous truphez[1] icy, beuveurs, et ne croyez que ainsi soit en verité comme je vous raconte. Je ne sçaurois que vous en faire[2]. Croyez le, si voulez : si ne voulez, allez y voir. Mais je sçay bien ce que je vis. Ce fut en l'isle Farouche. Je la vous nomme. Et vous reduisez à memoire la force des geants antiques, lesquelz entreprindrent le haut mont Pelion imposer sus Osse, et l'ombrageux Olympe avec Osse envelopper, pour combattre les Dieux, et du ciel les deniger[3]. Ce n'estoit force vulgaire ne mediocre. Iceux toutesfois n'estoient que Andouilles pour la moitié du corps, ou serpens que je ne mente. Le serpent qui tenta Eve estoit andouillicque, ce nonobstant est de luy escrit, qu'il estoit fin et cauteleux sus tous autres animans[4]. Aussi sont Andouilles. Encores maintient on en certaines academies, que ce tentateur estoit l'Andouille nommée Ithyphalle[5], en laquelle fut jadis transformé le bon messer Priapus grand tentateur des femmes par les paradis en Grec, ce sont jardins en François. Les Souisses, peuple maintenant hardy et belliqueux, que savons nous si jadis estoient saul-

---

[1] Vous riez, vous plaisantez (*to deride*, Cotgrave).

[2] Suivant Johanneau, je ne saurais qu'y faire.

[3] Dénicher. *Déniger* se dit encore en Saintonge, en Poitou, en Berry, etc.

[4] Animaux, êtres vivants.

[5] C'était une effigie représentant *membrum virile erectum*. Les prêtres la promenaient en procession. Les jeunes vierges la portaient en miniature et comme préservatif. — Les demoiselles de Rome faisaient, sans s'en douter, de l'homœopathie morale.

cisses? Je n'en voudrois pas mettre le doigt on feu. Les Himantopodes[1], peuple en Æthiopie bien insigne, sont Andouilles selon la description de Pline, non autre chose. Si ces discours ne satisfont à l'incredulité de vos seigneuries, presentement (j'entends aprés boire) visitez Lusignan, Partenay, Vovant, Mervant, et Ponzauges en Poictou. Là trouverez tesmoings vieux de renom et de la bonne forge, lesquelz vous jureront sus le bras saint Rigomé[2], que Mellusine leur première fondatrice avoit corps feminin jusques aux boursavitz[3], et que le reste en bas estoit Andouille serpentine, ou bien serpent andouillicque[4]. Elle toutesfois avoit alleures braves et galiantes, lesquelles encores aujourd'huy sont imitées par les Bretons balladins dansans leurs trioris fredonnisés[5]. Quelle fut la cause pourquoy Erichthonius premier inventa les coches, lectieres[6], et chariotz? C'estoit parce que Vulcan l'avoit engendré avec jambes de Andouilles : pour lesquelles cacher, mieux aima aller en lictiere qu'à cheval. Car encores de son temps ne estoient Andouilles en reputation. La nymphe Scythicque Ora avoit pareillement le corps my party en femme et en Andouille. Elle toutesfois tant sembla belle à Jupiter, qu'il coucha avec elle et en eut un beau filz nommé Colaxes[7].

---

[1] Himantopodes loripedes quidam, quibus serpendo ingredi natura est. (Pline, *Hist. nat.* liv. V, ch. 8.)
Ab eo tractu..... proximi sunt Himantopodes inflexi lentis cruribus quos serpere potius quam ingredi referunt. (Pomp. Mela, l. III, ch. 10.)

[2] Le bras de ce saint était une relique fort considérée du temps de Rabelais.

[3] On portait alors, dit Johanneau, les parties honteuses renfermées dans une bourse, comme de notre temps la queue. — Il y a là un jeu de mots qui n'est pas de ceux que nous aimons à signaler.

[4] Dans le roman de Mélusine de Jean d'Arras, nous lisons : — *Comment elle s'envolla en forme d'un serpent du chasteau de Lusignen.*

[5] Le *trihori* était une danse bretonne « plus gaillarde que nulle autre, disent les *Contes d'Eutrapel*, où la voix et le mot sont par entrelaceures, petites pauses et intervales rompus, joints avec le nerf et corde de l'instrument, en sorte que la force de la parole et sa grace y demeurent prins et engluez sans esperance de les pouvoir separer ».

[6] Litières.

[7] Le Duchat accuse notre auteur d'avoir brouillé et altéré deux fables qui se lisent dans le IVe livre d'Hérodote.
L'historien grec parle en effet (liv. IV, ch. 5) d'un Colaxais, fils de Targitaüs (et non de Jupiter, comme le prétend Le Duchat), puis, au chap. 9 du même livre, d'une

Cessez pourtant icy plus vous trupher, et croyez qu'il n'est rien si vray que l'Evangile.

---

nommée *Echidna*, qui était femme jusqu'à la ceinture et serpent dans la partie inférieure.

Mais c'est Le Duchat et non Rabelais qui fait ici confusion. Ce dernier a puisé son récit dans Valerius Flaccus :

Proxima Bisaltæ regio, ductorque Colaxes
Sanguis et ipse Deum, Scythicis quem Jup-
[piter oris
Progenuit, viridem Myracen Tibisenaque
[juxta
Ostia, semifero (dignum si credere) captus
Corpore, nec nymphæ geminos exhorruit an-
. . . . [gues...
Matris Oræ specimen, etc.
  (*Argonautiques*, lib. VI, vv. 48 et 58.)

CHAPITRE XXXIX.

Comment frere Jean se rallie avec les cuisiniers pour combattre les Andouilles.

Voyant frere Jean ces furieuses Andouilles ainsi marcher dehait, dist à Pantagruel : Ce sera icy une belle bataille de foin[1], à ce que je voy. Ho le grand honneur et louanges magnificques qui seront en nostre victoire ! Je voudrois que dedans vostre nauf fussiez de ce conflict seulement spectateur, et au reste me laissiez faire avec mes gens[2]. Quelz gens ? demanda Pantagruel. Matiere de breviaire, respondit frere Jean. Pourquoy Potiphar, maistre queux[3] des cuisines de Pharaon, celuy qui acheta Joseph, et lequel Joseph eust fait coqu, s'il eust voulu, fut maistre de la cavalerie de tout le royaume d'Ægypte ? Pourquoy Nabuzardan[4], maistre cuisinier du roy Nabugodonosor, fut entre tous autres capitaines esleu pour assieger et ruiner Hierusalem ? J'escoute, respondit Pantagruel. Par le trou Madame (dist frere Jean) je oserois jurer qu'ilz autrefois avoient Andouilles combattu, ou gens aussi peu estimés que Andouilles, pour lesquelles abattre, combattre, dompter, et sacmenter, trop plus sont sans comparaison

---

[1] Sans importance. On disait un avocat de *foin*, pour un avocat sans mérite. (*Dict. de Trévoux.*)

[2] Les hommes de sa robe, dit Johanneau; mais nous n'avons pas vu qu'il y en eût avec le frère Jean. Il s'agit des cuisiniers et marmitons. La chose est dite positivement plus bas : ce qui ne doit pas surprendre, car nous voyons constamment frère Jean se fourrer dans les cuisines.

[3] Directeur des cuisines.

[4] Rabelais a probablement emprunté ce nom à une facétie du commencement du XVIe siècle, réimprimée par M. de Montaiglon dans son *Recueil de poésies françoises* des XVe et XVIe siècles, t. I, p. 204. *Sermon joyeulx de la vie de saint Ongnon, comment Nabuzarden, le maistre cuisinier, le fit martirer*, etc.

cuisiniers idoines et suffisans, que tous gendarmes, estradiotz[1], soubdars, et pietons du monde.

Vous me refraichissez la memoire (dist Pantagruel) de ce qu'est escrit entre les facecieuses et joyeuses responses de Ciceron. On temps des guerres civiles à Rome entre Cæsar et Pompée, il estoit naturellement plus enclin à la part Pompeiane, quoy que de Cæsar fust requis et grandement favorisé. Un jour entendant que les Pompeians à certaine rencontre avoient fait insigne perte de leurs gens, voulut visiter leur camp. En leur camp apperceut peu de force, moins de courage, et beaucoup de desordre. Lors prevoyant que tout iroit à mal et perdition comme depuis advint, commença trupher et mocquer maintenant les uns, maintenant les autres, avec brocards aigres et piquans, comme tres bien sçavoit le style. Quelques capitaines, faisans des bons compaignons comme gens bien asseurés et deliberés luy dirent : Voyez vous combien nous avons encores d'aigles? C'estoit lors la devise des Romains en temps de guerre. Cela (respondit Ciceron) seroit bon et à propos, si guerre aviez contre les pies. Donc veu que combattre nous fault Andouilles, vous inferez que c'est bataille culinaire, et voulez aux cuisiniers vous rallier. Faictes comme l'entendez. Je resteray icy attendant l'issue de ces fanfares.

Frere Jean de ce pas va es tentes des cuisines, et dit en toute gayeté et courtoisie aux cuisiniers : Enfans je veulx huy vous tous voir en honneur et triomphe. Par vous seront faictes apertises d'armes[2] non encores veues de nostre memoire. Ventre sus ventre, ne tient on autre compte des vaillans cuisiniers? Allons combattre ces paillardes Andouilles. Je seray vostre capitaine. Beuvons amis. Ça, courage. Capitaine (respondirent les cuisiniers) vous dictes bien. Nous som-

---

[1] « Estradiots (dit un vieil auteur) sont gens comme Genetaires, vestus à pied et à cheval, comme Turcs, sauf la teste, où ils ne portent ceste toile qu'ils appellent turban, et sont durs gens et couchent dehors tout l'an, et leurs chevaux; ils estoient tous Grecs. » Ce nom venait de Στρατιῶται.

[2] Voyez Plutarque, *Apophthegmata Ciceronis*, § 19.

[3] Exploits guerriers, prouesses.

mes à vostre joly commandement. Sous vostre conduicte nous voulons vivre et mourir. Vivre, dist frere Jean, bien : mourir, point. C'est à faire aux Andouilles. Or donc mettons nous en ordre. *Nabuzardan*[1] vous sera pour mot du guet.

---

[1] C'est le nom du maistre cuisinier de Nabuchodonosor, ainsi que Rabelais vient de nous le dire plus haut.

Le mot du guet est bien approprié à la circonstance.

CHAPITRE XL.

Comment par frere Jean est dressée la Truye et les preux cuisiniers dedans enclous.

Lors au mandement de frere Jean, fut par les maistres ingenieux[1] dressée la grande Truye, laquelle estoit dedans la nauf Bourrabaquiniere[2]. C'estoit un engin mirificque faict de telle ordonnance, que des gros couillarts[3] qui par rangs estoient autour, il jettoit bedaines[4] et quarreaulx empenés d'acier : et dedans la quadrature duquel pouvoient aisement combattre et à couvert demourer deux cens hommes et plus : et estoit fait au patron de la truye de la Riole[5], moyennant laquelle fut Bergerac pris sus les Anglois, regnant en France le jeune roy Charles sixieme[6]. Ensuit le nombre et les noms des preux et vaillans cuisiniers, lesquelz, comme dedans le cheval de Troye, entrerent dedans la truye.

---

[1] Ingénieurs.
[2] Le vaisseau qui avait pour enseigne un bourrabaquin et dont il est question au chap. 1er.
[3] Grosses pièces d'artillerie, dont les coulevrines étaient un diminutif.
[4] Les bedaines étaient des projectiles de pierre, d'une forte dimension.
[5] La Réole.
[6] Le Duchat fait observer que Rabelais est un peu en défaut, et que la prise de Bergerac eut lieu en 1378, sous Charles V, et deux ans avant la mort de ce roi.

« Ilz envoyerent querir à la Riole, dit Froissart, un grand engin qu'on appelle *Truye*, lequel engin estoit de telle ordonnance que il jetoit pierres de faix et se pouvoient bien cent hommes d'armes ordonner dedans, et, en approchans, assaillir la ville. »

LIVRE IV, CHAPITRE XL.

Saulpicquet.
Ambrelin.
Guavache.
Lascheron.
Porcausou.
Salezart.
Maindegourre.
Paimperdu.
Lasdaller.
Pochecuilliere.
Moustamoulue.

Crespelet.
Maistre Hordoux.
Grasboyau.
Pillemortier.
L'eschevin.
Saulgrenée.
Cabirotade.
Carbonnade.
Fressurade.
Hoschepot. Hasteret.
Balafré. Gualimafré.

Tous ces nobles cuisiniers portoient en leurs armoiries en champ de gueule lardouoire de sinople [1], fessée d'un chevron argenté penchant à gauche.

Lardonnet. Lardon.
Croquelardon.
Tirelardon.
Graslardon.
Sauvelardon.
Archilardon.

Rond lardon.
Antilardon.
Frizelardon.
Lacelardon.
Grattelardon.
Marchelardon.

Guaillardon, par syncope, natif prés de Rambouillet. Le nom du docteur culinaire estoit Guaillartlardon. Ainsi dictes vous idolatre pour idololatre.

Roiddelardon.
Aftolardon.
Doulxlardon.
Maschelardon.
Trappelardon.
Bastelardon.
Guyllevardon [2].
Mouschelardon.

Bellardon.
Neuflardon.
Aigrelardon.
Billelardon.
Guignelardon.
Poyselardon.
Vezelardon.
Myrelardon.

Noms incogneuz entre les Maranes et Juifz.

---

[1] De couleur verte. Terme de blason.
[2] Telle est la leçon des éditions de 1552 et 1553.

Conidu.
Salladier.
Cressonnadiere.
Raclenaveau.
Cochonnier.
Peaudeconnin.
Apigratis.
Pastissandiere.
Raslard.
Francbeuignet.
Moustardiot.
Vinetteux.
Potageouart
Frelault.
Benest.

Jusverd.
Marmitige.
Accodepot.
Hoschepot.
Brisepot.
Guallepot.
Frillis.
Guorgesalée.
Escarguotandiere.
Bouillonsec.
Souppimars.
Eschinade.
Prezurier.
Macaron.
Escarsaufle.

Briguaille. Cestuy fut de cuisine tiré en chambre pour le service du noble cardinal le Veneur[1].

Guasteroust.
Escouvillon.
Beguinet.
Escharbottier.
Vitet.
Vitault.
Vitvain.
Jolivet.
Vitneuf.
Vistempenard.
Victorien.
Vitvieulx.
Vitvelu.

Hastiveau.
Alloyandiere.
Esclanchier.
Guastelet.
Rapimontes.
Soufflemboyau.
Pelouze.
Gabaonite.
Bubarin.
Crocodillet.
Prelinguant.
Balafré.
Maschouré.

Mondam, inventeur de la saulse *madame*, et pour telle invention fut ainsi nommé en langage Escosse François[2].

---

[1] Suivant Le Duchat, c'est Jean le Veneur-Carrouges, évêque de Lisieux, fait cardinal en 1533 par Clément VII. — J. de La Bruyère-Champier dit au liv. XV, ch. 32, *De re cibaria*, que, pour ne manquer jamais de perdrix, ce cardinal les faisait nourrir toute l'année en une de ses maisons de campagne.

[2] Nous avons déjà dit que nos

LIVRE IV, CHAPITRE XL.

Clacquedens.
Badiguoincier.
Myrelanguoy.
Becdassée.
Rincepot.
Urelelipipingues.
Maunet.
Guodepie.

Guauffreux.
Saffranier.
Malparouart.
Antitus.
Navelier.
Rabiolas.
Boudinandiere.
Cochonnet.

Robert. Cestuy fut inventeur de la saulse *Robert,* tant salubre et necessaire aux connils roustis, canards, porcfrais, œufz pochés, merluz salés, et mille autres telles viandes.

Froiddanguille.
Rougenraye.
Gourneau.
Gribouillis.
Sacabribes.
Olymbrius.
Foucquet.
Dalyqualquain
Salmiguondin.
Gringualet.
Aransor.
Talemouse.
Grosbec.
Frippelippes.
Friantaures.
Guaffelaze.

Saulpoudré.
Paellefrite.
Landore.
Calabre.
Navelet.
Foyrart.
Grosguallon.
Brenous.
Mucydan.
Matatruys.
Cartevirade.
Cocquecygrue.
Visedecache.
Badelory.
Vedel.
Braguibus.

Dedans la truye entrerent ces nobles cuisiniers gaillars, gallans, brusquetz, et prompts au combat. Frere Jean avec son grand badelaire[1] entre le dernier et ferme les portes à ressort par le dedans.

---

aneêtres donnaient ce nom au baragouin des troupes écossaises que nous avons eues à notre solde.

[1] Sabre recourbé à la turque.

CHAPITRE XLI.

Comment Pantagruel rompit les Andouilles aux genoulx.

Tant approcherent ces Andouilles que Pantagruel apperceut comment elles desployoient leurs bras, et ja commençoient baisser bois[1]. Adonc envoie Gymnaste entendre qu'elles vouloient dire, et sus quelle querelle elles vouloient sans defiance guerroyer contre leurs amis antiques, qui rien n'avoient mesfait ne mesdit. Gymnaste au davant des premieres fillieres[2] fit une grande et profonde reverence, et s'escria tant qu'il peut, disant : Vostres, vostres, vostres sommes nous trestous, et à commandement. Tous tenons de Mardigras, vostre antique confederé. Aucuns depuis me ont raconté, qu'il dist Gradimars[3], non Mardigras. Quoy que soit, à ce mot un gros Cervelat saulvage et farfelu anticipant davant le front de leur bataillon le voulut saisir à la guorge. Par Dieu, dist Gymnaste, tu n'y entreras qu'à taillons[4] : ainsi entier ne pourrois tu. Si sacque son espée Baise mon cul (ainsi la nommoit il) à deux mains, et trancha le Cervelat en deux pieces. Vray Dieu qu'il estoit gras ! Il me souvint du gros Taureau de Berne[5], qui fut à Marignan tué à la defaicte des Souisses. Croyez qu'il n'avoit gueres moins de quatre doigts de lard sus le ventre. Ce Cervelat ecervelé, coururent Andouilles sus Gymnaste, et le

---

[1] Abaisser le bois de leurs lances, pour les mettre en arrêt.
[2] Des premiers rangs.
[3] Ou gras mardi. *Dimars*, en toulousain, signifie mardi.
[4] Tranches.
[5] Nous avons dit, t. I, p. 318, que les Suisses désignaient autrefois par le nom de Taureau un officier chargé de donner au son de la *corne* le signal de l'attaque. — L'officier qui fut tué à Marignan, et dont le nom était Pontiner, avait probablement cet emploi.

terrassoient vilainement, quand Pantagruel avec ses gens accourut le grand pas au secours. Adonc commença le combat martial pelle melle. Riflandouille rifloit Andouilles. Tailleboudin tailloit Boudins. Pantagruel rompoit les Andouilles au genoil. Frere Jean se tenoit coy dedans sa Truye tout voyant et considerant, quand les Guodiveaux qui estoient en embuscade sortirent tous en grand effroy sus Pantagruel.

Adonc voyant frere Jean le desarroy et tumulte, ouvre les portes de sa Truye, et sort avec ses bons soubdars, les uns portans broches de fer, les autres tenans landiers, contrehastiers, paesles, pales, cocquasses, grisles, fourgons, tenailles, lichefretes, ramons[1], marmites, mortiers, pilons, tous en ordre comme brusleurs de maisons : hurlans et crians tous ensemble espouvantablement : *Nabuzardan, Nabuzardan, Nabuzardan*. En telz cris et esmeute choquerent les Guodiveaux, et à travers les Saulcissons. Les Andouilles soudain apperceurent ce nouveau renfort, et se mirent en fuite le grand gallot, comme s'elles eussent veu tous les diables. Frere Jean à coups de bedaines[2] les abbatoit menu comme mousches : ses soubdars ne se y espargnoient mie. C'estoit pitié. Le camp estoit tout couvert d'Andouilles mortes, ou navrées. Et dit le conte, que si Dieu n'y eust pourveu, la generation Andouillicque eust par ces soubdars culinaires toute esté exterminée. Mais il advint un cas merveilleux. Vous en croirez ce que vouldrez.

Du costé de la Transmontane[3] advola un grand, gras, gros, gris pourceau, ayant aisles longues et amples, comme sont les aisles d'un moulin à vent. Et estoit le pennage rouge cramoysi, comme est d'un phœnicoptere, qui en Languegoth est appellé Flammant. Les œilz avoit rouges et flamboyans, comme un Pyrope[4] : les oreilles verdes comme une esmeraude prassine[5] : les dents jaulnes comme un topaze : la queue longue

---

[1] Balais.
[2] Ici ce mot semble avoir le sens de barres de fer, que lui donne Cotgrave.
[3] Du côté du nord.
[4] Escarboucle (*carbuncle*, Cotgrave). On croyait autrefois que l'escarboucle imitait le feu et brilloit dans les ténèbres.
... Flammasque imitante pyropo.
(Ovide.)
[5] Verte. (*Prasinum*, viride acutissimum, herbaceum, Du Cange.) Dans les chartes on trouve : *pras-*

noire comme marbre Lucullian[1] : les pieds blancs, diaphanes et transparens, comme un diamant : et estoient largement pattés, comme sont des oyes, et comme jadis à Tholose les portoit la royne Pedaucque[2]. Et avoit un collier d'or au coul, autour duquel estoient quelques lettres Ioniques, desquelles je ne peuz lire que deux mots ὖς Ἀθηνᾶν[3], pourceau Minerve enseignant. Le temps estoit beau et clair. Mais à la venue de ce monstre il tonna du costé gauche si fort[4] que nous restasmes tous estonnés. Les Andouilles soudain que l'apperceurent jetterent leurs armes et bastons, et à terre toutes se agenouillerent, levantes haut leurs mains joinctes sans mot dire, comme si elles l'adorassent. Frere Jean avec ses gens frappoit tousjours, et embrochoit Andouilles. Mais par commandement de Pantagruel fut sonnée retraicte, et cesserent toutes armes[5]. Le monstre ayant plusieurs fois volé et revolé entre les deux armées, jetta plus de vingt et sept pippes de moustarde en terre : puis disparut volant par l'air et criant sans cesse, Mardigras, Mardigras, Mardigras.

---

sinus, præssinus, prasinæ, avec l'acception d'émeraude. Du Cange fait dériver prasine du grec πράσον, poireau.

[1] De Lucullus. — « ... Lucullus consul... nomen (ut apparet ex re) Luculleo marmori dedit, admodum delectatus illo : primusque Romam invexit; atrum alioqui, cum cætera maculis aut coloribus commendentur. Nascitur autem in Milo insula, solumque pæne hoc marmor ab amatore nomen accepit. » (Pline, Hist. Nat., XXXVI, 8.)

[2] La tradition a conservé, dans le pays toulousain, le souvenir d'une reine plus ou moins fantastique, regina Pedauca, la reine aux pieds d'oie. La reine Pédauque a des statues dans plusieurs villes du Midi : des monuments portent encore son nom; on montrait même son tombeau dans le cimetière de l'église Notre-Dame de la Daurade. (Du Mège.)

[3] Le pourceau (sous-entendu enseignant) Minerve. — Ce proverbe était passé dans la langue latine : Ne sus Minervam.

[4] Le Duchat cite à propos ce vers d'Ennius, qui nous a été conservé par Cicéron (De Divin., lib. II, § 38) :

Cum tonuit lævum bene tempestate serena.

[5] Et tout combat cessa.

CHAPITRE XLII.

Comment Pantagruel parlemente avec Niphleseth, royne des Andouilles.

Le monstre susdit plus ne apparoissant, et restantes les deux armées en silence, Pantagruel demanda parlementer avec la dame Niphleseth[1] (ainsi estoit nommée la royne des Andouilles), laquelle estoit prés les enseignes dedans son coche. Ce qui fut facilement accordé. La royne descendit en terre, et gracieusement salua Pantagruel, et le vit voluntiers. Pantagruel soy complaignoit de ceste guerre. Elle luy fit ses excuses honnestement, alleguant que par faulx rapport avoit esté commis l'erreur, et que ses espions luy avoient denoncé que Quaresmeprenant leur antique ennemy estoit en terre descendu, et passoit temps à voir l'urine des Physeteres. Puis le pria vouloir de grace leur pardonner ceste offense, alleguant qu'en Andouilles plus toust l'on trouvoit merde que fiel : en ceste condition, qu'elle et toutes ses successitres Niphleseth[2] à jamais tiendroient de luy ses successeurs toute l'isle et pays à foy et hommage : obeiroient en tout et par tout à ses mandemens : seroient de ses amis amies, et de ses ennemis ennemies : par chascun an, en recognoissance de ceste feaulté luy envoyroient soixante et dix huit mille Andouilles royales pour à l'entrée de table le servir six mois l'an. Ce que fut par elle fait : et envoya au lendemain

---

[1] [Membre viril (hebreu).] Suivant Selden il faudrait lire *Miphlezet*. « Numen hoc, nisi me fallat memoria, *Niphlezet* pro *Miphlezet* nuncupatur in satyricis lepidissimi doctissimique Francisci Rablesii facetiis. » *De Diis syris*, p. 300.

[2] Qu'elle et toutes les reines Niphleseth qui auraient le trône après elle. Nous lisons ainsi *successitres* dans les édit. de 1552 et de 1553.
Le Duchat pense qu'il faut lire *successitrices* et que *successitres* serait une faute.

dedans six grands briguantins le nombre susdit d'Andouilles royales au bon Gargantua, sous la conduicte de la jeune Niphleseth, Infante de l'isle. Le noble Gargantua en fit present et les envoya au grand roy de Paris. Mais au changement de l'air, aussi par faulte de moustarde (baume naturel et restaurant d'Andouilles), moururent presque toutes. Par l'octroy et vouloir du grand roy furent par monceaux en un endroit de Paris enterrées, qui jusques à present est appellé la rue pavée d'Andouilles[1]. A la requeste des dames de la court royale, fut Niphleseth la jeune saulvée et honorablement traictée. Depuis fut mariée en bon et riche lieu, et fit plusieurs beaulx enfans, dont loué soit Dieu.

Pantagruel remercia gracieusement la royne : pardonna toute l'offense : refusa l'offre qu'elle avoit fait : et luy donna un beau petit cousteau pargois[2]. Puis curieusement l'interrogea sus l'apparition du monstre susdit. Elle respondit que c'estoit l'Idée[3] de Mardigras leur Dieu tutelaire en temps de guerre, premier fondateur et original de toute la race Andouillicque. Pourtant sembloit il à un pourceau, car Andouilles furent d'un pourceau extraictes. Pantagruel demandoit à quel propous et quelle indication curative il avoit tant de moustarde en terre projetté. La royne respondit, que moustarde estoit leur Sangreal[4] et Baume celeste : duquel mettant quelque peu dedans les playes des Andouilles terrassées, en bien peu de temps les navrées guerissoient, les mortes resuscitoient.

Autres propous ne tint Pantagruel à la royne : et se retira en sa nauf. Aussi firent tous les bons compagnons avec leurs armes et leur Truye.

---

[1] Plusieurs rues de Paris ont porté autrefois le nom de rue Pavée d'andouilles. La rue Pavée (St-André-des-Arcs) en était une Ainsi la plaisanterie de Rabelais est parfaitement amenée.

[2] Ou *pergois*, du Perche. Les couteaux du Perche étaient autrefois renommés, et Johanneau nous semble avoir complètement raison d'entendre ainsi le mot *pargois*. Des commentateurs ont pensé qu'il s'agissait de couteaux de *Prague* en Bohême.

[3] [L'emblème, l'image.]

[4] Allusion au rôle que joue, dans les romans de chevalerie, le Saint-Gréal, ou vase précieux renfermant le sang de Notre-Seigneur Jésus-Christ.

CHAPITRE XLIII.

Comment Pantagruel descendit en l'isle de Ruach.

Deux jours après arrivasmes en l'isle de Ruach[1], et vous jure par l'estoile Poussiniere[2], que je trouvay l'estat et la vie du peuple estrange plus que je ne dis. Ilz ne vivent que de vent. Rien ne beuvent, rien ne mangent, si non vent. Ilz n'ont maisons que de gyrouettes. En leurs jardins ne sement que les trois especes de Anemone[3]. La Rue[4] et autres herbes carminatives[5] ilz en escurent soigneusement. Le peuple commun pour soy alimenter use de esventoirs de plumes, de papier, de toille, selon leur faculté, et puissance. Les riches vivent de moulins à vent. Quant ilz font quelque festin ou banquet, on dresse les tables sous un ou deux moulins à vent. Là repaissent aises comme à nopces. Et durant leur repas disputent de la bonté, excellence, salubrité, rareté des vens, comme vous beuvurs par les banquets philosophez en matiere de vins. L'un loue le Siroch[6], l'autre le Besch[7], l'autre le Garbin[8],

---

[1] [Vent ou esprit (hebreu).]
[2] La constellation des Pléiades. Suivant la remarque de Johanneau, l'interlocuteur jure ainsi, parce que le lever de cette constellation passait chez les anciens pour exciter les vents et tempêtes.
[3] Cette fleur est bien placée dans l'île du Vent, car c'est de ἄνεμος qu'elle tire son nom.
[4] Plante ligneuse, dont les feuilles ont un goût âcre et très-amer, comme on lit dans le *Dict. de l'Ac.*
[5] [Lesquelles ou consoment (absorbent) ou vident les ventosités du corps humain.]
Le mot *carminatif* est resté dans notre langue.
[6] Le siroco, le vent de Syrie ou de sud-est.
[7] Le vent de sud-ouest (*south-west wind*, Cotgrave).
[8] C'est aussi le vent de sud-ouest, mais plus doux : « Di mez-

l'autre la Bise, l'autre Zephyre, l'autre Gualerne[1]. Ainsi des autres. L'autre le vent de la chemise pour les muguets[2] et amoureux. Pour les malades ilz usent de vent coulis, comme de coulis on nourrit les malades de nostre pays. O (me disoit un petit enflé) qui pourroit avoir une vessie de ce bon vent de Languegoth, que l'on nomme Cierce[3] ! Le noble Scurron[4] medecin, passant un jour par ce pays, nous contoit qu'il est si fort qu'il renverse les charrettes chargées. O le grand bien qu'il ferait à ma jambe Œdipodicque[5] ! Les grosses ne sont les meilleures. Mais, dist Panurge, une grosse botte[6] de ce bon vin de Languegoth qui croist à Mirevaulx, Canteperdris, et Frontignan.

Je y vis un homme de bonne apparence, bien ressemblant à la Ventrose[7], amerement courroussé contre un sien gros grand varlet, et un petit page, et les battoit en diable à grands coups de brodequin. Ignorant la cause du courroux, pensois que fust par le conseil des medecins, comme chose salubre au maistre soy courrousser et battre : aux varletz, estre battuz. Mais je ouyz qu'il reprochoit aux varletz luy avoir esté

« zodi viene un vento... che a nome « Africo... Quando egli è dolce e « soave, l'appellano *gherbino.* » (*Dict. de la Crusca.*)

[1] Nord-est.

[2] Ce nom, que nos pères donnaient aux galants, leur venait de l'affreuse habitude de se musquer, suivant Le Duchat, et suivant nous, de la fleur de muguet alors en grande vogue parmi les galants.

[3] Le vent d'est-nord-ouest.

[4] Jean Schyron. Voy. la *Notice*, p. 40.

Des commentateurs, qui aiment à transformer Rabelais en un perpétuel bouffon, se sont imaginé qu'il avait écrit *Scurronum* par allusion à *Scurra*, bouffon.

C'est méconnaître à la fois les règles qui président à la latinisation des noms, et le profond respect constamment témoigné par Rabelais à ses maîtres. La forme latine *Scurronus* avait déjà été employée par Rabelais lorsqu'il avait écrit sur les registres de Montpellier : « Delegi mihi in patrem egregium dominum Joannem Scurronum, doctorem regentemque in hac alma universitate. « Schyron lui-même signait : *Schyronius, Scurronus,* et même, si l'on en croit Astruc, *Scutron.*

Pierre Tolet, qui fut son élève et son ami, le nomme *Squironis*, dans la dédicace de sa traduction de la chirurgie d'Æginète (Lyon, 1540).

[5] [Enflée, grosse comme les avait Œdipus le divinateur, qui en grec signifie pied enflé.]

[6] Tonne.

[7] On trouve encore dans le *Dictionnaire des sciences médicales* : VENTROSITÉ, grosseur démesurée du ventre.

robbé à demy une oyre[1] de vent Garbin, laquelle il gardoit cherement[2] comme viande rare pour l'arriere saison. Ilz ne fiantent, ilz ne pissent, ilz ne crachent en ceste isle. En recompense ilz vesnent, ilz pedent, ilz rottent copieusement. Ilz patissent toutes sortes et toutes especes de maladies. Aussi toute maladie naist et procede de ventosité, comme deduit Hyppocrates, *lib. de Flatibus*. Mais la plus epidemiale est la cholique venteuse. Pour y remedier usent de ventoses amples, et y rendent fortes ventosités. Ilz meurent tous hydropicques tympanites[3]. Et meurent les hommes en pedant, les femmes en vesnant. Ainsi leur sort l'ame par le cul.

Depuis nous pourmenans par l'isle rencontrasmes trois gros esventés, lesquelz alloient à l'esbat voir les pluviers[4], qui là sont en abondance, et vivent de mesme diete. Je advisay que ainsi comme vous beuveurs allans par pays portez les flaccons, ferrieres[5], et bouteilles, pareillement chascun à sa ceinture portoit un beau petit soufflet. Si par cas vent leur failloit, avec ces jolis souffletz ilz en forgeoient de tout frais, par attraction et expulsion reciproque, comme vous sçavez que vent, en essentiale definition, n'est autre chose que air flottant et ondoyant.

En ce moment de par leur roy nous fut fait commandement que de trois heures n'eussions à retirer en nos navires homme ne femme du pays. Car on luy avoit robbé une veze[6] pleine du vent propre que jadis à Ulysses donna le bon ronfleur Æolus[7], pour guider sa nauf en temps calme. Lequel il gardoit religieusement, comme un autre Sangreal, et en guerissoit plusieurs enormes maladies, seulement en laschant et eslargissant ès malades, autant qu'en fauldroit pour forger un pet virginal : c'est ce que les Sanctimoniales[8] appellent sonnet[9].

---

[1] Plein une outre.
[2] Précieusement.
[3] Ayant la peau tendue comme celle d'un tambour.
[4] On croyait que le pluvier se nourrissait de vent.
[5] Bouteilles de cuir.
[6] Une peau gonflée.
[7] [Dieu des vents, suivant les poëtes.]
[8] [A présent sont dites nonains.] — Ce sont les religieuses, les femmes vouées au saint culte.
[9] Petit son.

CHAPITRE XLIV.

Comment petites pluies abattent les grands vents.

Pantagruel louoit leur police et maniere de vivre, et dist à leur potestat[1] Hypenemien[2] : Si recevez l'opinion d'Epicurus, disant le bien souverain consister en volupté, volupté dis je facile et non penible, je vous repute bien heureux. Car vostre vivre, qui est de vent, ne vous couste rien ou bien peu, il ne faut que souffler. Voire, respondit le Potestat. Mais en ceste vie mortelle rien n'est beat de toutes pars[3]. Souvent quand sommes à table, nous alimentans de quelque bon et grand vent de Dieu, comme de manne celeste, aises comme peres[4], quelque petite pluie survient, laquelle nous le tollist et abat. Ainsi sont maints repas perduz par faute de victuailles. C'est, dist Panurge, comme Jenin de Quinquenais, pissant sus le fessier de sa femme Quelot[5], abattit le vent punais qui en sortoit comme d'une magistrale Æolopyle[6]. J'en fis nagueres un dizain joliet.

---

[1] Leur souverain. Johanneau explique *potestat* par bailli, en s'appuyant sur l'italien *potestà* ou *podestà*. Mais ce n'est pas par un magistrat d'un ordre inférieur que devait être reçu un aussi grand prince que Pantagruel. Si les discussions étymologiques étaient de notre goût, il nous serait facile d'établir qu'ici *potestat* doit avoir la même origine que *potentat*.

Du reste, en italien, *podestà* signifie aussi : Celui qui a reçu mission de gouverner.

[2] [Venteux. Ainsi sont dictz les œufz de poulles et autres animaulx, faictz sans copulation du masle. Desquelz jamais ne sont exclous poulletz. V. Arist., Pline, Columella.]

[3] Complétement, en toutes choses heureux. C'est une expression latine.

>   ... Nihil est ab omni
>   Parte beatum.
>   Horat., liv. II, od. XV.

[4] Rabelais fait plus d'une fois cette comparaison. Il avait vu les moines de près, et il aime à les représenter prenant leurs aises.

[5] *Quelot* est-il, comme le suppose Johanneau, un diminutif de Jacqueline?

[6] [Porte d'Æolus. C'est un ins-

LIVRE IV, CHAPITRE XLIV.

Jenin, tastant un soir ses vins nouveaux
Troubles encor et bouillans en leur lie,
Pria Quelot apprester des naveaux
A leur souper, pour faire chere lie.
Cela fut fait. Puis sans melancholie
Se vont coucher, belutent, prennent somme.
Mais ne pouvant Jenin dormir en somme,
Tant fort vesnoit Quelot, et tant souvent,
La compissa. Puis voyla, dist il, comme
Petite pluie abat bien un grand vent.

Nous davantage (disoit le potestat) avons une annuelle calamité bien grande et dommaigeable. C'est qu'un geant, nommé Bringuenarilles[1], qui habite en l'isle de Tohu, annuellement par le conseil de ses medecins icy se transporte à la prime vere, pour prendre purgation : et nous devore grand nombre de moulins à vent, comme pilules, et de souffletz pareillement, desquelz il est fort friant. Ce que nous vient à grande misere : et en jeunons trois ou quatre quaresmes par chacun an, sans certaines particulieres rouaisons[2] et oraisons. Et n'y sçavez vous, demandoit Pantagruel, obvier ? Par le conseil, respondit le Potestat, de nos maistres Mezarims[3], nous avons mis, en la saison qu'il a de coustume icy venir, dedans les moulins force coqs et force poulles. A la premiere fois qu'il les avalla, peu s'en fallut qu'il n'en mourust. Car ilz luy chantoient dedans le corps, et luy voloient à travers l'estomac, dont tom-

---

trument de bronze clous, onquel est un petit pertuys, par lequel si mettez eau et l'approchez du feu, vous voirez sortir vent continuellement. Ainsi sont engendrés les vents en l'air et les ventosités es corps humains par eschauffemens ou concoction commencée non parfaicte, comme expose Cl. Galen. Voyez ce qu'en a escrit nostre grand amy et seigneur M. Philander, sus le premier livre de Vitruve.]

[1] [Nom fait à plaisir, comme grand nombre d'autres en cestuy livre.]

[2] Cotgrave, Nicot, Ménage, expliquent *rouaisons* par rogations (*rogationes*).
« Lorsque tous les Estats furent là ainsi assemblez, le lundy, le mardy et le mercredi des *Roisons*, etc. » Jean d'Auton, *Vie de Louis XII*, 1506. « Ce mot de *Roisons* pour *Rogations* est encore aujourd'huy en usage parmy le menu peuple de Touraine. » Ménage, *Additions manuscrites* à ses *Origines de la langue française*.

[3] Cotgrave traduit ce mot par celui de médecins (*physitian*).

boit en lipothymie[1], cardiaque passion[2], et convulsion horrifique et dangereuse : comme si quelque serpent luy fust par la bouche entré dedans l'estomac. Voylà, dist frere Jean, un comme[3] mal à propos, et incongru. Car j'ay autrefois ouy dire que le serpent entré dedans l'estomac ne fait desplaisir aucun, et soudain retourne dehors, si par les pieds on pend le patient, luy presentant prés la bouche un paeslon plein de laict chauld. Vous, dist Pantagruel, l'avez ouy dire : aussi avoient ceux qui vous l'ont raconté. Mais tel remede ne fut onques veu ne leu. Hippocrates (*lib.* L, *Epid.*) escrit le cas estre de son temps advenu : et le patient subit[4] estre mort par spasme et convulsion.

Oultre plus, disoit le Potestat, tous les renards du pays luy entroient en gueule, poursuivans les gelines, et trespassoit à tous momens, ne fust que par le conseil d'un badin enchanteur, à l'heure du paroxisme[5] il escorchoit un renard pour antidote et contrepoison.

Depuis eut meilleur advis, et y remedie moyennant un clystere qu'on luy baille, fait d'une decoction de grains de bled et de millet, esquelz accourent les poulles, ensemble de fayes d'oisons, esquelz accourent les renards. Aussi des pilules qu'il

Suivant des commentateurs, *mezarius* (de μεσάριον, *mesarœum*) signifie médecin soignant les entrailles, comme oculiste, médecin qui soigne les yeux, dentiste, qui soigne les dents.

[1] [Defaillance de cœur.] Du grec λειποθυμία.
Perte subite et instantanée du mouvement, la respiration et la circulation continuant encore ; au lieu que, dans la syncope, ces deux dernières fonctions sont aussi suspendues. (Nysten).

[2] Dénomination ancienne à laquelle on a substitué celle de *cardialgie* et plus récemment encore celle de *gastralgie*. (Nysten.)

[3] Un *comme*, une comparaison peu à propos et déplacée. Dans quelques éditions, on lit *commenial* au lieu de *comme mal*. C'est une faute évidente. Cotgrave, qui avait lu la mauvaise leçon, n'est pas le moins du monde embarrassé pour la traduire.
C'est là une de ces mésaventures auxquelles nous sommes exposés, nous autres pauvres commentateurs, et c'est à ce propos que Fontenelle disait : « Je ne suis pas si persuadé de notre ignorance par les choses qui sont et dont nous ne trouvons pas la raison, que par celles qui ne sont pas et dont nous trouvons la raison. »

[4] Subitement. L'adjectif pris dans le sens adverbial se rencontre souvent dans Rabelais.

[5] [Acces.]

prend par la bouche, composées de levriers et de chiens terriers. Voyez là nostre malheur. N'ayez peur, gens de bien (dist Pantagruel) desormais. Ce grand Bringuenarilles, avalleur de moulins à vent, est mort. Je le vous asseure. Et mourut suffoqué et estranglé, mangeant un coing de beurre frais à la gueule d'un four chauld, par l'ordonnance des medecins.

CHAPITRE XLV.

Comment Pantagruel descendit en l'isle des Papefigues.

Au lendemain matin rencontrasmes l'isle des Papefigues[1]. Lesquelz jadis estoient riches et libres, et les nommoit on Guaillardetz, pour lors estoient pauvres, malheureux, et subjectz aux Papimanes[2]. L'occasion avoit esté telle. Un jour de feste annuelle à bastons[3], les Bourguemaistre, Syndics et gros Rabis[4] Guaillardetz estoient allés passer temps, et voir la feste en Papimanie, isle prochaine. L'un d'eux voyant le protraict papal (comme estoit de louable coustume publiquement le monstrer es jours de feste à doubles bastons) luy fit la figue[5]. Qui est en iceluy pays signe de contemnement[6] et derision manifeste. Pour icelle venger, les Papimanes, quelques jours après sans dire guare, se mirent tous en armes, surprindrent, saccaigerent, et ruinerent toute l'isle des Guaillardetz : taillerent à fil d'espée tout homme portant barbe. Es femmes et jouvenceaulx pardonnerent, avec condition semblable à celle

---

[1] C'est-à-dire de gens faisant la figue au pape, se raillant du pape, l'injuriant.
[2] Partisans maniaques du pape.
[3] Grande fête où les chantres portaient à la procession des bâtons dorés et argentés.
[4] Johanneau prétend qu'ici ce mot doit signifier gros visage de rat (*rat vis*). Nous qui ne poussons pas aussi loin l'amour de l'étymologie, nous pensons tout simplement que *rabis* signifie *rabbins*, les Anglais disent encore *rabbi*; *rabis* se trouve dans nos anciens auteurs et dans Rabelais lui-même, pour rabbin (*Rabi* Khimi, dit-il, l. III). Comme il s'agit ici de gens ennemis du pape, il est facile à comprendre que Rabelais ait donné à leurs prêtres une dénomination juive.
[5] La nique (*far le fiche* ou *le castagne*, en ital.) C'est un signe de mépris, qui se fait en montrant le pouce placé entre l'index et le médium.
[6] Mépris (du latin *contemnere*).

dont l'empereur Federic Barberousse jadis usa envers les Milanois.

Les Milanois s'estoient contre luy absent rebellés, et avoient l'imperatrice sa femme[1] chassé hors la ville, ignominieusement montée sus une vieille mulle, nommée Thacor[2], à chevauchons de rebours : sçavoir est le cul tourné vers la teste de la mule, et la face vers la croppiere[3]. Federic à son retour les ayant subjugués et resserrés[4] fit telle diligence qu'il recouvra la celebre mule Thacor. Adonc on milieu du grand Brouet[5] par son ordonnance le bourreau mit es membres honteux de Thacor une figue, presens et voyans les citadins captifz : puis cria de par l'empereur à son de trompe, que quiconque d'iceux vouldroit la mort evader, arrachast publiquement la figue avec les dents, puis la remist on propre lieu sans aide des mains. Quiconque en feroit refus, seroit sus l'instant pendu et estranglé. Aucuns d'iceux eurent honte et horreur de telle tant abominable amende : la postpouserent à la crainte de mort, et furent penduz. Es autres la crainte de mort domina sus telle honte. Iceux avoir à belles dents tiré la figue, la monstroient au Boye[6] apertement disans : *Ecco lo fico*[7].

En pareille ignominie, le reste de ces pauvres et desolés Guaillardetz furent de mort guarantis et saulvés. Furent faits esclaves et tributaires, et leurs fut imposé nom de *Papefigues*, parce qu'au pourtraict papal avoient fait la figue. Depuis celuy temps, les pauvres gens n'avoient prosperé. Tous les ans avoient gresle, tempeste, peste, famine et tout malheur, comme eternel punition du peché de leurs ancestres et parens.

---

[1] Béatrix. Le fait a été rapporté par G. Paradin, dans son ouvrage *De antiquo Burgundiæ statu*, Lyon. Est. Dolet, 1542, où Rabelais peut fort bien l'avoir emprunté.

[2] [Fyc au fondement (en hébreu).]

[3] C'est ainsi qu'on place encore dans nos campagnes les époux infortunés, forcés de mener l'âne.

[4] Ressaisis, repris (*resaisiare*, Du Cange).

[5] [C'est la grande halle de Milan.] — Johanneau croit que *brouet* est une corruption de *broglio*, *broglietto*.

[6] [Au bourreau] (*boja*, en ital.).

[7] Voilà la figue.

Voyans la misere et calamité du peuple, plus avant entrer ne voulusmes. Seulement pour prendre de l'eau beniste et à Dieu nous recommander, entrasmes dedans une petite chapelle prés le havre, ruinée, desolée et descouverte, comme est à Rome le temple de saint Pierre. En la chapelle entrés, et prenans de l'eau beniste, apperceusmes dedans le benoistier[1] un homme vestu d'estoles, et tout dedans l'eau caché, comme un canard au plonge, excepté un peu du nez pour respirer. Autour de luy estoient trois prebstres bien ras et tonsurés, lisans le Grimoyre[2], et conjurans les diables.

Pantagruel trouva le cas estrange. Et demandant quelz jeuz c'estoient qu'ilz jouoient là, fut adverty que depuis trois ans passés avoit en l'isle regné une pestilence tant horrible, que pour la moitié et plus, le pays estoit resté desert, et les terres sans possesseurs. Passée la pestilence, cestuy homme caché dedans le benoistier, aroit un champ grand et restile[3], et le semoit de touzelle[4] en un jour et heure qu'un petit diable (lequel encores ne sçavoit ne tonner ne gresler, fors seulement le persil et les choux: encores aussi ne sçavoit ne lire, n'escrire) avoit de Lucifer impetré venir en ceste isle des Papefigues, soy recréer et esbatre, en laquelle les diables avoient familiarité grande avec les hommes et femmes, et souvent y alloient passer temps. Ce diable arrivé au lieu s'adressa au laboureur, et luy demanda qu'il[5] faisoit. Le pauvre homme luy respondit qu'il semoit celuy champ de touzelle, pour soy aider à vivre l'an suivant. Voire mais, dist le diable, ce champ n'est pas tien, il est à moy, et m'appartient. Car depuis l'heure et le temps qu'au Pape vous fistes la figue, tout ce pays nous fut adjugé, proscript, et abandonné. Bled semer toutesfois n'est mon estat. Pourtant je te laisse le champ. Mais c'est en condition que nous partirons[6] le profit. Je le veulx (respondit le

---

[1] Bénitier.
[2] Libro di congiurare i demonj (A. Oudin). *Book of exorcising* (Cotgrave). Le *Grand Grimoire* est encore un de nos livres populaires.
[3] [Portant tous les ans] — (*restilis*, en latin).
[4] Blé sans barbe (de *touzer*, tondre).
[5] Ce qu'il.
[6] Partagerons.

laboureur). J'entends, dist le diable, que du profit advenant nous ferons deux lotz. L'un sera ce que croistra sus terre, l'autre ce que en terre sera couvert. Le choix m'appartient, car je suis diable extraict de noble et antique race, tu n'es qu'un villain. Je choisis ce que sera en terre, tu auras le dessus. En quel temps sera la cueillette ? A my juillet, respondit le laboureur. Or (dist le diable) je ne fauldray[1] me y trouver. Fais au reste comme est le debvoir. Travaille, villain, travaille. Je vais tenter du gaillard peché de luxure les nobles nonnains de Pettesec[2], les Cagotz et Briffaulx aussi. De leurs vouloirs je suis plus que asseuré. Au joindre[3] sera le combat.

[1] Je n'aurai faute, je ne manquerai pas de.

[2] De Marsy se figure que Rabelais a ici en vue l'abbaye royale de Poissy.

[3] Nous ne sommes pas bien sûrs de comprendre ces deux mots. Johanneau les traduit par : Au revoir. C'est une traduction un peu libre. Le diable, à notre avis, ne doit point adresser ces mots au paysan : il n'a pas à le menacer d'un combat ; il ne s'agira que d'un partage à leur première entrevue.
Ce combat, qui sera *au joindre*, n'est-ce pas le combat d'amour, *le gaillard péché de luxure* dont il va tenter les *nonnains ?*

CHAPITRE XLVI.

Comment le petit diable fut trompé par un laboureur de Papefiguiere.

La my juillet venue le diable se representa au lieu, accompaigné d'un escadron de petits diableteaux de cœur[1]. Là rencontrant le laboureur, luy dist : Et puis villain, comment t'es tu porté depuis ma departie[2] ? Faire icy convient nos partaiges. C'est (respondit le laboureur) raison.

Lors commença le laboureur avec ses gens seyer[3] le bled. Les petits diables de mesmes tiroient le chaulme de terre. Le laboureur battit son bled en l'aire, le ventit[4], le mit en poches[5], le porta au marché pour vendre. Les diabletaux firent de mesmes, et au marché prés du laboureur, pour leur chaulme vendre, s'assirent. Le laboureur vendit tres bien son bled, et de l'argent emplit un vieux demy brodequin, lequel il portoit à sa ceinture. Les diables ne vendirent rien : ains au contraire les paisans en plein marché se mocquoient d'eux. Le marché clous, dist le diable au laboureur : Villain, tu m'as ceste fois trompé, à l'autre ne me tromperas. Monsieur le diable, respondit le laboureur, comment vous aurois je trompé, qui premier avez choisi[6] ? Vray est qu'en cestuy choix me pensiez tromper, esperant rien hors terre ne issir pour ma part, et dessous trouver tout entier le grain que j'avois semé, pour

---

[1] Allusion aux enfants de chœur qui accompagnent le prêtre dans les cérémonies religieuses.
[2] Mon départ.
[3] Scier (*seger*, en saintongeais).
[4] Venta ou vanna (c'est la forme usitée en Saintonge et en Poitou).
[5] En sacs.
[6] En imprimant *choisi*, non *choisy*, nous suivons les 1res éditions.

d'iceluy tenter les gens souffreteux, Cagotz, ou avares, et par tentation les faire en vos lacs tresbucher. Mais vous estes bien jeune au mestier. Le grain que voyez en terre est mort et corrompu, la corruption d'iceluy a esté generation de l'autre que me avez veu vendre. Ainsi choisissiez vous le pire[1]. C'est pourquoy estes maudict en l'Evangile. Laissons (dist le diable) ce propous, de quoy ceste année sequente[2] pourras tu nostre champ semer? Pour profit, respondit le laboureur, de bon mesnagier, le conviendroit semer de raves. Or (dist le diable) tu es villain de bien seme raves à force, je les garderay de la tempeste et ne gresleray point dessus. Mais entends bien, je retiens pour mon partage ce que sera dessus terre, tu auras le dessous. Travaille villain, travaille. Je vais tenter les Heretiques, ce sont ames friandes en carbonnade : monsieur Lucifer a sa cholicque, ce luy sera une guorgechaulde.

Venu le temps de la cueillette, le diable se trouva au lieu avec un escadron de Diableteaux de chambre[3]. Là rencontrant le laboureur et ses gens commença seyer et recueillir les feuilles des raves. Aprés luy le laboureur bechoit et tiroit les grosses raves, et les mettoit en poches. Ainsi s'en vont tous ensemble au marché. Le laboureur vendit[4] tres bien ses raves. Le diable ne vendit rien. Qui pis est, on se mocquoit de luy publiquement. Je voy bien, villain (dist adonc le diable) que par toy je suis trompé. Je veulx faire fin du champ entre toy et moy. Ce sera en tel pact, que nous entregratterons[5] l'un l'autre, et qui de nous deux premier se rendra, quittera sa part du champ. Il entier demourera au vaincueur. La journée sera à huitaine. Va villain, je te gratteray en

---

[1] « Talis eligit, qui pejus eligit. »
[2] Suivante.
[3] Ici le diable a changé son escorte : au lieu de diableteaux de chœur, il a pris des diableteaux de chambre. Cette dernière expression est à dessein opposée à la première.
[4] Sic; éd. de 1553. Les deux éditions de 1552 ont *vendoit*.

Quand il s'agit du blé, à la page précédente, nous lisons : « Le laboureur *vendit*, les diables ne *vendirent* rien. »

[5] Ce mot se peut traduire par l'expression triviale : Nous nous donnerons un coup de peigne. On dit encore en Saintonge et ailleurs, *se donner une grattée*.

diable. Je allois tenter les pillards, Chiquanous, desguiseurs de procés, notaires faulsaires, advocatz prevaricateurs : mais ilz m'ont fait dire par un truchement, qu'ilz estoient tous à moy. Aussi bien se fasche ¹ Lucifer de leurs ames. Et les renvoye ordinairement aux diables souillars de cuisine, sinon quand elles sont saulpoudrées².

Vous dictes qu'il n'est desjeuner que de escoliers : disner que d'advocatz : ressiner³ que de vignerons : souper que de marchands, regoubillonner⁴ que de chambrieres : et tous repas que de farfadetz⁵. Il est vray. De fait monsieur Lucifer se paist à tous ses repas de farfadetz pour entrée de table. Et se souloit⁶ desjeuner de escoliers. Mais (las) ne sçay par quel malheur depuis certaines années ilz ont avec leurs estudes adjoinct les saints Bibles. Pour ceste cause plus n'en pouvons au diable l'un tirer. Et croy que si les caphards ne nous y aident, leurs ostans par menaces, injures, force, violence, et bruslemens leur saint Paul d'entre les mains⁷, plus à bas n'en grignoterons. De advocatz pervertisseurs de droit, et pilleurs des pauvres gens, il se disne ordinairement, et ne luy manquent. Mais on se fasche de tousjours un pain manger. Il dist nagueres en plein chapitre qu'il mangeroit voluntiers l'ame d'un caphard, qui eust oublié soy en son sermon recommander⁸. Et promit double

---

¹ Ne se soucie guère. *Se fasche* est ici pour ne se fasche, ne s'inquiète. On dit encore vulgairement *je m'en soucie*, pour : je ne m'en soucie pas.

² De sel, c'est clair. Elles ont besoin de cela, parce qu'elles sont facilement corrompues.

³ Collation, goûter.

⁴ Réveillon.

⁵ Evidemment Rabelais n'entend pas ici par farfadets des esprits follets, mais bien les moines qu'il désigne parfois ainsi.

⁶ Le *se* tombe sur *desjeuner*. Il soulait (*solebat*) se desjeuner. Ce qui le prouve, c'est que l'auteur dit plus loin : il se disne.

⁷ Ici, suivant Le Duchat, Rabelais sent le fagot. Ginguené trouve le trait vif. On brûlait, dit-il, alors les calvinistes, et ce sont leurs études qui sont désignées ici comme sauvant des griffes du diable les écoliers qui les suivent. — Ces appréciations sont fort contestables. On pouvait étudier la Bible sans être hérétique, et notre auteur fait peut-être allusion à quelque règlement qui aurait prescrit aux élèves des leçons plus approfondies qu'autrefois sur la Bible, évidemment dans un sens catholique.

⁸ Se recommander aux charités

paye et on table appoinctement à quiconque luy en apporteroit une de broc en bouc[1]. Chascun de nous se mit en queste. Mais rien n'y avons profité. Tous admonestent les nobles dames donner à leur con vent[2]. De ressieuner[3] il s'est absténu depuis qu'il eut sa forte colicque, provenante à cause que es contrées boreales l'on avoit ses nourrissons vivandiers, charbonniers, et chaircutiers oultragé villainement[4]. Il souppe tres bien de marchands usuriers, apothicaires, faulsaires, billonneurs[5], adulterateurs de marchandises. Et quelquesfois qu'il est en ses bonnes, reguobillonne de chambrieres, lesquelles avoir beu le bon vin de leurs maistres remplissent le tonneau d'eau puante. Travaille villain, travaille. Je vais tenter les escoliers de Trebizonde laisser peres et meres, renoncer à la police commune, soy emanciper des edictz de leur Roy, vivre en liberté soubterraine[6], mespriser un chascun, de tous se mocquer, et prenans le beau et joyeux petit beguin[7] d'innocence poëticque, soy tous rendre farfadetz[8] gentilz.

des fidèles. — Lucifer en mangerait volontiers, parce que ce serait un morceau rare qu'un moine capable d'un pareil oubli.

[1] Immédiatement.

[2] Ce calembour rabelaisien se trouve dans l'édition originale.

[3] *Ressieuner*, est le même mot que *reciner*, goûter.

[4] Le Duchat voit là une allusion à l'expulsion des moines hors d'Angleterre, sous Henri VIII.

[5] C'est, dit le *Dictionnaire de l'Académie*, celui qui fait un trafic illégal de monnaies défectueuses.

[6] Vivre licencieusement dans les cloîtres.

[7] C'est sans doute une allusion au capuchon.

[8] Moines.

CHAPITRE XLVII.

Comment le diable fut trompé par une vieille de Papefiguiere.

Le laboureur retournant en sa maison estoit triste et pensif. Sa femme tel le voyant, cuidoit[1] qu'on l'eust au marché desrobé. Mais entendant la cause de sa melancholie, voyant aussi sa bourse pleine d'argent, doulcement le reconforta : et l'asseura que de ceste gratelle mal aucun ne luy adviendroit. Seulement que sus elle il eust à se poser et reposer. Elle avoit ja pourpensé bonne issue. Pour le pis (disoit le laboureur) je n'en auray qu'une esraflade[2] : je me rendray au premier coup et luy quitteray le champ. Rien, rien, dist la vieille, posez vous sus moy[3] et reposez : laissez moy faire. Vous m'avez dit que c'est un petit diable : je le vous feray soudain rendre, et le champ nous demourera. Si c'eust esté un grand diable, il y auroit à penser.

Le jour de l'assignation estoit lors qu'en l'isle nous arrivasmes. A bonne heure du matin le laboureur s'estoit tres bien confessé, avoit communié, comme bon catholique, et par le conseil du curé s'estoit au plonge[4] caché dedans le benoistier, en l'estat que l'avions trouvé.

Sus l'instant qu'on nous racontoit ceste histoire, eusmes advertissement que la vieille avoit trompé le diable, et guaigné le champ. La maniere fut telle. Le diable vint à la porte du laboureur, et sonnant s'escria : O villain, villain. Ça, ça,

---

[1] Pensait.
[2] Une égratignure. *Érafler*, en divers patois, signifie : égratigner en glissant.
[3] Reposez-vous sur moi. *Se pausa, se poser*, signifient encore, en divers patois, se reposer. Rabelais, qui en aucun cas ne recule devant un pléonasme, n'a garde de le fuir ici, où il produit une équivoque un peu graveleuse.
[4] En plongeant.

à belles gryphes! Puis entrant en la maison gallant et bien deliberé, et ne y trouvant le laboureur, advisa sa femme en terre pleurante et lamentante. Qu'est cecy? demandoit le diable. Où est il? Que fait il? Ha (dist la vieille) où est il le meschant, le bourreau, le brigant? Il m'a affollée [1], je suis perdue, je meurs du mal qu'il m'a fait. Comment, dist le diable, qu'y a il? Je le vous galleray [2] bien tantost. Ha, dist la vieille, il m'a dit le bourreau, le tyran, l'esgratigneur de diables, qu'il avoit huy assignation de se gratter avec vous. Pour essayer ses ongles, il m'a seulement gratté du petit doigt icy entre les jambes, et m'a du tout affollée [3]. Je suis perdue, jamais je n'en gueriray, regardez. Encores est il allé chez le mareschal soy faire esguiser et appoincter les gryphes. Vous estes perdu, monsieur le diable mon amy. Saulvez vous, il n'arrestera point [4]. Retirez vous, je vous en prie. Lors se descouvrit jusques au menton en la forme que jadis les femmes Persides se presenterent à leurs enfans fuyans de la bataille [5], et luy monstra son comment a nom. Le diable voyant l'enorme solution de continuité en toutes dimensions, s'escria: Mahon, Demiourgon, Megere, Alecto, Persephone, il ne me tient pas. Je m'en vais bel erre [6]. Cela [7]! Je luy quitte le champ. Entendans la catastrophe et fin de l'histoire nous retirasmes en nostre nauf. Et là ne

---

[1] Blessée grièvement.
[2] Je vous le battrai à coups de *galle*, de bâton, ou peut-être : Je vous le régalerai (ironiquement).
[3] Complétement déchirée.
[4] Il va revenir sans tarder ; cette expression est encore usitée en divers patois.
[5] Plutarque, dans son traité *Des vertueux faits des femmes*, fait parler ainsi une mère persienne à ses enfants qui fuyaient la bataille : « Où allez-vous meschants fuyards, esclaves? Voulez vous rentrer ici, dont vous estes sortis? (en retroussant sa robe par devant et leur montrant son ventre.) » (*Traduction d'Amyot*).
[6] Vivement.
[7] Cela. Faut-il lire *sela*, mot hébreu dont Rabelais s'est servi ailleurs, et qu'il explique dans la *Brieve declaration* par : Certainement? Nous le pensons avec de l'Aulnaye et Johanneau. L'éd. de 1552 porte *cela?* celles de 1553, *cela!* et *cela?* — Cette diversité nous fait supposer que les éditeurs ne comprenaient pas le sens du mot hébreu, et nous confirme dans l'opinion que nous avons cru devoir adopter.

fismes autre sejour. Pantagruel donna au tronc de la fabrique de l'eglise dix huit mille royaulx d'or [1], en contemplation de la pauvreté du peuple, et calamité du lieu [2].

[1] Monnaie d'or créée sous Philippe le Bel. Il y avait le grand et le petit royal : le premier valait douze francs, et le second six.

[2] La Fontaine, dans son conte : *le Diable de Papefiguière*, n'a presque fait que mettre en vers les trois chapitres que l'on vient de lire. Dans cette lutte entre nos deux esprits gaulois, la victoire n'est pas toujours, il faut le reconnaître, restée au *Bonhomme*.

CHAPITRE XLVIII.

Comment Pantagruel descendit en l'isle des Papimanes[1].

Laissans l'isle desolée des Papefigues, navigasmes par un jour en serenité et tout plaisir, quand à nostre veue s'offrit la benoiste isle des Papimanes. Soudain que nos ancres furent au port jettées, avant que eussions encoché nos gumenes[2], vindrent vers nous en un esquif quatre personnes diversement vestus[3]. L'un en moine enfrocqué, crotté, botté. L'autre en faulconier avec un leurre et guand d'oiseau. L'autre en solliciteur de procés, ayant un grand sac plein d'informations, citations, chiquaneries et adjournemens en main. L'autre en vigneron d'Orleans avec belles guestres de toille, une panouere[4] et une serpe à la ceinture. Incontinent qu'ilz furent joincts à nostre nauf, s'escrierent à haute voix tous ensemble demandans : Le avez vous veu, gens passagiers ? l'avez vous veu ? Qui ? demandoit Pantagruel. Celuy là, respondirent ilz. Qui est il ? demanda frere Jean. Par la mort bœuf, je l'assommeray de coups. Pensant qu'ilz se guementassent[5] de quelque larron, meurtrier ou sacrilege. Comment, dirent ilz, gens peregrins, ne cognoissez vous l'Unique ? Seigneurs (dist Epistemon) nous ne entendons telz termes. Mais exposez nous, s'il vous plaist, de qui entendez, et

---

[1] Ceux, dit le Motteux, dont le zèle pour le pape va jusqu'à la manie.

[2] Assujetti nos câbles.

[3] *Vestuz* est écrit au masculin dans toutes les éditions anciennes. L'auteur le fait accorder avec le mot de l'idée, qui est homme. Ce n'est pas la première fois qu'il procède ainsi.

[4] Panetière.

[5] S'informassent, s'inquiétassent. On trouve plus souvent *guermenter*.

nous vous en dirons la verité sans dissimulation. C'est (dirent ilz) celuy qui est[1]. L'avez vous jamais veu? Celuy qui est, respondit Pantagruel, par nostre theologique doctrine est Dieu. Et en tel mot se declara à Moses. Onques certes ne le vismes, et n'est visible à œilz corporelz. Nous ne parlons mie, dirent ilz, de celuy haut Dieu qui domine par les cieulx. Nous parlons du Dieu en terre. L'avez vous onques veu? Ilz entendent (dist Carpalim) du Pape, sus mon honneur. Ouy, ouy, respondit Panurge, ouy dea messieurs, j'en ay veu trois[2]. A la vue desquelz je n'ay gueres profité. Comment? dirent ilz, nos sacres Decretales chantent qu'il n'y en a jamais qu'un vivant. J'entends, respondit Panurge, les uns successivement aprés les autres. Autrement n'en ay je veu qu'un à une fois.

O gens, dirent ilz, trois et quatre fois heureux, vous soyez les bien et plus que tres bien venuz!

Adonc se agenoillerent davant nous, et nous vouloient baiser les pieds. Ce que ne leurs voulusmes permettre, leurs remontrans qu'au Pape, si là de fortune[3] en propre personne venoit, ilz ne sçauroient faire davantage. Si ferions, si, respondirent ilz. Cela est entre nous ja resolu. Nous luy baiserions le cul sans feuilles, et les couilles pareillement. Car il a couilles le pere saint, nous le trouvons par nos belles Decretales, autrement ne seroit il Pape. De sorte qu'en subtile philosophie decretaline ceste consequence est necessaire. Il est pape, il a donc couil-

---

[1] Exode, ch. III, v. 14. Le dernier traducteur de la Bible, M. Cahen, fait observer que les trois mots hébreux qu'on a traduits par : Ἐγώ εἰμὶ ὁ ὤν, ou *Ego sum qui sum*, signifient grammaticalement : *Je suis que je suis*, ou, si l'on veut : *Je serai que je serai*, car l'expression hébraïque désigne aussi bien le futur que le présent.

[2] Si l'on croit devoir appliquer ceci à Rabelais, on peut remarquer que la date de ses voyages à Rome s'accorde avec la supposition qu'il aurait vu ou pu voir en effet trois papes, Clément VII, Paul III et Jules III.

[3] Par un heureux hasard.

[4] Par opposition au cul d'artichaut qui est un cul avec feuilles? Il y a là un exemple du procédé, relevé par nous, des biographes de Rabelais, qui consiste à lui attribuer les faits et gestes de ses héros. En effet on a mis à son compte la réponse grossière qu'il place ici dans la bouche des papimanes.

les. Et quand couilles fauldroient on monde, le monde plus Pape n'auroit.

Pantagruel demandoit ce pendant à un mousse de leur esquif qui estoient ces personnages. Il luy fit response, que c'estoient les quatre estatz de l'isle : adjousta davantage que serions bien recueillis et bien traictés, puis qu'avions veu le Pape. Ce que il remonstra à Panurge, lequel uy dist secretement. Je fais vœu à Dieu, c'est cela. Tout vient à poinct qui peult attendre. A la veue du Pape jamais n'avions profité : à ceste heure de par tous les diables nous profitera comme je voy.

Alors descendimes en terre, et venoient au devant de nous comme en procession tout le peuple du pays, hommes, femmes, petits enfans. Nos quatre estatz leurs dirent à haute voix : Ilz le ont veu. Ilz le ont veu. Ils le ont veu. A ceste proclamation tout le peuple se agenoilloit davant nous, levans les mains joinctes au ciel et crians : O gens heureux! O bien heureux! Et dura ce cri plus d'un quart d'heure. Puis y accourut le maistre d'escole avec tous ses pedagogues, grimaulx, et escoliers, et les fouettoit magistralement, comme on souloit fouetter les petits enfants en nos pays quand on pendoit quelque malfaicteur. Afin qu'il leurs en souvint. Pantagruel en fust fasché, et leurs dist : Messieurs, si ne desistez fouetter ces enfans, je m'en retourne.

Le peuple s'estonna entendant sa voix stentorée et vis un petit bossu à longs doigts demandant au maistre d'escole : Vertus de Extravagantes[1], ceux qui voyent le Pape, deviennent ilz ainsi grands comme cestuy cy qui nous menasse? O qu'il me tarde merveilleusement que je ne le voy, afin de croistre et grand comme luy devenir. Tant grandes furent leurs exclamations, que Homenaz[2] y accourut (ainsi appellent

---

[1] On appelait ainsi les constitutions des papes qui n'avaient pas été comprises dans le décret de Gratien et dans les premières collections de Décrétales, parce que, comme le dit Grégoire IX lui-même, dans sa bulle de promulgation, c'était : « Constitutiones et decretales epistolæ quæ *vagabantur extra* volumina prædicta. »

[2] Suivant Honorat, *Dict. de la langue d'oc*, ce mot signifie grand et vilain homme, hommasse.

ilz leus evesque) sus une mule desbridée, caparassonnée de verd, accompaigné de ses appous² (comme ilz disoient) de ses suppos aussi, portans croix, banieres, confalons, baldachins, torches, benoistiers³. Et nous vouloit pareillement les pieds baiser à toutes forces (comme fit au Pape Clement le bon Christian Valfinier⁴) disant qu'un de leurs hypophetes desgresseur et glossateur de leurs saintes Decretales, avoit par escrit laissé que ainsi comme le Messias tant et si long temps des Juifz attendu, en fin leurs estoit advenu, aussi en icelle isle quelque jour le Pape viendroit. Attendans ceste heureuse journée, si là arrivoit personne qui l'eust veu à Rome ou autre part, qu'ilz eussent à bien le festoyer, et reverentement traicter. Toutesfois nous en excusames honestement.

---

¹ Nous conservons la leçon de l'édition originale, qui peut se justifier. *Leus* est une forme patoise en usage dans la Saintonge, dans le Berry, le pays manceau et même dans les environs de Paris. Molière la connaissait bien : il fait dire à un campagnard, dans le *Festin de Pierre* :

Ils avont des cheveux qui ne tenont poinct à leus teste.

En pareil cas le *s* n'est pas un signe du pluriel ; devant une voyelle il est euphonique ; devant une consonne, il marque la quantité.

A la page 133 ligne 6, Rabelais avait-il comme ici écrit *leus*? Ce n'est pas impossible. Mais alors les différents éditeurs auront mal lu : les uns ont adopté *leurs* fortune, *leurs* evesque. Dautres, choqués par ce désaccord, ont préféré mettre le substantif au pluriel, ce qui est une faute évidente.

Nous ne voyons rien dans l'histoire de notre langue qui puisse justifier *leurs* avec *s* quand il est suivi d'un substantif singulier. Mais ce qui nous empêche d'être plus affirmatifs, c'est que notre savant confrère, M. Marty Laveaux, n'a pas hésité à maintenir *leurs* fortune.

² *Appos*. « Appositi, dit Du Cange, sunt homines residentes in feudis ecclesiæ. »

³ Bénitiers.

⁴ Le Duchat suppose que ce trait se rapporte à un seigneur de Valfinières, ville de Piémont, dans le marquisat de Saluces. Il est probable que le Clément dont parle ici Rabelais est Clément VII.

⁵ [« Qui parlent des choses passées, comme prophètes parlent des choses futures. »]

CHAPITRE XLIX.

Comment Homenaz evesque des Papimanes nous monstra les Uranopetes[1] decretales.

Puis nous dist Homenaz : Par nos saintes Decretales nous est enjoinct et commandé visiter premier les eglises que les cabarets. Pourtant ne declinans de ceste belle institution allons à l'eglise, aprés irons banqueter. Homme de bien (dist frere Jean) allez davant nous vous suivrons. Vous en avez parlé en bons termes et en bon christian. Ja long temps a que n'en avions veu. Je m'en trouve fort resjouy en mon esprit, et croy que je n'en repaistray que mieux. C'est belle chose rencontrer gens de bien. Approchans de la porte du temple, apperceusmes un gros livre doré, tout couvert de fines et precieuses pierres, balais[2], esmeraudes, diamans, et unions, plus ou autant pour le moins excellentes que celles que Octavian consacra à Jupiter Capitolin[3]. Et pendoit en l'air attaché à deux grosses chaines d'or au zoophore[4] du portal. Nous le regardions en admiration. Pantagruel le manioit et tournoit à plaisir, car il y pouvoit aisement toucher. Et nous affermoit[5] qu'au touchement d'icelles il sentoit un doulx

---

[1] « Descendues du ciel. » — De Οὐρανὸς et πίπτω, comme Διιπετής, *a Jove delapsus*, et non pas de *Uranus* et *peto*, ainsi que l'explique fort bien Le Duchat.

[2] Rubis balais.

[3] *Sedecim millia pondo auri, gemmasque ac margaritas quingenties una donatione (Octavianus) contulit.* (Suet. *Vie d'Oct. Aug.*)

[4] [« Portant animaulx. C'est en un portal et autres lieux, ce que les architectes appellent frize, entre l'architrave et la coronice, onquel lieu on mettoit les mannequins, sculptures, escriptures, et autres divises à plaisir.] On trouve dans Vitruve le mot : *Zophora*.

[5] Affirmait.

prurit des ongles et degourdissement de bras : ensemble tentation vehemente en son esprit de battre un sergent ou deux, pourveu qu'ilz n'eussent tonsure. Adonc nous dist Homenaz : Jadis fut aux Juifz la loy par Moses baillée escrite des doigts propres de Dieu. En Delphes davant la face du temple de Apollo fut trouvée ceste sentence divinement escrite, ΓΝΩΘΙ ΣΕΑΥΤΟΝ [1]. Et par certain laps de temps aprés fut veu EI [2], aussi divinement escrite et transmise des cieux. Le simulacre de Cybele fut des cieulx en Phrygie transmis on champ nommé Pesinunt [3]. Aussi fut en Tauris le simulacre de Diane, si croyez Euripides. L'oriflambe fut des cieux transmise aux nobles et tres christians rois de France, pour combattre les Infideles. Regnant Numa Pompilius, roy second des Romains en Rome, fut du ciel veu descendre le tranchant bouclier, dit Ancile. En Acropolis de Athenes jadis tomba du ciel empire la statue de Minerve [4]. Icy semblablement voyez les sacres Decretales escrites de la main d'un ange Cherubin. Vous autres gens Transpontins [5] ne le croirez pas (assez mal, respondit Panurge) et à nous icy miraculeusement du ciel des cieulx transmises, en façon pareille que par Homere pere de toute philosophie (exceptez tousjours les dives Decretales) [6] le fleuve du Nile est appelé Diipetes [7]. Et parce qu'avez veu le Pape evangeliste d'icelles

---

[1] Connais-toi toi-même.
[2] [« EI, tu es. Plutarche a fait un livre singulier de l'exposition de ces deux lettres. »] — C'est le traité intitulé : Περὶ τοῦ ΕΙ τοῦ ἐν Δελφοῖς. Plutarque recherche le sens de ce mot mystérieux, et propose plusieurs interprétations, dont la plus remarquable est celle qui consiste à dire à Dieu : *Tu es*, c'est-à-dire tu possèdes la plénitude de l'être, comme dans le passage de l'Exode cité précédemment : *Je suis celui qui suis.*
[3] Pessinonte.
[4] Pausanias. *Att.* XXVI, 7.
[5] D'outre-mer. Il faut se rappeler que c'est un insulaire qui parle.
[6] Il vient de dire qu'Homère est père de toute philosophie ; cependant il en excepte celle qui se trouve renfermée dans les dives décrétales, la *philosophie decretaline*, comme il est dit au chapitre précédent.
[7] [« Descendans de Jupiter. »] —Homère donne en effet, soit aux fleuves en général, soit en particulier au Nil, l'épithète de Διιπετής ou Διοπετής, parce qu'ils sont alimentés par la pluie qui vient de Jupiter : *descendet Juppiter imbre.*

et protecteur sempiternel, vous sera de par nous permis les voir et baiser au dedans si bon vous semble. Mais il vous conviendra par avant trois jours jeuner, et regulierement confesser, curieusement espluchans et inventorizans vos pechés tant dru, qu'en terre ne tombast une seule circonstance, comme divinement nous chantent les dives Decretales que voyez. A cela fault du temps.

Homme de bien (respondit Panurge) decrotoueres, voire, dis je Decretales avons prou veu en papier, en parchemin lanterné[1], en velin, escrites à la main, et imprimées en moulle[2]. Ja n'est besoing que vous penez à cestes cy nous monstrer. Nous contentons du bon vouloir, et vous remercions autant. Vray bis (dist Homenaz) vous n'avez mie veu cestes cy angeliquement escrites. Celles de vostre pays ne sont que transsumpts[3] des nostres, comme trouvons escrit par un de nos antiques Scholiastes[4] Decretalins. Au reste vous prie n'y espargner ma peine. Seulement advisez si voulez confesser et jeuner les trois beaulx petits jours de Dieu. De cons fesser[5] (respondit Panurge) tres bien nous consentons. Le jeune seulement ne nous vient à propous. Car nous avons tant et trestant par la marine jeune, que les araignes ont fait leurs toiles sus nos dents. Voyez icy ce bon frere Jean des Entommeures (à ce mot Homenaz courtoisement luy bailla la petite accollade), la mousse luy est creue au gouzier par faulte de remuer et exercer les badigoinces et mandibules. Il dit vray (respondit frere Jean). J'ay tant et trestant jeuné, que j'en suis devenu tout bossu.

---

[1] Le Duchat croit que *lanterné* veut dire transparent comme la corne d'une lanterne. Ne pourrait-on pas aussi entendre par là : parchemin de chancellerie ecclésiastique, par allusion au pays de *Lanternois ?*

[2] Lettre en *molle* ou en *moule* : c'est ainsi qu'on désignait les caractères d'imprimerie.

[3] Copies, du lat. *transsumptus*.

[4] [Expositeurs.]

[5] Ce grossier jeu de mots n'est pas de l'invention de Rabelais. Octavien de St-Gelais avait dit, dans son *Vergier d'honneur :*

Aux cordeliers se faire confesser,
Et qui pis est se souffrir con fesser,

Entrons (dist Homenaz) donc en l'eglise, et nous pardonnez si presentement ne vous chantons la belle messe de Dieu. L'heure de myjour est passée, après laquelle nous defendent nos sacres Decretales messe chanter, messe dis je haute et legitime. Mais je vous en diray une basse et seche [1]. J'en aimerois mieux (dist Panurge) une mouillée de quelque bon vin d'Anjou. Boutez donc, boutez bas et roide [2]. Verd et bleu (dist frere Jean) il me desplaist grandement qu'encores est mon estomac à jeun. Car ayant tres bien desjeuné, et repeu à usage monachal, si d'adventure il nous chante le *requiem*, je y eusse porté pain et vin [3] par les traicts passés [4]. Patience. Sacquez, chocquez, boutez, mais troussez la court, de peur que ne se crotte [5], et pour autre cause aussi, je vous en prie.

---

[1] Récitation des prières de la messe qui n'est point accompagnée de la consécration.

[2] « Expression prise, suivant Le Duchat, du jeu de paume, pour dire : Expédiez donc vite votre messe basse. »

[3] Autrefois on portait aux messes d'enterrement du pain et du vin en manière d'offrande. Cet usage, qui semble fondé sur la leçon que Tobie donne à son fils : « Placez votre pain et votre vin sur la tombe du juste, » s'est conservé dans quelques provinces, au moins en ce qui concerne le pain. Ailleurs ce sont des grains de blé qu'on offre dans cette occasion ; de là l'ancien dicton : Il va à la messe des morts, il y porte pain et vin ; dicton qu'on appliquait à ceux qui déjeunaient avant d'entendre la messe.

[4] Rabelais renchérit encore sur la plaisanterie que nous venons d'expliquer, en établissant une équivoque sur les *trépassés* (les morts) et les *traits* de vin qui *passaient* par le gosier des moines peu scrupuleux.

[5] Ce trait, aussi peu révérencieux que le reste du chapitre, se trouve néanmoins dans un Mystère, la *Passion de Jesus Christ à personnages*. Saint Jean dit au bourreau qui va le décapiter :

Amy, puisque finir me fault,
Accorde que face oraison
A Dieu, par pensée devote.

GRONGNART, *bourreau*.

Fais le donc court, que ne se crote,
Je ne veux plus attendre à l'huis.

CHAPITRE L.

Comment par Homenaz nous fut monstré l'archetype d'un pape.

La messe parachevée, Homenaz tira d'un coffre prés le grand autel un gros faratz[1] de clefz, desquelles il ouvrit à trente et deux clavures[2] et quatorze catenatz une fenestre de fer bien barrée, au dessus dudit autel : puis par grand mystere, se couvrit d'un sac mouillé[3] : et tirant un rideau de satin cramoisi, nous monstra une image peincte assez mal, selon mon advis, y toucha un baston longuet, et nous fit à tous baiser la touche. Puis nous demanda : Que vous semble de ceste image? C'est (respondit Pantagruel) la ressemblance d'un Pape. Je le cognois à la tiare, à l'aumusse, au rochet, à la pantoufle. Vous dictes bien (dist Homenaz). C'est l'idée[4] de celuy Dieu de bien en terre, la venue duquel nous attendons devotement, et lequel esperons une fois voir en ce pays. O l'heureuse et desirée et tant attendue journée! Et vous heureux et bienheureux qui tant avez eu les astres favorables, que avez vivement en face veu et realement celuy bon Dieu en terre, duquel

---

[1] *Farat*, nous dit très-bien Du Cange, *congeries quævis, acervus*; et il cite des lettres de rémission de 1391, lesquelles parlent d'un berger qui, en faisant le partage d'un troupeau, « s'efforça de prendre l'une des plus belles qui feust au monceau et *farat* des dites brebis. » Cela nous dispense de rechercher, avec Johanneau, si *farat* est là pour *fatras*, et surtout si *fatras* est l'augmentatif de *feutre*.

[2] Serrures.

[3] En signe de pénitence et d'humilité. On fit ce quatrain contre Henri III et ses processions :

> Après avoir pillé la France
> Et tout son peuple depouillé,
> N'est ce pas belle penitence
> De se couvrir d'un sac mouillé?

[4] *Idée* semble pris là dans le sens du grec εἶδος, image.

voyant seulement le portraict, pleine remission guaignons de tous nos pechés memorables : ensemble la tierce partie, avec dix huit quarantaines des pechés oubliés! Aussi ne la voyons nous qu'aux grandes festes annuelles [1].

Là disoit Pantagruel que c'estoit ouvrage tel que les faisoit Dædalus [2]. Encores qu'elle fust contrefaite et mal traicte, y estoit toutesfois latente et occulte quelque divine energie en matiere de pardons. Comme (dist frere Jean) à Sevillé les coquins [3] souppans un jour de bonne feste à l'hospital, et se vantans l'un avoir celuy jour guaigné six blancs, l'autre deux soulz, l'autre sept carolus, un gros gueux se vantoit avoir guaigné trois bons testons. Aussi (luy respondirent ses compaignons) tu as une jambe de Dieu [4]. Comme si quelque divinité fust absconse en une jambe toute sphacelée [5] et pourrie. Quand (dist Pantagruel) telz contes vous nous ferez, soyez records d'apporter un bassin. Peu s'en fault que ne rende ma guorge. User ainsi du sacre nom de Dieu en choses tant ordes et abominables? Fy, j'en dis fy. Si dedans vostre moinerie est tel abus de paroles en usage, laissez le là : ne le transportez hors les cloistres. Ainsi (respondit Epistemon) disent les medecins estre en quelques maladies certaine participation de divinité. Pareillement Neron louoit les champeignons, et en proverbe Grec les appelloit *viande des dieux*, pource que en iceux il avoit empoisonné son predecesseur Claudius, empereur Romain.

---

[1] Cette page a bien pu être inspirée à Rabelais par ce qu'il savait de certaines *pratiques*, en Italie. Montaigne raconte que, la veille de Pasques, il vit à St-Jean de Latran saint Pol et saint Pierre qu'on y montroit. — « Je les vis à deux ou trois fois, dit-il : la polissure de ces faces avoit presque ressemblance à nos masques. »

[2] Le Duchat cite ici les *Béotiques* de Pausanias; mais tout ce qu'on y trouve de relatif à ce passage, c'est que les statues de bois s'appelaient autrefois des *dédales*.

[3] « *Coquinus* (lisons nous dans le Glossaire de Du Cange) homo vilissimus, nec nisi infimis *coquinæ* ministeriis natus. »

Dans la farce *De la tarte et du pasté*, *Ancien théâtre Jannet*, t. II, p. 54, figurent deux *coquins*, c'est-à-dire deux mendiants parasites.

[4] Expression hébraïque pour désigner une jambe frappée d'une maladie, ou d'une infirmité incurable.

[5] [« Corrompue, pourrie, vermoulue, diction frequente en Hippocrates. »]

Il me semble (dist Panurge) que ce portraict fault[1] en nos derniers Papes[2]. Car je les ay veu non aumusse, ains armet en teste porter, thymbré[3] d'une tiare Persicque[4]. Et tout l'empire christian estant en paix et silence, eux seulz guerre faire felonne et tres cruelle.

C'estoit (dist Homenaz) contre les rebelles, hereticques, protestans desesperés, non obeissans à la sainteté de ce bon Dieu en terre. Cela luy est non seulement permis et licite, mais commandé par les sacres Decretales, et doibt à feu incontinent empereurs, rois, ducs, princes, republicques et à sang mettre, qu'ilz transgresseront[5] un *iota* de ses mandemens : les spolier de leurs biens, les deposseder de leurs royaumes, les proscrire, les anathematiser, et non seulement leurs corps, et de leurs enfans et parens autres occire, mais aussi leurs ames damner au parfond de la plus ardente chauldiere qui soit en enfer.

Icy (dist Panurge) de par tous les diables, ne sont ilz hereticques comme fut Raminagrobis, et comme ilz sont parmy les Allemaignes, et Angleterre. Vous estes christians triés sus le volet[6]. Ouy, vraybis[7], dist Homenaz, aussi serons nous tous saulvés. Allons prendre de l'eau beniste, puis disnerons.

---

[1] Est fautif.
[2] Alexandre VI, et surtout Jules II.
[3] Le *timbre*, dit le P. Menestrier, est tout ce qui se met au-dessus de l'écu.
[4] La tiare ou triple couronne du pape est empruntée aux anciens souverains de la Perse.
[5] A rapprocher du mot *incontinent* qui précède ; dès qu'ils...
[6] Rabelais s'est chargé lui-même d'expliquer cette locution, lorsqu'il a dit, liv. III, chap. 30 : « Vous estes tous eleuz, choisis et triés, comme beaux pois sus le volet. » Montaigne a employé la même expression : « Je suis delicat à la practique des hommes, il me les fault trier sur le volet. » *Essais*, liv. III, ch. 3.
[7] Vrai Dieu.

CHAPITRE LI.

Menus devis durant le disner, à la louange des Decretales.

Or notez, beuveurs, que durant la messe seche de Homenaz, trois manilliers[1] de l'eglise, chascun tenant un grand bassin en main, se pourmenoient parmy le peuple, disans à haute voix : N'oubliez les gens heureux, qui l'ont veu en face. Sortans du temple, ilz apporterent à Homenaz leurs bassins tous pleins de monnoye papimanicque. Homenaz nous dist que c'estoit pour faire bonne chere, et que de ceste contribution et taillon, l'une partie seroit employée à bien boire, l'autre à bien manger, suivant une mirificque glosse cachée en un certain coignet[2] de leurs sainctes Decretales. Ce que fut fait, et en beau cabaret assez retirant[3] à celuy de Guillot en Amiens[4]. Croyez que la repaissaille fut copieuse, et les beuvettes numereuses[5].

En cestuy disner je notay deux choses memorables : l'une, que viande ne fust apportée quelle que fust, fus-

---

[1] Marguilliers, *maniglerii*, en bas latin.
[2] Petit coin.
[3] Ressemblant. *Ritratto*, portrait, en italien.
[4] Ce Guillot d'Amiens n'est point un personnage imaginaire. Voici comment Jean de la Bruyère-Champier parle de ce Véfour du xve siècle, au chap. 1er de son livre *De re cibaria* : « Nous avons connu de nos jours à Amiens, dans la Gaule Belgique, un tavernier (*popinarium*) nommé Guillaume, et vulgairement Guillot, qui savoit preparer à la minute des repas composés des morceaux les plus exquis et les plus rares en volaille, viande, poisson, gibier, repas dignes d'estre servis sur la table des rois. Il a, sans conteste, merité la palme entre tous les taverniers de France. »

Le nom de Guillot ou de son auberge fut longtemps célèbre. Montaigne en parle. Voulant vanter un cuisinier, il dit :

« On en fait si grand feste, qu'on
« dit que la noblesse du péis s'y
« assemble souvent comme chez
« Guillot à Amiens. »

[5] Nombreuses.

sent chevreaulx, fussent chapons, fussent cochons (desquelz y a foison en Papimanie), fussent pigeons, connilz [1], levraulx, coqs d'Inde, ou autres, en laquelle n'y eust abondance de farce magistrale [2]. L'autre, que tout le sert et dessert [3] fut porté par les filles pucelles [4] mariables du lieu, belles, je vous affie, saffrettes [5], blondelettes, doulcettes et de bonne grace : lesquelles vestues de longues, blanches et deliées aubes à doubles ceintures, le chef ouvert [6], les cheveulx inscrophiés [7] de petites bandelettes et rubans de soye violette, semés de roses, œilletz, marjolaine, aneth, aurande, et autres fleurs odorantes, à chascune cadence nous invitoient à boire avec doctes et mignonnes reverences. Et estoient voluntiers veues de toute l'assistance. Frere Jean les regardoit de cousté, comme un chien qui emporte un plumail. Au dessert du premier metz fut par elles melodieusement chanté un epode, à la louange des sacrosaintes Decretales.

Sus l'apport du second service, Homenaz tout joyeux et esbaudy adressa sa parole à un des maistres sommeliers, disant : Clerice [8], esclaire icy. A ces motz une des filles promptement luy presenta un grand hanap plein de vin Extravagant [9]. Il le tint en main, et souspirant pro-

---

[1] Lapins.

[2] C'est-à-dire d'un assaisonnement tout spécial. En termes de pharmacie, une composition magistrale était et est encore celle qu'on prépare sur-le-champ, d'après une ordonnance spéciale, par opposition aux médicaments faits à l'avance d'après une règle fixe. Rabelais a-t-il plaisamment étendu de la pharmacie à la cuisine cette expression ? Il en était bien capable.

[3] Le premier service et le dessert (la première et la seconde table, comme disaient aussi nos pères). *Sort*, dans Cotgrave, est très-bien traduit par : *first service at table*.

[4] On voit dans les mémoires du temps que c'était un usage fort répandu, à la cour voluptueuse des Valois, que de se faire servir à table par de jeunes beautés, telles que les décrit Rabelais.

[5] Friandes, savoureuses.

[6] La tête découverte, nue.

[7] Entortillés. Faut-il lire *inscrophiés*, comme dans les éditions originales, ou *instrophiés*, ainsi qu'on l'imprime constamment ? *Instrophié* semble venir du grec στρέφω.

[8] Clerc.

[9] Qui débordait, si l'on veut ; mais Rabelais nous semble faire allusion aux *Extravagantes* : il va bientôt parler des Décrétales.

fondement, dist à Pantagruel : Mon seigneur, et vous beaux amis, je boy à vous tous de bien bon cœur. Vous soyez les tres bien venus. Beu qu'il eut et rendu le hanap à la bachelette gentille, fit une lourde exclamation, disant : O dives Decretales! tant par vous est le vin bon bon trouvé! Ce n'est (dist Panurge) pas le pis du panier. Mieux seroit (dist Pantagruel) si par elles le mauvais vin devenoit bon. O seraphicque Sixieme[1] (dist Homenaz continuant)! tant vous estes necessaire au saulvement des pauvres humains! O cherubicques Clementines[2]! comment en vous est proprement contenue et descrite la parfaicte institution du vray christian! O Extravagantes[3] angelicques, comment sans vous periroient les pauvres ames, lesquelles ça bas errent par les corps mortelz en ceste vallée de misere! Helas, quand sera ce don de grace particuliere fait es humains, qu'ilz desistent de toutes autres estudes et negoces, pour vous lire, vous entendre, vous sçavoir, vous user, pratiquer, incorporer, sanguifier, et incentricquer es profonds ventricules de leurs cerveaulx, es internes moelles de leurs os, es perplex labyrintes de leurs arteres? O lors, et non plus toust, ne autrement, heureux le monde!

A ces motz, se leva Epistemon, et dist tout bellement à Panurge : Faulte de selle percée me contrainct d'icy partir. Ceste farce me a desbondé le boyau cullier : je n'arresteray gueres. O lors (dist Homenaz continuant) nullité de gresle, gelée, frimats, vimeres! O lors, abondance de tous biens en terre! O lors paix obstinée, infringible[4] en l'univers : cessation de guerres, pilleries, anguaries[5], briguanderies,

---

[1] « C'est, dit Ginguené, le sixième bref ou la sixième bulle de je ne sais quel pape. » L'explication est un peu vague. Johanneau se figure que *sixieme* est ici une allusion à Alexandre *six*. Quelle allusion?

Il faut savoir qu'avant Boniface VIII il n'y avait que cinq livres de Décrétales. Ce pape y ajouta le Sixte ou sixième, auquel il est fait ici allusion, et qui formait par lui-même un fort gros volume.

[2] Décrétales de Clément V.

[3] Nous avons déjà expliqué que les Extravagantes étaient les constitutions papales en dehors (*extra*) du *Corpus juris canonici*.

[4] Inviolable.

[5] Impôts, corvées et toute espèce de vexations : d'où le verbe *angarier*.

LIVRE IV, CHAPITRE LI.   249.

assassinemens¹ : excepté contre les heretiques et rebelles mauldits ! O lors joyeuseté, alaigresse, liesse, soulas, deduicts, plaisirs, delices en toute nature humaine ! Mais, ô grande doctrine, inestimable erudition, preceptions deificques, emmortaisées² par les divins chapitres de ces eternes Decretales ! O comment lisant seulement un demy canon, un petit paragraphe, un seul notable³ de ces sacrosaintes Decretales, vous sentez en vos cœurs enflammée la fournaise d'amour divin, de charité envers vostre prochain, pourveu qu'il ne soit heretique : contemnement asseuré de toutes choses fortuites et terrestres : ecstatique elevation de vos esprits, voire jusques au troisieme ciel : contentement certain en toutes vos affections.

---

¹ Assassinats.
² Fixées, établies d'une manière ferme.
³ Passage notable, digne d'être noté.

On lit dans la *Passion à personnages* :
Et si tu dis quelque *notable*
Dont nos cœurs puissions mettre en paix,
Le disner sera profitable,
S'en repaissant tu nous repais.

CHAPITRE LII.

Continuation des miracles advenuz par les Decretales.

Voicy, dist Panurge, qui dit d'orgues [1]. Mais j'en croy le moins que je peux. Car il m'advint un jour à Poictiers, chez l'Escossois docteur Decretalipotens [2], d'en lire un chapitre : le diable m'emport, si à la lecteure d'iceluy je ne fus tant constipé du ventre, que par plus de quatre, voire cinq jours je ne fiantay qu'une petite crotte. Sçavez vous quelle? Telle, je vous jure, que Catulle dit estre celles de Furiul son voisin.

> En tout un an tu ne chie dix crottes :
> Et, si des mains tu les brises et frottes,
> Ja n'en pourras ton doigt souiller de erres [3],
> Car dures sont plus que febves et pierres.

Ha, ha (dist Homenaz) Inian [5] mon amy, vous par ad-

---

[1] C'est-à-dire, voici qui est parler en oracle. Voy. t. I, p. 684.

[2] Ce doit être Robert Irland, d'une des plus anciennes maisons d'Écosse, qui s'établit en France vers 1492, obtint en 1502 une chaire de droit à l'université de Poitiers, et mourut le 15 février 1561, après avoir professé avec beaucoup d'éclat pendant soixante ans, et compté parmi ses élèves Eghinaire Baron, Roaldès, Hurault de Cheverny, Achille de Harlay, etc.

[3] C'est-à-dire fortement, beaucoup (*Much*, Cotgrave).

[4] Nec toto decies cacas in anno, Atque id durius est faba et lapillis,
Quod tu si manibus teras, fricesque,
Non unquam digitum inquinare possis.
Catullus, *Carmina*, XXIII.
Ad Furium.

[5] Le Duchat croit que *Inian* était un mot de patois que l'on attribuait aux Parisiens. Il cite une *Remontrance au roi Henri III*, Francfort, 1574, où il se trouve employé en manière d'exclamation parasite, comme dans la phrase de Rabelais. Dans la *Suite de l'agréable conférence de deux paisans de Saint-Ouen et de Montmorency*, le mot *Ian* ou *Dian* revient dix fois. Cotgrave prétend que *Inian* était un jurement d'enfant ou de niais, et vouait dire : Par Saint-Jean. Si

LIVRE IV, CHAPITRE LII.

venture estiez en estat de peché mortel. Cestuy là (dist Panurge) est d'un autre tonneau.

Un jour (dist frere Jean) je m'estois à Sevillé torché le cul d'un feuillet d'unes[1] meschantes Clementines, lesquelles Jean Guymard nostre recepveur avoit jetté au preau du cloistre : je me donne à tous les diables, si les rhagadies et hæmorrutes[2] ne m'en advindrent si tres horribles, que le pauvre trou de mon clous bruneau[3] en fut tout dehinguandé[4]. Inian, dist Homenaz, ce fut evidente punition de Dieu, vengeant le peché qu'aviez fait incaguant[5] ces sacres livres, lesquelz deviez baiser et adorer, je dis d'adoration de latrie, ou de hyperdulie[6] pour le moins. Le Panormitan[7] n'en mentit jamais.

Jean Chouart[8] (dist Ponocrates) à Monspellier avoit acheté des moines de saint Olary[9] unes belles Decretales escrites en beau et grand parchemin de Lamballe[10], pour en faire des velins pour battre l'or[11]. Le malheur y fut si estrange, que

---

Cotgrave a raison, il faudrait lire *injan*, abréviation de *Saint-Jean*.

[1] « Nos pères, dit M. Génin, pour tous les objets dont le nom réveillait l'idée d'unité et celle de dualité, ou en général de composition, satisfaisaient à ce double aspect de la pensée en se servant du pluriel de *un*. Ils disaient *unes tenailles, unes orgues, unes armes.* » Voyez l'énumération de Palsgrave, *Esclaircissement*, p. 182 (édit. de 1852). Rabelais, ici et plus loin, dit : *Unes Clementines, unes Extravagantes* ; il aurait dit : *Unes Catilinaires*.

[2] Ruptures et flux de sang.

[3] Ceci n'a pas besoin d'être expliqué. Nous nous bornerons à dire qu'on donnait le nom de *Clos Bruneau* à cette partie du quartier de l'Université qui s'étendait autour de la rue Saint-Jean-de-Beauvais.

[4] C'est l'ancienne forme du mot *dégingandé*, qui se disait, au propre, d'une machine disloquée, détraquée, hors des gonds. *Hinge* se dit encore, en anglais, pour gond.

[5] Couvrant d'ordures. Incaguer, *to beray*. (Cotgrave.)

[6] Le culte de *latrie* est le culte d'adoration que l'on doit à Dieu seul ; le culte de *dulie* est le culte de respect et d'honneur que l'on rend aux saints. (*Diction. de l'Académ.*) L'*hyperdulie* est l'exagération de la *dulie*.

[7] Nicolo de Tudescho, évêque de Palerme (*Panormitanus*), célèbre commentateur des *Clémentines*.

[8] La Fontaine et J.-B. Rousseau ont emprunté ce nom à Rabelais.

[9] Nous ne trouvons pas d'abbaye de ce nom dans le diocèse de Montpellier.

[10] Cette ville de Bretagne était renommée pour son parchemin.

[11] Les batteurs d'or se servent de feuilles de vélin, qu'ils intercalent entre les feuilles de métal pour

onques piece n'y fut frappée, qui vint à profit. Toutes furent dilacerées et estrippées. Punition (dist Homenaz) et vengeance divine.

Au Mans (dist Eudemon) François Cornu, apothicaire, avoit en cornetz emploicté unes Extravagantes frippées : je desadvoue le diable, si tout ce qui dedans estoit empacqueté, ne fut sus l'instant empoisonné, pourry et guasté : encens, poyvre, gyrofle, cinnamome, safran, cire, espices, casse, reubarbe, tamarin : generalement tout, drogues, gogues, et senogues[1]. Vengeance (dist Homenaz) et divine punition. Abuser en choses prophanes de ces tant sacres escritures.

A Paris (dist Carpalim) Groignet cousturier avoit emploicé unes vieilles Clementines en patrons et mesures. O cas estrange! Tous habillemens taillés sus telz patrons, et protraicts sus telles mesures, furent guastés et perduz: robes, cappes, manteaulx, sayons, juppes, cazaquins, colletz, pourpoincts, cottes, gonnelles[2], verdugualles[3]. Groignet cuidant tailler une cappe, tailloit la forme d'une braguette. En lieu d'un sayon[4], tailloit un chappeau à prunes sucées[5]. Sus la forme d'un cazaquin tailloit une aumusse. Sus le patron d'un pourpoinct tailloit la guise d'une paele[6]. Ses varletz l'avoir cousue, la deschicquetoient par le fond. Et sembloit d'une paele à fricasser chastaignes. Pour un collet faisoit un brodequin. Sur le patron d'une verdugalle tailloit une barbutte[7]. Pensant faire un manteau faisoit un tabourin de Souisse. Tellement que le pauvre homme par justice fut condamné à payer les estoffes de tous ses challans : et de pre-

---

amortir l'action des coups de marteau dans l'opération du laminage.

[1] *Gogues* pour *agogues* (ἀγωγὰ φάρμακα), désignait, dans l'ancienne médecine, tout ce qui entraînait, balayait les humeurs. Ce mot avait plusieurs composés, entre autres *senogues*, *senegogues*, *senagogues* (ξεναγωγον), qui chasse les substances étrangères.

[2] Robes. On dit encore aujourd'hui en italien et dans le patois de la Bresse, *gonella*, et en anglais *goun*.

[3] Jupons.

[4] Saye, espèce de blouse.

[5] Probablement dans la forme des toques de juges et d'avocats.

[6] D'un manteau (*pallium*).

[7] Ce mot désignait une espèce de coiffure à l'usage des soldats ou des moines. (Du Cange.)

sent en est au safran[1]. Punition (dist Homenaz) et vengeance divine. A Cahusac (dist Gymnaste) fut pour tirer à la butte[2] partie faite entre les seigneurs d'Estissac, et vicomte de Lausun. Perotou avoit depecé unes demies Decretales du bon canonge La carte[3], et des feuilletz avoit taillé le blanc pour la butte. Je me donne, je me vends, je me donne à travers tous les diables, si jamais arbalestier du pays (lesquelz sont supperlatifz[4] en toute Guyenne) tira traict dedans. Tous furent coustiers[5]. Rien du blanc sacrosaint barbouillé ne fut, depucellé, ne entommé. Encores Sansornin l'aisné qui guardoit les guages, nous juroit *figues dioures*[6] (son grand serment) qu'il avoit veu apertement, visiblement, manifestement le pasadouz[7] de Carquelin[8] droit entrant dedans la grolle[9] au milieu du blanc, sus le poinct de toucher et enfoncer, s'estre escarté loing d'une toise coustier vers le

---

[1] Nous avons déjà expliqué une locution de ce genre, en rappelant qu'on peignait alors en jaune les maisons des banqueroutiers.

[2] Tirer au blanc.

[3] Nous suivons scrupuleusement le texte de 1552, 1553 et 1556, dont nous avions eu tort de nous écarter dans notre première édition : son vrai sens nous paraît être : « Perotou avait depecé une demie Décrétale du bon chanoine La Carte..... »

Canounge en provençal, *canonge* en catalan et en gascon, signifie *chanoine*. Rabelais, suivant sa coutume, emploie un mot du cru, pour donner à son récit une couleur locale. C'est ainsi que plus bas il dira *passadouz*, au lieu de *flèche*.

Notez que La Carte est sans exception imprimé avec une L majuscule. Que ce soit un vrai nom ou un sobriquet, les contemporains de Rabelais devaient saisir son intention qui nous échappe.

En changeant la ponctuation, en supprimant *l* majuscule, en ajoutant un *de*, en supposant, comme le Duchat et Regis, que *canonge* signifie *papier canonical, missal papier*, on fait dire à Rabelais que Perotou avait taillé son blanc dans trois choses... qui n'en font qu'une.

[4] Supérieurs.

Cette supériorité des Gascons comme tireurs d'arbalète est attestée par Fauchet, dans son *Traité de la milice et des armes.*

[5] Tous donnèrent à côté. C'est un terme emprunté à la marine.

[6] Figues dorées.

[7] Flèche, en gascon.

[8] Johanneau croit que c'est un diminutif de carquois. Ce pourrait être aussi une corruption de *cranequin*, arbalète.

[9] Ce mot sert à désigner le corbeau et la corneille. Ici il signifie (comme encore aujourd'hui en poitevin, en saintongeais et en d'autres patois) le noir qui se trouve au milieu de la carte servant de but.

fournil. Miracle (s'escria Homenaz), miracle, miracle. Clerice, esclaire icy. Je boy à tous. Vous me semblez vrays christians. A ces motz les filles commencerent ricasser entre elles. Frere Jean hannissoit du bout du nez comme prest à roussiner, ou baudouiner [1] pour le moins, et monter dessus, comme Herbault [2] sus pauvres gens. Me semble (dist Pantagruel) que en telz blancs l'on eust contre le danger du traict plus seurement esté, que ne fut jadis Diogenes. Quoy? demanda Homenaz. Comment? Estoit il Decretaliste? C'est (dist Epistemon retournant de ses affaires) bien rentré de picques noires. Diogenes (respondit Pantagruel) un jour s'esbattre voulant, visita les archiers qui tiroient à la butte. Entre iceux un estoit tant saultier, imperit, et mal adroit, que lors qu'il estoit en rang de tirer, tout le peuple spectateur s'escartoit de peur d'estre par luy feruz. Diogenes l'avoir un coup veu si perversement tirer que sa fleche tomba plus d'un trabut [3] loing de la butte, au second coup le peuple loing d'un cousté et d'autre s'escartant, accourut et se tint en pieds jouxte le blanc : affermant cestuy lieu estre le plus seur : et que l'archier plus toust feriroit tout autre lieu que le blanc : le blanc seul estre en seureté du traict. Un page (dist Gymnaste) du seigneur d'Estissac, nommé Chamouillac, aperceut le charme. Par son advis Perotou changea de blanc, et y employa les papiers du procés de Pouillac. Adonc tirerent tres bien et les uns et les autres. A Landerousse (dist Rhizotome) es nopces de Jean Delif, fut le festin nuptial notable et sumptueux, comme lors estoit la coustume du pays. Aprés souper furent jouées plusieurs farces, comedies, sornettes plaisantes : furent dansées plusieurs moresques aux sonnettes et timbous [4] : furent

---

[1] *Baudoeinage, baudouinage,* dit Roquefort, accouplement de baudets.

[2] *Herbaus, herbaut, herbout,* est employé par nos vieux auteurs dans le sens de stérilité, disette. On dit encore familièrement : « Il est tombé sur lui comme la pauvreté sur le monde. »

[3] D'une perche.

[4] Probablement des tambours de basque. *Timbal,* en espagnol; *tabal,* en arabe; *tympanus,* en latin, ont le sens de tambour.

introduictes diverses sortes de masques et mommeries. Mes compaignons d'escole et moy pour la feste honorer à nostre pouvoir (car au matin nous tous avions eu de belles livrées blanc et violet) sus la fin fismes un barboire [1] joyeux avec force coquilles de saint Michel, et belles caquerolles de limaçons. En faute de Colocasie, Bardane, Personate [2] et de papier, des feuilletz d'un vieil Sixieme [3], qui là estoit abandonné, nous fismes nos faulx visaiges, les descoupans un peu à l'endroit des œilz, du nez, et de la bouche. Cas merveilleux. Nos petites caroles [4] et pueriles esbatements achevés, oustans nos faulx visaiges, appareusmes plus hideux et vilains que les diableteaux de la passion de Doué : tant avions les faces guastées aux lieux touchés par lesdits feuilletz. L'un y avoit la picote [5], l'autre le tac [6], l'autre la verole, l'autre la rougeole, l'autre gros froncles [7]. Somme celuy de nous tous estoit le moins blessé à qui les dents estoient tombées. Miracle (s'escria Homenaz), miracle. Il n'est (dist Rhizotome) encores temps de rire. Mes deux sœurs, Catherine et Renée, avoient mis dedans ce beau Sixieme, comme en presse (car il estoit couvert de grosses aisses [8], et ferré à glas [9]) leurs guimples, manchons [10], et collerettes savonnées de frais, bien blanches, et empesées. Par la vertu Dieu. At-

---

[1] En latin *barbatoria*, mascarade où l'on portait de fausses barbes. Grégoire de Tours parle d'une abbesse du Poitou qui fut accusée « quod *barbatorias* intus monasterio celebraverit. »

« Unde, dit Du Cange, etiamnum *barboires* vocantur Belgis nostris, *barbadouires* Gabalitanis (habitants du Gévaudan), *barbauts* Arvernis. »

[2] Plantes dont les feuilles larges et à formes bizarres pouvaient servir à fabriquer des masques.

[3] Sixième livre des Décrétales.

[4] Ebats, danses. Dans le *Printemps d'Yver* il est parlé de la ronde carolle.

[5] La petite vérole, qui porte encore ce nom en Saintonge; en Poitou et ailleurs.

[6] Maladie contagieuse qui régna, dans le XVe siècle, à Paris, où elle exerça de grands ravages, si nous en croyons Pasquier. Le mot *tac* désigne aujourd'hui une maladie spéciale aux moutons.

[7] Furoncles. Froncles est un vieux mot, usité en Berry, en Saintonge.

[8] De gros ais.

[9] Garni de clous pointus, comme ceux des souliers ferrés à glace.

[10] Manchettes.

tendez, dist Homenaz : duquel Dieu entendez vous ? Il n'en est qu'un, respondit Rhizotome. Ouy bien, dist Homenaz, es cieulx. En terre n'en avons nous un autre ? Arry avant, dist Rhizotome, je n'y pensois par mon ame plus. Par la vertu donc du Dieu *Pape* terre, leurs guimples, collerettes, baverettes, couvrechefz et tout autre linge, y devint plus noir qu'un sac de charbonnier. Miracle, s'escria Homenaz, *Clerice*, esclaire icy : et note ces belles histoires. Comment (demanda frere Jean) dit on donc?

> Depuis que decretz eurent ales [1],
> Et gens d'armes porterent males,
> Moines allerent à cheval,
> En ce monde abonda tout mal.

Je vous entends, dist Homenaz. Ce sont petits quolibets des heretiques nouveaulx.

---

[1] Ailes. *Ale* est encore saintongeais, poitevin, berrichon, etc.

CHAPITRE LIII.

Comment par la vertu des Decretales est l'or subtilement tiré de France en Rome.

Je voudrois, dist Epistemon, avoir payé chopine de trippes à embourser, et qu'eussions à l'original collationné les terrifiques chapitres, *Execrabilis. De multa. Si plures. De Annatis per totum. Nisi essent. Cum ad Monasterium. Quod dilectio. Mandatum* : et certains autres, lesquelz tirent par chascun an de France en Rome quatre cens mille ducatz, et davantage. Est ce rien cela? dist Homenas. Me semble toutesfois estre peu, veu que France la tres chrestienne est unique nourrice de la court Romaine. Mais trouvez moy livres on monde, soient de philosophie, de medecine, des loix, des mathematicques, des lettres humaines, voire (par le mien Dieu) de la sainte escriture, qui en puissent autant tirer? Point. Nargues, nargues. Vous n'en trouverez point de ceste auriflue [1] energie : je vous en asseure. Encores ces diables heretiques ne les veulent apprendre et sçavoir. Bruslez, tenaillez, cizaillez, noyez, pendez, empallez, espaultrez, demembrez, exenterez [2], decouppez, fricassez, grislez [3], transonnez, crucifiez, bouillez, escarbouillez [4], escartelez, debezillez [5], dehinguandez, carbonnadez ces meschans heretiques Decretalifuges, Decretalicides, pires qu'homicides, pires que parricides, decretalictones [6] du diable. Vous autres

---

[1] Précieuse (qui roule de l'or).
[2] Arrachez les entrailles, Ἔντερα, en grec.
[3] Grillez.
[4] Écrasez. Le verbe *écarbouiller* et usité en Poitou et en Saintonge.
[5] Mettez en morceaux, en miettes. Ce terme est encore usité en Berry. *Bresillai*, en Poitou.
[6] Tueurs de décrets ; même sens que *decretalicides*. Celui-ci est formé du latin, et celui-là du grec.

gens de bien, si voulez estre dits et reputés vrais christians, je vous supplie à joinctes mains ne croire autre chose, autre chose ne penser, ne dire, ne entreprendre, ne faire, fors seulement ce que contiennent nos sacres Decretales et leurs corollaires [1] : ce beau Sixieme, ces belles Clementines, ces belles Extravagantes. O livres deifiques! Ainsi, serez en gloire, honneur, exaltation, richesses, dignités, prelations [2] en ce monde : de tous reverés, d'un chascun redoubtés, à tous preferés, sus tous esleuz et choisis. Car il n'est sous la chappe du ciel estat duquel trouviez gens plus idoines à tout faire et manier, que ceux qui, par divine prescience et eterne predestination, adonnés se sont à l'estude des saintes Decretales. Voulez vous choisir un preux empereur, un bon capitaine, un digne chef et conducteur d'une armée en temps de guerre, qui bien sçaiche tous inconveniens prevoir, tous dangers eviter, bien mener ses gens à l'assault et au combat en alaigresse, rien ne hazarder, tousjours vaincre sans perte de ses soubdars, et bien user de la victoire? *Prenez moy un Decretiste.* Non, non. *Je dis un Decretaliste.* O le gros rat [3]! (dist Epistemon). Voulez vous en temps de paix trouver homme apte et suffisant à bien gouverner l'estat d'une republique, d'un royaume, d'un empire, d'une monarchie : entretenir l'eglise, la noblesse, le senat et le peuple en richesses, amitié, concorde, obeissance, vertus, honnesteté? *Prenez moy un Decretaliste.* Voulez vous trouver homme qui par vie exemplaire, beau parler, saintes admonitions, en peu de temps, sans effusion de sang humain, conqueste la terre sainte, et à la sainte foy convertisse les mescreans Turcs, Juifz, Tartares, Moscovites, Mammeluz et Sarrabovites? *Prenez moy un Decre-*

---

[1] [Surcroistz, le parsus, ce que est adjoinct.]
[2] Terme de droit : préférence donnée au fils pour les charges du père.
[3] Suivant quelques commentateurs, cette phrase s'appliquerait au décrétaliste dont on vient de parler. Suivant d'autres, cela voudrait dire : O la grosse bévue, le gros *lapsus linguæ!* Nous pencherions pour ce dernier sens, à cause de la différence qu'il y a entre un *décrétaliste*, c'est-à-dire un jurisconsulte ultramontain, et un *décrétiste* ou légiste, ordinairement opposé aux prétentions de la cour de Rome.

taliste. Qui fait en plusieurs pays le peuple rebelle et detravé[1], les pages friands et mauvais, les escoliers badaulx et asnier? Leurs gouverneurs, leurs escuyers, leurs precepteurs n'estoient Decretalistes.

Mais qui est ce (en conscience) qui a estably, confirmé, authorisé ces belles religions[2], desquelles en tous endroits voyez la Christianté ornée, decorée, illustrée, comme est le firmament de ses claires estoiles? *Dives Decretales.* Qui a fondé, pilotizé[3], talué, qui maintient, qui substante, qui nourrit les devots religieux par les convens, monasteres et abbayes : sans les prieres diurnes, nocturnes, continuelles desquelz seroit le monde en danger evident de retourner en son antique chaos? *Sacres Decretales.* Qui fait et journellement augmente en abondance de tous biens temporelz, corporelz, et spirituelz le fameux et celebre patrimoine de saint Pierre? *Saintes Decretales.* Qui fait le saint Siege apostolique en Rome de tout temps et aujourd'huy tant redoubtable en l'univers, qu'il fault ribon ribaine[4], que tous rois, empereurs, potentats et seigneurs pendent[5] de luy, tiennent de luy, par luy soient couronnés, confirmés, authorisés, viennent là boucquer[6] et se prosterner à la mirificque pantoufle, de laquelle avez veu le protraict? *Belles Decretales de Dieu.* Je vous veulx declarer un grand secret. Les Universités de vostre monde, en leurs armoiries et divises ordinairement portent un livre, aucunes ouvert, autres fermé. Quel livre pensez vous que soit? Je ne sçay certes, respondit Pantagruel. Je ne leus onques dedans. Ce sont (dist Homenas) les Decretales, sans lesquelles periroient les privileges de toutes Universités[7]. Vous me debvez ceste là. Ha, ha, ha, ha, ha. Icy commença Homenas rotter, peter, rire, baver et suer : et bailla son gros

---

[1] Échappé à ses entraves.
[2] Établissements religieux.
[3] Affermi, consolidé.
[4] Bon gré, mal gré. Il y eut en 1529, à Lyon, une émeute qu'on appela *rebeine* ou *ribaine*.
[5] Dépendent.
[6] Baiser par force, dit le Dictionnaire de l'Académie.
[7] Au moyen âge, les papes étaient regardés comme les protecteurs nés des universités, et comme les conservateurs de leurs priviléges.

gras bonnet à quatre braguettes[1] à une des filles, laquelle le posa sus son beau chef en grande alaigresse, aprés l'avoir amoureusement baisé, comme guaige et asseurance qu'elle seroit premiere mariée. *Vivat* (s'escria Epistemon), *vivat, fifat, pipat*[2], *bibat*. O secret apocalypticque! *Clerice*, dist Homenaz, *Clerice*, esclaire icy, à doubles lanternes. Au fruict, pucelles[3]. Je disois donc que ainsi vous adonnans à l'estude unique des sacres Decretales, vous serez riches et honorés en ce monde. Je dis consequemment qu'en l'autre vous serez infailliblement saulvés au benoict royaume des cieulx, duquel sont les clefz baillées à nostre bon Dieu Decretaliarche[4]. O mon bon Dieu, lequel j'adore, et ne vis onques, de grace speciale ouvre nous en l'article de la mort pour le moins, ce tres sacré thresor de nostre mere sainte Eglise, duquel tu es protecteur, conservateur, prome conde[5], administrateur, dispensateur. Et donne ordre que ces precieux œuvres de supererogation, ces beaux pardons au besoing ne nous faillent. A ce que les diables ne trouvent que mordre sus nos pauvres ames, que la gueule horrifique d'enfer ne nous engloutisse. Si passer nous fault par purgatoire, patience. En ton pouvoir est et arbitre nous en delivrer, quand voudras. Icy commença Homenaz jetter grosses et chauldes larmes, battre sa poictrine, et baiser ses poulces en croix[6].

---

[1] Le Duchat prétend que cela veut dire à quatre cornes; mais il est évident, d'après ce qui suit, que l'idée des vertus fécondantes de la braguette entre ici pour quelque chose.

[2] *Fifat* et *pipat* sont la corruption des deux autres mots prononcés à l'allemande.

[3] On se rappelle que le dessert, ou, comme on disait autrefois *le fruit*, était servi « par les filles pucelles mariables du lieu. » En disant : Au fruit, pucelles, c'est comme si Homenas disait : « Filles, servez le dessert. »

[4] Souverain auteur des Décrétales.

[5] [Despansier, celerier, guardian : qui serre et distribue le bien du Seigneur.] — *Prome* et *conde* vouloient dire sommelier. (Cotgrave.)

[6] Pratique pieuse usitée par les dévots fervents.

CHAPITRE LIV.

Comment Homenaz donna à Pantagruel des poires de bon christian.

Epistemon, frere Jean, et Panurge voyans ceste facheuse catastrophe, commencerent au couvert de leurs serviettes[1] crier, Myault, myault, myault[2], feignant ce pendant de s'essuyer les œilz, comme s'ilz eussent ploré. Les filles furent bien apprises et à tous presenterent pleins hanaps de vin Clementin, avec abondance de confictures. Ainsi fut de nouveau le banquet resjouy. En fin de table Homenaz nous donna grand nombre de grosses et belles poires, disant : Tenez, amis. Poires sont singulieres, lesquelles ailleurs ne trouverez. Non toute terre porte tout[3]. Indie seule porte le noir ebene. En Sabée provient le bon encens[4]. En l'isle de Lemnos la terre sphragitide[5]. En ceste isle seule naissent ces belles poires. Faites en, si bon vous semble, pepinieres en vos pays.

Comment, demanda Pantagruel, les nommez vous? Elles me semblent tres bonnes, et de bonne eau. Si on les cuisoit en casserons[6] par quartiers avec un peu de vin et de sucre, je pense que seroit viande[7] tres salubre tant es

---

[1] C'est-à-dire sous l'abri de leurs serviettes.

[2] Espèce de lamentation grotesque.

[3] Nec vero terræ ferre omnes omnia possunt.
Georg., l. II, v. 109.

[4] ..... Sola India nigrum
Fert ebenum, solis est thurea virga
Sabæis.
Ibid., v. 116.

[5] [« *Terra sigillata*, est nommée des apothecaires.] — C'était une terre rouge servant en peinture et en médecine. » On la nommait *sphragitide*, parce qu'elle ne se vendait que marquée d'un sceau, σφραγίς.

[6] Casseron est ici un diminutif de *casse*, poêlon à queue, casserole.

[7] Le mot viande, du bas latin *vivanda*, signifiait d'abord aliment en général. Ce n'est que postérieurement qu'il a été restreint à la chair des animaux.

malades comme es sains. Non autrement, respondit Homenaz. Nous sommes simples gens, puis qu'il plaist à Dieu. Et appelons les figues, figues : les prunes, prunes : et les poires, poires. Vrayement (dist Pantagruel) quand je seray en mon mesnage (ce sera, si Dieu plaist bien tost), j'en affieray [1] et hanteray en mon jardin de Touraine sus la rive de Loire, et seront dites poires de bon christian. Car onques ne vis christians meilleurs que ces bons Papimanes. Je trouverois (dist frere Jean) aussi bon qu'il nous donnast deux ou trois chartées de ses filles. Pour quoy faire? demandoit Homenaz. Pour les saigner, respondit frere Jean, droit entre les deux gros orteilz avec certains pistolandiers de bonne touche [2]. En ce faisant sus elles nous hanterions des enfans de bon christian, et la race en nos pays multiplieroit : esquelz ne sont mie trop bons. Vraybis (respondit Homenaz) non ferons, car vous leur feriez la folie aux garçons : je vous cognois à vostre nez, et si ne vous avois onques veu. Halas, halas, que vous estes bon filz! Voudriez vous bien damner vostre ame? Nos Decretales le defendent. Je voudrois que les sceussiez bien. Patience, dist frere Jean. Mais, *si tu non vis dare, præsta quæsumus*. C'est matiere de breviaire. Je n'en crains homme portant barbe, fust il docteur de Crystalin (je dis Decretalin) à triple bourlet.

Le disner parachevé, nous prismes congié de Homenaz et de tout le bon populaire, humblement les remercians, et pour retribution de tant de biens, leurs promettans que venuz à Rome ferions avec le Pere saint tant qu'en diligence il les iroit voir en personne. Puis retournasmes en nostre nauf. Pantagruel, par liberalité et recognoissance du sacré protraict papal, donna à Homenas neuf pieces de drap d'or frizé [3] sus frize, pour estre appousées au davant de la fenestre

---

[1] Suivant de Marsy ce mot vient d'*affigere*, ou *affixire* en bas latin, et signifie greffer. Ceci n'est pas tout à fait exact. *Affier* en patois poitevin signifiait et signifie encore élever, nourrir, planter, greffer. Évidemment ici, placé à côté de *hanteray*, il est pris dans le sens de planter. « J'en planterai et grefferai. »

[2] Ces métaphores n'ont pas besoin d'être expliquées.

[3] M. Francisque Michel, dans ses *Recherches sur les étoffes de*

ferrée : fit emplir le tronc de la reparation et fabricque tout de doubles escus au sabot[1] : et fit delivrer à chascune des filles, lesquelles avoient servy à table durant le disner, neuf cent quatorze salutz d'or[2], pour les marier en temps opportun[3].

soie, *etc.*, t. I, p. 329 et suivantes, parle du drap d'or frisé; il penche à croire que ce dernier mot signifiait brodé.

[1] Monnaie de l'invention de Rabelais.

[2] Monnaie d'or, d'environ 12 fr., créée par Charles VI en 1421, et ainsi nommée parce que la Salutation angélique y était représentée. Ce n'est probablement pas sans intention que Rabelais choisit cette monnaie pour en gratifier des filles à marier. Elle leur promettait ce que l'ange annonçait à Marie.

[3] On voit que du temps de Rabelais, comme aujourd'hui, les filles sans dot n'étaient pas faciles à marier, fussent-elles *safrettes* et *blondelettes*.

CHAPITRE LV.

Comment en haute mer Pantagruel ouit diverses paroles degelées.

En pleine mer nous banquetans, gringnotans, devisans et faisans beaux et cours discours, Pantagruel se leva et tint en pieds pour discouvrir à l'environ. Puis nous dist : Compaignons, oyez vous rien? Me semble que je oy quelques gens parlans en l'air, je n'y voy toutesfois personne. Escoutez. A son commandement nous fusmes attentifz, et à pleines oreilles humions l'air comme belles huitres en escalle, pour entendre si voix ou son aucun y seroit espart : et pour rien n'en perdre, à l'exemple de Antonin l'empereur, aucuns opposions nos mains en paulme derriere les oreilles. Ce neantmoins protestions voix quelconque n'entendre. Pantagruel continuoit affermant ouir voix diverses en l'air, tant d'hommes comme de femmes, quand nous fut advis, ou que nous les oyons pareillement, ou que les oreilles nous cornoient. Plus perseverions escoutans, plus discernions les voix, jusques à entendre motz entiers. Ce que nous effraya grandement, et non sans cause, personne ne voyans et entendans voix et sons tant divers, d'hommes, de femmes, d'enfans, de chevaulx : si bien que Panurge s'escria : Ventre bieu, est ce mocque? nous sommes perduz. Fuyons. Il y a embusche autour. Frere Jean, es tu là, mon amy? Tiens toy prés de moy, je te supply. As tu ton bragmart? Advise qu'il ne tienne au fourreau. Tu ne le desrouilles point à demy. Nous sommes perduz. Escoutez : ce sont par Dieu coups de canon. Fuyons. Je ne dis de pieds et de mains [1], comme disoit Brutus en la bataille

---

[1] « ... ἀλλ' οὐ διὰ τῶν ποδῶν, ἀλλὰ διὰ τῶν χειρῶν. » Comme nous lisons dans Plutarque, *Vie de Brutus*.

LIVRE IV, CHAPITRE LV. 265

Pharsalicque : je dis à voiles et à rames. Fuyons. Je n'ay point de courage sus mer. En cave et ailleurs j'en ay tant et plus. Fuyons, Saulvons nous. Je ne le dis pour peur que je aye. Car je ne crains rien fors les dangiers. Je le dis tousjours [1]. Aussi disoit le Franc archier de Baignolet. Pourtant n'hazardons rien, à ce que ne soyons nazardés. Fuyons. Tourne visage. Vire la peaultre [2], filz de putain. Pleust à Dieu que presentement je fusse en Quinquenois [3] à peine de jamais ne me marier! Fuyons, nous ne sommes pas pour eux. Ilz sont dix contre un, je vous en asseure. Davantage ilz sont sus leurs fumiers, nous ne cognoissons le pays. Ilz nous tueront. Fuyons, ce ne nous sera deshonneur. Demosthenes dit, *que l'homme fuyant combattra de rechief* [4]. Retirons nous pour le moins. Orche, poge, au trinquet, aux boulingues. Nous sommes mors. Fuyons de par tous les diables, fuyons. Pantagruel entendant l'esclandre que faisoit Panurge, dist : Qui est ce fuyard là bas? Voyons premierement quelz gens sont. Par adventure sont ilz nostres. Encores ne voy je personne. Et si voy cent mille [5] à l'entour. Mais entendons. J'ay leu qu'un philosophe nommé Petron [6] estoit en ceste opinion que fussent plusieurs mondes soy touchans les uns les autres en figure triangulaire equilaterale, en la pate et centre des quelz disoit estre le manoir de Verité, et le habiter les Paroles, les Idées, les Exemplaires et protraictz de toutes choses passées et futures : autour d'icelles estre le Siecle. Et en certaines années par longs intervalles, part d'icelles tomber sus les humains comme catarrhes, et comme tomba la rousée sus la toison de Gedeon : part là rester reservée pour l'ad-

---

[1] En effet, il l'a déjà dit à la fin du chap. 23.

[2] Tourne la barre du gouvernail, vire de bord.

[3] Quinquenois était un vignoble près de Chinon.

[4] Ἀνὴρ ὁ φεύγων καὶ πάλιν μαχήσεται.

Cité par Aulu-Gelle, *Nuits att.*, liv. XVII, ch. 21.

[5] Et cependant ma vue s'étend à cent milles autour.

[6] C'est Cléombrote qui, dans le traité de Plutarque, *Des Oracles qui ont cessé*, développe ce système comme étant celui d'un philosophe nommé Pétron, natif de la ville d'Himère en Sicile, lequel avait composé un livre sur le sujet dont il s'agit.

venir, jusques à la consommation du siecle. Me souvient aussi que Aristoteles maintient les paroles de Homere estre voltigeantes, volantes¹, mouvantes, et par consequent animées.

Davantage Antiphanes disoit la doctrine de Platon es paroles estre semblable, lesquelles en quelque contrée on temps du fort hyver lors que sont proferées, gelent et glassent à la froideur de l'air, et ne sont ouies ². Semblablement ce que Platon enseignoit es jeunes enfans, à peine estre d'iceux entendu, lors qu'estoient vieulx devenuz. Ores seroit à philosopher et rechercher si forte fortune ³ icy seroit l'endroit, onquel telles paroles degelent. Nous serions bien esbahis si c'estoient les teste et lyre de Orpheus. Car aprés que les femmes Threisses eurent Orpheus mis en pieces, elles jetterent sa teste et sa lyre dedans le fleuve Hebrus. Icelles par ce fleuve descendirent en la mer Pontique, jusques en l'isle de Lesbos tousjours ensemble sus mer naigeantes. Et de la teste continuellement sortoit un chant lugubre, comme lamentant la mort de Orpheus : la lyre à l'impulsion des vents mouvans les cordes accordoit harmonieusement avec le chant. Regardons si les verrons cy autour.

---

¹ Ἔπεα πτερόεντα.

² Ce passage se trouve dans le traité : *De profectibus in virtute* des *Scripta moralia* de Plutarque, éd. Didot, t. I, p. 94. Rabelais l'a compris mieux qu'Amyot qui fait d'Antiphane un des familiers de Platon, alors que ce dernier dit seulement qu'Antiphane appliquait aux auditeurs du philosophe l'histoire des paroles gelées.

Ainsi c'est Antiphane qui est le premier, ou du moins le plus ancien auteur connu de cette plaisanterie dont B. Castiglione avait déjà fait usage au 11ᵉ livre de son *Cortigiano* (Alde, 1528), développée par Rabelais dans le chapitre suivant, et reprise de nos jours par l'auteur du *Baron de Munchausen*.

De Vizé, dans le *Mercure galant* de 1673, fait dire à un nouvelliste qu'il a vu « une éponge qui retient la voix articulée, comme les nostres font les liqueurs, de sorte que, en la pressant un peu, on en fait sortir des paroles. »

³ Si par hasard, d'aventure. *Forte* serait ici un latinisme bien caractérisé.

CHAPITRE LVI.

Comment entre les paroles gelées Pantagruel trouva des motz de gueule.

Le pilot fit response : Seigneur, de rien ne vous effrayez. Icy est le confin de la mer glaciale, sus laquelle fut au commencement de l'hyver dernier passé grosse et felonne bataille, entre les Arismapiens et les Nephelibates [1]. Lors gelerent en l'air les paroles et cris des hommes et femmes, les chaplis des masses [2], les hurtis [3] des harnois, des bardes, les hannissemens des chevaulx, et tout autre effroy de combat. A ceste heure la rigueur de l'hyver passée, advenante la serenité et temperie du bon temps, elles fondent et sont ouies. Par Dieu, dist Panurge, je l'en croy. Mais en pourrions nous voir quelqu'une. Me souvient avoir leu que l'orée de la montaigne en laquelle Moses receut la loy des Juifz, le peuple voyoit les voix sensiblement [4]. Tenez, tenez (dist Pantagruel), voyez en cy qui encores ne sont degelées. Lors nous jetta sus le tillac pleines mains de paroles gelées, et sembloient dragée perlée de diverses couleurs [5]. Nous y vismes des motz de gueule,

---

[1] « Ce sont, dit l'*Alphabet*, peuples septentrionaux dont parle Pline au liv. IV, ch. 12. » Ceci est inexact. Pline parle des Arimaspes au liv. VII, chap. 19, et au liv. VII, chap. 2 ; Hérodote en parle aussi liv. IV, ch. 27 ; mais ni l'un ni l'autre ne disent rien des Néphélibates. Ce nom veut dire : qui marchent dans les nuages, et a sans doute été forgé par Rabelais.

[2] Cliquetis des masses d'armes. « Moult fu grans li chapleis, et assez y ot espandu sanc as glaives et as espées. » *Contin. de Guillaume de Tyr.*

[3] Chocs.

[4] Et omnis populus videbat vocem, c. 20, v. 18, *Exode*.

[5] L'auteur veut dire qu'on y voyait des mots de toute couleur, et il emprunte les couleurs du blason, ce qui lui fournit l'occasion de citer en tête *les mots de gueule*. On sait qu'en blason, la couleur de gueules est le rouge.

des motz de sinople, des motz de azur, des motz de sable, des motz dorés. Les quelz estre quelque peu eschauffés entre nos mains fondoient, comme neiges, et les oyons realement. Mais ne les entendions [1]. Car c'estoit langage barbare. Excepté un assez grosset, lequel ayant frere Jean eschauffé entre ses mains, fit un son tel que font les chastaignes jettées en la braze sans estre entommées lors que s'esclatent, et nous fit tous de peur tressaillir. C'estoit (dist frere Jean) un coup de faulcon [2] en son temps. Panurge requist Pantagruel luy en donner encores. Pantagruel luy respondit que donner paroles estoit acte des amoureux [3]. Vendez m'en donc, disoit Panurge. C'est acte de advocatz, respondit Pantagruel, vendre paroles. Je vous vendrois plus tost silence et plus cherement, ainsi que quelques fois la [4] vendit Demosthenes moyennant son argentangine [5]. Ce nonobstant il en jetta sus le tillac trois ou quatre poignées. Et y vis des paroles bien picquantes, des paroles sanglantes [6], les quelles le pilot nous disoit quelques fois retourner on lieu duquel estoient proferées, mais c'estoit la gorge couppée, des paroles horrifiques, et autres assez mal plaisantes à voir. Les quelles ensemblement fondues ouismes, hin, hin, hin, hin, his, ticque, torche lorgne, bre-

---

[1] Nous les entendions réellement, mais nous ne les comprenions pas.
[2] Ou fauconneau, pièce d'artillerie.
[3] Allusion au vers d'Ovide : *Verba dat omnis amans.*
[4] Silence se rencontre souvent au féminin.
[5] [« Esquinance d'argent. Ainsi fut dit Demosthenes l'avoir quand pour ne contredire à la requeste des ambassadeurs milesiens, desquelz il avoit reçu grande somme d'argent, il se enveloppa le coul avec gros drappeaulx et de laine, pour se excuser opiner, comme s'il eust eu l'esquinance.] Plutarque et Aulu-Gelle racontent que les Milésiens ayant donné de l'argent à Démosthènes pour qu'il cessât de s'opposer à une demande de secours qu'ils étaient venus faire à Athènes, celui-ci se montra dans l'assemblée le cou enveloppé, disant qu'il ne pouvait parler contre les Milésiens parce qu'il avait une angine (συνάγχη). — Dites plutôt une ἀργυράγχη, s'écria quelqu'un. C'est ce que Rabelais traduit par *argentangine*.
[6] Ceci n'est pas très-clair. Voici comment nous essayons de l'expliquer, sans garantir notre supposition. Des paroles *sanglantes* sont des paroles qui mènent *à se couper la gorge*. C'est pourquoi le lieu d'où elles étaient parties et où elles retournaient, « c'estoit la guorge couppée ».

dedin, brededac, frr, frrr, frrr, bou, bou, bou, bou, bou, bou, bou, bou, traccc, trac, trr, trr, trrr, trrrrrr, On, on, on, on, on, ououououcn : goth, magoth, et ne sçay quelz autres motz barbares, et disoit que c'estoient vocables du hourt[1] et hannissement des chevaulx à l'heure qu'on chocque[2] : puis en ouismes d'autres grosses et rendoient son en degelant, les unes comme de tabours et fifres, les autres comme de clerons et trompettes. Croyez que nous y eusmes du passetemps beaucoup. Je voulois quelques motz de gueule mettre en reserve dedans de l'huile comme l'on garde la neige et la glace, et entre du feurre bien net. Mais Pantagruel ne le voulut : disant estre folie faire reserve de ce dont jamais l'on n'a faulte, et que tousjours on a en main, comme sont motz de gueule entre tous bons et joyeux Pantagruelistes. Là Panurge fascha quelque peu frere Jean, et le fit entrer en resverie, car il le vous prit au mot, sus l'instant qu'il ne s'en doubtoit mie, et frere Jean menaça de l'en faire repentir en pareille mode que se repentit G. Jousseaulme vendant à son mot le drap au noble Patelin, et advenant qu'il fust marié le prendre aux cornes[3], comme un veau : puis qu'il l'avoit pris au mot comme un homme. Panurge luy fit la babou[4], en signe de derision. Puis s'escria, disant : Pleust à Dieu que icy, sans plus avant proceder, j'eusse le mot de la dive bouteille!

---

[1] C'est l'action de heurter violemment ; *pulsatio*, dit Du Cange.
[2] Qu'on se bat.
[3] Allusion au brocard de droit :

Verba ligant homines, taurorum cornua funes,

d'où l'on a fait ce vieux proverbe français :

Comme les bœufs par les cornes on lie,
Aussi les gens par leurs mots font folie.

[4] Qu'est-ce que faire la *babou*?

« C'est, dit Le Duchat, s'appuyer le pouce contre la joue, puis, avec le reste de la main étendue, contrefaire un oiseau qui bat des ailes. » Suivant nous (et nous pourrions invoquer de graves autorités parmi les nourrices et les bonnes d'enfants), c'est faire claquer, à l'aide d'un doigt, la lèvre inférieure contre la supérieure.

Cotgrave traduit ce mot par : *to make a mow*, faire la moue.

CHAPITRE LVII.

Comment Pantagruel descendit on manoir de messere Gaster¹ premier maistre es ars du monde.

En iceluy jour Pantagruel descendit en une isle admirable entre toutes autres, tant à cause de l'assiette, que du gouverneur d'icelle. Elle de tous coustés pour le commencement estoit scabreuse, pierreuse, montueuse, infertile, mal plaisante à l'œil, tres difficile aux pieds, et peu moins inaccessible que le mons du Daulphiné ², ainsi dit pource qu'il est en forme d'un potiron, et de toute memoire personne surmonter ne l'a peu, fors Doyac ³, conducteur de l'artillerie du roy Charles huitiesme, lequel avec engins mirifiques y monta, et au dessus trouva un vieil belier. C'estoit à deviner qui là transporté l'avoit. Aucuns le dirent, estant jeune aignelet, par quelque aigle ou duc chauant ⁴ là ravy, s'estre entre les buissons saulvé. Surmontans la difficulté de l'entrée à peine

---

¹ [Ventre.]
² C'est le mont Aiguille, rocher fort élevé, à deux lieues et demie de Die, qui, sous le nom de *Montagne inaccessible*, était compté autrefois parmi les sept merveilles du Dauphiné.
³ Il y eut en effet un Jean Doyac, architecte et ingénieur sous les règues de Charles VIII et de Louis XII, que l'on a souvent confondu avec son père, financier sous Louis XI et condamné pour malversations en même temps qu'Olivier le Daim. Mézerai atteste que ce Jean Doyac fut employé à faire passer les Alpes à l'artillerie de Charles VIII, et ce serait lui, suivant le continuateur de Monstrelet, qui aurait reconstruit en 1500 le pont Notre-Dame. Mais, d'après les détails précis que donne Symphorien Champier dans sa *Vie de Bayard*, l'honneur d'avoir exécuté le premier l'ascension de la Montagne inaccessible reviendrait à Damp Julien, Lorrain, capitaine de Montélimar, « lequel, à force de machines de son invention, s'y guinda, luy huitiesme, le 26 juin 1494. »
⁴ Chat-huant. Dans plusieurs patois on dit *chavant*.

bien grande et non sans suer, trouvasmes le dessus du mons tant plaisant, tant fertile, tant salubre, et delicieux, que je pensois estre le vray jardin et paradis terrestre : de la situation duquel tant disputent et labourent les bons Theologiens. Mais Pantagruel nous affermoit là estre le manoir d'*Areté* (c'est Vertu) par Hesiode descript, sans toutesfois prejudice de plus saine opinion. Le gouverneur d'icelle estoit messere Gaster, premier maistre es ars de ce monde. Si croyez que le feu soit le grand maistre des ars, comme escrit Cicéron, vous errez, et vous faites tort. Car Ciceron ne le creut onques. Si croyez que Mercure soit premier inventeur des ars, comme jadis croyoient nos antiques druides [1], vous fourvoyez grandement. La sentence du satyrique est vraye, qui dit messere Gaster estre de tous arts le maistre [2]. Avec iceluy pacifiquement residoit la bonne dame Penie [3], autrement dite Souffreté, mere des neuf Muses : de laquelle jadis en compaignie de Porus, seigneur de Abondance, nous nasquit Amour le noble enfant mediateur du Ciel et de la Terre, comme atteste Platon *in Symposio* [4]. A ce chevaleureux [5] roy force nous fut faire reverence, jurer obeissance et honneur porter. Car il est imperieux, rigoureux, rond, dur, difficile, inflectible. A luy on ne peut rien faire croire, rien remonstrer, rien persuader. Il ne oyt point. Et comme les Ægyptiens disoient Harpocras dieu de silence, en Grec nommé Sigalion, estre astomé, c'est à dire, sans bouche : ainsi Gaster sans oreilles

---

[1] [Druydes estoient les pontifes et docteurs des anciens François desquelz escrit Cæsar, lib. 6, *De bello Gallico*; Cicer., lib. 1, *De divinatione*; Pline, lib. 16, etc.]

[2] Magister artis ingeniique largitor
Venter. Perse, *Prolog.*

[3] Pauvreté; en grec, πενία.

[4] Platon raconte en effet, dans le *Banquet*, qu'à la naissance de Vénus, il se fit un festin où assistèrent tous les dieux, et en particulier Porus, fils du Conseil et dieu de l'Abondance. Le repas fini, la Pauvreté, étant venue en chercher les débris, suivit Porus, qui, rassasié de nectar, ne tarda pas à s'endormir dans le jardin de Jupiter. Elle se coucha près de lui. C'est de ces deux principes si opposés que l'Amour prit naissance. Fils de la Pauvreté et fils du dieu de l'Abondance, il tient du naturel de l'un et de l'autre.

[5] On disait autrefois *chevaleureux* pour *chevaleresque*. Ce dernier mot aurait été employé, croit-on, pour la première fois, par Laharpe dans l'*Eloge de Charles V.*

fut creé : comme en Candie le simulacre de Jupiter estoit sans oreilles[1]. Il ne parle que par signes. Mais à ses signes tout le monde obeist plus soudain que aux edictz des preteurs, et mandemens des roys. En ses sommations, delay aucun et demeure aucune il n'admet. Vous dictes que au rugissement du lyon toutes bestes loing à l'entour fremissent, tant (sçavoir est) que estre peut sa voix ouie. Il est escrit. Il est vray. Je l'ay veu. Je vous certifie que au mandement de messere Gaster tout le ciel tremble, toute la terre bransle. Son mandement est nommé faire le sault, sans delay, ou mourir.

Le pilot nous racontoit comment un jour, à l'exemple des membres conspirans contre le ventre, ainsi que descript Esope, tout le royaume des Somates[2] contre luy conspira et conjura soy soubstraire de son obeissance. Mais bien tost s'en sentit, s'en repentit, et retourna en son service en toute humilité. Autrement tous de male famine perissoient. En quelques compagnies qu'il soit, discepter[3] ne fault de superiorité et preference[4] : tousjours va davant, y fussent roys, empereurs, voire certes le Pape. Et au concile de Basle, le premier alla, quoy qu'on vous die que ledit concile fut seditieux, à cause des contentions et ambitions des lieux premiers. Pour le servir tout le monde est empesché[5], tout le monde labeure. Aussi pour recompense il fait ce bien au monde, qu'il luy invente toutes arts, toutes machines, tous mestiers, tous engins, et subtilités. Mesmes es animans brutaulx il apprend arts desniées de Nature. Les corbeaulx, les gays, les papegays, les estourneaulx, il rend poëtes : les pies il fait poëtrides[6] : et leur apprend langage humain proferer, parler, chanter. Et tout pour la tripe. Les aigles, gerfaulx, faulcons, sacres, laniers, autours, esparviers, esmerillons, oiseaulx aguars[7],

---

[1] Allusion au proverbe : Ventre affamé n'a point d'oreilles.
[2] [Corps, membres.] — En grec σώματα.
[3] Discuter.
[4] Des premières places.
[5] Est occupé.
[6] Quod si dolosi spes refulserit nummi,
 Corvos poetas, et poetrias picas
 Cantare credas pegaseium melos.
   Perse, Prolog.
[7] On appelle *oiseaux hagards*, en fauconnerie, les oiseaux qui, n'ayant pas été pris au nid, sont difficiles à apprivoiser.

peregrins, essors¹, rapineux, sauvages, il domestique et apprivoise, de telle façon que les abandonnant en pleine liberté du ciel quand bon luy semble, tant haut qu'il vouldra, tant que luy plaist, les tient suspens, errans, volans, planans, le muguetans², luy faisans la court au dessus des nues : puis soudain les fait du ciel en terre fondre. Et tout pour la tripe. Les elephans, les lyons, les rhinocerotes, les ours, les chevaulx, les chiens il fait danser, baller, voltiger, combattre, nager, soy cacher, apporter ce qu'il veult, prendre ce qu'il veult. Et tout pour la tripe. Les poissons tant de mer comme d'eau douce, balaines et monstres marins, sortir il fait du bas abisme, les loups jette hors des bois, les ours hors les rochers, les renards hors les tesnieres, les serpens lance hors la terre. Et tout pour la tripe. Brief est tant enorme, que en sa rage il mange tous bestes et gens, comme fut veu entre les Vascons³, lors que Q. Metellus les assiegeoit par les guerres Sertorianes : entre les Saguntins assiegés par Hannibal : entre les juifz assiegés par les Romains : six cens autres. Et tout pour la tripe.

Quand Penie sa regente se met en voye, la part qu'elle va⁴, tous parlemens sont clous, tous edictz mutz⁵, toutes ordonances vaines. A loy aucune n'est subjecte, de toutes est exempte. Chascun la refuit en tous endroits plus toust se exposans es naufrages de mer, plus toust eslisans par feu, par mons, par goulphres passer, que d'icelle estre apprehendés.

---

¹ Vagabonds, sujets à prendre leur *essor*.

² Nous avons déjà vu que, du temps de Rabelais, le muguet était par excellence la fleur des amoureux. De là l'origine du verbe *mugueter*, courtiser.

³ Juvénal fait allusion à ce fait, raconté par Florus et par Valère Maxime :

Vascones, ut fama est, alimentis talibus usi
Produxere animas.

⁴ Du côté où elle va.

⁵ Muets.

CHAPITRE LVIII.

Comment en la cour du maistre ingenieux [1] Pantagruel detesta les Engastrimythes [2] et les Gastrolatres [3].

En la court de ce grand maistre Ingenieux, Pantagruel apperceut deux manieres de gens appariteurs importuns et par trop officieux, lesquelz il eut en grande abhomination. Les uns estoient nommés Engastrimythes, les autres Gastrolatres. Les Engastrimythes soy disoient estre descenduz de l'antique race de Eurycles [4], et sur ce alleguoient le tesmoignage de Aristophanes, en la comedie intitulée *les Tahons ou Mousches guespes*. Dont anciennement estoient dits Eurycliens, comme escrit Plato, et Plutarche on livre de la cessation des oracles. Es saints Decrets 26, *quest*. 3, sont appellés Ventriloques : et ainsi les nomme, en langue Ionique, Hippocrates. *Lib.* 5 *Epid.* comme parlans de ventre. Sophocles les appelle *Sternomantes* [5]. C'estoient divinateurs, enchanteurs et abuseurs de simple peuple, semblans, non de la bouche, mais du ventre parler et respondre à ceux qui les interrogeoient. Telle estoit, environ l'an de nostre benoist Servateur 1513, Jacobe Rodogine [6], Italiane, femme de basse maison. Du ventre de laquelle

---

[1] C'est-à-dire de Messer Gaster.

[2] [Parlant du ventre.]

[3] [Adorateurs du ventre.] — Les Gastrolâtres sont les adorateurs du ventre, et les Engastrimythes sont les ventriloques ou gens qui parlent du ventre, ce que Rabelais entend probablement, par équivoque, de ceux qui ne pensent qu'à leur estomac. Les anciens Grecs et les Pères de l'Église voyaient dans cette faculté de parler du ventre (ἐγγαστριμυθία) l'effet d'une possession diabolique.

[4] C'est un ventriloque athénien auquel Aristophane se compare dans les *Guêpes*, en disant qu'il faisait passer ses comédies sous le nom des autres, de même qu'Euryclès semblait parler par un organe étranger.

[5] [Divinans par la poictrine.] — *Sterhum*, en latin, signifie l'os de la poitrine.

[6] Ou plutôt Rodigine, comme ce

nous avons souvent ouy, aussi ont autres infinis en Ferrare et ailleurs, la voix de l'esprit immonde, certainement basse, foible et petite : toutesfois bien articulée, distincte, et intelligible, lorsque par la curiosité des riches seigneurs et princes de la Gaule Cisalpine [1], elle estoit appellée et mandée. Les quelz pour oster tout doubte de fiction et fraulde occulte, la faisoient despouiller toute nue, et luy faisoient clourre la bouche et le nez. Cestuy maling esprit se faisoit nommer *Crespelu*, ou *Cincinatule*, et sembloit prendre plaisir ainsi estant appellé. Quand ainsi on l'appelloit, soudain aux propos respondoit. Si on l'interrogeoit des cas presens ou passés, il en respondoit pertinemment, jusques à tirer les auditeurs en admiration. Si des choses futures, tousjours mentoit, jamais n'en disoit la verité [2]. Et souvent sembloit confesser son ignorance, en lieu de y respondre faisant un gros pet, ou marmonant quelques motz non intelligibles, et de barbare termination.

Les Gastrolatres, d'un autre costé, se tenoient serrés par trouppes et par bandes, joyeux, mignars, douilletz aucuns, autres tristes, graves, severes, rechignés : tous ocieux, rien ne faisans, point ne travaillans, poids et charge inutile de la terre, comme dit Hesiode : craignans (selon qu'on pouvoit juger) le Ventre offenser et emmaigrir. Au reste, masqués, desguisés, et vestuz tant estrangement, que c'estoit belle chose. Vous dictes, et est escrit par plusieurs sages et antiques philosophes, que l'industrie de nature appert merveilleuse en l'esbatement qu'elle semble avoir pris formant les coquilles de mer : tant y voit on de variete, tant de figures, tant de

---

nom est écrit, t. I. p. 635, c'est-à-dire de Rovigo, en latin *Rhodigium*. C'est un écrivain du même pays, Cælius Rhodiginus, qui dans ses *Antiquæ lectiones*, liv. VIII, c. 10, a raconté les prouesses de cette ventriloque et de son démon familier, Cincinnatule.

[1] [Partie ancienne de Gaule entre les mons Cenis et le fleuve Rubicon pres Rimano, comprenante Piedmont, Montferrat, Allisane, Vercellois, Milan, Mantoue, Ferrare, etc.]

[2] Cælius Rhodiginus raconte en effet que, comme il arrive aux somnambules de nos jours, la clairvoyance de Jacobe Rodogine était en défaut lorsqu'il s'agissait de prédire l'avenir, et qu'il la surprit lui-même en flagrant délit de mensonge.

couleurs, tant de traicts et formes non imitables par art. Je vous asseure qu'en la vesture de ces Gastrolatres Coquillons[1], ne vismes moins de diversité et desguisement. Ilz tous tenoient Gaster pour leur grand dieu : le adoroient comme dieu : luy sacrifioient comme à leur dieu omnipotent : ne recognoissoient autre dieu que luy : le servoient, aimoient sus toutes choses, honoroient comme leur Dieu. Vous eussiez dit que proprement d'eux avoit le saint Envoyé escrit, *Philippens*. 3 : *Plusieurs sont des quelz souvent je vous ay parlé (encores presentement je le vous dis les larmes à l'œil) ennemis de la croix du Christ : des quelz mort sera la consommation : des quelz ventre est le dieu.* Pantagruel les comparoit au cyclope Polyphemus, lequel Euripides fait parler comme s'ensuit[2] : *Je ne sacrifie que à moy (aux dieux point) et à cestuy mon Ventre, le plus grand de tous les Dieux.*

---

[1] Dans le *Cyclope*.
[2] C'est-à-dire encapuchonnés, moines ou docteurs. Voy. tome I, page 336, note 4.

CHAPITRE LIX

De la ridicule statue appellée Manduce[1] : et comment, et quelles choses sacrifient les Gastrolatres à leur Dieu Ventripotent

Nous considerans le minois et les gestes de ces poiltrons[1] magnigoules[2] Gastrolatres, comme tous estonnés, ouismes un son de campane[3] notable, auquel tous se rangerent comme en bataille, chascun par son office, degré et antiquité. Ainsi vindrent devers messere Gaster, suivans un gras, jeune, puissant Ventru, lequel sus un long baston bien doré portoit une statue de bois mal taillée et lourdement peincte, telle que la descrivent Plaute, Juvenal et Pomp. Festus[4]. A Lyon, au carnaval, on l'appelle *Maschecroutte*[5] : ilz la nommoient *Manduce*. C'estoit une effigie monstrueuse, ridicule, hideuse, et terrible aux petits enfans[6] : ayant les œilz plus grands que le ventre, et la teste plus grosse que tout le reste du corps, avec amples, larges et horrifiques maschoueres bien endentelées[7], tant au dessus comme au dessous : les quelles, avec

---

[1] Paresseux. « *Poltronus*, dit Du Cange, desidiosus, segnis, ab Italico *Poltronc*, eodem sensu. » En effet, une bulle de 1317, citée par le même auteur, porte : « Communiter *Poltronizant* (vulgare est Italorum), id est vitam pinguem volvunt, etc. »

[2] A grandes gueules.

[3] Cloche.

[4] Ces auteurs parlent en effet d'un monstre, *Manducus*, espèce de Croquemitaine, tel que notre auteur va le décrire, et qu'on promenait dans certaines circonstances, notamment lors de la représentation des Atellanes.

« Les Romains ont eu leur Manducus.... et tels masques n'ont point encore esté bannis de la chrestienté. Car encore en quelques villes principales de France se voit un *Masche-crouste* maniant les babines comme un *Manducus*. » P. le Loyer, *Discours des spectres*, 1648, in-4°, p. 203.

[5] Le Duchat atteste que de son temps, bien qu'on ne promenât plus la *Masche-Croutte*, on en parlait encore, et on menaçait les enfants de les faire manger par elle.

[6] Quum personæ pallentis hiatum
In gremio matris formidat rusticus infans.
Juvénal, sat. III.

[7] « Maxillas vasta magnitudine, vastisque armatas dentibus habens. »

l'engin d'une petite corde cachée dedans le baston doré, l'on faisoit l'une contre l'autre terrificquement[1] clicqueter, comme à Metz l'on fait du Dragon[2] de saint Clemens. Approchans les Gastrolatres, je vis qu'ilz estoient suivis d'un grand nombre de gros varletz chargés de corbeilles, de paniers, de balles, de pots, poches[3] et marmites. Adonc sous la conduicte de Manduce, chantans ne sçay quelz dithyrambes, cræpalocomes[4], epænons[5], offrirent à leur dieu, ouvrans leurs corbeilles et marmites, hippocras blanc avec la tendre routie seiche.

Pain blanc.	Pain bourgeoys.
Choine[6].	Cabirotades.
Carbonnades de six sortes.	Longes de veau routy froides, sinapisées de pouldre zinziberine[7].
Coscotons.	
Fressures.	
Fricassées, neuf especes.	Pastés d'assiette.
Grasses souppes de prime.	Souppes de Leurier.
Souppes Lionnoises.	Chous cabutz à la mouelle de bœuf.
Hoschepotz.	
Pain mollet.	Salmiguondins.

Brevaige eternel parmy, precedent le bon et friand vin blanc, suivant vin clairet et vermeil frais : je vous dis froid

---

[1] Quid si aliquo ad ludos me pro Manduco locem? — Quapropter? — Quia pol clare crepito dentibus. Plaute, *Rudens*, 2, 6, 51.

[2] Pendant plus de 800 ans, on promena à Metz, aux processions de Saint-Marc et des Rogations, l'effigie d'un serpent ailé que l'on nommait *Graulli* ou *Graouilli*, en souvenir d'un dragon jadis mis en fuite par saint Clément.

[3] Il est probable que le mot *poche* est pris là dans le sens de grande cuiller ronde pour servir le potage, sens qu'il a encore dans plusieurs provinces.

[4] Du mot grec χραιπαλόκωμος, employé par Aristophane, et qu'un scoliaste explique : Ὁ κατὰ μέθην γινόμενος ὕμνος, chanson qui était chantée au milieu de l'ivresse.

[5] [*Dithyrambes, cræpalocomes, epenons*, chansons de ivroignes en l'honneur de Bacchus : du grec ἐπαίνω.]

[6] Ou *choesne*. Pain blanc et délicat, dit Du Cange, qui paraît adopter l'opinion de Ménage, d'après laquelle ce mot serait la traduction de *panis canonicus*, pain de chanoine ou de chapitre. Le mot *choesne* est encore usité à Bordeaux.

[7] Probablement une espèce d'épice venant de l'île de Zanzibar; gingembre, suivant Johanneau.

comme la glace, servy et offert en grandes tasses d'argent. Puis offroient :

Andouilles capparasson-nées de moustarde fine.	Boudins.
	Cervelatz.
	Saulcissons.
Saulcisses.	Jambons.
Langues de bœuf fumées.	Hures de sangliers.
Saumates [1].	Venaison sallée aux naveaulx.
Eschinées aux poys.	Hastereaux [2].
Fricandeaux.	Olives colymbades [3].

Le tout associé de brevaige sempiternel. Puis, luy enfournoient en gueule :

Esclanches à l'aillade.	Pans, Panneaux.
Pastés à la saulce chaulde.	Ciguoignes, ciguoineaux.
Coustelettes de porc à l'oignonnade.	Becasses, becassins.
	Hortolans.
Chappons routiz avec leur degout [4].	Coqs, poulles, et poulletz d'Inde.
	Ramiers, ramerots.
Hutaudeaux.	Cochons au moust.
Becars [5], Cabirotz.	Canars à la dodine.
Bischars [6], dains.	Merles, rasles.
Lievres, levraux.	Poulles d'eau.
Perdrix, perdriaux.	Tadournes [7].
Faisans, faisandeaux.	Aigrettes.

---

[1] Parties délicates du porc. Amyot dit : *Sommade*.

[2] Il est certain que ce terme désigne en cuisine des tranches de foie grillées. C'est un mot de la même famille que *hasteur de rôt*, *hastier*, *hastille*, etc., dérivant tous de *haste*, broche. Ce n'est donc pas le même mot que *hasterel*, *hatercau*, col, avec lequel Ménage le confond. Le Duchat prétend qu'on appelle ainsi les *hastereaux*, parce qu'il faut se *hâter* de les manger, et Johanneau trouve qu'il a « par-faitement raison de penser ainsi. »

[3] « Confictes, du grec κολυμβάς, άδος, immersion, » parce qu'elles baignent dans leur huile. « Quoniam oleo suo innatant et quasi urinabundæ fluitant, » dit Pline.

[4] C'est-à-dire avec ce qui en *dégoutte*, avec leur jus.

[5] *Bécard* est le nom vulgaire du grand harle, espèce de palmipède.

[6] Ou *bichats*, faons, petits d'une biche.

[7] Ou *tadornes*, espèce de canes.

Cercelles.
Plongeons.
Butors, palles.
Courlis.
Gelinottes de boys.
Foulques aux pourreaux.
Risses[1], chevreaux.
Espaulles de mouton aux cappres.
Pieces de bœuf royalles.
Poictrines de veau.
Poulles bouillies et gras chappons au blanc manger.
Gelinottes.
Poulletz.
Lappins, lappereaux.
Cailles, cailleteaux.
Pigeons, pigeonneaux.

Herons, heronneaux.
Otardes, otardeaux.
Becquefigues.
Guynettes.
Pluviers.
Oyes, oyzons.
Bizets.
Hallebran.
Maulvyz.
Flamans, cygnes.
Pochecuillieres.
Courtes, grues.
Tyransons.
Corbigeaux.
Francourlis.
Tourterelles.
Connilz.
Porcespicz.
Girardines.

Ranfort de vinaige parmy. Puis grands

Pastés de venaison.
D'allouettes.
De lirons.
De stamboucqs.
De chevreuilz.
De pigeons.
De chamoys.

De chappons.
Pastés de lardons.
Pieds de porc au sou.
Croustes de pastés fricassées.
Corbeaux de chappons[2].
Fromaiges.
Pesches de Corbeil[3].

---

[1] Le Duchat fait observer que *rizzo*, en italien, signifie hérisson, et que la friandise de certaines gens n'a point épargné cet animal. Il pouvait ajouter qu'il est question plus bas de *porcs-épics*. Le *Supplément au Dictionnaire de l'Académie* va plus loin, et affirme que *risse*, en vieux langage, voulait dire hérisson; mais nous le soupçonnons fort d'avoir puisé cet article dans la note de Le Duchat.

[2] D'après la place que ce mets occupe, il semblerait que le mot *corbeau* n'est pas pris ici dans son acception ordinaire, et qu'il s'agit d'une manière particulière d'arranger les chapons; mais nous n'avons rien trouvé dans ce sens.

[3] On dirait aujourd'hui : de Montreuil.

LIVRE IV, CHAPITRE LIX.

Artichaulx.
Guasteaux feuilletés.
Cardes.
Brides à veaux.
Beuignetz.
Tourtes de seize façons.
Guauffres, crespes.
Pastés de coings.
Caillebottes.
Neige de creme.
Myrobalans conficts.
Gelée.
Hippocras rouge et vermeil.
Poupelins, macarons.
Tartres, vingt sortes.
Creme.
Confictures seiches et liquides, soixante et dix huit especes.
Dragée, cent couleurs.
Jonchées [1].
Mestier au sucre fin.

Vinaige suivoit à la queue de peur des esquinances [2]. *Item* routies [3].

---

[1] Lait caillé servi dans des formes en jonc. Voy. Du Cange, *Juncata*, 3.

[2] Les vins venaient à la suite de tous les mets, pour éviter les esquinancies et les maux de gorge.

[3] Style de menu ou de carte gastronomique.
On a pu remarquer que l'auteur affectait, suivant son habitude, d'en imiter les formules dans ce chapitre et dans le suivant.

CHAPITRE LX.

Comment, es jours maigres entrelardés[1] à leur Dieu sacrifioient les Gastrolatres.

Voyant Pantagruel ceste villenaille de sacrificateurs, et multiplicité de leurs sacrifices, se fascha, et fust descendu, si Epistemon ne l'eust prié voir l'issue de ceste farce. Et que sacrifient, dist il, ces Maraulx à leur Dieu Ventripotent es jours maigres entrelardés? Je le vous diray, respondit le pilot. D'entrée de table ilz luy offrent:

Caviat.	Saulgrenées de febves.
Boutargues.	Sallades cent diversités, de cresson, de obelon[4], de la couille à l'evesque, de responses, d'oreilles de Judas (c'est une forme de funges[5] issans des vieux suzeaulx[6]), de asperges, de chevrefeuel: tant d'autres.
Beurre frays.	
Purées de poys.	
Espinars.	
Arans blancs bouffiz.	
Arans sors.	
Sardaines.	
Anchoys.	Saulmons salés.
Tonnine[2].	Anguillettes salées.
Caules emb'olif[3].	Huitres en escalles[7].

---

[1] Faut-il entendre par là, comme Le Duchat, les jours maigres entremêlés de gras? Ce qui pourrait le faire croire, c'est que dans la longue énumération qui suit, on trouve des *oies* et des *poullardes*; mais nous ne pouvons croire que ces deux mentions uniques, au milieu de poissons et de mets maigres, ne s'appliquent pas à quelques oiseaux aquatiques rangés dans la même catégorie. Les *jours maigres entrelardés* pourraient signifier: mêlés parmi les jours gras.

[2] On appelle ainsi la chair de thon, sur les bords de la Méditerranée.

[3] Choux à l'huile.
[4] Houblon.
[5] Champignons.
[6] Sureaux.
[7] Écailles.

LIVRE IV, CHAPITRE LX.

Là, fault boire, ou le diable l'emporteroit. Ilz y donnent bon ordre, et n'y a faulte : puis luy offrent :

Lamproyes à saulce d'Hippocras.
Barbeaulx.
Barbillons.
Meuilles.
Meuilletz.
Rayes.
Casserons.
Esturgeons.
Balaines.
Macquereaulx.
Pucelles.
Plyes.
Huitres frittes.
Petoncles.
Languoustes.
Espelans [1].
Guourneaulx [2].
Truites.
Lavaretz.
Guodepies.
Poulpres.
Limandes.
Carreletz.
Maigres.
Pageaux.
Gougeons.
Barbues.
Cradotz.
Carpes.
Brochetz.
Palamides.
Roussettes.
Oursins.
Vielles.
Ortigues [3].
Crespions [4].
Gracieux seigneurs.
Empereurs.
Anges de mer.
Lampreons.
Lancerons.
Brochetons.
Carpions.
Carpeaulx.
Saulmons.
Saulmonneaux.
Daulphins.
Porcilles.
Turbotz.
Pocheteau.
Soles.
Poles.
Moules.
Homars.
Chevrettes.
Dards.
Ablettes.
Tanches.
Umbres.

---

[1] Eperlans.
[2] Le *gournal* est une espèce de ouget.
[3] En provençal *ourtiga*, orties de mer.
[4] Peut-être les mollusques appelés *crepidules*, et qui ont de l'analogie avec les patelles.

284 PANTAGRUEL.

Merluz frayz.	Umbrettes.
Seiches.	Darceaux.
Rippes[1].	Anguilles.
Tons[2].	Anguillettes.
Guoyons.	Tortues.
Meusniers.	Serpens, *id est*, Anguilles de boys.
Escrevisses.	
Palourdes.	Dorades.
Liguombeaulx.	Poullardes.
Chatouilles.	Perches.
Congres.	Realz.
Oyes[3].	Loches.
Lubines.	Cancres.
Aloses.	Escargotz.
Murenes.	Grenoilles.

Ces viandes devorées, s'il ne beuvoit, la mort l'attendoit à deux pas prés. L'on y pourvoyoit tres bien. Puis luy estoient sacrifiés

Merluz salés.	barbouillés, gouildronnés, etc.[4]
Stocficz.	Moulues.
Œufz fritz, perduz, suffocqués, estuvés, trainnés par les cendres, jettés par la cheminée,	Papillons. Adotz. Lancerons marinés.

pour lesquelz cuire et digerer facilement, vinaige estoit multiplié. Sus la fin offroient,

Riz.	Mil[5].

---

[1] On trouve dans Roquefort : *Ripillons*, restes de poissons.

[2] *Tons* est une ancienne forme d'orthographe pour *thons*.

[3] Poissons du genre corégone, dont il est question dans Rondelet et dans Belon.

[4] C'est un dicton culinaire, qu'un cuisinier doit savoir faire cinquante sortes d'œufs. Parmi celles qu'énumère ici Rabelais, il y en a qui sont maintenant inconnues, du moins sous le nom qu'il leur donne. Les œufs *perduz* pourraient bien être des œufs brouillés, et les œufs *suffoqués* des œufs pochés.

[5] Bouillie de maïs.

LIVRE IV, CHAPITRE LX.

Gruau[1].
Beurre d'amendes.
Neige de beurre.
Pistaces.
Fisticques.
Figues.
Raisins.
Escherviz[2].
Millorque.
Fromentée.
Pruneaulx.
Dactyles[3].
Noix.
Noizilles.
Pasquenades.
Artichaulx.

Perennité d'abreuvement parmy.

Croyez que par eux ne tenoit que cestuy Gaster leur dieu ne fust aptement, precieusement et en abondance servy, en ces sacrifices, plus certes que l'idole de Heliogabalus, voire plus que l'idole Bel en Babylone, sous le roy Balthazar. Ce nonobstant Gaster confessoit estre, non dieu, mais pauvre, vile, chetifve creature. Et comme le roy Antigonus, premier de ce nom, respondit à un nommé Hermodotus (lequel, en ses poësies, l'appelloit Dieu et filz du soleil) disant : *mon lasanophore le nie*[4]. Lasanon[5] estoit une terrine et vaisseau approprié à recevoir les excremens du ventre : ainsi Gaster renvoyoit ces Matagots à sa selle percée voir, considerer, philosopher et contempler quelle divinité ilz trouvoient en sa matiere fecale.

---

[1] Décoction de froment mêlée avec du bouillon.
[2] Probablement *chervis*, espèce de panais.
[3] Dattes.
[4] Emprunté à Plutarque dans ses *Apophthegmes* et dans son *Traité d'Isis et d'Osiris*.
[5] Une terrine ou pot de chambre. — [Ceste diction est ja exposee.]

CHAPITRE LXI.

Comment Gaster inventa les moyens d'avoir et conserver grain.

Ces diables Gastrolatres retirés, Pantagruel fut attentif à l'estude de Gaster le noble maistre des ars. Vous sçavez que par institution de Nature, Pain avec ses apennaiges[1] luy a esté pour provision adjugé et aliment, adjoincte ceste benediction du ciel, que pour pain trouver et garder rien ne luy defauldroit. Des le commencement il inventa l'art fabrile[2], et agriculture pour cultiver la terre, tendant à fin qu'elle luy produisist grain. Il inventa l'art militaire et armes pour grain defendre, medecine et astrologie, avec les mathematiques necessaires, pour grain en saulveté par plusieurs siecles garder et mettre hors les calamités de l'air, deguast des bestes brutes, larecin des briguands. Il inventa les moulins à eau, à vent, à bras, à autres mille engins, pour grain mouldre et reduire en farine : le levain pour fermenter la paste, le sel pour luy donner saveur : (car il eut ceste cognoissance, que chose on monde plus les humains ne rendoit à maladies subjectz, que de pain non fermenté, non salé user :) le feu pour le cuire, les horologes et quadrans pour entendre le temps de la cuicte de Pain, creature de Grain. Est advenu que Grain en un pays defailloit, il inventa art et moyen de le tirer d'une contrée en autre. Il par invention grande mesla deux especes d'animans, asnes et jumens, pour production d'une tierce, laquelle nous appellons muletz, bestes plus puissantes, moins

---

[1] Ou apanages. C'est ce que l'aîné donnait aux cadets exclus de la succession, pour leur soustenance, comme dit Pierre de Fontaines.

[2] L'art du forgeron.

delicates, plus durables au labeur que les autres. Il inventa chariotz et charrettes pour plus commodement le tirer. Si la mer ou rivieres ont empesché la traicte, il inventa basteaulx, gualeres, et navires (chose de laquelle se sont les elemens esbahiz) pour oultre mer, oultre fleuves et rivieres naviguer, et de nations barbares, incogneues, et loing separées, Grain porter et transporter.

Est advenu depuis certaines années, que la terre cultivant, il n'a eu pluie à propos et en saison, par default de laquelle grain restoit en terre mort et perdu. Certaines années la pluie a esté excessive, et nayoit le grain. Certaines autres années la gresle le guastoit, les vents l'esgrenoient, la tempeste le reversoit. Il ja devant nostre venue, avoit inventé art et moyen d'evoquer la pluye des cieulx, seulement une herbe decouppant, commune par les prairies, mais à peu de gens cogneue, laquelle il nous monstra. Et estimois que fust celle de laquelle une seule branche jadis mettant le pontife Jovial[1] dedans la fontaine Agrie[2] sus le mont Lycien en Arcadie, on temps de seicheresse, excitoit les vapeurs : des vapeurs estoient formées grosses nuées, les quelles dissolues en pluies, toute la region estoit à plaisir arrousée. Inventoit art et moyen de suspendre et arrester la pluie en l'air, et sus mer la faire tomber. Inventoit art et moyen d'aneantir la gresle, supprimer les vents, destourner la tempeste, en la maniere usitée entre les Methanensiens[3] de Trezenie.

Autre infortune est advenu. Les pillars et briguands desroboient grain et pain par les champs. Il inventa art de bastir villes, forteresses, et chasteaux pour le reserrer, et en seureté conserver. Est advenu que par les champs ne trouvant pain, entendit qu'il estoit dedans les villes, forteresses et chasteaux reserré, et plus curieusement par les

---

[1] De Jupiter.
[2] Il est évident, en se référant à la mythologie et au texte de Pausanias, auquel ceci est emprunté, qu'il faut lire *Agnie* ou *Agno*. (Ἀγώ).
[3] Habitants de *Méthène* ou *Methone*, aujourd'hui *Modon*, ville du Péloponnèse, près de Trézène.

habitans defendu et gardé, que ne furent les pommes d'or des Hesperides par les dracons[1]. Il inventa art et moyen de battre et desmolir forteresses et chasteaux par machines et tormens[2] bellicques, beliers, balistes, catapultes, desquelles il nous monstra la figure, assez mal entendue des ingenieux architectes, disciples de Vitruve, comme nous a confessé messere Philebert de l'Orme[3], grand architecte du roy Megiste. Les quelles, quand plus n'ont profité, obstant la maligne subtilité, et subtile malignité des fortificateurs, il avoit inventé recentement canons, serpentines, coulevrines, bombardes, basilics, jettans boullets de fer, de plomb, de bronze, pesans plus que grosses enclumes, moyennant une composition de pouldre horrifique, de laquelle Nature mesmes s'est esbahie, et s'est confessée vaincue par art, ayant en mespris l'usaige des Oxydraces[4], qui à force de fouldres, tonnoires, gresles, esclairs, tempestes, vainquoient, et à mort soudaine mettoient leurs ennemis en plein champ de bataille. Car plus est horrible, plus espouvantable, plus diabolique, et plus de gens meurtrist, casse, rompt et tue : plus estonne les sens des humains : plus de murailles demolist un coup de basilic[5], que ne feroient cent coups de fouldre.

---

[1] Cette fable, empruntée à Pausanias, avait été répétée par plusieurs savants de la fin du XVᵉ siècle et du commencement du XVIᵉ, dont les ouvrages étaient familiers à Rabelais. L'abbé de Marsy s'étonne qu'il ait inventé toutes ces rêveries, « d'autant plus déplacées ici, dit-il, que tout ce qui précède et ce qui suit est plein d'une philosophie sensée et même approfondie. »

Mais cela tient à la manière de Rabelais, qui ne voulait pas être longtemps sérieux, et qui aimait à glisser entre deux vérités quelque grosse plaisanterie pour les faire passer.

[2] *Tormenta bellica*, machines de guerre.

[3] Ce célèbre artiste fut architecte et intendant des bâtiments des rois Henri II, François II et Charles IX. Rabelais l'avait connu personnellement. Voyez la *Notice*, p. 55.

[4] Ou Oxydraques, peuples de l'Inde dont il est question dans Philostrate et dans Quinte-Curce.

[5] Gros canon qui portait, dit-on, jusqu'à 160 livres de balles.

CHAPITRE LXII.

Comment Gaster inventoit art et moyen de non estre blessé ne touché par coups de canon.

Est advenu que Gaster retirant grains es forteresses s'est veu assailly des ennemis, ses forteresses demolies, par ceste triscaciste [1] et infernale machine : son grain et pain tollu et saccaigé par force titanique [2], il inventoit lors art et moyen non de conserver ses remparts, bastions, murailles, et defenses de telles canonneries, et que les boullets ou ne les touchassent, et restassent coy et court en l'air, ou touchans ne portassent nuisance ne es defenses ne aux citoyens defendans. A cestuy inconvenient ja avoit ordre tres bon donné et nous en monstra l'essay : duquel a depuis usé Fronton [3], et est de present en usaige commun entre les passe temps et exercitations honnestes des Thelemites. L'essay estoit tel. Et dorenavant soyez plus facile à croire ce qu'asseure Plutarche avoir experimenté. Si un trouppeau de chevres s'en fuyoit courant en toute force, mettez un brin de eringe [4] en la gueule d'une derniere cheminante [5], soudain toutes s'arresteront.

Dedans un faulconneau de bronze il mettoit sus la pouldre de canon curieusement composée, degressée de son soulfre, et proportionnée avec camphre fin, en quantité competente, une ballote de fer bien qualibrée, et vingt et quatre grains de dragée de fer, uns ronds et sphericques, autres en forme lachrymale. Puis ayant pris sa mire contre un sien jeune page,

---

[1] [Trois fois tres mauvaise.] — Du grec τρὶς κάκιστος.
[2] [Des geants.]
[3] Ce Fronton nous est inconnu. Il ne peut être question ici de S. J. Frontin, auteur des *Strategemata*, puisqu'il s'agit des moyens de défense contre les *canonneries*.
[4] Espèce de chardon.
[5] De celles qui sont derrière.

comme s'il le voulust ferir parmy l'estomac, en distance de soixante pas, on milieu du chemin entre le page et le faulconneau en ligne droite suspendoit sus une potence de bois à une corde en l'air une bien grosse pierre Siderite, c'est à dire Ferriere, autrement appellée *Herculiane*, jadis trouvée en Ide on pays de Phrygie par un nommé *Magnes*, comme atteste Nicander. Nous vulgairement l'appellons *Aymant*. Puis mettoit le feu on faulconneau par la bouche du pulverin. La pouldre consommée advenoit que pour eviter vacuité (laquelle n'est tolerée en nature, plus toust seroit la machine de l'univers, ciel, air, terre, mer reduicte à l'antique chaos, qu'il advint vacuité en lieu du monde) la ballote et dragées estoient impetueusement hors jettées par la gueule du faulconneau, afin que l'air penetrast en la chambre d'iceluy, laquelle autrement restoit en vacuité, estant la pouldre par le feu tant soudain consommée. Les ballotte et dragées ainsi violentement lancées sembloient bien debvoir ferir le page : mais sus le point qu'elles approchoient de la susdite pierre, se perdoit leur impetuosité et toutes restoient en l'air flottantes et tournoyantes autour de la pierre, et n'en passoit oultre une tant violente fust elle, jusques au page. Mais il inventoit l'art et maniere de faire les boullets arriere retourner contre les ennemis, en pareille furie et dangier qu'ilz seroient tirés, et en propre parallele.

Le cas ne trouvoit difficile, attendu que l'herbe nommée *Ethiopis*[1] ouvre toutes les serrures qu'on luy presente : et que Echineis poisson tant imbecille arreste contre tous les vents et retient en plein fortunal les plus fortes navires qui soient sus mer : et que la chair d'iceluy poisson conservée en sel attire l'or hors les puits tant profonds soient ilz, qu'on pourroit sonder.

Attendu que Democritus escrit, Theophraste l'a creu et es-

---

[1] Cet exemple et les suivants, des propriétés merveilleuses de certaines herbes, sont empruntés à Pline, à Élien, à Plutarque et autres auteurs anciens qui ont traité des sciences naturelles. La manière dont notre auteur les allègue montre assez son opinion sur ces fables, qui, de son temps, n'avaient pas encore perdu tout leur crédit.

prouvé estre une herbe, par le seul attouchement de laquelle un coin de fer profondement et par grande violence enfoncé dedans quelque gros et dur bois, subitement sort dehors. De laquelle usent les *Pics Mars* (vous les nommez *Pivars*) quand de quelque puissant coin de fer l'on estouppe le trou de leurs nids : lesquelz ilz ont accoustumé industrieusement faire et caver dedans le tronc des fortes arbres.

Attendu que les cerfz et bisches navrés profondement par traicts de dards, fleches, ou guarrots, s'ilz rencontrent l'herbe nommée *dictame* frequente en Candie, et en mangent quelque peu, soudain les fleches sortent hors, et ne leur en reste mal aucun. De laquelle Venus guarit son bien aimé filz Æneas, blessé en la cuisse dextre d'une fleche tirée par la sœur de Turnus Juturna.

Attendu qu'au seul flair issant des lauriers, figuiers, et veaulx marins, est la fouldre detournée, et jamais ne les ferit. Attendu que au seul aspect d'un belier les elephans enragés retournent à leur bon sens : les taureaux furieux et forcenés approchans des figuiers sauvages dits caprifices se apprivoisent, et restent comme grampes[1] et immobiles : la furie des viperes expire par l'attouchement d'un rameau de fouteau[2]. Attendu aussi qu'en l'isle de Samos avant que le temple de Juno y fust basty, Euphorion escrit avoir veu bestes nommées Neades[3], à la seule voix desquelles la terre fondoit en chasmates[4] et en abysme. Attendu pareillement que le suzeau[5] croist plus canore et plus apte au jeu des flustes en pays on quel le chant des coqs ne sera ouy : ainsi qu'ont escrit les anciens sages, selon le rapport de Theophraste, comme si le chant des coqs hebetast, amolist et estonnast la matiere et le bois du suzeau : au quel chant pareillement ouy le lyon, animant de si grande force et constance, devient tout estonné et consterné. Je sçay qu'autres

---

[1] Engourdies, pour *crampes*, qui était autrefois adjectif.
Luxure n'est de rien endormie, ne crampe.
Test. de *Jehan de Meung*, v. 1753.

[2] De hêtre.

[3] De Néa, île de la mer Égée, très-abondante en reptiles dangereux.

[4] Ouvertures, du grec χάσματα.

[5] Sureau.

ont ceste sentence entendu du suzeau sauvage, provenant en lieux tant esloignés de villes et villages, que le chant des coqs n'y pourroit estre ouy. Iceluy sans doubte doit pour flutes et autres instrumens de musique estre esleu, et preferé au domestique, lequel provient au tour des chesaulx[1] et masures. Autres l'ont entendu plus hautement non selon la lettre, mais allegoricquement selon l'usage des Pythagoriens. Comme quand il a esté dit[2] que la statue de Mercure ne doit estre faite de tous bois indifferentement, ilz exposent que Dieu ne doit estre adoré en façon vulgaire, mais en façon esleue et religieuse. Pareillement en ceste sentence nous enseignent que les gens sages et studieux ne se doivent adonner à la musique triviale et vulgaire, mais à la celeste, divine, angelique, plus absconse et de plus loing apportée : sçavoir est d'une region en laquelle n'est ouy des coqs le chant. Car voulans denoter quelque lieu à l'escart et peu frequenté, ainsi disons nous, en iceluy n'avoir onques esté ouy coq chantant.

---

[1] *Chez, chezal, chezau*, s'emploient encore dans l'Indre et dans le Cher, avec le sens d'habitation. Ils se joignent, soit au nom des propriétaires, soit à celui des localités : *Chez-Serrant*, *Chezal-Huguet*, etc. Voy. le *Glossaire* de M. le comte Jaubert.

[2] Par Pythagore lui-même, selon Apulée.

CHAPITRE LXIII.

Comment prés de l'isle Chaneph[1] Pantagruel sommeilloit, et les problemes proposés à son reveil.

Au jour subsequent en menuz devis suivans nostre route, arrivasmes prés l'isle de Chaneph. En laquelle abourder ne peut la nauf de Pantagruel : parce que le vent nous faillit, et fut calme en mer. Nous ne voguions que par les valentiennes[2] changeans de tribort en babort, et de babort en tribort : quoy qu'on eust es voiles adjoint les bonnettes trainneresses[3]. Et restions, tous pensifz, matagrabolisés, sesolfiés, et faschés, sans mot dire les uns aux autres. Pantagruel tenant un Heliodore[4] Grec en main sus un transpontin au bout des escoutilles sommeilloit. Telle estoit sa coustume, que trop mieulx par livre dormoit, que par cœur[5]. Epistemon reguardoit par

---

[1] [Hypocrisie (hebreu).]
[2] Johanneau croit que cela veut dire : à l'aide des voiles faites comme celles des navigateurs valençais. L'auteur du *Glossaire naval*, après s'être demandé s'il ne s'agit pas ici des *balancines*, cordes qui servent à *balancer* la vergue, s'arrête enfin à croire que *valentianes* est ici pour *valance* ou *balance*, roulis. On dit en espagnol : *la nao va de valance*, le navire va de roulis, pour exprimer qu'il n'a d'autre mouvement que celui qui lui est imprimé par le roulis.
[3] Les voiles supplémentaires latérales qui traînent jusqu'à la mer. Les Espagnols appellent encore cette bonnette *rastrera*, traînante.
[4] Auteur des *Amours de Théagène et de Chariclée*, livre qui ne produisait pas sur Racine le même effet que sur Pantagruel, puisque ses maîtres le lui confisquèrent plusieurs fois, sans le faire renoncer à cette lecture. Ce qui rend encore plus piquante la médiocre estime que Rabelais semble faire d'Héliodore, c'est que Montaigne, dans les premières éditions de ses Essais, range l'Histoire éthiopique d'Héliodore avec le Pantagruel de Rabelais entre les livres simplement *plaisants et dignes qu'on s'y amuse*.
[5] S'endormait plutôt en lisant qu'en ne faisant rien. Cette opposition entre *par cœur* et *par livre*, qui paraît venir des écoliers récitant de mémoire ou lisant leur leçon, était proverbiale, à en juger par ces vers d'Alain Chartier, qui du reste ne sont pas trop clairs :

Nul ne se doit amy clamer
Sinon par cueur ains que par livre.

son astrolabe[1] en quelle elevation nous estoit le pole. Frere Jean s'estoit en la cuisine transporté : et en l'ascendant des broches et horoscope des fricassées consideroit quelle heure lors pouvoit estre. Panurge avec la langue parmy un tuyau de Pantagruelion faisoit des bulles et gargoulles. Gymnaste appoinctoit des curedens de lentisce. Ponocrates resvant resvoit, se chatouilloit pour se faire rire, et avec un doigt la teste se grattoit. Carpalim d'une coquille de noix grosliere faisoit un beau, petit, joyeux, et harmonieux moulinet à aisle de quatre belles petites aisses d'un tranchouoir de vergne[2]. Eusthenes sus une longue coulevrine jouoit des doigts, comme si fust un monochordion. Rhizotome de la coque d'une tortue de Guarrigues composoit une escarcelle veloutée. Xenomanes avec des jectz[3] d'esmerillon repetassoit une vieille lanterne. Nostre pilot tiroit les vers du nez à ses matelotz, quand frere Jean retournant de la cabane apperceut que Pantagruel estoit resveillé. Adonc rompant cestuy tant obstiné silence à haute voix, en grande alaigresse d'esprit demanda : *Maniere de haulser le temps en calme*[4]? Panurge seconda soudain demandant pareillement : *Remede contre fascherie?* Epistemon tierça en gayeté de cœur demandant : *Maniere d'uriner, la personne n'en estant entalentée*[5]? Gymnaste soy levant en pieds, demanda : *Remede contre l'esblouissement des yeulx?* Ponocrates s'estant un peu frotté le front et secoué les oreilles, demanda : *Maniere de ne dormir point en chien?* Attendez, dist Pantagruel. Par le decret des subtilz philosophes peripateticques nous est enseigné, que tous problemes, toutes questions, tous doubtes proposés doivent estre certains,

---

[1] Instrument qui sert à mesurer la hauteur des astres au-dessus de l'horizon.

[2] Petites planchettes faites de morceaux de bois d'aune fendu.

[3] Attaches, en latin *jacti*, terme de fauconnerie.

[4] Il est certain que l'expression *hausser le temps* s'employait pour : bien boire. « L'empereur fut contraint de laisser *hausser le temps* aux bons biberons. » (Brantôme.) Naudé s'en sert aussi dans son *Mascurat*. Le *Dictionnaire* de *Trévoux* l'explique par : laisser le temps se mettre au beau. Les mots *en calme*, que Rabelais ajoute ici, et ce qu'il dit plus loin à la fin du chapitre 65, sont de nature à confirmer, nous paraît-il, cette interprétation.

[5] N'y étant point disposée.

clairs et intelligibles. Comment entendez vous, *dormir en chien?* C'est (respondit Ponocrates) dormir à jeun en haut soleil, comme font les chiens.

Rhizotome estoit acropy sus le coursouoir [1]. Adonc levant la teste et profondement baislant [2], si bien qu'il par naturelle sympathie [3] excita tous ces compaignons à pareillement baisler, demanda : *Remede contre les oscitations et baislements?* Xenomanes comme tout lanterné à l'accoustrement de sa lanterne, demanda : *Maniere de equilibrer et balancer la cornemuse de l'estomac, de mode qu'elle ne panche point plus d'un costé que d'autre?* Carpalim jouant de son moulinet, demanda : *Quants mouvemens sont precedens en Nature, avant que la personne soit dite avoir faim?* Eusthenes oyant le bruit accourut sus le tillac, et des le capestan s'escria, demandant : *Pourquoy en plus grand dangier de mort est l'homme mords à jeun d'un serpent jeun, que après avoir repeu tant l'homme que le serpent? Pourquoy est la salive de l'homme jeun veneneuse à tous serpens et animaux veneneux?*

Amis, respondit Pantagruel, à tous les doubtes et questions par vous proposées compete une seule solution : et à tous telz symptomates [4] et accidens une seule medecine. La response vous sera promptement expousée, non par longs ambages et discours de paroles : *l'estomac affamé n'a point d'oreilles, il n'oyt goutte.* Par signes, gestes et effectz serez satisfaits, et aurez resolution à vostre contentement. Comme jadis en Rome Tarquin l'orgueilleux, roy dernier des Romains, (ce disant Pantagruel toucha la corde de la campanelle, frere Jean soudain courut à la cuisine,) par signe respondit à son filz Sex. Tarquin estant en la ville des Gabins. Lequel luy avoit envoyé homme exprés pour entendre comment il pourroit les Gabins du tout [5] subjuguer, et à parfaicte obeissance

---

[1] Le *Glossaire naval* ne donne que *coursie* et *coursière*, passage entre la proue et la poupe, ou du gaillard au grand mât.
[2] Bâillant.
[3] [Compassion, consentement, semblable affection.] — Aujourd'hui ce mot est compris de tous.
[4] [Accidens survenans aux maladies : comme mal de cousté, toux, difficulté de respirer, pleuresie.]
[5] Complétement.

reduire. Le roy susdit, soy defiant de la fidelité du messaigier, ne luy respondit rien. Seulement le mena en son jardin secret : et en sa veue et presence avec son bracquemart coupa les hautes testes de pavotz là estans. Le messagier retournant sans response, et au filz racontant ce qu'il avoit veu faire à son pere, fut facile par telz signes entendre qu'il luy conseilloit trancher les testes aux principaux de la ville, pour mieux en office et obeissance totale contenir le demourant du menu populaire.

CHAPITRE LXIV.

Comment par Pantagruel ne fut respondu aux problemes proposés.

Puis demanda Pantagruel : *Quelz gens habitent en ceste belle isle de chien?* Tous sont, respondit Xenomanes, hypocrites, hydropicques, patenostriers, chatemites, santorons[1], cagotz, hermites. Tous pauvres gens, vivans (comme l'hermite de Lormont entre Blaye et Bordeaux) des aulmosnes que les voyagiers leurs donnent. Je n'y vais pas, dist Panurge, je vous affie. Si je y vais, que le diable me souffle au cul. Hermites, santorons, chatemites, cagotz, hypocrites, de par tous diables, ostez vous de là. Il me souvient encores de nos gras Concilipetes de Chesil : que Belzebuz et Astarotz les eussent concilié avec Proserpine : tant patismes à leur veue, de tempestes et diableries. Escoute, mon petit bedon, mon caporal Xenomanes, de grace. *Ces hypocrites, hermites, marmiteux icy sont ilz vierges ou mariés? Y a il du feminin genre?*[2] *En tireroit on hypocriticquement le petit traict hypocriticque?* Vrayement, dist Pantagruel, voylà une belle et joyeuse demande. Ouy dea, respondit Xenomanes. Là sont belles et joyeuses hypocritesses, chatemitesses, hermitesses, femmes de grande religion. Et y a copie de petits hypocritillons, chatemitillons, hermitillons. (Ostez cela, dist frere Jean interrompant. De jeune hermite, vieil diable. Notez ce proverbe authenticque.) Autrement sans multiplication de lignée fust, longtemps y a, l'isle de Caneph deserte et desolée. Pantagruel leur envoya par Gymnaste dedans l'esquif son aulmosne :

---

[1] Ce mot paraît avoir été formé de celui de *santons*, qui désigne dans l'Orient des espèces d'inspirés.
[2] Du beau sexe.

soixante et dix huit mille beaux petits demis escus à la lanterne [1]. Puis demanda : Quantes heures sont? Neuf, et davantage, respondit Epistemon. C'est (dist Pantagruel) juste heure de disner. Car la sacre ligne tant celebrée par Aristophanes en sa comedie intitulée, *les Predicantes* [2], approche : laquelle lors escheoit quand l'ombre est decempedale [3]. Jadis entre les Perses l'heure de prendre refection estoit es roys seulement prescrite : à un chascun autre estoit l'appetit et le ventre pour horloge. De fait, en Plaute, certain parasite soy complainct, et deteste furieusement les inventeurs d'horologes et quadrans, estant chose notoire qu'il n'est horloge plus juste que le ventre [4]. Diogenes interrogé à quelle heure doit l'homme repaistre, respondit : *Le riche, quand il aura faim : le pauvre, quand il aura de quoy* [5]. Plus proprement disent les medecins l'heure canonicque estre :

> Lever à cinq, disner à neuf ;
> Souper à cinq, coucher à neuf [6].

La magie du celebre roy Petosiris [7] estoit autre. Ce mot n'estoit achevé, quand les officiers de gueule dresserent les tables et buffetz : les couvrirent de nappes odorantes, assietes, servietes, salieres : apporterent tanquars [8], frizons [9], flacons, tasses, hanats, bassins, hydries. Frere Jean, associé des mais-

---

[1] C'est une variante rabelaisienne des écus *au soleil*.

[2] Les *Harangueuses* ('Εκκ)ησιάζουσαι). Dans cette comedie, Praxagora, expliquant à son mari Blepyrus son plan de république communiste, lui dit (v. 652 et 653) :
« Tu n'auras autre chose à faire que d'aller manger, lorsque l'ombre du cadran sera de dix pieds. » C'était l'heure du repas ; celle du bain était quand l'ombre marquait six pieds.

[3] [Tombante sus le 10ᵉ poinct en un quadrant.]

[4] Nam me puero uterus hic erat solarium
Multo omnium istorum optumum et verissimum.
(Plauti *Fragmenta*.)

V. Diogène Laërce, *Vie de Diogène*.

[5] Emprunté à la vie de Diogène le Cynique par Diogène Laërce.

[6] Le proverbe ajoutait :
Fait vivre d'ans nonante neuf.

[7] La méthode attribuée à Petosiris et à Neceptos, rois de la vieille Égypte, est mentionnée par Pline. Juvénal la trouve excellente :
.... Nulla videtur
Aptior hora cibo.

[8] Pots à mettre la boisson. Les Anglais disent encore *tankard*.

[9] Sorte de bouteilles, en terre commune.

tres d'hostel, escarques[1], panetiers, eschansons, escuyers tranchans, coupiers, credentiers[2], apporta quatre horrifiques pastés de jambons si grands, qu'il me souvint des quatre bastions de Turin. Vray Dieu, comment il y fut beu et guallé! Ilz n'avoient encores le dessert, quand le vent ouest norouest commença enfler les voiles, papefilz[3], morisques, et trinquetz. Dont tous chanterent divers cantiques à la louange du tres haut Dieu des cieulx. Sus le fruict[4] Pantagruel demanda: Advisez, amis, si vos doubtes sont à plein resoluz. Je ne baisle plus, Dieu mercy, dist Rhizotome.

Je ne dors plus en chien, dist Ponocrates. Je n'ay plus les yeulx esblouis, respondit Gymnaste. Je ne suis plus à jeun, dist Eusthenes. Pour tout ce jourd'huy seront en seureté de ma salive[5]:

Aspicz.	Aractes.
Amphisbenes.	Asterions.
Anerudutes.	Alcharates.
Abedissimons.	Arges.
Alhartafz.	Araines.
Ammobates.	Ascalabes.
Apimaos.	Attelabes.
Alhatrabans.	Ascalabotes.

[1] Pour *escalques*, du vieux mot allemand *scalk*, serviteur, qui a servi à former nos mots *maréchal*, *sénéchal*, etc.

[2] On interprète ordinairement ce mot par buffetiers, de *crédence*, buffet. Mais Du Cange dit positivement:

« *Credentia*, experimentum, *Credentierus*, qui cibos præegustat. »

[3] On peut voir dans le *Glossaire nautique*, au mot *Pacfi*, les dix ou douze variantes que subit l'orthographe de ce mot. Nom d'une voile de cape ou de tourmente.

[4] Sur le fruit, au moment du dessert.

[5] Les digressions de Pantagruel et de ses joyeux compagnons ont un peu fait oublier le dernier problème proposé par Eusthènes: « Pourquoy est la salive de l'homme à jeun veneneuse à tous serpents et animaux veneneux? » Eusthènes, ayant bien mangé, déclare pour le moment « en sceureté de sa salive » toutes les variétés de serpents et animaux vénéneux qui suivent.

[6] Nous ne croyons pas fort utile de fatiguer le lecteur de notes sur cette nomenclature de reptiles, d'insectes et animaux venimeux. Parmi les noms qui ne sont pas généralement connus, beaucoup

Æmorrhoides.	Handons.
Basilicz.	Icles.
Belettes ictides.	Iarraries.
Boies.	Ilicines.
Buprestes.	Ichneumones.
Cantharides	Kesudures.
Chenilles.	Lievres marins.
Crocodiles.	Lizars chalcidiques.
Crapaulx.	Myopes.
Catoblepes.	Manticores.
Cerastes.	Molures.
Cauquemares.	Myagres.
Chiens enraigés.	Musaraines.
Colotes.	Miliares.
Cychriodes.	Megalaunes.
Cafezates.	Ptyades.
Cauhares.	Porphyres.
Couleffres.	Plareades.
Cuharsces.	Phalanges.
Chelhydres.	Penphredones.
Croniocolaptes.	Pityocampes.
Chersydres.	Ruteles.
Cenchrynes.	Rimoires.
Coquatris.	Rhagions
Dipsades.	Rhaganes.
Domeses.	Salamandres.
Dryinades.	Scytales.
Dracons.	Stellions.
Elopes.	Scorpenes.
Enhydrides.	Scorpions.
Fanuises.	Selsirs.
Galeotes.	Scalavotins.
Harmenes.	Solofuidars.

sont empruntés à Pline et ont une étymologie latine ou grecque ; quelques-uns paraissent arabes : *alhautrafs, alhatrabans, solofuidars, selsirs*; d'autres sont empruntés aux idées superstitieuses du moyen âge : *coquenarcs, coquatrix*, et peut-être *rimoires*.

Sourds.	Sangles.
Sangsues.	Sepedons.
Salfuges.	Scolopendres.
Solifuges.	Tarantoles.
Sepes.	Typholopes.
Stinces.	Tetragnaties.
Stuphes.	Teristales.
Sabtins.	Viperes.

CHAPITRE LXV.

Comment Pantagruel haulse le temps avec ses domestiques.

En quelle hierarchie, demanda frere Jean, de telz animaux veneneux mettez vous la femme future de Panurge? Dis tu mal des femmes, respondit Panurge. Ho guodelureau [1] moine culpelé [2]? Par la guogue cenomanique [3], dist Epistemon, Euripides escrit, et le prononce Andromache, que contre toutes bestes veneneuses a esté par l'invention des humains, et instruction des Dieux, remede profitable trouvé. Remede jusques à present n'a esté trouvé contre la male femme. Ce gorgias Euripides, dist Panurge, tousjours a mesdit des femmes [4]. Aussi fut il par vengeance divine mangé des chiens, comme luy reproche Aristophanes. Suivons. Qui a si parle [5].

Je urineray presentement, dist Epistemon, tant qu'on vouldra. J'ay maintenant, dist Xenomanes, mon estomac sabourré [6] à profit de mesnage. Ja ne panchera d'un cousté plus que d'autre :

Il ne me fault, *dist Carpalim*, ne vin ne pain.
Trefves de soif, trefves de faim.

Je ne suis plus fasché, dist Panurge, Dieu mercy et vous. Je suis gay comme un papegay [7] :

Joyeux comme un esmerillon,
Alaigre comme un papillon.

---

[1] Peut-être ici bon luron, plutôt que jeune galant.

[2] Nous pensons, comme Morellet, que *culpelé* est ici synonyme de singe.

En mainte occasion, Rabelais compare les moines aux singes qui ne font que tout gâter et conchier.

[3] Nous avons vu que *gogue* voulait dire farce dans les deux sens du mot. Le Mans (pays des Cénomans, *Cenomani*) a toujours été célèbre pour l'apprêt des volailles.

[4] Voyez Euripide (*Andromaque*, v. 269).

[5] Que celui qui a quelque chose à dire parle.

[6] Lesté.

[7] Un perroquet.

Veritablement il est escrit par vostre beau Euripides, et le dit Silenus beuveur memorable :

> Furieux est, de bon sens ne jouist
> Quiconques boit, et ne s'en resjouist.

Sans point de faulte nous debvons bien louer le bon Dieu nostre createur, servateur, conservateur, qui par ce bon pain, par ce bon vin et frais, par ces bonnes viandes nous guerist de telles perturbations, tant du corps comme de l'ame : oultre le plaisir et volupté que nous avons beuvans et mangeans.

Mais vous ne respondez point à la question de ce benoist venerable frere Jean, quand il a demandé : Maniere de haulser le temps? Puis, dist Pantagruel, que de ceste legiere solution des doubtes proposés vous contentez, aussi fais je. Ailleurs, et en autre temps nous en dirons davantage, si bon vous semble.

Reste donc à vuider ce que a frere Jean proposé : Maniere de haulser le temps? Ne l'avons nous à souhait haulsé? Voyez le guabet de la hune [1]. Voyez les siflemens des voiles. Voyez la roideur des estails, des utacques et des escoutes.

Nous haulsans et vuidans les tasses s'est pareillement le temps haulsé par occulte sympathie de nature. Ainsi le haulserent Atlas et Hercules [2], si croyez les sages mythologiens. Mais ilz le haulserent trop d'un demy degré : Atlas, pour plus alaigrement festoyer Hercules son hoste, Hercules pour les alterations precedentes par les desers de Libye. (Vray bis, dist frere Jean interrompant le propos, j'ay ouy de plusieurs venerables docteurs que Tirelupin, sommelier de vostre bon pere, espargne par chascun an plus de dix huit cens pippes de vin, par faire les survenans et domestiques boire avant qu'ilz aient soif.) Car, dist Pantagruel continuant, comme les chameaulx et dromadaires en la caravane boivent pour la soif passée, pour la soif presente, et pour la soif future, ainsi fit

---

[1] Le *guabet* est le pavillon de la hune. Pantagruel veut dire que par leurs manœuvres ils ont réussi à conjurer la tempête.

[2] Rabelais, jouant toujours sur les mots *haulser le temps*, rappelle qu'Atlas soutenait le ciel sur ses épaules, tâche pénible à laquelle Hercule, si l'on en croit Lucien, consentit un jour à s'associer.

Hercules. De mode que par cestuy excessif haulsement de temps advint au ciel nouveau mouvement de titubation et trepidation, tant controvers et debattu entre les folz astrologues.

C'est, dist Panurge, ce que l'on dit en proverbe commun :

> Le mal temps passe, et retourne le bon,
> Pendant qu'on trinque autour de gras jambon.

Et non seulement, dist Pantagruel, repaissans et beuvans avons le temps haulsé, mais aussi grandement deschargé la navire : non en la façon seulement que fut deschargée la corbeille de Aesope [1], sçavoir est vuidans les victuailles, mais nous aussi emancipans de jeusne. Car comme le corps plus est poisant mort que vif, aussi est l'homme jeun plus terrestre et poisant, que quand il a beu et repeu. Et ne parlent improprement ceux qui par long voyage au matin boivent et desjeunent, puis disent : Nos chevaulx n'en iront que mieux.

Ne sçavez vous que jadis les Amycleens sus tous dieux reveroient et adoroient le noble pere Bacchus, et le nommoient *Psila* en propre et convenante denomination [2]? *Psila* en langue Doricque signifie aisles. Car comme les oiseaux par aide de leurs aisles volent haut en l'air legierement : ainsi par l'aide de Bacchus, c'est le bon vin friand et delicieux, sont haut eslevés les esprits des humains : leurs corps evidentement alaigris : et assouply ce que en eux estoit terrestre.

---

[1] Allusion à ce trait de la vie d'Esope. Celui-ci, voyageant avec son maître, et invité par les autres esclaves à prendre sa part de la charge commune, choisit le panier au pain, qui était le plus pesant, mais qui devait se vider le premier.

[2] Ceci est emprunté à Pausanias, liv. III.

CHAPITRE LXVI.

Comment prés l'isle de Ganabin [1] au commandement de Pantagruel furent les Muses saluées.

Continuant le bon vent, et ces joyeux propos, Pantagruel descouvrit au loing, et apperceut quelque terre montueuse, laquelle il monstra à Xenomanes, et luy demanda : Voyez vous cy davant à Orche ce haut rochier à deux crouppes bien ressemblant au mons Parnasse en Phocide? Tres bien, respondit Xenomanes. C'est l'isle de Ganabin. Y voulez vous descendre? Non, dist Pantagruel. Vous faites bien, dist Xenomanes. Là n'est chose aucune digne d'estre veue. Le peuple sont tous voleurs, et larrons. Y est toutesfois vers ceste crouppe dextre la plus belle fontaine du monde, et autour une bien grande forest. Vos chormes y pourront faire aiguade et lignade [2].

C'est, dist Panurge, bien et doctement parlé. Ha, da, da. Ne descendons jamais en terre des voleurs et larrons. Je vous asseure que telle est ceste terre icy, quelles autrefois j'ay vu les isles de Cerq et Herm [3] entre Bretaigne et Angleterre : telle que la Poncrople [4] de Philippe en Thrace, isles des forfans [5], des larrons, des briguands, des meurtriers, et assassineurs : tous extraicts du propre original des basses fosses de la Conciergie. Ne y descendons point, je vous en prie. Croyez,

---

[1] [Larrons, hebrieu.] — Johanneau propose aussi l'étymologie *Cannabina insula*, île du Chanvre, du l'antagruélion; idée qui n'est pas sans affinité avec la précédente.

[2] Y faire de l'eau et du bois.

[3] De Sark et de Herm, petites îles de l'archipel anglo-normand, dont la position en a fait de tout temps un lieu de refuge.

[4] [Ville des meschants.] — De πονηρός, méchant, et πόλις, ville.

[5] Nous avons conservé : *forfanterie*.

si non moy, au moins le conseil de ce bon et sage Xenomanes. Ilz sont, par la mort bœuf de bois, pires que les Canibales. Ilz nous mangeroient tous vifz. Ne y descendez pas, de grace. Mieux vous seroit en Averne descendre. Escoutez. Je y oy par Dieu le tocqueceinct horrifique, tel que jadis souloient les Gascons en Bourdelois faire contre les gabelleurs et commissaires[1]. Ou bien les oreilles me cornent. Tirons vie de long[2]. Hau. Plus oultre.

Descendez y, dist frere Jean, descendez y. Allons, allons, allons tousjours. Ainsi ne poyrons nous jamais de giste. Allons. Nous les sacmenterons trestous. Descendons. Le diable y ait part, dist Panurge. Ce diable de moine icy, ce moine de diable enragé ne craint rien. Il est hazardeux comme tous les diables, et point des autres ne se soucie. Il luy est advis que tout le monde est moine comme luy. Va ladre verd[3], respondit frere Jean, à tous les millions de diables, qui te puissent anatomiser la cervelle, et en faire des entommeures. Ce diable de fol est si lasche et meschant, qu'il se conchie à toutes heures de male rage de peur. Si tant tu es de vaine peur consterné, ne y descends pas, reste icy avec le bagaige. Ou bien te va cacher sous la cotte hardie[4] de Proserpine à travers tous les millions de diables.

---

[1] Allusion au soulèvement de la Guyenne (au sujet de la gabelle, en 1548), dont le souvenir était encore récent, et dont il est déjà question au prologue de ce livre. Il fallut deux corps de troupes, dont l'un était commandé par le connétable de Montmorency, pour venir à bout de la révolte qui s'était étendue à la Saintonge et à l'Angoumois. La gabelle fut révoquée en 1554, ou plutôt rachetée par la province moyennant 1,200,000 écus.

[2] Tirons outre, passons notre chemin; *vie*, du latin *via*.

[3] Nous ne croyons pas, comme Le Duchat, et bien que frère Jean traite peu après Panurge de lâche, que *ladre verd* signifie homme sans courage. La preuve, c'est le propos que d'Aubigné tenait sur Henri IV, un jour qu'il était couché dans sa garde-robe avec le sieur de la Force : « Notre maître est un *ladre vert* et le plus ingrat mortel qu'il y ait sur la face de la terre. » Assurément il ne voulait pas dire que Henri fût un lâche. On distinguait dans l'ancienne médecine le *ladre blanc*, celui chez qui la lèpre ne laissait pas de traces extérieures, et le *ladre vert*, à qui la lèpre avait imprimé des stigmates ineffaçables. Au moral, un *ladre vert* était un homme incorrigible.

[4] « Il n'est pas facile, dit M. Qui-

A ces motz Panurge esvanouit de la compaignie, et se mussa au bas dedans la soutte[1], entre les crouttes, miettes et chaplis du pain.

Je sens, dist Pantagruel, en mon ame retraction urgente, comme si fust une voix de loing ouie : laquelle me dit que ne y debvons descendre. Toutes et quantesfois qu'en mon esprit j'ay tel mouvement senty, je me suis trouvé en heur, refusant et laissant la part dont il me retiroit : au contraire en heur pareil me suis trouvé, suivant la part qu'il me poussoit : et jamais ne m'en repenty. C'est, dist Epistemon, comme le demon de Socrates tant celebré entre les academicques. Escoutez donc, dist frere Jean, ce pendant que les chormes y font aiguade. Panurge là bas contrefait le loup en paille[2]. Voulez vous bien rire? Faites mettre le feu en ce basilic que voyez prés le chasteau gaillard. Ce sera pour saluer les muses de cestuy mons Antiparnasse. Aussi bien se guaste la pouldre dedans. C'est bien dit, respondit Pantagruel. Faites moy icy le maistre bombardier venir. Le bombardier promptement comparut. Pantagruel luy commanda mettre feu on basilic et de fraiches pouldres en tout evenement le recharger. Ce que fut sus l'instant fait. Les bombardiers des autres naufz, ramberges, guallions et gualeaces du convoy au premier deschargement du basilic qui estoit en la nauf de Pantagruel, mirent pareillement feu chascun en une de leurs grosses pieces chargées. Croyez qu'il y eut beau tintamarre.

---

cherat, dans son *Histoire du costume au XIV*e *siècle* (séance d'inauguration de l'École des Chartes), d'expliquer la dénomination de *cotte hardie*, en latin *tunica audax*, qui prévalut au commencement du xive siècle. La forme de ce vêtement était celle d'une grande robe taillée droite et fermée comme un fourreau. Des fentes étaient disposées, soit autour de l'encolure pour faciliter le passage de la tête, soit par le bas pour assurer la liberté des jambes. »

[1] Emplacement pratiqué sous les ponts du navire, et qui est ordinairement désigné par l'objet qu'il reçoit : soute aux poudres, au vin, etc. Il s'agit ici de la soute aux provisions.

[2] Cette locution équivaut probablement à celle-ci : Panurge est là-bas comme *rat en paille*, c'est-à-dire sans gêne, bien à son aise.

CHAPITRE LXVII.

Comment Panurge par male peur se conchia, et du grand chat Rodilardus pensoit que fust un diableteau.

Panurge comme un boucq estourdy sort de la soute en chemise, ayant seulement un demy bas de chausses en jambe, sa barbe toute mouchetée de miettes de pain, tenant en main un grand chat soubelin[1] attaché à l'autre demy bas de ses chausses. Et remuant les babines, comme un singe qui cherche poulx en teste, tremblant et clacquetant des dents, se tira vers frere Jean, lequel estoit assis sus le portehaubant de tribort, et devotement le pria avoir de luy compassion, et le tenir en sauvegarde de son bragmart. Affermant et jurant par sa part de Papimanie, qu'il avoit à heure presente veu tous les diables deschainés.

Agua[2] men emy, disoit il, men frere, men pere spirituel, tous les diables sont aujourd'huy de nopces. Tu ne vis onques tel apprest de banquet infernal. Voy tu la fumée des cuisines d'enfer? (Ce disoit monstrant la fumée des pouldres à canon dessus toutes les naufz.) Tu ne vis onques tant d'ames damnées. Et sçais tu quoy? Agua, men emy, elles sont tant douillettes, tant blondelettes, tant delicates, que tu dirois proprement que ce fust ambrosie stygiale[3]. J'ay cuidé (Dieu me le pardoint) que fussent ames Angloises. Et pense que à ce matin ait esté l'isle des chevaulx prés Escosse[4], par

---

[1] Une martre zibeline, disent les commentateurs. Mais on voit par le titre et par la fin du chapitre qu'il s'agit du « grand chat Rodilardus ».

[2] *Aga*, pour *agarde*, regarde, se dit dans plusieurs patois. *Men emi* est du patois lorain.

[3] L'ambroisie des dieux du Styx. — [Ambrosie, viande. Stygiate, d'enfer, dit du fleuve Styx, entre les poetes.]

[4] Allusion à un fait qui se passa, dans l'été de 1549, sur la côte d'Écosse, dans l'île d'Inchkeith, autre-

les seigneurs de Termes et Dessay saccagée et sacmentée avec tous les Anglois qui l'avoient surprise.

Frere Jean à l'approcher sentoit je ne sçay quel odeur autre que de la pouldre à canon. Dont il tira Panurge en place, et apperceut que sa chemise estoit toute foireuse et embrenée de frais. La vertu retentrice du nerf qui restrainct le muscle nommé *sphincter* (c'est le trou du cul) estoit dissolue par la vehemence de peur qu'il avoit eu en ses phantasticques visions. Adjoinct le tonnoirre de telles canonnades, lequel plus est horrifique par les chambres basses, que n'est sus le tillac. Car un des symptomes et accidens de peur est, que par luy ordinairement s'ouvre le guichet du serrail on quel est à temps la matiere fecale retenue.

Exemple en messere Pantolfe de la Cassine, Senois[1], lequel en poste passant par Chambery, et chez le sage mesnagier Vinet[2] descendant prit une fourche de l'estable, puis luy dist : *Da Roma in qua io non son andato d'el corpo. Di gratia, piglia in mano questa forcha, et fa mi paura*[3]. Vinet avec la fourche faisoit plusieurs tours d'escrime, comme feignant le vouloir à bon essient frapper. Le Senois luy dist : *Se tu non fai altramente, tu non fai nulla. Pero sforzati di adoperarti più gagliardamente*[4]. Adonc Vinet de la fourche luy donna un

---

ment dite aux Chevaux. Cette île ayant été enlevée par les Anglais, fut reprise peu après par André de Montalembert, sieur de Dessé, « le magnanime et vertueux d'Essé », comme l'appelle du Bellay, qui commandait le corps auxiliaire de France. Paule de Thermes lui succéda plus tard dans ce commandement.

[1] Il arrive fréquemment à Rabelais d'alléguer ainsi des faits personnels ou contemporains dont les acteurs et les détails pouvaient être familiers aux gens de sa connaissance ou de son temps, mais dont il est difficile de retrouver la clef au bout de trois siècles. Le Duchat a découvert un *Pandulfus Senensis* dans les *Lettres de Louis XII*, t. III, p. 267. Quant au nom de *la Cassine*, équivalant à peu près à notre nom français de La Case, *la Case*, il a pu être commun à beaucoup de familles italiennes.

[2] Nous ne connaissons pas « le saige mesnagier Vinet, » mais évidemment Rabelais le connaissait bien, et nous soupçonnons ce digne hôtelier d'avoir hébergé plus d'une fois à Chambéry l'auteur de Gargantua, voyageant de France en Italie.

[3] [« Depuis Rome jusques icy je n'ay esté à mes affaires. De grace, prends en main ceste fourche et me fais peur. »]

[4] [Si tu ne fais aultrement tu

si grand coup entre col et collet, qu'il le jetta par terre, à jambes rebidaines. Puis bavant et riant à pleine gueule luy dist : Feste Dieu Bayart[1], cela s'appelle, *Datum Camberiaci*[2]. A bonne heure avoit le Senois ses chausses destachées : car soudain il fianta plus copieusement que n'eussent fait neuf beufles et quatorze archiprestres de Hostie[3]. En fin, le Senois gracieusement remercia Vinet, et luy dist : *Io ti ringratio, bel messere. Cosi facendo tu m'hai esparmiata la speza d'un servitiale*[4].

Exemple autre on roy d'Angleterre, Edouard le quint[5].

---

ne fais rien. Portant esforce toy de besoigner plus gaillardement. »]

[1] *Feste Dieu* était le juron favori de Bayard. On peut donc s'expliquer l'espèce de liaison d'idées par laquelle son nom serait associé à ce serment, sans supposer gratuitement, avec Le Duchat, « que ce Vinet était domestique de M. de Bayart, et qu'il avait appris de son maître à jurer de la sorte. »

[2] [Donné à Chambéry.] — Comme s'il s'agissait d'un acte authentique et officiel que l'on *datait* de cette manière. Dans un vieux recueil de facéties italiennes on lit que, comme on demandait à un rodomont espagnol où il avait reçu certaine balafre, il répondit gravement : *Datum Romæ*, comme pour insinuer que c'avait été à la prise de Rome.

[3] L'église d'Ostie, près de Rome, possédait un riche et puissant clergé. Suivant Rabelais, quatorze archiprêtres d'Ostie devaient « fianter » comme neuf buffles.

[4] [Je te remercie, beau seigneur. Ainsi faisant, tu me as espargné le coust d'un clystere.]

[5] On a fait quelques rapprochements desquels il résulterait qu'il y a ici confusion dans les dates et dans les personnages, Edouard V n'ayant régné qu'en 1483, c'est-à-dire vingt-deux ans après l'époque du bannissement de Villon, et Thomas Linacre, mort en 1524, n'ayant pu être médecin de ce même prince.

En effet l'anecdote est beaucoup plus ancienne. M. Léopold Delisle l'a trouvée dans un manuscrit du XIIIe siècle, de la bibliothèque de Tours : *Exempla clericorum*. Elle est mise sur le compte d'un personnage dont les plaisanteries étaient alors proverbiales, Hugues le Noir. Voici comment s'exprime le conteur du XIIIe siècle :

« Banni de France pour quelque mauvais tour, Hugues le Noir se réfugia à la cour d'Angleterre. Un soir, le roi Jean le conduisit à ses cabinets, où il avait fait peindre sur la porte, à l'intérieur, Philippe-Auguste avec un seul œil. « Vois donc, dit-il en voyant cette image, vois donc, Hugues, comment j'ai arrangé ton roi. — Vraiment, répondit le jongleur, vous êtes sage. — Pourquoi donc? reprit le roi. — Parce que vous l'avez fait peindre ici. — Et pourquoi encore? — Parce qu'il est merveilleux qu'en le regardant vous ne soyez pas tous dévoyés. » (L. Delisle, *Notes sur quelques manuscrits de la bibliothèque de Tours*, 1868, in-8°, p. 13.)

Maistre François Villon banny de France s'estoit vers luy retiré. Il l'avoit en si grande privaulté receu, que rien ne luy celoit des menues negoces de sa maison. Un jour le roy susdit estant à ses affaires [1] monstra à Villon les armes de France en peincture, et luy dist : Vois tu quelle reverence je porte à tes roys François? Ailleurs n'ay je leurs armoiries que en ce retraict icy, prés ma selle percée. Sacre Dieu, respondit Villon, tant vous estes sage, prudent, entendu et curieux de vostre santé. Et tant bien estes servy de vostre docte medecin Thomas Linacer. Il voyant que naturellement sus vos vieux jours estiez constipé du ventre, et que journellement vous failloit au cul fourrer un apothicaire, je dis un clistere, autrement ne pouviez vous esmeutir [2], vous a fait icy aptement, non ailleurs, peindre les armes de France, par singuliere et vertueuse providence. Car seulement les voyant, vous avez telle vezarde [3] et peur si horrifique, que soudain vous fiantez comme dix huit bonases [4] de Paonie. Si peinctes estoient en autre lieu de vostre maison, en vostre chambre, en vostre salle, en vostre chappelle, en vos galleries ou ailleurs, sacre Dieu, vous chieriez partout sus l'instant que les auriez veues. Et croy que si d'abondant vous aviez icy en peincture la grande oriflambe de France, à la veue d'icelle vous rendriez les boyaulx du ventre par le fondement. Mais, hen, hen, *atque iterum* hen :

    Ne suis je badault de Paris?
    De Paris, dis je, auprés Pontoise.
    Et d'une corde d'une toise
    Sçaura mon coul que mon cul poise [5].

---

[1] On se rappelle que messer Pantolfe disait dans le même sens, que « depuis Rome il n'avoit esté à ses affaires. »

[2] La signification de ce mot est d'autant plus claire que nous trouvons (page 301) *esmut* dans le sens d'excrément. *Smut*, en anglais, veut dire saleté, ordure.

[3] Venette.

[4] [Animal de Pæonie, de la grandeur d'un taureau, mais plus trappe (trapu), lequel, chassé et pressé, fiante loing de quatre pas et plus. Par tel moyen se saulve, bruslant de son fiant le poil des chiens qui le prochassent.]

[5] Vers de Villon lui-même, sur

Badault, dis je, mal advisé, mal entendu, mal entendant, quand venant icy avec vous, m'esbahissois de ce qu'en vostre chambre vous estiez fait vos chausses detacher. Veritablement je pensois qu'en icelle, darriere la tapisserie, ou en la venelle ¹ du lict, fust vostre selle percée. Autrement, me sembloit le cas grandement incongru, soy ainsi detacher en chambre pour si loing aller au retraict lignagier ². N'est ce un vray pensement de badault? Le cas est fait par bien autre mystere, de par Dieu. Ainsi faisant, vous faites bien. Je dis si bien, que mieux ne sçauriez. Faites vous à bonne heure, bien loing, bien à point detacher. Car à vous entrant icy, n'estant detaché, voyant cestes armoiries (notez bien tout) sacre Dieu, le fond de vos chausses feroit office de Lasanon ³, pital, bassin fecal, et de selle percée.

Frere Jean, estouppant son nez avec la main gauche, avec le doigt indice de la dextre monstroit à Pantagruel la chemise de Panurge. Pantagruel le voyant ainsi esmeu, transy, tremblant, hors de propous, conchié, et esgratigné des griphes du celebre chat Rodilardus ⁴, ne se peut contenir de rire, et luy dist : Que voulez vous faire de ce chat? De ce chat? respondit Panurge. Je me donne au diable si je ne pensois que fust un diableteau à poil folet, lequel nagueres j'avois cappiette-

---

la sentence qui le condamnait à être pendu, et que Pasquier rapporte ainsi :

> Je suis François, dont ce me poise,
> Né de Paris pres de Pontoise,
> Or d'une chorde d'une toise
> Sçaura mon col que mon cul poise.

¹ Ruelle.
² Le *retrait lignager* était l'action par laquelle, dans l'ancienne jurisprudence, le parent d'une certaine ligne pouvait retirer l'héritage des mains de celui qui l'avait acheté. Ici Rabelais prend *retrait* dans le sens de lieu secret, cabinet, et lignagier ou *lignagnier*, comme ce mot est écrit dans quelques éditions, semble rappeler la *ligne* ou raie de *l'anus*.

³ Bassin de garde-robe. [* Cette diction est exposée fol. 127, 6. Pital, terrine de scelle percée (Tuscan). Dont sont dits *pitalieri* certains officiers à Rome, qui escurent les scelles percées des reverendissimes cardinaux estant en conclave resserrés pour l'election d'un nouveau pape.]

⁴ Rongelard. Ce nom, dont La Fontaine a fait son profit, paraît avoir été forgé par le poëte latin moderne Calenzio, en latin Calentius, né dans la Pouille, et qui composa au XVᵉ siècle une imitation de la *Batrachomyomachie* d'Homère.

ment happé en tapinois, à belles moufles d'un bas de chausses[1], dedans la grande husche d'Enfer. Au diable soit le diable. Il m'a icy deschicqueté la peau en barbe d'escrevisse[2]. Ce disant jetta bas son chat.

Allez, dist Pantagruel, allez de par Dieu, vous estuver, vous nettoyer, vous asseurer, prendre chemise blanche, et vous revestir. Dictes vous, respondit Panurge, que j'ay peur? Pas maille[3]. Je suis, par la vertu Dieu[4], plus couraigeux que si j'eusse autant de mousches avallé[5] qu'il en est mis en paste dedans Paris, depuis la feste S. Jean jusques à la Toussains. Ha, ha, ha? Houay? Que diable est cecy? Appelez vous cecy foire, bren, crottes, merde, fiant, dejection, matiere fecale,

---

[1] Pris avec le *pié* d'un bas chaussé en guise de moufle, suivant Le Duchat.

Voilà une de ces explications, comme nous sommes exposés à en donner, nous autres, pauvres commentateurs, quand nous ne comprenons rien au texte.

Esmangart, qui aurait souvent besoin d'indulgence, gourmande Le Duchat. « *Cappiettement* ne vient pas de *pié*, dit-il. Il vient de l'italien *cappietto*, diminutif de *cappio*, nœud coulant. »

Alors Rabelais aurait formé un singulier adverbe, *cappiettement*, nœud-coulomment.

Rappelons-nous que Panurge est représenté, à la seconde ligne de ce chapitre, comme ayant une jambe passée dans ses culottes et l'autre non. En cette position, il nous paraît bien difficile de faire un nœud coulant avec la manche pendante.

Cotgrave traduit *cappiettement* ou *cappietrement* (ce qui pour lui est tout un) par *privily*, et *closely*, secrètement.

Entendu dans ce sens, *capiettement* ne ferait-il pas pléonasme avec *en tapinois?* — Il y a une nuance entre les deux mots. Quant à ce qui suit : *à belles moufles, d'un bas de chausses*, nous croyons que cela veut dire : « se faisant des mitaines, en s'entourant les mains d'un bas de chausses. »

[2] La déchiqueture en barbe d'écrevisse était fort à la mode du temps de Rabelais.

[3] La maille valait un demi-denier. C'est comme s'il disait : Je n'ai pas peur pour un liard.

[4] [Par la vertus Dieu, ce n'est jurement : c'est assertion : moyennant la vertus Dieu. Ainsi est il en plusieurs lieux de ce livre. Comme à Tholose preschoit frere Quanbuis : Par le *sang Dieu* nous fusmes rachetés : par la *vertus Dieu* nous serons saulvés.]

[5] On disait proverbialement d'un homme hardi qu'il avait avalé des mouches, parce que ces animaux, s'attaquant à tout ennemi, passent pour le symbole de la témérité. Jean Marot, pour dire que l'amour donne du courage à l'homme le plus timide, s'exprime ainsi dans son *Advocate des dames* :

Il pert qu'il avalle une mouche
Et revient son cueur en valeur

excrement, repaire[1], laisse[2], esmeut, fumee, estron, scybale[3] ou spyrate[4]? C'est, croy je, safran d'Hibernie[5]. Ho, ho, hie. C'est safran d'Hibernie. Sela[6]. Beuvons.

---

[1] C'est, en terme de vénerie, la fiente des loups, des lièvres, etc.

[2] Même signification que *repaire*. Le *Dictionnaire de l'Académie* écrit *laissée*.

[3] [Estront endurcy.] — Du grec σκύβαλον.

[4] [Crotte de chievre ou de brebis.] — Du grec σπύραθος.

[5] L'Irlande était renommée pour son safran.

[6] [Certainement. (Hebreu.)]

FIN DU QUATRIEME LIVRE DES FAITS ET DICTS HEROIQUES DU NOBLE PANTAGRUEL.

LIVRE CINQUIEME[1].

LE CINQUIEME ET DERNIER LIVRE DES FAITS ET DICTS HEROIQUES DU BON PANTAGRUEL.

EPIGRAMME.

Rabelais est il mort? Voicy encore un livre.
Non, sa meilleure part a repris ses esprits,
Pour nous faire present de l'un de ses escrits
Qui le rend entre tous immortel et fait vivre.
Nature Quite [2].

---

[1] Ce livre V n'a vu le jour que plusieurs années après la mort de Rabelais. En 1562, il en parut un fragment, contenant seize chapitres, sous le titre de *l'Isle sonnante*. Nous ne l'avons jamais vu. En 1564, le livre entier fut publié sans indication de lieu ni de libraire. En 1565, on en donna deux éditions, dont une à Lyon, chez J. Martin, et l'autre sans nom de lieu. Il existe en outre à la Bibliothèque nationale une copie manuscrite de ce livre.

Tous ces textes sont mauvais. Ils peuvent cependant s'améliorer les uns par les autres. Nous avons puisé partout. Comme nous donnons les variantes au bas des pages, le lecteur sera toujours à même de contrôler notre choix. — M. indiquera le manuscrit : Imp. les trois éditions ci-dessus. S'il faut les distinguer nous dirons : 1564, 1565, et 1565 J. M. (Jean Martin).

L'orthographe des premières éditions de ce livre se rapproche souvent de celle d'aujourd'hui : nous nous sommes bien gardés de la vieillir par amour de l'uniformité.

[2] Dans l'édition de 1564 et dans celles de 1565, ce quatrain est rejeté tout à la fin du volume; il manque dans le manuscrit. Le Motteux voit dans *Nature Quite* l'anagramme de Tiraqueau qui n'y est pas ou celle de Jean Turquet qui s'y trouve. Le Duchat, admettant que l'anagramme s'applique et à Turquet et à Tiraqueau, regarde ce quatrain comme un certificat d'authenticité du Ve livre, délivré par *deux* amis de Rabelais. L'argument n'est pas fort, car Tiraqueau, mort en 1558, ne pouvait plus rien attester en 1564. Quant à Jean Turquet, il dit le contraire de ce qu'on lui fait dire. Rabelais est-il mort? non, *sa meilleure part a repris ses esprits*. Cela signifie : Rabelais n'est plus de ce monde ; mais son esprit y est descendu *pour nous faire présent de ce livre*.

Nous ne croyons pas au prodige. Si Rabelais est pour quelque chose dans cette œuvre, il n'a jamais pu l'écrire telle qu'elle est.

PROLOGUE DE M. FR. RABELAIS,

POUR LE CINQUIEME LIVRE DES FAITS ET DICTS HEROIQUES DE PANTAGRUEL.

Aux lecteurs benevoles.

Beuveurs infatigables, et vous, verolés tres precieux[1], pendant qu'estes de loisir, et que n'ay autre plus urgent affaire[2] en main, je vous demande en demandant[3] : Pourquoy est ce qu'on dit maintenant[4] en commun proverbe : Le monde n'est plus fat? Fat est un vocable de Languedoc[5], et signifie non salé, sans sel, insipide, fade : par metaphore[6], signifie fol, niais, despourveu de sens, esventé de cerveau[7]. Voudriez vous dire, comme de fait[8] on peut logiquement inferer, que par cy devant le monde eust esté fat, maintenant[9] seroit devenu sage? Par quantes et quelles conditions estoit il fat? Quantes et quelles conditions estoient requises à le faire sage? Pourquoy estoit il fat? Pourquoy seroit il sage? En quoy cognoissiez-vous[10] la folie antique? En quoy cognoissez-vous la sagesse presente? Qui le fit fat? qui l'a fait sage? Le nombre desquels est plus grand, ou de ceux qui l'aimoient fat, ou de ceux qui l'aiment[11] sage? Quant de temps fut il fat? Quant de temps sera il sage[12]? D'ond procedoit la folie antecedente?

---

[1] M. *Verolés horrifiques.*

[2] M. *Autres urgents affaires.*

[3] *En demandant*, c'est-à-dire en employant la forme interrogative. Le Duchat a tort de penser que cette expression fait allusion à la clause des lettres royaulx : « Si vous mandons, etc. »

On disait en commun proverbe :

Je vous demande en demandant
Comme le roy à son sergent,

parce qu'en effet l'interrogation n'était et n'est encore aujourd'hui de convenance qu'à l'égard d'un subordonné. Ce ton pris ici à l'égard des lecteurs constitue une légère bouffonnerie (P. Paris).

[4] M. *Maintenant* manque.

[5] M. *Languegoth.*

[6] M. *Par mesme mot on signifie.*

[7] M. *Despourveu de sens, d'entendement et de cerveau.*

[8] M. *Comme du contrario* on.

En argumentant *a contrario*, vous dites que le monde n'est plus *fat*; donc vous supposez qu'il l'a été. (P. Paris).

[9] M. *Neantmoings.*

[10] M. — *Cognoissez.* (Imp.)

[11] M. *qui l'aimoient sage.*

[12] On lit ici dans toutes les éditions : *fut-il sage?* La logique demande évidemment le futur *sera*, et en effet telle est la leçon du manuscrit que nous n'hésitons pas à adopter.

PROLOGUE DE L'AUTEUR. 317

D'ond procede [1] la sagesse subsequente? Pourquoy, en ce temps, non plus tard, prit fin l'antique [2] folie? Pourquoy, en ce temps, non plus tost, commença la sagesse presente? Quel mal nous estoit de la folie precedente? Quel bien nous est de la sagesse succedente [3]? Comment seroit la folie antique abolie? Comment seroit la sagesse presente instaurée [4]?

Respondez, si bon vous semble : d'autre adjuration [5] n'useray je envers vos reverences [6], craignant alterer vos paternités. N'ayez honte : faites confusion [7] à Her der Tyfel [8], ennemy de paradis, ennemy de verité. Courage, enfans : si estes de Dieu [9], beuvez trois ou cinq fois pour la premiere partie du sermon, puis respondez à ma demande : si estes de l'Autre, *Avalisque Satanas* [10]. Car je vous jure mon grand hurluburlu [11], que si autrement ne m'aidez à la solution du problesme susdit, desja et n'y a gueres, je me repens vous l'avoir proposé, pourtant que ce m'est [12] pareil estrif comme si le loup tenois

---

[1] M. *dont seroit venue.*
[2] M. *L'antienne.*
[3] M. *Subsequente.*
[4] A travers tout ce galimatias, la seule chose transparente, c'est un bout d'oreille d'hérétique. La *sagesse présente* s'applique à la réforme; la folie *antécédente*, au catholicisme. Le mot *instaurer* (qui se trouve ici dans le M.; l'imprimé porte : *restaurée*) n'a pas été emplacé dans notre langue. Nous regrettons cette perte avec M. P. Paris.
[5] *Car d'autre precation* (M.).
[6] *Envers vous* (M.).
[7] M. et imp. *Confession.* Ce qui est une faute évidente.
[8] A monsieur le diable (en allemand) — M. *Her de Tyftel.*
[9] De Dieu, M. — Des *miens* (imp.).
[10] Ceci est une imprécation encore fort usitée : elle répond au *vade retro* des Latins.
S'avalir, en provençal, s'abali en castrais, en toulousain (de *aval issir*), signifient disparaître, s'évanouir. *Avalisque Satanas* veut donc dire : Disparais, Satan. Il n'est pas sans intérêt de savoir que cette imprécation, avec la forme provençale, s'est introduite dans certaines contrées de la langue d'oil : nous l'avons surtout retrouvée dans les pays envahis par le protestantisme. Qui sait si ce n'a pas été autrefois un mot d'ordre des réformés?
[11] *Hurlubeurlu* se dit encore vulgairement dans le sens de niais, étourdi. Nous ne voyons pas ce qu'il signifie ici.
[12] Attendu que ce m'est. *Because that* (Cotgrave), *by cause that*, pour ce que, à cause que (Palsgrave).
Le manuscrit porte : Pourtant que *ce n'est pas.* Ce qui présente une petite finesse, assez dans le goût de Rabelais. J'en suis peiné, pas autant toutefois que si je tenois le loup par les oreilles; mais cette leçon ne serait admissible qu'en

par les oreilles sans espoir de secours aucun. Plaist[1]? J'entends bien : vous n'estes deliberés d'y[2] respondre. Non feray je[3], par ma barbe : seulement vous allegueray ce qu'en avoit predit en esprit[4] prophetique un venerable docteur, auteur du livre intitulé, *la Cornemuse des prelats*[5]. Que dit il le paillard? Escoutez, viets dazes, escoutez.

> L'an jubilé, que tout le monde raire
> Fadas se fit, est supernumeraire
> Au dessus trente. O peu de reverence.
> Fat il sembloit : mais en perseverance
> De long brevet[6], fat plus ne gloux[7] sera
> Car le doux fruict de l'herbe esgoussera,
> Dont tant craignoit la fleur en prime vere.

Vous l'avez ouy, l'avez vous entendu? Le docteur est antique, les paroles sont laconiques, les sentences Scotines[8] et obscures, ce non obstant qu'il traitast matiere de soy profonde et difficile. Les meilleurs interpretes d'iceluy bon pere exposent[9], l'an jubilé passant le trentiesme, estre les années

donnant à *pourtant que* le sens de *quoique*. *Tenere lupum auribus* est un proverbe latin bien connu.

« Cunctandi causa erat metus undique imminentium discriminum, ut sæpe *lupum se auribus tenere* diceret (Suétone, *Vie de Tibère*, 25). »

[1] Le manuscrit porte : « Plaist ; *Carneades despartes*, tous les diables, il ne viendra pas à vostre reigle; car Neptune, par Lucilius introduict pour resolution d'un doubte pareil, oncques des champs elysiens evocquer ne le peult. »

[2] M. *Y respondre*.

[3] Je ne le ferai pas non plus.

[4] M. *En escript prophétique*.

[5] C'est un des livres cités par Rabelais dans le catalogue de la librairie de Saint-Victor, v. t. 1, p 346, ligne 6.

[6] M. *De longs brevets*.

[7] M. *Glout*. Glouton.

[8] Ténébreuses (σκοτεινός, en grec). Ce mot, que nous avons déjà vu dans un précédent livre, doit être ici encore employé par allusion à J. Scot, le docteur subtil.

Le manuscrit, qui du reste n'annonce qu'un fragment du prologue, s'arrête ici.

Le style de la suite ne semble plus de la même main. On y trouve de la pédanterie, et, bien plus, l'éloge des pédants du temps de l'auteur. C'est une apologie complète de la manière d'écrire en usage et des auteurs alors en vogue. Plusieurs plaisanteries des livres précédents y sont répétées à peu près dans les mêmes termes. (P. Paris.)

— C'est en effet par ce dernier procédé que les auteurs de ce 5e livre ont essayé souvent de masquer leur supercherie.

[9] M. *Le jubilé*.

encloses entre ceste aage courante l'an mille cinq cens cinquante[1]. Le monde plus fat ne sera dit, venant la prime saison. Les fols, le nombre desquels est infiny, comme atteste Salomon, periront enragés, et toute espece de folie cessera : laquelle est pareillement innombrable, comme dit Avicenne : *maniæ infinitæ sunt species*. Laquelle, durant la rigueur hybernale, estoit au centre repercutée, apparoist en la circonference, et est en sesve comme les arbres. L'experience nous le demonstre, vous le savez, vous le voyez. Et fut jadis exploré par le grand bonhomme Hippocrates, *Aphorism.* : *Vere*[2] *etenim maniæ*, etc. Le monde donc ensagissant plus ne craindra la fleur des febves en la prime vere[3], c'est à dire (comme pouvez, le verre au poing et les larmes à l'œil, pitoyablement croire en caresme[4]), un tas de livres qui sembloient florides, florulens, floris comme beaux papillons, mais au vray estoient ennuyeux, fascheux, dangereux, espineux et tenebreux, comme ceux d'Heraclitus, obscurs comme les nombres de Pythagoras (qui fut roy de la febve, tesmoin Horace[5]). Iceux periront, plus ne viendront en main, plus

[1] On lit ici à tort dans l'imp. : *Onques ne craindra la fleur d'icelle*.

[2] Τοῦ μὲν γὰρ ἦρος τὰ μανικά. Tous les éditeurs écrivent à tort *veræ* et non *vere*. C'est au printemps que se manifestent les affections maniaques.

[3] Le monde, se faisant sage, ne craindra plus la fleur des fèves au printemps.

Nos lecteurs connaissent cet ancien proverbe :

Au temps où fèves sont en fleur,
Les fous alors sont en vigueur.

Nous avons vu des campagnards qui croyaient encore que le parfum de la fève en fleur avait le triste privilége de rendre fou. — Mais il nous paraît difficile de comprendre ici la pensée de l'auteur. Pour devenir fou, il faut commencer par ne pas l'être. Si autrefois on était fou et maintenant sage, il est clair que la fleur des fèves devrait être plus à craindre maintenant qu'autrefois.

[4] Toutes les éditions anciennes et modernes ont un point après le mot *caresme*. La phrase, ainsi coupée en deux, est inintelligible. L'erreur est tellement évidente que nous croyons devoir faire de notre chef la correction.

[5] L'auteur de ce prologue invoque assez mal à propos ici le témoignage d'Horace. Le poëte latin n'a dit nulle part que Pythagore ait été roi de la fève. Il se moque spirituellement du philosophe qui enseignait une sorte de métempsycose et qui croyait ou feignait de croire que son père était devenu fève.

O quando faba, Pythagoræ cognata, simulquo
Uncta satis pingoi ponentur oluscula lardo?
(Hor., liv. II, sat. 6, v. 63 et 64.)

ne seront ..euz ne veuz. Telle estoit leur destinée, et là fut leur fin predestinée.

Au lieu d'iceux ont succedé les febves en gousse. Ce sont ces joyeux et fructueux livres de Pantagruelisme, lesquels sont pour ce jourd'huy en bruit de bonne vente, attendant le periode du jubilé subsequent, à l'estude desquels tout le monde s'est adonné, aussi est-il sage nommé. Voylà vostre problesme solu et resolu, faites vous gens de bien là dessus. Toussez icy un bon coup ou deux, et en beuvez neuf d'arrache pied, puis que les vignes sont belles, et que les usuriers se pendent. Ils me cousteront beaucoup en cordeaux si bon temps dure. Car je proteste leur en fournir liberalement sans payer, toutes et quantesfois que pendre ils se voudront, espargnant le gain du bourreau.

Afin donc que soyez participans de ceste sagesse advenante, et emancipés de l'antique folie, effacez moy presentement de vos panchartes le symbole du vieil philosophe à la cuisse dorée[1], par lequel il vous interdisoit l'usage et mangeaille des febves[2], tenans pour chose vraye et confessée entre tous bons compagnons, qu'il les vous interdisoit en pareille intention, que le medecin d'eau douce[3] feu Amer, nepveu de l'advocat, seigneur de Camelotiere, defendoit aux malades l'aisle de perdrix, le cropion de gelines, et le col de pigeon[4], disant : *ala mala, cropium dubium, collum bonum pelle remota* : les reservant pour sa bouche, et laissant aux malades seulement les osselets à ronger. A luy ont succedé certains capucions[5] nous defendans les febves, c'est à dire, livres de

---

[1] Lucien, dans un délicieux chapitre (XIV, Βίων Πρᾶσις), représente les dieux vendant aux enchères des *Vies* de philosophes.
Un chaland qui marchande Pythagore demande à le voir nu et s'aperçoit que le philosophe a une cuisse d'or. C'est sans doute à ce passage qu'il est ici fait allusion.

[2] Horace, Cicéron et vingt autres auteurs disent que Pythagore ne mangeait pas de fèves.
Protoxène prétendait le contraire. L'auteur de ce livre s'appuie sur l'opinion de ce dernier.

[3] On a dit d'abord : marin d'eau douce ; puis cette expression de mépris a été étendue à d'autres professions. On trouve dans le *Pathelin* : advocat d'eau douce.

[4] *Cul de pigeon* (Imp. et M.). *Collum* y est écrit avec un seul ; mais *colun*, le colon, donnerait un sens absurde.

[5] Porteurs de capuchons ; capucins (Cotgrave).

PROLOGUE DE L'AUTEUR. 321

Pantagruelisme, et à l'imitation de Philoxenus et Gnato Sicilien[1], anciens architectes de leur monachale et ventrale volupté, lesquels en pleins banquets, lors qu'estoient les friands morceaux servis, crachoient sur la viande, afin que par horreur autres qu'eux n'en mangeassent. Ainsi ceste hideuse, morveuse, catarrheuse, vermoulue cagotaille, en public et privé deteste ces livres friands, et dessus vilainement crachent par leur impudence. Et combien que maintenant nous lisons en nostre langue Gallique[2], tant en vers qu'en oraison solue[3], plusieurs excellens escrits, et que peu de reliques restent de capharderie et siecle Gottis[4], ay neantmoins esleu gazouiller et sifler oye, comme dit le proverbe, entre les cygnes, plustost que d'estre entre tant de gentils poëtes et faconds orateurs mut du tout estimé[5] : jouer aussi quelque villageois personnage entre tant disers joueurs de ce noble acte, plustost qu'estre mis au rang de ceux qui ne servent que d'ombre et de nombre, seulement baislans aux mousches, chovans des oreilles[6] comme un asne d'Arcadie au chant des musiciens, et, par signe en silence, signifians qu'ils consentent à la prosopopée.

Pris ce choix et election, ay pensé ne faire œuvre indigne si je remuois mon tonneau Diogenic, afin que ne me dissiez ainsi vivre sans exemple[7].

Je contemple un grand tas de Colinets[8], Marots,

---

[1] Deux fameux gourmands cités par Plutarque, dans son traité *De latenter vivendo*, ch. I :
Φιλόξενον τοῦ Ἐρύξιδος, καὶ Γνάθωνα τοῦ Σικελιώτης, ἐπτοημένους περὶ τὰ ὄψα...

[2] Française.

[3] En prose, en discours non coupé, non mesuré.

[4] Gothique.

[5] Jugé être complétement muet.

[6] Dressant les oreilles dans toute leur roideur. — Ce terme appartient encore à divers patois. Il pourrait bien venir du breton *hófa, kóva*, faire ventre, rotondité. Quand l'âne dresse les oreilles, elles s'arrondissent et semblent se gonfler.

[7] Sans modèle, sans précédent.

[8] Le Duchat et La Monnoye reconnaissent ici Jacques Colin d'Auxerre, qui fut secrétaire et lecteur de François Ier avant Du Châtel. Sa réputation n'est pas venue jusqu'à nous ; mais de son temps elle était assez grande, si nous nous fions à Marot :

Aussi l'abbé de Saint-Ambroys *Colin*,
Qui a tant beu au ruisseau cabalin
Que l'on ne sçait s'il est poëte né,
Plus qu'orateur à bien dire ordonné.

Drouets[1], Saingelais[2], Salels[3], Masuels[4], et une longue centurie d'autres poëtes et orateurs Galliques.

Et voy que par long temps avoir au mont Parnasse versé[5] à l'escole d'Apollo, et du fons Cabalin beu à plein godet entre les joyeuses Muses à l'eternelle fabrique de nostre vulgaire, ils ne portent que marbre Parien, alebastre, porphire, et bon ciment royal, ils ne traitent que gestes heroiques, choses grandes, matieres ardues, graves et difficiles, et le tout en rhetorique armoisine, cramoisine[6] : par leurs escrits ne produisent que nectar divin, vin precieux, friant, riant, muscadet delicat, delicieux : et n'est ceste gloire en hommes toute consommée, les dames y ont participé : entre lesquelles une extraite du sang de France[7], non allegable sans insigne prefation[8] d'honneurs, tout ce siecle a estonné tant par ses escrits, inventions transcendantes, que par ornemens de langage, de style mirifique. Imitez les, si savez : quant est de moy, imiter je ne les saurois : à chascun n'est octroyé hanter et habiter Corinthe. A l'edification du temple de Salomon

---

[1] Aurait on ainsi défiguré le nom d'Heroët? Marot a précisément associé son nom à celui de Rabelais.

Je ne vois point qu'un Sainct-Gelais,
Ung Heroët, ung Rabelais, etc.

[2] Mellin de Saint-Gelais, neveu ou fils d'Octavien, né en 1491, mort en 1558.

[3] Hugues Salel, auteur du dizain placé en tête du liv. II. *Voy.* t. I, p. 301.

[4] Le même probablement que Claude Massuau, cité au chap. 27 du liv. IV parmi les domestiques, amis et serviteurs du sire de Langey. Voy. ce que nous avons dit d'après Du Verdier, p. 49, note 9.

[5] Après être devenus habiles dans l'art d'Apollon. Nous disons encore : être versé dans un art, dans une science (du latin *versatus*).

[6] Bien que Du Cange paraisse avoir confondu à tort *crmisinus* (armoisin) avec *cremasinus* (cramoisi), il n'est pas moins certain que l'*armoisin* était une espèce de taffetas riche, et souvent teint en rouge. Voy. Fr. Michel, *Recherches sur les étoffes de soie*, II.

L'auteur de ce livre a donc pu faire de l'un et de l'autre le type de l'élégance.

[7] Marguerite, reine de Navarre et sœur du roi François Ier.

[8] On trouve dans diverses éditions *profanation* et prefation. Profanation ne signifie rien ici. Prefation, pris dans le sens de l'italien *prefazione*, pourroit vouloir dire : *sans mettre en avant*. M. de l'Aulnaye propose d'adopter *prelation* qui, sans offrir un sens différent, aurait l'avantage d'être français.

PROLOGUE DE L'AUTEUR.

chascun un sicle d'or offrir[1] à pleines poignées ne pouvoit. Puis donc qu'en nostre faculté n'est en l'art d'architecture tant promouvoir comme ils font, je suis deliberé faire ce que fit Regnault de Montaulban, servir les massons[2], mettre bouillir pour les massons : et m'auront, puisque compagnon ne puis estre, pour auditeur, je dis infatigable, de leurs tres celestes escrits.

Vous mourez de peur, vous autres les Zoïles emulateurs et envieux, allez vous pendre, et vous mesmes choisissez arbre pour pendages, la hart ne vous faudra mie. Protestant icy devant mon Helicon en l'audience des divines Muses, que si je vis encores l'aage d'un chien, ensemble de trois corneilles, en santé et integrité, telle que vescut le saint capitaine Juif[3], Xenophile musicien[4], et Demonax philosophe, par argumens non impertinens, et raisons non refusables, je prouveray en barbe de je ne sçay quels centonifiques botteleurs de matieres cent et cent fois grabelées, rappetasseurs de vieilles ferrailles latines, revendeurs de vieux mots latins moisis et incertains, que nostre langue vulgaire n'est tant vile, tant inepte, tant indigente et à mespriser qu'ils l'estiment. Aussi en toute humilité suppliant que de grace speciale, ainsi comme jadis estans par Phœbus tous les tresors es grands poëtes despartis, trouva toutesfois Æsope lieu et office d'apologue, semblablement veu qu'à degré plus haut je n'aspire, ils ne desdaignent en estat me recevoir de petit riparographe, sectateur de Pyreicus[5]. Ils le feront, je m'en tiens pour asseuré :

---

[1] Au chap. XXX de l'Exode, chaque particulier est taxé à un demi-sicle.

[2] Au dernier chapitre du roman des *Quatre fils Aymon*, Renaud, par pénitence, sert les maçons qui travaillent à l'église Saint-Pierre de Cologne.

[3] Moïse.

[4] Qui vécut 105 ans. Ξενόφιλος δὲ ὁ μουσικὸς, ὥς φησιν Ἀριστόξενος, ὑπὲρ τὰ πέντε καὶ ἑκατὸν ἔτη Ἀθήνησιν ἐβίωσε. (Lucien, LXII. — 18. Μακρόβιοι.) Quant à Démonax, c'était un célèbre philosophe éclectique, ami de Lucien, et qui, suivant l'autorité de ce dernier, vécut près d'un siècle sans connaitre ni la maladie ni la douleur. (Lucien, *Démonax*, ch. XXXVII. — 63.)

[5] Voilà une phrase qui n'a ni queue ni tête, et dont Rabelais ne se serait jamais rendu coupable. Le sens se devine pourtant. L'auteur se compare à Ésope, qui, étant ar-

324 LIVRE V.

car ils sont tous tant bons, tant humains, gracieux et debonnaires que rien plus.

Parquoy, beuveurs, parquoy, goutteux, iceux en veulent avoir fruition totale, car les recitans parmy leurs conventicules, cultans[1] les hauts mysteres en iceux compris, entrent en possession et reputation singuliere, comme en cas pareil fit Alexandre le grand des livres de la prime philosophie composée par Aristote.

Ventre sus ventre, quels trinquenailles, quels guallefretiers[2].

Pourtant, beuveurs, je vous advise en temps et heure opportune, faites d'iceux bonne provision soudain que les trouverez par les officines des libraires, et non seulement les egoussez, mais devorez, comme opiate cordiale, et les incorporez en vous mesmes : lors cognoistrez quel bien est d'iceux preparé à tous gentils esgousseurs de febves.

Presentement je vous en offre une bonne et belle pancrée, cuillie en propre jardin que les autres precedentes : vous suppliant au nom de reverence[3] qu'ayez le present en gré, attendant mieux à la prochaine venue des arondelles

---

rivé trop tard à la curée des trésors poétiques, ne trouva libre que l'office de fabuliste et s'en saisit.

Ce Pyreicus, dont la succession est réclamée, était un peintre de genre dont parle Pline. V. liv. 35, chap. 37-1.

« Se bornant à des bas sujets, il « a dans cette bassesse obtenu la « plus grande gloire. On a de lui « des boutiques de barbier et de « cordonnier, des ânes, des provi- « sions de cuisine et autres choses « semblables ; ce qui le fit surnom- « mer Rhyparographe. ('Ρυπαρο- « γράφος, *sordidarum rerum* pic- « tor.)

« Ses tableaux font toujours un « plaisir infini, et ils se sont ven- « dus plus cher que de très-grands « morceaux de beaucoup d'autres. » (Trad. de M. Littré.)

[1] Rendant un culte. Voilà un mot qui n'a jamais été rabelaisien.

[2] Le Duchat explique *trinquenailles* par archicanailles. Suivant H. Estienne, on disait gallefretier au lieu de *gallefrotier*, *a scabie fricanda*.

Nous n'avons rien trouvé de concluant sur ces deux mots.

Trinquenailles pourrait bien venir de *trinken*, boire, et signifier mauvais buveurs ; *guallefreter*, en certains patois, se dit pour calfater. *Guallefretiers*, ramené à cette origine, voudrait dire peut-être : gens qui bouchez mal les trous.

[3] Ces mots, dont nous ne comprenons point ici le sens et qui n'en ont peut-être jamais eu, signifient, suivant Le Duchat : au nom de vous-mêmes, révérends buveurs ; et, suivant l'explication de Johanneau : au nom du respect que je vous dois.

CHAPITRE I.

Comment Pantagruel arriva en l'isle Sonnante, et du bruit qu'entendismes[1].

Continuant[2] nostre route, navigasmes par trois jours sans rien descouvrir : au quatrieme aperceusmes terre, et nous fut dit par nostre pillot que c'estoit l'isle Sonnante, et entendismes un bruit de loing venant, frequent et tumultueux, et nous sembloit à l'ouir que fussent cloches grosses, petites et mediocres, ensemble sonnantes comme l'on fait à Paris, à Tours, Gergeau[3], Nantes[4] et ailleurs, es jours des grandes[5] festes. Plus approchions, plus entendions ceste sonnerie renforcée.

Nous doubtions que fust Dodone[6] avec ses chaudrons, ou le porticque dit Heptaphone en Olympie[7], ou bien le bruit

---

[1] « Comment avec le bon Pantagruel montant sur mer fismes scalle en l'isle Sonnante. » (Manuscrit.)

[2] Dans l'édition partielle (de 1562) le 1er chapitre commence ainsi : « Cestuy jour et les autres subsequents, ne leur apparut terre ou autre chose nouvelle, car autre fois avoient ersé (aré ?) ceste couste. Ou quatriesme jour, commençans à tournoyer le pole, nous esloignans de l'equinoxal, nous apperceusmes terre. »
Le manuscrit porte : *Estant montés sur mer et navigué par plusieurs jours avec bon vent, entendismes un son de loin*, etc.

[3] Imp. — *Jargeau*. (M.) Cette petite ville de l'Orléanais possédait, outre l'église paroissiale, une collégiale sous l'invocation de saint Vrain.

[4] Imp. — *Mantes*. (Manuscrit.)

[5] Imp. — *Grandz*. (Manuscrit.)

[6] Nous nous doutions, nous supposions que ce pouvait être Dodone. Le Duchat et Johanneau citent un passage de Pline (liv. 36, tit. XIII), pour expliquer le mot *Dodone* : mais ce passage n'explique rien. L'auteur latin compare tout simplement un bruit de cloches à celles de Dodone, *ut Dodonæ fuit*.

[7] Après *en Olympie*, le manuscrit ajoute : *Comme en la terre des Eliens*.
« Olympiæ arte, mirabili modo (echo auditur) in porticu quam ob id *Heptaphonon* appellant, quoniam septies eadem vox redditur. » (Plin. *Hist. nat.* 36, 23.) Il est aussi question dans Plutarque de ce portique d'Olympie (de *Garrulitate*, p. 608, éd. Didot).

sempiternel[1] ou colosse erigé sus la sepulture de Mennon en Thebes d'Egypte, ou les tintamarres que jadis on oyoit autour d'un sepulcre en l'isle Lipara, l'une des Aeolides[2] : mais la chorographie[3] n'y consentoit.

Je doubte, dist Pantagruel, que là quelque compagnie d'abeilles ayent commencé prendre vol en l'air, pour lesquelles revocquer, le voisinage fait ce triballement[4] de poiles, chaudrons, bassins, et cymbales corybantiques de Cybele, mere grande[5] des dieux. Entendons.

Approchans davantage entendismes, entre la perpetuelle sonnerie des cloches, chant infatigable d'hommes là residens, comme estoit nostre advis. Ce fut la cause[6] pourquoy, avant qu'aborder en l'isle Sonnante, Pantagruel fut d'opinion que descendissions[7] avec nostre esquif en un petit roc auprés duquel[8] recongnoissions un hermitage et quelque petit jardinet.

Là trouvasmes un petit bonhommet[9] hermite nommé Braguibus, natif de Glenay[10], lequel nous donna pleine ins-

---

[1] Pline ne donne pas ce bruit comme *sempiternel* : « quem *quotidiano solis ortu* contractum radiis crepare dicunt. »

Strabon parle de ce colosse :

Ὑπὲρ δὲ τῆς ἐκβολῆς τοῦ Αἰσήπου σχεδόν τι... σταδίοις κολωνός ἐστιν, ἐφ' ᾧ τάφος δείκνυται Μέμνονος...

(Strabon, p. 502. — 11. — éd. Didot.)

[2] Suivant Pline, les îles Lipariennes ou Éoliennes devaient leur nom à Éole, qui y régnait au temps de la guerre de Troie. La première était *Lipari*, avec une ville dont les habitants jouissaient des droits de citoyen romain.

Insula Sicanium juxta latus Æoliamque
Erigitur Liparen, fumantibus ardua saxis.

(Virg., *Énéid.*, liv. VIII, v. 416.)

[3] Au lieu de *chorographie*, l'édition partielle l'*Isle Sonnante* porte : *cosmographie*. — C'est-à-dire que la description des lieux, la carte, ne permettait pas aux navigateurs de croire qu'ils fussent dans les parages qui viennent d'être nommés.

[4] Imp. — *Treballement* (M.).

[5] Mere *grand*. (Manuscrit.) Dans les imprimés on lit *grande*.

[6] La *cause* (Leçon du manuscrit) et non le *cas*, comme dans les imprimés.

[7] Descendissions. (Leçon du manuscrit.) Les imprimés ont : *descendions* qui est en désaccord avec *recongnoissions* qui suit.

[8] Imp. — *Roc aupres, onquel* (M.)

[9] *Bonhommet* est la leçon du manuscrit. Les imprimés ont *bonhomme*.

[10] Village près Chinon. Le manuscrit porte : *Glatigny*.

truction de toute la sonnerie, et nous festoya d'une estrange façon. Il nous fit quatre jours consequens [1] jeuner, affermant qu'en l'isle Sonnante autrement receus ne serions, parce que lors estoit le jeune des quatre temps. Je n'entends point, dist Panurge, cest [2] enigme, ce seroit plus tost le temps des quatre vents, car jeunant ne sommes farcis que de vent. Et quoy, n'avez vous icy autre passe temps que de jeuner ? me semble qu'il est [3] bien maigre, nous nous passerions [4] bien de tant de festes du palais [5].

En mon Donat [6], dist frere Jean, je ne trouve que trois temps, preterit, present et futur : icy le quatrieme doit estre pour le vin du valet [7]. Il est, dist Epistemon, aorist issu de preterit tres imparfaict des Grecs et des Latins [8], en temps garré [9] et bigarré receu. Patience [10], disent les Ladres. [11] Il est, dist l'hermite, fatal, ainsi comme je vous l'ay dit [12] : qui contredit est heretique, et ne luy faut rien que le feu. Sans faute, Pater [13], dist Panurge, estant sus mer, je crains beaucoup plus estre mouillé que chauffé, et estre noyé que bruslé [14].

---

[1] Imp. — *Subsequens*. (Manuscrit).

[2] Imp. — *Cestuy*. (Manuscrit).

[3] Imp. — *Qu'il doit estre*. (Manuscrit).

[4] *Passerons* (Manusc.). Les imprimés ont *passerions*.

[5] *De* palais (Manusc.) ; *du* palais, dans les imprimés.

[6] Donat était l'auteur d'une grammaire pour les commençants, désignée par son nom, suivant un usage qui s'est perpétué jusqu'à notre temps.

[7] Le pourboire du valet.

[8] Ce rapprochement entre les temps de jeûne et les temps des verbes peut bien être d'un pédant, mais il n'est pas d'un homme d'esprit.

[9] M. — *Guerre et bizart*. (Imprimés.) *Bigarré* dans les deux Charentes, *garré* en patois du Berry signifient : bariolé. Dans l'ouest, on dit, un temps bigarré, pour signifier un ciel couvert de petits nuages qui menacent de tomber. Suivant Le Duchat l'édition princeps de 1562, que nous n'avons jamais pu voir, porte *garré et bigarré*.

[10] C'est la plante de ce nom que les ladres sont supposés ici demander, parce qu'on l'employait contre la lèpre.

[11] Il est fatal, est pris ici dans le sens du latin, *fatale est*.

«Puisqu'il est fatal que je meure, » dit Céladon dans l'*Astrée*.

[12] Imp. —*Je le vous ay dit* (M.).

[13] *Pater* manque dans le manuscrit.

[14] Le vrai Panurge n'a jamais ouvert la bouche pour dire de pareilles naïvetés.

Bien, jeunons de par Dieu : mais j'ay par si longtemps jeuné, que les jeunes m'ont sappé toute la chair, et crains beaucoup qu'en fin [1] les bastions de mon corps viennent en decadence. Autre peur ay je davantage, c'est de vous fascher en jeunant : car je n'y sçay rien, et y ay mauvaise grace, comme plusieurs m'ont affermé : et je les croy. De ma part, dis je, bien peu me soucie de jeuner : il n'est chose tant facile et tant à main : bien plus me soucie de ne jeuner point à l'advenir : car là il faut avoir de quoy drapper et de quoy mettre au moulin. Jeunons de par Dieu, puisqu'entrés sommes es feries esuriales [2] : ja long temps a que ne les recognoissois.

Et si jeuner faut, dist Pantagruel, expedient autre n'y est, fors nous en depescher [3] comme d'un mauvais chemin. Aussi bien veux je un peu visiter mes papiers, et entendre si l'estude marine est aussi bonne comme la terrienne. Pource que Platon, voulant descrire un homme niais, imperit et ignorant, le compare à gens nourris en mer dedans les navires, comme nous dirions à gens nourris dedans un baril, qui onques ne regarderent que par un trou.

Nos jeunes furent terribles et bien espouvantables : car le premier jour nous jeunasmes à bastons rompus, le second à espées rabatues, le tiers à fer esmoulu, le quart à feu et à sang [4]. Telle estoit l'ordonnance des fées [5].

---

[1] Imp. — *Qu'en la fin* (M.).
[2] Dans les jours de jeûne (*feriæ esuriales* en latin).
[3] Nous en débarrasser.
[4] Ce sont là, suivant Johanneau, des termes métaphoriques, tirés de l'ancienne escrime, et qui offrent une comparaison *plaisante* des jeûnes avec les joutes. Plaisante! cela dépend des goûts; nous n'avons pas le même goût que Johanneau.
[5] Les ordonnances des fées ne sont pas les lois de Minos. Elles reposent sur la passion et le caprice. L'auteur de ce chapitre veut sans doute inférer que les prescriptions des ordonnateurs de jeûnes n'avaient pas d'autres bases. Il nous paraît que si Rabelais avait voulu critiquer l'institution du jeûne, il aurait trouvé à dire des choses plus plaisantes que ne l'est ce chapitre. Beaucoup de pathos, de roideur d'hérétique, voilà ce que nous y voyons ; mais pas n'est besoin de prier les pantagruélistes de *se réserver à rire*.

CHAPITRE II.

Comment l'Isle Sonnante avoit esté habitée par les Siticines, lesquels estoient devenus oiseaux.

Nos jeunes parachevés, l'hermite nous bailla une lettre [1] adressante à un qu'il nommoit Albian [2] Camar, maistre Aeditue [3] de l'isle Sonnante : mais Panurge le saluant, l'appela maistre Antitus. C'estoit un petit bon homme vieux, chauve, à museau bien enluminé, et face cramoisie [4]. Il nous fit tres bon recueil [5], par la recommandation de l'hermite, entendant qu'avions jeuné comme a esté declaré [6]. Aprés avoir tres bien [7] repeu, nous exposa les singularités de l'isle, affermant qu'elle avoit premierement esté habitée par les Siticines [8] : mais par ordre [9] de nature (comme toutes choses varient) ils estoient devenus oiseaux [10].

Là, j'eus pleine intelligence de ce qu'Atteius Capito, Paulus [11], Marcellus, A. Gellius, Atheneus, Suidas, Ammonius et autres, avoient escrit des Siticines et Sicinnistes [12], et dif-

---

[1] Imp. — *Unes lettres*. (Manusc.)
[2] Imp. — *Abihen*. (Manuscrit.) Johanneau a très-bien démontré que ces deux mots devaient venir de l'hébreu et signifiaient *blanc sacristain*.
[3] Sacristain, gardien, *ædituus*, en latin.
[4] Imp. — *Bien cramoisie*. (M.)
[5] Accueil.
[6] Imp. — *Que avons jeuné comme dessus*. (M.)
[7] Qui a repu? Est-ce le sacristain? ou sont-ce nos voyageurs? Quoi! après un aussi affreux jeûne, *ils repaissent!* et Rabelais ne dirait pas un mot de la cuisine d'un pays si étrange! Nous avons évidemment ici changé de conteur.
[8] Voici ce que nous lisons dans Aulu-Gelle :
« ... Nos autem in Capitonis
« Attei conjectaneis invenimus, siti-
« cines appellatos, qui apud Sitos
« canere soliti essent, hoc est vita
« functos et sepultos; eosque ha-
« buisse proprium genus tubæ, qua
« canerent. »
[9] Imp. — Par ordonnance. (Manus.)
[10] C'est-à-dire ils s'étaient envolés : la réforme devant extirper et mettre en fuite, *suivant l'auteur*, les chanteurs d'office (P. Paris).
[11] Imp. — *Pollux*. (M.)
[12] Aulu-Gelle parle en effet des deux :

ficile ne nous sembla croire les transformations de Nyctimene, Progné, Itys, Alcmene, Antigone, Tereus et autres oiseaux[1]. Peu aussi de doubte fismes des enfans de Matabrune[2] convertis en cygnes, et des hommes de Pallene en Thrace, lesquels soudain que par neuf fois se baignent au palud Tritonique, sont en oiseaux transformés[3]. Depuis, autre propos ne nous tint que de cages et d'oiseaux. Les cages[4] estoient grandes, riches, somptueuses, et faites par merveilleuse architecture.

Les oiseaux estoient grands, beaux et polis à l'advenant[5], bien ressemblans les hommes de ma patrie : beuvoient et mangeoient comme hommes, esmeutissoient[6] comme hommes,

« Quos *sicinistas* vulgus dicit, qui rectius loquuti sunt *sicinnistas*, littera *n* gemina, dixerunt. *Sicinnium* enim genus veteris saltationis fuit. Saltabundi autem canebant, quæ nunc stantes canunt. »

[1] Nyctimène fut métamorphosée en hibou par Minerve, Progné en hirondelle, Itys en oiseau par Jupiter, Antigone en cigogne par Junon, Térée en épervier.

[2] C'est une allusion à la chanson de geste du Chevalier au Cygne, dont le héros est Elias, aïeul de Godefroy de Bouillon. Elias, ses cinq frères et sa sœur, dit la chanson, naquirent d'une seule couche, ayant tous au cou une chaîne d'or. Leur grand-mère Matabrune, qui avait horreur de leur mère, avait profité de l'absence du père pour lui faire accroire que sa femme était accouchée de sept chiens. Les sept enfants avaient été exposés dans les bois et recueillis par un ermite; mais Matabrune regrettait de ne pas leur avoir enlevé leurs belles chaînes d'or. Elle sut l'endroit de leur retraite et envoya de ses hommes pour s'emparer des chaînes. A peine dépouillés, les enfants se changèrent en cygnes, et ils restèrent sous cette forme jusqu'à ce qu'un hasard leur rendît ces premières chaînes d'or. Ainsi explique-t-on le blason de Godefroy de Bouillon qui représentait un cygne éployé.

(P. Paris.)

[3] Esse viros fama est in Hyperborea Pallene
Qui soleant levibus velari corpora plumis
Quum Tritoniacam novies subiere paludem;
Haud equidem credo.
(Ovide, *Mét.*, liv. xv, v. 356 et suivants.

Pline le Naturaliste relate aussi ce conte; mais il n'y croit pas plus qu'Ovide, et il ajoute :

« Micyllus fabulam inde ortam putat, quod regio hyperborea ipsa, ob assiduum nivis casum, pinnarum similitudine dicta sit πτεροφόρος. » (Liv. IV, 12.)

[4] Les cages sont les églises, les couvents, les abbayes, etc.

[5] Au lieu de *Advenant*, etc., on lit *aulcunement ressemblans ès*, dans le manuscrit.

[6] Imp. — *Fiantaient*. (M.)

enduisoient¹ comme hommes, petoient, dormoient et roussinoient comme hommes : brief, à les voir de prime face ², eussiez dit que fussent hommes : toutesfois ne l'estoient mie³, selon l'instruction de maistre Aedituc, nous protestant ⁴ qu'ils n'estoient ny seculiers, ny mondains. Aussi leur pennage nous mettoit en resverie, lequel aucuns avoient tout blanc, autres tout noir, autres tout gris, autres mi parti de blanc et noir, autres tout rouge, autres parti de blanc et bleu : c'estoit belle chose de les voir ⁵. Les masles il nommoit *Clergaux, Monagaux, Prestregaux, Abbegaux, Evesgaux Cardingaux et Papegaut*, qui est unique en son espece ⁶. Les femelles il nommoit *Clergesses, Monagesses, Prestregesses, Abbegesses, Evesquegesses, Cardingesses, Papegesses*⁷. Tout ainsi toutesfois, nous dist il, comme entre les abeilles hantent les freslons, qui rien ⁸ ne font fors tout manger et tout gaster, aussi depuis trois cens ans ne sçay comment ⁹, entre ces joyeux oiseaux, estoit par chascune quinte lune avolé grand nombre de cagots, lesquels avoient honny et conchié toute l'isle, tant hideux et monstrueux, que de tous estoient refuis. Car tous avoient le col tors, les pattes pelues, les gryphes et ventre de Harpies, et les culs de Stymphalides¹⁰, et n'estoit possible les exterminer : pour un mort en avoloit vingt quatre. J'y souhaitois quelque second Hercules ¹¹, pource que frere Jean

---

¹ Digéraient (terme de fauconnerie. M. — *Divisoient*. Puis le manuscrit ajoute : Comme *hommes parioient*.
² A première vue.
³ Imp. — *Hommes toutes fois n'estaiont mie* (Manuscrit).
⁴ Imp. — *Mais* protestant. (M.)
⁵ Imp.— *Belle chose les voir*. (M.)
⁶ Imp.— *De son espèce*. (Manus.)
⁷ Voilà des allusions trop transparentes pour que nous songions à les expliquer.
⁸ *Rien* manque dans le manuscrit.
⁹ Imp. — *Comme* (Manuscrit).
¹⁰ Diodore de Sicile parle en effet des oiseaux du lac de Stymphale. Ces oiseaux, au dire de l'historien grec, étaient innombrables et ravageaient toutes les récoltes. Hercule parvint à les exterminer, suivant les uns ; à les chasser en les épouvantant par un bruit de cloches : suivant les autres.
¹¹ De Marsy pense qu'il manque quelque chose après Hercule. Ce qui manque ici, c'est le style de Rabelais. Quant à la phrase telle qu'elle est, on la comprend très-bien. Panurge souhaite un second Hercule, parce que frère Jean et Pantagruel, qui autrefois *luy estoient comme deux Hercules gaulois*, se montrent incapables ici de le protéger.

y perdit le sens ¹ par vehemence de contemplation ², et à Pantagruel advint ce qu'estoit advenu à messire Priapus ³ contemplant les sacrifices de Ceres, par faute de peau.

Comment frère Jean, qui n'a jamais eu peur et qui connaissait parfaitement les *oiseaux* dont il est question, change-t-il tout à coup de nature pour devenir poltron et contemplatif? Comment Pantagruel, qui, dans les trois livres précédents, se montre constamment digne et de plus en plus réservé, joue-t-il le rôle de Panurge?

¹ Imp. — *Les sens* (Manuscrit).
² Telle est la leçon du manuscrit. On lit dans les imprimés *par vehemente contemplation*. Le chap. II dans le manuscrit finit ici. La suite a été ajoutée dans les imprimés.
³ Priape, aux sacrifices de Cybèle (et non de Cérès), aperçut, dit la Fable, Vesta endormie. Il voulut profiter de cet avantage; mais l'âne de Silène se mit à braire à point; Vesta s'enfuit, et Priape resta coi, ne pouvant couvrir sa nudité sous sa robe (*par faute de peau*, comme il est dit ici improprement).

CHAPITRE III.

Comment en l'isle Sonnante n'est qu'un Papegaut.

Lors demandasmes à maistre Aeditue, veu la multiplication de ces venerables oiseaux en toutes[1] leurs especes, pourquoy là n'estoit qu'un Papegaut. Il nous respondit que telle estoit l'institution premiere, et fatale destinée des estoiles[2] : que des Clergaux naissent[3] les Prestregaux et Monagaux, sans compagnie charnelle, comme se fait entre les abeilles d'un jeune taureau[4], accoustré selon l'art et pratique d'Aristeus[5]. Des Prestregaux naissent[6] les Evesgaux : d'iceux les beaux Cardingaux, et les Cardingaux, si par mort n'estoient prevenus, finissoient[7] en Papegaut, et n'en est ordinairement qu'un, comme par les ruches des abeilles n'y a qu'un roy, et au monde n'est qu'un soleil. Iceluy decedé, en naist un autre en son lieu de toute la race des Cardingaux : entendez tousjours sans copulation charnelle. De sorte qu'il y a en ceste espece unité individuale, avec perpetuité de succession, ne plus ne moins qu'au[8] phœnix d'Arabie. Vray est qu'il y a environ deux mille sept cens soixante lunes[9], que furent en

---

[1] Imp. — *En autres leurs especes.* (M.)
[2] Imp. — Des *astres.* (Manusc.)
[3] Imp. — *Naissoient.* (Manusc.)
[4] *D'un jeune taureau*, etc., manque dans le manuscrit.
[5] Virgile, dans ses *Géorgiques* (liv. IV, vers 283-285), a exprimé cette opinion des anciens :

Tempus et Arcadii memoranda inventa magistri
Pandere, quoque modo cæsis jam sæpe juvencis
Insincerus apes tulerit cruor.

Pline fait mention du procédé, et n'ose pas donner un démenti à Virgile. (*Hist. nat.*, liv. XI, ch. XXIII.)
[6] Imp. — *Naissoient.* (M.)
[7] Imp. — *Finoient.* (Manusc.)
[8] Imp. — *Un phenix.* (Manusc.)
[9] Le Duchat voit là une allusion au schisme causé par Urbain VI et le prétendu Clément VII, en 1379. — Pour établir son opinion, il prétend que 2760 lunes, à 12 par année, marquent un espace de 230 années ; ce qui est incontestable ; mais de 1379 à 1552, il s'en faut qu'on puisse conter 230 années. Du reste, l'auteur de ce cinquième livre a bien pu indiquer au

334   PANTAGRUEL.

nature¹ deux Papegaux produits : mais ce fut la plus grande calamité qu'on vist onques en ceste isle. Car, disoit Aeditue, tous² ces oiseaux icy se pillerent les uns les autres et s'entrepelauderent si bien ce temps durant, que l'isle periclita d'estre spoliée de ses habitans. Part d'iceux adheroit à un, et le soustenoit : part à l'autre, et le defendoit : demeurerent³ part d'iceux muts comme poissons, et onques ne chanterent : et part de ces cloches, comme interdicte, coup ne sonna⁴. Ce seditieux temps durant, à leur secours evoquerent empereurs, roys, ducs, marquis⁵, comtes, barons et communautés du monde qui habite en continent et terre ferme, et n'eut fin ce schisme et ceste sedition, qu'un d'iceux ne fust tollu de vie⁶, et la pluralité reduicte en unité⁷.

Puis demandasmes qui mouvoit ces oiseaux ainsi sans cesse chanter. Aeditue nous respondit que c'estoient les cloches pendantes au dessus de leurs cages⁸. Puis nous dist : Voulez vous que presentement je fasse chanter ces Monagaux que voyez là bardocuculés d'une chausse d'hypocras⁹, comme une alouette sauvage¹⁰? De grace, respondismes nous. Lors sonna une cloche six coups seulement, et Monagaux d'accourir, et Monagaux de chanter... Et si, dist Panurge, je sonnois ceste cloche¹¹, ferois je pareillement chanter ceux icy qui ont le pennage¹² à couleur de haran soret? Pareillement, respondit Aeditue. Panurge sonna¹³, et soudain accoururent

---

hasard, et sans y attacher d'importance, le nombre fantastique de 2760 lunes, tout en ayant dans sa pensée le schisme des deux papes que nous venons de nommer.

¹ En réalité.
² *Tous* manque dans le manuscrit.
³ Imp. — *Devindrent*. (Manusc.)
⁴ Imp. — *Ne sonnoit*. (Manuscrit.)
⁵ M. — L'imprimé porte à tort ici *monarques*, au lieu de *marquis*.
⁶ Oté de vie. Ce fut en effet à la mort de Clément que le schisme prit fin par l'élection d'un nouveau pape.
⁷ Quelle expression pédante !
⁸ Si leurs cages sont les églises, il est juste de dire que les cloches *pendent au-dessus*.
⁹ C'est-à-dire armés d'un capuchon (*bardocucullus*) fait en forme de chausse à filtrer l'hypocras.
¹⁰ Est-ce que les alouettes ne sont pas toutes sauvages? L'auteur a voulu probablement désigner l'alouette *huppée*, qui porte, elle aussi son petit capuchon emplumé.
¹¹ Imp. — Ceste cloche *cy*. (M.)
¹² M. — Dans l'impr., *plumaige*.
¹³ Imp. — *Soudain*, et *Soudain*. (M.)

ces oiseaux enfumés, et chantoient ensemblement : mais ils avoient les voix rauques et malplaisantes. Aussi nous remonstra [1] Aeditue qu'ils ne vivoient que de poisson, comme les herons et cormorans du monde, et que c'estoit une quinte [2] espece de cagaux imprimés nouvellement. Adjousta davantage, qu'il avoit eu advertissement par Robert Valbringue [3], qui par là nagueres estoit passé, comment de pays d'Afrique, bientost y devoit avoler une sexte espece, lesquels il nommoit Capucingaux [4], plus tristes, plus maniaques [5] et plus fascheux qu'espece qui fust en toute l'isle [6]. Afrique, dist Pantagruel, est coustumiere [7] de tousjours choses produire nouvelles et monstrueuses.

[1] Imp. — *Nous montra.* (M.)

[2] Une cinquième espèce de moines mendiants tout nouvellement institués. On connaissait dès longtemps les quatre ordres de frères mendiants.

[3] On lit dans le manuscrit *Wabring*.

C'est, dit Le Duchat, Jean-François de la Roque, sieur de Roberval, gentilhomme picard, grand navigateur, qui fit en 1540 le voyage de Canada et autres terres neuves, et y retourna l'an 1543.

Nous suivons le manuscrit. Dans l'imprimé on lit : « estoit passé en revenant du pays d'Afrique, que bientoust y devoit adresser une six esme espèce, etc. » La réponse de Pantagruel n'a aucun sens, si l'on suit cette dernière leçon.

[4] Il paraît constant que l'ordre des capucins date de 1525. Notre auteur le donne ici comme d'importation toute nouvelle. — M. de l'Aulnaye fait remarquer que dans l'isle *Sonnante* (1re édition partielle de ce livre, de 1562) les capucingaux sont annoncés comme *prochains*; et il en tire cette plaisante conclusion, que ce livre a dû être écrit avant 1525. — Esmangart ne le réfute pas et semble l'approuver en le citant.

Mais depuis quand les personnages d'un roman doivent-ils vivre juste à la même date que l'auteur? Est-ce que, dans les livres précédents, Rabelais ne cite pas vingt fois comme actuels des faits antérieurs à lui de près d'un demi-siècle?

[5] Imp. — Nous lisons dans le manuscrit *momiaques*.

[6] Imp. — *Qui y fust.* (M.)

[7] Manuscrit. Dans l'imprimé on supprime *de*.

CHAPITRE IV.

Comment les oiseaux de l'isle Sonnante estoient tous passagers.

Mais, dist Pantagruel, veu qu'exposé nous avez des Cardingaux naistre Papegaut, les Cardingaux des Evesgaux, les Evesgaux des Prestregaux, et les Prestregaux des Clergaux, je voudrois bien entendre d'ond vous naissent ces Clergaux. Ils sont, dist Aeditue[1], tous oiseaux de passage[2], et nous viennent de l'autre monde[3] : part d'une contrée grande à merveilles, laquelle on nomme Joursanspain : part d'une autre vers le Ponant[4], laquelle on nomme Trop d'itieux[5]. De ces deux contrées tous les ans à boutées[6], ces Clergaux icy nous viennent, laissans peres[7] et meres, tous amis et tous parens. La maniere est telle, quand en quelque noble maison de ceste contrée derniere, y a trop d'iceux enfans, soient masles, soient femelles : de sorte que, qui à tous part feroit de l'heritage (comme raison le veut, nature l'ordonne, et Dieu le commande) la maison seroit dissipée. C'est l'occasion pourquoy les parens s'en deschargent en ceste isle, mesmement s'ils sont des appanaiges de l'isle Bossard[8]. C'est,

---

[1] Imp. — *Respondit Editue.* (M.)

[2] C'est, en effet, suivant l'observation de Johanneau, le sort des ecclésiastiques de passer d'un endroit à l'autre.

[3] Du monde des laïques, comme l'a compris Le Motteux.

L'auteur semble vouloir faire entendre que la nécessité plus que la vocation pousse vers l'état ecclésiastique.

[4] Le couchant.

[5] Trop de ceux-là, de pareils.

Ce mot, suivant Le Motteux, marque la raison pourquoi les parents ont coutume de destiner leurs enfants à l'église ou au cloître : c'est parce qu'ils ont trop d'*itieulx* pour les pousser dans le monde. On lit dans le manuscrit *d'isteulx*.

[6] Par troupes.

[7] Impr. — *Freres et meres.* (M.)

[8] Nous donnons la leçon du ma-

dist Panurge, l'isle Bouchard lez Chinon. Je dis Bossard, respondit Aedituc : car ordinairement ils sont bossus, borgnes, boiteux, manchots, podagres contrefaits et maleficiés : poids inutile de la terre [1]. C'est, dist Pantagruel, coustume du tout[2] contraire es institutions jadis observées en la reception des pucelles Vestales, par lesquelles, comme atteste Labeo Antistius, estoit defendu à ceste dignité eslire fille qui eust [3] vice aucun en l'ame, ou en ses sens diminution, ou en son corps tache quelconque, tant fust occulte et [4] petite. Je m'esbahis (dist Aedituc continuant [5]) si les meres de par de là les portent neuf mois en leurs flancs, veu qu'en leurs maisons elles ne les peuvent porter ne patir neuf ans, non pas sept le plus souvent, et leur mettant une chemise seulement sus la robe, sur le sommet de la teste leur couppant je ne sçay quants [6] cheveux avec certaines paroles apotrophées [7] et expiatoires, comme entre les Ægyptiens, par certaines linostolies [8] et rasures, estoient créés les Isiaques [9], visiblement, apertement, manifestement, par metempsichose [10] pithagorique, sans lesion ne blessure aucune, les font oiseaux tels devenir que [11] presentement les voyez. Ne sçay toutesfois, beaux amis, que peut estre ne d'où vient [12], que les femelles, soient Clergesses, Monagesses ou Abbegesses, ne

---

nuscrit. L'imprimé saute une ligne et porte : « s'en deschargent en ceste isle Bossard. »

[1] Ædituc (qui parle ici par allusion) nous semble exagérer singulièrement les choses. Il est certain que les anciens règlements canoniques défendaient d'admettre à la profession religieuse les individus affligés d'infirmités corporelles. Et si l'on dérogeait à la règle, ce ne devait être que rarement.

[2] Complétement.

[3] Imp. — *Ou vice*. (M.)

[4] Imp. — *Ou petite*. (M.)

[5] Imp. — *Editus en continuant*. (M.) Dans l'imp. *Dist* manque.

[6] Je ne sais combien. — *Je est* supprimé dans le manuscrit.

[7] Paroles magiques qui détournent les malheurs. *Apotropieres*. (M.)

[8] Robes de lin (λινοστολία, en grec). On lit *Linostolles*. (M.)

[9] Prêtres d'Isis.

[10] Imp. — *Methempsychosye*. (M.)

[11] Imp. — *Comme presentement*. (M.)

[12] Comment il se peut et d'où vient que, etc. Nous rétablissons cette phrase d'après le manuscrit. Dans les imprimés, au lieu de *d'où vient*, on lit : *ne doibt*. Ce qui n'offre aucun sens, même avec la subtile explication de Le Duchat.

chantent motets plaisans et charisteres[1], comme on souloit faire à Oromasis[2], par l'institution de Zoroaster : mais cataractes et scythropes[3], comme on faisoit au demon Arimanian[4] : et font continuelles devotions pour [5] leurs parens et amis, qui en oiseaux les transformerent : je dis autant jeunes que vieilles[6].

Plus grand nombre nous en vient de Jour sans pain, qui est excessivement long[7]. Car les Asaphis[8] habitans d'icelle contrée, quand sont en danger de patir malesuade[9] famine par non avoir de quoy soy alimenter, et ne savoir, ne vouloir rien faire, ne travailler en quelque honneste art et mestier, ne aussi feablement à gens de bien soy asservir : ceux aussi qui n'ont peu jouir de leurs amours, qui ne sont parvenus à leurs entreprises, et sont desesperés : ceux pareillement qui meschantement ont commis quelque cas de crime, et lesquels on cherche pour à mort ignominieusement mettre, tous avolent icy : icy ont leur vie assignée, soudain[10] deviennent gras comme glirons[11], qui par avant estoient maigres comme pics : icy ont parfaicte seureté, indemnité et franchise[12].

Mais, demandoit Pantagruel, ces beaux oiseaux icy une fois avolés, retournent ils jamais plus au monde où ils furent connus[13] ? Quelques uns, respondit Aeditue, jadis bien peu,

---

[1] C'est-à-dire hymnes en actions de grâces. *Charesterez*. (M.)

[2] Imp. — *A Oromaze*. (M.)

[3] Maudits et lugubres (κατάρατος, σκυθρωπός, en grec).

[4] Ahrimane était adoré en Perse comme le démon ou le principe du mal.

[5] Continuellement maudissent leurs parents, etc. — De *leurs*. (M.)

[6] Imp. — « Les transformerent, *tant celles je dis autant jeunes que vieilles*. (Manuscrit). »

[7] « On dit encore proverbialement : long comme un jour sans pain. »

[8] Les gens obscurs, de basse extraction (ἀσαφής), ou les moines, des mots hébreux *asaph* et *asaphi*, qui expriment l'idée de congrégation. Ce qui nous ferait pencher pour cette dernière interprétation, c'est l'analogie du mot *asaphis* avec celui de *musaphis* déjà employé par l'auteur. On lit dans le manuscrit *assaphsuph*.

[9] La mauvaise conseillère, la faim.

... Malesuada Fames, et turpis Egestas.
(Virg., Æn., liv. VI.)

Nous donnons la leçon du manuscrit. L'imprimé retranche *famine*.

[10] Imp. — *Icy soudain*. (M.)

[11] Petits loirs.

[12] Cette longue phrase, coupée en trois dans toutes les éditions, est complétement inintelligible. Nous lui restituons un sens en n'en faisant qu'une, comme le manuscrit.

[13] Pondus. *Ponnus* se dit encore

bien à tard et à regret[1]. Depuis certaines eclipses, s'en est revolé une grande mouée[2] par vertu des constellations celestes. Cela de rien ne nous melancholie[3], le demeurant n'en a que plus grande pitance. Et tous, avant que revoler[4], ont leur pennage laissé parmy ces orties et espines.

Nous en trouvasmes quelques uns realement, et en recherchant d'aventure rencontrasmes[5] un pot aux roses[6] descouvert.

---

aujourd'hui en divers de nos patois.

[1] Ceci paraît une allusion à la révolution religieuse qui détacha l'Angleterre, en 1534, de l'Église romaine et sur laquelle l'auteur revient dans le chap. VI. La leçon que nous donnons est celle de l'imprimé. On lit dans le manuscrit : « quelquefois jadis, bien peu, bien « à tard et à regret. »

[2] Une grande volée, une très-grande quantité. *Mouée* appartient encore au patois de la Charente.

[3] Fâche.

[4] « Ces oiseaux » (dit Lenglet Dufresnoy), « qui retournent au « monde, sont les moines et les ec-« clésiastiques qui ont quitté leurs « habits, comme Luther, Calvin et « autres, ou leurs monastères comme « Rabelais. Les plumes que l'on « trouve parmi les orties sont le « froc que les moines jettent lors-« qu'ils apostasient. »

[5] Leçon de l'imprimé : dans le manuscrit *trouvasmes*.

[6] Quel est ce pot aux roses? Suivant l'opinion de nos plus accrédités prédécesseurs, ce pot découvert peut désigner l'ouvrage de Rabelais, où les mystères des moines sont dévoilés par un moine apostat. Suivant nous, il peut désigner aussi bien tout autre chose. C'est de la *fanfreluche*, mais pas *antidotée*.

Au demeurant, rien n'était plus éloigné des habitudes de Rabelais que ces allusions à lui-même et aux circonstances délicates de sa vie. Ainsi, plus on le trouverait clairement désigné ici, plus on devrait croire que c'est un autre qui parle.

CHAPITRE V.

Comment les oiseaux Gourmandeurs sont muets en l'isle Sonnante.

Il n'avoit ces mots parachevé, quand prés de nous advolerent vingt cinq ou trente oiseaux de couleur et pennage[1] qu'encores n'avions veu en l'isle. Leur plumage[2] estoit changeant d'heure en heure, comme la peau d'un cameleon, et comme la fleur du tripoleon[3], ou teucrion. Et tous avoient au dessous de l'aisle gauche une marque, comme de deux diametres mipartissant un cercle, ou d'une ligne perpendiculaire tombante[4] sus une ligne droite. A tous estoit presque d'une forme, mais non à tous d'une couleur : es uns estoit blanche, es autres verte, es autres rouge, es autres violette es, autres bleue[5]. Qui sont, demanda Panurge[6], ceux cy, et comment les nommez ? Ils sont, respondit Aeditue, metifs[7].

Nous les appellons gourmandeurs[8], et ont grand[9] nombre

---

[1] Plumage.
[2] Imp. — *Pennage.* (M.)
[3] Pline parle de cette plante : « Sic et apud Græcos, polion « herbam... quidam teucrion vo- « cant, folia ejus mane candida, « meridie purpurea, sole occidente « cærulea aspiciuntur. » (Liv. XXI, VII.) — *Tripolion.* (M.)
[4] Imp. — *Et tombante.* (M.)
[5] Les allusions ne sont pas voilées dans ce cinquième livre. Tous les commentateurs ont reconnu ici les chevaliers des ordres religieux et militaires, ainsi que la forme, la couleur et toutes les particularités de leur costume :
La couleur blanche appartenait à l'ordre de Malte ;
La verte, aux chevaliers de Saint-Lazare ;
La rouge, aux ordres de Saint-Jacques de l'Épée, etc. ;
La bleue, à l'ordre de Saint-Antoine.
Blanche et *bleue* sont transposés dans le manuscrit qui adopte l'ancienne forme *bleuve*.
[6] Imprimé. — *Pantagruel.* (M.)
[7] C'est-à-dire d'une espèce intermédiaire, parce qu'ils sont à la fois religieux et soldats.
[8] Commandeurs. — Si les allusions ne sont pas fines, elles sont au moins transparentes.
[9] Imprimé. *Un — grand nombre.* (M.)

de riches gourmanderies en vostre monde. Je vous prie, dis je, faites les un peu chanter, afin qu'entendions leurs voix. Ils ne chantent, respondit il[1], jamais, mais ils repaissent au double en recompense. Où sont, demandoy je, les femelles? Ils n'en ont point [2], respondit il. Comment donc, infera Panurge, sont ils ainsi croustelevés et mangés de grosse verole? Elle est, dist il[3], propre à ceste espece d'oiseaux, à cause de la marine qu'ils[4] hantent quelquefois[5].

Puis nous dist : Le motif de leur venue icy prés de vous est pour voir si parmy vous cognoistront une magnifique espece de gots[6], oiseaux de proye terribles, non toutefois venans[7] au leurre, ne recognoissans le gand, lesquels ils disent estre en vostre monde : et d'iceux les uns porter jects[8] aux jambes, bien beaux et precieux, avec inscription aux vervelles[9], par laquelle qui mal y pensera[10] est condamné d'estre soudain tout conchié : autres au devant de leur pennage porter le trophée d'un calomniateur, et les autres y porter une peau de belier. Maistre Aeditue, dist Panurge, il peut estre[11], mais nous ne les cognoissons mie.

---

[1] C'est-à-dire, suivant de Marsy, qu'ils n'officient point comme les religieux *non metifs* : ils n'étaient tenus qu'à dire le bréviaire.

[2] Les chevaliers faisaient vœu de célibat.

[3] Imprimé. *Dist-il*. (M.)

[4] Imprimé. *Laquelle* ils (M.)

[5] Rabelais n'aurait pas été en peine de trouver une réponse plus spirituelle et plus gaie.

[6] Rabelais s'est servi souvent de ce mot pour désigner des moines, des cafards. Le manuscrit porte : *espece de gaux ou de gotz*.

[7] Imp. — *Venuz* (M.)

[8] Les jets, en terme de fauconnerie, étaient des lanières de cuir, qu'on attachait aux pattes des oiseaux de proie pour les retenir avant de les lancer.
Dans le manuscrit on lit *portent*, mais plus bas *porter* le trophée, *porter* une peau.

[9] Espèce d'anneau qu'on met au pied d'un oiseau de fauconnerie et sur lequel on grave le nom ou les armes de celui à qui l'oiseau appartient. (*Dict. de l'Acad.*)

[10] Nos prédécesseurs ont tous reconnu là les ordres de la Jarretière, de Saint-Michel et de la Toison d'or. Cette découverte ne demandait pas une grande sagacité; mais comment Panurge dit-il qu'il ne connaissait *mie cette espece*? Pourquoi nos *gourmandeurs* sont-ils ennemis de ces trois ordres? Celui de la Jarretière appartenait à un pays qui venait de s'émanciper du pouvoir papal : pour cela, ceux qui l'obtenaient n'étaient pas forcément des hérétiques. Quant à l'ordre de Saint-Michel et de la Toison d'or, ils ne se donnaient guère qu'aux catholiques.

[11] Leçon du manuscrit. Dans l'imprimé : *Il est vrai*.

Ores, dist Aeditue, c'est assez parlementé, allons boire. Mais repaistre, dist Panurge. Repaistre, dist Aeditue, et bien boire, moitié au pair, moitié à la couche[1] : rien si cher ne[2] precieux est que le temps, employons le en bonnes œuvres. Mener il nous vouloit premierement baigner dedans les Thermes des Cardingaux, belles et delicieuses souverainement, puis issans des bains nous faire par les Aliptes[3] oindre de precieux basme[4].

Mais Pantagruel luy dist qu'il ne boiroit[5] que trop sans cela. Adonc nous conduit en un grand et delicieux refectoir[6], et nous dist : Je sais que l'hermite Braguibus vous a fait jeuner par quatre jours. Quatre jours serez icy à contrepoints, sans cesser de boire et de repaistre.

Dormirons nous point cependant dist ? Panurge[7]. A vostre liberté, respondit Aeditue, car qui dort, il boit. Vray Dieu, quelle chere nous fismes! O le grand homme de bien[8] !

---

[1] Cette locution, dit Johanneau, est empruntée des jeux où l'on *parie* une somme outre celle que l'on *couche* sur la carte.
Si Johanneau dit vrai, le pauvre Æditue ne nous paraît pas un prodige d'esprit.
[2] Imprimé. — *Si cher et præcieux n'est.* (M.)
[3] On donnait ce nom à ceux qui frottaient et oignaient de parfums les baigneurs. (*Aliptæ* en latin.)
[4] Baume, parfum.

[5] Manuscrit. — Imp. *beuroit.*
[6] Imp. — *Refreschissoire.* (Manus.)
[7] Panurge parle bêtement de dormir, quand on lui propose de boire. Décidément on nous a changé le joyeux compagnon des précédents livres. Au lieu de : *Dist* l'anurge, on lit dans le manuscrit : *demanda* Panurge.
[8] Manuscrit. — O le grand *et excellent, etc.* (Imprimé.)

CHAPITRE VI

Comment les oiseaux de l'isle Sonnante sont alimentés.

Pantagruel monstroit face triste, et sembloit non content du sejour quatridien[1], que nous terminoit[2] Aeditue, ce qu'apperceut Aeditue, et dist : Seigneur, vous savez que sept jours devant et sept jours aprés brume[3], jamais n'y a sur mer tempeste. C'est pour faveur[4] que les elemens portent aux alcyons, oiseaux sacrés à Thetis, qui pour lors ponent[5] et esclouent leurs petits lez le rivage. Icy la mer se revenche de ce long calme, et par quatre jours ne cesse de tempester enormement, quand quelques voyagiers y arrivent. La cause nous estimons afin que ce temps durant, necessité les contraigne y demeurer, pour estre bien festoyés des revenus[6] de sonnerie. Pourtant n'estimez temps icy ocieusement perdu[7]. Force forcée vous y retiendra, si ne voulez combattre Juno, Neptune, Doris, Aeolus, et tous les Vejoves[8]. Seulement deliberez vous de faire chere lie. Aprés les premieres bauffrures[9], frere Jean demandoit à Aeditue : En ceste isle vous n'avez que cages et oiseaux. Ils ne labourent ne cultivent la terre. Toute leur occupation est à gaudir, gazouiller et chanter. De quel pays vous vient ceste corne d'abondance, et copie[10]

---

[1] De quatre jours. « Quatridien, que nous terminoit Aeditue, » est supprimé dans le manuscrit.

[2] Dont nous menaçait.

[3] Aprés le solstice d'hiver. C'est ainsi que l'entendent Cotgrave et Johanneau. — *Aprés la brume*. (M.)

[4] Imp. — *Amour*. (M.)

[5] Pondent et font éclore. On lit dans le manuscrit : *ponnoient* et *esclouoient*.

Le Duchat remarque avec raison que ces détails sur les augures semblent empruntés à Jean de Salisbury (*Polycratic.*, liv. II, chap. II.)

[6] *Rentiers* en place de *revenus*. (Manuscrit.)

[7] Imp. — *Perdre* (M.).

[8] Les dieux malfaisants.

[9] Aprés avoir englouti les premiers morceaux. On lit *bauffrées* dans le manuscrit.

[10] Abondance, profusion (*copia*, en latin).

de tant de biens et frians morceaux? De tout l'autre monde, respondit Aeditue : exceptez moy quelques contrées des regions aquilonaires [1], lesquelles depuis certaines [2] années ont meu la Camarine [3]. Chou, dist frere Jean [4], ils s'en repentiront, dondaine, ils s'en repentiront, don don : beuvons, amis. Mais de quel pays estes vous [5], amis [6]? demanda Aeditue. De Touraine, respondit Panurge. Vrayement, dist Aeditue, vous ne fustes onques de mauvaise pie couvés, puisque vous estes de la benoiste Touraine. De Touraine, tant et tant de biens annuellement nous viennent [7], que nous fut dit un jour par gens du lieu par cy passans, que le duc de Touraine n'a, en tout son revenu, de quoy son saoul de lard manger, par l'excessive largesse que ses predecesseurs ont fait à ses sacrosaints oiseaux, pour icy de phaisans nous saouler, de perdreaux, de gelinotes, poules d'Inde, gras chappons de Loudunois, venaison de toutes sortes, et toutes sortes de gibier.

Beuvons, amis : voyez ceste perchée d'oiseaux, comment ils sont douillets, et en bon poinct des rentes qui nous en viennent : aussi chantent ils bien pour eux. Vous ne vistes onques rossignols mieux gringoter [8] qu'ils font en plat, quand ils voyent ces deux bastons dorés (c'est, dist frere Jean, feste à baston) et quand je leur sonne ces grosses cloches que voyez pendantes aux tours [9] de leurs cages. Beuvons, amis, il fait certes huy beau boire, aussi fait il tous les jours : beu-

---

[1] Sans doute l'Angleterre, une partie de l'Allemagne et les royaumes du Nord qui s'étaient détachés de l'Église romaine.

[2] Leçon du manuscrit. Des éditions portent : *quelques certaines années.*

[3] La Camarina était un lac dont les eaux bourbeuses répandaient une odeur infecte quand on les remuait. De là le proverbe : *Ne move Camarinam*

[4] *Dist frère* Jean, et plus bas *demanda Aeditue* sont omis dans le manuscrit.

[5] Imprimé. — *Mes amis.* (M.)

[6] Le manuscrit porte : *nous vient*, c'est-à-dire il nous vient.

[7] Fredonner, gazouiller (*to warble*, Cotgrave.) *Grignoter.* (M.)

[8] Imp. — *qu'ils font quand* en place ils voient. (M.)

[9] M. Pendantes aux tours. Dans l'imprimé. *vendues autour.*

vons, je boy de bien bon cœur à vous, et soyez les tres bien venus.

N'ayez peur que vin et vivres icy faillent [1], car quand le ciel seroit d'airain et la terre de fer, encores vivres ne nous faudroient, fust ce par sept, voire huit ans plus long temps que ne dura la famine en Ægypte. Beuvons ensemble par bon accord en charité.

Diable, s'escria Panurge, tant vous avez d'aise en ce monde. En l'autre, respondit Aeditue, en aurons nous [2] bien davantage. Les champs Elysiens ne nous manqueront, pour le moins. Beuvons, amis, je boy à vous tous [3]. Ç'a esté, dis je, esprit moult divin et parfait, à vos premiers Siticines [4] avoir le moyen inventé par lequel vous avez ce que tous humains appetent [5] naturellement, et à peu d'iceux, ou, proprement [6] parlant, à nul n'est octroyé. C'est paradis en ceste vie, et en l'autre pareillement avoir.

<blockquote>
O gens heureux !
O semy dieux [7] !
</blockquote>

Pleust [8] au ciel qu'il m'advint ainsi.

---

[1] Dans l'imprimé. — *Vin ne vivres icy foillent.* (Manuscrit.)

[2] Imprimé. — *Nous en aurons davantage.* (M.)

[3] Manuscrit. — *A toy*, imprimé.

[4] Joueurs de flûte.

[5] Convoitent (*appetere*, en latin). — *Appellent*. (M.)

[6] Manuscrit. — *A proprement parler*, dans les trois Imprimés.

[7] « Ceci, » lisons-nous dans Le Duchat, « est pris de cette fameuse « épigramme du jeune Brodeau :

> Mes beaux peres religieux,
> Vous disnez pour un grammerci ;
> O gens humains ! ô demi dieux !
> Pleust à Dieu que je fusse ainsi. »

[8] Imp. — *Plaise au ciel*. (M.)

CHAPITRE VII

Comment Panurge raconte à maistre Aedituc l'apologue du roussin et de l'asne

Avoir bien beu et bien repeu, Aedituc nous mena en une chambre bien garnie, bien tapissée et toute dorée. Là nous fit apporter myrobalans[1], brain de basme[2], et zinzembre verd confit, force hippocras, et vin delicieux : et nous invitoit par ces antidotes comme par breuvage du fleuve de Lethé, mettre en oubly et nonchalance les fatigues qu'avions paty sus la marine : fit aussi porter vivres en abondance à nos navires qui surgeoient au port. Ainsi reposasmes par icelle nuyt, mais je ne pouvois dormir à cause du sempiternel brimballement[3] des cloches.

A minuit, Aedituc nous esveilla pour boire : luy mesme beut le premier, disant : Vous autres de l'autre monde dictes qu'ignorance est merc de tous maux, et dictes vray : mais toutesfois vous ne la bannissez mie de vos entendemens, et vivez en elle, avec elle, par elle. C'est pourquoy tant de maux vous meshaignent[4] de jour en jour, tousjours vous plaignez, tousjours lamentez : jamais n'estes assouvis. Je le considere presentement. Car ignorance vous tient icy au lict liés comme fut le Dieu des batailles par l'art de Vulcan, et n'entendez que le devoir vostre estoit d'espargner[5] de vostre sommeil, point n'espargner les biens de ceste fameuse isle. Vous debvriez avoir ja fait trois repas, et tenez cela de moy, que pour manger les vivres de l'isle[6] Sonnante, se faut lever bien

---

[1] Imp. — *Forcemirobolants*. (M.)
[2] Un brin, un peu de baume et de gingembre. Dans le manuscrit on lit *brins*, c'est-à-dire des brins.
[3] Imp. — *Truballement* dans le manuscrit.
[4] Vous blessent, vous accablent, vous tourmentent.
[5] Imp. — *Estoit espargner*. (M.)
[6] Imp. — *Les vivres d'isle Sonnante* (Manuscrit).

matin[1] : les mangeans ils multiplient, les espargnans ils vont en diminution.

Fauchez le pré en sa saison, l'herbe y reviendra plus drue, et de meilleure emploicte[2] : ne le fauchez point, en peu d'années il ne sera tapissé que de mousse. Beuvons, amis, beuvons trestous : les plus maigres de nos oiseaux chantent maintenant[3] tous à nous, nous boirons à eux s'il vous plaist. Beuvons, de grace : vous n'en cracherez tantost que mieux[4]. Beuvons une, deux, trois, neuf fois[5], *non zelus*[6], *sed charitas*. Au point du jour pareillement nous esveilla pour manger soupes de prime. Depuis ne fismes qu'un repas, lequel dura tout le jour, et ne savions[7] si c'estoit disner ou souper, gouster ou regoubilloner[8]. Seulement par forme d'esbat nous promenasmes quelques tours[9] par l'isle pour voir et ouir le joyeux chant de ces benoists oiseaux.

Au soir Panurge dist à Aedituë : Seigneur, ne vous desplaise, si je vous raconte une histoire joyeuse, laquelle advint au pays de Chastelleraudois depuis vingt et trois lunes. Le pallefrenier d'un gentilhomme[10] au mois d'avril pourmenoit à un matin ses grands chevaux parmy les guerests : là rencontra une gaye bergere, laquelle,

A l'ombre[11] d'un buissonnet
Ses brebiettes gardoit,

ensemble un asne, et quelques chevres. Devisant avec elle

---

[1] C'est comme s'il disait : bien malin serait celui qui épuiserait les vivres de l'île Sonnante, puisque plus on en mange, plus ils multiplient. On lit dans le manuscrit *bien fort matin*.

[2] Plus profitable aux bêtes qui la mangent.

[3] *Neantmoins* en place de *maintenant*. (Manuscrit.)

[4] Cette ligne est dans le manuscrit et pas dans l'imprimé.

[5] C'était une règle de boire par nombre impair :
Ter bibe, vel toties ternos, sic mystica lex est,
a dit Ausone. Il paraît que le nombre deux faisait exception.

[6] Dans toutes les éditions imprimées on lit ainsi, mais le manuscrit porte *non cibus charitas*.

[7] Imp. — *Et ne savois si*. (M.)

[8] Faire réveillon. *Regoubillonner* a conservé cette acception dans plusieurs de nos patois de la langue d'oïl.

[9] Leçon de l'imprimé. Dans le manuscrit on lit : *quelque peu*.

[10] Imprimé. — *Le pallefrenier du Seigneur... pourmenoit*. (M.)

[11] Imp. — *A l'orée*. (M.)

luy persuada monter derriere luy en crouppe, visiter son escurie, et là faire un tronçon de bonne chere à la [1] rustique. Durant leur propos et demeure, le cheval s'adressa à l'asne et luy dist en l'oreille (car les bestes parlerent [2] toute icelle année en divers lieux) : Pauvre et chetif baudet, j'ay de toy pitié et compassion. Tu travailles journellement beaucoup, je l'apperçoy à l'usure de ton bas-cul [3] : c'est bien fait, puisque Dieu t'a créé pour le service des humains. Tu es baudet de bien. Mais n'estre autrement torchonné, estrillé, phaleré [4], et alimenté que je te voy, cela me semble un peu tyrannique, et hors les metes [5] de raison. Tu es tout herissonné, tout hallebrené [6], tout lanterné [7], et ne manges icy [8] que joncs, espines, et durs chardons. C'est pourquoy je te semonds [9], baudet, ton petit pas avec moy venir, et voir comment nous autres, que nature a produits pour la guerre, sommes traités et nourris. Ce ne sera sans toy ressentir de mon ordinaire. Vrayement, respondit l'asne, j'iray bien volontiers, monsieur le cheval. Il y a, dist le roussin, bien monsieur le roussin pour toy [10], baudet. Pardonnez moy, respondit l'asne, monsieur le roussin, ainsi sommes en nostre langage incorrects et mal appris nous autres villageois et rustiques. A propos, je vous obeiray volontiers et de loing vous suivray de peur des coups (j'en ay la peau toute contrepointée), puisque vous plaist me faire tant de bien et d'honneur.

La bergere montée, l'asne suivait [11] le cheval en ferme deliberation de bien repaistre advenant au logis [12]. Le pallefrenier

---

[1] Imp. — *De cherc à la rustique.* (M.)
[2] Imprimé. — *Parloient.* (M.)
[3] Morceau de bois du harnais au-dessus de la croupière.
[4] Bardé, caparaçonné (*phaleræ* en latin).
[5] Passer les bornes (*metæ*, Lat.)
[6] Sale, dégoûtant.
[7] Bafoué, rebuté (*foiled*, Cotgrave). Il se pourrait aussi que ce mot eût été formé de l'italien *lanternuto*, maigre (*secco a guisa di lanterna*, Vocab. della Crusca).
[8] Imp. — *Que rudes espines.* (M.)
[9] Je t'ordonne, je te somme.
[10] C'est comme si le cheval disait : J'ai certes bien le droit d'exiger de toi, qui n'es qu'un âne, que tu m'appelles Monsieur le roussin au lieu de Monsieur le cheval.
Alors le nom de roussin était plus noble que celui de cheval.
En effet, Cotgrave dit qu'un roussin est un vigoureux cheval d'Allemagne (*strong german horse*), une espèce d'étalon.
[11] Imprimé. — *Suivit* (M.)
[12] Imp. — Le manuscrit porte: *repaistre. Advenant au logis, etc.*

l'apperceut, et commanda aux garçons d'estable le traiter à la fourche, et l'esrener à coups de bastons. L'asne, entendant ce propos, se recommanda au Dieu Neptune[1] et commençoit à escamper du lieu à grande erre[2], pensant en soymesme, et syllogisant : Il dit bien : aussi n'est ce mon estat suivre les cours des gros[3] seigneurs : nature ne m'a produit que pour l'aide des pauvres gens. Æsope m'en avoit bien adverty par un sien apologue[4] : et a esté outrecuidance à moy : remede n'y a que d'escamper d'icy[5], je dis plus tost que ne sont cuictes asperges[6]. Et l'asne au trot, à pets, à bonds, à ruades, au gallot, et à petarrades.

La bergere voyant l'asne desloger, dist au pallefrenier, qu'il estoit sien, et pria qu'il fust bien traité, autrement elle vouloit partir[7], sans plus avant entrer. Lors commanda[8] le pallefrenier que plus tost les chevaux n'eussent de huit jours avoine, que l'asne n'en eust tout son saoul. Le pis fut de le revoquer, car les garçons l'avoient beau flatter, et l'appeller Truunc, truunc, baudet, ça. Je n'y vais pas, disoit l'asne, je suis honteux. Plus amiablement l'appelloient, plus rudement s'escarmouchoit il[9], et à saults et à petarrades. Ils y fussent encores, ne fust la bergere qui les advertit cribler avoine hau en l'air en l'appellant. Ce que fut fait. Soudain l'asne tourna visage, disant : Avoine, bien, *aveniat*[10], non la fourche, je

---

[1] Suivant Le Duchat, l'âne menacé de la fourche se recommande a Neptune, parce que ce dieu portait un trident, qui est une espèce de fourche; mais il nous semble alors que l'âne aurait dû faire tout le contraire. Johanneau prête au baudet *incorrect, malappris* et *rustique* une pensée bien plus savante : il veut que ce soit une allusion aux fêtes de *Consus* (un des noms de Neptune), pendant lesquelles les chevaux et les ânes étaient couverts de fleurs et dispensés de tout travail. Si Johanneau, ou Esmangart, ne se montre pas ici trop savant, nous ne saurions point en dire autant de l'âne *villageois*.

[2] Vivement.

[3] Imp. — *Grands seigneurs.* (M.)

[4] Oh! il n'y a plus à hésiter. Notre âne est trop savant.

[5] Imp. — *Que escamper de hait.* (M.)

[6] Imp. — *Cuitz* asperges. (M.) Voilà une singulière comparaison dans la bouche d'un âne.

[7] Imp. — *Departir.* (M.)

[8] Imp. — *Manda.* (M.)

[9] Imp. — *Roidement s'esmouchoit-il.* (M.)

[10] On prononçait aveine y a (*aveniat*), mauvais calembour.

ne dis, qui me dit, passe sans flux[1]. Ainsi à eux se rendit chantant melodieusement, comme vous savez qu'il fait bon ouir la voix et musique de ces bestes Arcadiques.

Arrivé qu'il [2] fut, on le mena en l'estable prés du grand Cheval, fut frotté, torchonné, estrillé, litiere [3] fraiche jusqu'au ventre, plein ratelier de foin, pleine mangeoire d'avoine, laquelle, quand les garçons d'estable cribloient, il leur chauvoit des oreilles, leur signifiant qu'il ne la mangeroit que trop sans cribler, et que tant d'honneur ne luy appartenoit.

Quand ils eurent bien repeu, le cheval interrogeoit l'asne, disant : Et puis, pauvre baudet, comment t'en va? Que te semble de ce traitement? Encores n'y voulois tu pas venir. Qu'en dis tu? Par la figue [4], respondit l'asne, laquelle un de nos ancestres mangeant, mourut [5] Philemon à force de rire, voicy basme, monsieur le roussin. Mais quoy, ce n'est que demie chere. Baudouinez vous rien [6] ceans, vous autres messieurs les chevaux? Quel baudouinage me dis tu, baudet, demandoit le cheval? tes males avivres[7], baudet, me prends tu pour un asne? Ha ha, respondit l'asne, je suis un peu dur pour apprendre le langage courtisan des chevaux. Je demande, roussinez vous point [8] ceans, vous autres messieurs les roussins? Parle bas, baudet, dist le cheval, car si les garçons t'entendent, à grands coups de fourche ils te pelauderont si dru, qu'il ne te prendra volonté de baudouiner. Nous n'osons ceans seulement roidir le bout, voire fust ce pour uriner, de peur des coups [9] : du reste aises comme roys. Par

---

[1] *Passe sans flux* est une expression usitée vulgairement à divers propos : elle répond parfois à celle-ci : je m'en prive. C'est comme si l'âne disait, quant à la fourche, je m'en prive. Il est probable que cette métaphore est tirée du jeu de brelan.

[2] Imp. — *Arrivé que fut* (M.)

[3] Imp. — *Letiere* (M.)

[4] L'auteur joue sur le double sens du mot *figue*. Par la figue (*per la fica*, en italien, jurement : par la nature de la femme).

Quant à la figue mangée par l'âne de Philémon, voyez t. 1er, p. 157.

[5] Imprimé. — *Moroit* (M.)

[6] Un peu.

[7] C'est une imprécation qui répond pour les bêtes à celle de *tes males mules* pour les hommes. On appelait *avivres* ou *avives* des sortes de glandes qui sont à la gorge des chevaux, et qui, venant à s'enfler, leur causent une maladie appelée aussi les *avives* (*Dict. de l'Acad.*).

[8] Imprimé. — *Rien ceans*. (M.)

[9] Impr. — *De peur des gens* (M.)

l'aube du bas que je porte, dist l'asne, je te renonce, et dis fy de ta litiere, fy de ton foin, et fy de ton avoine : vivent les chardons des champs, puisqu'à plaisir on y roussine : *manger moins, et tousjours roussiner son coup, est ma devise* : de ce nous autres faisons foin et pitance. O monsieur le roussin mon amy, si tu nous avois veu en foires quand nous tenons nostre chapitre provincial, comment nous baudouinons à gogo pendant que nos maistresses vendent leurs oisons et poussins ! Telle fut leur departie. J'ay dit.

A tant se teut Panurge, et plus mot ne sonnoit. Pantagruel l'admonestoit conclure le propos. Mais Aeditue respondit : A bon entendeur ne fault qu'une parole. J'entends tres bien ce que par cest apologue de l'asne et du cheval voudriez dire et inferer, mais vous estes honteux. Sachez qu'icy n'y a rien pour vous : n'en parlez plus. Si ay je, dist Panurge, n'agueres icy veu une abbegesse à blanc plumage [1], laquelle mieux voudrois [2] chevaucher que mener en main. Et si les autres sont dams oiseaux, elle me semble dame oiselle [3]. Je dis cointe et jolie, bien valant un peché ou deux. Dieu me le pardoint pourtant, je n'y pensois point en mal : le mal que j'y pense me puisse soudain advenir [4].

---

[1] Imp. — *Pennaige.* (Manuscrit.)
[2] Imprimé. — Dans le manuscrit on lit : *mieux vauldroit.*
[3] Nous donnons la leçon du manuscrit, qui nous parait la meilleure. Dans les éditions imprimées, on lit : *dains* oiseaux, *daine* oiselle. *Dain, daine* est le même adjectif que *dainty*, en anglais, c'est-à-dire, délicat, mignon, gracieux.
[4] Ces trois dernières lignes sont tout à fait dignes de Rabelais.

CHAPITRE VIII.

Comment nous fut monstré Papegaut à grande difficulté.

Le tiers jour continua en festins et mesmes banquets que [1] les deux precedents. Auquel jour Pantagruel requeroit instamment voir Papegaut : mais Aeditue respondit qu'il ne se laissoit ainsi facilement voir. Comment, dist Pantagruel, a il l'armet de Pluton en teste, l'anneau de Gyges es gryphes [2], ou un cameleon en sein [3] pour se rendre invisible au monde [4]? Non, respondit Aeditue : mais il par nature est d'accés un peu difficile. Je donneray toutesfois ordre que le puissiez voir, si faire se peut. Ce mot achevé, nous laissa au lieu grignotans. Un quart d'heure après retourné nous dist Papegaut estre pour ceste [5] heure visible : et nous mena en tapinois et silence droit à la cage en laquelle il estoit acroué [6], accompagné de deux petits Cardingaux [7] et de six gros et gras Evesgaux. Panurge curieusement considera sa forme, ses gestes, son maintien. Puis s'escria à haute voix, disant : En mal an

---

[1] Impr. — *Et mille banquets comme*. (M.)

[2] Pluton avait un casque dont il suffisait de se coiffer pour voir qui l'on voulait, tout en restant invisible. L'anneau de Gygès avait la même propriété.
« Quem (*annulum aureum*) ut detraxit, ipse (Gyges) induit...Cum palam ejus annuli ad palmam converterat, a nullo videbatur, ipse autem omnia videbat. » (Cicer. *De Officiis*, III, 9.)

[3] M. — *Au sein* (Imprimé.)

[4] Démocrite, au dire de Pline, enseignait que la patte gauche du caméléon étant brûlée dans un four avec la plante de même nom, puis mise en pastilles avec addition d'onguent, ces pastilles renfermées dans un vase de bois rendaient le porteur invisible.

[5] Imp. — *Celle heure*. (M.)

[6] Accroupi. *Acroué* a le même sens encore dans plusieurs patois. *Acoué*, qu'on lit dans le manuscrit, est une faute.

[7] M. — *Deux cardingaulx*. (Imp.).
Ceci paraît s'appliquer à Guy Ascagne Sforce et Alexandre Farnèse, neveux du pape Paul III, que ce pape nomma cardinaux en 1534, alors qu'ils avaient à peine seize ans, d'autant plus que Rabelais en parle dans sa correspondance (lettre V), édition Ste-Marthe, et se sert à cette occasion du mot : *cardinalicule*.

soit la beste¹. Il semble une duppe². Parlez bas, dist Aeditue, de par Dieu, il a ³ oreilles, comme sagement nota⁴ Michael de Matisconis ⁵. Si a bien une duppe, dist Panurge. Si une fois il vous entend ainsi ⁶ blasphemans, vous estes perdus, bonnes gens : voyez vous là dedans sa cage un bassin ⁷? D'iceluy sortira foudre, tonnoirre, esclairs, diables et tempeste : par lesquels en un moment serez cent pieds sous terre abismés. Mieux seroit, dist frere Jean, boire et banqueter. Panurge restoit en contemplation vehemente de Papegaut et de sa compagnie, quand il apperceut au dessous de sa cage une cheveche ⁸ : adonc s'escria, disant : Par la vertu Dieu, nous sommes icy bien pippés à pleines pippes ⁹, mal equippés. Il y a, par Dieu, de la pipperie, fripperie, et ripperie tant et plus en ce manoir. Regardez là ceste cheveche, nous sommes par Dieu assassinés. Parlez bas de par Dieu, dist Aeditue, ce n'est mie une cheveche, il est masle, c'est un noble chevécier. Mais, dist Pantagruel, faites nous icy quelque peu Papegaut chanter, afin qu'oyons son harmonie. Il ne chante, respondit Aeditue, qu'à ses jours, et ne mange qu'à ses heures. Non fais je, dist Panurge, mais toutes les heures sont miennes. Allons donc boire d'autant. Vous, dist Aeditue, parlez à ceste heure correct, ainsi parlant jamais ne serez heretique. Allons, j'en suis d'opinion.

---

¹ Maudite soit la bête.
Panurge ici n'est pas seulement un hérétique renforcé ; il se montre par trop grossier.

² Huppe. Allusion à la tiare, comme le dit Johanneau.

³ Imp. — *Car il a.* (M.)

⁴ *Nota.* (M.) — *Denota.* (Imp.)

⁵ On a cité un docteur nommé Jean de Mâcon, qui aurait écrit des ouvrages de droit ; mais on ne connaît pas Michel de Mâcon.
S'agit-il d'un évêque de Mâcon, comme le croit un commentateur ? La chose est bien possible. Dans le manuscrit on lit : de *Matisconis,* dans l'imprimé, de *Matiscones.*

⁶ Imp. — *Ainsi* manque. (M.)

⁷ C'est, disent Le Duchat et Johanneau, la cloche qu'on sonne à Rome pour les excommunications. Ginguené fait observer que, pour qu'une cloche ressemble à un bassin, il faut qu'elle soit renversée.

⁸ Chouette. *Chevêche* est usité dans divers patois.

⁹ Pris à la pipée. Parce que, pour prendre des oiseaux de cette manière, on se sert ordinairement d'une chevêche ou chouette qui les attire par ses cris. « On pensoit se servir de luy (la Noue), comme de cheveche pour piper les Rochelois. » (*Memoires de l'estat de France sous Charles IX,* 1778, t. II. p. 12.) — *A pleines pipes mal*

Retournans à la beuverie, apperceusmes un vieil Evesgaut à teste verde, lequel estoit acroué [1], accompagné d'un soufflegan, et trois onocrotales oiseaux [2] joyeux, et ronfloit [3] sous une feuillade. Prés luy estoit une jolie abbegesse, laquelle joyeusement chantoit, et y prenions plaisir si grand, que desirions tous nos membres en oreilles [4] convertis, pour rien ne perdre de son chant, et du tout [5], sans ailleurs estre distraicts, y vaquer. Panurge dist : Ceste belle abbegesse se rompt la teste à force de chanter, et ce gros villain Evesgaut ronfle ce pendant. Je le feray bien tantost chanter de par le diable. Lors sonna une cloche pendante sus sa cage : mais quelque sonnerie qu'il fist, plus fort ronfloit Evesgaut, point ne chantoit. Par Dieu, dist Panurge, vieille buze, par moyen autre bien chanter je vous feray. Adonc prit une grosse pierre, le voulant ferir par le milieu [6]. Mais Acditue s'escria, disant : Homme de bien, frappe, feris, tue, et meurtris tous roys et princes du monde, en trahison, par venin, ou autrement quand tu voudras, deniches [7] des cieulx les anges, de tout auras pardon du Papegaut : à ces sacrés oiseaux ne touche, d'autant qu'aimes la vie, le profit, le bien, tant de toy que de tes parens et amis vifs et trespassés : encores ceux qui d'eux aprés naistroient [8] en sentiroient infortune. Considere bien ce bassin. Mieux donc vault, dist Panurge, boire d'autant et banqueter. Il dit bien monsieur Antitus, dist [9] frere Jean : cy voyans ces diables d'oiseaux, ne faisons que blasphemer : vuidans vos bouteilles et potz, ne

---

dequipées, lit-on dans le manuscrit.

[1] Imp. — *Acoué* dans le manuscrit. *Acouer* et *acroué* sont deux mots patois : le premier signifie attacher à la queue l'un de l'autre, le second signifie *accroupi*. La leçon du manuscrit est mauvaise. Nous l'avons dit à la page 352, note 6.

[2] D'un suffragant et de trois protonotaires, suivant l'interprétation de Le Duchat.

Onocrotales oiseaux est la leçon du manuscrit. *Oiseaux* manque dans les trois éditions imprimées.

[3] Leçon du manuscrit, *et ronfloient* dans l'imprimé.

[4] Imp. — *Estre en oreilles*. (M.)

[5] Et du tout y vacquer, c'est-à-dire, y être absorbé. Le manuscrit porte à tort, *de* tout.

[6] *Par le mylé* (milieu). M. L'imprimé porte : *La moitié*.

[7] Sic dans le manuscrit. Dans l'imprimé : *Deniges*.

[8] Imp. — *Naistront*. (M.)

[9] Imp. — *Disoit*. (M.)

faisons[1] que Dieu louer. Allons donc boire d'autant. O le beau mot!

Le quatrieme[2] jour, aprés boire (comme entendez) nous donna Aeditue congé. Nous luy fismes present d'un beau petit cousteau perguois[3], lequel il prit plus à gré, que ne fit Artaxerxes le voirre d'eau froide que luy presenta un païsan[4]. Et nous remercia courtoisement : envoya en nos navires refraichissement de toutes munitions : nous souhaita bon voyage et venir à sauvement de nos personnes et fin de nos entreprises, et nous fit promettre et jurer par Jupiter Pierre[5], que nostre retour seroit par son territoire. En fin nous dist : Amis, vous noterez que par le monde y a beaucoup plus de couillons que d'hommes[6], et de ce vous souvienne.

---

[1] Imp. — *Nous ne faisons.* (M.)
[2] Le çon du manusc. Dans l'imprimé *troisieme.* Voyez. chap. 6, p. 343.
[3] Du Perche.
[4] Imp. — *Un païsan en...* (M.)
[5] Par le souverain Pierre, c'est à dire par le souverain pontife.
[6] Leçon de l'imprimé. Dans le manuscrit on lit : *Vous noterez qu'il y a beaucoup plus de coullons que de coulles, et de ce vous souvienne.*

CHAPITRE IX.

Comment[1] descendismes en l'isle des ferremens.

Nous estans bien à point sabourés[2] l'estomac, eusmes vent en pouppe : et fut levé nostre grand artemon[3] : dont advint qu'en moins de deux jours[4] arrivasmes en l'isle des Ferremens, deserte, et de nul habitée[5] : et y vismes grand nombre d'arbres portans marroches[6], piochons[7], serfouettes[8], faux, faucilles, beches, truelles, cognées, serpes, scies, doloires, forces[9], cizeaux, tenailles, pelles, virolets[10] et vibrequins.

Autres portoient daguenets[11], poignards, sang dedez[12], ganivets[13], poinçons, espées, verduns[14], braquemarts[15], cimeterres, estocs[16], raillons[17] et cousteaux.

Quiconque en vouloit avoir, ne falloit que crousler[18] l'arbre : soudain tomboient comme prunes[19]: davantage, tombans en terre rencontroient une espece d'herbe, laquelle on nom-

---

[1] Imp — *Nous descendismes.* (M.)
[2] Lestés. Nous avons vu plus haut *saboure* pour lest. *Savorez.* (M.)
[3] Notre grand mât d'artimon.
[4] Imp. — *Nous arrivasmes.* (M.)
[5] Imp.— Et *deshabitée.* (Manus.).
[6] Sorte de pioche. On avait autrefois les trois mots *marre*, *marroche*, *marrochon*.
[7] Grosses pioches.
[8] Bêches à grand manche, dont les jardiniers se servent pour déraciner les herbes.
[9] Grands ciseaux de jardinier.
[10] Imp. — *Viretz* (Manuscrit).
[11] Petites dagues. On lit *dagues* dans le manuscrit.
[12] Suivant Le Duchat, c'est une épée très-courte, telle que les portaient les nobles à Venise, où elle avait le nom de *cinque deo* (cinq doigts, longue de cinq doigts). *Deo*, en vénitien, signifie doigts.
[13] Canifs.
[14] Sorte d'épée demi-longue, qu'on fabriquait dans la ville de ce nom (*little rapier*, Cotgrave).
[15] Epées larges et courtes.
[16] Epées longues et étroites, qui ne servaient qu'à percer (*Dict. de l'Acad.*).
[17] Fers à vis, dont on armait les têtes de gros javelots, suivant l'explication de Cotgrave.
[18] Secouer. On lit dans le manuscr. : *ne failloit crousler.*
[19] Dans l'imprimé. *Pommes*, dans le manuscrit.

LIVRE V, CHAPITRE IX.

moit fourreau [1], et s'engainoient là dedans. A la cheute se falloit bien garder qu'ils ne tombassent sus la teste, sus les pieds, ou autres parties du corps : car ils tomboient de poincte, c'estoit pour droit engainer, et eussent affollé [2] la personne. Dessous ne sçay quels [3] autres arbres, je vis certaines especes d'herbes, lesquelles croissoient comme piques, lances, javelines, hallebardes, vouges, pertuisanes, rancons [4] fourches, espieux, croissantes en haut [5] : ainsi qu'elles touchoient à l'arbre, rencontroient leurs fers et allumelles, chascune competente à sa sorte. Les arbres superieurs ja les avoient apprestées à leur venue et croissance, comme vous apprestez les robes des petits enfans, quand les voulez desmailloter. Plus y a, afin que desormais n'abhorrez l'opinion de Platon, Anaxagoras et Democritus. (Furent ils petits philosophes?) Ces arbres nous sembloient animaux terrestres, non en ce differentes des bestes qu'elles n'eussent cuir, graisse, chair, veines, arteres, ligamens, nerfs, cartilages, adenes [6], os [7], moelle, humeurs, matrices, cerveau et articulations congrues [8] : car elles en ont, comme bien deduit Theophraste : mais en ce qu'elles ont la teste, c'est le tronc, en bas : les cheveux, ce sont les racines, en terre [9] : et les pieds, ce sont les rameaux, contremont [10] : comme si un homme faisoit le chesne fourchu [11]. Et ainsi comme vous, verolés, de loin à vos jambes ischiatiques [12] et à vos omoplates sentez la venue des pluyes, des vents, du serain, tout changement de temps : aussi à leurs racines, caudices, gommes, medulles, elles pressentent quelle sorte

---

[1] Imp.—On lit *ferreau* dans le M.
[2] Blessé.
[3] On lit *quels* dans le manusc., *quelles* dans l'imprimé. Arbre était des deux genres.
    La leçon du manuscrit diffère de *l'imprimé* que nous suivons. La voici : « Je y veidz des allebardes. A gauche, dessoubz ne sais quelles aultres arbres. »
[4] Sorte de dards.
[5] Leçon du manuscrit. Alias *croissantes* hautes.

[6] Glandes.
[7] *Os* est supprimé dans le manuscrit.
[8] M. Articulations *congnues* (Imp.)
[9] M. *En bas*. (Imprimé.)
[10] En l'air.
[11] Ou le *poirier fourchu*, jeu dont Rabelais parle ailleurs, et qui consiste à se tenir les pieds en l'air et écartés.
[12] Imp. A vos jambes de goutteux, — *à vos jambes, à vos ischiatiques*. (M.)

de baston dessous elles croist [1], et leur preparent fers et allumelles convenantes. Vray est qu'en toutes choses (Dieu excepté) advient quelquefois erreur. Nature mesme n'en est exempte quand elle produit choses monstrueuses et animaux difformes. Pareillement en ces arbres je notay quelque faute : car une demie pique croissante haut en l'air sous [2] ces arbres ferrementiportes, et en touchant les rameaux en lieu de fer, rencontra un balay : bien, ce sera pour ramonner les cheminées [3]. Une pertuisane rencontra des cizailles, tout est bon, ce sera pour oster les chenilles des jardins. Une hampe de hallebarde rencontra le fer d'une faux et sembloit hermaphrodite, c'est tout un, ce sera pour quelque faucheur. C'est belle chose croire en Dieu. Nous retournans à nos navires, je vis derriere je ne sçay quel buisson, je ne sçay quelles gens faisans je ne sçay quoy, et je ne sçay comment, aguisans je ne sçay quels ferremens, qu'ils avoient je ne sçay où, et ne sçay en quelle maniere [4].

[1] Imp. — *Croissoit, et leurs preparoient.* (M.)

[2] Manuscrit. Dans l'imprimé, *sus.*

[3] Manuscrit, *les cheminées* ; Imprimé, *la cheminée.*

[4] Bernier est trop indulgent lorsqu'il dit : « Toute cette vision de l'isle des Ferrements *n'est pas* mauvaise, si elle ne va qu'à nous marquer les horreurs de la guerre et à louer l'agriculture. »

Ceci nous paraît une singulière apologie.

Au lieu de cette fin de l'imprimé, le manuscrit porte : « en ne « sçay quelle braiguette. »

CHAPITRE X.

Comment Pantagruel arriva en l'isle de Cassade[1].

Delaissans l'isle des Ferremens, continuasmes nostre chemin[2] : le jour ensuivant entrasmes en l'isle de Cassade, vraye Idée de Fontainebleau : car la terre y est si maigre que les os (ce sont rocs) luy percent[3] la peau : areneuse, sterile, mal saine et mal plaisante[4]. Là nous monstra nostre pilot deux petits rochers carrés[5] à huit egales pointes en cube : lesquels à l'apparence de leur blancheur me sembloient estre d'albastre, ou bien couverts de neige : mais il nous les asseura estre d'osselets. En iceux disoit estre à six estages le manoir des vingt diables de hazard tant redoutés en nos pays, desquels les plus grands bessons[6] et accouplés il nommoit *Senes*, les plus petits *Ambezas*, les autres moyens, *quines, quaternes, ternes, doubledeux* : les autres escoulletez il nommoit[7], *six et cinq, six et quatre, six et trois, six et deux, six et as, cinq et trois, cinq et quatre*, et ainsi consecutivement. Lors je notay que peu

---

[1] Ile de la tromperie, de la moquerie (*frump, flowt*, Gotgrave). Nicot, Oudin, Monet, Duez, expliquent à peu près de même le mot *cassada*. *Cazzada*, en vénitien, a le même sens; *cassada*, en provençal, signifie moquerie, et, en outre, une insulte dite à l'oreille. Il est évident que l'auteur de ce livre, grand ennemi de la cour de Rome, veut la désigner ici.

[2] Dans le manuscrit cette première ligne est supprimée jusqu'à : *le jour ensuivant*.

[3] Imprimé.—*Luy percoient*. (M.)

[4] On sait qu'avant François Ier cette résidence n'offrait qu'un sol nu et stérile, et que quelques-uns de nos anciens rois dataient leurs lettres : De nos deserts de Fontainebleau.

[5] Nous n'avons point besoin de dire que ces « petits rochers carrés » sont des dés.

[6] Jumeaux. Ce terme, *besson*, est encore usité.

[7] Leçon du manuscrit. *Les autres il nommoit*. (Imprimés.)

de joueurs sont par le monde qui ne soient invocateurs des diables : car jettans deux dez sus table, quand en devotion ils s'escrient[1], *Senes*[2], mon amy, c'est le grand diable : Ambezas, mon mignon, c'est le petit diable. *Quatre* et *deux*, mes enfans : et ainsi des autres, ils invoquent les diables par leurs noms et surnoms. Et non seulement les invoquent : mais d'iceux se disent amis et familiers[3]. Vray est que ces diables ne viennent tousjours à souhait sus l'instant : mais en ce sont ils excusables. Ils estoient ailleurs selon la date et priorité des invoquans[4]. Partant ne faut dire qu'ils n'ayent sens et oreilles. Ils en ont, je vous dis belles. Puis nous dist qu'autour et à bord de ces rochers carrés plus a esté fait de bris, de naufrages, de pertes de vies et de biens, qu'autour de tous[5] les Syrtes, Carybdes, Sirenes, Scylles, Strophades et goufres de toute la mer[6]. Je le creus facilement, me recordant[7] que jadis entre les sages Ægyptiens Neptune estoit designé par le premier cube en lettres hieroglifiques, comme Apollo par *as*, Diane par *deux*, Minerve par *sept*[8], etc. Là aussi nous dist estre un flasque de sang greal[9], chose divine et à peu de gens cogneue. Panurge fit tant par belles prieres avec les syndics du lieu qu'ils le nous monstrerent : mais ce fut avec plus de ceremonies et solennité plus grande trois fois qu'on ne monstre à Florence les pandectes de Justinian[10], ne la Veronique[11] à Rome. Je ne vis onques tant de sendeaux[12], de

[1] Imp. — En *derision ils ne s'escrient.* (M.)
[2] Double six.
[3] Imp: — *Les amis et familiers.* (M.)
[4] Imp. — *Des invocations.* (M.)
[5] Imp. — *Toutes.* (M.)
[6] Tous ces noms désignent des écueils fameux dans l'antiquité, à l'exception des sirènes, qui n'étaient pas moins dangereuses pour les navigateurs.
[7] Me rappelant.
[8] Ceci est emprunté à Plutarque (*De Iside et Osiride*, ch. X, p. 434, éd. Didot) : Δοκῶ δ' ἔγωγε καὶ τὸ τὴν μονάδα τοὺς ἄνδρας ὀνομάζειν Ἀπόλλωνα, καὶ τὴν δυάδα Ἄρτεμιν, Ἀθηνᾶν δὲ τὴν ἑβδομάδα.
[9] Sang du Christ.
[10] Ce manuscrit, précieusement conservé à Florence, n'était montré qu'en grande pompe et à la lueur de plusieurs flambeaux.
[11] Représentation du visage de Jésus-Christ, empreinte sur un linge que sainte Véronique lui aurait donné pour s'essuyer lorsqu'il montait au Calvaire. Cette image est conservée à Saint-Pierre de Rome.
[12] Tant d'enveloppes de reliques, suivant de Marsy.
Le *sendal*, ou *cendal*, était une

flambeaux, de torches [1], de glimpes [2] et d'agiaux [3]. Finalement ce qui nous fust monstré estoit le visage d'un connin [4] rosty. Là ne vismes autre chose memorable fors Bonne Mine [5], femme de Mauvais Jeu, et les cocques des [6] deux œufs, jadis ponnus [7] et esclos par Leda, desquels nasquirent Castor et Pollux, freres d'Helene la belle. Les syndics nous en donnerent une piece [8] pour du pain. Au departir achetasmes [9] une botte de chappeaux et bonnets de Cassade [10], à la vente desquels je me doubte que peu ferons de profit. Je croy qu'à l'usage encores moins en feront ceux [11] qui de nous les acheteront.

étoffe de soie légère, comme aujourd'hui la florence, et très-propre à servir d'enveloppe aux choses précieuses.

[1] *Torches* manque dans le M.

[2] Cotgrave dit que c'est la lumière produite par la tige d'une herbe sèche que l'on enduit d'une matière grasse. *Glimpse*, en anglais, signifie lueur. On lit dans le manuscrit *guinples*.

[3] Agiaux est-il le même mot que *agios*, comme on le trouve dans le manuscrit? Cotgrave les confond et les traduit par *ceremonies*. Le peuple dit encore en ce sens : faire des *agios* ; mais Johanneau croit que *agiaux*, écrit comme le porte notre texte, signifie joyaux, affiquets.

[4] Lapin.

[5] *Bonne-mine* et *Mauvais-jeu* sont des personnifications, et l'auteur les accouple ici par allusion au proverbe : Faire bonne mine à mauvais jeu.

[6] Imp. — *De deux œufs.* (M.)

[7] Pondus.

[8] Un morceau, un fragment. (*Pezzo*, en italien.)

[9] Imp. — *En achetasmes.* (M.)

[10] Ces chapeaux et bonnets, que nos voyageurs achètent par bottes ou à pleins tonneaux, ne sont autres que des chapeaux de cardinaux, d'évêques, de chanoines. L'allusion est évidente.

La dernière phrase peint bien l'espérance qu'avaient alors certains hérétiques de voir s'éteindre la religion catholique et romaine. Les chapeaux de cardinaux n'ont pas été de mauvais usage, comme l'auteur le prédisait, puisqu'ils ont depuis duré trois siècles après sa prophétie, sans préjudice de l'avenir.

[11] Imp. — *Feront*. (M.

CHAPITRE XI.

Comment nous passasmes le guichet habité par Grippeminaud, archiduc des Chats fourrés.

Quelques jours après, ayant failly plusieurs fois à faire naufrage [1], nous passasmes Condemnation [2], qui est une autre isle toute deserte [3] : passasmes aussi le guichet, auquel lieu Pantagruel ne voulut descendre, et fit tres bien. Car nous y fusmes faits prisonniers, et arrestés de fait par le commandement de Grippeminaud, archiduc des Chats fourrés [4], parce que quelqu'un de nostre bande voulut vendre à un serrargent [5] des chapeaux de Cassade [6]. Les Chats fourrés sont bestes moult horribles et espouvantables : ils mangent les petits enfans et paissent sus des pierres de marbre [7]. Advisez, beuvers, s'ils ne devroient bien estre camus. Ils ont le poil de la peau non hors sortant, mais au dedans caché et portent pour leur symbole et devise tous et chascun d'eux une gibbeciere ouverte : mais non tous en une maniere : car aucuns la portent attachée au col, autres [8] en escharpe, autres sus le cul, autres

---

[1] Cette première ligne est dans le manuscrit et manque dans l'imprimé, qui commence ainsi : *De là passasmes*.

[2] Le pays où l'on condamne, comme a dit de Marsy, ou peut-être celui où l'on déportait les condamnés. L'auteur avait-il en vue l'inquisition ou tout autre tribunal criminel? Les commentateurs ne sont pas d'accord sur ce point, qui nous paraît de peu d'importance.

[3] Imp. — *Une isle deserte.* (M.) Pourquoi donc déserte ? Si elle était déserte, elle ne serait pas par excellence la terre de *condamnation*.

[4] La Fontaine a fait son profit de ce personnage : « Sa Majesté « Fourrée, » comme il l'appelle. (Voy. fable 16, liv. VII.)

[5] Mauvais jeu de mots par allusion à *sergent*.

[6] *Voulut vendre à un serrargent des chapeaux de Cassade* manque dans le manuscrit. On lit à la place : « avoit battu le Chiquanous pas- « sant procuration. »

[7] Allusion au pavé de marbre de la grand'chambre, ou plutôt à la table de marbre du palais.

[8] Manuscrit. — *Autres* manque à tort dans les imprimés.

LIVRE V, CHAPITRE XI. 363

sus la bedaine, autres sus le costé, et le tout par raison et mystere. Ont aussi les gryphes tant fortes, longues et acerées, que rien ne leur eschappe, depuis qu'une fois[1] l'ont mis entre leurs serres. Et se couvrent les testes, aucuns de bonnets à quatre goutieres ou braguettes : autres de bonnets à revers[2] : autres de mortiers, autres de caparassons mortifiés.[3]

Entrans en leur Tapinaudiere,
Nous dist un gueux de l'hostiere,

auquel avions donné demy teston : Gens de bien, Dieu vous doint de leans bien tost en saulveté[4] sortir : considerez bien le minois de ces vaillants piliers, arboutans de justice Grippeminaudiere. Et notez que si vivez[5] encore six olympiades, et l'aage de deux chiens, vous verrez ces Chats fourrés seigneurs de toute l'Europe, et possesseurs pacifiques de tout le bien et domaine qui est en icelle, si en leurs hoirs, par divine punition, soudain ne deperissoit le bien et revenu par eux injustement acquis : tenez le d'un gueux de bien. Parmy eux regne la sexte[6] essence, moyennant laquelle ils grippent[7] tout, devorent tout, conchient tout. Ils pendent[8], bruslent, escartelent, decapitent, meurtrissent, emprisonnent, ruinent et minent tout, sans discretion de bien et de mal. Car parmy eux Vice est Vertu appellé : Meschanceté est Bonté surnommée : Trahison a nom de Feaulté : Larrecin est dit Liberalité : Pillerie est leur devise, et par eux faite[9] est trouvée bonne de tous humains, exceptez moy les heretiques[10] : et le tout font avec souveraine et irrefragable autorité. Pour signe de mon pronostic adviserez que leans sont les mangeoires au dessus

---

[1] Leçon du manuscrit et non *aulcunes fois* comme l'imprimé.
[2] Imp. — *Bonnets à trevvves de cul.* (Manuscrit.)
[3] *Mortifiés* semble vouloir dire ici : façonnés en forme de mortiers.
[4] Leçon du manuscrit, et non *en santé*, comme porte l'imprimé.
[5] *Vous viviez*, et à la ligne suivante, *vous voyez*. (M.)
[6] La quinte essence était, comme le remarque de Marsy, le dernier degré d'analyse des alchimistes.

L'auteur imagine donc ici la sixième, pour prouver combien les gens de palais sont subtils.
[7] Imp. — Ils *gruppent.* (M.)
[8] Ils *pendent.* (M.). — Ces mots manquent dans l'Imp.
[9] Imp. — *Faincte.* (Manuscrit.)
[10] A l'époque où ce livre a été écrit, un pareil langage ne pouvait être tenu que par un hérétique déclaré, et très-passionné. Or, certainement, Rabelais n'a jamais été tel.

des rateliers[1]. De ce quelque jour vous souvienne. Et si jamais pestes au monde, famines, guerres, vorages[2], cathaclismes[3], conflagrations, ou autre malheur advient[4], ne les attribuez, ne les referez[5] aux conjonctions des planettes malefiques, aux abus de la cour Romaine, aux tyrannies des roys et princes terriens[6], à l'imposture des caphars, heretiques, faux prophetes, à la malignité des usuriers, faux monnoyeurs, rogneurs de testons, ne à l'ignorance, impudence, imprudence des medecins, chirurgiens, apothicaires[7], ny à la perversité des femmes adulteres, venefiques[8], infanticides[9] : attribuez le tout à l'enorme, indicible, incroyable, inestimable meschanceté, laquelle est continuellement[10] forgée et exercée en l'officine[11] des Chats fourrés, et n'est au monde cogneue, non plus que la cabale des Juifs : pourtant n'est elle[12] detestée, corrigée et punie, comme seroit de raison. Mais si elle est quelque jour mise en evidence[13], et manifestée au peuple, il n'est, et ne fut orateur tant eloquent, qui par son art le retint, ne loy tant rigoureuse et draconique[14] qui par crainte de peine le gardast : ne magistrat tant puissant, qui par force l'empeschast de les faire tous vifs là dedans leur rabouliere[15] felonnement brusler. Leurs enfans propres Chats four-

---

[1] Tout se fait là à contre-sens. « Ces mangeoires, dit Johanneau, sont les bancs des juges, qui se trouvent plus haut que le bureau des greffiers, et c'est ce bureau, couvert de tant de procédures, qui est appelé le râtelier de la justice grippeminaudière. »

[2] Ouvertures de gouffres (*Vorago*, en latin). — *Orage*. (M.)

[3] M. — *Cateclismes*. (Imp.)

[4] M. — *Malheur adviennent* (Imp.)

[5] Rapportez. — *Ne le*. (M.)

[6] De la terre.

[7] Que viennent faire ici les medecins et les apothicaires? Il est bien clair qu'on ne doit point leur attribuer les guerres ni les conflagrations, comme aux princes. L'auteur a cru sans doute ajouter ainsi un trait plaisant à sa déclamation. Quand Rabelais veut faire rire, il s'y prend autrement.

[8] Empoisonneuses (*veneficæ*, en latin).

[9] Coupables d'infanticide.

[10] On lit dans le manuscrit : *continuement*.

[11] Imp. — *En l'office*. (M.)

[12] Aussi, c'est par ce motif qu'elle n'est détestée, corrigée et punie.

[13] Imp. — Les lignes qui suivent sont passées dans le manuscrit jusqu'à : *En evidence*.

[14] De Dracon, législateur des Athéniens. On dit aujourd'hui *draconienne*.

[15] Dans leur souterrain. *Rabouliere* signifie au propre : le trou creusé par les lapins pour y déposer leurs petits. Ce mot a été maintenu par l'Académie. Le manuscrit porte :

LIVRE V, CHAPITRE XI.   365

rillons et autres parens les avoient¹ en horreur et abomination². C'est pourquoy ainsi que ³ Hannibal eut de son pere Amilcar, sous solennelle et religieuse adjuration, commandement de persecuter les Romains tant qu'il vivroit; aussi ay je de feu mon pere injonction icy hors demeurer, attendant que là dedans tombe la fouldre du ciel, et en cendre les reduise, comme autres Titanes⁴, prophanes et theomaches⁵, puisque les humains tant et tant sont des corps endurcis⁶, que le mal par iceux advenu, advenant, et advenir ne recordent, ne sentent, ne prevoyent, ou le sentant n'osent et ne veulent ou ne peuvent les exterminer. Sela? dist Panurge, ha, non, non, je n'y vais pas par Dieu, retournons. Retournons, dis je, de par Dieu :

  Ce noble gueux m'a plus fort estonné,
  Que si du ciel en automne eust tonné⁷.

Retournans, trouvasmes la porte fermée : et nous fut dit, que là facilement on y entroit comme en Averne⁸ : à issir estoit la difficulté, et que ne sortirions hors en maniere que ce ⁹ fust sans bulletin et descharge de l'assistance ¹⁰, par ceste seule raison qu'on ne s'en va pas des foires¹¹ comme du mar-

---

Leur rabutiere felonique brusler.
¹ Imp. — *Les auroient.* (Manusc.)
² Pourquoi donner des enfants propres aux chats fourrés? pourquoi transformer ces enfants en ennemis de leurs pères?
³ Imp. — *Ainsi comme.* (M.)
⁴ Imp. — *Titans.* (M.)
⁵ Imp. — Des ennemis de Dieu (θεομάχος, cum Deo pugnans).
⁶Imp.—*Les humains, ou tant sont les coups advoués que le mal.* (M.)
⁷ Ces deux vers sont imités de Marot :
 Incontinent, qui fut bien estonné ?
 Ce fut Marot, plus que s'il eust tonné.
 (*Epistre au roy, pour le délivrer de prison.*)
Le tonnerre sur la fin de l'automne a toujours passé pour un présage saint et pour le précurseur de grandes calamités. On lit dans Mathieu Paris, sous la date de 1233, que:

« Au commencement de novembre y eut d'effroyables tonnerres et esclairs qui durerent plusieurs jours, ce qui fut à tres mauvais augure. D'où vient le proverbe commun parmi les paysans que la femme ne doit point pleurer pour la mort de son mari ni de ses enfants, mais pour le tonnerre automnal, parce qu'il présage ordinairement la famine, la mortalité ou quelque autre désastre. » (P. Paris.)
⁸ Imp. — *En taverne.* (M.)
⁹ Par nul moyen.
¹⁰ Imp. — *De la stance.* (M.)
¹¹ Le Duchat et Johanneau prétendent que l'auteur joue ici sur *foire* et *forum*, et que par *foire* il entend les tribunaux. — Ce n'est pas notre avis. « On ne s'en va pas des foires comme du marché, » était tout simplement un proverbe

ché, et qu'avions les pieds pouldreux[1]. Le pis fut, quand passasmes[2] le guichet. Car nous fusmes presentés, pour avoir nostre bulletin et descharge, devant un monstre le plus hideux que jamais fust descrit. On le nommoit Grippeminaud. Je ne vous le sçaurois mieux comparer qu'à Chimere, ou à Sphinx ou à Cerberus, ou bien au simulacre d'Osiris, ainsi que le figuroient[3] les Ægyptiens, par trois testes ensemble jointes[4]: savoir est d'un lion rugient[5], d'un chien flattant et d'un loup baillant, entortillées d'un dragon, soy mordant la queue, et de rayons scintillans à l'entour. Les mains avoit pleines de sang, les gryphes comme de[6] harpye, le museau à bec de corbin, les dents[7] d'un sanglier quadrannier[8], les yeux flamboyans comme une gueule d'enfer,[9] tout couvert de mortiers entrelassés de pillons : seulement apparoissoient les gryphes.[10] Le siege d'iceluy et de tous ses collateraux Chats

qui trouve très-bien son application ici. Le marché finit de très-bonne heure; les foires se prolongent toute la journée. — On lit dans le manuscrit : *de foires comme de marché.*

[1] Avoir les pieds poudreux, suivant Cotgrave, c'est être d'humeur vagabonde. *Nous avions les pieds poudreux*, peut très-bien vouloir dire ici : Nous n'étions pas d'humeur à nous faire retenir.

— On a nommé autrefois *pié-poudreux* une sorte de tribunal expéditif, composé de marchands forains et statuant sur toutes les difficultés issues des transactions de ces marchands. Les Anglais ont conservé cette juridiction d'origine française : ils l'appellent *court of piepoudre*. Si *pieds poudreux* était pris ici dans cette acception, il faudrait le comprendre ainsi : Et que nous avions encore à redouter les pieds-poudreux, c'est-à-dire les condamnations des juges de la foire.

[2] Imp.— *Entrasmes.* (Manuscrit.)
[3] Imp. — *Le figurent.* (M.)
[4] I. — *Ensemble conjunctes.* (M.)
[5] Rugissant.

[6] Imp.—*Commed'une harpie.*(M.)
[7] Imp. — *Les doigts d'un sanglier.* (M.)
[8] De quatre ans, c'est-à-dire ayant ses défenses au complet.
[9] Imp. — *Les yeux d'une gueule d'enfer.* (M.)
[10] Ces détails, sauf quelques inexactitudes, ont été empruntés à Macrobe :

« Ægypto adjacens civitas...,
« Searapin atque Isin cultu pene at-
« tonitæ venerationis observat ;
« omnem tamen illam veneratio-
« nem soli se sub illius nomine
« testatur impendere, vel dum ca-
« lathum capiti ejus infigunt, vel
« dum simulacro signum tricipitis
« animantis adjungunt, quod ex-
« primit medio eodemque maximo
« capite leonis effigiem; dextera
« parte caput canis exoritur, man-
« sueta specie blandientis; pars
« vero læva cervicis rapacis lupi
« capite finitur; easque formas ani-
« malium draco connectit volumine
« suo, capite redeunte ad dei dexte-
« ram, qua compescitur monstrum. »
« (*Saturnales*, liv. I, ch. xx.)

garanniers, estoit d'un long ratelier tout neuf, au dessus duquel par forme de revers instablées[1] estoient mangeoires[2] fort amples et belles, selon l'advertissement du gueux. A l'endroit du siege principal estoit l'image d'une vieille femme, tenant en main dextre un fourreau de faucille[3], en senestre une balance, et portant bezicles au nez. Les coupes[4] de la balance estoient de deux gibbecieres veloutées, l'une pleine de billon et pendante, l'autre vuide et longue eslevée[5] au dessus du tresbuchet. Et suis d'opinion que c'estoit le pourtraict de justice Grippeminaudiere, bien abhorrent de l'institution des antiques Thebains, qui erigeoient les statues de leurs Dicastes[6] et juges aprés leur mort, en or, en argent, en marbre, selon leur merite, toutes sans mains[7]. Quand fusmes devant luy presentés, ne sçay quelle sorte de gens, tous vestus de gibbecieres et de sacs, à grands lambeaux d'escritures, nous firent sus une sellette asseoir. Panurge[8] disoit : Gallefretiers[9], mes amis, je ne suis que trop bien ainsi debout : aussi bien est elle trop basse pour homme qui a chausses neufves et court pourpoint. Assoyez vous là, respondirent ils, et que plus on ne vous le die. La terre presentement s'ouvrira pour tous vifs vous engloutir si faillez à bien respondre[10].

---

[1] Établies. — *Par forme de ravier.* (M.)

[2] Imp. — *Mangeries.* (M.)

[3] La Justice est représentée tenant en main une épée droite. La vieille femme qui tient le fourreau de faucille, tout contourné, offre une image toute contraire.

[4] Les bassins.

[5] Imp. — *Long enlevée.* (Manusc.)

[6] Juges (δικασταί, en grec).

[7] *Q. (quia?) manus oculata.* (M.)

[8] Imp. — *Leur disoit.* (M.)

[9] Racaille.

[10] Que l'on compare ce chapitre et les suivants avec ceux du troisième livre, où Rabelais a raillé les gens de justice, et l'on verra combien le ton en est différent. Bridoie est ridicule, les chats-fourrés sont odieux. Là c'était un rieur philosophe qui s'attaquait aux côtés plaisants des choses humaines; ici c'est un esprit chagrin et violent qui se plaît à soulever des haines, à prédire et presque à provoquer des représailles sanglantes. A lire ces déclamations furibondes, ces allusions au serment d'Annibal, on croirait presque entendre un socialiste de nos jours. Qu'un pareil langage soit tenu par un hérétique, par une victime de l'inquisition ou des tribunaux persécuteurs du temps, on le conçoit; mais, franchement, qui pourrait motiver cette grande colère de la part de Rabelais ? L'arrêt du parlement qui arrêta momentanément la publication du quatrième livre? Il n'y a pas de proportion entre le grief et la vengeance.

CHAPITRE XII.

Comment par Grippeminaud nous fut proposé une énigme[1].

Quand fusmes assis, Grippeminaud, au milieu de ses Chats fourrés, nous dist en parole furieuse et enrouée[2] : Or ça, or ça, or çà[3]. (A boire, à boire çà, disoit Panurge entre les dents.)

> Une bien jeune et toute blondelette
> Conceut un fils Æthiopien sans pere,
> Puis l'enfanta sans douleur la tendrette,
> Quoiqu'il sortist comme fait la vipere,
> L'ayant rongé, en moult grand vitupere,
> Tout l'un des flancs, pour son impatience.
> Depuis passa monts et vaux en fiance[4],
> Par l'air volant, en terre cheminant :
> Tant qu'estonna l'amy de Sapience,
> Qui l'estimoit estre humain animant[5].

Or çà, responds moy[6], dist Grippeminaud, à cest enigme et nous resoulz presentement[7] que c'est, or çà. Or de par Dieu, repondis je, si j'avois sphinx en ma maison, or de par

---

[1] Imp. — *Proposé enigme* (Manuscrit.)

[2] On lit *enorme* au lieu d'enrouée, dans le manuscrit.

[3] Ces *or ça*, qui vont revenir à satiété dans ce chapitre et les suivants, et dans lesquels on veut voir une persistance de Grippeminaud à demander de l'*or*, suffiraient pour lui enlever tout charme, s'il en avait. Ce n'est pas ainsi que Rabelais écrit. Ces répétitions sont si maussades que certains éditeurs ne se sont pas fait le moindre scrupule d'en retrancher une partie.

[4] Avec confiance.

[5] On lit *haymant* en place de animant, dans le manuscrit. Cette énigme, que Panurge va nous expliquer dans le chapitre suivant, n'est ni mieux ni plus mal écrite que les vers de Rabelais; mais ce n'est pas là son style.

[6] Dans le manuscrit, on lit : *Respondez, me dist. Resoudez.*

[7] Imp. — *Promptement.* (M.)

LIVRE V, CHAPITRE XII.

Dieu, comme l'avoit Verres[1], un de vos precurseurs, or de par Dieu, resouldre pourrois l'enigme, or de par Dieu, mais certes je n'y estois mie, et suis, or de par Dieu, innocent[2] du fait. Or çà, dist Grippeminaud, par Styx, puisqu'autre chose ne veux dire, or çà, je te monstreray, or çà, que meilleur te seroit estre tombé entre les pattes de Lucifer, or çà, et de tous les diables, or çà, qu'entre nos griphes, or çà. Les vois tu bien? Or çà, malautru, nous allegues tu innocence[3], or çà, comme chose digne d'eschapper nos tortures. Or çà, nos loix sont comme toiles d'araignes : or çà, les simples moucherons et petits papillons y sont pris : or çà, les gros taons malfaisans les rompent, or çà, et passent à travers[4], or çà. Semblablement nous ne cherchons les gros larrons et tyrans, or çà, ils sont de trop dure digestion', or çà, et nous affolleroient[5], or çà. Vous autres gentils innocens, or çà, y serez bien innocentés[6], or çà : le grand diable, or çà, vous y chantera messe, or çà.

Frere Jean, impatient de ce qu'avoit deduit Grippeminaud, luy dist : Hau, monsieur le diable engiponné, comment veux tu qu'il responde d'un cas lequel il ignore? Ne te contentes tu de verité? Or çà, dist Grippeminaud, encores n'estoit de mon regne adveneu, or çà, qu'icy personne, sans premier estre interrogé, parlast, or çà. Qui nous a deslié ce fol enragé icy? Tu as menty[7], dist frere Jean sans les levres mouvoir. Or

---

[1] Je ne comprends pas les énigmes, disait Hortensius à propos de certaines insinuations de Cicéron contre Verrès. — Cependant vous avez un sphinx en votre maison, répondit celui-ci, faisant allusion à un bronze de prix qu'Hortensius avait reçu de son client.

[2] Imp. — *Inorant.* (M.)

[3] Imp. — *Ignorance.* (M.)

[4] C'est un mot du philosophe scythe Anacharsis. Pierre Grosnet l'avait mis en vers dans un recueil, publié en 1533, des *Mots et sentences dorées de Caton.*

[5] Nous maltraiteraient.

[6] Vous serez bien fouettés comme l'étaient les jeunes filles que l'on pouvait surprendre au lit le jour des Innocents.

Marot fait allusion à cet ancien usage dans l'épigramme suivante :

Tres chere sœur, si je savois où couche
Vostre personne au jour des Innocens,
De bon matin, j'irois à vostre couche [cens.
Voir ce gent corps, que j'aime entre cinq
Adonc ma main (veu l'ardeur que je sens)
Ne se pourroit bonnement contenter
Sans vous toucher, tenir, taster, tenter.
Et si quelqu'un survenoit d'aventure,
Semblant ferois de vous *innocenter :*
Seroit ce pas honneste couverture ?

[7] Imp. — *Menti Mastin, disoit frere Jean.* (M.)

çà, quand seras en rang de respondre, or çà, tu auras prou affaire, or çà. Maraut, tu as menty, disoit[1] frere Jean en silence, penses tu estre en la forest de l'Academie[2], or çà, avec les ocieux veneurs et inquisiteurs de verité[3]? Or çà, nous avons bien icy autre chose à faire[4], or çà : icy on respond, je dis, or çà, or çà, categoriquement, de ce que l'on ignore. Or çà, on confesse avoir fait, or çà, ce qu'on ne fit onques. Or çà, on proteste savoir ce que jamais on n'apprit. Or çà, on fait prendre patience en enrageant. Or çà, on plume l'oye sans la faire crier. Or çà, tu parles sans procuration : or çà, je le voy bien : or çà, tes fortes fiebvres quartaines, or çà, qui te puissent espouser[5], or çà. Diables, s'escria frere Jean, archidiable, protodiable, pantodiable, tu donc veux marier les moines? Ho ho, ho ho[6], je te prends pour heretique[7].

---

[1] Imp. — *Dist frere Jean.* (M.)
[2] Dans les jardins de l'Académie, à Athènes. Horace a dit :

Inter sylvas Academi quærere verum....

L'Académie, à Athènes, était le lieu où se réunissaient les philosophes pour discuter en toute liberté.
[3] Ces paresseux rechercheurs de la vérité, comme on a souvent désigné les académiciens.
[4] Imp. — *Nous avons icy bien autre chose à faire.* (M.)
[5] Que la fièvre quarte te prenne pour toujours, pour ne plus te quitter. — C'est une variante d'une imprécation autrefois fort usitée, et que nous avons déjà vue.
[6] Imprimé. — *Ho, ho, ho, hou.* Dans le manuscrit.
[7] Manuscrit. *Pour un heretique,* dans l'imprimé.

CHAPITRE XIII.

Comment Panurge expose l'enigme de Grippeminaud.

Grippeminaud, faisant [1] semblant n'entendre ce propos, s'adresse [2] à Panurge, disant : Or çà, or çà, or çà [3] : goguelu [4], n'y veux tu rien dire ? Reverend pere en diable, respondit Panurge : or de par le diable là, je voy clairement que la peste est icy pour nous, or de par le diable là, veu qu'innocence n'y est point en seureté, et que le diable y chante messe, or de par le diable là. Je vous prie, que pour tous je la paye. Or de par le diable là, et nous laissez aller. Il ne pleut plus [5], or de par le diable là. Allez [6], dist Grippeminaud, or çà encores n'advint depuis trois cens ans en çà, or çà, que personne eschappast de ceans, sans y laisser du poil, or çà, ou la peau pour le plus souvent, or çà. Car, quoy ? Or çà, ce seroit à dire, que par devant nous icy seroient injustement traité, or çà, serois injustement convenu, or çà, et de par nous injustement traité, or çà. Malheureux es tu bien, or çà : mais encore plus le seras, or çà, si ne responds à l'enigme proposé. Or çà, que veut il dire ? or çà.

C'est Midas, or de par le diable là (respondit Panurge), un cosson [7] noir né d'une febve blanche, or de par le diable là, par le trou qu'il avoit fait la rongeant, or de par le diable là :

---

[1] Imp. — *Faisant* est supprimé dans le manuscrit.

[2] Imp. — *Soy adressa*. (M.)

[3] Nous donnons la leçon du manuscrit, jugeant incomplet l'imprimé qui porte : « Or ça : et toy « goguelu, n'y veux tu rien dire ? « respondit Panurge. »

[4] Ou *goguelu*, bon vivant. Nous avons vu que *gogue* vouloit dire farce dans les deux sens du mot. Il y a une caricature du XVIIe siècle, intitulée *Monsieur de Goguelu*, et qui représente un goinfre allant souper en ville.

[5] M. — On lit dans l'imprimé : *Je n'en puis plus*. Ce qui ne signifie rien ici. *Il ne pleut plus*; c'est-à-dire *voilà le moment de nous en aller* : le mot o·· qui suit constitue une plaisanterie : *Il ne pleut plus or....*

[6] M. — *Aller*. (Imp.)

[7] M. — *Midas* manque dans l'imp.

lequel aucune fois vole, auçune fois chemine en terre, or de par le diable là : d'ond fut estimé de Pythagoras, premier amateur de sapience, c'est en Grec *philosophe*, or de par le diable là, avoir d'ailleurs par metempsichosie [1] ame humaine receue, or de par le diable là. Si vous autres estiez hommes, or de par le diable là, aprés vostre male mort, selon son opinion, vos ames entreroient en corps de cossons [2], or de par le diable là. Car en ceste vie vous rongez et mangez tout : en l'autre

> Vous rongerez, comme viperes,
> Les costes propres de vos meres,

or de par le diable là.

Cor Dieu, dist frere Jean, de bien bon cœur je souhaite [3] que le trou de mon cul devienne febve, et autour soit de ces cossons rongé [4]..

Panurge, ces mots achevés, jetta au milieu du parquet une grosse bourse de cuir pleine d'escus au soleil. Au son de la bourse commencerent tous les Chats fourrés jouer des griphes, comme si fussent violons desmanchés. Et tous s'escrierent à hautes voix, disans : Ce sont les espices [5] : le procés fut bien bon, bien friant et bien espicé. Ils sont gens de bien. C'est or, dist Panurge : je dis escus au soleil. La cour, dist Grippeminaud, l'entend : or bien, or bien, or bien. Allez, enfans, or bien, et passez outre : or bien, *nous ne sommes tant diables*, or bien, *que sommes noirs* [6], or bien, or bien, or bien.

Issans du guichet, fusmes conduits jusques au port par certains gryphons [7] de montagne. Avant entrer en nos navires, fusmes par iceux advertis, que n'eussions à chemin prendre sans premier avoir fait presens seigneuriaux, tant à la dame Grippeminaude, qu'à toutes les Chattes fourrées : autrement, avoient commission nous ramener au guichet.

---

[1] Imp. — *Metempsichose*. (M.)
[2] La calandre, sorte de puceron qui ronge les fèves ; on l'appelle encore ainsi en Poitou, en Saintonge, en Berry et ailleurs (du latin *Cossus*).
[3] Leçon du manuscrit. Je *souhaiterois*. (Imprimé.)
[4] M. — *Mangé*. (Imp.)
[5] Cette ligne manque dans le M.
[6] Imp. — *Les espices du proces*. (M.)
[7] Il s'agit des greffiers. Ce jeu de mots satirique leur est appliqué par les poëtes du temps, et notamment par Marot. Le manuscrit porte *comme sommes noirs*.

Bren, respondit frere Jean : nous icy à l'escart visiterons le fond de nos deniers, et donnerons à tous contentement. Mais, dirent les griphons[1], n'oubliez le vin des pauvres diables. Des pauvres diables, respondit frere Jean, jamais n'est en oubly le vin : mais est memorial en tous pays et toutes saisons[2].

---

[1] Leçon du manuscrit. — Dans l'imprimé, *garsons*. Il est évident que *garsons* est une grosse faute. *Griphons* est opposé ici aux femelles, *aux chattes fourrées* dont il est question dans les lignes précédentes.

[2] (Impr.) — *Jamais n'est mis en oubly le vin : mais il est memorial* (M.).

CHAPITRE XIV.

Comment les Chats fourrés vivent de corruption.

Ces paroles n'estoient achevées, quand frere Jean apperceut soixante et huit galeres et fregates [1] arrivantes au port. Là, soudain courut demander nouvelles : ensemble, de quelle marchandise estoient les vaisseaux chargés et vit que tous chargés estoient de venaison, levreaux, chappons, palombes, cochons, chevreaux, vannaux, poullets, canards, alebrans, oisons, et autres sortes de gibier. Parmy aussi apperceut quelques pieces de velours, satin et damas [2]. Adonc, interrogea les voyagiers où et à qui ils portoient [3] ces friands morceaux. Ils luy respondirent que c'estoit à Grippeminaud, aux Chats fourrés et Chattes fourrées.

Comment, dist frere Jean, appellez vous ces drogues [4] là ? *Corruption*, respondirent les voyagiers. *Ils donc*, dist frere Jean, *de corruption vivent, en generation periront*. Par la vertu Dieu, c'est cela : leurs peres mangerent les bons gentilshommes, qui par [5] raison de leur estat s'exerçoient à la volerie [6] et à la chasse, pour plus estre en temps de guerre escors et ja endurcis au travail. Car venation [7] est comme un simulacre de bataille : et onques n'en mentit Xenophon [8], escrivant estre de la venerie, comme du cheval de Troye, issus tous bons chefs de guerre. Je ne suis pas clerc : mais on me

---

[1] (Imp.) — *Soixante et huit tabuz, barquettes et fregates.* (M.)
[2] Leçon du M. — *Velours et satin.* (Imprimé.)
[3] (Imp.) — *Apportoient.* (M.)
[4] Leçon du M. Dans les éditions de 1564 et 1565, on lit *dragmes*, ce qui doit être fautif.
[5] *Pour* (M.); *par*, dans l'imprimé.
[6] A l'art de la fauconnerie.
[7] Chasse (*venatio*, en latin).
[8] Voyez Xénophon, *de Venatione*, chap. I, in fine : Ἐγὼ μὲν, etc., page 742, édition Didot.

l'a dit, je le croy. Les ames d'iceux, selon l'opinion de Grippeminaud, aprés leur mort entrent en sangliers, cerfs, chevreuils[1], herons, perdrix, et autres tels animaux, lesquels avoient, leur premiere vie durante, tousjours aimés et cherchés. Ores ces Chats fourrés, aprés avoir[2] leurs chasteaux, terres, domaines, possessions, rentes et revenus destruit et devoré, encores leur cherchent ils le sang et l'ame en l'autre vie. O le gueux de bien qui nous en donna advertissement à l'enseigne de la mangeoire, instablée[3] au dessus du ratelier ! Voire mais, dist Panurge aux voyagers[4], on a fait crier de par le grand Roy[5], que personne n'eust, sur peine de la hart, prendre cerfs ne biches, sangliers ne chevreuils. Il est vray, respondit un pour tous. Mais le grand Roy est tant bon et tant benin : ces Chats fourrés sont tant enragés et affamés de sang chrestien, que moins de peur avons nous offensans le grand Roy, que d'espoir n'entretenans ces Chats fourrés par telles corruptions : mesmement que demain le Grippeminaud marie une sienne Chatte fourrée avec un gros Mitouard[6] chat bien fourré. Au temps passé on les appelloit Machefoins : mais, las ! ils n'en maschent plus. Nous, de present, les nommons masche levreaux, masche perdrix, masche beccasses, masche faisans, masche poullets[7], masche chevreuils[8], masche connils, masche cochons : d'autres viandes ne sont alimentés. Bren, bren, dist frere Jean : l'année prochaine on les nommera : Masche estrons, masche foires, masche merdes : me voulez vous croire ? Ouy dea, respondit la brigade. Faisons, dit il, deux choses : premierement, saisissons nous de tout ce gibier que voyez cy : aussi bien suis je fasché de saleures[9] : elles m'eschauffent les hypocondres.

---

[1] (M.) — *Chevreaulx* (Imp.).
[2] On lit dans le manuscrit *avoir leurs chasteaux*, et dans l'Imprimé *aprés* avoir.
[3] (Imp.) — *Installée* (M.).
[4] (Imp.) —*Dist Panurge, ça voyagiers* (M.).
[5] Au nom du roi de France.
[6] Un gros matou.
[7] M. — *Poules* dans l'imprimé.
[8] Masche *chevreuilz.* (M.). *Chevreaulx.* (Imprimé.)
[9] Las de manger des viandes salées.

J'entends le bien payant. Secondement, retournons au guichet, et mettons à sac tous ces diables de Chats fourrés. Sans faute, dist Panurge, je n'y vais pas : je suis un peu couard de ma nature [1].

---

[1] Un poltron n'avoue guère qu'il est poltron. Dans les autres livres, Panurge se prétend toujours brave.

CHAPITRE XV.

Comment frere Jean des Entommeures delibere mettre à sac les Chats fourrés.

Vertus de[1] froc, dist frere Jean, quel voyage icy faisons nous ? C'est un voyage de foirards : nous ne faisons que vessir, que peter, que fianter, que ravasser, que rien faire [2]. Cordieu, ce n'est mon naturel : si tousjours quelque acte heroique ne fais, la nuyt je ne peux dormir [3]. Donc vous m'avez en compagnon pris, pour en cestuy voyage messe chanter et confesser ? Pasques de soles [4], le premier qui y viendra, il aura en penitence, soy comme lasche et meschant jetter au parfond de la mer [5], en deduction des peines de purgatoire : je dis la teste la premiere. Qui a mis Hercules en bruit [6] et renommée sempiternelle ? n'est ce que il [7], peregrinant par le monde, mettoit les peuples hors de tyrannie, hors d'erreur, des dangers et angaries [8] ? Il mettoit à mort tous les brigands, tous les monstres, tous les serpens venimeux [9] et bestes malfaisantes. Pourquoy ne suivons nous son exemple, et comme il faisoit ne faisons nous en toutes les contrées que passons ? Il defit les Stymphalides [10], l'hydre de Lerne, Cacus, Antheus, les Centaures. Je ne suis pas clerc, les clercs le disent. A son imitation defaisons et mettons à sac ces Chats fourrés : ce sont tiercelets de diables [11], et delivrons

---

[1] (Imp.) — *Du froc* (M.).
[2] (Imp.) — *Ne* faire (M.). — Rien faire (Imprimé). Rien, qui signifiait chose (*res*), demandait autrefois la négation.
[3] (Imp.) — *Bien* dormir (M.).
[4] Pasques du dimanche, dimanche de Pasques (*sul basq*, en breton). On sait que Louis XI jurait par la *Pasque Dieu*.
[5] (M.) — *Au fond de la mer*, lisons-nous dans les trois imprimés.
[6] En réputation.
[7] N'est-ce pas que lui.
[8] Vexations, corvées.
[9] (M.) ; — *veneneux* (Imp.).
[10] Oiseaux monstrueux du lac Stymphale en Arcadie, détruits, dit la Fable, à coups de flèches par Hercule.
[11] C'est-à-dire les plus méchants diables. — Rabelais emploie l'ex-

ce pays de ¹ tyrannie. Je renie Mahon ², si j'estois aussi fort et aussi puissant ³ qu'il estoit, je ne vous demanderois ny aide ny conseil. Ça, irons nous? Je vous asseure que facilement nous les occirons, et ils l'endureront patiemment. Je n'en doute, veu que de nous ont patiemment enduré des injures, plus que dix truyes ne boiroient de lavailles. Allons.

Des injures, dis je, et deshonneur ils ne se soucient, pourveu qu'ils ayent escus en gibbeciere, voire, fussent ils tous breneux : et les deferions peut-estre, comme Hercules : mais il nous defaut ⁴ le commandement d'Euristeus ⁵, et rien plus pour ceste heure, fors que je souhaite parmy eux Jupiter soy pourmener deux petites heures en telle forme que jadis visita Semelé sa mie ⁶, mere premiere du bon Bacchus.

Dieu, dist Panurge, nous a fait belle grace d'eschapper de leurs gryphes : je n'y retourne pas, quant est de moy : je me sens encore esmeu et alteré de l'ahan ⁷ que j'y paty. Et y fus grandement fasché pour trois causes. La premiere, pource que j'y estois fasché : la seconde, pource que j'y estois fasché : la tierce, pource que j'y estois fasché ⁸. Escoute icy de ton oreille dextre, frere Jean, mon couillon gauche, toutes et quantes fois que voudras aller à tous les diables, devant le tribunal de Minos, Eacus, Rhadamantus et Dis ⁹, je suis prest te faire compagnie indissoluble, avec toy passer Acheron, Styx, Cocyte, boire plein godet du fleuve Lethé, payer pour nous deux à Caron le naule ¹⁰ de sa

---

pression de *tiercelet de Job*, pour signifier « plus patient que Job ». C'est un augmentatif emprunté à la fauconnerie.

¹ (Imp.) — De *leur* Tyrannie (M.).

² Mahomet.

³ (Imp.) — *Aussi fort et puissant.* (M.).

⁴ Il nous manque. (Imp.) — *Icy nous deffaut.* (M.).

⁵ Eurysthée était, suivant la Fable, un terrible rival d'Hercule.

⁶ C'est-à-dire en lançant sa foudre de tous les côtés à la fois.

⁷ Des angoisses.

⁸ Panurge devient insipide, depuis que ce n'est plus Rabelais qui le fait parler. Il pense sans doute ici aux trois choses nécessaires pour faire la guerre, de l'or, de l'or, de l'or. Quelle parodie !

⁹ Le dieu des enfers des Gaulois. — On lit dans le manuscrit : *Dites*.

¹⁰ Fret ou louage d'un navire : on dit encore *nolis* et *naulage*.

LIVRE V, CHAPITRE XV.

barque : pour retourner au guichet, si seul ne veux retourner[1], saisis toy d'autre compagnie que de la mienne, je n'y retourneray[2] pas : ce mot te soit une muraille d'airain. Si par force et violence n'y suis mené, je n'en approcheray, tant que ceste vie je vivray, en plus que Calpe d'Abila[3]. Ulysses retourna il querir son espée en la caverne du Cyclope? Ma dia[4] non : au guichet je n'ay rien oublié, je n'y retourneray pas[5].

O, dist frere Jean, bon cœur et franc compagnon de mains paralitiques[6]! Mais parlons un peu par escot[7], docteur subtil : pour quoy est ce, et qui vous meut leur jetter la bourse pleine d'escus? en avions nous trop? n'eust ce assez esté leur jetter quelques testons rognés? Parce, respondit Panurge, qu'a tous periodes de propos Grippeminaud ouvroit sa gibbeciere de velours, exclamant : Or ça, or çà, or çà. De là[8] je pris conjecture, comme[9] pourrions francs et delivres eschapper[10], leur jettant or là, or là de par Dieu, or là de par tous les diables là. Car gibbeciere de velours n'est reliquaire de testons[11], ne menue monnoie, c'est un receptacle d'escus au soleil[12] : entends tu, frere Jean mon petit couillaud? Quand tu auras autant routy comme j'ay, et esté, comme j'ay[13] esté, routy, tu parleras autre latin. Mais par leur injonction, il nous convient outre passer. Les galle-

---

[1] *Si seul ne veux retourner* (Manusc.). On lit dans l'imprimé : *si de fortune veux*.

[2] *Retourne* (Manusc.); *retourneray* (Imprimé).

[3] Pas plus que Calpe ne se rapprochera d'Abila. Ce sont les deux montagnes qui séparent le détroit de Gibraltar, les colonnes d'Hercule des anciens.

[4] « Se m'aid' Dieu, » dit Le Duchat qui n'a pas reconnu le juron grec μὰ Δία, par Jupiter.

[5] *Retourne* (Manusc.); *retourneray* (Imp.).

[6] (Imp.) — *Bon cueur et franc, accompaigné de mains paralitiques* (Manusc.).

[7] *Parler par escot*, c'était parler à son tour. Mais pour faire une équivoque à la façon de Rabelais, l'auteur de ce livre rappelle le surnom de Scot, le docteur subtil.

[8] *Là* (Imp.) — *Je prins* (Manusc.).

[9] *Que* (Manus.); *comme* (Imp.).

[10] (Imp.) — *Evader francs, et delivres eschapper* (Man.).

[11] N'est pas faite pour contenir des testons, pièce d'argent qui valait dix sous et dont il est souvent question dans les quatre premiers livres.

[12] (Imp.) — *C'est abyssac receptacle à escus.* (M.).

[13] *Que j'ay* (Manusc.); *comme j'ay* (Impr.).

fretiers tousjours au port attendoient en expectation de quelque somme de deniers. Et voyans que voulions faire voile, s'adresserent à frere Jean, l'advertissans qu'outre[1] n'eust à passer sans payer le vin des appariteurs, selon la taxation des espices faites[2]. Et saint hurlu burlu[3], dist frere Jean, estes vous encore icy, griphons de tous les diables, ne suis je icy assez fasché sans m'importuner davantage? Le cordieu, vous aurez vostre vin à ceste heure, je le vous promets seurement. Lors desgainant son braquemart, sortit hors la navire, en deliberation de felonnement les occire, mais ils gagnerent[4] le grand gallot, et plus ne les apperceusmes. Non pourtant fusmes nous hors de fascherie : car aucuns de nos mariniers, par congé de Pantagruel, le temps pendant qu'estions devant Grippeminaud, s'estoient retirés en une hostellerie prés le havre pour banqueter, et soy quelque peu de temps refraichir : je ne sçay[5] s'ils avoient bien ou non payé l'escot[6], si est ce qu'une vieille hostesse, voyant frere Jean en terre, luy faisoit grande complainte, presens un serrargent gendre d'un des Chats fourrés, et deux records de tesmoings. Frere Jean impatient de leurs discours et allegations demanda : Gallefretiers, mes amis, voulez vous dire[7] en somme que nos matelots ne sont gens de bien ? je maintiens le contraire. Par justice je le vous prouveray : c'est ce maistre braquemart icy. Ce disant s'escrimoit de son braquemart. Les paysans se mirent en fuite au trot : restoit seulement la vieille, laquelle protestoit à frere Jean que ses matelots estoient gens de bien : de ce se complaignoit qu'ils n'avoient rien payé du lict, auquel aprés disner ils avoient reposé, et pour le lict demandoit cinq sols tournois. Vrayement, respondit frere Jean, c'est bon marché, ils sont ingrats, et n'en auront tousjours à tel prix,[8] je le payerai volontiers, mais

---

[1] (Imp.)—*Que plus outre* (M.).
[2] (Imp.) — *Faites* manque dans le manuscr.
[3] (Imp.) — *Feste de Saint Bale trou* (M.).
[4] *Au pied* (M.). Manque dans l'imp.
[5] (Imp.) — Je ne sçay *pas* (Manusc.).
[6] La phrase qui suit jusqu'à *deux records de tesmoings*, manque dans le manuscrit.
[7] (Imp.) — *Icy* dire (Manusc.).
[8] À *tel pact* (M.)*tel prix*.(Imp.).

LIVRE V, CHAPITRE XV.   381

je le voudrois bien voir. La vieille le mena au logis et luy monstra le lict, et l'ayant loué en toutes ses qualités, dist qu'elle ne faisoit de l'encherie, si en demandoit cinq sols. Frere Jean luy bailla cinq sols : puis avec son braquemart fendit la coitte et coissin en deux, et par les fenestres mettoit la plume au vent, quand la vieille descendit et cria à l'aide et au meurtre, en s'amusant [1] à recueillir sa plume. Frere Jean, de ce ne se souciant[2], emporta la couverture, le matelas et les deux[3] linceux en nostre nef[4], sans estre veu de personne : car l'air estoit obscurcy de plume[5] comme de neige, et les donna es matelots. Puis dist à Pantagruel, là les licts estre[6] à meilleur marché qu'en Chinonnois, quoy qu'y eussions les celebres oyes de Pautilé[7]. Car pour le lict la vieille ne luy avoit demandé que cinq douzains, lequel en Chinonnois ne vaudroit moins de douze francs[8].

Si tost que Frere Jean et les autres de la compagnie furent dans le navire, Pantagruel fit voile, mais il s'eleva un siroch si vehement qu'ils perdirent route, et quasi reprenans les erres du pays des Chats fourrés, ils entrerent en un grand goulphre, duquel, la mer estant fort haute et terrible, un mousse, qui estoit au haut du trinquet, cria qu'il voyoit encore les fascheuses demeures de Grippeminaud : d'ond Panurge forsené de peur s'escrioit : Patron, mon amy, maugré les vents et les vagues, tourne bride. O mon amy, ne retournons point en ce meschant pays, où j'ay laissé ma bourse.

Ainsi le vent les porta prés d'une isle à laquelle toutefois ils n'oserent aborder de prime face, et entrerent à bien un mille de là prés de grands rochers.

---

[1] (Imp.) — Descendit *Cryant... et s'amusant* (Manuscrit.).
[2] (Imp.) — *Non se souciant* (M.).
[3] (Imp.) — *Matratz et deux...* (M.).
[4] (Imp.) — *Nauf* (M.).
[5] (Imp.) — *Plain et obscurcy* (M.).
[6] (Imp.) Les lictz *estoient beaucoup* (M.). Il faudrait alors *que les*.
[7] Le nom de ce village, voisin de Chinon, est écrit *Potillé* dans la carte du Chinonnais, en tête de l'édition de Le Duchat. Johanneau suppose avec toute vraisemblance que les oies de Potillé étaient renommées pour la finesse de leur duvet. On lit à tort *Pantile* dans l'édition de 1564 et dans celles de 1565.
[8] Ce chapitre finit ici dans le manuscrit et dans les imprimés. Ce qui suit est tiré de l'édition partielle de 1562.

CHAPITRE XVI.

Comment Pantagruel arriva en l'isle des Apedeftes [1] à longs doigts et mains crochues, et des terribles adventures et monstres qu'il y vit.

[2] Si tost que les ancres furent jettées, et le vaisseau asseuré, l'on descendit l'esquif. Aprés que le bon Pantagruel eut fait les prieres et remercié le Seigneur Dieu de l'avoir sauvé et gardé de si grand et perilleux danger, il entra et toute sa compagnie dedans l'esquif, pour prendre terre : ce qui leur fut fort aisé : car la mer estant calme et les vents baissés, en peu de temps ils furent aux roches. Comme ils eurent pris

---

[1] *Apedeftes*, ou, comme on a quelquefois écrit ce mot, *Apedeutes*, du grec ἀπαίδευτοι, signifie ignorants, hommes sans instruction. Une opinion, qui paraît avoir pris sa source dans la circonstance que les membres de ces juridictions n'avaient pas besoin d'être gradués, et dans une prétendue incompatibilité entre les calculs et les lettres, étendait à la chambre des comptes l'ancien dicton sur les magistrats de la cour des aides, dicton dont nous laissons à Johanneau la responsabilité morale et littéraire :

Hommes ignares et non lettrés,
Portant toques et non bonnets quarrés.

[2] Ce chapitre (le dernier de l'*Isle Sonnante*, 1562) ne se trouve ni dans les trois premières éditions (1564 et 1565), ni dans le manuscrit ancien conservé à la Bibliothèque nationale. Tous les éditeurs et commentateurs n'ont pu s'empêcher d'y reconnaître, ainsi que dans le chapitre suivant, les contradictions, les incohérences, les défauts de style qui nous frappent dans le livre tout entier. Et d'abord ils ne savent où le placer. Les uns l'ont mis le VIIe ; d'autres le XVIIIe. « Mais, quoi que nous fassions, dit l'un d'eux, il sera toujours mal placé. » Le Motteux, signalant la même impossibilité de lui assigner un rang satisfaisant, ajoute : « J'entrevois, d'ailleurs, quelque différence dans le style, et quelque chose qui cloche dans le sens. » Nous n'avons fait et nous ne ferons autre chose que de généraliser cette observation dans le cours de nos notes sur ce V^e livre. Si nous pouvions admettre que ce livre fût de Rabelais, nous nous abstiendrions de placer ici ce chapitre ; mais, comme on est habitué à l'y voir, et que nous ignorons s'il est ou non du même auteur que le reste de ce prétendu cinquième livre, nous nous décidons à ne pas le supprimer.

terre, Epistemon, qui admiroit l'assiette du lieu, et l'estrangeté des rochers, advisa quelques habitans dudit pays. Le premier à qui il s'adressa, estoit vestu d'une robe gocourte[1], de couleur de roy[2], avoit le pourpoinct de demy ostade[3] à bas de manches de satin, et le haut estoit de chamois, le bonnet à la coquarde : homme d'assez bonne façon, et, comme depuis nous sceusmes, il avoit nom Guaignebeaucoup. Epistemon luy demanda comme s'appelloient ces rochers et vallées si estranges. Guaignebeaucoup luy dist que c'estoit une colonie tirée du pays de Procuration, qu'ils appelloient les Cahiers, et qu'au delà des rochers, ayans passé un petit gué, nous trouverions l'isle des Apedeftes. Vertus d'Extravagantes, dist frere Jean ! Et vous autres gens de bien, de quoy vivez vous icy ? Sçaurions nous boire en vostre verre ? car je ne vous voy aucuns outils que parchemins, cornets et plumes. Nous ne vivons, respondit Guaignebeaucoup, que de cela aussi : car il faut que tous ceux qui ont affaire en l'isle, passent par mes mains. Pourquoy, dist Panurge, estes vous barbier, qu'il faut qu'ils soient testonnés[4] ? Ouy, dist Guaignebeaucoup, quant aux testons de la bourse. Par Dieu, dist Panurge, vous n'aurez de moy denier ny maille : mais je vous prie, beau sire, menez nous à ces Apedeftes,

---

[1] A l'époque où ce livre fut écrit, les gens des comptes n'avaient pas encore l'habitude de revêtir le costume de palais pour leurs séances. Par un règlement de 1571, on voit que ceux des officiers qui n'étaient pas de *robe longue*, c.-à-d. clercs, devaient porter des robes courtes, mais descendant pour le moins plus bas que le genou, et sans découpures.

Comme coiffure, on leur voit, dans des miniatures ou dans les descriptions de cérémonies, des toques hautes, des bonnets de velours, etc.

[2] Autrefois la couleur de roy était le pourpre. Mais, du temps de l'auteur, il paraît bien positivement, d'après les lexicographes, qu'on désignait de cette manière le tanné clair.

Johanneau veut que *couleur de roy* signifie ici bleu de roi.

[3] L'*ostade* était un tissu de longue laine. Ce mot paraît venir de l'anglais *worstead* ou *worsted*. Il y avait l'*ostade* et la *demi-ostade* (*meia hosteda*, dans Du Cange).

La *demi-ostade* était en effet l'une des étoffes dont se servaient habituellement les gens des comptes. On en trouve dans tous les inventaires.

[4] Coiffés. La Fontaine s'est encore servi de ce mot.

car nous venons du pays des savans, où je n'ay gueres gaigné. Et comme ils devisoient, ils arriverent en l'isle des Apedeftes : car l'eau fut tantost passée. Pantagruel fut en grande admiration de la structure, de la demeure et habitation des gens du pays : car ils demourent en un grand pressouer, auquel on monte prés de cinquante degrés : et avant que d'entrer au maistre pressouer (car leans y en a des petits, grands, secrets, moyens, et de toutes sortes [1]) vous passez par un grand peristyle, où vous voyez en paysage les ruines presque de tout le monde : tant de potences de grands larrons, tant de gibets, de questions, que cela nous fit peur [2]. Voyant Guaignebeaucoup que Pantagruel s'amusoit à cela : Monsieur, dist il, allons plus avant : cecy n'est rien. Comment, dist frere Jean, ce n'est rien. Par l'ame de ma braguette eschauffée, Panurge et moy tremblons de belle faim. J'aimerois mieux boire que voir ces ruines icy. Venez, dist Guaignebeaucoup. Lors nous mena en un petit pressouer qui estoit caché sus le derriere, que l'on appeloit en langage de l'isle, *Pithies* [3]. Là ne demandez pas si maistre Jean se traicta, et Panurge : car saulcissons de Milan, coqs d'indes, chappons, autardes, malvoisie, et toutes bonnes viandes estoient prestes et fort bien accoustrées. Un petit bouteiller voyant que frere Jean avoit donné une œuillade amoureuse sus une bouteille qui estoit prés d'un buffet, separée de la troupe bouteillique, dist à Pantagruel : Monsieur, je voy que l'un de vos gens fait l'amour à ceste bouteille : je vous sup-

---

[1] « Toute l'allégorie de ce chapitre, dit de Marsy, consiste à représenter les différents bureaux de la chambre des comptes sous l'image des pressoirs, et les comptables sous celle des grappes qu'on y presse. »

[2] Le bâtiment que l'auteur décrit, et qui en effet était digne d'admiration, avait été construit vers 1506 par l'architecte italien Joconde.

C'était dans le péristyle, à l'entrée de la chambre, que se tenaient les comptables qui avaient une affaire en jugement. On trouve dans l'Armorial gravé en 1707 par A. D. Ménard, une vue de la Chambre et un plan des principaux bureaux.

[3] Buvette, du grec πίθος, tonneau ; πιθίτης, ayant la forme d'un tonneau. De Marsy nous apprend que la buvette de la chambre des comptes était en réputation.

plie bien fort qu'il n'y soit touché, car c'est pour *Messieurs* ¹.
Comment, dist Panurge, il y a donc *des messieurs* ceans?
L'on y vendange, à ce que je voy. Alors Guaignebeaucoup
nous fit monter par un petit degré en une chambre, par laquelle il nous monstra les *Messieurs* qui estoient dans le
grand pressouer, auquel il nous dist qu'il n'estoit licite à
homme d'y entrer sans congé, mais que nous les verrions
bien par ce petit goulet ² de fenestre, sans qu'ils nous vissent.

Quand nous y fusmes, nous advisasmes dans un grand
pressouer vingt ou vingt cinq gros pendars à l'entour d'un
grand bourreau ³ tout habillé de verd, qui s'entreregardoient,
ayans les mains longues comme jambes de grue, et les ongles de deux pieds pour le moins : car il leur est defendu
de les roigner jamais : de sorte qu'ils leur deviennent croches comme rancons ⁴ ou rivereaux ⁵ : et sus l'heure fut
amené une grosse grappe de vigne qu'on vendange en ce
pays là, du plant de l'*Extraordinaire,* qui souvent pend à *eschalas* ⁶. Sitost que la grappe fut là, ils la mirent au pressouer et n'y eut grain dont pas un ne pressurast de l'huile
d'or : tant que la pauvre grappe fut rapportée si seiche et espluchée, qu'il n'y avoit plus ne jus ne liqueur du monde. Or,
nous contoit Guaignebeaucoup qu'ils n'ont pas souvent ces
grosses là : mais qu'ils en ont tousjours d'autres sus le pressouer. Mais, mon compere, dist Panurge, en ont ils de beau-

---

¹ Il y avait à la buvette un service spécial pour *Messieurs* des comptes, et un autre pour les bas officiers.
² Ou goulot.
Johanneau a fait observer qu'en effet il n'était pas permis d'entrer à la chambre de Messieurs (des comptes), dont les séances n'étaient pas publiques.
³ Encore une grossière équivoque entre *bureau* et *bourreau.*
On retrouve l'aspect de la séance, telle que l'auteur la décrit, dans une miniature placée en tête d'un manuscrit de la Chambre, qui date des premières années du XVIe siècle. Voy. *Musée des Archives,* n° 634.
⁴ « Sorte de hallebardes, inventées pour les combats de mer, vers le règne de Louis XI. » (Fauchet, liv. II, *Traité de la milice et des armes.*)
⁵ Perches à crochet, dont les bateliers de la Loire se servent pour retenir leurs bateaux.
⁶ Jean Poncher, trésorier de l'*Extraordinaire des guerres,* avait été, pour ses malversations, pendu le 4 septembre 1535.

coup de plants? Ouy, dist Guaignebeaucoup. Voyez vous bien ceste là petite que voyez qu'on s'en va remettre au pressouer? c'est celle du plant des Decimes[1] : ils en tirerent desja l'autre jour jusques au pressurage : mais l'huile sentoit le coffre au prebstre[2], et *Messieurs* n'y trouverent pas grands appigrets[3]. Pourquoy donc, dist Pantagruel, la remettent ils au pressouer? Pour voir, dist Guaignebeaucoup, s'il y a point quelque omission de jus ou recepte dedans le marc. Et digne vertu, dist frere Jean, appellez vous ces gens là ignorans? Comment diable! ils tireroient de l'huile d'un mur. Aussi font ils, dist Guaignebeaucoup : car souvent ils mettent au pressouer des chasteaux, des parcs, des forests et de tout en tirent l'or potable[4]. Vous voulez dire portable, dist Epistemon. Je dis potable, dist Guaignebeaucoup : car l'on en boit ceans maintes bouteilles que l'on ne beuvroit pas. Il y en a de tant de plants, que l'on n'en sçait le nombre. Passez jusques icy, et voyez dans ce courti[5] : en voylà plus de mille qui n'attendent que l'heure d'estre presseurés. En voylà du plant general : voylà du particulier, des fortifications, des emprunts, des dons : des casuels, des domaines, des menus plaisirs, des postes, des offrandes, de la maison[6]. Et qui est ceste grosse là, à qui toutes ces petites sont à l'environ? C'est, dist Guaignebeaucoup, de l'Espargne[7] qui est le meilleur plant de tout ce pays. Quand on en pressure de ce plant, six mois aprés il n'y a pas un *de Messieurs* qui ne s'en sente.

Quand ces *Messieurs* furent levés, Pantagruel pria Guai-

---

[1] Des décimes extraordinaires que le clergé accordait au roi.
[2] Le renfermé, suivant de Marsy.
[3] Cotgrave croit que ce mot veut dire « instrument à l'usage des pêcheurs, » tandis que Sainte-Palaye l'interprète : « chose où l'on grapille. » C'est peut-être la traduction du mot *Apigratis*, employé par Rabelais comme nom d'un cuisinier, au chap. LX, liv. IV.

[4] Allusion aux comptes du Domaine et surtout aux évaluations pour échange, dont la Chambre était chargée.
[5] Jardin ; ici plutôt *clos*.
[6] De la maison du roi.
[7] L'Épargne avait été réglementée et établie au Louvre en 1531, sous la surveillance des premiers et seconds présidents des comptes.

gnebeaucoup qu'il nous menast en ce grand pressouer : ce qu'il fit volontiers. Sitost que fusmes entrés, Epistemon, qui entendoit toutes langues, commença à monstrer à Pantagruel les devises du pressouer, qui estoit grand, beau, fait, à ce que nous dist Guaignebeaucoup, du bois de la croix[1] : car sus chascun ustensile estoient escrits les noms de chascune chose en langue du pays. La vis du pressouer s'appeloit *recepte* : la met[2], *despense* : la croue, *estat* : le tesson[3], *deniers comptés et non receus* : les fusts, *souffrance* : les beliers, *radietur* : les jumelles[4], *recuperetur* : les cuves, *plus valeur* : les ansées, *rooles* : les fouillouaires, *acquits* : les hottes, *validation* : les portoueres, *ordonnance valable* : les seilles, *le pouvoir* : l'entonnoir, *le quittus*[5]. Par la royne des andouilles, dist Panurge, toutes les hierogliphiques d'Ægypte n'approcherent jamais de ce jargon. Que diables ces mots là rencontrent de picques comme crottes de chevre. Mais pourquoy, mon compere, mon amy, appelle on ces gens icy ignorans ? Parce, dist Guaignebeaucoup, qu'ils ne sont et ne doivent nullement estre clercs, et que ceans, par leur ordonnance, tout se doit manier par ignorance, et n'y doit avoir raison, sinon que : *Messieurs l'ont dit* : *Messieurs le veulent* : *Messieurs l'ont ordonné*. Par le vray Dieu, dist Pantagruel, puisqu'ils gaignent tant aux grappes, le serment[6] leur peut beaucoup valoir. En doutez vous? dist Guaignebeaucoup. Il n'est mois qu'ils n'en ayent. Ce n'est pas comme en vos pays, où le serment ne vous vault rien qu'une fois l'année. De là, pour nous mener par mille petits pressouers, en sortant nous advisasmes un autre petit bourreau[7], à l'entour duquel estoient

---

[1] Des biens de ceux qui avaient été pendus, suivant Le Duchat.

[2] C'est le grand bassin où tombe le vin.

[3] L'arbre du pressoir. Le *pressoir à tesson* a été autrefois le plus usité des pressoirs à vin.

[4] En général, la jumelle est une pièce de bois qu'on applique sur une autre pour renforcer celle-ci.

[5] Sur la valeur de tous ces termes de comptabilité, on peut consulter le manuscrit des Archives n° 2641, folios 121 et 199, ou celui de la bibliothèque Mazarine, n° 2547.

[6] Jeu de mots sur *serment* (*jusjurandum*) et *sarment* de vigne. Du reste, la prononciation populaire et patoise confondait et confond encore ces deux sons.

[7] La division de la chambre en grand et petit bureau avait été

quatre ou cinq de ces ignorans, crasseux et choleres comme asne à qui l'on attache une fusée aux fesses, qui, sus un petit pressouer qu'ils avoient là, repassoient encore le marc des grappes aprés les autres : l'on les appelloit en langue du pays, *Courracteurs*[1]. Ce sont les plus rebarbatifs villains à les voir, dist frere Jean, que j'aye jamais apperceu. De ce grand pressouer nous passasmes par infinis petits pressouers, tous pleins de vendangeurs qui espluchent les grains avec des ferremens qu'ils appellent *articles de comptes* : et finalement arrivasmes en une salle basse, où nous vismes un grand dogue à deux testes de chien, ventre de loup, griphé comme un diable de Lamballe[2], qui estoit là nourry de laict d'amendes[3], et estoit ainsi delicatement par l'ordonnance *de Messieurs* traicté, par ce qu'il n'y avoit celuy à qui il ne valust bien la rente d'une bonne metairie. Ils l'appelloient en langue d'ignorance, *Duple*[4]. Sa mere estoit auprés, qui estoit de pareil poil et forme, horsmis qu'elle avoit quatre testes, deux masles et deux femelles, et elle avoit nom *Quadruple*[5], laquelle estoit la plus furieuse beste de leans, et la plus dangereuse aprés sa grand mere, que nous vismes enfermée en un cachot, qu'ils appellent *Omission de recepte*. Frere Jean, qui avoit tousjours vingt aunes de boyaulx vuides pour avaller une saugrenée[6] d'advocats, se commençant à fascher, pria Pantagruel de penser du disner, et de mener avec luy Guaignebeaucoup : de sorte qu'en sortant de leans par la porte de derriere, nous rencontrasmes un vieil homme enchaisné, demy ignorant et demy savant, comme un Androgyne de diable[7], qui estoit de lunettes caparassoné comme

---

réglée par les ordonnances de 1520 et 1527 et définitivement par celle de mars 1554.

[1] Correcteurs des comptes créés en 1410 et qui avaient pour mission de rectifier les erreurs de calcul, doubles emplois, etc. Ils étaient au nombre de six.

[2] Probablement il y avait à Lamballe, comme à Saumur et ailleurs, quelque *diablerie* renommée.

[3] Au moyen des amendes.

[4] Amende du double (*duplex*).

[5] Amende du quadruple que les comptables encouraient pour omission de recette, et qui avait été établie sous François Ier.

[6] Fricassée.

[7] Comme un diable hermaphrodite.

une tortue d'escailles, et ne vivoit que d'une viande qu'ils appellent en leur patois *Appellations*[1]. Le voyant, Pantagruel demanda à Guaignebeaucoup de quelle race estoit ce protonotaire, et comment il s'appelloit. Guaignebeaucoup nous conta comme de tout temps et ancienneté il estoit leans, à grand regret et desplaisir *de Messieurs* enchaisné, qui le faisoient mourir de faim, et s'appelloit *Revisit*. Par les saints couillons du Pape, dist frere Jean, je ne m'esbahis pas si *tous Messieurs* les ignorans d'icy font grand cas de ce papelard là. Par Dieu, il m'est advis, amy Panurge, si tu y regardes bien, qu'il a le minois de Grippeminaud : ceux cy tout ignorans qu'ils sont, en savent autant que les autres. Je le renvoyerois bien d'où il est venu, à grands coups d'anguillade[2]. Par mes lunettes orientales[3], dist Panurge, frere Jean, mon amy, tu as raison : car à voir la trogne de ce faux villain *Revisit*, il est encores plus ignorant et meschant que ces pauvres ignorans icy, qui grappent au moins mal qu'ils peuvent, sans long procés, et qui, en trois petits mots, vendangent clos sans tant d'interlocutoires ny decrotoires, dont ces Chats fourrés en sont bien faschés[4].

---

[1] Révision des comptes. La révision des arrêts de la Chambre, suivant un règlement de décembre 1520, se faisait en un bureau séparé, appelé « Chambre du conseil », et cette espèce de tribunal d'appel devait être composé de cinq ou six *chicanous* et d'autant d'*apedeftes*. Le plan de Ménard déjà cité indique l'entrée de cette Chambre.

[2] De lanières de peau d'anguille.

[3] Les commentateurs ont été chercher la lune et le croissant des Turcs pour expliquer cette épithète, dont les connaissances des Arabes en astronomie fournissent une explication beaucoup plus naturelle.

M. Sédillot a démontré, dans un *Mémoire sur les instruments astronomiques des Arabes*, que « l'école de Bagdad avait apporté « une attention toute spéciale dans « la fabrication des instruments « (quarts de cercle, demi-cercles, « astrolabes ou planisphères et ins- « truments d'observation). »

[4] Nous nous faisons un devoir de reconnaître ici que la plupart des notes touchant l'ancienne Chambre des Comptes, qui forment la partie la plus solide de notre commentaire sur ce chapitre, nous ont été fournies par M. de Boislisle, si compétent en ces matières.

CHAPITRE XVII.

Comment nous passasmes Outre [1], et comment Panurge faillit d'estre [2] tué.

Sus l'instant nous prismes la route d'Outre, et contasmes nos adventures à Pantagruel [3], qui en eut commiseration bien grande, et en fit quelques elegies par passe temps. Là arrivés nous réfraichismes un peu, et puisasmes eau fraiche, prismes aussi du bois pour nos munitions. Et nous sembloient les gens du pays à leur physionomic bons compagnons, et de bonne chère. Ils estoient tous outrés [4] et tous petoient de graisse : et apperceusmes (ce que n'avois encores veu es autres pays) qu'ils déchiquetoient leur peau, pour y faire bouffer la graisse, ne plus ne moins que les sallebrenaux [5] de ma patrie descouppent le haut de leurs chausses pour y faire bouffer le taffetas. Et disoient ce ne faire pour gloire et ostentation, mais autrement ne pouvoir [6] en leur peau. Ce faisant aussi, plus soudain devenoient grands, comme les jardiniers incisent la peau des jeunes arbres pour plus tost les faire croistre. Prés le Havre estoit un cabaret beau et magnifique en exterieure apparence, auquel accourir voyans

---

[1] L'auteur joue sur l'expression *passer outre*, comme il a joué sur celle de *passer condamnation*. Il en fait deux pays fantastiques, et il équivoque encore sur le mot *outre* par-dessus le marché.

[2] Le manuscrit présente ici quelques interpositions qu'il serait puéril de relever.

[3] Quelles aventures? se demande de Marsy. Pantagruel n'avait-il pas été témoin de tout? — L'observation est très-juste.

Nous avons déjà lu, au commencement du chapitre XII, que Pantagruel ne voulut pas descendre le guichet; ce qui ne l'empêche pas de se retrouver avec ses compagnons. Il y a dans tout cela une négligence qui prouve la contrefaçon.

[4] Gonflés comme des outres.

[5] La canaille.

[6] Cette ellipse de *pouvoir* (pour tenir dans), autrefois usitée, et dont Vaugelas atteste encore l'usage, s'est conservée dans le patois normand.

nombre grand de peuple Outré, de tous sexes, toutes aages, et tous estats, pensions que là fust quelque notable festin et banquet. Mais nous fut dit qu'ils estoient invités aux crevailles de l'hoste, et y alloient en diligence, comme proches parens et alliés. N'entendans ce jargon, et estimans[1] qu'en iceluy pays le festin on nommast crevailles[2], comme deça nous appellons affiançailles, espousailles, relevailles, tondailles, mestivailles[3], fusmes advertis que l'hoste en son temps avoit esté bon raillard, grand grignoteur, beau mangeur de soupes Lyonnoises, notable compteur d'horloge, eternellement disnant comme l'hoste de Rouillac[4], et ayant ja par dix ans peté graisse en abondance, estoit venu en ses crevailles, et selon l'usage du pays, finoit[5] ses jours en crevant, plus ne pouvant le peritoine et peau par tant d'années deschiquetée, clorre et retenir ses trippes qu'elles n'effondrassent par dehors, comme d'un tonneau deffoncé. Et quoy, dist Panurge, bonnes gens, ne luy sçauriez vous bien à point avec bonnes grosses sangles ou bons gros cercles de cormier, voire de fer, si besoin est, le ventre relier? Ainsi lié ne jetteroit si aisement ses fons hors, et si tost ne creveroit. Ceste parole n'estoit achevée, quand nous entendismes en l'air un son haut et strident, comme si quelque gros chesne esclatoit en deux pieces : lors fut dit par les voisins, que les crevailles estoient faites, et que cestuy esclat estoit le pet de la mort.

Là me souvint du venerable abbé de Castilliers[6], celuy qui ne daignoit biscoter ses chambrieres, *nisi in Pontificalibus*[7],

---

[1] Imp. — *Et estimions* (M.). La dernière ligne manque dans le manuscrit.

[2] Il y a une pièce de Saint-Amant intitulée *la Crevaille*.

[3] Fêtes de moisson.

[4] Rouillac est un bourg situé sur la grande route du Périgord, de gastronomique mémoire, et il est probable, comme le dit Johanneau, qu'il y avait là un maître d'auberge fort gourmand.

[5] Finissait

[6] Le Duchat parle d'un abbé de Castiliers ou de Châteliers; de Chastelliers, comme porte le manusc. *Mariæ de Castellariis*, ordre de Cîteaux, diocèse de Poitiers, qui menait une vie peu édifiante.

[7] En habits pontificaux. Il pouvait y avoir dans cette habitude, si l'allégation a quelque fondement, autre chose que du cynisme, car le prêtre surpris en flagrant délit avec des habits séculiers encourait pour cela même la juridiction séculière.

lequel importuné[1] de ses parens et amis de resigner sus ses vieux jours son abbaye, dist et protesta, que point ne se despouilleroit devant soy coucher : et que le dernier pet que feroit sa *paternité*, seroit un pet d'*abbé*.

---

[1] Impr. — *Estant importuné* (M.).

CHAPITRE XVIII.

Comment nostre nauf fut enquarrée[1], et fusmes aidés d'aucuns voyagers qui tenoient de la Quinte.

Ayans serpé[2] nos ancres et gumenes[3], fismes voile au doux zephire. Environ vingt deux milles, se leva un furieux tourbillon de vents divers[4], autour duquel avec le trinquet et boulingues quelque peu temporisasmes, pour seulement n'estre dits mal obeissans au pilot, lequel nous asseuroit, veu la douceur d'iceux vents, veu aussi leur plaisant combat, ensemble la serenité de l'air et tranquillité du courant, n'estre ny en espoir de grand bien, ny en crainte de grand mal[5] : partant à propos nous estre la sentence du philosophe, qui commandoit soustenir et abstenir[6], c'est à dire, temporiser. Tant toutesfois dura ce tourbillon, qu'à nostre requeste importuné, le pilot essaya le rompre et suivre nostre route premiere. De fait, levant le grand artemon, et à droite calamite du boussole dressant le gouvernail, rompit, moyennant un rude cole[7] survenant, le tourbillon susdit. Mais ce

---

[1] Imp. — *Encroée* (Man.) Engravée. — La plupart des termes de marine employés dans ce chapitre ayant déjà été expliqués, nous n'y insisterons pas.

[2] Levé (serper l'ancre, *to wigh anchor*, Cotgrave).

[3] Imp. — « Nos ancres et continué faire voile au doulz zephyr environ XXX milles... » (Manusc.) — Les gumènes sont les câbles des ancres.

[4] En sens contraire, ou bien fâcheux. Rabelais a déjà dit fortune *la diverse*, et dans la farce de Pathelin, Guillemette parlant à son mari :
« Vous estes un bien *divers* homme. »

[5] Dans toutes les éditions, on trouve un point après *mal* : ce qui rend la phrase inintelligible. Nous avons suivi le manuscrit, qui ne coupe pas cette phrase en deux.

[6] C'est une sentence d'Épictète, Ἀνέχου καὶ ἀπέχου. *Sustine et abstine.*

[7] Une affreuse bourrasque.

fut en pareil desconfort [1], comme si evitans Charybde, fussions tombés en Scylle. Car à deux milles du lieu furent nos naufs enquarrées parmy les arenes [2], telles que sont les Rats Saint Mahieu [3].

Toute nostre chorme grandement se contristoit, et force vent à travers les mejanes [4] : mais frere Jean onques ne s'en donna melancholie, ains consoloit maintenant l'un, maintenant l'autre par douces paroles : leur remonstrant que de brief aurions secours du ciel, et qu'il avoit veu Castor sus le bout des antennes [5]. Pleust à Dieu, dist Panurge, estre à ceste heure à terre, et rien plus, et que chascun de vous autres, qui tant aimez la marine, eussiez deux cens mille escus : je vous mettrois un veau en mue, et refraichirois un cent de fagots pour vostre retour [6]. Allez, je consens jamais ne me marier : faites seulement que je sois mis en terre [7], et que j'aye cheval pour m'en retourner : de valet je me passeray bien. Je ne suis jamais si bien traité que quand je suis sans valet. Plaute jamais n'en mentit disant le nombre de nos croix, c'est à dire, afflictions, ennuis, fascheries, estre selon le nombre de nos valets [8], voire fussent ils sans langue, qui est la partie plus dangereuse et male [9] qui soit à un valet [10], et pour laquelle seule furent inventées les tortures, questions et gehennes [11] sur les valets : ailleurs non, com-

---

[1] Fatalité.
[2] Les sables (*Arenæ*, en latin).
[3] Les ratz Saint-*Mahieu*, comme porte le manuscrit, et non Saint-Maixant, comme l'imprimé. Saint-Mahieu (qui signifie saint Mathieu en breton) est un cap sablonneux à quelques lieues de Brest.
[4] Les voiles de misaine. — Le man. porte : *A travers les jambes*.
[5] « Les anciens, dit ici Johanneau, appelaient Castor et Pollux les feux qu'on voit au haut des mâts et des cordages, après une grande tempête. On les appelle aujourd'hui le feu Saint-Elme. »
[6] On ne peut pas mettre un veau en mue, et on n'a guère l'habitude de rafraichir les fagots, puisqu'ils sont destinés à être brûlés. L'auteur vise ici à être fin et plaisant : il n'y réussit guère, selon nous.
[7] A terre.
[8] « Totidem domi hostes habemus quot servos, » a dit Plaute.
[9] Mauvaise (*mala*, en latin).
[10] Imp. — *En un valet* (M.). Ceci est une imitation de Juvénal :
  . . . Lingua mali pars pessima servi.
[11] Lieux de supplice (*gehenna*, en latin) pour les valets (les esclaves sans doute, par allusion aux lois romaines).

bien que les cotteurs[1] de droit en ce temps, hors ce royaume, l'ayent tirée à consequence alogique, c'est à dire, desraisonnable.

En icelle heure vint vers nous droit aborder[2] une navire chargée de tabourins, en laquelle je recognu quelques passagers de bonne maison, entr' autres Henry Cotiral[3], compagnon vieux, lequel à sa ceinture un grand vietdaze portoit, comme les femmes portent patenostres : et en main senestre tenoit un gros, gras, vieil et sale bonnet d'un taigneux : en sa dextre tenoit un gros trou de chou. De prime face qu'il me recognut, s'escria de joye, et me dist : *en ay je*[4] *? voyez cy*, monstrant le vietdaze, *le vray algamana*[5] *: cestuy bonnet doctoral est nostre unique Elixo*[6] *: et cecy*, monstrant le trou de chou, c'est *Lunaria major*[7]. *Nous la ferons à vostre retour*. Mais, dis je, d'où venez? où allez? qu'apportez? avez senty la marine? Il me respond : de la Quinte : en Touraine : alchimie : jusques au cul[8].

Et quels gens, dis je, avez là avec vous sus le tillac? Chantres, respondit il, musiciens, poëtes, astrologues, rimas-

---

[1] Les annotateurs, les commentateurs.

[2] Impr. — *Vers nous droict aborda* (M.).

[3] C'est Henri-Corneille Agrippa que, suivant Johanneau, l'auteur a voulu désigner ici.
Le man. porte : *Hans Cotiral*.

[4] Nous avons déjà rencontré ces mots dans Rabelais. Ce sont les paroles de Pathelin à sa femme, en lui montrant le drap qu'il a volé.

[5] Imp. — *Atgalmana* (M.). Nous n'avons trouvé ce mot nulle part. Est-ce le même que *algame* (latinisé) que Duez et Cotgrave expliquent par mixtion d'or et de mercure? Ne serait-ce pas l'anagramme ou peut-être l'origine du mot *amalgame*, qui signifie précisément union du mercure avec un autre métal?

[6] De Marsy croit qu'*elixo* est un alambic. — D'autres l'expliquent par élixir; Cotgrave traduit *elixo* par quintessence. Le manuscrit porte *elixir*.

[7] Plante crucifère, ainsi nommée parce que la cloison qui sépare les valves de son fruit forme un disque d'un blanc brillant et comme argenté.

[8] Cette plaisanterie n'a même pas le mérite de la nouveauté.
De Marsy raconte qu'un jour, Dante revenant d'une foire, trois gentilshommes lui dirent, parlant tous à la fois :
Bonjour, seigneur Dante. — D'où venez-vous? — Le gué est-il profond? — A quoi le poëte répondit : Bonjour — de la foire — jusqu'au cul.
On rapporte une réponse semblable faite par un prêtre à Henri IV, qui lui avait adressé trois questions coup sur coup.

seurs, geomantiens, alchimistes[1], horlogiers : tous tiennent de la quinte[2] : ils en ont lettres d'advertissement[3] belles et amples. Il n'eut achevé ce mot, quand Panurge indigné et fasché dist : Vous donc qui faites tout jusques au beau temps et petits enfans, pourquoy icy ne prenez le cap, et sans delay en plein courant nous revocquez?[4] J'yallois, dist Henry[5] Cotiral : à ceste heure, à ce moment, presentement serez hors du fond. Lors fit deffoncer 7532810 gros tabourins[6] d'un costé, cestuy costé dressa[7] vers le gaillardet, et estroitement lierent en tous les endroits les gumenes[8], prit nostre cap en pouppe et l'attacha aux bitons. Puis en premier hourt nous serpa des arenes[9] avec facilité grande, et non sans esbattement. Car le son des tabourins, adjoint le doux murmur du gravier et le celeume[10] de la chorme, nous rendoient harmonie peu moindre que celle des astres rotans[11], laquelle dit Platon avoir par quelques nuyts ouïe dormant[12].

Nous abhorrens d'estre envers eux ingrats pour ce bienfait reputés, leur departions de nos andouilles, emplissions leurs tabourins de saucisses[13], et tirions sur le tillac soixante

---

[1] Johanneau trouve que Henri Cotiral ne parle pas ici d'alchimie en connaisseur. Il en conclut que Rabelais n'entendait rien à cette prétendue science. Nous croyons tout le contraire; et il nous serait facile de l'établir. — Nous admettons très-volontiers qu'ici *le causeur* n'entend rien à l'alchimie ; mais ce nous est une preuve de plus que Rabelais n'a pas écrit ces lignes.
Après alchimistes on lit dans le manuscrit *Bagotins*.

[2] De la quintessence, de l'alchimie.

[3] Imp. — *Lettres de admortissement* (M.).

[4] Imp. — *Nous remolquez* (M.).

[5] Imp. — *Hans Cotiral* (M.).

[6] Imp. — 332,810 tabourins (M.).

[7] Imp. — *Dressé* (M.).

[8] Imp. — *Vers le gaillardet et secoutiere en taus les endroits des gumenes*, lisons-nous dans le M.

[9] Tira, arracha du milieu du sable.

[10] Les chants de joie de l'équipage.

[11] Tournant, faisant rotation.

[12] Platon n'a rien dit de pareil, et le travestissement de la pensée du philosophe grec est loin d'être plaisant, quoi qu'en juge Le Duchat. L'auteur ou l'arrangeur de ce cinquième livre, qui puise constamment dans les quatre premiers, a parodié assez niaisement ici ce que Rabelais dit en si bons termes au liv. III, ch. IV.
Platon et Pythagore soutenaient que le mouvement des sphères célestes devait produire un bruit harmonieux ; mais ils n'ont jamais dit qu'ils l'eussent entendu.

[13] Imp. — *Leurs tabourins de Souisses de saulcisses* (M.).

et deux oires[1] de vin, quand deux grands Physiteres[2] impetueusement aborderent leur nauf, et leur jetterent dedans plus d'eau que n'en contient la Vienne depuis Chinon jusques a Saulmur[3] : et en emplirent tous leurs tabourins, et mouillerent toutes leurs antennes, et leur baignoient[4] les chausses par le collet. Ce que voyant Panurge, entra en joye tant excessive, et tant exerça sa ratelle, qu'il en eut la colique plus de deux heures. Je leur voulois, dist il, donner leur vin, mais ils ont eu leur eau bien à propos. D'eau douce ils n'ont cure, et ne s'en servent qu'à laver les mains. De bourach[5] leur servira ceste belle eau salée, de nitre et sel ammoniac, en la cuisine de Geber[6].

Autre propos ne nous fut loisible avec eux tenir, le tourbillon premier nous tollissant[7] liberté de timon. Et nous pria le pilot que le laississions[8] dorenavant la nauf[9] guider, sans d'autre chose nous empescher[10], que de faire chere lie : et pour l'heure nous convenoit costoyer cestuy tourbillon et obtemperer au courant, si sans danger voulions au royaume de la Quinte parvenir[11].

---

[1] M. — *Aires* (Imp.) Bouteilles à huile, suivant Cotgrave, comme on s'exprime encore en Saintonge, pour désigner des bouteilles contenant deux ou trois litres.

[2] Sorte de baleine, grand souffleur : *Physeter* (en latin), φυσητήρ (en grec). Le manuscrit et les éditions anciennes ont *Physiteres*. Dans la traduction de Pline par du Pinet et dans d'autres auteurs contemporains nous trouvons *physeter* ou *physetere, jamais physitere*. L'auteur prononçant le grec à la moderne, représenta par *i* l'η de φυσητήρ.

[3] Imp. — *Jusques à Sant-Louan* (Manuscrit.)

[4] Imp. — *Baignarant* (M.).

[5] Borax.

[6] Ancien alchimiste arabe.

[7] Nous ôtant (de *tollere*, en latin) la liberté de nos mouvements pour la manœuvre du gouvernail.

[8] Cette forme est restée dans plusieurs de nos patois : elle nous parait moins pédante que *laissassions*.

[9] Leçon du manuscrit et incontestablement la bonne. On lit dans les éditions imprimées : *Que laississions la mer nous guider*.

[10] Nous embarrasser, nous préoccuper.

[11] Imp. — De la Quinte *venir* (M.).

CHAPITRE XIX.

Comment nous arrivasmes au royaume de la Quinte Essence, nommée Entelechie [1].

Ayans prudemment[2] costoyé le tourbillon par l'espace d'un demy jour, au troisieme suivant nous sembla l'air plus serain que de coustume, et en bon sauvement[3] descendismes au port de Mateotechnie[4], peu distant du palais de la Quinte Essence. Descendans au port trouvasmes en barbe[5] grand nombre d'archiers et gens de guerre, lesquels gardoient l'arsenac : de prime arrivée ils nous firent quasi peur. Car ils nous firent à tous laisser nos armes, et roguement nous in-

---

[1] Pour définir clairement ce terme créé par Aristote et remis en honneur par Leibniz, il faudrait tomber dans les subtilités dont on se moque en ce chapitre. Nous aimons mieux renvoyer à la définition d'un ami et contemporain de Rabelais, Budé, qui explique ainsi le mot ἐντελέχεια. « Actum et perfectionem doctissimi Græcorum interpretantur. » Du reste, les philosophes du temps avaient tellement disserté sur l'entéléchie d'Aristote que ce mot barbare était devenu à la mode, et que Ronsard croyait dire une galanterie à sa maîtresse en lui adressant ce vers :

Estes vous pas ma seule entelechie ?

Il n'est doncpas étonnant que l'idée de personnifier l'Entéléchie soit venue à l'auteur de ce livre ; seulement, par suite de la confusion que nous avons souvent remarquée dans ses idées, c'est tantôt la reine, tantôt le royaume qu'il appelle ainsi.

[2] Imp. — *Prudentement* (M.).

[3] M. — En toute sécurité. — L'imprimé porte à tort : *en son sauvement*.

[4] Ματαιοτεχνία, *vanæ artis studium*, étude d'un art futile.

« Est quædam supervacua artis
« imitatio, quæ nihil sane nec boni
« nec mali habeat, sed vanum la-
« borem. » (Quintil., I. *Or.* II, 20.)

[5] Être *en barbe*, dit le *Complément du Dictionnaire de l'Académie*, c'est être mouillé à peu de distance et en avant d'un autre navire. Faut-il ici admettre ce sens ? ou *barbe* est-il synonyme d'arsenal, parce que sainte Barbe est la patronne des canonniers ?

En barbe pourrait bien aussi signifier : En face.

terrogerent, disant : Comperes, de quel pays est la venue? Cousins[1], respondit Panurge, nous sommes Tourangeaux.

Ores venons de France, convoiteux de faire reverence à la dame Quinte Essence, et visiter ce tres celebre royaume d'Entelechie.

Que dites vous? interrogent ils. Dites vous Entelechie, ou Endelechie? Beaux cousins, respondit Panurge, nous sommes gens simples et idiots, excusez la rusticité de nostre langage, car au demourant les cœurs sont francs et loyaux. Sans cause, dirent ils, ne vous[2] avons sus ce different interrogés. Car grand nombre d'autres ont icy passé de vostre pays de Touraine, lesquels nous sembloient bons lourdaux, et parloient correct : mais d'autres pays sont icy venus, ne savons quels outrecuidés, fiers comme Escossois, qui contre nous à l'entrée vouloient obstinement contester : ils ont esté bien frottés, quoy qu'ils montrassent visage rubarbatif. En vostre monde avez vous si grande superfluité de temps, que ne savez en quoy l'employer, fors ainsi de nostre dame royne parler, disputer, et impudentement escrire? Il estoit bien besoin que Ciceron abandonnast sa republique pour s'en empescher, et Diogenes Laertius, et Theodorus Gaza, et Argyropile, et Bessarion, et Politian, et Budé, et Lascaris[3], et tous les diables de sages fols : le nombre desquels n'estoit assez grand, s'il n'eust esté recentement accreu par Scaliger[4], Bigot, Chambrier, François Fleury[5], et ne sçay quels autres tels jeunes haires esmouschetés[6].

---

[1] Imp. — *Beaux cousins* (M.).
[2] M. — *Nous vous.* — (Imp.) contre-sens évident.
[3] Tous les auteurs dont les noms précèdent ont, en effet, discuté sur l'*entéléchie*. Nos lecteurs aimeront peut-être autant nous croire sur parole que de voir ici un fastidieux extrait des opinions de tous ces *sages*.
[4] Le livre de Scaliger est de 1557. Rabelais est mort en 1553. Malgré toutes les subtilités des commentateurs, nous n'admettrons jamais qu'on puisse concilier de pareilles anomalies. C'est une des preuves contre l'authenticité de ce livre.
[5] Guillaume Bigot, Joachim Camerarius, François Fleury, savants du temps, tous zélés *entéléchistes*.
[6] Un *haire* est un jeune cerf d'un an. *Esmouscheté* semble pris ici dans le sens de éveillé, émoustillé.

Leur male angine[1], qui leur suffoquast le gorgeron avec l'epiglotide. Nous les.... Mais quoy diantre, ils flattent les diables, disoit Panurge entre les dents, vous icy n'estes venus pour en leur folie les soustenir, et de ce n'avez procuration : plus aussi d'iceux ne vous parlerons. Aristoteles, prime homme, et paragon de toute philosophie, fut parrein de nostre dame royne : il tres bien et proprement la nomma *Entelechie*. Entelechie est son vray nom : s'aille chier [2], qui autrement la nomme. Qui autrement la nomme, erre par tout le ciel. Vous soyez les tres bien venus.

Ils nous presenterent l'acolade, nous en fusmes tous rejouis. Panurge me dist en l'oreille : Compagnon[3], as tu rien eu peur de ceste derniere boutée[4] ? Quelque peu, respondis je. J'en ay, dist il, plus eu que jadis n'eurent les soldats d'Ephraïm, quand par les Galaadites furent occis et noyés pour en lieu de Schibboleth dire Sibboleth. Et n'y a prothonotaire[5] en Beauce, qui bien ne m'eust avec une charretée de foin estouppé le trou du cul.

Depuis nous mena le capitaine au palais de la royne en silence et grandes ceremonies. Pantagruel luy vouloit tenir quelque propos : mais ne pouvant monter si haut qu'il estoit, souhaitoit une eschelle, ou des eschasses bien grandes. Puis dist : Baste, si nostre dame la Royne[6] vouloit, nous serions aussi grands comme vous. Ce sera quand il luy plaira.

Par les premieres galleries rencontrasmes grand tourbe[7] de gens malades, lesquels estoient installés diversement,

---

[1] Que la mauvaise angine leur suffoque le gorgeron et l'épiglotte.

[2] Ceci est indigne de Rabelais, même dans ces moments où il est, comme dit la Bruyère, « le charme de la canaille. » Ses saletés sont au moins mieux entourées.

[3] Imp. — *Compaing* est la leçon du manuscrit.

[4] Boutade. On lit dans le manuscrit *dernicre* boutée, dans l'imprimé, *premiere* boutée.

[5] Prothonotaire est la leçon du manusc. On lit *homme pour tout taire*, dans l'imprimé; ce qui n'a aucun sens. Peut-être faut-il lire : homme pour tout *faire*.

[8] M. — On lit dans l'imprimé *nostre dame Royne*.

[7] Foule (*turba*).

selon la diversité des maladies. Les ladres à part, les empoisonnés en un lieu, les pestiferés ailleurs, les verolés en premier rang : ainsi de tous autres.

CHAPITRE XX.

Comment la Quinte Essence guerissoit les malades par chansons.

En la seconde gallerie nous fut par le capitaine monstré la dame jeune, et si avoit dix huit cens ans pour le moins[1], belle, delicate, vestue gorgiasement, au milieu de ses damoiselles et gentils hommes. Le capitaine nous dist : Heure n'est de parler à elle, soyez seulement spectateurs attentifs de ce qu'elle fait. Vous en vostres royaumes[2] avez quelques roys, lesquels fantastiquement garissent d'aucunes maladies, comme scrophules, mal sacré, fiebvres quartes, par seule apposition des mains. Ceste nostre royne de toutes maladies guarit sans y toucher, seulement leur sonnant une chanson[3] selon la competence du mal. Puis nous monstra les orgues, desquelles sonnant, faisoit ses admirables guarisons. Icelles estoient de façon bien estrange : car les tuyaux estoient de casse en ca-

---

[1] En supposant Aristote père de l'Entéléchie, cette dernière devait en effet avoir à peu près cet âge au temps où ce livre a été écrit, comme l'ont très-bien remarqué Le Duchat et Johanneau.

[2] Nous suivons la leçon du manuscrit. Il est évident que *royaumes* doit être au pluriel. Les mots qui suivent en font foi « *vous avez quelques roys, lesquelz,* » etc.

Vostres est ici pour *vos*. Vous avez en vos royaumes.

[3] Cette chanson n'est-elle pas une allusion aux discours des médecins à leurs malades ? Nous ne prêterions pas cette pensée à Rabelais ; mais, si l'auteur de ce livre n'était point médecin, comme l'affirme Guyon, il a bien pu se livrer à cette petite critique.

Du reste, nous voyons que l'*accompagnement* de la chanson nous rappelle une boutique d'apothicaire ; après la consultation, les drogues.

non[1], le sommier de gaiac, les marchettes[2] de rubarbe, le suppied[3] de turbith[4], le clavier de scammonie[5].

Lors que considerions ceste admirable et nouvelle structure d'orgues, par ses abstracteurs[6], spodizateurs[7], massiteres[8], pregustes[9], tabachins[10], chachanins, neemanins, rabrebans, nercins, rozuins, nedibins, nearins, segamions, perazons, chesinins, sarins, sotrins, aboth, enilins, archasdarpenins, mebins, giborins[11], et autres siens officiers, furent les lepreux introduits : elle leur sonna une chanson, je ne sçay quelle : furent soudain et parfaictement garis. Puis furent introduits les empoisonnés : elle leur sonna une autre chanson, et gens debout. Puis les aveugles, les sourds, les muets, les gens apoplectiques de mesme. Ce que nous espouvanta, non à tort, et tombasmes en terre, nous prosternans comme gens ecstastiques et ravis en contemplation excessive et admiration des vertus qu'avions veu proceder de la dame, et ne fust en nostre pouvoir mot aucun dire. Ainsi

---

[1] On dirait aujourd'hui en bâton (*Dict. Acad.*).

[2] Les touches.

[3] Les pédales. — On lit : Le *souspappe*, dans le manuscrit.

[4] Espèce de liseron qui croit dans l'île de Ceylan, et dont la racine était employée autrefois comme purgative (*Dict. de l'Acad.*).

[5] On dit aujourd'hui *scammonée*. C'est une sorte de gomme-résine concrète très-purgative, qui nous vient d'Orient (*Dict. Acad.*).

[6] Distillateurs, tireurs de quintessence.

[7] Ceux qui font le *spode*, les poudres métalliques, calcinées.

[8] Cotgrave traduit ici ce mot par *kneader of bread, of paste*, pétrisseur.

[9] Dégustateurs, essayeurs (*foretasters*, Cotgrave).

[10] Cuisiniers, suivant de l'Aulnaye et Johanneau ; de l'hébreu *tabachin*.

[11] La litanie de ces noms forgés avec plus de prétention que de finesse a fort embarrassé nos prédécesseurs. De l'Aulnaye et Johanneau ont tenu à prouver qu'ils étaient tirés de l'hébreu. S'ils en ont trouvé la véritable étymologie, tant pis pour l'auteur de ce livre ; tous ces noms nous semblent peu à leurs places. Nous aimons mieux dire qu'ils sont de *l'hébreu* pour nous, et nos lecteurs nous sauront gré de la franchise.

Cette litanie, dans le manuscrit, est moins longue et diffère en plusieurs endroits de celle de l'imprimé. La voici tout entière.

Abstracteurs	Rabrebans
Spodizateurs	Mereines
Massiteres	Rozuins
Pregoustes	Nedibins
Tabachins	Nearins
Chachamins	Mebins
Videmanins	Giborins

et autres siens officiers.

restions en terre, quand elle, touchant Pantagruel d'un beau bouquet de roses franches[1], lequel elle tenoit en main, nous restitua le sens, et fit tenir en pieds[2]. Puis nous dist en paroles byssines[3], telles que vouloit Parisatis qu'on proferast parlant à Cyrus son fils, ou pour le moins de taffetas armoisi :

L'honnesteté scintillante en la circonference de vos personnes[4] certain me fait de la vertu latente au centre de vos esprits : et voyant la suavité mellifue de vos discrettes reverences, facilement me persuade le cœur vostre ne patir vice aucun, n'aucune sterilité de savoir liberal et hautain, ains abonder en plusieurs peregrines et rares disciplines : lesquelles à present plus est facile, par les usages communs du vulgaire imperit, desirer que rencontrer : c'est la raison pourquoy je dominante par le passé à toute affection privée[5], maintenant contenir ne me peux vous dire le mot trivial au monde, c'est que soyez les bien, les plus, les tresque bien venus[6].

Je ne suis point clerc, me disoit secretement Panurge : respondez si voulez. Je toutesfois ne respondis : non fit Pantagruel[7], et demeurions en silence. Adonc dist la royne : En ceste vostre taciturnité cognoy je que, non seulement estes

---

[1] M. et anc. édit. — Roses *franches*, roses non sauvages. On dit encore enter sur *franc*. Des éditions portent à tort : *roses blanches*.

[2] Et nous fit relever; on a vu plus haut qu'ils s'étaient prosternés comme *gens extatiques*.

[3] Du tissu le plus fin (*byssus*, en latin). — Rabelais s'est servi au quatrième livre de ce terme : *paroles byssines*.

[4] Nous rétablissons cette phrase d'après le manuscrit. Dans toutes les éditions imprimées, les mots *de vos personnes* sont omis. Le Duchat, qui n'avait pu faire la même vérification que nous, se donne, suivant sa coutume, une peine infinie pour expliquer par des subtilités une phrase complétement inexplicable telle qu'il l'imprime.

[5] Moi qui dominais autrefois mes affections privées.

[6] Si ce sont là des paroles de *taffetas cramoisi*, l'étoffe plaira peu aux gens de goût. Nous avons plus d'une fois constaté que, quand Rabelais fait parler un personnage grand et sérieux, il donne à sa phrase une tournure latine, toujours un peu guindée, mais qui ne ressemble nullement à ce pathos amphigourique, imité de l'écolier limousin. Voy. t. I, p. 337, l. II, ch. 6.

[7] Pantagruel ne répondit pas non plus.

LIVRE V, CHAPITRE XX.

issus de l'escole Pythagorique, de laquelle prit racine en successive propagation l'antiquité de mes progeniteurs : mais aussi qu'en Egypte, celebre officine de haute philosophie, mainte lune retrograde[1], vos ongles mords avez, et la teste d'un doigt grattée[2]. En l'escole de Pythagoras, taciturnité de cognoissance estoit symbole : et silence des Egyptiens recognu estoit en louange deïfique, et sacrifioient les pontifes en Hieropolis au grand Dieu en silence, sans bruit faire, ne mot sonner. Le dessein mien est n'entrer vers vous en privation de gratitude : ains, par vive formalité, encores que matiere se voulust de moy abstraire, vous excentriquer mes pensées.

Ces propos achevés, dressa sa parole vers ses officiers, et seulement leur dist : Tabachins, à Panacée. Sus ce mot les Tabachins nous dirent qu'eussions la dame royne pour excusée, si avec elle ne disnions : car à son disner rien ne mangeoit, fors quelques cathegories, jecabots[3], eminins, dimions, abstractions, harborins, chelimins[4], secondes intentions, caradoths, antitheses, metempsichoses, transcendentes prolepsies.

Puis nous menerent en un petit cabinet tout contrepointé d'alarmes[5]. Là, fusmes traités, Dieu sçait comment. On dit que Jupiter, en la peau diphthere[6] de la chevre qui l'alaicta en Candie, de laquelle il usa comme de pavois, combattant les Titanes, pourtant est il surnommé Egiochus[7], escrit tout ce que l'on fait au monde. Par ma soif[8], beuveurs, mes amis, en dix huit peaux de chevres, on ne sçauroit les bonnes viandes qu'on nous servit, les entremets et bonne chere qu'on

---

[1] Maints mois passés, il y a bien des mois.

[2] Sæpe caput scaberet, vivos et roderet [ungues.

[3] Imp. — On lit *Jarbots* dans le manuscrit.

[4] Encore un mélange de termes philosophiques et de mots hébreux ou prétendus tels.

[5] Impr. — *De al il vrior* (M.).

Le copiste ne comprenant pas l'expression s'est tiré d'affaire comme il a pu.

[6] Διφθέρα, peau, en grec. On donnait particulièrement ce nom à la peau de la chèvre Amalthée.

[7] Egiuchus, Egiochus. Αἰγίοχος, qui tient l'égide, en grec.

[8] Manuscrit. — On lit dans les imprimés : *par ma foy*.

23.

nous fit, descrire, voire fust ce en lettres aussi petites que dit Cicero avoir leu l'Iliade d'Homere, tellement qu'on la couvroit d'une coquille de noix. De ma part, encores que j'eusse cent langues, cent bouches, et la voix de fer[1], avec la copie[2] melliflue de Platon, je ne sçaurois en quatre livres vous en exposer la tierce partie d'une seconde. Et me disoit Pantagruel, que selon son imagination, la dame à ses Tabachins disant, à Panacée, leur donnoit[3] le mot symbolique entr'eux de chere souveraine, comme en Apollo[4] disoit Luculle, quand festoyer vouloit ses amis singulierement, encores qu'on le prist à l'improviste, ainsi que quelquefois faisoient Ciceron et Hortensius.

---

[1] Non mihi si linguæ centum sint, oraque centum
Ferrea vox, etc.
(Virgile, *En.*, VI.)

[2] *Avec* la copie (Manusc.). L'abondance. — *Avec* manque dans l'imp.

[3] Imp. — Leur *sonnoit* (Man.).

[4] *Apollo* était une espèce de mot d'ordre signifiant qu'on souperait dans la salle d'Apollon, et que Lucullus donnait à ses esclaves « quand festoyer vouloit ses amis singulièrement. »

Cicéron raconte en effet que, l'ayant un jour surpris avec Pompée et lui demandant à souper avec lui sans cérémonie, Lucullus se borna à prononcer ce mot, et qu'ils furent tout étonnés d'avoir un repas magnifique.

CHAPITRE XXI.

Comment la royne passoit temps après disner

Le disner parachevé, fusmes par un Chachanin[1] menés en la salle de la Dame, et vismes comment, selon sa coustume, après le past, elle accompagnée de ses damoiselles et princes de sa cour, sassoit, tamisoit[2], belutoit[3], et passoit le temps avec un beau et grand sas de soye blanche et bleue[4]. Puis apperceusmes[5] que revoquans l'antiquité en usage, ils jouerent ensemble aux

Cordace,	Calabrisme,
Emmelie,	Molossicque,
Sicinnie,	Cernophore,
Iambicques,	Mongas,
Persicque,	Thermanstrie,
Phrygie,	Florule,
Nicatisme,	Pyrrhicque, et mille autres dan-
Thracie,	ses[6].

Depuis, par son commandement, visitasmes le palais et vismes choses tant nouvelles, admirables et estranges, qu'y

---

[1] Officier, selon de Marsy ; voisin ou étranger, suivant de l'Aulnaye. Le manusc. porte : *Chachamim.*

[2] On lit dans l'imprimé *tannisoit* et dans le manuscrit *tamissoit.*

[3] Imp. — *Bulletoit* (Manusc.)

[4] Imp.— *Bleuve,* dans le manusc.

[5] Imp. — *Aperçus* (M.).

[6] Parmi ces danses, les unes sont connues, d'autres s'expliquent, soit par leur étymologie grecque, soit par les noms des provinces et des contrées où elles étaient en usage. Leur ordre est différent dans le manuscrit : au lieu de *florule,* on y lit *florale.*

pensant suis encores tout ravy en mon esprit. Rien toutesfois plus, par admiration, ne subvertit nos sens que l'exercice des gentilshommes de sa maison, abstracteurs, parazons, nedibins, spodizateurs[1] et autres, lesquels nous dirent franchement, sans dissimulation, que la dame royne faisoit tout impossible[2], et guarissoit les incurables seulement[3] : eux, ses officiers, faisoient et guarissoient le reste.

Là je vis un jeune Parazon guarir les verolés, je dis de la bien fine, comme vous diriez de Rouen[4], seulement leur touchant le vertebre dentiforme d'un morceau de sabot[5] par trois fois.

Un autre je vis hydropiques parfaitement guarir, timpanistes, ascites et hyposarques[6], leur frappant par neuf fois sur le ventre d'une bezasse Tenedie[7], sans solution de continuité.

Un guarissoit de toutes fiebvres quartes[8] sur l'heure, seulement à la ceinture des quartenaires sus le costé gauche attachant une queue de renard (*alopex* est nommé des Grecs)[9].

---

[1] Johanneau interprète ce mot par armés (de lancettes). Ne serait-ce pas plutôt : *succincti*, retroussés, comme pour une opération? *Spodizateurs* a aussi le sens d'opérateurs. Quant à *nedibins*, nous ne savons ce que c'est.

[2] *L'impossible* est la leçon du manuscrit. On lit dans l'imprimé *impossible*. La ponctuation de la phrase est diverse. Nous préférons et suivons celle de l'imprimé.

[3] Au lieu de *seulement : eux...* le manuscrit porte : seulement eux.

[4] « Vérole de Rouen et crottes de Paris ne s'en vont jamais qu'avec la pièce, » disait un proverbe moins propre qu'énergique.

[5] Imp — *d'un trou de sabot* (M.)

[6] Ces deux termes désignent une maladie à peu près analogue, une espèce d'hydropisie causée par un amas d'eau entre cuir et chair. Le manuscrit porte : *ascites, anazargues*.

[7] C'est la traduction des mots grecs τενέδιος πέλεκυς, hache de Ténès. Ce législateur de Ténédos avait voulu qu'un homme armé d'une hache se tint toujours derrière le juge, tout prêt à en frapper quiconque aurait été convaincu d'imposture ou d'adultère. L'auteur suppose que l'hydropique à qui l'on aurait frappé neuf fois sur le ventre avec une hache à double tranchant sans que la peau fût entamée, devait se tenir pour guéri.

Le manuscrit et les anciennes éditions portent *bezasse Tenedie*. Les modernes adoptent *bezague*, en faisant venir le mot de *bis acuta*.

[8] Manusc. — *Quartes* est omis à tort dans l'imprimé.

[9] Leçon du manuscrit. L'imprimé supprime *alopex est nommé des Grecs*.

Un du mal des dents, seulement lavant, par trois fois, la racine de la dent affligée avec vinaigre suzat[1], et au soleil par demie heure la laissant desseicher.

Un autre, toute espece de goutte, fust chaulde, fust froide, fust[2] naturelle, fust accidentale : seulement faisant es goutteux clorre la bouche et ouvrir les yeux.

Un autre je vis qui[3], en peu d'heures, guarist neuf bons gentils hommes antiques[4] du mal saint François[5], les ostant de toutes debtes, et à chascun d'eux mettant[6] une corde au col, à laquelle pendoit une bourse[7] pleine de dix mille escus au soleil.

Un autre, par engin mirifique[8], jettoit les maisons par les fenestres : ainsi restoient emundées d'air pestilent.

Un autre guarisoit toutes les trois sortes d'hetiques, atrophes, tabides, emaciées, sans bains, sans laict Tabian[9], sans dropace[10], pication[11], n'autre medicament : seulement les rendant moines[12] par trois mois. Et nous[13] affermoit, que si en estat monachal ils n'engraissoient, ne par art, ne par nature, jamais n'engraisseroient.

Un autre vis, accompagné de femmes en grand nombre, par deux bandes. L'une estoit de jeunes fillettes saffrettes, tendrettes, blondelettes[14], gracieuses, et de bonne volonté, ce me sembloit. L'autre, de vieilles edentées, chassieuses, ridées, bazanées, cadavereuses. Là, fut dit à Pantagruel qu'il refondoit les vieilles, les faisant ainsi rejeunir[15], et telles, par

---

[1] Imp. — Surat, ou de sureau. Le manuscrit porte : *susat*.
[2] Leçon du manuscrit. On lit dans l'imprimé fust *pareillement*.
[3] Imp. — *Veis lequel* (M.).
[4] M. — *Antiques* manque dans l'imprimé.
[5] La pauvreté, dont les Franciscains faisaient vœu d'une manière toute spéciale.
[6] Imp. — *Mettoit* (M.).
[7] M. — *une boite* (Imp.).
[8] Imp. — *manifique* (M.).
[9] Comme on l'emploie contre les *tabides* ou gens attaqués de la consomption, il semble que ce mot vienne également de *tabes*.
[10] Du grec δρῶπαξ, drogue épilatoire. Action d'enduire de poix pour faire tomber les poils.
[11] Imp. — *Picartion* (M.).
[12] M. — *Moyennes* (Imp.), ce qui est une faute évidente.
[13] M. — *M'affermoit* (Imp.).
[14] M. — *Blondettes* (Imp.).
[15] Imp. — *Revenir* (M.)

son art, devenir qu'estoient les fillettes là presentes, lesquelles il avoit cestuy jour refondues, et entierement remises en pareille beauté, forme, elegance, grandeur et composition des membres, comme estoient en l'aage de quinze à seize ans [1], excepté seulement les talons, lesquels leur restoient trop plus courts que n'estoient [2] en leur premiere jeunesse.

Cela estoit la cause pourquoy elles, dorenavant, à toutes rencontres d'hommes, seront [3] moult subjettes et faciles à tomber à la renverse. La bande des vieilles attendoit l'autre fournée en tres grande [4] devotion, et l'importunoient en toute instance [5], alleguans que chose est en nature intolerable, quand beauté faut à cul de bonne volonté [6]. Et avoit en son art pratique continuelle, et gain plus que mediocre. Pantagruel interrogeant [7], si par fonte pareillement faisoit les hommes vieux rejeunir : respondu luy fut, que non : mais la maniere d'ainsi rejeunir estre, par habitation avec femme refondue [8] : car là on prenoit ceste quinte espece de verole, nommée la Pellade, en grec *ophiasis*, moyennant laquelle on change de poil et de peau, comme font annuellement les serpens : et en eux est jeunesse renouvellée, comme au phœnix d'Arabie. C'est la vraye fontaine de Jouvence [9]. Là soudain, qui vieux estoit et decrepit, devient jeune, alaigre et dispos. Comme dit Euripides estre advenu à Iolaus [10], comme advint au beau Phaon, tant aimé de Sapho, par le benefice de Venus : à Titone, par le moyen d'Aurora : à Eson, par l'art de Medée, et à Jason pareillement, qui, selon le tesmoignage de Pherecides et de Simonides, fut par icelle reteint et rejeuny [11] : et comme dit Eschilus estre advenu es nourrices du bon Bacchus, et à leurs maris aussi [12].

---

[1] M. — *Quinze et seize ans* (Imp.).
[2] (M.). — *Que n'avoient* (Imp.)
[3] Imp. — *Seroient* (M.).
[4] Imp. — *Grand* (M.).
[5] Imp. — *A toute instance*. (M.).
[6] C'est grand pitié quand beauté fault
A cul de bonne voulunté.
Marot, 2ᵉ *Epître du Coq-à-l'asne*.
[7] Leçon du manusc.; dans l'imprimé, *interrogeoient*.
[8] M. — *Refendue* (J. M.).
[9] M. — *De jeunesse* (Imp.).
[10] Voyez aussi Lucien, Dialogues des morts, p. 89, éd. Didot.
[11] Imp.—*Recuit et rijenneny*(M.).
[12] Æschylus in fabula *Bacchi nutrices* inscripta, narrat Medeam etiam nutricibus Bacchi et maritis earum *coctis* juventutem restituisse. Fragm. p. 316 (éd. Didot).

CHAPITRE XXII.

Comment les officiers de la Quinte diversement s'exerçoient [1], et comment la dame nous retint en estat d'abstracteurs.

Je vis aprés grand nombre de ses officiers susdits[2], lesquels blanchissoient les Æthiopiens[3] en peu d'heures, du fond[4] d'un panier leur frottant seulement le ventre.

Autres à trois couples de renards sous un joug aroient le rivage areneux, et ne perdoient leur semence.

Autres lavoient les tuiles, et leur faisoient perdre couleur.

Autres tiroient eau des pumices, que vous appellez pierre ponce, la pilant[5] long temps en un mortier de marbre, et luy changeoient sa substance.

Autres tondoient les asnes, et y trouvoient toison de laine bien bonne.

Autres cueilloient des espines raisins, et figues des chardons.

Autres tiroient laict des boucs, et dedans un crible le recevoient, à grand profit de mesnage.

Autres lavoient les testes des asnes, et n'y perdoient la lexive.

Autres chassoient aux vents[6] avec des rets, et y prenoient escrevisses decumanes[7].

---

[1] M. — *S'exercent* (Imp.).
[2] Imp. — *D'officiers susdits* (M.).
[3] Αἰθίοπα σμήχειν, disait un proverbe grec ; *Æthiopem lavare*, disaient aussi les Romains.
De même la plupart des occupations que l'auteur prête dans ce chapitre aux officiers de la Quinte consistent à faire des choses d'une impossibilité proverbiale : atteler des renards, traire des boucs, cueillir des figues sur des chardons, etc.
[4] Imp. — *Avec le fondz* (M.).
[5] Imp. — *Pilloient* (M.).
[6] Leçon du manuscrit. *Chassoient vents*, dans l'imprimé.
[7] Grosses comme dix.

J'y vis un jeune Spodizateur, lequel artificiellement tiroit des pets d'un asne mort, et en vendoit l'aune cinq sols.

Un autre putrifioit des sechabots [1]. O la belle viande !

Mais Panurge rendit vaillamment [2] sa gorge, voyant un Archasdarpenin [3], lequel faisoit putrefier grande doye [4] d'urine humaine en fiant de cheval [5], avec force merde chrestienne. Fy le villain ! Il toutesfois nous respondit que d'icelle sacrée distillation abbreuvoit les roys et grands princes, et par icelle leur allongeoit la vie d'une bonne toise ou deux.

Autres rompoient les andouilles au genouil.

Autres escorchoient les anguilles par la queue, et ne crioient les dites anguilles avant que d'estre escorchées, comme font celles de Melun.

Autres de neant faisoient choses grandes, et grandes choses faisoient à neant retourner.

Autres coupoient le feu avec un cousteau, et puisoient l'eau avec un rets [6].

Autres faisoient de vessies lanternes, et de nues poisles d'airain. Nous en vismes douze autres banquetans sous une feuillade, et beuvans, en belles et amples retumbes, vins de quatre sortes, frais et delicieux, à tous, et à toute reste, et nous fut dit qu'ils haulsoient le temps selon la maniere du lieu, et qu'en ceste maniere Hercules jadis haulsa le temps avec Atlas [7].

Autres faisoient de necessité vertu, et [8] me sembloit l'ouvrage bien beau et à propos.

Autres faisoient alchymie avec les dents [9] : en ce faisant em-

---

[1] Imp. — *Putro faisoit sechabots*, (M.), c'est-à-dire faisoit pourrir des vers.

[2] M. — *Villainement*, Imp.

[3] *Achasdarpenin* (Manusc.). Un commentateur assure que ce mot veut dire étudiant en médecine.

[4] Des lettres de 1449, citées par Du Cange au mot *doga*, parlent d'un grand *doyin* de vin. Ce serait donc alors une mesure de capacité. On lit dans le manuscrit douze ; ce qui nous semble une faute.

[5] Imp. — On lit dans le manuscrit : *de urine humaine en ventre, c'est fiant*.

[6] Imp. — *Rezeau* (M.).

[7] Nous en vismes. Toute cette phrase manque dans le manuscrit.

[8] *Et* est supprimé dans le manuscrit.

[9] On retrouve dans *l'Anti-Choppinus* cette locution proverbiale, *facere alchymiam cum dentibus*,

plissoient assez mal les selles percées : avoient toutefois le bast advantageux[1].

Autres dedans un long parterre soigneusement mesuroient les sauts des pusses[2] : et cestuy acte maintenoient[3] estre plus que necessaire au gouvernement des royaumes, conduictes des guerres, administrations des republiques, allegant que Socrates, lequel premier avoit des cieux en terre tiré la philosophie, et d'oisive et curieuse, l'avoit rendue utile et profitable, employoit la moitié de son estude à mesurer le saut des pusses, comme atteste Aristophanes le Quintessential[4].

Je vis deux Giborins[5] à part sur le haut d'une tour, lesquels faisoient sentinelle, et nous fut dit qu'ils gardoient la lune des loups.

J'en rencontray quatre autres en un coin de jardin amerement[6] disputans, et prests à se prendre au poil l'un l'autre[7] : demandant d'ond sourdoit leur different, entendis que jà quatre jours estoient passés, depuis qu'ils avoient commencé disputer de trois hautes et plus que physicales propositions : à la resolution desquelles ils se promettoient montagnes d'or. La premiere estoit de l'ombre d'un asne couillard : l'autre de la fumée d'une lanterne : la tierce du poil de chevre, savoir si c'estoit laine. Puis nous fut dit que chose estrange ne leur sembloit estre deux contradictoires vrayes en mode, en forme, en figure, et en temps. Chose pour laquelle les sophistes de Paris plus tost se feroient desbaptiser, que la confesser.

---

et il paraîtrait, d'après ce qu'il ajoute, qu'il entend par là : se curer les dents à jeun. Cotgrave traduit cette expression par *to fast*, jeûner.

On lit ici dans le manuscrit *faisoient l'arquemie avec les dents*.

[1] *Avoient toutefois le bast advantageux*, manque dans l'imprimé.

[2] Le sault des puces (Aristophane, les *Nuées*, a. 1 sc. II).

[3] (M.). — *M'affermoit* (Imp.)

[4] Dans les *Nuées*, le disciple dit à Strepsiade : « Socrate demandait tout à l'heure à Chéréphon combien de fois une puce sautait la longueur de ses pattes. » Νέφελαι, v. 144.

[5] Peut-être les mêmes que les *Gibourins* du chapitre XX. Mais on n'en serait pas plus avancé pour cela.

[6] Leçon du manuscrit : *oultrement* (Imprimé).

[7] Leçon du manuscrit. *L'un de l'autre* dans l'imprimé.

Nous curieusement considerans les admirables operations de ces gens, survint la dame avec sa noble compagnie, jà reluisant le clair Hesperus. A sa venue fusmes derechef en nos sens espouvantés, et esblouis en nostre veue. Incontinent[1] nostre effroy apperceut, et nous dist : Ce que fait les humains pensemens esgarer par les abysmes d'admiration n'est la souveraineté des effects, lesquels apertement ils esprouvent naistre des causes naturelles, moyennant l'industrie des sages artisans : c'est la nouveauté de l'experience entrant en leurs sens, non prevoyant la facilité de l'œuvre, avec jugement serain associé d'estude diligent[2]. Pourtant soyez en cerveau, et de toute frayeur vous despouillez, si d'aucune estes saisis[3] à la consideration de ce que voyez par mes officiers estre fait. Voyez, entendez, contemplez à vostre libre arbitre, tout ce que ma maison contient, vous peu à peu emancipans du servage d'ignorance. La quelle bien me siet en volonté. Pour de laquelle vous donner enseignement non feint, en contemplation des studieux desirs desquels me semblez avoir en vos cœurs fait insigne mont joye et suffisante preuve[4], je vous retiens presentement en estat et office de mes abstracteurs. Par Geber mon premier Tabachin y serez descrits au partement de ce lieu. Nous la remerciasmes humblement, sans mot dire : acceptasmes l'offre du bel estat qu'elle nous donnoit[5].

---

[1] Imp. — *Elle* incontinent (Manusc.).
[2] Imp. — *Quant jugement serain associé estude diligent* (Manuscrit).
[3] Imp. — *Envahis* au lieu de saisis (Manusc.).
[4] *Et suffisante preuve* manque dans le manuscrit.
[5] M. — *Nous donna* (Imp.).

CHAPITRE XXIII.

Comment fut la royne à soupper servie, et comment elle mangeoit.

La dame, ces propos achevés, se retourna[1] vers ses gentils hommes, et leur dist : L'orifice de l'estomac, commun ambassadeur pour l'avitaillement[2] de tous membres, tant inferieurs que superieurs, nous importe le leur restaurer par apposition d'idoines alimens, ce que leur est decheu par action continue de la naifve chaleur en l'humidité radicale[3]. Spodizateurs, Cesinins, Nemains, et Parazons[4], par vous ne tienne que promptement ne soient tables dressées, frisonnantes de toute legitime espece de restaurans. Vous aussi, nobles Pregustes, accompagnés de mes gentils Massiteres[5], l'espreuve de vostre industrie passementée de soin et diligence fait que ne vous puis donner ordre, que desordre ne soyt en vos offices, et vous teniez tousjours sur vos gardes. Seulement vous ramenter faut ce que faites[6].

Ces mots achevés, se retira avec part de ses damoiselles quelque peu de temps, et nous fut dit que c'estoit pour soy baigner comme estoit la coustume des anciens autant usitée, comme est entre nous de present laver les mains avant le

---

[1] Imp. — *Se retira* (M.).
[2] Imp. — *L'advitaillance* (Manuscrit).
[3] Le manuscrit ajoute : « peyne est par nature ma Royne adjoincte, et si ne obtemperons resolution des espritz. »
Comprenne qui pourra.
[4] Imp. — *Cosimins, Memamins et Perazons* (Manusc.).

[5] Masticateurs. De μασητήρ qui a le même sens en grec.
[6] Nous donnons la leçon du manuscrit : le style en est bien mauvais; mais on la comprend. L'imprimé porte « fait que ne vous puis donner ordre que de sorte ne soyez en vos offices, et vous teniez tousjours sur vos gardes. Seulement vous ramente faire ce que faites. »

past. Les tables furent promptement dressées, puis furent couvertes de nappes tres precieuses[1]. L'ordre du service fut tel que la dame ne mangea rien, fors celeste ambrosie : rien ne beut que nectar divin. Mais les seigneurs et dames de sa maison furent, et nous avec eux, servis de viandes rares, friandes et precieuses, si onques en songea Apicius.

Sus l'issue de table fut apporté un pot pourry [2], si par cas famine n'eust donné trefves : et estoit de telle amplitude et grandeur, que la plataine d'or, laquelle Pythius Bithynus donna au roy Daire[3], à peine l'eust couvert. Le pot pourry estoit plein de potages d'especes diverses, sallades, fricassées, saulgrenées, cabirotades, routy, bouilly, carbonnades, grandes pieces de bœuf sallé, jambons de haute taille[4], saumates deifiques, patisseries, tarteries, un monde de coscotons à la moresque, formages, joncades, gelées, fruicts de toutes sortes. Le tout me sembloit bon et friand : je toutesfois n'y tastay, pour estre bien remply et refait[5]. Seulement ay à vous advertir que là vis des pastés en paste, chose assez rare, et les pastés en paste estoient pastés en pot. Au fond d'iceluy j'apperçeu force dez, cartes, tarots, luettes, eschets, et tabliers, avec pleines tasses d'escus au soleil pour ceux qui jouer voudroient.

Au dessous finalement j'advisay nombre de mulles bien

---

[1] Cette phrase est ainsi dans le manuscrit : Puys feurent tables couvertes de nappes tres precieuses.

[2] Le Dict. de l'Acad. définit ainsi le pot pourri : différentes sortes de viande assaisonnées et cuites ensemble avec diverses sortes de légumes.

[3] Nous lisons *plataine* (platane) dans le manuscrit. On sait qu'autrefois ce mot était féminin. Toutes les éditions imprimées portent *platine*. C'est une faute évidente. Hérodote et Pline, à qui ce fait est emprunté, parlent non pas d'une *platine*, mais d'un *platane* et d'une vigne en or que Pythius de Bithynie aurait donnés à Darius : Δαρεῖον ἐδωρήσατο τῇ πλατανίστῳ τῇ χρυσῇ, καὶ τῇ ἀμπέλῳ. (*Polymn.* VII, n° 27). — « Quota portio fuit Pythii Bithyni qui platanum auream, vitemque nobilem illam Dario regi donavit. » *Hist. nat.* l. XXXIII, c. 47.

[4] Leçon du manuscrit; d'*antiquailles*, dans l'imprimé.

[5] Imp. — *N'y touchay par estre ja tres bien refaict* (M.).

phalerées [1], avec housses de velours, hacquenées de mesme à usance d'hommes et femmes, lictieres bien veloutées pareillement ne sçay combien, et quelques coches à la Ferraroise pour ceux qui voudroient aller hors à l'esbat [2].

Cela ne me sembla estrange, mais je trouvay bien nouvelle la maniere comment la dame mangeoit. Elle ne maschoit rien, non qu'elle n'eust dents fortes et bonnes, non que ses viandes ne requissent mastication, mais tel estoit son usage et coustume. Les viandes, desquelles ses pregustes avoient fait essay, prenoient ses massiteres, et noblement les luy maschuroient [3], ayans le gosier doublé de satin cramoisi, à petites nerveures et canetilles d'or, et les dents d'yvoire bel et blanc : moyennant lesquelles, quand ils avoient bien à point masché ses viandes, ils les luy couloient par un embut d'or fin jusques dedans l'estomac. Par mesme raison nous fut dit qu'elle ne fiantoit sinon par procuration [4].

---

[1] Caparassonnées.
[2] Leçon du manuscrit. *Hors l'esbat* dans l'imprimé.
[3] M.—. *Maschoient* (Imp.).
[4] L'imprimé s'arrête ici.
Le manuscrit ajoute : « Durant les danses, la dame invisiblement disparut et plus ne la veismes. Bien feusmes menez par les Michelotz de Geber, et là feusmes inscriptz en l'estat par elle ordonné, puys, descendans au port de Mateotechnie, entrasmes en noz navires, attendant que aurions vent en pouppe, lequel, se reffusions sur l'heure, à peine pourroit estre recouvert de trois quartiers brisans. »

— Vraiment la reine fit bien de *partir avant la danse*. Cette danse est tout bonnement, comme on va le voir, une partie d'échecs où personne ne brillera, pas même les *cavaliers*.

CHAPITRE XXIV.

Comment fut en la presence de la Quinte fait un bal joyeux en forme de tournoy.

Le soupper parfait, fut en presence de la dame fait un bal, en mode de tournoy, digne non seulement d'estre regardé, mais aussi de memoire eternelle. Pour iceluy commencer, fut le pavé de la salle couvert d'un ample piece de tapisserie veloutée, faite en forme d'eschiquier : savoir est à carreaux, moitié blanc, moitié jaune, chascun large de trois palmes, et carré de tous costés. Quand en la salle entrerent trente deux jeunes personnages, desquels seize estoient vestus de drap d'or, savoir est, huit jeunes nymphes, ainsi que les peignoient les anciens, en la compagnie de Diane [1], un roy, une royne, deux custodes de la Rocque [2], deux chevaliers, et deux archiers. En semblable ordre estoient seize autres vestus de drap d'argent. Leur assiette sur la tapisserie fut telle. Les roys se tindrent en la derniere ligne, sus le quatrieme carreau, de sorte que le roy auré estoit sus le carreau blanc, le roy argenté sus le carreau jaune, les roynes à costé de leurs roys : la dorée sus le carreau jaune, l'argentée sus le carreau blanc : deux archiers auprés de chascun costé,

---

[1] Il n'est pas besoin de faire remarquer que ces personnages sont les pièces du jeu des échecs.
Ces deux chapitres 24 et 25 ne sont pas dans le manuscrit. Nous croyons qu'ils intéresseront peu de lecteurs. Seuls les joueurs d'échecs les auraient pu lire avec curiosité mais il parait que les marches du combat sont si bien conduites que les plus habiles n'y peuvent rien comprendre.

[2] Les deux gardiens de la tour qu'on appelait *roque*. Roque ne se dit plus. On n'a conservé que le mot *roquer*

comme gardes de leurs roys et roynes. Auprés des archiers deux chevaliers, auprés des chevaliers deux custodes. Au rang prochain devant eux estoient les huit nymphes. Entre les deux bandes des nymphes restoient vuides quatre rangs de carreaux. Chascune bande avoit de sa part ses musiciens vestus de pareille livrée, uns de damas orengé, autres de damas blanc : et estoient huit de chascun costé avec instrumens tous divers, de joyeuse invention, ensemble concordans, et melodieux à merveille, varians en tons, en temps, et mesure, comme requeroit le progrez du bal : ce que je trouvois admirable, attendu la numereuse diversité de pas, de desmarches, de sauts, sursauts, retours, fuites, embuscades, retraictes et surprinses. Encores plus transcendoit opinion humaine, ce me sembloit, que les personnages du bal tant soudain entendoient le son qui competoit à leurs desmarche ou retraicte, que plustost n'avoit signifié le ton de la musique, qu'ils se posoient en place designée : nonobstant que leur procedure fust toute diverse. Car les nymphes qui sont en premiere filliere, comme prestes d'exciter le combat, marchent contre leurs ennemis droit en avant, d'un carreau en autre : exceptée la premiere desmarche, en laquelle leur est libre passer deux carreaux : elles seules jamais ne reculent. S'il advient qu'une d'entr'elles passe jusques à la filliere du roy ennemy, elle est couronnée royne de son roy : et prend et desmarche dorenavant en mesme privilege que la royne : autrement jamais ne ferissent les ennemis, qu'en ligne diagonale obliquement, et devant seulement. Ne leur est toutefois n'à autres loisible prendre aucuns de leurs ennemis, si le prenant, elles laissoient leur royne à descouvert, et en prise.

Les roys marchent et prennent leurs ennemis de toutes faces en carré : et ne passent que de carreau blanc et prochain au jaune, et au contraire, exceptez qu'à la premiere desmarche, si leur filliere estoit trouvée vuide d'autres officiers, fors les custodes, ils le peuvent mettre en leur siege, et à costé de luy se retirer.

Les roynes desmarchent, et prennent en plus grande liberté que tous autres : savoir est en tous endroits et en toutes manieres, en toutes sortes, en ligne directe, tant loing que leur plaist, pourveu que ne soit des siens occupé : et diagonale aussi, pourveu que soit en couleur de son assiette.

Les archiers marchent tant en avant comme en arriere, tant loing que prés. Mesmement aussi jamais ne varient la couleur de leur premiere assiette.

Les chevaliers marchent et prennent en forme ligneare[1], passans un siege franc, encores qu'il fust occupé, ou des siens, ou des ennemis : et au second soy posans à dextre ou à senestre, en variation de couleur : qui est sault grandement dommageable à partie adverse, et de grande observation. Car ils ne prennent jamais à force ouverte.

Les custodes marchent et prennent à face, tant à dextre qu'à senestre, tant arriere que devant comme les roys, et peuvent tant loing marcher qu'ils voudroient en siege vuide : ce que ne font les roys.

La loy commune es deux parties estoit en fin derniere du combat assieger et clorre le roy de part adverse, en maniere qu'evader ne peust de costé quelconque. Iceluy ainsi clos, fuir ne pouvant, ny des siens estre secouru, cessoit le combat et perdoit le roy assiegé. Pour donc de cestuy inconvenient le guarentir, il n'est celuy ne celle de sa bande qui n'y offre sa vie propre, et se prennent les uns les autres de tous endroits, advenant le son de la musique. Quand aucun prenoit un prisonnier de part contraire, luy faisant la reverence, luy frappoit doucement en main dextre, le mettoit hors le parquet et succedoit en sa place. S'il advenoit qu'un des roys fust en prise, n'estoit licite à partie adverse le prendre : ains estoit fait rigoureux commandement à celuy qui l'avoit descouvert, ou le tenoit en prise, luy faire profonde reverence,

---

[1] Linéaire, suivant Johanneau. Mais les cavaliers précisément ne vont pas en ligne, ni droite ni oblique : ils vont, au contraire, comme on l'explique très-bien, en passant une case et en sautant de côté. D'ailleurs *ligneare* ne vient pas de *linea*, mais de *lignum*, bois, et quelquefois potence. Or les mots : en forme de potence, nous paraissent expliquer parfaitement la marche dont il s'agit.

et l'advertir, disant : Dieu vous gard : afin que de ses officiers fust secouru et couvert, ou bien qu'il changeast de place, si par malheur ne pouvoit estre secouru. N'estoit toutesfois pris de partie adverse, mais salué le genouil gauche en terre luy disant : Bon jour[1]. Là estoit fin du tournoy.

---

[1] Ou *ave*, comme on disait autrefois, au lieu de dire : *échec*.

CHAPITRE XXV.

Comment les trente-deux personnages du bal combattent.

Ainsi posées en leurs assiettes les deux compagnies, les musiciens commencent ensemble sonner en intonation martiale, assez espouvantablement comme à l'assaut. Là voyons les deux bandes fremir, et soy affermer pour bien combattre, venant l'heure du hourt[1], qu'ils seront evoqués hors de leur camp. Quand soudain les musiciens de la bande argentée cesserent, seulement sonnoient les organes de la bande aurée. En quoy il nous estoit signifié que la bande aurée assailloit. Ce que bientost advint, car à un ton nouveau vismes que la nymphe parquée devant la royne fit un tour entier à gauche vers son roy, comme demandant congé d'entrer en combat, ensemble aussi saluant toute sa compagnie. Puis desmarcha deux carreaux avant en bonne modestie, et fit d'un pied reverence à la bande adverse, laquelle elle assailloit. Là cesserent les musiciens aurés, commencerent les argentés. Icy n'est à passer en silence, que la nymphe, avoir en tout salué son roy et sa compagnie, afin qu'eux ne restassent ocieux, parcillement la resaluerent en tour entier girans à gauche : excepté la royne, laquelle vers son roy se destourna à dextre, et fut ceste salutation de tous les desmarchans observée, en tout le discours du bal, le resaluement aussi, tant d'une bande comme de l'autre. Au son des musiciens argentés desmarcha la nymphe argentée laquelle estoit

---

[1] Du choc, du combat.

parquée devant sa royne, son roy saluant gracieusement, et toute sa compagnie, eux de mesme la resaluant, comme a esté dit des autres, excepté qu'ils tournoient à dextre et leur royne à senestre : se posa sus le second carreau avant, et faisant reverence à son adversaire, se tint en face de la premiere nymphe aurée, sans distance aucune, comme prestes à combattre, ne fut qu'elles ne frappent que des costés. Leurs compagnies les suivent tant aurées qu'argentées, en figure intercalaire, et là font comme apparence d'escarmoucher, tant que la nymphe aurée, laquelle estoit premiere en camp entrée, frappant en main une nymphe argentée à gauche, la mit hors du camp, occupa son lieu : mais bientost à son nouveau des musiciens, fut de mesme frappée par l'archier argenté : une nymphe aurée le fit ailleurs serrer : le chevalier sortit en camp : la royne aurée se parqua devant son roy.

Adonc le roy argenté change place, doubtant[1] la furie de la royne aurée, et se tira au lieu de son custode à dextre, lequel luy sembloit tres bien muny, et en bonne defense.

Les deux chevaliers, qui tenoient à gauche tant aurés qu'argentés, desmarchent et font amples prises des nymphes adverses, lesquelles ne pouvoient arriere soy retirer, mesmement le chevalier auré, lequel met toute sa cure à prise de nymphes. Mais le chevalier argenté pense chose plus importante : dissimulant son entreprise et quelquefois qu'il a peu prendre une nymphe aurée, il la laisse et passe outre, et a tant fait, qu'il s'est posé prés ses ennemis, en lieu auquel il a salué le roy auré, et dit : Dieu vous gard ! La bande aurée ayant cestuy advertissement de secourir son roy, fresmit toute, non que facilement elle ne puisse au roy secours soudain donner, mais que leur roy saulvant, ils perdoient leur custode dextre, sans y pouvoir remedier. Adonc se retira le roy auré à gauche, et le chevalier argenté prit le custode auré : ce que leur fut en grande perte. Toutesfois la bande

---

[1] Redoutant.

aurée delibere de s'en venger, et l'environne de tous costés, à ce que refuir il ne puisse ny eschapper de leurs mains : il fait mille efforts de sortir, les siens font mille ruses pour le guarantir, mais enfin la royne aurée le prit.

La bande aurée, privée d'un de ses supposts, s'esvertue, et à tort et à travers cherche moyen de soy venger, assez incautement, et fait beaucoup de dommage parmy l'ost de ses ennemis. La bande argentée dissimule et attend l'heure de revanche, et presente une de ses nymphes à la royne aurée, luy ayant dressé une embuscade secrete, tant qu'à la prise de la nymphe peu s'en faillit que l'archier auré ne surprit la royne argentée. Le chevalier auré intente prise de roy et royne argentée, et dit: Bon jour. L'archier argenté les saulve, il fut pris par une nymphe aurée, icelle fut prise par une nymphe argentée. La bataille fut aspre. Les custodes sortent hors de leurs sieges au secours. Tout est en meslée dangereuse. Enyo encores ne se declare. Aucune fois tous les argentés enfoncent jusques à la tente du roy auré, soudain sont repoussés. Entre autres la royne aurée fait grandes prouesses, et d'une venue prend l'archier, et costoyant prend le custode argenté. Ce que voyant la royne argentée se met en avant, et foudroye de pareille hardiesse : et prend le dernier custode auré, et quelques nymphes pareillement. Les deux roynes combattirent longuement, part taschant de s'entreprendre, part pour soy saulver, et leurs roys contregarder. Finalement la royne aurée prit l'argentée, mais soudain aprés elle fut prise par l'archier argenté. Là seulement au roy auré resterent trois nymphes, un archier et un custode. A l'argenté restoient trois nymphes et le chevalier dextre, ce que fut cause qu'au reste plus caultement et lentement ils combattirent. Les deux roys sembloient dolents d'avoir perdu leurs dames roynes tant aimées : et est toute leur estude et leur effort d'en recevoir d'autres, s'ils peuvent, de tout le nombre de leurs nymphes, à ceste dignité et nouveau mariage : les aimer joyeusement, avec promesses certaines d'y estre receues, si elles penetrent jusqu'à la derniere filliere du roy ennemy. Les aurées anticipent, et d'elles est créée une royne nouvelle, à laquelle on impose une couronne en chef, et baille l'on nouveaux accoustremens.

Les argentées suivent de mesme : et plus n'estoit qu'une ligne, qu'une d'elles ne fust royne nouvelle créée : mais en cestuy endroit le custode auré la guettoit : pourtant elle s'arresta coy.

La nouvelle royne aurée voulut, à son advenement, forte, vaillante et belliqueuse se monstrer. Fit grands faits d'armes parmy le camp. Mais en ces entrefaites le chevalier argenté prit le custode auré, lequel gardoit la mete du camp : par ce moyen fut faite nouvelle royne argentée, laquelle se voulut semblablement vertueuse monstrer à son nouveau advenement. Fut le combat renouvellé plus ardent que devant. Mille ruses, mille assaults, mille desmarches furent faites, tant d'un costé que d'autre : si bien que la royne argentée clandestinement entra en la tente du roy auré, disant : Dieu vous gard ! Et ne peust estre secouru que par sa nouvelle royne. Icelle ne fit difficulté de soy opposer pour le sauver. Adonc le chevalier argenté voltigeant de tous costés se rendoit prés sa royne, et mirent le roy auré en tel desarroy que pour son salut luy convint perdre sa royne. Mais le roy auré prit le chevalier argenté. Ce nonobstant l'archier auré avec deux nymphes, qui restoient à toute leur puissance defendoient leur roy, mais enfin tous furent pris et mis hors le camp, et demeura le roy auré seul. Lors de toute la bande argentée luy fut dit en profonde reverence : Bon jour, comme restant le roy argenté vainqueur. A laquelle parole les deux compagnies des musiciens commencerent ensemble sonner, comme victoire. Et prit fin ce premier bal en tant grande allegresse, gestes tant plaisans, maintien tant honneste, graces tant rares, que nous fusmes tous en nos esprits rians comme gens ecstatiques, et non à tort nous sembloit que nous fussions transportés es souveraïnes delices et derniere felicité du ciel Olympe.

Finy le premier tournoy, retournerent les deux bandes en leur assiette premiere, et comme avoient combattu par avant, ainsi commencerent à combattre pour la seconde fois : excepté que la musique fut en mesure serrée d'un demy temps, plus que la precedente : les progrez[1] aussi totalement differens du premier. Là je vis que la royne aurée, comme despitée de la route[2] de son armée, fut par l'intonation de la musique evoquée, et se mit des premieres en camp avec un archer et un chevalier, et peu s'en fallut qu'elle ne surprit le roy argenté en sa tente au milieu de ses officiers. Depuis voyant son entreprise descouverte s'escarmoucha parmy la trouppe, et tant desconfit de nymphes argentées et autres officiers, que c'estoit cas pitoyable les voir. Vous eussiez dit que ce fust une autre Panthasilée Amazone foudroyante par le camp des Gregeois : mais peu dura cestuy esclandre, car les argentés fremissans à la perte de leurs gens, dissimulans toutesfois leur deuil, luy dresserent occultement en embuscade un archer en angle lointain, et un chevalier errant, par lesquels elle fut prise et mise hors le camp. Le reste fut bien tost defait. Elle sera une autre fois mieux advisée, prés de son roy se tiendra, tant loin ne s'escartera, et ira, quand aller faudra, bien autrement accompagnée. Là donc resterent les argentés vainqueurs, comme devant.

Pour le tiers et dernier bal, se tindrent en pieds les deux bandes, comme devant, et me semblerent porter visage plus gay et deliberé qu'es deux precedens. Et fut la musique serrée en la mesure plus que de hemiole[3], en intonation Phrygienne et bellique, comme celle qu'inventa jadis Marsias. Adonc commencerent tournoyer, et entrer en un merveilleux combat, avec telle legereté qu'en un temps de la musique ils faisoient quatre desmarches, avec les reverences de tours competens, comme avons dit dessus : de mode que ce n'estoient que sauts, gambades et voltigemens petauristiques[4] entrelassés les uns parmy les autres. Et les voyans sus un

---

[1] Les marches.
[2] La déroute.
[3] Plus que de quinte, du mot grec ἡμίολος. « Ex hoc numero qui *hemiolus* dicitur nascitur symphonia quæ appellatur διαπέντε. » Macrobius (*Somnium Scipionis*). II-1.
[4] Du grec πεταυριστής, danseur de corde.

pied tournoyer aprés la reverence faite, les companons au mouvement d'une rhombe girante[1] au jeu des petits enfans, moyennant les coups de fouet, lors que tant subit est son tour, que son mouvement est repos, elle semble quiete, non soy mouvoir, ains dormir, comme ils le nomment. Et y figurant un point de quelque couleur, semble à nostre veue non point estre, mais ligne continue, comme sagement l'a noté Cusane[2], en matiere bien divine.

Là nous n'oyons que frappemens de mains, et episemapsies[3] à tous destroits reiterés tant d'une bande que d'autre. Il ne fut onques tant severe Caton, ne Crassus l'ayeul tant agelaste[4], ne Timon Athenien tant misanthrope, ne Heraclitus tant abhorrent du propre humain, qui est rire, qui n'eust perdu contenance, voyant au son de la musique tant soudaine, en cinq cens diversités si soudain se mouvoir, desmarcher, sauter, voltiger, gambader, tournoyer ces jouvenceaux avec les roynes et les nymphes, en telle dexterité qu'onques l'un ne fit empeschement à l'autre. Tant moindre estoit le nombre de ceux qui restoient en camp, tant estoit le plaisir plus grand, voir les ruses et destours, desquels ils usoient pour surprendre l'un l'autre, selon que par la musique leur estoit signifié. Plus vous diray, si ce spectacle plus qu'humain nous rendoit confus en nos sens, estonnés en nos esprits, et hors de nous mesmes, encores plus sentions nous nos cœurs esmeus et effrayés à l'intonation de la musique : et croirois facilement que par telle modulation, Ismenias excita Alexandre le Grand[5], estant à table et disnant en repos, à soy lever, et armes prendre. Au tiers tournoy fut le roy auré vainqueur.

Durant lesquelles danses la dame invisiblement disparut[6], et plus ne la vismes. Bien fusmes menés par les Mi-

---

[1] D'un sabot tournant.
[2] Nicolas de Cusa, auteur d'ouvrages sur les mathématiques.
[3] Manifestations. C'est, comme on le voit, un mot grec.
[4] De ἀγελαστής, qui ne rit point.
[5] C'est de Timothée, et non d'Alexandre, que Suidas raconte ce trait. — Encore une citation inexacte à ajouter à tant d'autres.
[6] M. — Dans les imprimés on lit : *se dispareut.*

chelots[1] de Geber, et là fusmes inscrits en l'estat par elle ordonné. Puis descendans au port de Mateotechnie[2], entrasmes en nos navires, entendans qu'avions vent en pouppe, lequel si nous refusions sur l'heure, à peine pourroit estre recouvert de trois quartiers brisans.

---

[1] Les *Michelots* ou *Miquelots* étaient, ainsi que nous l'avons déjà vu, ceux qui faisaient le pèlerinage du Mont Saint-Michel. C'est comme si l'on disait : Les suivants, les acolytes de Geber.

[2] Du grec ματαιότεχνος, c'est-à-dire qui se livre à un art futile, frivole.
Nous donnons la leçon qu'offre le manuscrit.
Dans les trois éditions anciennes on lit : *au port mateotechne.*

CHAPITRE XXVI.

Comment nous descendismes en l'isle d'Odes, en laquelle les chemins cheminent.

Avoir[1] par deux jours navigué, s'offrit à nostre veue l'isle d'Odes[2], en laquelle vismes une chose memorable[3]. Les chemins[4] sont animaux, si vraye est la sentence d'Aristote les disant argument invincible d'un animant[5], si se meut de soy mesme. Car les chemins cheminent comme animaux. Et sont les uns chemins errans, à la semblance des planettes : autres chemins passans, chemins croisans, chemins traversans[6]. Et vis que les voyagiers, souvent es[7] habitans du pays demandoient : Où va ce chemin? et cestuy cy? On leur respondoit,[8] entre midy et Fevrolles[9], à la paroisse, à la ville, à la riviere. Puis se guidans[10] au chemin opportun, sans autrement se peiner ou fatiguer, se trouvoient au lieu destiné : comme

---

[1] Après avoir.
[2] Des chemins, du grec ὁδός.
[3] Imp. — « *Vismes choses memorables* » (Manusc.).
[4] Imp. — *Y sont* (Manusc.).
[5] Imp. — *Argument invincible d'un animant, estre, s'il...* (Manusc.).
[6] Ce passage peut bien avoir suggéré à Pascal, s'il l'a lu, sa définition des rivières, *des chemins qui marchent*.
[7] Nous adoptons la leçon du manuscrit. L'imprimé porte : les voyagiers, *servans, et* habitans. Ce qui ne présente aucun sens.
[8] Imp. — *Respondit* (M.).
[9] On lit à la fin de l'ancien prologue du l. IV : « Lieu pour se pendre je leur assigne (aux calomniateurs) entre Midy et Faverolles. » Nous croyons que la plaisanterie, si plaisanterie il y a, consiste à mêler un nom de temps avec un nom de lieu. Entre midi (on croit que l'auteur va ajouter : *et une heure*).....et Féverolles. Le Duchat prétend qu'on dit en Languedoc : *entre midi et la croix verte*, pour faire entendre qu'il est midi et bien au delà.
[10] (M.). — Se *guindans* (Imp.).

vous voyez advenir à ceux qui de Lyon en Avignon et Arles se mettent en bateau sur le Rhosne : et comme vous savez qu'en toutes choses il y a de la faute[1], et rien n'est en tous endroits heureux[2], aussi là nous fut dit estre une maniere de gens, lesquels ils nommoient guetteurs de chemins, et batteurs de pavés. Et les pauvres chemins les craignoient[3] et s'esloignoient d'eux comme de brigands. Ils les guettoient au passage comme on fait les loups à la trainée, et les becasses au filet. Je vis un d'iceux, lequel estoit apprehendé de la justice, pource qu'il avoit pris injustement, malgré Pallas, le chemin de l'escole, c'estoit le plus long : un autre se vantoit avoir pris de bonne guerre le plus court, disant luy estre tel advantage à ceste rencontre, que premier venoit à bout[4] de son entreprise.

Aussi dist Carpalim à Epistemon, quelque jour le rencontrant, sa pissotiere au poing, contre une muraille pissant, que plus ne s'esbahissoit si tousjours premier estoit au lever du bon Pantagruel, car il tenoit le plus court et le moins chevauchant. J'y recogneu le grand chemin de Bourges, et le vis marcher à pas d'abbé[5], et le vis aussi fuir à la venue de quelques charretiers qui le menaçoient fouler avec les pieds de leurs chevaux, et luy faire passer les charrettes dessus le ventre, comme Tullia fit passer son charriot dessus le ventre de son pere Servius Tullius, sixieme roy des Romains. J'y recognu pareillement le vieux quemin[6] de Peronne à saint Quentin, et me sembloit quemin de bien de sa personne. J'y recognu entre les rochers le bon vieux chemin de la Ferrate[7] monté sus un grand ours. Le voyant de loing me sou-

---

[1] Imp. — *Y a contradiction.* (Manusc.).

[2] ... *Nihil est ab omni Parte beatum.* (Horace.)

[3] Imp. — *Les craignoient et redoutoient* (Manusc.).

[4] Imp. — *A but* de son entreprise (Manusc.).

[5] Imp. — *A pas d'otarde* (Manusc.).

[6] Chemin (en patois picard). On lit le *vert* quemin dans le manuscrit.

[7] Le chemin de la *Ferrate* se trouvait sur la route de Limoges à Tours ; il coupait la montagne du *Grand ours* couverte de neige, de

vint[1] de saint Hierosme en peincture, si son ours eust esté
lyon : car il estoit tout mortifié, avoit la longue barbe toute
blanche et mal peignée : vous eussiez proprement dit que
fussent glaçons : avoit sur soy force grosses patenostres de
pinastres mal rabotées, et estoit comme à genoillons [2] et non
debout, ne couché du tout, et se battoit la poitrine avec
grosses et rudes pierres : il nous fit peur et pitié ensemble.
Le regardant nous tira à part un bachelier courant du pays,
et monstrant un chemin bien licé [3] tout blanc, et quelque peu
feustré [4] de paille, nous dist : Dorenavant ne desprisez l'opinion de Thales Milesien, disant l'eau estre de toutes choses
le commencement, ne la sentence d'Homere, affermant toutes
choses prendre naissance de l'Ocean. Ce chemin que voyez
nasquit d'eau, et s'y en retournera [5] : devant deux mois les
bateaux par cy passoient, à ceste heure y passent les charrettes. Vraiment, dist Pantagruel, vous nous la baillez [6] bien
piteuse ! En nostre monde nous en voyons tous les ans de
pareille transformation, cinq cens et davantage.

Puis considerans les alleures de ces chemins mouvans, nous
dist que, selon son jugement, Philolaüs et Aristarchus avoient
en icelle isle philosophé, Seleucus pris opinion d'affermer la
terre veritablement autour des poles se mouvoir [7], non le

---

pins, de rochers. De là cette personnification un peu forcée qui
consiste à en faire un bon vieux,
monté sur un ours, ayant la barbe
blanche, tenant à la main des patenôtres ou chapelets de bois de pin,
se battant la poitrine à coups de
pierres, etc.

Le manuscrit nous donne ici
une leçon toute différente.

« Le bon vieulx chemin de la Ferriere sus le mont Cenis, creature
du Roy Artus accompaigné d'un
grand ours. »

[1] Imp. — *Le voyant, me sembloit* (Manusc.).

[2] A genoux. — A genoillons se
dit encore en divers patois.

[3] Imp. — *Lisse* (Manusc.).

[4] Jonché.

[5] Imp. — *Et en eau retournera* (Manusc.).

[6] Imp. — *Contez* (Manusc.).

[7] Parce que ces philosophes,
ainsi que l'astronome Séleucus,
avaient soutenu, contre l'apparence, que la terre se mouvait, ainsi
que les chemins dans l'île des Odes.
Ce qui suit : « Seleucus prit opinion, » etc., est la continuation de
la phrase : « Pantagruel nous dit
que Seleucus avait en ceste isle pris
opinion, etc. »

Le texte de la phrase diffère un
peu dans le manuscrit : « Philolaus,
Aristarcus et Seleucus avoient en

ciel, encores qu'il nous semble le contraire estre verité. Comme estans sur la riviere de Loire, nous sembloient[1] les arbres prochains se mouvoir, toutesfois ils ne se mouvent, mais nous par le decours du batteau. Retournans à nos navires, vismes que prés le rivage on mettoit sur la roue trois guetteurs de chemins qui avoient esté pris en embuscade, et brusloit on à petit feu un grand paillard, lequel avoit battu un chemin, et luy avoit rompu une coste[2], et nous fut dit que c'estoit le chemin des aggeres[3] et levées du Nil en Ægypte[4].

---

icelle isle autrefois philosophé et pris opinion... »

[1] Imp. — *Nous semblent* (Manusc.).

[2] C'est encore le procédé employé quelquefois par Rabelais, mais avec infiniment plus d'art, qui consiste à mettre un jeu de mots en action. Comme on dit des *batteurs* de chemin, l'auteur suppose que ce chemin *battu* avait une côte rompue.

[3] Suivant le Duchat et de Marsy l'auteur semble désigner ici le grand chemin qui suit la levée de la Loire, et qui aurait été le théâtre des brigandages de quelque fameux voleur exécuté vers cette époque.

Il y a peut-être aussi dans les derniers mots une allusion au vers cité et raillé par Perse :

Sic costam longo subduximus Apennino.

[4] Dans l'imprimé, le chapitre se termine ainsi. Le manuscrit ajoute :

« Là davantaige nous fust dit que Pasnigon sur ses derniers jours s'estoit en ung hermitaige d'icelle isle retiré : et vivoit en grande saincteté et vraye foy catholique, sans concupissance, sans affection, sans vice, en innocence, son prochain aymant comme soy-mesme, et Dieu sur toutes choses. Partant faisoit-il plusieurs beaux miracles. A nostre departement de Chothu, je veis le pourtraict mirifique de varlet cherchant maistre, jadis depainct par Charles Charmoys Aurelian. » V. page 50, note 1.

CHAPITRE XXVII.

Comment passasmes l'isle des Esclots, et de l'ordre des freres Fredons[1].

Depuis passasmes l'isle des Esclots, lesquels ne vivent que de souppes de merlus. Fusmes toutesfois bien recuillis et traités du roy de l'isle, nommé Benius[2], tiers de ce nom, lequel, aprés boire, nous mena voir un monastere[3] nouveau, fait, erigé et basty par son invention, pour les freres Fredons : ainsi nommoit il ses religieux, disant qu'en terre ferme habitoient les freres petits serviteurs et amis de la douce dame[4] : *item*, les glorieux et beaux freres[5] mineurs, qui sont semi briefs de bulle : les freres minimes haraniers[6] enfumés : aussi les freres minimes crochus, et que du nom plus diminuer ne pouvoit qu'en Fredons[7]. Par les statuts[8] et bulle patente obtenue de la Quinte[9], laquelle est de tous

---

[1] Les *esclots* sont les sandales ou socques, tels qu'en portent les moines. Les mots *freres Fredons* font allusion au chant des religieux. Ce chapitre est donc une critique des moines en général, avec quelques traits pouvant s'appliquer à tel ou tel ordre en particulier, mais non aux Jésuites, dont la société, fondée depuis assez peu d'années, ne faisait pas encore parler d'elle.

[2] On a voulu voir dans ce Benius, roi de l'île, saint Benoît, fondateur de l'ordre de ce nom.

[3] Imp. — *Un monastere de nouveau fait* (Manusc.).

[4] Ces frères Serviteurs de la douce dame sont les frères Servites qui se vouaient au culte de la sainte Vierge.

[5] Imp. — Et *beatz* freres (M.).

[6] Mangeurs de harengs fumés.

[7] Il y a ici une série de mauvaises équivoques tirées des termes de musique : *mineurs, semi-brefs, crochus* (croches), *quinte*, etc. Tout cela a peu de sens et encore moins de sel.

[8] Imp. — *Par son statut* (M.).

[9] Ce mot semble être une double allusion à la *quinte* ou cinquième règle de Saint-François, et à la reine *Quinte*, dont il a été question dans les chap. précédents.

bons accords[1], ils estoient tous habillés en brusleurs de maisons, excepté qu'ainsi que les couvreurs[2] de maisons en Anjou ont les genoux contrepointés, ainsi avoient ils les ventres carrelés, et estoient les carreleurs de ventre en grande reputation parmy eux. Ils avoient la braguette de leurs chausses à forme de pantoufle[3], et en portoient chascun deux, l'une devant et l'autre derriere cousue, affermans, par ceste duplicité braguatine, quelques abscons[4] et horrifiques mysteres estre duement representés. Ils portoient souliers ronds comme bassins, à l'imitation de ceux qui habitent la mer areneuse[5]: au demourant avoient barbes rases et pieds ferrats[6]. Et pour monstrer que de fortune ils ne se soucioient[7], il les faisoit[8] raire et plumer, comme cochons, la partie posterieure de la teste, depuis le sommet jusques aux omoplates. Les cheveux de devant, depuis les os bregmatiques[9], croissoient en liberté. Ainsi contrefortunoient, comme gens aucunement ne se soucians des biens qui sont au monde. Deffians davantage fortune la diverse, portoient, non en main comme elle, mais à la ceincture, en guise de patenostres, chascun un rasoir tranchant[10], lequel ils esmouloient deux fois le jour[11], et affiloient trois fois la nuyt.

Dessus les pieds chascun portoit une boulle ronde, parce qu'est dit fortune en avoir une sous ses pieds. Le cahuet de de leurs caputions[12] estoit devant attaché, non derriere: en ceste façon avoient le visage caché, et se moquoient en li-

---

[1] Imp. — *De tous les accords* (M.).
[2] Imp. — *Les recouvreurs* (M.).
[3] Imp. — *En forme de canettes* (M.).
[4] M.—*Quelques certains* (Imp.).
[5] La mer de sables dans l'Arabie Pétrée.
[6] On appelait *pieds-ferrats*, ou ferrés, ceux qui portaient des galoches ou des sandales. C'est ce que prouve un vers macaronique cité dans les *Contes d'Eutrapel*.
Turba galochiferum ferratis pedibus ibat.

[7] M. — *Soucient* (Imp.).
[8] Sic Imp. et M. — Faut-il lire *ils les faisoient?*
[9] Os du sinciput; en grec, βρέγμα.
On lit dans le manuscrit *bragmatique*.
[10] *Mele in bocca, e rasoio a cintola*, « miel en bouche et rasoir à la ceinture, » dit un proverbe italien.
[11] Imp. — *Deux fois le jour* manque (M.).
[12] De leurs capuchons.

berté, tant de fortune comme des fortunés, ne plus ne moins, que font nos damoiselles, quand elles ont[1] leur cache-laid, que vous nommez touret de nez : les anciens le nomment chareté[2], parce qu'il couvre en elles de pechés grande multitude. Avoient aussi tousjours patente la partie posterieure de la teste, comme nous avons le visage : cela estoit cause qu'ils alloient de ventre ou de cul, comme bon leur sembloit. S'ils alloient de cul, vous eussiez estimé estre leur alleure naturelle, tant à cause des souliers ronds, que de la braguette precedente, la face aussi derriere rase et peinte rudement, avec deux yeux, une bouche comme vous voyez es noix Indiques. S'ils alloient de ventre, vous eussiez pensé que fussent gens jouans au chapifou. C'estoit moult[3] belle chose de les voir.

Leur maniere de vivre estoit telle. Le clair lucifer commençant apparoistre sus terre, ils s'entrebottoient et esperonnoient l'un l'autre par charité. Ainsi bottés et esperonnés dormoient ou ronfloient pour le moins : et dormans, avoient bezicles au nez, ou lunettes pour le pire.

Nous trouvions ceste façon de faire estrange[4] : mais ils nous contenterent en la response, nous remonstrans que le jugement final lorsque seroit[5], les humains prendroient repos et sommeil. Pour donc evidemment monstrer qu'ils ne refusoient y comparoistre, ce que font les fortunés, ils se tenoient bottés, esperonnés, et prests à monter à cheval, quand la trompette sonneroit.

Midy sonnant (notez que leurs cloches estoient, tant de l'horloge que de l'eglise et refectoir, faites selon la devise pontiale[6], savoir est, de fin duvet contrepointé, et le batail

---

[1] M. — *Quand c'est qu'ils ont* (Imp.).

[2] Imp. — *Charité.*(M.). « Chareté, dit Le Duchat, de *cara*, visage. » Dans ce sens il voudrait dire masque; puis, pour former équivoque, il se prendrait pour *charité*, qui « couvre de péchés grande multitude. » Voilà un jeu de mots bien laborieux.

[3] Imp. — *C'estoit chose belle* (M.).

[4] Imp. — *Bien* estrange, lit-on dans le manuscrit.

[5] Imp. — *Lors tenu seroit* (M.).

[6] Imp. — On lit dans le manuscrit *divise de Pontan.* Voyez tom. Ier, pag. 155, où « un certain latinisateur, » alléguant l'autorité de Pontanus, souhaite

estoit d'une queue de renard), midy donc sonnant, ils s'esveilloient et desbottoient : pissoient qui vouloit, et esmutissoient[1] qui vouloit : esternuoient qui vouloit[2]. Mais tous, par contrainte et statut rigoureux, amplement et piteusement[3] baisloient, se desjeunoient[4] de baisler. Le spectacle me sembloit plaisant : car leurs bottes et esperons, mis sus un rastelier, ils descendoient aux cloistres : là se lavoient curieusement les mains et la bouche, puis s'asseoient sus une longue selle, et se curoient les dents jusques à ce que le prieur[5] fist signe, sifflant en paulme : lors chascun ouvroit la gueule tant qu'il pouvoit, et baisloient aucune fois demie heure, aucune fois plus, et aucune fois moins[6], selon que le prieur jugeoit le desjeuner estre proportionné à la feste du jour, et aprés cela[7] faisoient une belle procession, en laquelle ils portoient deux bannieres, en l'une desquelles estoit en belle peinture le pourtrait de Vertu, en l'autre, de Fortune. Un fredon premier portoit la banniere de Fortune, aprés luy marchoit un autre portant celle de Vertu, en main tenant[8] un aspersoir mouillé en eau mercuriale[9], descrite par Ovide en ses fastes ; duquel continuellement il comme[10]... fouettoit le precedent fredon, portant Fortune. Cest ordre, dist Panurge, est contre la sentence de Ciceron et des academiques, lesquels veulent Vertu preceder, suivre Fortune[11]. Nous fut toutesfois remonstré qu'ainsi leur convenoit il faire, puisque leur intention

que les cloches soient de plume et le battant d'une queue de renard. La *divise pontiale* serait donc la devise *de Pontanus*, c'est-à-dire que l'auteur de ce cinquième livre n'était pas meilleur latiniste qu'helléniste.

[1] M. — *Esmontissoient* (Imp.).
[2] Imp. — *Esternuoient qui vouloit* manque (M.).
[3] Leçon du manuscrit. L'imprimé porte *amplement et copieusement*.
[4] Imp. — *Baisloient et se desjeunoient* (M.).
[5] Leçon du manuscrit. On lit dans l'imprimé *le prevost*.
[6] Imp. — *Aucunes foys plus ou moings* (Manusc.).
[7] Imp. — *Cela faict*, faisoient une belle procession (Manusc.).
[8] Imp. — *Tenoit* (Manusc.).
[9] Ou lustrale.
[10] Imp. — *Duquel continuement il, comme* (ici un mot en blanc) *foittoit le precedent fredon*. (Manuscrit.) Il est évident que le mot qui manque est indispensable. 1564 et 1565 portent à tort *sonnetoit* pour fouettoit.
[11] Imp. — *Veulent vertu preceder, fortune suivre* (Manusc.).

estoit de fustiger Fortune. Durant la procession, ils fredonnoient entre les dents, melodieusement, ne sçay quelles antiphones : car je n'entendois leur patelin [1] : et ententivement [2] escoutant, apperceu qu'ils ne chantoient que des oreilles. O la belle harmonie, et bien concordante au son de leurs cloches! Jamais ne les voirrez discordans. Pantagruel fit [3] un notable [4] mirifique sus leur procession. Et nous dist : Avez vous veu et noté la finesse de ces fredons icy? Pour parfaire leur procession, ils sont sortis par une porte de l'eglise, et sont entrés par l'autre. Ils se sont bien gardés d'entrer par où ils sont [5] issus. Sus mon honneur, ce sont quelques fines gens : je dis fins à dorer, fins comme une dague de plomb, fins non affinés, mais affinans, passés par estamine fine. Ceste finesse, dist frere Jean, est extraicte d'occulte philosophie, et n'y entends au diable rien. D'autant, respondit Pantagruel, est-elle plus redoutable, que l'on n'y entend rien. Car finesse entendue, finesse preveue : finesse descouverte perd de finesse et l'essence et le nom : nous la nommons lourderie. Sur mon honneur, qu'ils en savent bien d'autres !

La procession achevée comme pourmenement et exercitation salubre, ils se retiroient en leur refectoir, et dessous les tables se mettoient à genoux, s'appuyans la poictrine et estomac chascun [6] sus une lanterne [7]. Eux estans en cest estat, entroit un grand esclot, ayant une fourche en main, et là les traitoit à la fourche : de sorte qu'ils commençoient leur repas par fromage, et l'achevoient par moustarde et laictue, comme tesmoigne Martial avoir esté l'usage des anciens [8]. En fin on leur presentoit à chascun d'eux une platelée de moustarde, et estoient servis de moustarde aprés disner.

---

[1] Leur jargon, comme celui de Pathelin qui parle au drapier une foule de langages que celui-ci n'entend pas.

[2] Attentivement.

[3] M. — Fait (Imp.).

[4] Une remarque.

[5] Imp. — Ils estoient (Manusc.).

[6] M. — Chascun manque dans l'imprimé.

[7] « Quelque sœur Claire, » dit ici Le Duchat. Il faut, pour trouver ces choses-là, une imagination bien subtile et bien libertine.

[8] Claudere quæ cœnas lactuca solebat avorum.
Dic mihi cur nostras incheat illa dapes.
(Martial, l. XIII, Epig. 14.)

Leur diette estoit telle : au dimanche ils mangeoient boudins, andouilles, saucissons [1], fricandeaux, hastereaux, cailles [2] : exceptez tousjours le fromage d'entrée et moustarde pour l'issue. Au lundy, beaux pois au lard, avec ample comment [3], et glose interlineare. Au mardy, force pain benist, fouaces, gasteaux, galettes biscuites. Au mecredy, rusterie : ce sont belles testes de mouton, testes de veau, testes de bedouaux [4], lesquelles [5] abondent en icelle contrée. Au jeudy, potages de sept sortes, et moustarde eternelle parmy. Au vendredy, rien que cormes, encores n'estoient elles trop meures, selon que juger je pouvois à leur couleur. Au samedy rongeoient les os : non pourtant estoient ils pauvres ne souffreteux : car un chascun d'eux avoit benefice de ventre bien bon. Leur boire estoit un antifortunal [6] : ainsi appelloient ils je ne sçay [7] quel breuvage du pays. Quand ils vouloient boire ou manger, ils rabattoient le cahuet [8] de leurs capu-tions par le devant, et leur servoit de baviere. Le disner para-chevé, ils prioient Dieu, tres bien et tout par fredons. Le reste du jour, attendans le jugement final, ils s'exerçoient à œuvre de charité. Au dimanche, se pelaudans [9] l'un l'autre : au lundy, s'entrenazardans : au mardy s'entre esgratignans : au me-credy, s'entremouchans : au jeudy, s'entretirans les vers du nez : au vendredy, s'entrechatouillans : au samedy, s'en-trefouettans [10]. Telle estoit leur diete quand ils residoient en

---

[1] Imp. — *Saucisses* (Manusc.).
[2] M. — *Caillettes* (Imp.).
[3] Commentaire. « Des pois au lard, *cum commento*, » avait dit Rabelais. L'auteur du 5ᵉ livre es-saye toujours de le reproduire, et même de renchérir sur lui.
[4] *De blaireaux*, Roquefort, Cot-grave donnent ce sens; mais des têtes de blaireaux nous semblent un mets peu appétissant pour des moines un jour de rusterie. *Be-douaux* ne viendrait-il pas plutôt de *vedellus*, *bedellus*, *bedon*, qui se disait et se dit encore pour veau? Nous savons bien qu'on vient déjà de parler de têtes de veau, mais *bedouau* désignait peut-être un jeune veau, *vedellus*.
[5] Imp. — *Lesquels* (M.).
[6] Imp. — *Leur boitte estoit vin antifortunal* (M.).
[7] M. — *Ne sçay* (Imp.).
[8] M. — *Les cahuets* (Imp.).
[9] Imp. — *S'entrepelaudant* (M.).
[10] M. — *Au samedi se entre-frot-tants* (Imp.).

couvent. Si par commandement du prieur claustral ils issoient hors, defense rigoureuse, sur peine horrifique, leur estoit faite, poisson lors ne toucher ne manger qu'ils seroient sur mer ou riviere : ne chair, telle quelle fust, lorsqu'ils seroient en terre ferme, afin qu'à un chascun fust evident qu'en jouissant de l'objet, ne jouissoient de la puissance et concupiscence : et ne s'en esbranloient non plus que le roc Marpesian[1] : le tout faisoient avec antiphones competentes et à propos : tousjours chantans des oreilles, comme avons dit. Le soleil soy couchant en l'ocean, ils bottoient et esperonnoient l'un l'autre comme devant, et bezicles au nez, se composoient à dormir. A la minuit l'esclot entroit, et gens debout : là esmouloient[2] et affiloient leurs rasouers, et la procession faite, mettoient les tables sus eux, et repaissoient comme devant.

Frere Jean des Entommeures, voyant ces joyeux freres fredons, et entendant le contenu de leurs statuts, perdit toute contenance, et s'escriant hautement, dist : O le gros rat à la table ! Je romps[3] cestuy là, et m'en vais par Dieu de pair[4]. O que n'est icy Priapus, aussi bien que fut aux sacres nocturnes de Canidie[5], pour le voir à plein fond peter, et contrepetant fredonner ! A ceste heure cognoy je, en verité, que sommes en terre anticione et antipode à Germanie[6] : là où on desmolit les monasteres et defroque l'on les moines : icy on les erige à rebours et à contrepoil[7].

---

[1] Quam si dura silex aut stet Marpesia cautes. (Virgile.)

[2] Imp. — *Evident qu'en eux seulz l'object ne esmouvoit poinct la puissance, ne concupissance en plus que le roc Marpesian.* (M.).

[3] M. — *Esmailloient* (Imp.).

[4] « Je rends cestuy-là et m'en vais par Dieu, du pair (Manusc.). »

[5] Allusion à la satire VIII, où Horace fait raconter à Priape les cérémonies magiques de Canidie dont il a été témoin.

Nam displosa sonat quantum vesica pepedi *Diffissa nate.*
(Horace, loc. cit.)

[6] Nous donnons la leçon du Manuscrit. On lit dans l'Imprimé : « Antipode. En Germanie l'on desmolit, etc. »

[7] « Imp. — *Au rebours de bidets et à contrepoil* (Manusc.). »

N'est-ce pas une allusion à plusieurs pratiques des frères Fredons, que l'auteur vient de décrire, et qui sont l'opposé de ce qui se fait ordinairement ?

CHAPITRE XXVIII.

Comment Panurge interrogeant un frere Fredon, n'eut response de luy qu'en monosyllabes.

Panurge depuis nostre entrée n'avoit[1] autre chose que profondement contemplé les minois de ces royaux Fredons : adonc tira par la manche un d'iceux, maigre comme un diable soret et luy demanda :[2] Frater fredon, fredon, fredondille, où est la garce ?

Le Fredon luy respondit : — Bas.
Panurge. En avez vous beaucoup[3] ceans ? — Fr. Peu.
P. Combien au vray sont-elles ? — Fr. Vingt.
P. Combien en voudriez vous ? — Fr. Cent.
P. Où les tenez vous cachées ? — Fr. Là.
P. Je suppose[4] qu'elles ne sont toutes d'un aage, mais quel corsage ont-elles ? — Fr. Droit.
P. Le teint quel ? — Fr. Lis.
P. Les cheveux ? — Fr. Blonds.
P. Les yeux quels ? — Fr. Noirs.
P. Les tetins ? — Fr. Ronds.
P. Le minois ? — Fr. Coint[5].
P. Les sourcis ? — Fr. Mols.
P. Leurs attraicts[6] ? — Fr. Meurs.
P. Leur regard ? — Fr. Franc.
P. Les pieds quels ? — Fr. Plats.

---

[1] N'avoit *fait*, probablement.
[2] « Imp. — *Fredon, fredan, fredanguille* (Manusc.). »
[3] Imp. — *En avez beaucoup* (M.).
[4] Imp. — *Je presuppose* (M.).
[5] Imp. — *Court* (M.).
[6] Leçon du Manuscrit. On lit *traits* dans l'Imprimé.

P. Les talons? — Fr. Courts.
P. Le bas¹ quel? — Fr. Beau.
P. Et les bras? — Fr. Longs.
P. Que portent elles aux mains? — Fr. Gands.
P. Les anneaux des doigts ³ de quoy? — Fr. D'or.
P. Qu'employez à les vestir? — Fr. Drap.
P. De quel drap les vestez vous? — Fr. Neuf.
P. De quelle couleur est-il? — Fr. Pers.
P. Leur chapperonnage quel? — Fr. Bleu.
P. Leur chaussure quelle? — Fr. Brun ³.
P. Tous les susdits draps quels sont ils? — Fr. Fins.
P. Qu'est ce de leurs souliers? — Fr. Cuir.
P. Mais quels sont ils volontiers? — Fr. Ords.
P. Ainsi marchent en place? — Fr. Tost.
P. Venons, dist Panurge, à la cuisine, à la cuisine j'entends des garces, et sans nous haster espluchons bien tout par le menu. Qu'y a il en cuisine⁵? — Fr. Feu.
P. Qui entretient ce feu là? — Fr. Bois.
P. Ce bois icy quel est il? — Fr. Sec.
P. De quels arbres le prenez? — Fr. D'ifz.
P. Le menu et les fagots? — Fr. D'houst.
P. Quel bois bruslez en chambre? — Fr. Pins
P. Et quels arbres encores? — Fr. Teils⁶.
P. Des garces susdites, j'en suis de moitié, comment les nourrissez vous? — Fr. Bien.
P. Que mangent elles? — Fr. Pain.
P. Quel? — Fr. Bis.
P. Et quoy plus? — Fr. Chair.
P. Mais comment? — Fr. Rost.
P. Mangent elles point souppes? — Fr. Point.
P. Et de pastisserie? — Fr. Prou.
P. J'en suis, mangent elles point poisson? — Fr. Si.
P. Comment leur presentez-vous? — Fr. Froid.

---

¹ Imp. — *Le abast quel?* (M.).
² M. — Cette ligne manque dans l'Imprimé.
³ Les anneaux *des* doigts (Manusc.). On lit dans l'Imprimé, *du doigt*.
⁴ Imp. — *De leurs chausses quel est?* brun (M.).
⁵ M. — *Dans la cuisine* (Imp.).
⁶ Tilleuls.
⁷ Certainement.

Et quoy plus? — Fr. Œufs.
P. Et les aiment¹? — Fr. Cuits.
P. Je demande comment cuits? — Fr. Durs.
P. Est ce tout leur repas? — Fr. Non.
P. Quoy donc, qu'ont-elles davantage? — Fr. Bœuf.
P. Et quoy plus? — Fr. Porc.
P. Et quoy plus? — Fr. Oyes.
P. Quoy d'abondant? — Fr. Jars².
P. Item? — Fr. Coqs.
P. Qu'ont-elles pour leur saulse? — Fr. Sel.
P. Et pour les plus friandes³? — Fr. Moust.
P. Pour l'issue du repas? — Fr. Ris.
P. Et quoy plus? — Fr. Laict.
P. Et quoy plus? — Fr. Pois.
P. Mais quels pois entendez vous? — Fr. Vers.
P. Que mettez vous avec? — Fr. Lard.
P. Et des fruits? — Fr. Bons.
P. Quoy? — Fr. Cruds⁴.
P. Plus? — Fr. Noix.
P. Mais comment boivent-elles? — Fr. Net.
P. Quoy? — Fr. Vin.
P. Quel? — Fr. Blanc.
P. En hyver? — Fr. Sain.
P. Au printemps? — Fr. Brusq.
P. En esté? — Fr. Frais.
P. En automne et vendange? — Fr. Doux.

Pote⁵ de froc, s'escria frere Jean, comment ces mastines cy fredonniques devroient estre grosses⁶, et comment elles devroient aller au trot : veu qu'elles repaissent si bien et copieusement! Attendez, dist Panurge, que j'acheve.

---

¹ Imp. — *Et comment?* (M.).
² Jars signifiait autrefois et signifie encore en divers patois le mâle de l'oie.
³ Telle est la leçon du manuscrit. (Imp.) : *Les friandes*.
⁴ Imp. — *Rondz* (M.).
⁵ Potte, lisons-nous dans le dictionnaire d'Oudin, c'est la *natura della donna*. Potte en saintongeais signifie oie, mot que Rabelais emploie dans la même acception : *sa petite* oie.
⁶ Imp. — *Grasses* (M.).

LIVRE V, CHAPITRE XXVIII. 443

P. Quelle heure est quand se couchent? — Fr. Nuyt.
P. Et quand elles se levent? — Fr. Jour.

Voicy, dist Panurge, le plus gentil fredon que je chevauchay de cest an : pleust à Dieu, et au benoist saint Fredon, et à la benoiste et digne vierge sainte Fredonne, qu'il fust premier president de Paris! Vertu goy, mon amy, quel expediteur de causes, quel abreviateur[1] de procés, quel vuideur de debats, quel esplucheur de sacs, quel fueilleteur de papiers, quel minuteur d'escritures ce seroit! Or maintenant venons sur les autres vivres, et parlons à traits et à sens rassis. De nos dites sœurs en charité[2],

P. Quel est le formulaire? — Fr. Gros.
P. A l'entrée? — Fr. Frais.
P. Au fond? — Fr. Creux.
P. Je disois qu'il y fait? — Fr. Chaud.
P. Qu'y a il au bord? — Fr. Poil.
P. Quel? — Fr. Roux.
P. Et celuy des plus vieilles? — Fr. Gris.
P. Le sacquement d'elles, quel? — Fr. Prompt.
P. Le remuement des fesses? — Fr. Dru.
P. Toutes sont voltigeantes? — Fr. Trop.
P. Vos instrumens quels sont-ils? — Fr. Grands.
P. En leur marge, quels[3]? — Fr. Ronds.
P. Et par le bout, de quelle couleur? — Fr. Baile.
P. Quand ils ont fait, quels sont ils? — Fr. Cois.
P. Les genitoires, quels sont? — Fr. Lourds.
P. En quelle façon troussés? — Fr. Près.
P. Quand c'est fait, quels deviennent? — Fr. Mats.
P. Or par le serment qu'avez fait, quand voulez habiter, comment les projettez vous[4]? — Fr. Jus.
P. Que disent elles en culletant? — Fr. Mot.

---

[1] M. — et Imp. — *Abregeur de proces* (éditions modernes).
[2] Nous donnons ici la leçon de l'imprimé. On lit dans le manuscrit : *en sens rassis, et nous dictes en charité quel est le formulaire.*
[3] Imp. — *Quels sont-ils* (M.). — *En leur marge.*
[4] Imp. — *Comment les poussez vous?* (Manusc.).

P. Seulement elles vous font bonne chere, au demourant elles pensent au joly cas? — Fr. Vray.

P. Vous font elles des enfans? — Fr. Nuls.

P. Comment couchez ensemble? — Fr. Nuds.

P. Par ledit serment qu'avez fait, quantes fois de bon compte ordinairement le faites vous par jour? — Fr. Six.

P. Et de nuyt? — Fr. Dix.

Cancre, dist frere Jean, le paillard ne daigneroit passer seize, il est honteux.

P. Voire, le ferois tu bien autant, frere Jean? Il est, par Dieu, ladre verd. Ainsi font les autres? — Fr. Tous.

P. Qui est de tous le plus gallant? — Fr. Moy.

P. N'y faites vous onques faute? — Fr. Rien.

P. Je perds mon sens en ce point. Ayans vuidé et espuisé en ce jour precedent tous vos vases spermatiques, au jour subsequent y en peut il tant avoir? — Fr. Plus.

P. Ils ont, ou je resve, l'herbe de l'Indie celebrée par Theophraste. Mais si par empeschement legitime, ou autrement, en ce deduit advient quelque diminution de membre, comment vous en trouvez vous? — Mal.

P. Et lors que font les garces? — Fr. Bruit.

P. Et si cessiez un jour? — Fr. Pis.

P. Alors que leur donnez vous? — Fr. Trunc.

P. Que vous font-elles pour lors? — Fr. Bren.

P. Que dis tu? — Fr. Pets.

P. De quel son? — Fr. Cas.

P. Comment les chastiez vous? — Fr. Fort.

P. Et en faites quoy sortir? — Fr. Sang.

P. En cela devient leur teint? — Fr. Teint.

P. Mieux pour vous il ne seroit? — Fr. Peint.

P. Aussi restez vous tousjours? — Fr. Craints.

P. Depuis elles vous cuident? — Fr. Saints.

P. Par ledit serment de bois qu'avez fait, quelle est la saison de l'année quand plus laschement [1] le faites? — Fr. Aoust.

P. Celle quand plus brusquement? — Fr. Mars.

P. Au reste vous le faites? — Gay.

---

[1] Imp. — *Lasche* (M.).

Nous dist Panurge en souriant : Voicy le prime[1] Fredon du monde : avez vous entendu comment il est resolu, sommaire et compendieux en ses responses? il ne rend que monosyllabes. Je croy qu'il feroit d'une cerise trois morceaux. Corbieu, dist frere Jean, ainsi ne parle il mie avec ses garces, il y est bien polisyllabe : vous parlez de trois morceaux d'une cerise : par saint Gris[2], je jurerois que d'une espaule de mouston il ne feroit que deux morceaux, et d'une quarte de vin qu'un traict. Voyez comment il est hallebrené. Ceste, dist Epistemon, meschante freraille[3] de moines sont par tout le monde ainsi aspres sus les vivres, et puis nous disent qu'ils n'ont que leur vie en ce monde. Que diable ont les roys et grands princes[4]?

---

[1] M.— *Alors, dist Panurge en sousriant : voicy le pauvre fredon* (Imp.).

[2] Imp. — Par saint *Bon* (Manusc.).

[3] M. — *Ferraille* (Imp.). Huet, avec sa sagacité ordinaire, avait deviné cette correction, comme l'a fait remarquer M. Bandement dans *les Rabelais de Huet*, p. 15.

[4] Ici finit le chapitre dans l'Imprimé.
On lit dans le Manusc. : « et grands princes d'advantaige. Ma foy, je m'anuye beaucoup icy. » « Allons chascun, dist Panurge, à son affection; mais si une foys je suis marié à mon souhait, je feray encores une nouvelle moynerie. Je n'entends mie de moines moinez; ilz sont moines moinants et je les nourriray, freres tenps ou bien freres *Narjorie* parfaictz. Ilz n'iront pas sitost que ces gallandz Fredons icy. »
Comme M. de Montaiglon, nous lisons dans le manuscrit le mot *Narjorie* que nous ne comprenons pas plus que le copiste n'a dû le comprendre lui-même.

CHAPITRE XXIX.

Comment l'institution de caresme desplaist à Epistemon[1].

Avez vous, dist Epistemon, noté comment ce meschant et malautru Fredon nous a allegué Mars, comme mois de ruffiennerie[2]? Ouy, respondit Pantagruel, toutesfois il est tousjours en caresme, lequel a esté institué pour macerer la chair, mortifier les appetits sensuels, et resserrer[3] les furies veneriennes. En ce, dist Epistemon, pouvez vous juger de quel sens estoit celuy pape qui premier l'institua, que ceste vilaine savatte[4] de Fredon confesse soy jamais n'estre plus embrené en paillardise, qu'en la saison de caresme : aussi par les evidentes raisons produites de tous bons et savans medecins, affermans en tout le decours de l'année n'estre viandes mangées plus excitantes la personne à lubricité, qu'en cestuy temps : febves, poix, phaseols, chiches, oignons, noix, huytres, harans, saleures, garon[5], salades toutes composées d'herbes veneriques, comme eruce[6], nasitord[7], targon[8], cresson, berle[9], response, pavot cornu, haubelon, figues, ris, raisins. Vous, dist Pantagruel, seriez bien esbahy, si voyant

---

[1] Ce chapitre n'est que le développement, tant soit peu hérétique et malsonnant, mais écrit avec assez de verve, d'une opinion ou d'une boutade hasardée discrètement par Rabelais au livre IV (p. 166), où il représente le Carême comme « père et nourrisson des médecins ».

[2] Imp. — Comme *moys roy des Ruffiennerics* (Manusc.).

[3] Imp. — *Reformer* (Manusc.).

[4] Imp. — *Sonate* (M.).

[5] Garum ou garus. Espèce d'assaisonnement ancien qu'on croit avoir été retrouvé par Rabelais.

[6] Roquette.

[7] Espèce de cresson, du latin *nasturtium*.

[8] Estragon.

[9] Encore une espèce de cresson de rivière. C'est une plante de la famille des ombellifères.

le bon pere[1] pape, instituteur du saint caresme, estre lors la saison quand la chaleur naturelle sort du centre du corps, auquel s'estoit contenue durant les froidures de l'hyver, et se dispert[2] par la circonference des membres, comme la sesve fait es arbres, auroit ces viandes, qu'avez dites, ordonnées pour aider à la multiplication de l'humain lignage. Ce qui me l'a fait penser est que, au papier baptistere de Touars, plus grand est le nombre des enfans en octobre et novembre nés, qu'es dix autres mois de l'année, lesquels, selon la supputation retrograde, tous estoient faits, conceus et engendrés en caresme. Je, dist frere Jean[3], escoute vos propos, et y prends plaisir non petit : mais le curé de Jambet[4] attribuoit ce copieux engrossissement de femmes[5], non aux viandes de caresme, mais aux petits questeurs voustés, aux petits prescheurs bottés, aux petits confesseurs crottés, lesquels damnent, par cestuy temps de leur empire, les ribauds mariés trois toises au dessous des griffes de Lucifer. A leur terreur les mariés plus ne biscotent leurs chambrieres, se retirent à leurs femmes. J'ay dit. Interpretez, dist Epistemon, l'institution de caresme à vostre phantaisie : chascun abonde en son sens : mais à la suppression d'iceluy, laquelle me semble estre impendente, s'opposeront tous les medecins : je le sçay, je leur ay ouy dire. Car sans le caresme, seroit leur art en mespris, rien ne gaigneroient, personne ne seroit malade. En caresme sont toutes maladies semées : c'est la vraye pepiniere, la naifve couche et promoconde[6] de tous maux : encore ne considerez que si le caresme fait les corps pourrir, aussi fait il les ames enrager. Diables alors font leurs efforts : caffards alors sortent en place : cagots tiennent leurs grands jours, foires[7], sessions, stations, perdon-

---

[1] M. — *Pere* manque (Imp.).
[2] Imp. — *Despart* (Manusc.).
[3] Imp. — *Jean des Entommeures* (M.).
[4] Imp. — *Mais le feu curé de Jouvert* (Manusc.). Remarquez que le curé de Jambet, c'était Rabelais lui-même (Voy. la *Notice*, p. 60). Or parler de lui à la troisième personne, et comme d'un homme mort, c'était, pour le facteur de pastiche, moutrer par trop le bout de l'oreille. De là les remaniements de cette phrase.
[5] Imp. — *Engressement* (M.).
[6] Imp. — *Et promiconde* (M.).
[7] M. — *Force sessions*, porte l'imprimé.

nances¹, confessions, fouettemens, anathematisations. Je ne veux pourtant inferer que les Arismaspiens² soient en cela meilleurs que nous, mais je parle à propos.

Or çà, dist Panurge, couillon cultant et fredonnant, que vous semble de cestuy cy? Est il pas heretique? — F. Tres.

P. Doit il pas estre bruslé? — F. Doit.
P. Et le plus tost qu'on pourra? — F. Soit.
P. Sans le faire parbouillir? — F. Sans.
P. En quelle maniere donc? — F. Vif.
P. Si qu'enfin s'en ensuive? — F. Mort.
P. Car il vous a trop fasché? — F. Las.
P. Que vous sembloit³ il estre? — F. Fol.
P. Vous dites fol ou enragé⁴? — F. Plus.
P. Que voudriez vous qu'il fust? — F. Ars.
P. On en a bruslé d'autres? — F. Tant.
P. Qui estoient heretiques? — F. Moins.
P. Encores en bruslera on? — F. Maints.
P. Les racheterez vous? — F. Grain.
P. Les faut il pas tous brusler? — F. Faut.

Je ne sçay, dist Epistemon, quel plaisir vous prenez raisonnant avec ce meschant penaillon de moine⁵ : mais si d'ailleurs ne m'estiez cognu, vous me creeriez en l'entendement opinion de vous peu honorable. Allons de par Dieu, dist Panurge, je le menerois volontiers à Gargantua, tant il me plaist. Quand je seray marié, il serviroit à ma femme de fou. Voire *teur*, dist Epistemon, par la figure Tmesis⁶. A ceste heure, dist frere Jean en riant, as tu ton vin, pauvre Panurge, tu n'eschappe⁷ jamais que tu ne sois coqu jusques au cul.

---

¹ Imp. — Le manuscrit ajoute ici : *Synterasses*.
² Imp. — Peuples qui n'avaient qu'un œil, et par analogie, hérétiques, c'est-à-dire privés d'un des yeux de la foi. — On lit dans le manuscrit les *Arismapians*.
³ Imp. — Que vous *semble*-il estre? (Manusc.).
⁴ Imp. — *Fol enragé* (M.).
⁵ Imp. — De *moynerie* (M.).
⁶ C'est-à-dire qu'il faut ajouter à la derpière syllabe de la phrase précédente la syllabe *teur*, qui en est séparée par une tmèse.
⁷ Imp. (M. et éd. anciennes.). *Tu n'eschapperas* (Ed. modernes).

CHAPITRE XXX.

Comment nous visitasmes le pays de Satin.

Joyeux d'avoir veu la nouvelle religion des freres Fredons, navigasmes par deux jours : au troisieme, descouvrit nostre pilot une isle belle et delicieuse sur toutes autres : on l'appelloit[1] l'isle de Frize : car les chemins estoient de frize. En icelle estoit le pays de Satin, tant renommé entre les pages de cour : auquel les arbres et herbes[2] jamais ne perdoient fleurs ne feuilles, et estoient de damas et velours figuré. Les bestes et oiseaux estoient de tapisserie. Là nous vismes plusieurs bestes, oiseaux et arbres, tels que les avons de par deçà en figure, grandeur, amplitude et couleur : excepté qu'ils ne mangeoient rien, et point ne chantoient, point aussi ne mordoient ils comme font les nostres. Plusieurs aussi y vismes que n'avions[3] encores veuz : entre autres y vismes divers elephans en diverse contenance[4] : sur tous j'y notay les six masles et six femelles presentés à Rome, en theatre, par leur instituteur, au temps de Germanicus, nepveu de l'empereur Tibere, elephans doctes, musiciens, philosophes, danseurs, pavaniers[5], baladins, et estoient à table assis en belle composition, beuvans et mangeans en silence comme beaux[6] peres au refectoir. Ils ont le museau long de deux coudées, et le nommons proboscide[7], avec lequel ils puisent eau pour boire, prennent palmes, prunes[8], toutes sortes de mangeailles, s'en defendent et offendent[9] comme d'une main : et au

---

[1] Imp. — *Et l'appelloit* (M.).
[2] Imp. — *Herbes* manque dans le manuscrit.
[3] Imp. — *N'avons* (M.).
[4] Imp. — *Diverses couleurs* (M.).
[5] Danseurs de pavane.
[6] Imp. — *Beatz* peres (Manusc.).
[7] Trompe.
[8] Imp. — *Pommes* (Manusc.).
[9] S'en servent comme d'arme offensive et défensive, ainsi que d'une main.

combat jettent les gens haut en l'air, et à la cheute les font crever de rire. Ils ont moult belles et grandes oreilles de la forme d'un van. Ils ont joinctures et articulations es jambes. Ceux qui ont escrit le contraire n'en virent jamais qu'en peinture. Entre leurs dents ils ont deux grandes cornes : ainsi les appelloit Juba, et dit Pausanias estre cornes, non dents. Philostrate tient que soient [1] dents, non cornes : ce m'est tout un, pourveu qu'entendiez que c'est le vray yvoire, et sont longues de trois ou quatre coudées, et sont en la mandibule superieure, non inferieure.

Si croyez ceux qui disent le contraire, vous en trouverez [2] mal, voire fust ce Elian, tiercelet de menterie [3]. Là, non ailleurs, en avoit veu Pline, dansans aux sonnettes sus cordes, et funambules : passans aussi sur les tables en plein banquet, sans offenser les beuveurs beuvans.

J'y vis un rhinoceros du tout semblable à celuy que Henry Clerberg [4] m'avoit autrefois monstré, et peu differoit [5] d'un verrat qu'autrefois j'avois veu à Limoges [6] : excepté qu'il avoit une corne au muffle, longue d'une coudée, et pointue, de laquelle il osoit entreprendre contre un elephant en combat, et d'icelle le poignant sous le ventre (qui est la plus tendre et debile partie de l'elephant) le rendoit mort par terre. J'y vis trente deux unicornes : c'est une beste felonne à merveille, du tout semblable à un beau cheval [7] : excepté qu'elle a la teste comme un cerf, les pieds comme un elephant, la queue comme un sanglier, et au front une corne aigue, noire et longue de six ou de sept pieds [8] : laquelle, ordinairement, luy pend en bas comme la creste d'un coq d'Inde : elle, quand veut combattre ou autrement s'en aider, la leve roide et droite. Une d'icelles je vis, accompagnée de divers animaux sauvages, avec sa corne emonder une fontaine. Là

---

[1] Imp. — *Que sont* (M.).
[2] Imp. — *Vous, vous en trouverez* (Manusc.).
[3] Le plus fieffé des menteurs, allusion au tiercelet ou mâle des faucons, qui est le meilleur des oiseaux volants.
[4] Imp. — *Hans Cleberg* (M.).
[5] Imp. *Peu différent* (M.).
[6] Imp. — *A Legugé* (M.).
[7] Imp. — *A un cheval de Lavedan* (Manusc.).
[8] Imp. — *De six et sept pieds* (Manusc.).

me dist Panurge que son courtaut ressembloit à ceste unicorne, non en longueur du tout, mais en vertu et en proprieté : car ainsi comme elle purifioit l'eau des mares et fontaines d'ordure ou venin aucun qui y estoit[1], et ces animaux divers, en sceureté, venoient boire aprés elle, ainsi[2] scurerement on pouvoit aprés luy fatrouiller[3] sans danger de chancre, verole, pisse chaude, poulains grenés, et tels autres menus suffrages : car si mal aucun[4] estoit au trou mephitique, il esmondoit tout avec sa corne nerveuse. Quand, dist frere Jean, vous serez marié[5], nous ferons[6] l'essay sur vostre femme. Pour l'amour de Dieu soit, puisque nous en donnez instruction fort salubre[7]. Voire, respondit Panurge, et soudain en l'estomac la belle petite pillule aggregative de Dieu, composée de vingt deux coups de poignard à la Cesarine. Mieux vaudroit, disoit frere Jean,[8] une tasse de quelque bon vin frais. J'y vis la toison d'or, conquise par Jason. Ceux qui ont dit n'estre toison, mais pomme d'or, parce que μῆλα signifie pomme et brebis, avoient mal visité le pays de Satin. J'y vis un cameleon, tel que le descrit Aristoteles, et tel que me l'avoit quelquefois monstré Charles Marais, medecin insigne en la noble cité de Lyon sur le Rhosne, et ne vivoit que d'air non plus que l'autre.

J'y vis trois hydres, telles qu'en avois ailleurs autrefois veu. Ce sont serpens, ayant chascun sept testes diverses. J'y vis quatorze phenix. J'avois leu en divers auteurs qu'il n'en estoit qu'un en tout le monde, pour un aage : mais, selon mon petit jugement, ceux qui en ont escrit, n'en virent onques ailleurs qu'au pays de tapisserie, voire fust ce Lactance Firmian[9]. J'y vis la peau de l'asne d'or[10] d'Apulée. J'y vis trois

---

[1] « Imp. — *Si ordure ou venin aulcun y estoit* (Manusc.). »

[2] Imp. — *Aussi* (Manusc.).

[3] Imp. — *Farbouller* (Manusc.).

[4] Imp. — Le manuscrit ajoute : *ou infection*.

[5] Imp. — *Serez* au lieu de *vous serez* (Manusc.).

[6] Imp. — *En ferons*, au lieu de *nous ferons* (Manusc.).

[7] Imp. — *Tant* salubre (M.).

[8] Imp. — *Dist* frere Jean (M.).

[9] Lactantius Firmianus, auteur latin du troisième siècle, à qui l'on a attribué un poëme du *Phénix*.

[10] Imp. — L'asne *doré* (Manusc.).

cens et neuf pelicans, six mille et seize oiseaux Seleucides, marchans en ordonnance, et devorans les sauterelles parmy les bleds : des cynamolges, des argatiles, des caprimulges, des tynnuncules, des crotenotaires, voire, dis je, des onocrotales avec leur grand gosier, des stymphalides, harpies, pantheres, dorcades, cemades, cynocephales, satyres, cartasonnes, tarandes, ures, monopes, pephages, cepes, neares, stecercopiteques, bisons, musimones, bytures, ophyres, stryges, gryphes [1].

J'y vis la my caresme à cheval (la my aoust et la my mars luy tenoient l'estaphe) : loups garoux, centaures, tygres, leopards, hyenes, cameleoparlades, oryges [2].

J'y vis une remore, poisson petit, nommé Echeneis des Grecs, auprés d'une grande nauf, laquelle ne se mouvoit, encores qu'elle eust pleine voile en haute mer : je croy bien que c'estoit celle de Periander le tyran, laquelle un poisson tant petit arrestoit contre le vent [3]. Et en ce pays de Satin, non ailleurs, l'avoit veue Mutianus. Frere Jean nous dist, que par les cours de parlement souloient jadis regner deux sortes de poisson, lesquels faisoient de tous poursuivans, nobles, roturiers, pauvres, riches, grands, petits, pourrir les corps et enrager les ames. Les premiers estoient poissons d'avril, ce sont maquereaux : les seconds venefiques remores, c'est sempiternité de procés sans fin de jugement. J'y vis des sphinges, des raphes, des oinces, des cephes, lesquels ont les pieds de devant comme les mains, et ceux de derriere comme les pieds d'un homme : des crocutes, des eales, lesquels sont grands comme hippopotames, ont la queue comme elephans, les mandibules comme sangliers, les cornes mobiles, comme sont les oreilles d'asne. Les cucrotutes [4] bes-

---

[1] Dans cette énumération, assez peu intéressante, il y a quelques noms imaginés par l'auteur ; la plupart sont ceux d'animaux réels ou fantastiques qu'il a empruntés à Élien, à Pline et aussi aux naturalistes de son temps.

[2] Ou *oryx*, espèce de gazelle à une corne qui, suivant Oppien, se trouvait en Éthiopie.

[3] Cette faculté est attribuée par Pline au petit poisson appelé *remora*, liv. IX, ch. 25.

[4] Ou plutôt *leucrocotes*, selon

tes tres legeres, grandes comme asnes de Mirebalais, ont le col, la queue et poictrine comme un lion, les jambes comme un cerf, la gueule fendue jusques aux oreilles, et n'ont autres dents qu'une dessus, et une autre dessous : elles parlent de voix humaine, mais lors mot ne sonnerent. Vous dictes qu'on ne vit onques aire de sacre, vrayment j'y en vis onze, et les notay bien[1]. J'y vis des hallebardes gaucheres[2], ailleurs n'en avois veu[3]. J'y vis des manthicores, bestes bien estranges, elles ont le corps comme un lion, le poil rouge, la face et les oreilles comme un homme, trois rangs[4] de dents, entrant les unes dedans les autres, comme si vous entrelassiez les doigts des mains les uns dedans les autres[5] : en la queue elles ont un aiguillon, duquel elles poignent, comme font les scorpions, et ont la voix fort melodieuse. J'y vis des catoblepes[6], bestes sauvages, petites de corps, mais elles ont les testes grandes sans proportion : à peine les peuvent lever de terre : elles ont les yeux tant veneneux[7], que quiconque les voit, meurt soudainement, comme qui verroit un basilic. J'y vis des bestes à deux dos, lesquelles me sembloient joyeuses à merveille et copieuses en culletis, plus que n'est la mocitelle[8], avec sempiternel remuement de cropions. J'y vis des escrevisses laictées, ailleurs jamais n'en avois veu, lesquelles marchoient en moult belle ordonnance, et les faisoit moult bon voir[9].

Pline, livre VIII, chapitre 30. Voy. ce chap. et les suivants pour tous ces animaux. Le Manuscrit porte : *lancercurez.*

[1] Manusc. — *notez* (Imprimé).

[2] Sont-ce des hallebardes portées de la main gauche? Mais que font ces hallebardes au milieu de cette nomenclature d'animaux?

[3] « *Je y viez des escrevisses laictées et sont bien bonnes*, ajoute ici le Manuscrit. »

[4] Imp. — Trois *rangées* de dents (Manusc.).

[5] Imp. — *Comme si vous entrelassiés les doigts des deux mains* (Manusc.).

[6] Pour les manticheres et les catoblèpes, voyez encore Pline le naturaliste, livre VIII, aux chapitres 30 et 35.

[7] Imp. — *Venimeux* (Manusc.).

[8] Ou hoche-queue.

[9] Le Manuscrit place plus haut, comme nous l'avons vu, les escrevisses laictées : les deux dernières lignes ne sont que dans l'Imprimé.

CHAPITRE XXXI.

Comment au pays de Satin nous vismes Ouy dire, tenant escole de tesmoignerie[1].

Passans quelque peu avant en ce pays de tapisserie, vismes la mer Mediterranée ouverte et decouverte jusques aux abysmes, tout ainsi comme au gouffre Arabic se descouvrit la mer Erithrée, pour faire chemin aux Juifs issans d'Egypte. Là je recognu Triton sonnant de sa grosse conche, Glaucus, Proteus, Nereus et mille autres dieux et monstres marins. Vismes aussi nombre infini de poissons en especes diverses, dansans, volans, voltigeans, combattans, mangeans[2], respirans, belutans, chassans, dressans escarmouches, faisans embuscades, composans trefves[3], marchandans, jurans[4], s'esbatans. En un coing là prés vismes Aristoteles tenant une lanterne, en semblable contenance que l'on peint l'hermite prés saint Christophe[5], espiant, considerant, le tout redigeant par escrit. Derriere luy estoient comme records de sergents, plusieurs autres philosophes, Appianus, Heliodorus, Atheneus, Porphyrius, Pancrates, Archadian, Numenius, Possidonius, Ovidius, Oppianus, Olympius, Seleucus, Leonides, Agathocles, Theophraste, Demostrate, Mutianus, Nymphodorus, Elianus, cinq cens autres gens aussi de loisir, comme fut Chrysippus ou Aristarchus[6] de Sole, lequel demeura cin-

---

[1] Imp. — *Tesmoignagerie* (M.).
[2] Imp. — *Navigeans* (M.).
[3] Imp. — *Composans termes* (Manusc.).
[4] Imp. — *Jouans* (Manusc.).
[5] Dans les anciennes images de saint Christophe on représentait un ermite qui éclairait le saint traversant la rivière avec son précieux fardeau.
[6] L'auteur s'embrouille un peu dans ces noms de naturalistes et de philosophes.
Pline l'ancien applique ce qui est dit ici à Aristomachus (et non pas à Aristarchus) de Sole; ce qui fe-

quante huit ans à contempler l'estat des abeilles, sans autre chose faire. Entre iceux j'y advisay Pierre Gilles[1], lequel tenoit un urinal en main, considerant en profonde contemplation l'urine de ces beaux poissons.

Avoir longuement consideré ce pays de Satin, dist Pantagruel : J'ay icy longuement repeu mes yeux, mais je ne m'en peux en rien saouler, mon estomac brait de male rage de faim : repaissons, repaissons, dis je, et tastons de ces anacampserotes[2] qui pendent là dessus. Fy, ce n'est rien qui vaille. Je donc pris quelques mirobalans qui pendoient à un bout de tapisserie : mais je ne les peus mascher, ni avaller, et les goustans eussiez proprement dit et juré que fust soye retorse[3], et n'avoient saveur aucune. On penseroit qu'Heliogabalus là eust pris, comme transsumpt[4] de bulle, forme de festoyer ceux qu'il avoit longtemps fait jeusner, leur promettant enfin banquet somptueux, abondant, imperial : puis les paissoit de viandes en cire, en marbre, en potterie, en peinture et nappes figurées[5]. Cerchans donc par ledit pays si viandes aucunes trouverions, entendismes un bruit strident et divers, comme si fussent femmes lavant la buée ou traquets de moulins de Bazacle lez Tolose[6] : sans plus sejourner, nous transportasmes au lieu où c'estoit, et vismes un petit vieillard bossu, contrefait et monstrueux, on le nommoit *Ouy dire* : il avoit la gueule fendue jusques aux oreilles, et dedans la gueule sept langues, et chaque langue fendue en sept parties : quoy que ce fust, de toutes sept en-

---

rait croire que l'auteur a emprunté la citation à saint Augustin, qui commet la même erreur dans le XVe de ses Sermons *ad fratres in Eremo*.

[1] Pierre Gilles était un naturaliste d'Alby.

[2] Herbe qui, ainsi que l'indique son nom grec, fait *revenir l'amour*, au dire de Pline.

[3] Imp. — *Retorte* (Manusc.).

[4] Comme une copie de bulle, c'est-à-dire avec imitation parfaite.

[5] L'auteur a sans doute en vue ce passage de Lampridius (*Vie d'Héliogabale*) :

« Parasitis in secunda mensa sæpe ceream cœnam, sæpe ligneam, sæpe eburneam, aliquando fictilem, nonnumquam etiam vel marmoream, vel lapideam exhibuit : ita ut omnia illis exhiberet videnda de diversa materia, quæ ipse cœnabat. »

[6] Le Bazacle est situé au-dessous de Toulouse, sur la Garonne.

semblement parloit divers propos et langages divers : avoit aussi parmy la teste et le reste du corps autant d'oreilles comme jadis eut Argus d'yeux : au reste estoit aveugle et paralytique des jambes. Autour de luy je vis nombre innumerable d'hommes et de femmes escoutans et attentifs, et en recognu aucuns parmy la trouppe faisans bon minois, d'entre lesquels un pour lors tenoit une mappemonde, et la leur exposoit sommairement par petits aphorismes, et y devenoient clercs et savans en peu d'heures, et parloient de prou de choses prodigieuses elegantement et par bonne memoire, pour la centieme partie desquelles savoir ne suffiroit la vie de l'homme : des pyramides du Nil, de Babylone, des Troglodites, des Hymantopodes[1], des Blemmyes[2], des Pigmées, des Canibales, des monts Hyperborées, des Ægipanes, de tous les diables, et tout par *Ouy dire*. Là je vis, selon mon advis, Herodote, Pline, Solin, Berose, Philostrate, Mela, Strabo, et tant d'autres antiques, plus Albert le jacobin grand[3], Pierre Tesmoing[4], pape Pie second, Volateran, Paulo Jovio le vaillant homme, Jacques Cartier, Chaiton Armenian[5], Marc Paule Venitien, Ludovic Romain[6], Pietre Alvares[7], et ne sçay combien d'autres modernes historiens cachés derriere une piece de tapisserie, en tapinois escrivans de belles besongnes, et tout par *Ouy dire*.

Derriere une piece de velours figuré à feuilles de menthe, prés d'*Ouy dire*, je vis nombre grand de Percherons et Manceaux, bons estudians, jeunes assez : et demandans en quelle

---

[1] Mot à mot : Qui a les pieds en forme de courroies, *loripedes*. Ce sont des peuples d'Éthiopie dont parlent Pomponius Mela, Pline et Solin.

[2] Les Blemmyes, comme on lit dans les anciennes éditions (et non *Blemiens*), sont des êtres fantastiques, sans tête, ayant les yeux et la bouche sur la poitrine.

[3] Albert le Grand.

[4] Pierre Martyr ; on sait que μάρτυρ, en grec, a les deux sens.

[5] Hayton l'Arménien est un voyageur du treizième siècle, dont l'*Historia orientalis* a été publiée à la suite du voyage de Marco Polo.

[6] Louis de Verthema, qui prenait quelquefois en tête de ses ouvrages le titre de *patrizio romano*, et dont l'*Itinéraire* en Orient fut publié à Venise, Rusconi, 1520, in-12.

[7] Il s'agit sans doute de Pedro Alvarez Cabral, le Portugais.

faculté ils appliquoient leur estude, entendismes que là de jeunesse ils apprenoient à estre temoins, et en cestuy art profitoient si bien, que partans du lieu et retournés en leur province, vivoient honnestement du metier de tesmoignerie, rendans seur tesmoignage de toutes choses à ceux qui plus donneroient [1] par journée [2], et tout par *Ouy dire*. Dites en ce que voudrez [3], mais ils nous donnerent de leurs chanteaux, et beusmes à leurs barils à bonne chere [4]. Puis nous advertirent cordialement, qu'eussions à espargner verité, tant que possible nous seroit, si voulions parvenir en cour de grands seigneurs [5].

---

[1] L'Imprimé porte *donneroient* et le Manuscrit *donnoient*.

[2] Un grand homme sec, là, qui me sert de témoin,
Et qui jure pour moi, lorsque j'en ai besoin,

a dit notre poëte Racine, dans *les Plaideurs*, act. 1, sc. 6.

[3] Imp. — *Ce que vous voudrez* (M.).

[4] Gracieusement.
Où recueillis furent à bonne chere.
J. Marot.

[5] Imp. — *Des grands seigneurs* (Manusc.).

CHAPITRE XXXII.

Comment nous fut descouvert le pays de Lanternois.

Mal traités et mal repeus au pays de Satin, navigasmes par trois jours : au quatrieme en bon heur [1] approchasmes de Lanternois. Approchans voyons sur mer certains petits feux volans : de ma part je pensois que fussent lanternes poissons [2], qui de la langue flamboyante, hors la mer fissent feu : ou bien Lampirides [3], vous les appelez Cicindeles, là reluisans, comme au soir fait [4] en ma patrie l'orge venant à maturité. Mais le pilot nous advertit, que c'estoient lanternes du guet, lesquelles autour de la banlieue descouvroient le pays, et faisoient escorte à quelques lanternes estrangeres, qui comme bons cordeliers et jacobins, alloient là comparoistre au chapitre provincial. Doutans toutesfois que fust quelque prognostic de tempeste, nous asseura qu'ainsi estoit.

---

[1] Sic Imp. et M. — Heureusement.

[2] Lanternes poissons (M.). *Non lanternes, mais poissons* (dit l'Imprimé).

[3] On lit ainsi dans l'Imprimé. Le Manuscrit porte : Ou bien que vous appellez cicindelles.

[4] Imp. — *Comme au soir font*, porte le Manuscrit.

CHAPITRE XXXIII.

Comment nous descendismes au port des Lychnobiens, et entrasmes en Lanternois.

Sus l'instant entrasmes au port[1] de Lanternois. Là sus une haute tour recognut Pantagruel la lanterne de la Rochelle[2], laquelle nous fit bonne clarté. Vismes aussi la lanterne de Pharos, de Nauplion[3], et d'Acropolis[4] en Athenes sacrée à Pallas. Prés le port est un petit village habité par les Lychnobiens, qui sont peuples vivans de lanternes, comme en nos pays les freres briffaux vivent de nonnains, gens de bien et studieux. Demosthenes y avait jadis lanterné[5]. De ce lieu jusques au palais fusmes conduits par trois Obeliscolychmies[6], gardes militaires du havre, à hauts bonnets, comme Albanois[7], es-

---

[1] Imp. — *Au pais de Lanternois* (Manusc.).

[2] Il y a en effet en cette ville une tour très-élevée dite de la *lanterne*, et située sur le bord de la mer. Je ne crois pas qu'on place encore au sommet un fanal, comme au XVIe siècle. On voit que l'auteur prend d'abord le mot *lanterne* dans le sens de *phare*.

[3] L'histoire de Nauplius est racontée dans la *Bibliothèque* d'Apollodore. Il était père de Palamède qu'Ulysse, par une accusation calomnieuse, avait fait condamner à mort. Pour s'en venger, tandis que la flotte des Grecs était battue des vents furieux, Nauplius fit allumer un grand feu, en guise de phare, sur le mont.

[4] C'est en effet sur l'Acropolis que fut construit le Parthénon.

[5] Il existe encore à Athènes un petit édifice de marbre brun d'une structure délicate. Le vulgaire l'appelle *lanterne* de Démosthène. On croit que c'est là que le célèbre orateur s'exerçait, en se mettant des cailloux dans la bouche, à combattre son bégaiement naturel.
(P. Paris.)

[6] Quintilien désigne sous ce nom des soldats qui portaient un fallot allumé au bout d'une lance.
Athénée en parle aussi ; voy. liv. 15, chap. 34.

[7] « On appèle en particulier Albanoys ces chevau-legiers qui viennent dud. pays armés à la legiere et portant hautz chappeaux (tricot). Ces chapeaux avoient une forme conique. » Ch. Estienne, *De re vestiaria*.

quels exposasmes les causes de nos voyage et deliberation[1] : laquelle estoit là impetrer de la royne de Lanternois une lanterne pour nous esclairer et conduire par le voyage que faisions vers l'oracle de la bouteille. Ce que nous promirent faire, et volontiers : adjoustans qu'en bonne occasion et opportunité estions là arrivés, et qu'avions beau[2] faire choix de lanternes, lors qu'elles tenoient leur chapitre provincial. Advenans au palais royal[3], fusmes par deux lanternes d'honneur, savoir est, la lanterne d'Aristophanes, et la lanterne de Cleanthes[4], présentés à la royne, à laquelle Panurge en langage Lanternois exposa briefvement les causes de nostre voyage. Et eusmes d'elle bon recueil, et commandement d'assister à son soupper, pour plus facilement choisir celle que voudrions pour guide. Ce que nous plust grandement, et ne fusmes negligens bien tout noter et tout considerer, tant en leurs gestes, vestemens et maintien, qu'aussi en l'ordre du service. La royne estoit vestue de christallin vierge, de tauchie[5], ouvrage damasquin; passementé de gros diamans. Les lanternes du sang estoient vestues, aucunes de strain[6], autres de pierres phengites, le demourant estoient vestues[7] de corne, de papier, de toille cirée. Les fallots pareillement selon leurs estats et antiquité de leurs maisons. Seulement j'en advisay une de terre comme un pot, en rang des plus gorgiases[8] : de ce m'esbahissant, entendis que c'estoit la lanterne d'Epictetus[9], de

---

[1] Imp. — *Nostre* voyage et deliberation (Manusc.).
[2] Imp. — *Qu'aurions* beau (M.).
[3] Sic Imp. et M.
[4] Allusion à ce passage de Varron : « Quod si summum gradum non attigero, tamen secundum præteribo, quod non solum ad Aristophanis lucernam, sed etiam ad Cleanthis lucubravi. » Varron veut parler d'Aristophane le Grammairien et de certaines théories grammaticales du stoïcien Cléanthe.
[5] Imp. — Le Manuscrit porte : « de cristallin, vergé par art de tauchie et azzeminé à ouvraige damasquin. »
[6] Espèce d'albâtre gypseux, ou *stras*, diamant faux. Le Manuscrit ajoute après strain : aultres de stuc bien doré.
[7] Imp. — *Le demourant estoyent vestues* est la leçon du Manuscrit; *vestues* manque à tort dans l'Imp.
[8] Des lanternes à l'extérieur le plus brillant.
[9] Lucien raconte qu'elle fut vendue la somme de 3,000 deniers

laquelle on avoit autresfois refusé trois mille dragmes. J'y consideray diligentement[1] la mode et accoustrement de la lanterne polymixe[2] de Martial, encores plus de la icosimyxe[3], jadis consacrée par Canope, fille de Tisias. J'y notay tres bien la lanterne pensile[4], jadis prise de Thebes au temple d'Apollo Palatin, et depuis transportée en la ville de Cyme Eolique par Alexandre le Conquerant. J'en notay une autre insigne, à cause d'un beau floc de soye cramoisine qu'elle avoit sur la teste. Et me fut dit que c'estoit Bartole, lanterne de droit[5]. J'en notay pareillement deux autres insignes, à cause des bourses de clystere[6], qu'elles portoient à la ceinture : et me fut dit que l'une estoit le grand, et l'autre le petit luminaire des apothycaires[7]. L'heure du soupper venue, la royne s'assit en premier lieu, consequemment les autres selon leur degré et dignité. D'entrée de table toutes furent servies de grosses chandelles de moulle, excepté que la royne fut servie d'un gros et roide flambeau flamboyant de cire blanche, un peu rouge par le bout : aussi furent les lanternes du sang exceptées du reste, et la lanterne provinciale de Mirebalais[8] : laquelle fut servie d'une chandelle de noix, et la provinciale du bas Poitou, laquelle je vis estre servie d'une chandelle armée[9]. Et Dieu sçait quelle lumiere aprés elles rendoient avec leurs mecherons. Excepté aussi un nombre de jeunes lanternes, du gouvernement d'une grosse lanterne. Elles ne lui-

---

à un amateur crédule qui s'imagina qu'elle devrait avoir la vertu de rendre célèbre celui qui la posséderait.

[1] Imp. — *Diligemment* (M.).
[2] *Lucerna* πολύμυξος, ou la lampe à plusieurs becs, est le titre de la 41e épig. du liv. XIV de Martial :

Illustrem quam tuta meis convivia flammis,
Totque geram myxas, una lucerna vocor.

[3] A vingt becs.
[4] Destinée à être suspendue

[5] Lumière de la jurisprudence.
[6] Probablement des étuis à seringues.
[7] En 1492, il parut à Turin un livre qui eut plusieurs éditions, intitulé *Luminare apothecariorum*.
[8] Suivant Le Duchat, on allumait sur le haut du clocher de Mirebeau une lampe en forme de chandelier.
[9] A armoiries, comme les cierges bénits qu'on offre le jour de Pâques.

soient comme les autres, mais me sembloient avoir les paillardes couleurs.

Aprés soupper nous retirasmes pour reposer. Le lendemain matin la royne nous fit choisir une lanterne, pour nous conduire, des plus insignes. Et ainsi prismes congé[1].

---

[1] Toutes ces personnifications entremêlées d'allusions érotiques nous paraissent médiocrement ingénieuses. Il faut convenir que Rabelais en fait parfois qui ne valent pas pour le fond beaucoup mieux; mais la forme les fait passer.

Ce chapitre finit ici dans le manuscrit; il est suivi d'un autre qui ne se trouve point dans les anciennes éditions. Quelque mauvais qu'il nous paraisse, le lecteur curieux ne sera pas fâché de le trouver tout entier ici en note, ne fût-ce que pour la curieuse nomenclature qu'il contient, de chansons du temps désignées par leurs premières paroles.

Comment furent les dames lanternes servies à soupper.

Les vezes, bouzines et cornemuses sonnerent harmonicusement, et leur furent les viandes apportées. A l'entrée du premier service, la royne prit, en guise de pillules qui sentent si bon (je dis *ante cibum*) pour soy desgraisser l'estomac, une cuillerée de petasinne, puis furent servies :

    Des corquignoles savoreuses.
    Des happelourdes.
    Des badigonyeuses.
    Des coquemares à la vinaigrette.
    Des coquecigrues.
    Des etangourres.
    Des ballivarnes en paste.
    Des estroncs fins à la nasardine.
    Des aucbares de mer.
    Des godivaulx de levrier bien bons.
    Du promerdis grand viande.
    Des bourbelettes.
    Primeronges.
    Des bregizollons.
    Des lansbregots.
    Des freleginingues.
    De la bistroye.
    Des brigailles mortifiées.
    Des genabins de haute fustaye.
    Des starabillats.
    Des cornéabots.
    Des cornameux revestuz de bize.
    De la gendarmenoyre.
    Des jerangois.
    De la trismarmaille.
    Des ordisopirats.
    De la mopsopige.
    Des brebasenas.
    Des fondrilles.
    Des chinfrenaulx.
    Des bubagotz.
    Des volepupinges.
    Des gafelages.
    Des brenouzets.
    De la mirelaridaine.
    De la croquepye.

S'ensuyt ce qui estoit en marge et non comprins au present livre.

Servato in-4. lib. Panorgum ad nuptias.

Les quatre quartiers du mouton que porta Hellé et Frixus au destroit de Propontide;

Les deux chevreaux de la celebre chevre Amaltée nourrysse de Jupiter.

LIVRE V, CHAPITRE XXXIII.

Les fans de la cerfve bische Egerye, consellere de Numa Pompelius.

Six oysons couvez par la digne oye limatique, laquelle par son chant saulva la Rocque Tarpée de Rome.

Le poulmon du regnard et du chien que Neptune et Vulcan avoient féés, comme le dicst Julius Pollux *in canibus*.

Le cigne auquel se convertit Jupiter pour l'amour de Leda.

Le bœuf Apis, de Memphis en Egypte, que reffusa sa pitance de la main de Germanicus Cezar.

Et six bœufz, desrobez par Cacus, recouvertz par Hercules.

Les deux chevreaulx que Coridon recosvrit pour Alexis.

Le sanglier Herimentien, Olympicque et Calidonien.

Les cramasteres du toreau tant aymé de Pasiphé.

Le cerf auquel fut transformé Acteon.

Le foye de l'ourse Calixto.

En second service furent servies :

    Des ondrespondredets.
    Des entreduchz.
    De la friande vestampenarderie.
    Des baguenauldes.
    Des dorelotz de liepvre.
    Des bandielivagues, viande rare.
    Des manigoulles de Levant.
    Des brimborions de Ponent.
    De la petaradine.
    Des notrodilles.
    De la vesse couliere.
    De la foire en braic.
    Du suif d'asnon.
    De la crotte en poil.
    Du moinascon.
    Des fanfreluches.
    Des spopondrilloches.
    Du laisse-moy en paix.

Du tire-toy là.
Du boute-luy toy-mesmes.
De la claquemain.
Du saint balleran.
Des epiboches.
Des ivrichaulx.
Des giboullées de mars.
Des triquebilles.
De la bandaille.
Des smubrelots.
Des je reny ma vie.
Des hurtalis.
De la patissandrie.
Des ancraftabots.
Des babilebabous.
De la marabire.
Des sainsaubregois.
Des quaisse-quesse.
Des coquelicous.
Des maralipes.
Du brochancultis.
Des hoppelats.
De la marmitandaille avec beau pissefort.
Du merdignon.
Des croquinpedaignes.
Des tintaloyes.
Des pieds à boule.
Des chinferneaulx.
Des nez d'as de treffles en paste.
De pasque de soles.
Des estafilades.
Du guyacoux.

Pour le dernier service furent presentées :

    Des drogues sernogues.
    Des triquedandaines.
    Des gringuenauldes à la joncade.
    Des brededins-brededas.
    De la gallimaffrée à l'estafignade.
    Des barabinbarabas.
    Des moquecroquettes.
    De la huquemasche.
    De la tirlitantaine.

Des neiges d'antan, desquelles ils ont en abondance en Lanternois.
Des gringalets.
Du salehort.
Des mirelaridaines.
Des mizenas.
Des gresamines, fruict delicieux.
Des mariolets.
Des friquenelles.
De la piedebillorie.
De la mouchenculade.
Du souffle au cul mien.
De la menigance.
Des tritrepoluz.
Des befaibemis.
Des aliborrins.
Des tirepeladans.
Du coquerin.
Des coquilles betissons.
Du croquignologe.
Des tinctamarrois.

Pour desserte apporterent un plein plat de merde couvert d'estrons fleuris : c'estoit un plat plein de miel blanc, couvert d'une guimple de soie cramoisine. Leur boitte fut en tirelarigots, vaisseaux beaux et antiques, et rien ne beuvoient fors œlaiodes, breuvage assez mal plaisant en mon goust : mais en Lanternois c'est boitte deifique : et s'enivrent comme gens, si bien que je vis une vieille lanterne edentée revestue de parchemin, lanterne corporale d'autres jeunes lanternes, laquelle criant aux cemetieres : *Lampades nostræ extinguuntur*, fut tant ivre du breuvage, qu'elle, sus chemin, y perdit vie et lumiere : et fut dit à Pantagruel que souvent en Lanternois ainsi perissoient les lanternes lanternées mesme au temps qu'elles tenoient chapitre.

Le souper finy, furent les tables levées. Lors, les menestriers plus que devant melodieusement sonnants, fut par la reyne commencé un branle double, auquel tous et fallots et lanternes ensemble danserent. Depuis se retira la royne en son siege : les autres aux dives sons des bouzines dansarent diversement comme vous pourrez dire :

Serre martin.
C'est la belle franciscane.
Dessus les marches d'Arras.
Bastienne.
Le trihory de Bretagne.
Hely pourtant si estes belle.
Les sept visages.
La gaillarde.
La revergasse.
Les crapauds et les grues.
La marquise.
Si j'ay mon joly temps perdu.
L'espine.
C'est à grand tort.
La frisque.
Par trop je suis brunette.
De mon deuil triste.
Quand my souvient.
La galliote.
La goutte.
Marry de par sa femme.
La gaie.
Malemaridade.
La pamine.
Catherine.
Saint Roc.
Sanxerre.
Nevers.
Picardie la joile.
La doulourouse.
Sans elle ne puis.
Curé, venez donc.
Je demeure seule.
La mousque de Biscaye.
L'entrée du fol.
A la venue de Noël.
La peronelle.
Le gouvernal.
A la bannie.
Foix.

Verdure.
Princesse d'amours.
Le cœur est mien.
Le cœur est bon.
Jouissance.
Chasteaubriant.
Beurre frais.
Elle s'en va.
La ducate.
Hors de soulcy.
Jacqueline.
Le grand helas.
Tant ay d'ennuy.
Mon cœur sera.
La seignore.
Beauregard.
Perrichon.
Maulgré danger.
Les grands regrets.
A l'ombre d'un buissonnet.
La douleur qui au cœur me blesse.
La fleurie.
Frere Pierre.
Va-t'en regret.
Toute noble cité.
N'y boute pas tout.
Les regrets de l'aigneau.
Le bail d'Espagne.
C'est simplement donné congé.
Mon con est devenu sergent.
Expect un poc ou pauc.
Le renom d'un esgaré.
Qu'est devenue ma mignonne.
En attendant la grace.
En elle n'ay plus de fiance.
En plaincts, et pleurs, je prends congé.
Tire-toi là, Guillot.
Amours m'ont fait desplaisir.
Les soupirs du polin.
Je ne sçay pas pourquoy.
Faisons la, faisons.
Noire et tannée.
La belle Françoise.
C'est ma pensée.
O loyal espoir.
C'est mon plaisir.
Fortune.

L'allemande.
Les pensées de ma dame.
Pensez tous la peur.
Belle a grand tort.
Je ne sçay pas pourquoy.
Helas, que vous a fait mon cœur!
Hé Dieu! quelle femme j'avois!
L'heure est venue de me plaindre.
Mon cœur sera d'aimer.
Qui est bon à ma semblance.
Il est en bonne heure né.
De doleur de l'escuyer.
La douleur de la charte.
Le grand Allemant.
Pour avoir fait au gré de mon amy.
Les manteaulx jaulnes.
Le mout de la vigne.
Toute semblable.
Cremone.
La merciere.
La tripiere.
Mes enfans.
Par faulx semblant.
La valantinoise.
Fortune à tort.
Testimonium.
Calabre.
L'estrac.
Amours.
Esperance.
Robinet.
Triste plaisir.
Rigoron pirouy.
L'oiselet.
Biscaye.
La doulourouse.
Ce que sçavez.
Qu'il est bon.
Le petit helas.
A mon retour.
Je ne fais plus.
Pauvres gens d'armes.
Le faulcheron.
Ce n'est pas jeu.
Breauté.
Te grati roine.

Patience.
Navarre.
Jac Bourdaing.
Rouhault le fort.
Noblesse.
Tout au rebours.
Caulas.
C'est mon mal.
Dulcis amica.
Le chauld.
Les chasteaulx.
La giroflée.
Vazan moy.
Jurez le prix.
La nuyt.
A Dieu m'en voys.
Bon gouvernement.
My sonnet.
Pampelune.
Ils ont menti.
Ma joie.
Ma cousine.
Elle revient.
A la moitié.
Tous les biens.
Ce qu'il vous plaira.
Puisqu'en amour suis malheureux.
A la verdure.
Sur toutes les couleurs.
En la bonne heure.
Or fait il bon aimer.
Mes plaisants chants.
Mon joly cœur.
Bon pied bon œil.
Hau bergere ma mie.
La tisserande.
La pavane.
Hely pourtant si estes belle.
La marguerite.
Or fait il bon.
La laine.
Le temps passe.
Le joly bois.
L'heure vient.
Le plus dolent.
Touche luy l'anticaille.
Les hayes.

Encores les vis-je danser aux chansons de Poictou dites par un fallot de Saint Messant, ou un grand baislant de Parthenay le Vieil.

Notez, beuveurs, que tout alloit de hait, et se faisoient bien valoir les gentils fallots avec leurs jambes de bois. Sus la fin fut apporté vin de coucher avec belle mouscheenculade, et fut crié largesse de par la royne, moyennant une boitte de petasinne. Lors la royne nous octroya le choix d'une de ses lanternes pour nostre conduite, telle qu'il nous plairoit. Par nous fut eslue et choisie la mie du grand M. P. l'Amy, laquelle j'avois autrefois cognue à bonnes enseignes. Elle pareillement me recognoissoit et nous sembla plus divine, plus hilique, plus docte, plus sage, plus diserte, plus humaine, plus debonnaire et plus idoine que autre qui fust dans la compagnie pour nostre conduite. Remercians bien humblement la dame royne, fusmes accompagnés jusques à nostre nauf par sept jeunes fallots balladins, ja luisant la claire Diane.

Au departir du palais, je ouy la voix d'un grand fallot à jambes tortes, disant qu'un bonsoir vault mieux que autant de bons matins qu'il y a eu de chastaignes en farce d'oie depuis le deluge de Ogyges. Voulant donner entendre qu'il n'est bonne chere que de nuyt, lorsque lanternes sont en place accompagnées de leurs gentils fallots. Telles cheres le soleil ne peut voir de bon œil, tesmoing Jupiter lorsqu'il coucha avec Alcmene mere d'Hercules, il le fit cacher deux jours, car peu devant il avoit descouvert le larcin de Mars et de Venus.

CHAPITRE XXXIV.

Comment nous arrivasmes à l'oracle de la bouteille.

Nostre noble lanterne nous esclairant, et conduisant en toute joyeuseté, arrivasmes en l'isle desirée, en laquelle estoit l'oracle de la bouteille. Descendant Panurge en terre fit sur un pied la gambade en l'air gaillardement, et dist à Pantagruel : Aujourd'huy avons nous ce que cherchons avec fatigues et labeurs tant divers. Puis se recommanda courtoisement à nostre lanterne. Icelle nous commanda tous bien esperer, et, quelque chose qui[1] nous apparust, n'estre aucunement effrayés[2]. Approchans au temple de la dive[3] bouteille, nous convenoit passer parmy un grand vignoble[4] fait de toutes especes de vignes[5], comme Phalerne, Malvoisie, Muscadet, Taige, Beaune, Mirevaux, Orleans, Picardent[6], Arbois, Coussi, Anjou, Grave, Corsicque, Verron[7], Nerac, et autres. Le dit vignoble fut jadis par le bon Bacchus planté avec telle benediction, que tous temps il portoit feuille, fleur et fruict[8], comme les orangiers de San Remo[9]. Nostre lanterne magnifique nous commanda manger trois raisins par homme, mettre du pampre en nos souliers, et prendre une branche verde en

---

[1] Imp. — *Quelque nous apparust* (M.).
[2] Imp. — *Effroyés* (M.).
[3] Imp. — *De la digne* (M.).
[4] Imp. — *Vinoble* (M.).
[5] Imp. — *De vins* (M.).
[6] Imp. — *Picque ardent* (M.).
[7] *Verron* (Manusc.) et non *Vierron*, comme l'imprimé.
[8] Piine, liv. XVI, ch. 27, parle d'une vigne de cette nature : « Vites quidem et triferæ sunt, « quas ob id insanas vocant, quo- « niam in iis alia maturescunt, alia « turgescunt, alia florent. »
[9] Le Manuscrit porte *San-Rame*. Il y a un San-Remo sur la côte de Gênes. C'est probablement ce qu'il faut lire. L'Imprimé porte : *Les orangiers de Suresne*.

main gauche. Au bout du vignoble passasmes dessous un arc antique[1], auquel estoit le trophée d'un buveur bien mignonnement insculpé : savoir est, en un lieu, long ordre de flacons, bouraches[2], bouteilles, fioles, ferrieres, barils, barreaux[3], pots, pintes, semaises[4] antiques, pendants d'une treille ombrageuse : en autre, grande quantité d'ails, oignons, eschalottes, jambons, boutargues, parodelles[5], langues de bœuf fumées, formages vieux, et semblable confiture entrelassée de pampre, et ensemble par grande industrie fagottée avec des ceps : en autre cent formes de verres comme verres à pied, et, verres à cheval[6], cuveaux, retombes, hanaps[7], jadaux[8], salvernes[9], tasses, gobelets, et telle semblable artillerie bacchique. En la face de l'arc[10] dessous le zoophore estoient ces deux vers inscrits :

> Passant icy ceste poterne
> Garny toy de bonne lanterne.

A cela, dist Pantagruel, avons nous pourveu. Car en toute la region de Lanternois, n'y a lanterne meilleure et plus divine que la nostre.

Cestuy arc finissoit en une belle et ample tonnelle[11], toute faite de ceps de vignes, ornés de raisins de cinq cens couleurs diverses, et cinq cens diverses formes non naturelles, mais ainsi composées[12] par art d'agriculture, jaunes, bleux,

---

[1] Imp. — *Anticqual* (M.).
[2] Bouteilles de cuir (*borracha, bota para el vino, Dict. de l'Ac. esp.*).
[3] *Barrau* ou *barau* est encore un terme usité en provençal. Honnorat dit que c'est un petit baril à gouleau. Après *barrau* le manuscrit ajoute *bossèdes*.
[4] Suivant Monet, de grands vases d'airain à porter du vin; suivant Cotgrave, de grands pots de bois qui servaient de vases aux Allemands.
[5] Sorte de fromages ronds (Cotgrave).
[6] « Par une opposition bouffonne à *verre à pied*, » dit Le Duchat. Bouffonne, si l'on veut, mais spirituelle, non.
[7] Grands verres.
[8] Écuelles. *Jadau* se dit encore en divers patois. Avant jadaux le Manuscrit porte *brcusses*.
[9] Suivant Cotgrave, c'est une coupe, *driking cup : salva, salvilla* (soucoupe) en espagnol, doit être un mot de la même famille.
[10] Imp.—Arc *magnificque* (M.).
[11] Berceau de treillage. *Tonnelle* est encore usité en ce sens.
[12] Imp. — *Apposées* (Manusc.).

tanés, azurés, blancs, noirs, verds, violets, riolés[1], piolés[2], longs, ronds, torangles[3], couillonnés, couronnés, barbus, cabus, herbus. La fin d'icelle estoit close de trois[4] antiques lierres, bien verdoyans et tous chargés de bagues[5]. Là nous commanda nostre illustrissime lanterne, de ces lierres chascun de nous se faire un chapeau albanois, et s'en couvrir toute la teste. Ce que fut fait sans demeure. Dessous, dist lors Pantagruel, ceste treille, n'eust ainsi jadis passé[6] la pontife de Jupiter[7]. La raison, dist notre preclare lanterne, estoit mystique. Car y passant auroit le vin, ce sont les raisins, au dessus de la teste, et sembleroit estre comme maistrisée et dominée du vin, pour signifier que les pontifes, et tous personnages, qui s'addonnent et dedient à contemplation des choses divines, doivent en tranquillité leurs esprits maintenir hors toute perturbation de sens : laquelle plus est manifestée en yvrognerie, qu'en autre passion, quelle que soit.

Vous pareillement au temple ne seriez receus de la dive bouteille, estans par cy dessous passés[8], sinon que Bacbuc la noble pontife vist de pampre vos souliers pleins : qui est acte du tout et par entier diametre contraire au premier, et signification evidente, que le vin vous est en mespris, et par vous conculqué et subjugué. Je, dist frere Jean, ne suis point clerc, dont me desplait : mais je trouve dedans mon breviaire, qu'en la revelation[9] fut, comme chose admirable, veue une femme, ayant la lune sous les pieds : c'estoit, comme m'a exposé Bigot, pour signifier qu'elle n'estoit de la race et nature des autres qui toutes ont à rebours la lune en teste, et par consequent le cerveau tousjours lunatique : cela m'induit[10] facilement à croire ce que dites, madame lanterne m'amie.

---

[1] Bariolés.
[2] Diversifiés.
[3] Imp. — *Triangles* (M.). Après *triangles*, le manuscrit ajoute ici *carrés*.
[4] Imp. — *De tous* (M.).
[5] Imp. — C'est-à dire de baies (*bacca*, en latin). — *Bacques* (M.).
[6] Imp. — *Jadis osé passer le* (M.).

[7] Voy. Plutarque, *Quæst. Rom.*, 112, éd. Didot, t. III, p. 358. Διὰ τίνα δὲ αἰτίαν οὐδὲ κιττοῦ θιγεῖν ἐφίεται τῷ ἱερεῖ τοῦ Διός, etc.
[8] Ces cinq mots manquent dans le Manuscrit.
[9] C'est-à-dire dans l'Apocalypse.
[10] Imp. — *M'a induict* (M.).

CHAPITRE XXXV.

Comment nous descendismes sous terre pour entrer au temple de la bouteille, et comment Chinon est la premiere ville du monde.

Ainsi descendismes sous terre par un arceau incrusté de plastre, peint au dehors rudement d'une danse de femmes et satyres, accompagnans le vieil Silenus riant sur son asne. Là je disois à Pantagruel : Ceste entrée me revoque en souvenir la cave peinte[1] de la premiere ville du monde : car là sont peintures pareilles, en pareille fraicheur[2], comme icy. Où est, demanda Pantagruel, et qui est ceste premiere ville que dites? Chinon, dis je, ou Caynon en Touraine. Je sçay, respondit Pantagruel, où est Chinon, et la cave peinte aussi, j'y ay beu maints verres de vin frais[3], et ne fais doute aucune[4] que Chinon ne soit ville bien antique, son blason l'atteste, auquel est dit :

> Chinon, deux fois, trois fois Chinon,
> Petite ville, grand renom[5],
> Assise sur pierre ancienne,
> Au haut le bois, au pied la Vienne.

---

[1] Il y a dans la ville de Chinon de vastes caves ou celliers, qui sont encore ainsi nommés à cause des peintures qui les décoraient.

[2] Pareillement à fresque, suivant Le Duchat. Nous ne croyons pas que ce soit là toute la pensée de l'auteur. Il est évident qu'il joue sur le double sens de *fraicheur*. Il veut laisser entendre que ces peintures sont fraîches, parce qu'elles sont dans une cave.

On lit dans le manuscrit : *peintures et pareille* frescheur.

[3] Imp. — *Bon et fraiz* (M.).

[4] Imp. — *Aucun* (M.).

[5] Selon Brantôme ce *renom* s'appliquait spécialement au château et non à la ville de Chinon.

Mais comment seroit elle ville premiere du monde? où le trouvez vous[1] par escrit? quelle conjecture en avez[2]? Je dis : Je trouve en l'escriture sacrée que Cayn fut premier bastisseur de villes : vray donc semblable est[3], que la premiere il de son nom nomma Caynon[4], comme depuis ont à son imitation tous autres fondateurs, et instaurateurs de villes, imposé[5] leurs noms à icelles. Athene (c'est en grec Minerve) à Athenes : Alexandre à Alexandrie : Constantin à Constantinople : Pompée à Pompeiopolis en Cilicie : Adrian à Adrianople : Canaan aux Cananeens : Saba aux Sabeiens : Assur aux Assyriens : Ptolomaïs, Cesarée, Tiberium, Herodium en Judée.

Nous tenans ces menus propos, sortit le grand flasque (nostre lanterne l'appelloit phlosque[6]) gouverneur de la dive bouteille, accompagné de la garde du temple, et estoient tous bouteillons[7] françois. Iceluy nous voyant Tyrsigeres, comme j'ay dit, et couronnés de lierre, recognoissant aussi nostre insigne lanterne, nous fit entrer en seureté, et commanda que droit on nous menast à la princesse Bacbuc, dame d'honneur de la bouteille, et pontife de tous les mysteres. Ce que fut fait.

---

[1] Imp. — *Trouverez* (Manusc.).
[2] Imp. — *En avez-vous?* (M.).
[3] Imp. — *Vray donc semble que la premiere* (Manusc.).
[4] Dans Grégoire de Tours et dans d'autres auteurs qui ont écrit en latin, Chinon est nommé *Caino*.
[5] Imp. — *Comme depuis à son imitation tous autres fondateurs imposent leurs noms* (Manusc.).

[6] Imp. — *Philasque* (M.).
[7] De *bottiglione* (Dict. d'Oudin), grand buveur, sac à vin. Les Italiens appliquaient cette injure aux troupes françaises qui occupaient leur pays.
Quid restat mihi? ut impressis butilionibus regnet Cæsar invictissimus (Pasquin, tome II, p. 317, des *Pasquillorum tomi duo*).

CHAPITRE XXXVI.

Comment nous descendismes les degrés tetradiques, et de la peur qu'eut Panurge.

Depuis descendismes un degré marbrin [1] sous terre, là estoit un repos : tournans à gauche en descendismes deux autres, là estoit un pareil repos [2] : puis trois à destour [3], et repos pareil, et quatre autres de mesme. Là, demanda Panurge [4] : Est ce icy? Quants degrés, dist nostre magnifique lanterne, avez compté? Un, respondit Pantagruel, deux, trois, quatre. Quants sont ce? demanda elle. Dix, respondit Pantagruel. Par, dist elle, mesme tetrade Pythagorique, multipliez ce qu'avez resultant. Ce sont, dist Pantagruel, dix, vingt, trente, quarante. Combien fait le tout? dist elle. Cent, respondit Pantagruel. Adjoustez [5], dit-elle, le cube premier, ce sont huit : au bout de ce nombre fatal trouverez [6] la porte du temple. Et y notez prudentement que c'est la vraye psychogonie de Platon, tant celebrée par les Academiens, et tant peu entendue : de laquelle la moitié est composée d'unité, des deux premiers nombres pleins, de deux quadrangulaires et de deux cubiques [7]. Descendans ces degrés numeraulx [8] sous terre, nous feirent bien besoin premiere-

---

[1] Un escalier de marbre.
[2] Espèce de palier qui interrompt la suite des marches (*Dict. de l'Acad.*).
[3] En retournant.
[4] Imp. — *Demandoit Panurge* (M.).
[5] Imp. — *Adjoutez y* (M.).
[6] M. — *Trouverons* (Imp.).
[7] Ces subtilités sont tirées d Timée de Platon, et surtout du traité où Plutarque les a résumées sous ce titre de *Psychogonie* ou procréation de l'âme. Voyez notamment les §§ XI et XII, où l'on retrouve les combinaisons de nombres exposées ici.
[8] M. — *Descendus ces degrez numereux sous terre, nous feurent* (Imp.).

ment nos jambes : car sans icelles ne descendions qu'en roullant comme tonneaux en cave ¹ : secondement nostre preclare² lanterne, car en ceste descente ne nous apparoissoit autre lumiere non plus que si nous fussions au trou de saint Patrice en Hibernie³, ou en la fosse de Trophonius en Beotie⁴. Descendus environ septante et huit degrés, s'escria Panurge, addressant sa parole à nostre luysante lanterne : Dame mirifique, je vous prie de cœur contrit, retournons arriere. Par la mort bœuf, je meurs de male peur. Je consens jamais ne me marier. Vous avez pris de peine et fatigues beaucoup pour moy : Dieu vous le rendra en son grand rendouer, je n'en seray ingrat issant hors ceste caverne de Troglodytes. Retournons de grace. Je doute fort que soit icy Tenare⁵, par lequel on descend en enfer, et me semble

---

¹ Imp. — *En cave basse* (M.).
² Célèbre. (*Præclara*, latin.)
³ C'était une caverne sombre, située au milieu d'un lac, dans le comté de Donegal, en Irlande. On croyait que ceux qui s'y renfermaient pendant une nuit et accomplissaient certaines cérémonies, en sortaient purgés de tout péché. La renommée du *Purgatoire de saint Patrice*, c'est ainsi qu'on l'appela, se répandit en Europe dès le XIIᵉ siècle. On y bâtit une chapelle : de nombreux pèlerins s'y rendaient de tout pays, et en rapportaient des récits merveilleux qui se retrouvent dans les littératures populaires de la France, de l'Espagne et de l'Italie. En vain le pape Alexandre VI ordonna que le *Purgatoire de saint Patrice* fût détruit en 1497, le jour même de la fête du saint; en vain ces mêmes destructions et prohibitions furent renouvelées par des actes du *Privy-Council*, en 1632 et sous la reine Anne : ce lieu continua et continue encore aujourd'hui d'être un pèlerinage très-fréquenté. C'est ce qu'atteste M. Thomas Wright dans son ouvrage intitulé *St Patrick's Purgatory*, London, 1844, in-8º, auquel nous avons emprunté les détails qui précèdent.
⁴ Trophonius était fils d'Erginus ou d'Apollon. Il rendait des oracles dans un antre célèbre, dont l'ouverture ressemblait à l'entrée d'un four. Pausanias nous apprend quelle était la manière d'y pénétrer : « Lorsque quelqu'un veut entrer « dans l'antre de Trophonius, on « lui apporte une échelle étroite et « légère... celui qui est descendu « dans le trou se couche sur le car- « reau, et, tenant à chaque main un « gâteau pétri avec du miel, il met « ses pieds dans cette ouverture « et cherche à y entrer jusqu'aux « genoux; aussitôt qu'ils y sont, le « corps est entraîné avec autant de « violence et de rapidité que l'est « un homme par un de ces tourbil- « lons que forment les fleuves les « plus rapides. »
⁵ La porte de l'enfer. *Tænaria porta.* (Ovide.) *Tænarias fauces.* (Virgile.)

que j'oy Cerberus aboyant. Escoutez, c'est luy, ou les oreilles me cornent : je n'ay à luy devotion aucune : car il n'est mal des dents si grand que quand les chiens nous tiennent aux jambes. Si c'est icy la fosse de Trophonius, les Lemures [1] et Lutins nous mangeront tout vifs, comme jadis ils mangerent un des hallebardiers de Demetrius [2], par faute de bribes. Es tu là, frere Jean? Je te prie, mon bedon, tiens toy prés de moy, je meurs de peur. As tu ton braquemart? Encores n'ay je armes aucunes, n'offensives, ne deffensives. Retournons.

J'y suis, dist frere Jean : j'y suis, n'aye peur : je te tiens au collet, dix huit diables ne t'emporteroient de mes mains, encores que sois [3] sans armes. Armes jamais au besoin ne faillirent, quand bon cœur est associé de bon bras. Plustost armes du ciel pleuveroient, comme aux champs de la Crau, prés les fosses Marianes en Provence [4], jadis pleurent [5] cailloux (ils y sont encores) pour l'aide d'Hercules, n'ayant autrement de quoy combattre les deux enfans de Neptune. Mais quoy! descendons nous icy es limbes des petits enfants, (par Dieu ils nous conchieront tous) ou bien en enfer à tous les diables? Cor Dieu, je les vous galleray [6] bien à ceste

---

[1] Ames des morts.
... Lemures animas dixere silentum.
(Ovid. V, *Fast*.., 483.)

[2] Ceci est encore tiré de Pausanias (*Béot.*, ch. XXXIX).
« On dit qu'aucun de ceux qui
« sont descendus dans l'antre de
« Trophonius n'y est mort, excepté
« un certain garde du corps de Dé-
« métrius, qui n'avait observé, à ce
« qu'on prétend, aucune des céré-
« monies en usage autour du temple
« et dont l'intention n'était pas de
« consulter le dieu, mais qui espé-
« rait emporter beaucoup d'or et
« d'argent de l'antre secret. »
L'auteur de ce cinquième livre fait manger Démétrius par les lutins; mais il invente cela; le cadavre de Démétrius fut trouvé dans un autre endroit, à ce que rapporte Pausanias.

[3] Que je sois.

[4] Ceci nous paraît tiré de Pomponius Mela :
« Fossa mariana partem ejus
« amnis (du Rhône) navigabili al-
« veo effundit. Alioquin litus igno-
« bile est, lapideum, ut vocant; in
« quo Herculem contra Albiona et
« Bergion, Neptuni liberos, dimican-
« tem, quum tela defecissent, ab
« invocato Jove adjutum imbre la-
« pidum ferunt. Credas pluisse, adeo
« multi passim et late jacent. »
(Liv. II, ch. 5.)

[5] Imp. — *Pleuvoient* (M.).

[6] Frapperai à coups de gaule.

heure, que j'ay du pampre en mes souliers¹. O que je me battray verdement ! Où est ce? où sont ils? Je ne crains que leurs cornes. Mais l'idée des cornes que Panurge marié portera, m'en garantira entierement. Je le voy jà, en esprit prophetique, un autre Acteon cornant, cornu, cornancul. Garde, frater, dist Panurge, en attendant qu'on mariera les moines, que n'espouses la fiebvre quartaine. Car je puisse donc, sauf et sain, retourner de cestuy Hypogée², en cas que je ne te la beline, pour seulement te faire cornigere, cornipetant : autrement, pense je bien que la fiebvre quarte est assez mauvaise bague³. Il me souvient que Grippeminaud te la voulut donner pour femme : mais tu l'appellas heretique.

Icy fut le propos interrompu par nostre splendide lanterne, nous remonstrant que là estoit le lieu auquel convenoit favorer⁴, et par suppression de paroles, et taciturnité de langues : du demourant, fit response peremptoire, que de retourner sans avoir le mot de la bouteille n'eussions desespoir aucun⁵, puisqu'une fois avions nos souliers feutrés de pampre.

Passons donc, dist Panurge, et donnons de la teste à travers tous les diables. A perir n'y a qu'un coup. Toutesfois je me reservois⁶ la vie pour quelque bataille. Boutons, boutons, passons outre. J'ay du courage tant et plus : vray est que le cœur me tremble : mais c'est pour la froideur et relenteur de ce cavain⁷. Ce n'est de peur, non, ne de fiebvre. Boutons, boutons, passons, poussons, pissons : je m'appelle Guillaume sans peur.

---

¹ Cela paraît vouloir dire : Maintenant que j'ai bien bu.
² Souterrain (ὑπὸ γῆς, en grec).
³ Oultre plus une femme ethique
Ne sçauroit estre bonne bague..
(Marot, 1ᵉ *Ep. du Coq à l'asne.*)
Baga, dans du Cange, en anglais *bag*, sac. Par une analogie facile à comprendre, ce mot a été appliqué à la femme.

⁴ Imp.—*Favere linguis*, expression consacrée pour désigner le silence respectueux qui convenait aux choses saintes. — *Favoriser* (M.).
⁵ Imp. — *N'eussions d'espoir* (M.).
⁶ Imp. — *Je me reserve*, lit-on dans le Manuscrit.
⁷ Imp. Souterrain, caveau. — On lit *cavau* dans le Manuscrit.

CHAPITRE XXXVII.

Comment les portes du temple par soy mesme admirablement s'entr'ouvrirent.

En fin des degrés rencontrasmes un portail de fin jaspe, tout compassé et basty[1] à ouvrage et forme Dorique, en la face duquel estoit en lettres Ioniques, d'or tres pur[2], escrite ceste sentence, *En ino alithia*[3] : c'est-à-dire, *en vin verité*. Les deux portes estoient d'airain, comme Corinthien, massives, faites à petites vignettes, enlevées[4] et esmaillées mignonnement, selon l'exigence de la sculpture, et estoient ensemble jointes et refermées esgalement en leur mortaise, sans clavure, sans cadenat, sans liaison aucune : seulement y pendoit un diamant Indique, de la grosseur d'une febve Ægyptiatique, enchassé en or obrizé à deux pointes[5] en figure exagone, et en ligne directe : à chascun costé vers le mur, pendoit une poignée de scordion[6]. Là, nous dist nostre noble Lanterne qu'eussions son excuse pour legitime, si elle desistoit plus avant nous conduire. Seulement qu'eussions à obtemperer es instructions de la pontife Bacbuc : car entrer dedans ne luy estoit permis, pour certaines causes[7], lesquelles

---

[1] Imp. — *Antipigmenté* (M.).
[2] Imp. — *Tres pur* manque dans le manuscrit.
[3] Ἐν οἴνῳ ἀλήθεια. C'est du grec transcrit avec la prononciation moderne, que Lascaris avait popularisée au seizième siècle.
[4] Relevées, en relief.
[5] Imp. — *Poincts* (M.).
[6] D'ail (σκόρδον, en grec; *scordium*, en latin).

[7] Quelles sont ces causes mystérieuses? Si l'auteur en *pourpensait*, nous avouons ne pas les deviner. Le Duchat dit que c'est peut-être un état qui fait que les femmes ne sont pas toujours propres à gouverner les caves. Mais nous ne voyons pas pourquoi cette simple observation physiologique serait « bonne à taire à *gens vivans vie mortelle*. »

taire meilleur estoit qu'exposer à gens vivans vie mortelle. Mais en tout evenement, nous commanda estre en cerveau, n'avoir frayeur ne peur aucune, et d'elle se confier pour la retraite. Puis tira le diamant pendant à la commissure des deux portes, et à dextre le jetta dedans une capse d'argent, à ce expressement ordonnée : tira aussi de l'esseuil[1] de chascune porte un cordon de soye cramoisine long[2] d'une toise et demie, auquel pendoit le scordion : l'attacha à deux boucles d'or, expressement pour ce pendantes aux costés, et se retira à part.

Soudainement les deux portes, sans que personne y touchast, de soy mesmes s'ouvrirent, et s'ouvrant, firent non bruit strident, non fremissement horrible, comme font ordinairement portes de bronze rudes et pesantes, mais doux et gracieux murmur, retentissant par la voulte du temple, duquel soudain Pantagruel entendit la cause, voyant sous l'extremité de l'une et l'autre porte un petit cylindre, lequel par son[3] esseuil joignoit la porte et se tournant selon qu'elle se tiroit[4] vers le mur, dessus une dure pierre d'Ophites[5], bien terse[6], et esgalement polie par son frottement, faisoit ce doux et harmonieux murmur.

Bien je m'esbahissois comment les deux portes, chascune par soy, sans l'impulsion de personne, s'estoient ainsi ouvertes : pour cestuy cas merveilleux entendre, aprés que tous fusmes dedans entrés, je projettay ma veue entre les portes et le mur, convoiteux de savoir par quelle force et par quel instrument estoient ainsi refermées[7] : doutant que[8] nostre

---

[1] L'essieu.

[2] M. — *Longue* (Imp.). C'est en effet à cordon plutôt qu'à soie que cet adjectif doit se rapporter.

[3] M. — *Par sus esseuil* (Imp.).

[4] Imp. — *Se retiroit* (M.).

[5] Espèce de porphyre antique, ainsi nommé parce qu'il rappelle, par son fond vert tacheté de blanc, la peau bigarrée des serpents. (*Dict. de l'Acad.*)

[6] Bien frotté, beau, net (du latin *tersus*). Le Duchat dit qu'il n'a vu ce mot qu'ici et dans le Perroniana, où il est appliqué au style de Quinte-Curce. Le verbe *terser* ou *terdre* se rencontre dans les auteurs du moyen âge.

[7] Imp. — *Retraictés* (M.).

[8] Telle est la leçon du M. et des éditions de 1564 et 1565. C'est à tort que Le Duchat prétend qu'elle se

amiable lanterne eust, à la conclusion [1] d'icelles, apposé l'herbe dite ethiopis, moyennant laquelle on ouvre toutes choses fermées : mais j'apperceu que la part en laquelle les deux portes se fermoient en la mortaise interieure, estoit une lame de fin acier, enclavée sur le bronze Corinthien.

J'apperçeu davantage deux tables d'aimant Indique [2], amples et espoisses de demie paume [3], à couleur cerulée [4], bien licées et bien polies : d'icelles toute l'espoisseur estoit dedans le mur du temple engravée, à l'endroit auquel les portes, entierement ouvertes, avoient le mur pour fin d'ouverture.

Par donc la rapacité et violence de l'aimant, les lames d'acier, par occulte et admirable institution de nature, patissoient cestuy mouvement : consequemment les portes y estoient lentement ravies et portées, non tousjours, toutesfois : mais seulement l'aimant susdit osté, par la prochaine cession duquel l'acier estoit de l'obeissance qu'il a naturellement à l'aimant absout et dispensé, ostées aussi les deux poignées de scordion, lesquelles nostre joyeuse Lanterne avoit, par le cordon cramoisi, esloignées et suspendues, parce qu'il mortifie l'aimant et despouille [5] de ceste vertu attractive. En l'une des tables susdites, à dextre, estoit exquisitement insculpé, en lettres latines antiquaires, ce vers iambique senaire :

Ducunt volentem fata, nolentem trahunt [6].

Les destinées menent celuy qui consent, tirent celuy qui refuse. En l'autre je vis à senestre, en majuscules lettres, elegantement insculpé ceste sentence :

TOUTES CHOSES SE MEUVENT A LEUR FIN [7].

---

trouve uniquement dans l'éd. de 1616.

[1] Imp. — *La cloaison* (M.).

[2] C'est-à-dire du plus puissant aimant.

L'auteur pensait sans doute à ce qu'avait dit Ptolémée dans sa Géographie (VII-2) : que devant les îles Manioles, les navires armés de clous en fer étaient subitement arrêtés par l'aimant que la terre produisait dans cette contrée de l'Inde, en très-abondante quantité.

[3] Imp. — *Deux poulces* (M.).

[4] Bleu (*cœruleus*, en latin).

[5] Imp. — *Et le prive* (M.).

[6] C'est un vers traduit du grec par Sénèque.

[7] Πρὸς τέλος αὐτῶν πάντα κινεῖται.

CHAPITRE XXXVIII.

Comment le pavé du temple estoit fait par emblemature admirable.

Leues ces inscriptions, jettay mes yeux à la contemplation du magnifique temple, et consideroy [2] l'incredibile compacture[3] du pavé, auquel, par raison, ne peut estre ouvrage comparé qui onques [4] soit ou ait esté dessous le firmament, fust ce le luthrostate du temple de fortune en Preneste[5], au tems de Sylla : ou le pavé des Grecs, appellé *Asarotum*, lequel fit Sosus[7] en Pergame. Car il estoit à ouvrage tesserré [8], en la forme de petits carreaux, tous de pierres fines et polies, chascune en sa couleur naturelle : l'une de jaspe rouge, teinct plaisamment de diverses macules : l'autre d'ophite[9] : l'autre de porphyre : l'autre de licophtalme [10], semé de scintilles d'or, me-

---

[1] Ce mot pourrait être pris ici dans la signification de mosaïques, ἔμβλημα ayant, en grec, le sens d'incrustation. Mais, d'un autre côté, il est difficile de croire que l'auteur n'ait pas pensé au caractère emblématique de tous les attributs représentés sur le pavé du temple.
M. — *Considerois* (Imp.).
L'incroyable agencement.
[4] M. — *Comparé quiconques soit ou ait été sous le firmament.* (Imp.)
[5] « Lithostrota acceptavere jam « sub Sylla : parvulis certe crustis « exstat hodieque, quod in Fortunæ « delubro Præneste fecit. » (Pline le Nat., 36-25.)
[6] Du grec ἀσάρωτος.

[7] L'Imprimé porte *Sosistratus*, le Manuscrit *Sosus*. Nous lisons dans Pline le Nat. :
« Celeberrimus fuit in hoc ge- « nere *Sosus* (peut-être des ma- « nuscrits portent-ils *Sosistratus*) « qui Pergami stravit quem vocant « *asaroton oicon*, etc. » (Pline le Nat.)
[8] Marqueté (*tesseratus*, en latin).
[9] Espèce de porphyre antique.
[10] « Le lycophthalme, dit Pline, « est une gemme à quatre couleurs : « ici le roux et le rouge de sang, et « là, au centre, le noir enfermé « dans un cercle blanc : ressem- « blance parfaite avec l'œil du loup. » (*Hist. nat.*, XXXVII, 72.)

nues comme atomes : l'autre d'agathe, à ondes de petits flammeaux confus et sans ordre, de couleur laictée : l'autre de calcedoine tres cher[1] : l'autre de jaspe verd, avec certaines veines rouges et jaunes, et estoient en leur assiette desparties par ligne diagonale.

Dessus le portique, la structure du pavé estoit une emblemature à petites pierres rapportées, chascune en sa naifve couleur, servans au dessein des figures, et estoit, comme si par dessus le pavé susdit on eust semé une jonchée de pampre, sans trop curieux agencement. Car, en un lieu, sembloit estre espandu largement : en l'autre, moins : et estoit ceste infoliature insigne en tous endroits : mais singulierement y apparoissoient, au demy jour, aucuns limaçons, en un lieu, rampans sur les raisins : en autres, petits lisars courans à travers le pampre : en autres, apparoissoient raisins à demy, et raisins totalement meurs, par tel art et engin de l'architecte composés et formés, qu'ils eussent aussi facilement deceu les estourneaux et autres petits oiselets, que fit la peinture de Zeuxis Heracleotain : quoy que soit, ils nous trompoient[2] tres bien. Car, à l'endroit auquel l'architecte avoit le pampre bien espois semé, craignans nous offenser les pieds, nous marchions haut et à grandes enjambées[3], comme on fait passant quelque lieu inegal et pierreux. Depuis, jettay mes yeux à contempler la vouste du temple avec les parois, lesquels estoient tous incrustés de marbre, et porphire, à ouvrage mosaïque, avec une mirifique emblemature depuis un bout jusques à l'autre, en laquelle estoit, commençant à la part senestre de l'entrée, en elegance incroyable, representée la bataille que le bon Bacchus gagna contre les Indiens, en la maniere que s'ensuit.

---

[1] Imp. — *Cler* (M.).
[2] Imp. — *Tromparent* (M.).
[3] Imp. — *Et à enjambées* (Manuscrit).

CHAPITRE XXXIX.

Comment en l'ouvrage mosaïque du temple estoit representée la bataille que Bacchus gagna contre les Indiens[1].

Au commencement estoient[2] en figure, diverses villes, villages, chasteaux, forteresses, champs, et forests, toutes ardentes en feu. En figure aussi estoient femmes diverses forcenées et dissolues, lesquelles mettoient furieusement en pieces veaux, moutons, et brebis toutes vives, et de leur chair se paissoient. Là nous estoit signifié comme Bacchus entrant en Indie mettoit tout à feu et à sang.

Ce nonobstant, tant fut des Indiens desprisé, qu'ils ne daignerent luy aller encontre, ayans advertissement certain par leurs espions, qu'en son ost n'estoient gens aucuns de guerre : mais seulement un petit bon hommet[3] vieux, effeminé, et tousjours yvre, accompagné de gens[4] agrestes, tous nuds, tousjours dansans et sautillans[5], ayans queues et cornes comme ont les jeunes chevreaux[6] : le grand nombre de femmes yvres[7]. D'ond se resolurent les laisser outre passer, sans y resister par armes : comme si à honte non à gloire, à deshonneur et ignominie leur revint[8], non à honneur et prouesse, avoir de telles gens victoire. En cestuy despris, Bacchus tousjours gagnoit pays, et mettoit tout à feu, pource

---

[1] L'auteur a emprunté ce chapitre au *Bacchus* de Lucien.
[2] Imp. — *Estoit* (M.).
[3] M. — *Homme* (Imp.).
[4] M. — *Jeunes gens* (Imp.).
[5] M. — *Saultants* (Imp.).
[6] Imp. — *Chevreulz* (M.).
[7] M. — Les éditions anciennes portent : *Et grand nombre de femmes yvres*. Ce qui semblerait vouloir dire que la plupart des femmes ivres avaient des *queues et des cornes*. Les modernes ajoutent un *de* qu'ils rapportent à *accompagné*. Le Manuscrit rend raison du passage, sans qu'il y soit rien changé.
[8] Imp. — *Leur revenoit* (M.).

que feu et foudre sont de Bacchus les armes paternelles, et avant naistre[1] au monde, fut par Jupiter saulvé[2] de foudre : (sa mere Semelé, et sa maison maternelle[3] arse et destruite par feu) et à sang pareillement[4] : car naturellement il en fait au temps de paix, et en tire au temps de guerre. En tesmoignage soit[5] le champ en l'isle de Samos, dit *Panema*[6], c'est à dire *tout sanglant*, auquel Bacchus les Amazones acconceut[7], fuyantes de la contrée des Ephesiens, et les mit toutes à mort par phlebotomie[8], de mode que ledit champ estoit de sang tout embu et couvert. D'ond pourrez dorenavant entendre mieux que n'a descrit Aristoteles en ses problemes, pourquoy jadis on disoit en proverbe commun, *en temps de guerre, ne mange et ne plante menthe*. La raison est, car en temps de guerre sont ordinairement departis coups sans respect, donc[9] l'homme blessé, s'il a celuy jour manié ou mangé menthe, impossible est, ou bien difficile, luy restreindre le sang. Consequemment estoit en la susdite emblemature figuré, comment Bacchus marchoit en bataille, et estoit assis[10] sur un char magnifique tiré par trois couples de jeunes pards[11] joints ensemble : sa face estoit comme d'un jeune enfant, pour enseignement que bons buveurs[12] jamais n'envieillissent, rouge comme un cherubin, sans un poil de barbe au menton : en teste portoit cornes aigues : au dessus d'icelles une belle couronne faite de pampre et de raisins, avec une mitre rouge cramoisine, et estoit chaussé de brodequins dorés.

En sa compagnie n'estoit un seul homme, toute sa garde et toutes ses forces estoient de Bassarides[13], Evantes[14],

---

[1] Imp. — *Nestre* (M.).
[2] M. — *Salué* (Imp.).
[3] Imp. — *Paternelle* (M.).
[4] Cette phrase est amphigourique, même avec la parenthèse inventée par Le Duchat.
[5] M. — *Sont* (Imp.).
[6] Πᾶν αἷμα. — Voyez Plutarque, *Quest. grecq.*, 96.
[7] Atteignit.
[8] Au moyen de saignées.
[9] Imp. — *Or est que* (M.).
[10] M. — *Assis* manque (Imp.).
[11] Léopards (*pardi*).
[12] M.—*Tous* bons *beuveurs*(Imp.).
[13] Bacchantes, prêtresses de Bacchus, qui est parfois qualifié *Bassareus* (V. Horace, I od. 18-11).
[14] Autre nom des Bacchantes, du grec εὐανθής, suivant Johanneau.

Euhyades¹, Edonides², Trieterides³, Ogygies⁴, Mimalones⁵, Menades⁶, Thiades⁷ et Bacchides⁸, femmes forcenées, furieuses, enragées, ceinctes de dragons et serpens vifs en lieu de ceinctures, les cheveux voletans en l'air avec frontaux de vignes : vestues de peaux de cerfs et de chevreuils⁹, portans en main petites haches, tyrses, rancons¹⁰, et hallebardes, en forme de noix de pin : et certains petits boucliers legers, sonnans et bruyans quand on y touchoit, tant peu fust, desquels elles usoient, quand besoin estoit, comme de tabourins et de tymbons. Le nombre d'icelles estoit septante et neuf mille deux cens vingt sept. L'avant garde estoit menée par Silenus, homme auquel il avoit sa fiance totale, et duquel par le passé avoit la vertu et magnanimité, le courage¹¹ et prudence en divers endroits cogneu. C'estoit un petit vieillard tremblant, courbé, gras, et ventru à plein bats¹² : les oreilles avoit grandes et droites, le nez pointu et aquilin, et les sourcilles rudes et grandes comme un sillon¹³ : estoit monté sur un asne couillard : en son poing tenoit pour soy appuyer un baston, pour aussi gallantement combattre, si par cas convenoit descendre en pied, et estoit vestu d'une robbe jaune à usage de femme. Sa compagnie estoit de jeunes gens champestres, cornus comme chevreaux, et cruels comme lions, tous nuds, tousjours chantans

---

Anthius, fleuri, était, dit-il, un des surnoms de Bacchus, parce qu'on le représentait le thyrse à la main.

[1] De Εὔιος, *Evius*, un des surnoms de Bacchus, qui dérivait lui-même de l'acclamation εὐοῖ, *evohe !*

[2] De la montagne de Thrace Édon, où les Ménades célébraient leurs mystères.

[3] Des fêtes dites *trieterica*, qui se célébraient tous les trois ans.

[4] Les Grecs appelaient Ὠγύγιος tout ce qui était ancien, et c'était un des surnoms de Bacchus.

[5] Du mont *Mimas*, ou du verbe μιμεῖσθαι, imiter.

[6] Ce nom doit venir du grec μαίνεσθαι, être en fureur.

[7] De θύειν, sacrifier.

[8] Du nom même de Bacchus.

[9] M. — *Chevres* (Imp.).

[10] Dards avec double courbure en forme d'hameçon.

[11] M. — *De courage* (Imp.).

[12] Suivant l'interprétation de Le Duchat, à plein bast veut dire : qui remplissait de son gros ventre le bât de l'âne qu'il montait. Dans le Manuscrit on lit : *bust*, au lieu de *bast*.

[13] M. — *Comme un sillon*, manque dans l'Imprimé.

et dansans les cordaces : on les appelloit *Tityres* et *Satyres*. Le nombre estoit octante cinq mille six vingts et treize.

Pan menoit l'arriere garde, homme horrifique et monstrueux. Car par les parties inferieures du corps, il ressembloit à un bouc, les cuisses avoit velues, portoit cornes en teste droites contre le ciel. Le visage avoit rouge et enflambé : et la barbe bien fort longue, homme hardy, courageux, hazardeux, et facile à entrer en courroux : en main senestre portoit une flutte, en dextre un baston courbé : ses bandes estoient semblablement composées de Satyres, Hemipans, Ægipans, Sylvains, Faunes, Lemures, Lares, Farfadets et Lutins, en nombre de soixante et dix huit mille cent et quatorze. Le signe commun à tous estoit ce mot, *Evohe*.

CHAPITRE XL.

Comment en l'emblemature estoit figuré le hourt[1], et l'assaut que donnoit le bon Bacchus contre les Indians.

Consequemment[2] estoit figuré le hourt et l'assaut que donnoit le bon Bacchus contre les Indians. Là considerois que Silenus chef de l'avant garde suoit à grosses gouttes et son asne aigrement tourmentoit : l'asne de mesme ouvroit la gueule horriblement, s'esmouchoit, desmanchoit[3], s'escarmouchoit, en façon espouvantable, comme s'il eust un freslon au cul.

Les Satyres, capitaines, sergens de bandes[4], caps[5] d'escadre, corporals, avec cornaboux[6] sonnant les orthies[7], furieusement tournoient au tour de l'armée à sauts de chevres, à bonds, à pets, à ruades et pennades, donnans courage aux compagnons[8] de vertueusement combattre. Tout le monde en figure crioit *Evohe*[9]. Les Menades premieres faisoient incursion sur les Indians avec cris horribles, et sons espouvantables de leurs timbons et boucliers : tout le ciel en retentissoit, comme designoit l'Emblemature, afin que plus tant n'admirez l'art d'Appelles, Aristides Thebain et autres qui ont peint les tonnerres, esclairs, foudres, vents, echo, lemures[10], et les esprits.

---

[1] Imp. — Le choc, le combat. On lit *combat* dans le Manuscrit.
[2] Imp. — *Consequentement* (M.).
[3] M. — *Desmarchoit* (Imp.).
[4] Imp. — *Sergens de bataille* (Manusc.).
[5] Chefs.
[6] Cornets à bouquins (les trompettes).
[7] C'est-à-dire les chants de mort, ὄρθιος νόμος.
[8] Imp. — *Aux compagnies* (M.).
[9] Cris que faisaient entendre les Bacchantes dans les fêtes de Bacchus.
[10] Le texte nous paraît altéré dans l'Imprimé comme dans le Manuscrit. L'Imprimé porte : .. *paroles*,

Consequemment estoit l'ost des Indians comme adverty que Bacchus mettoit leur pays[1] en vastation. En front estoient les elephans chargés de tours, avec gens de guerre en nombre infiny : mais toute l'armée estoit en route et contre eux, et sur eux se tournoient et marchoient leurs elephans par le tumulte horrible des Bacchides, et la terreur panique qui leur avoit le sens tollu. Là eussiez veu Silenus son asne aigrement talonner, et s'escrimer de son baston à la vieille escrime, son asne voltiger aprés les elephans la gueule bée, comme s'il brailloit et braillant martialement (en pareille braveté que jadis esveilla la nymphe Lottis en pleines Bacchanales, quand Priapus plein de Priapisme la vouloit dormant[2] Priapiser sans la prier) sonnast l'assaut[3].

Là eussiez veu Pan sauteler avec ses jambes tortes autour des Menades, avec sa flutte rustique les exciter à vertueusement combattre. Là eussiez aussi veu en aprés un jeune Satyre mener prisonniers dix sept roys : une Bacchide tirer[4] avec ses serpens quarante et deux capitaines : un petit Faune porter douze enseignes prises sur les ennemis, et le bon hommet[5] Bacchus sur son char se pourmener en seureté parmy le camp, riant, se gaudissant et beuvant d'autant à un chascun. En fin estoit[6] representé, en figure emblematique, le trophée de la victoire et le triomphe du bon Bacchus.

Son char triomphant estoit tout couvert de lierre, pris et cueilly en la montagne Meros, et ce pour la rarité (laquelle hausse le prix de toutes choses, en Indie expressement) d'icelle herbe. En ce depuis l'imita Alexandre le grand en son triomphe Indique, et estoit le char tiré par elephans joints ensemble. En ce depuis l'imita Pompée le grand à Rome, en son triomphe Africain. Dessus estoit le noble Bacchus beu-

---

meurs, et les esprits. Dans le Manuscrit nous lisons : *vents, echo les meurs et les esprits.* Il faut lire *Lemures* au lieu de *meurs* et de *les meurs.* Les Lémures étaient une sorte de farfadets. Cette expression est employée à la fin du chapitre qui précède.

[1] Imp. — *Tous leurs pays* (M.).
[2] Imp. — *Desniant* (M.).
[3] *Sonnast l'assaut* manque dans le Manuscrit. Nous le rétablissons d'après l'Imprimé.
[4] Imp. — *Tuer* (M.).
[5] M. — *Bonhomme* (Imp.).
[6] Imp. — *Estoient* (M.).

vant en un canthare. En ce depuis l'imita Caius Marius, aprés la victoire des Cimbres, qu'il obtint prés Aix en Provence. Toute son armée estoit couronnée de lierre : leurs tyrses, boucliers et tymbons en estoient couvers. Il n'estoit l'asne de Silenus, qui n'en fust capparassonné.

Es costés du char estoient les roys Indians, pris et liés à grosses chaines d'or : toute la brigade marchoit avec pompes divines en joie et liesse indicible, portant infinis trophées, ferculesˡ et despouilles des ennemis, en joyeux epiniciesˢ et petites chansons villatiques et dithyrambes resonnans. Au bout estoit descrit le pays d'Ægypte, avec le Nil et ses crocodiles³, cercopithecques, ibides⁴, singes, trochiles, ichneumones, hippopotames, et autres bestes à luy domestiques, et Bacchus marchant⁵ en icelle contrée à la conduite de deux bœufs, sus l'un desquels estoit escrit en lettres d'or, *Apis*, sus l'autre *Osiris*, pource qu'en Ægypte, avant la venue de Bacchus, n'avoit esté veu bœuf, ny vache.

---

¹ « Notum est (lisons-nous dans du Cange) apud Latinos *ferculum* fuisse gestamen, quo in pompa uti solebant. Quocirca Tullius, lib. I Off., dixit : *Cavendum est ne tarditatibus utamur in ingressu mollioribus ac similes pomparum ferculis esse videamur.* In iis ferculis deferri consueverant simulacra oppidorum, coronæ, machinæ et id genus alia. »

² Festins (*epinicia*, dans Suétone).

³ Imp.—*Cocodrilles* (Manuscrit).

⁴ Ibis.

⁵ M. — On lit dans l'Imprimé .... *domestiques. Et Bacchus marchoit.*

CHAPITRE XLI.

Comment le temple estoit esclairé par une lampe admirable.

Avant qu'entrer en l'exposition de la bouteille, je vous descriray la figure admirable d'une lampe, moyennant laquelle estoit eslargie lumiere par tout le temple, tant copieuse, qu'encores qu'il fust soubterrain, on y voyoit comme en plein midy nous voyons le soleil clair et serain, luisant sus terre. Au milieu de la voulte estoit un anneau d'or massif attaché, de la grosseur de plein poing, auquel pendoient trois chaines d'argent, de grosseur peu moindre, bien artificiellement faites[1], lesquelles deux pieds et demy en l'air[2] comprenoient en figure triangle une lame de fin or, ronde[3], de telle grandeur que le diametre excedoit deux coudées et demie palme. En icelle estoient quatre boucles ou pertuis, en chascune desquelles estoit fixement retenue une boule vuide, cavée[4] par le dedans, ouverte du dessus, comme une petite lampe, ayant en circonference environ deux palmes, et estoient toutes de pierres bien precieuses : l'une d'amethyste, l'autre de carboucle[5] Lychnite, la tierce d'opalle, la quarte d'anthracithe[6]. Chascune estoit pleine d'eau ardente[7] cinq fois distillée par alambic ser-

---

[1] M. — *Auquel pendoient de grosseur peu moindre, trois chesnes bien artificiellement* (Imp.).

[2] Imp. — *Lesquelles à deux pieds et demy en bas.* (Manuscrit.)

[3] *Une lame en figure de triangle, ronde !* Une lame semblerait exclure l'idée de la forme cylindrique.

[4] Imp. — *Creusée.* On lit dans le Manuscrit une boule vuide *carrée par le dedans.*

C'est singulier ; mais ce n'est pas une impossibilité mathématique.

[5] « Carbunculi, quos et Carche« donios vocavere propter opulen« tiam *Carthaginis magnæ.* » (Pline, 37-7.)

[6] Imp. — *De topaze* (porte le Manuscrit).

[7] *Agua ardiente*, comme disent encore les Espagnols, de l'eau-de-vie.

pentin, inconsomptible comme l'huile que jadis mit Callimachus en la lampe d'or de Pallas en l'Acropolis d'Athenes[1], avec un ardent lychnion fait, part de lin asbestin (comme estoit jadis au temple de Jupiter en Ammonie, et le vit Cleombrotus philosophe tres studieux[2]), part de lin carpasien, lesquels par feu plus tost sont renouvellés que consommés.

Au dessous d'icelle lampe, environ deux pieds et demy, les trois chaines en leurs figures premieres estoient embouclées en trois anses, lesquelles issoient d'une grande lampe ronde de cristalin tres pur, ayant en diamettre une coudée et demie, laquelle au dessus estoit ouverte environ deux palmes : par ceste ouverture estoit au milieu posé un vaisseau de cristalin pareil, en forme de coucourde[3], ou comme un urinal, et descendoit jusques au fond de la grande lampe, avec telle quantité de la susdite eau ardente, que la flamme du lin asbestin estoit droitement au centre de la grande lampe. Par ce moyen sembloit donc tout le corps spherique d'icelle ardre et enflamboyer : parce que le feu estoit au centre et point moyen.

Et estoit difficile d'y asseoir ferme et constant regard, comme on ne peut au corps du soleil, obstant[4] la matiere de si merveilleuse perspicuité, et l'ouvrage tant diaphane et subtil, par la reflexion des diverses couleurs (qui sont naturelles es pierres precieuses) des quatre petites lampes[5] superieures à la grande inferieure, et d'icelles quatre estoit la

---

[1] Cette citation renferme bien des inexactitudes. Le sculpteur Callimaque n'a jamais été un allumeur de réverbères. La lampe consacrée à Minerve était son ouvrage. Pausanias (*Attiques*, ch. XXV) en donne une longue description. Cet auteur nous dit qu'on ne remplissait cette lampe d'huile qu'une fois par année, quoiqu'elle fût allumée jour et nuit. — Cette huile n'était donc pas *inconsumptible*.

L'auteur de ce livre a confondu l'huile avec le *lychnion*, la mèche, qui était de lin carpasien, *le seul qui brille sans se consumer*, comme s'exprime l'auteur grec lui-même. On lit *lumignon*, au lieu de lychnion, dans le Manuscrit.

[2] Voyez Plutarque, *Des oracles qui ont cessé*.

[3] Imp. — D'une gourde ronde. On lit *courde* dans le Manuscrit.

[4] S'opposant, parce qu'on trouve un obstacle dans...

Le Manuscrit porte *estant* à la place *de obstant*.

[5] Cette phrase est incompréhensible dans le Manuscrit : « diverses couleurs, qui sont naturelles ès pierres precieuses, des quatre petites lampes, etc. »

resplendeur en tous points inconstante et vacillante par le temple. Venant davantage icelle vague lumiere toucher sur la polissure du marbre, duquel estoit incrusté tout le dedans du temple, apparoissoient telles couleurs que voyons en l'arc celeste, quand le clair soleil touche les nues [1] pluvieuses.

L'invention estoit admirable : mais encore plus admirable, ce me sembloit, que le sculpteur avoit, autour de la corpulence d'icelle lampe cristalline, engravée, à ouvrage cataglyphe[2], une prompte et gaillarde bataille de petits enfans nuds, montés sus des petits chevaux de bois[3], avec lances de virolets[4], et pavois faits subtilement de grappes de raisins, entrelassées de pampre, avec gestes et effors pueriles, tant ingenieusement par art exprimés, que nature mieux ne le pourroit. Et ne sembloient engravés dedans la matiere : mais en bosse, ou pour le moins en crotesque[5] apparoissoient enlevés totalement, moyennant la diverse et plaisante lumiere, laquelle dedans contenue ressortissoit par la sculpture.

---

[1] Imp. — *Les nuées* (M.).
[2] Au moyen de la ciselure, du grec καταγλύφειν, tailler, inciser.
[3] Imp. — *Sur petitz chevaulx* (Manusc.)
[4] Faites d'un fer de flèche.
[5] Grotesque.

CHAPITRE XLII.

Comment par la pontife Bacbuc[1] nous fut monstré dedans le temple une [2] fontaine fantastique.

Considerant en ecstase ce temple mirifique et lampe memorable, s'offrit à nous la venerable pontife Bacbuc avec sa compagnie, à face joyeuse et riante : et nous voyant accoustrés comme a esté dit, sans difficulté nous introduit au lieu moyen du temple, auquel dessous la lampe susdite, estoit une belle fontaine fantastique[3], d'estoffe et ouvrage plus precieux, plus rare et mirifique, qu'onques ne songea Dedalus. Les limbe[4], plinthe et soubassement d'icelle estoient de tres pur et translucide alabastre, ayant hauteur de trois palmes, peu plus, en figure heptagone, esgalement party par dehors, avec force stylobates, arulettes[5], cimasultes et undiculations[6] doriques à l'entour. Par dedans estoit ronde exactement. Sus le point moyen de chascun angle, en marge, estoit assise une colomne ventriculée[7], en forme d'un cycle d'yvoire ou balustre (les modernes architectes l'appellent *portri*[8]), et estoient sept en nombre total, selon les sept angles. La

---

[1] Imp. — Pontife *Barbut* (Manusc.).
[2] M. — *Une belle* (Imp.).
[3] Dans les anciennes éditions ce chapitre finit ainsi, et le commencement du suivant a été sans nul doute altéré. Nous avons préféré suivre le Manuscrit, qui ne nous offre pas les non-sens des éditions.
[4] Base.

[5] Ce mot, qui ne se trouve pas dans les dictionnaires, vient évidemment du grec ἀρύω, je puise.
[6] Ces deux termes, dont l'un vint du grec κῦμα, flot, et l'autre du latin *unda*, onde, désignent les cymaises ou moulures dites *ondées*.
[7] C'est ce qu'on appelle aujourd'hui *colonne renflée*.
[8] Nous n'avons trouvé ce mot

longueur d'icelles, depuis les bases jusques aux architraves, estoit de sept palmes, peu moins, à juste et exquise dimension d'un diametre passant par le centre de la circonference et rotondité interieure. Et estoit l'assiette en telle composition, que projettans la veue derriere l'une, quelle que fust en sa cuve, pour regarder les autres opposites, trouvions le cone pyramidal de nostre ligne visuale finer au centre susdit, et là recevoir, de deux opposites, rencontre d'un triangle equilateral, duquel deux lignes partissoient esgalement la colomne (celle que voulions mesurer) et passante d'un costé et d'autre, deux colomnes franches à la premiere, tierce partie d'intervalle, rencontroient leur ligne basique et fondamentale: laquelle par ligne consulte, pourtraicte jusques au centre universel, esgalement my partie, rendoit en juste depart la distance des sept colomnes et n'estoit possible faire rencontre d'autre colomne opposite par ligne directe, principiante à l'angle obtus de la marge, comme vous savez qu'en toute figure angulaire impare, un angle tousjours est au milieu des deux autres trouvé intercalant. En quoy nous estoit tacitement exposé que sept demis diametres font, en proportion geometrique, amplitude et distance, peu moins telle qu'est la circonference de la figure circulaire, de laquelle ils seroient extraits, savoir est, trois entiers avec une huitieme et demie partie, peu plus, ou une septieme et demie, peu moins, selon l'antique advertissement d'Euclides, Aristoteles, Archimede, et autres.

La premiere colomne, savoir est, celle laquelle à l'entrée du temple s'objectoit à nostre veue, estoit de saphir azuré et celeste. La seconde, de hyacinthe, naifvement la couleur (avec lettres Grecques A I en divers lieux), representant de celle fleur, en laquelle fut d'Ajax le sang colerique converty. La tierce, de diamant anachite, brillant et resplendissant comme foudre. La quarte, de rubis balay, masculin[1], et amethistizant,

---

dans aucun dictionnaire, même dans ceux d'architecture. Toutes les éditions anciennes ont : *por-* *trs*; le Manuscrit porte *potryc*.
[1] Imp. — *Masoulin*, lisons-nous dans le Manuscrit.

de maniere que sa flamme et lueur finissoit en pourpre et violet[1], comme est l'amethiste. La quinte, d'emeraude, plus cinq cens fois magnifique qu'onques ne fut celle de Serapis[2] dedans le labyrinthe des Ægyptiens[3], plus floride et plus luisante que n'estoient celles qu'en lieu des yeux on avoit apposé au lion marbrin, gisant prés le tombeau[4] du roy Hermias. La sexte, d'agathe plus joyeuse et variante en distinctions de macules et couleurs que ne fut celle que tant chere tenoit Pyrrhus, roy des Epirotes[5]. La septieme, de selenite transparente, en blancheur de Berylle, avec resplendeur comme de miel[6] hymetian, et dedans y apparoissoit la lune, en figure et mouvement telle qu'elle est au ciel, pleine, silente, croissante, ou decroissante :

Qui sont pierres, par les antiques Chaldeens et mages[7] attribuées aux sept planetes du ciel. Pour laquelle chose par plus rude Minerve entendre, sus la premiere de saphir estoit au-dessus du chapiteau à la vive et centrique ligne perpendiculaire eslevée, en plomb clutian[8] bien precieux, l'image de Saturne tenant sa faux, ayant aux pieds une grue d'or artificiellement esmaillée, selon la competence des couleurs naifvement deus à l'oiseau Saturnin. Sus la seconde de hyacinthe, tournant à gauche estoit Jupiter en estain jovetian[9], sus la poictrine un aigle d'or esmaillé selon le naturel. Sus la troisieme[10]

---

[1] Imp. — *Finoit en couleur pavonasse et violette* (M.).

[2] Imp. — *Ne fut le colosse de Serapis* (M.).

[3] « Apion Plistonice a consigné « dans un écrit que, de nos jours « encore, existe dans le labyrinthe « d'Égypte un Sérapis colossal en « émeraude, dont la taille va à neuf « coudées. » (Voy. Pline, *Histoire natur.*, XXXVII, 19.)

[4] Imp. — *Sur le tombeau*, por'e le Manuscrit.

[5] Suivant Pline.

[6] M. — *Comme miel* (Imp.).

[7] M. — *Mages* manque dans l'Imprimé.

[8] Purifié, du latin *cluere*.

[9] Nous ne trouvons ce mot ni dans les dictionnaires, ni dans Pline. Veut-on dire étain de Jupiter? Alors ce serait un mot mal formé, comme nous en avons trouvé plus d'un dans ce livre : ce qui prouverait que nous n'avons plus affaire à un helléniste ni à un latiniste de la force de celui que l'on cherche à imiter.

[10] Imp. — *Sus la troisieme Mars en acier, à ses piedz un Pic-Verd. Sus la quatrieme Sol en or*

Phœbus en or obrizé, en sa main dextre un coq blanc. Sus la quatrieme en airain corinthien Mars, à ses pieds un lion. Sus la cinquieme Venus en cuivre, matiere pareille à celle dont Aristonides fit la statue d'Athamas[1] exprimant en rougissante blancheur la honte qu'il avait contemplant Learche son fils mort d'une cheute, à ses pieds une colombe. Sus la sixieme, Mercure en hydrargire[2], fixe, malleable et immobile, à ses pieds une cigogne. Sus la septieme Luna en argent, à ses pieds un levrier. Et estoient ces statues de telle hauteur, que c'estoit la tierce partie des colomnes subjettes, peu plus, tant ingenieusement representées, selon le portraict des mathematiciens que le canon de Polycletus[3], lequel faisant fut dit l'art par aide de l'art avoir fait[4], à peine y eut esté receu à comparaison.

Les bases des colomnes, les chapiteaux, les architraves, zoophores[5] et cornices, estoient à ouvrage Phrygien, massives, d'or plus pur et plus fin que n'en porte le Leede prés Montpellier, Gange en Indie, le Pô en Italie, l'Hebrus en Thrace, le Tage en Espagne, le Pactol en Lydie[6]. Les arceaux entre les colomnes surgeoient, de la propre pierre d'icelle jusques à la prochaine, par ordre : savoir est de saphir vers le hyacinthe, de hyacinthe vers le diamant, et ainsi consecutivement. Dessus les arcs et chapiteaux de colomne en face interieure, estoit une crouppe[7] erigée pour couverture de la fontaine, laquelle derriere l'assiette des planettes commençoit en figure heptagone, et lentement finissoit en figure spherique : et estoit le cristal tant emundé, tant diaphane et tant

---

obrizé, en la main dextre un coq blanc (M.).

[1] Pline, liv. XXXIV, chapitre 40.

[2] Mercure, vif-argent.

[3] Polyclète, fameux statuaire, qui avait fait une statue modèle, *canona*, dit Pline, qui servait de règle et d'exemple aux autres artistes.

[4] L'auteur veut rendre ce passage de Pline : *Solusque hominum artem ipse fecisse, artis opere judicatur*. La leçon que nous donnons est celle du Manuscrit. On lit dans l'Imprimé : *Lequel faisant fut dit l'art apprendre de l'art avoir fait*. Comprenne qui pourra.

[5] Partie sur laquelle on sculptait les figures.

[6] Fleuves désignés par Pline comme roulant des parcelles de l'or le plus pur.

[7] Imp. — *Une coppe* (M.).

poly, entier et uniforme en toutes ses parties, sans veines, sans nuées, sans glaçons, sans capilamens, que Xenocrates onques n'en vit qui fust à luy parangonner. Dedans la corpulence d'icelle estoient par ordre en figure et characteres exquis artificiellement insculpés les douze signes du zodiaque, les douze mois de l'an, avec leurs proprietés, les deux solstices, les deux equinoxes, la ligne ecliptique, avec certaines plus insignes estoiles fixes, autour du pol antartique, et ailleurs, par tel art et expression que je pensois estre ouvrage du roy Necepsus, ou de Petosiris, antique mathematicien.

Sus le sommet de la crouppe [1] susdite, correspondant au centre de la fontaine, estoient trois unions eleichies [2], uniformes [3], de figure turbinée en totale perfection lachrymale, toutes ensemble coherentes en forme de fleur de lys tant grandes [4] que la fleur excedoit une palme. Du calice d'icelles sortoit un carboucle gros comme un œuf d'autruche, taillé en forme heptagone (c'est nombre fort aimé de nature) tant prodigieux et admirable, que levans nos yeux pour le contempler, peu s'en faillit [5] que perdissions la veue. Car plus flamboyant, ne plus croissant [6] n'est le feu du soleil, ne l'esclair, que lors il nous apparaissoit : Tellement qu'entre justes estimateurs, jugé facilement seroit plus estre, en ceste fontaine et lampes cy dessus descrites, de richesses et singularités que n'en contiennent l'Asie, l'Affrique et l'Europe ensemble : et eut aussi facilement obscurcy le pantharbe [7] de Iarchas magicien indic, que sont les estoiles par le soleil en clair midy [8].

---

[1] Imp. — *Couppe* (M.).
[2] Imp. — *Trois unions ellevées* (M.).
[3] Imp. — Le Manuscrit porte, après *ellevées, de figures turbines, lacrymées, toutes uniformes, en totale perfection,* etc.
[4] On lit *grandes* dans le Manuscrit, *gravée* dans l'Imprimé.
[5] Imp. — *S'en falloit* (M.).
[6] Imp. — *Coruscant* (M.).
[7] Suivant Philostrate, dans sa *Vie d'Apollonius*, le pantarbe était une pierre précieuse de l'Inde, ayant de l'analogie avec l'aimant. Iarchas était un magicien du même pays, dont il est souvent question dans l'ouvrage précité.
[8] Imp. — Cette phrase est différemment construite dans le Manuscrit. La voici :

Apparoissoit, et eut ainsi facilement oscursy le Pantarbe de Iarchas, magicien Indic, que sont

Aille maintenant se vanter Cleopatre royne d'Ægypte, avec ses deux unions pendans à ses oreilles, desquels l'un, present Antonius triumvir, elle par force de vinaigre fondit en eau et avala, estant à l'estimation de cent fois sexterces[1].

Aille se pomper Lullie Pauline[2] avec sa robbe toute couverte d'emeraudes et marguerites, en tissure alternative, laquelle tiroit en admiration tout le peuple de la ville de Rome. Laquelle on disoit estre fosse et magazin des vainqueurs larrons de tout le monde.

Le coulement et laps de la fontaine estoit par trois tubules[3] et canaulx faits de marguerites fines en l'assiette de[4] trois angles equilateraux promarginaires cy dessus exposés : et estoient les canalz produits en ligne limaciale bipartiante. Nous, avoir iceux consideré, ailleurs tournions nostre veue, quand Bacbuc nous commanda entendre à l'exiture de l'eau : Lors entendismes un son à merveille harmonieux, obtus toutesfois et rompu, comme de loin venant et soubterrain. En quoy plus nous sembloit delectable, que si apert eust esté et de prés ouy. De sorte qu'autant, comme par les fenestres de nos yeux, s'estoient nos esprits oblectés à la contemplation des choses susdites, autant en restoit il[5] aux oreilles, à l'audience de ceste harmonie.

Adonc nous dit Bacbuc : Vos philosophes nient estre par vertu de figures mouvement fait, oyez icy et voyez le contraire. Par la seule figure limaciale que voyez bipartiente,

---

les estoiles par le soleil en clair midi, tellement qu'entre justes estimations jugé facilement seroit plus estre, en ceste fontaine et lampe cy-dessus descripte, de richesses et singularitez que n'en contiennent Asye, Africque et Europe ensemble.

[1] Imp. et M. — Cent fois cent sesterces, sans doute, ou dix mille sesterces.

[2] Lullie Pauline que Pline, déclare avoir vue : *smaragdis margaritisque opertam, alterno textu fulgentibus.* (*Hist. nat.*, IX, 58.) Nous avons suivi le manuscrit de la Bibliothèque nationale.

Dans toutes les éditions imprimées on lit à tort : *Pompeie Plautine*, qui était épouse de l'empereur Julien.

[3] Petits tubes (*tubuli*).

[4] Imp. — *Faictz de murhine confinez en l'acuité des...* (M.).

L'Imprimé et le Manuscrit ne sont pas plus intelligibles l'un que l'autre.

[5] Imp. —Autant restoient-ils (M.).

ensemble une quintuple infoliature mobile à chascune rencontre interieure (telle qu'est en la veine cave au lieu qu'elle entre le dextre ventricule du cœur), est ceste sacrée fontaine escoulée, et par icelle une harmonie telle, qu'elle monte jusques à la mer de vostre monde [1].

---

[1] Imp. — *Et par icelle, en harmonie tele que oyés, monte* (M.).

CHAPITRE XLIII[1].

Comment l'eau de la fontaine rendoit goust de vin, selon l'imagination des buveurs.

Puis commanda estre hanaps, tasses et goubelets presentés, d'or, d'argent, de crystallin, de porceline : et fusmes graticusement invités à boire de la liqueur sourdante d'icelle fontaine : ce que fismes tres volontiers.

Car, pour pleinement[2] vous advertir, nous ne sommes du calibre d'un tas de veaux qui, comme les passereaux, ne mangent sinon qu'on leur tappe la queue, pareillement ne boivent ne mangent sinon qu'on les esrene[3] à grands coups de levier. Jamais personne n'esconduisons nous invitant courtoisement à boire. Puis nous interrogea Bacbuc, demandant que nous en sembloit. Nous luy fismes response, que ce nous sembloit bonne et fraiche eau de fontaine, limpide et argentine, plus que n'est Argirondes en Etolie, Peneus en Thessalie, Axius en Migdonie, Cidnus en Cilicie, lequel voyant Alexandre Macedon tant beau, tant clair et tant froid en cœur d'esté, presupposa[4] la volupté de soy dedans baigner au mal qu'il prevoyoit luy advenir de ce transitoire plaisir. Ha! dist Bacbuc, voylà que c'est non considerer en soy, ne entendre les mouvemens que fait la langue musculeuse, lorsque le boire dessus coule pour descendre, non es poulmons, par l'artere inequale, comme a esté l'opinion du bon Platon, Plutarque, Macrobe et autres, mais en l'estomac par l'œsophage. Gens peregrins,

---

[1] Le chapitre précédent continue ici dans l'Imprimé et n'en fait qu'un avec celui qui va suivre.
A la place des quatre premières lignes telles que nous les donnons ici d'après le Manuscrit, nous lisons dans l'Imprimé :
« *Puis commanda qu'on nous fist boire.* »
[2] M. — *Clairement* (Imp.).
[3] M. — *Rue* (Imp.).
[4] M. — *Composa* (Imp.).
Présupposa veut dire ici, mit au-dessus, préféra.

avez vous les gosiers enduits, pavés, et esmaillés, comme eut jadis Pithyllus, dit Theutes[1], que de ceste liqueur deifique onques n'avez le goust ne saveur recogneu? Apportez icy, dist à ses damoiselles, mes descrottoires que savez, afin de leur racler, esmonder et nettoyer le palat.

Furent donc apportés beaux, gros et joyeux jambons, belles, grosses et joyeuses langues de bœuf fumées, saumades belles et bonnes, cervelats, boutargues, caviar[2], bonnes et belles saucisses de venaison, et tels autres ramonneurs de gosier. Par son commandement nous en mangeasmes jusques là, que confessions nos estomacs estre tres bien escurés et soif nous importuner assez fascheusement : dont nous dist : Jadis un capitaine juif, docte et chevalereux, conduisant son peuple par les desers en extreme famine, impetra des cieux la manne, laquelle leur estoit de goust tel, par imagination, que par avant realement leur estoient les viandes. Icy de mesmes, beuvans de ceste liqueur mirifique, sentirez goust de tel vin comme l'aurez[3] imaginé. Or, imaginez et beuvez. Ce que nous fismes. Puis s'escria Panurge, disant : Par Dieu, c'est icy vin de Beaune, meilleur qu'onques jamais je beus ou je me donne à nonante et seize diables. O pour plus longuement le gouster, qui auroit le col long de trois coudées, comme desiroit Philoxenus, ou comme une grue, ainsi que souhaitoit Melanthius[4].

Foy de lanternier, s'escria frere Jean, c'est vin de Grave, gallant[5] et voltigeant. O pour Dieu, amie[6], enseignez moy la maniere comment tel le faites. A moy, dist Pantagruel, il me semble que soit vin de Mireveaux : car avant boire je l'ima-

---

[1] « Cléarque rapporte que certain Pithylle, surnommé *le friand*, non content de la membrane qui tapisse la langue, mettait par dessus un enduit muqueux pour y faire adhérer davantage la saveur de ce qu'il mangeait, et qu'ensuite il ôtait cet enduit en se ratissant la langue avec un poisson. » (Athénée. *Banquet*, l. I, c. vi.)

[2] M. — *Caviar* manque (Imp.).
[3] Imp. — *L'avez* (M.).
[4] Ceci est encore emprunté au *Banquet* d'Athénée, ch. v; seulement l'auteur de la citation attribue à Philoxène le souhait de Mélanthius, et réciproquement.
[5] Imp. — *Gaillard et voltigeant* (M.).
[6] Imp. — *Dame* (M).

ginois. Il n'a que ce mal qu'il est frais[1] : mais je dis frais plus que glace, plus que l'eau de Nonacris et Dercé, plus que la fontaine de Conthoporie en Corinthe[2], laquelle glaçoit l'estomac et parties nutritives de ceux qui en beuvoient. Beuvez, dist Bacbuc, une, deux ou trois fois. De rechef, changeans d'imagination, telle trouverez au goust, saveur ou liqueur, comme l'aurez imaginé. Et dorenavant, ne dites qu'à Dieu rien soit impossible. Onques, respondis je, ne fut dit de nous, nous maintenons qu'il est tout puissant.

---

[1] Imp. — *C'est* qu'il est frais (M.).
[2] Voici ce que dit Athénée, liv. II, ch. vi (il fait parler Ptolémée, roi d'Égypte) : « En approchant de Corinthe par un endroit appelé *Contoporie*, nous vîmes une source, dont l'eau était plus froide que la neige. Plusieurs d'entre nous n'en voulurent point boire, de crainte d'en être glacés; mais moi j'en bus... » etc.

CHAPITRE XLIV.

Comment Bacbuc accoustra Panurge pour avoir le mot de la bouteille.

Ces paroles et beuvettes achevées, Bacbuc demanda, qui est celuy de vous qui veut avoir le mot de la dive bouteille [1]? Je, dist Panurge, vostre humble et petit entonnoir. Mon amy, dist elle, je n'ay à vous faire instruction qu'une : c'est que venant à l'oracle, ayez soin n'escouter le mot, sinon d'une oreille. C'est, dit frere Jean, du vin à une oreille. Puis le vestit d'une galleverdine [2], l'encapitonna d'un beau et blanc beguin, l'affeubla d'une chausse d'hyppocras, au bout de laquelle, en lieu de floc, mit trois obelisques [3], l'enguantela de deux braguettes antiques, le ceignit de trois cornemuses liées ensemble, luy baigna la face [4] trois fois dans la fontaine susdite, enfin luy jetta au visage une poignée de farine, mit trois plumes de coq sus le costé droit de la chausse hyppocratique, le fit cheminer neuf fois autour de la fontaine, luy fit faire trois beaux petits sauts, luy fit donner sept fois du cul contre terre, tousjours disant ne sçay quelles conjurations en langue Etrusque, et quelquefois lisant en un livre ritual, lequel, prés elle, portoit une de ses mystagogues.

Somme, je pense que Numa Pompilius, roy second des Romains, Cerites [5] de Tuscie, et le saint capitaine Juif [6],

---

[1] Imp. — *De la dame bouteille* (M.).

[2] Imp. — Le Manuscrit porte: *d'une galleverdine verde.*

[3] Obélisque est pris là probablement dans le sens d'aiguillettes : Ὀβελίσκος, petite broche, en grec. Le Manuscrit porte *oblies.*

[4] Imp. — *Le front* (M.).

[5] Les habitants de Cère, ville qui était le centre de la religion étrusque. Quelques auteurs, partisans des étymologies lointaines, font dériver de son nom le mot *cærimonia.*

[6] Judas Machabée, qui institua, entre autres fêtes religieuses, celles qui avaient pour but de célé-

n'instituerent onques tant de ceremonies que lors je vis, n'aussi les vaticinateurs Memphitiques à Apis en Ægypte, ny les Euboiens en la cité de Rhamnes en Rhamnusie[1], ny à Jupiter Ammon, ny à Feronia[2], n'userent[3] les anciens d'observances tant religieuses comme là considerois.

Ainsi accoustré le separa de nostre compagnie, et mena[4] à main dextre par une porte d'or, hors le temple, en une chappelle ronde, faite de pierres phengites et speculaires : par la solide speculance desquelles, sans fenestre ne autre ouverture, estoit receue lumiere du soleil, là luisant par le precipice de la roche, couvrante le temple major, tant facilement et en telle abondance, que la lumiere sembloit dedans naistre, non de hors venir. L'ouvrage n'estoit moins admirable que fut jadis le sacré temple de Ravenne[5], ou en Ægypte, celui de l'isle Chemnis[6] : et n'est à passer en silence que l'ouvrage d'icelle chappelle ronde estoit en telle symmetrie compassé, que le diametre du project estoit la hauteur de la voute.

Au milieu d'icelle estoit une fontaine de fin alabastre, en figure heptagone, à ouvrage et infoliature singuliere, pleine d'eau tant claire, que pourroit estre[7] un element en sa simplicité, dedans laquelle estoit à demy posée la sacrée bouteille, toute revestue de pur et beau christalin[8] en forme ovale, excepté que le limbe estoit quelque peu patent, plus qu'icelle forme ne porteroit.

brer sa victoire contre Nicanor, et qui figurèrent désormais dans les fastes des Hébreux.

[1] C'est à Rhamnès, ou Rhamnis, ville de l'Eubée, qu'on avait érigé un temple à la Fortune. Quant à la statue qu'on appelait Rhamnusie, du bourg de l'Attique Rhamnus, où elle se trouvait, c'était une statue de Némésis.

[2] Déesse des forêts, ainsi appelée *a ferendis arboribus*. Virgile, Horace et Strabon en ont parlé.

[3] Imp. — *Ne usoyent*. (Manusc.)
[4] Imp. — *Le mena*. (Manusc.)
[5] C'était un temple païen consacré à Hercule, sur les ruines duquel fut bâtie la cathédrale actuelle.
[6] Chemmis, ou Chemnis, île d'Égypte où se trouvait un temple d'Apollon très-célèbre.
[7] Imp. — *Pouvoit* (M.).
[8] Imp. — *De pur crystallin* (M.).

CHAPITRE XLV.

Comment la pontife Bacbuc presenta Panurge devant la dive bouteille [1].

Là fit Bacbuc, la noble pontife, Panurge baisser [2] et baiser la marge de la fontaine, puis le fit lever, et autour danser trois ithymbons [3]. Cela fait, luy commanda s'asseoir entre deux selles, là preparées, le cul à terre [4]. Puis desploya son livre ritual [5], et luy soufflant à l'oreille gauche le fit chanter une epilenie [6], comme s'ensuit [7] :

---

[1] « Les folies de l'initiation bachique continuent (disent ici les auteurs de l'édition *Variorum*). L'ébullition des eaux de la fontaine, c'est la fermentation du vin dans le cerveau, qui précède l'ivresse, et le mot *trinq*, oracle de la dive bouteille, est evidemment l'imperatif du verbe trinquer, grand mot des buveurs. »

L'auteur de ce livre peut bien n'avoir pas pensé un mot de tout cela.

[2] Imp. — *Agenouiller Panurge et baiser* (Manusc.).

[3] Du grec ἴθυμϐος, danse bachique accompagnée de chants.

[4] M. — *Entre deux selles le cul à terre, là preparees* (Imp.). Le Duchat fait ici remarquer que l'auteur a mieux aimé pécher contre la construction que de diviser les paroles du proverbe.

[5] Rituel, le code des cérémonies.

[6] Mot à mot, chant du pressoir, ou bien chant de vendanges, du grec ἐπιλήνιον ᾆσμα, ou ἐπιλήνιοι ὕμνοι, hymni qui ad vindemiæ torcularia et inter premendas uvas canuntur, hymnes qu'on chantait au temps de la vendange, en foulant le raisin sur le pressoir, de ἐπί, sur, ληνός, pressoir. D'où ληναῖος, surnom de Bacchus, λήναια, fêtes en son honneur, où il y avait un concours de poëtes à qui chanterait le mieux ses louanges dans des chansons joyeuses.

(E. Johanneau.)

[7] L'*épilénie* manque à sa place dans toutes les éditions anciennes; mais elle s'y trouve dans le manuscrit. Nous l'avons vue cependant renvoyée à la fin d'une des plus anciennes éditions, avec la bouteille gravée. C'est même cette gravure, tout incorrecte qu'elle soit, que nous avons tenu à reproduire, comme l'idée première et peut-être le dessin de l'auteur.

Dans plusieurs anciennes éditions de Théocrite on trouve des pièces attribuées soit à ce poëte, soit à Simmias de Rhodes : l'*œuf*, *les ailes*, *la hache*, *la flûte de Pan*, décrits dans des vers inégaux qui reproduisent la forme de ces divers objets. L'*œuf*, notamment, se rapproche assez de la forme de la bouteille, donnée ici par l'auteur du Ve livre.

O Bouteille
Pleine toute
De mystères,
D'une oreille
Je t'escoute,
Ne differes,
Et le mot proferes
Auquel pend mon cœur.

En la tant divine liqueur,
Qui est dedans tes flancs reclose,
Bacchus, qui fut d'Inde vainqueur,
Tient toute verité enclose.
Vin tant divin, loing de toy est forclose
Toute mensonge et toute tromperie.
En joye soit l'aire de Noach close,
Lequel de toy nous fit la temperie.

Sonne le beau mot, je t'en prie,
Qui me doit oster de misere.
Ainsi ne se perde une goutte
De toy, soit blanche, soit vermeille.

O Bouteille
Pleine toute
De mysteres,
D'une oreille
Je t'escoute,
Ne differes.

Ceste chanson parachevée, Bacbuc jetta je ne sçay quoy dedans la fontaine, et soudain commença l'eau bouillir à force[1], comme fait la grande marmite de Bourgeuil[2] quand y est feste à bastons. Panurge escoutoit d'une oreille en silence : Bacbuc se tenoit prés de luy agenouillée[3], quand de la sacrée bouteille issit[4] un bruit tel que font les abeilles naissantes de la chair d'un jeune taureau occis et accoustré selon l'art et invention d'Aristeus[5], ou tel que fait un garot desbandant[6] l'arbaleste, ou en esté une forte pluye soudainement tombant. Lors fut ouy ce mot : *Trinch*. Elle est, s'escria Panurge, par la vertu Dieu, rompue, ou feslée, que je ne mente : ainsi parlent les bouteilles crystalines de nos pays, quand elles, prés du feu, s'esclatent.

Lors Bacbuc se leva et prit Panurge sous le bras doucettement, luy disant : Amy, rendez graces es cieux, la raison vous y oblige : vous avez promptement eu le mot de la dive bouteille. Je dis le mot plus joyeux, plus divin, plus certain, qu'encores d'elle aye entendu depuis le temps qu'icy je ministre à son tres sacré oracle. Levez vous, allons au chapitre, en la glose duquel est le beau mot interpreté. Allons, dist Panurge, de par Dieu. Je suis aussi sage qu'entan. Esclairez : où est ce livre ? Tournez[7] : où est ce chapitre ? Voyons ceste joyeuse glose.

---

[1] Imp. — *A force*, manque (M.).
[2] Abbaye de Saint-Benoit, près d'Angers.
[3] Imp. — *A genoillons* (M.).
[4] Imp. — *Issoit* (M.).
[5] Voyez Virgile, *Géorgiques*.
[6] Imp. — *Destendant* (M.).
[7] Imp. — *Trouvez* (M.).

CHAPITRE XLVI.

Comment Bacbuc interprete le mot de la bouteille.

Bacbuc jettant ne sçay quoy dans le timbre, dont soudain fut l'ebullition de l'eau restreincte[1], mena Panurge au temple major[2], au lieu central, auquel estoit la vivifique fontaine. Là tirant un gros livre d'argent, en forme d'un demy muy, ou d'un quart de sentences, le puisa dedans la fontaine, et luy dist : Les philosophes, prescheurs et docteurs de vostre monde, vous paissent de belles paroles par les oreilles : icy, nous realement incorporons nos preceptions par la bouche. Partant je ne vous dis : Lisez ce chapitre, voyez ceste glose : je vous dis : Tastez ce chapitre, avallez ceste belle glose. Jadis un antique prophete de la nation Judaïque[3] mangea un livre, et fut clerc jusques aux dents : presentement vous en boirez un, et serez clerc jusques au foye. Tenez, ouvrez les mandibules.

Panurge, ayant la gueule bée, Bacbuc prit le livre d'argent, et pensions que fust veritablement un livre, à cause de sa forme, qui estoit comme un breviaire : mais c'estoit un veneré, vray et naturel flaccon[4], plein de vin Falerne, lequel elle fit tout avaller à Panurge.

Voicy, dist Panurge, un notable chapitre, et glose fort authentique. Est ce tout ce que vouloit pretendre le mot de la bouteille trismegiste? J'en suis bien vrayement. Rien plus, respondit Bacbuc, car *Trinch* est un mot panomphée[5], celebré et entendu de toutes nations[6], et nous signifie, *beuvez*. Vous

---

[1] Imp. — *Restaincte* (M.).
[2] Imp. — *On temple majour* (Ms.).
[3] Ezéchiel, ch. II et III.
[4] M. — *Mais c'estoit un breviaire vray et naturel flacon* (Imp.).
[5] Du grec πανομφαῖος, qui dicte à tous des oracles.
[6] Certains philologues ont eu

dites en vostre monde que sac est vocable commun en toute langue, et à bon droit, et justement de toutes nations receu[1]. Car comme est l'apologue d'Esope, tous humains naissent un sac au col, souffreteux par nature, et mendians l'un de l'autre. Roy sous le ciel tant puissant n'est qui passer se puisse d'autruy, pauvre n'est tant arrogant, qui passer se puisse du riche, voire fust ce Hippias le philosophe, qui faisoit tout. Encores moins se passe l'on de boire qu'on ne fait de sac. Et icy maintenons[2] que non rire, ains boire, est le propre de l'homme : je ne dis boire simplement et absolument, car aussi bien boivent les bestes : je dis boire vin bon et frais. Notez, amis, que de vin, divin on devient : et n'y a argument tant seur, ny art de divination moins fallace. Vos academiques l'afferment, rendans l'etymologie de vin, lequel ils disent en Grec ΟΙΝΟΣ, estre comme *vis*, force, puissance. Car pouvoir il a d'emplir[3] l'ame de toute verité, tout savoir et philosophie[4]. Si avez noté ce qui est en lettres Ioniques escrit dessus la porte du temple, vous avez peu entendre qu'en vin est verité cachée. La dive bouteille vous y envoye, soyez vous mesmes interpretes de vostre entreprise. Possible n'est, dist Pantagruel, mieux dire que fait ceste venerable pontife. Autant vous en dis je, lorsque premierement[5] m'en parlastes. *Trinch* donc. Que vous en dit le cœur, eslevé par enthousiasme bacchique? Trinquons, dist Panurge,

> Trinquons, de par le bon Bacchus.
> Ho, ho, ho, je voiray bas culs
> De brief bien à poinct sabourés
> Par couilles, et bien embourés,
> De ma petite humanité.
> Qu'est cecy? la paternité

---

effet prétendu que ce mot existait dans toutes les langues. Voyez, entre autres, Boucher, *Archaiological Glossary*, qui en donne des exemples.

[1] Imp. — *Entendu* (M.).

[2] Imp. — *Ainsi* maintenons (M.).

[3] Imp. — *Pourcequ'il emplist* (M.).

[4] Imp. — Et *toute* philosophie (M.).

[5] Imp. — *Lorsque au commencement m'en parlastes* (Manuscrit).

De mon cœur me dit seurement
Que je seray non seulement
Tost marié en nos quartiers :
Mais aussi que bien volontiers
Ma femme viendra au combat
Venerien : Dieu, que d'esbat [1]
J'y prevoy ! Je laboureray
Tant et plus, et saboureray [2]
A gogo, puisque bien nourry
Je suis. C'est moy le bon mary,
Le bon des bons. Io Pean,
Io pean, Io pean !
Io mariage trois fois.
Ça, ça, frere Jean, je te fois
Serment vray et intelligible.
Que cest oracle est infallible,
Il est seur, il est fatidique.

---

[1] M. — *Quel debat* (Imp.).   [2] I: p. — Et *sabouleray* (M.).

CHAPITRE XLVII.

Comment Panurge et les autres rithment par fureur[1] poëtique.

Es tu, dist frere Jean, fol devenu ou enchanté? Voyez comme il escume[2]: entendez comment il rithmaille. Que tous les diables a il mangé? Il tourne les yeux en la teste comme une chevre qui se meurt : se retirera il à l'escart? fiantera il plus loin? mangera il de l'herbe aux chiens pour descharger son thomas[3]? ou à usage monachal mettra il dedans la gorge le poing jusqu'au coude afin de se curer[4] les hypochondres? reprendra il du poil de ce chien qui le mordit[5]?

Pantagruel reprend frere Jean, et luy dit :

> Croyez que c'est la fureur poetique
> Du bon Bacchus : ce bon vin ecliptique
> Ainsi ses sens, et le fait cantiqueur
>   Car sans mespris[6],
>   A ses esprits
>   Du tout espris
>   Par sa liqueur.
>   De cris en ris,
>   De ris en pris,

---

[1] Imp. — Par *forme* (M).

[2] Imp. — *Comment il escrime* (M.).

[3] Estomac. (Cotgrave.) On dit *tomac* en langage enfantin et en divers patois.

[4] Imp. — *Se escurer* (M.).

[5] On dit simplement aujourd'hui *reprendre du poil de la bête.* Cette ancienne forme du proverbe, qui s'est conservée en anglais, explique mieux son véritable sens, qui est : Chercher son remède dans la cause même qui a produit le mal, et spécialement : Boire de nouveau pour se guérir d'avoir trop bu; espèce de recette homœopathique qui ne doit pas manquer de prosélytes parmi les ivrognes.

[6] Sans méprise.

> En ce pourpris,
> Fait son gent cœur
> Rhetoriqueur,
> Roy et vainqueur
> De nos souris.
> Et veu qu'il est de cerveau phanatique,
> Ce me [1] seroit acte de trop piqueur [2],
> Penser moquer un si noble trinqueur.

Comment? dist frere Jean, vous rithmez aussi? Par la vertu de Dieu, nous sommes tous poivrés. Plust à Dieu que Gargantua nous vist en cestuy estat. Je ne sçay par Dieu que faire de pareillement comme vous rimer, ou non. Je n'y sçay rien toutesfois, mais nous sommes en rimaillerie. Par saint Jean je rimeray comme les autres, je le sens bien. Attendez, et m'ayez pour excusé, si je ne rime en cramoisi [3].

> O Dieu, pere paterne,
> Qui muas l'eaue en vin,
> Fais de mon cul lanterne,
> Pour luire à mon voisin.

Panurge continue son propos, et dit :

> Onq de Pythias le treteau
> Ne rendit, par son chapiteau,
> Response plus seure et certaine.
> Et croirois [4] qu'en ceste fontaine
> Y soit nommement colporté
> Et de Delphes cy transporté.
> Si Plutarque eust icy trinqué
> Comme nous, il n'eust revoqué
> En doute, pourquoy les oracles
> Sont en Delphes plus muts que macles [5],

---

[1] Imp. — *Ce ne seroit* (M.).
[2] Imp. — *De topiqueur*.
[3] Furetière assure qu'on dit *sot en cramoisi*, pour dire : sot au dernier degré, parce que le cramoisi est la plus parfaite des couleurs. De même *rimer en cramoisi*, suivant Le Duchat, serait rimer le mieux possible.
[4] Imp. — Et *croyons* (M.).
[5] Parce que la figure de blason appelée *mâcle*, espèce de losange percé, représente une bouche ouverte.

Plus ne rendent response aucune.
La raison est assez commune :
En Delphes n'est, il est icy,
Le treteau fatal, le voicy,
Qui presagist [1] de toute chose :
Car Atheneus nous expose
Que ce treteau estoit bouteille,
Pleine de vin à une oreille,
De vin, je dis de verité.
Il n'est telle sincerité
En l'art de divination,
Comme est l'insinuation
Du mot sortant de la bouteille.
Ça, frere Jean, je te conseille,
Ce pendant que sommes icy,
Que tu ayes le mot aussi
De la bouteille trismegiste :
Pour entendre si rien obsiste
Que ne te doives marier.
Tien cy, de peur de varier,
Et joue l'amorabaquine [2] :
Jettez luy un peu de farine.

Frere Jean respondit en fureur, et dist :

Marier! par la grand'bottine,
Par le houzeau de saint Benoist,
Tout homme qui bien me cognoist,
Jurera [3], que feray le chois
D'estre desgradé ras, ainçois
Qu'estre jamais angarié
Jusques là, que sois marié :
Sela! que fusse spolié

---

[1] Imp. — *Presageoit* (M.).
[2] Probablement une espèce de danse mauresque. Dans le manuscrit on lit *et joue l'amourabaquin de ma chausse et de mon beguyn*.
[3] On lit *jugera* au lieu de *jurera* dans les éditions modernes. Celles de 1564 et 1565 ont la leçon que nous donnons. On conçoit en effet qu'on jure, mais non qu'on *juge* par le houseau de saint Benoît. Le Manuscrit porte cependant *jugera*; mais à tort, suivant notre appréciation.

De liberté? fusse lié
A une femme desormais?
Vertu Dieu, à peine jamais
Me liroit on à Alexandre,
Ny à Cesar, ny à son gendre,
N'au plus chevaleureux du monde.

Panurge deffeublant sa gualle verdine et accoustrement mystique, respondit :

Aussi seras tu, beste immonde,
Damné, comme une male serpe[1].
Et seray ainsi comme une herpe[2]
Sauvé en paradis gaillard :
Lors bien sus toy, pauvre paillard,
Pisseray-je[3], je t'en asseure.
Mais escoutez, advenant l'heure
Qu'à bas seras au vieux grand diable,
Si, par cas assez bien croyable,
Advient que dame Proserpine
Fust espinée de l'espine
Qui est en ta brague cachée,
Et fust de fait amourachée
De ta dite paternité,
Survenant l'opportunité
Que vous feriez les deux accords[4]
Et luy montasses sur le corps :
Par ta foy envoyras tu pas
Au vin, pour fournir le repas,
Du meilleur cabaret d'enfer,
Le vieil ravasseur[5] Lucifer?
Elle ne fut onques rebelle
Aux bons freres[6], et si fut belle.

Va, vieux fol, dist frere Jean, au diable. Je ne saurois plus rimer, la rime me prend à la gorge[7], parlons de satisfaire icy.

---

[1] Comme un serpent maudit. (*Serpe*, en italien.)

[2] Imp. — *Et je seray, comme une herpe* (Manusc.).

[3] Imp. — *J'asseray-je* (M.).

[4] M. — *Les doux accords* (Imp.).

[5] Rêvasseur. On lit dans Montaigne *ravasserie* pour *rêvasserie*.

[6] Imp. — *Auz vieux freres* (Manus.).

[7] Imp. — *La rume me prend*, lisons-nous dans le Manuscrit.

CHAPITRE XLVIII.

Comment, avoir pris congé de Bacbuc, delaissent[1] l'oracle de la bouteille.

D'icy satisfaire, dist Bacbuc, ne soyez en esmoy[2], à tout sera satisfait, si de nous estes contens. Ça bas, en ces regions circoncentrales, nous establissons le bien souverain, non en prendre et recevoir, mais en eslargir et donner, et heureux nous reputons, non si d'autruy prenons et recevons beaucoup, comme par aventure decretent les sectes de vostre monde, ains si à autruy tousjours eslargissons, et donnons beaucoup[3]. Seulement vous prie[4], vos noms et pays icy en ce livre ritual[5] par escrit nous laisser.

Lors ouvrit un beau[6] et grand livre, auquel nous dictans[7], une de ses mistagogues exequant, furent avec un style[8] d'or quelques traits projettés, comme si l'on eust escrit, mais de l'escriture rien ne nous apparoissoit.

Cela fait, nous emplit trois oires[9] de l'eau phantastique, et manuellement nous les baillant, dist : Allez, amis, en protection de ceste sphere intellectuelle, de laquelle en tous lieux est le centre, et n'a en lieu aucun circonference, que nous appellons Dieu : et venus en vostre monde portez tesmoignage[10] que sous terre sont les grands tresors et choses

---

[1] Imp. — *Laissasmes* (Manusc.).
[2] M. — *Respondit Bacbuc, ne sois en esmoy* (Imp.).
[3] Imp. — *Eslargissions et donnions* (M.).
[4] Imp. — *Priray* (Manus.).
[5] Imp. — *Registral* (M.).
[6] Imp. — *Beat* (M.).
[7] C'est un latinisme : *nobis dictantibus*, etc., tandis que nous dictions et qu'une de ses prêtresses écrivait. — On lit dans le Manuscrit *escripvant* au lieu de *exequant*.
[8] Un stylet.
[9] Trois brasses. (*Oria*, Du Cange.)
[10] Imp. — *Clair tesmoignage* (M.).

admirables : et non à tort Ceres ja reverée[1] par tout l'univers, parce qu'elle avoit monstré et enseigné l'art d'agriculture, et par invention de bled aboly entre les humains le brutal aliment de gland, a tant et tant lamenté de ce que sa fille fust en nos regions[2] soubterraines ravie, certainement prevoyant que sous terre plus trouveroit sa fille de biens et excellences, qu'elle sa mere n'avoit fait dessus. Qu'est devenu l'art d'evocquer des cieux la foudre et le feu celeste, jadis inventé par le sage Prometheus? Vous certes l'avez perdu, il est de vostre hemisphere departy, icy sous terre est en usage. Et à tort quelquefois vous esbahissez, voyans[3] villes conflagrer et ardre par foudre et feu etheré, et estes ignorans de qui, et par qui, et quelle part tiroit cestuy esclandre horrible à vostre aspect, mais à nous familier et utile. Vos philosophes qui se complaignent toutes choses estre par les anciens escrites[4], rien ne leur estre laissé de nouveau à inventer, ont tort trop evident[5]. Ce que du ciel vous apparoist, et appellez *phenomenes*, ce que la terre vous exhibe[6], ce que la mer et tous autres fleuves contiennent, n'est comparable à ce qui est en terre caché.

Pourtant est equitablement le souverain[7] dominateur presque en toutes langues nommé par epithete de richesses, il (quand leur estude adonneront et labeur à bien rechercher par imploration de dieu souverain, lequel jadis les Ægyptiens nommoient en leur langue[8] c'est à dire l'Abscons, le Mussé, le Caché, et par ce nom l'invoquans le supplioient à eux se manifester et descouvrir), leur eslargira cognoissance et de soy et de ses creatures, par aussi conduicte de bonne lan-

---

[1] Imp. — *Et non à tard Ceres la reverée* (Manusc.).
[2] Imp. — *Registres* (Man.).
[3] Imp. — *Vos villes* (M.).
[4] Imp. — *Descriptes* (M.).
[5] Ceci est tiré de Cœlius Rhodiginus, auteur auquel Rabelais et ses imitateurs ont fait quelques emprunts : « Quæ sane ratio admiranda Zoroastri Arimaspem conciliavit, Æsculapium Mercurio, Orphæo Museum, Pythagoræ Aglaophemum. » Le Duchat nous apprend que cet Aglaophème était un disciple et ami de Pythagore.
[6] Imp. — *Vous a exhibé* (M.).
[7] M. — *Soubterrain* (Imp.).
[8] Il manque ici le mot égyptien Le Manuscrit laisse sa place en blanc et ajoute : c'est-à-dire, etc

terne. Car tous philosophes et sages antiques, à bien seurement et plaisamment parfaire le chemin de la cognoissance divine et chasse de sapience, ont estimé deux choses necessaires, guide de Dieu, et compagnie d'homme [1]. Ainsi, entre les Perses, Zoroastes prit Arimaspes [2] pour compagnon de toute sa mysterieuse philosophie : Hermes le Trismegiste entre les Ægyptiens eut... Esculape : Orpheus en Thrace eut Musée : illecques aussi Aglaophemus eut Pythagore : entre les Atheniens Platon eut premierement Dion de Syracuse en Sicile, lequel defunct, prit secondement Xenocrates : Appollonius eut Damius. Quand donc vos philosophes, Dieu guidant, accompagnant à quelque claire lanterne, se adonneront à soigneusement rechercher et investiger (comme est le naturel des humains, et de ceste qualité sont Herodote et Homere appellés alphestes, c'est à dire rechercheurs et inventeurs), trouveront vraye estre la response faite par le sage Thales à Amasis roy des Ægyptiens, quand, par luy interrogé en quelle chose plus estoit de prudence, respondit : On temps : car par temps ont esté et par temps seront toutes choses latentes inventées : et c'est la cause pourquoy les anciens ont appellé Saturne le Temps, pere de Verité, et Verité fille du Temps. Infailliblement aussi trouveront tout le savoir et d'eux et de leurs predecesseurs, à peine estre la minime partie de ce qui est, et ne le savent. De ces trois oires que presentement je vous livre, vous en prendrez jugement, cognoissance, comme dit le proverbe, aux ongles de lion. Par la rarefaction de nostre eau dedans enclose, intervenant la chaleur des corps superieurs et ferveur de la mer salée, ainsi qu'est la naturelle transmuta-

---

[1] L'Imprimé diffère ici du Manuscrit; voici comment il se termine :

« Ainsi, entre les philosophes, Zoroaster prit Arimaspes pour compagnon de ses perigrinations : Esculapius, Mercure : Orpheus, Musée : Pythagoras, Agloephenase ; entre les princes et gens belliqueux, Hercules eut en ses plus difficiles entreprises pour amy singulier Theseus : Ulysses, Diomedes : Eneas, Achates. Vous autres en avez autant fait, prenant pour guide votre illustre dame Lanterne. Or allez de par Dieu qui vous conduise. »

[2] Imp. — *Entre les Perses* (Man.).

tion des elemens, vous sera air dedans tres salubre engendré, lequel de vent clair, serein, delicieux vous servira, car vent n'est que air flottant et ondoyant : cestuy vent moyennant, irez à droite route, sans terre prendre si voulez, jusques au port de Olonne en Talmondois, en laschant à travers vos veles, par ce petit souspirail d'or que vous y voyez apposé comme une flutte, autant que penserez pour tout ou lentement naviguer, tousjours en plaisir et seureté, sans danger ne tempeste. De ce ne doubtez, et ne pensez la tempeste issir et proceder du vent : le vent vient de la tempeste excitée du bas de l'abysme. Ne pensez aussi la pluie venir par impotence des vertus retentives des cieux et gravité des nues suspendues : elle vient par evocation des soubterraines regions comme par evocation des corps superieurs : elle de bas en haut estoit imperceptiblement tirée : et vous le tesmoigne le roy prophete chantant et disant que l'abysme invoque l'abysme. Des trois oires, les deux sont pleines de l'eau susdite, la tierce est extraicte du puits des sages Indiens, lequel on nomme le tonneau des Brachmanes.

Trouverez davantage vos naufs bien duement pourvues de tout ce qu'il vous pourroit estre utile et necessaire pour le reste de vostre mesnage : ce pendant que icy avez sejourné, je y ay fait ordre tres bon donner. Allez, amis, en gaieté d'esprit, et portez ceste lettre à vostre roy Gargantua : le saluez de par nous, ensemble les princes et officiers de sa noble court.

Ces mots parachevés, elle nous bailla des lettres closes et scellées : et nous, aprés actions de graces immortelles, fit issir par une porte adjacente à la chapelle diaphane où Bacbuc les semonoit de proposer questions autant deux fois qu'est haut le mont Olympe. Par un pays plein de toutes delices, plaisant, temperé, plus que Tempé en Thessalie, salubre plus que celle partie d'Ægypte, laquelle a son aspect vers Lybie, irrigu et verdoyant plus que Thermischrie, fertile plus que celle partie du mont Thaure, laquelle a son aspect vers Aquilon, plus que l'isle Hyperborée en la mer Judaique, plus que Caligles on mont Caspie, flairant, serein et gratieux autant qu'est le pays de Touraine : en fin trouvasmes nos navires au port.

FIN DU CINQUIEME LIVRE DES FAITS ET DICTS HEROIQUES
DU NOBLE PANTAGRUEL.

PANTAGRUELINE

PRONOSTICATION [1],

CERTAINE, VERITABLE ET INFALIBLE, POUR L'AN PERPETUEL :
NOUVELLEMENT COMPOSÉE AU PROFIT ET ADVISEMENT DES GENS
ESTOURDIS ET MUSARS DE NATURE,

PAR MAISTRE ALCOFRIBAS,

ARCHITRICLIN DUDIT PANTAGRUEL.

De nombre d'or, *non dicitur :* je n'en trouve point ceste année, quelque calculation que j'en aye fait.
Passons oultre. Qui en a si s'en deffface en moy, qui n'en a si en cherche [2]. *Verte folium.*

AU LISEUR [3] BENIVOLE,
SALUT, ET PAIX EN JESUCHRIST.

Considerant infinis abus estre perpetrés à cause d'un tas de pronostications de Lovain [4], faites à l'ombre d'un verre de

---

[1] La plus ancienne édition connue de cet opuscule est en quatre feuillets in-4º, caractères gothiques, sans date. Les de Marnef l'ont reproduite (*pour l'an D.XXXIII*). Plus tard, afin de l'empêcher de mourir avec l'année comme les almanachs ordinaires, on a substitué à *l'an* 1533 : *L'an perpetuel.*
Le succès de cette *pronostication* a bien pu déterminer Rabelais à faire une série d'œuvres analogues. Il est aujourd'hui hors de doute qu'il a composé de nombreux almanachs, voy. la *Notice*, p. 25. Un titre découvert par le libraire Guillemot, et que MM. Magnin et Ravenel ont eu la haute sagesse d'acquérir au prix du *diamant* pour la Bibliothèque nationale, confirme d'une façon irrévocable les assertions de quelques écrivains à ce sujet.
D'ailleurs chacun sait qu'au XVIe siècle, un pareil travail était réservé aux hommes les plus versés dans les sciences mathématiques et naturelles.

[2] Cette phrase se trouve dans l'édition de Marnef.

[3] C'est ainsi qu'on lit dans les éditions anciennes. Dolet, suivant son habitude, ne s'est fait aucun scrupule de remplacer liseur par *lecteur.*

[4] La ville de Louvain a été longtemps en réputation pour ses almanachs.

vin, je vous en ay presentement calculé une, la plus seure et veritable que fut onques veue, comme l'experience vous le demonstrera. Car, sans doubte, veu que dit le prophete royal, *psalme cinquieme*, à Dieu : Tu destruiras tous ceux qui disent mensonges, ce n'est legier peché de mentir à son escient, et ensemble abuser le pauvre monde, qui est curieux de sçavoir choses nouvelles, comme de tout temps ont esté singulierement les François, ainsi que escrit Cesar en ses *Commentaires*[1], et Jean de Gravot, on *Mythologies gallicques*[2]. Ce que nous voyons encores de jour en jour par France, où le premier propos qu'on tient à gens fraichement arrivés sont : Quelles nouvelles? sçavez vous rien de nouveau? Qui dit? Qui bruit par le monde[3]? Et tant y sont attentifz, que souvent se courroussent contre ceux qui viennent de pays estranges sans apporter pleines bougettes de nouvelles, les appellans veaulx et idiotz.

Si donc, comme ilz sont promptz à demander nouvelles, autant ou plus sont ilz faciles à croire ce que leur est annoncé, debvroit on pas mettre gens dignes de foy à gaiges, à l'entrée du royaume, qui ne serviroient d'autre chose sinon de examiner les nouvelles qu'on y apporte, et à sçavoir si elles sont veritables? Ouy certes. Et ainsi a fait mon bon maistre Pantagruel, par tout le pays de Utopie et Dipsodie. Aussi luy en est il si bien pris, et tant prospere son territoire qu'ilz ne peuvent de present avanger[4] à boire, et leur conviendra espandre le vin en terre, si d'ailleurs ne leur vient renfort de buveurs et bons raillars.

Voulant donc satisfaire à la curiosité de tous bons compagnons, j'ay revolvé[5] toutes les pantarches des cieulx, calculé les quadrats de la lune, crocheté tout ce que jamais pense-

---

[1] Est autem hoc Galliæ consuetudinis, uti et viatores, etiam invitos, consistere cogant, et, quod quisque eorum de quaque re audierit aut cognoverit, quærant. (Cæsar, *De Bello Gallico*, IV, 5.)

[2] Nous n'avons pas été plus heureux que Regis dans nos recherches sur ce livre et sur son auteur.

[3] Que se dit-il? qu'est-ce qui fait bruit dans le monde?

[4] Parvenir.

[5] Retourné, parcouru.

rent tous les astrophiles, hypernephelistes[1], anemophylaces[2], uranopetes[3] et ombrophores[4], et conferé du tout avec Empedocles[5], lequel se recommande à vostre bonne grace. Et tout le *tu autem* ay icy en peu de chapitres redigé, vous asseurant que je n'en dis sinon que j'en pense, et n'en pense sinon ce que en est : et n'en est autre chose, pour toute verité, que ce qu'en lirez à ceste heure. Ce que sera dit au parsus sera passé au gros tamis à tors et à travers, et par adventure n'adviendra mie.

D'un cas vous advertis, que, si ne croyez le tout, vous me faites un mauvais tour, pour lequel icy, ou ailleurs, serez tres griefvement puniz. Les petites anguillades[6] à la saulce de nerfz bovins ne seront espargnées sus vos espaules, et humez de l'air comme huitres tant que vouldrez : car hardiment il y en aura de bien chauffés, si le fournier[7] ne s'endort. Or mouchez vos nez, petits enfans, et vous autres, vieulx resveurs, affustez vos bezicles, et pesez ces motz on poys du sanctuaire[8].

---

[1] Ce sont, suivant le Duchat, ceux qui par leurs spéculations s'élèvent au-dessus des nues.

Nous préférons la définition de Cotgrave : hypernepheliste, *a contemplator of high matters among the clowds*. Nous n'avons pas besoin d'ajouter que ce mot est formé du grec. Lucien s'est servi du terme ὑπερνέφελος dans son *Icaroménippe*, 2.

[2] Ceux qui ont porté tout leur soin à l'étude des vents (ἄνεμος, φύλαξ.)

[3] Ce terme, comme nous l'avons vu, a déjà été employé par Rabelais au liv. 4, chap. 49.

[4] De ὄμβρος et de φέρω. —

Ceux qui ont étudié les pluies, qui rapportent tout aux pluies.

[5] Voyez Lucien (*Icaroménippe*).

[6] Des coups frappés avec une corde ou une serviette nouée.

[7] Le fournier est sans doute le bourreau, qui commençait déjà à brûler un certain nombre d'hérétiques.

[8] Avec une religieuse attention. *Ad mensuram sanctuarii, juxta pondus sanctuarii*, locutions qui reviennent plus d'une fois dans l'*Ancien Testament*, parce que, chez les Juifs, c'étaient les prêtres qui gardaient l'étalon des poids et mesures.

CHAPITRE I.

Du gouvernement et seigneur de ceste année.

Quelque chose que vous disent ces folz astrologues de Lovain, de Nurnberg, de Tubinge, et de Lyon, ne croyez point que, ceste année, y ait autre gouverneur de l'universel monde que Dieu le createur, lequel, par sa divine parole, tout regit et modere : par laquelle sont toutes choses en leur nature et proprieté et condition, et sans la maintenance et gouvernement duquel toutes choses seroient en un moment reduictes à neant, comme de neant elles ont esté par luy produictes en leur estre. Car de luy vient, en luy est, et par luy se parfaict tout estre et tout bien, toute vie et mouvement : comme dit la trompette evangelicque, monseigneur saint Paul, *Rom.* 11. Donc le gouverneur de ceste année et toutes autres, selon nostre veridicque resolution, sera Dieu tout puissant. Et ne aura Saturne, ne Mars, ne Jupiter, ne Sol, ne Venus, ne autre planete, certes non pas les anges, ny les saints, ny les hommes, ny les diables, vertus, efficace, puissance, ne influence aucune, si Dieu, de son bon plaisir, ne leur donne. Comme dit Avicenne que les causes secondes n'ont influence ne action aucune, si la cause premiere n'y influe : et en ce dit vray le petit bon hommet, combien que ailleurs il ait ravassé oultre mesure.

CHAPITRE II.

Des ecclipses de ceste année.

Ceste année, seront tant d'ecclipses du soleil et de la lune[1], que j'ay peur (et non à tort) que nos bourses en patiront inanition, et nos sens perturbation. Saturne sera retrograde, Venus directe, Mercure inconstant, et un tas d'autres planetes ne iront pas à vostre commandement.

D'ond, pour ceste année, les chancres iront de costé, et les cordiers à reculons. Les escabelles monteront sus les bancs, les broches sus les landiers, et les bonnetz sus les chapeaulx : les couilles pendront à plusieurs par faulte de gibessiere : les pulces seront noires pour la plus grande part : le lard fuyra les pois en caresme : le ventre ira devant, le cul se assoira le premier, l'on ne pourra trouver la febve au gasteau des roys, l'on ne rencontrera point d'as au flux, le dez ne ira point à souhait quoy qu'on le flate, et ne viendra souvent la chance que on demande.

Les bestes parleront en divers lieux. Caresmeprenant gaignera son procés, l'une partie du monde se desguisera pour tromper l'autre, et courront parmy les rues comme folz et hors de sens : l'on ne vit onques tel desordre en nature. Et se feront ceste année plus de sept verbes anomaulx, si Priscian[2] ne les tient de court. Si Dieu ne nous aide, nous aurons prou d'affaires : mais, au contrepoint, s'il est pour nous, rien ne nous pourra nuyre, comme dit le celebre astrologue qui fut ravy jusques au ciel. *Rom.* cap. 8. *Si Deus pro nobis, quis contra nos?* Ma foy, *nemo, Domine* : car il est trop bon et trop puissant. Icy benissez son saint nom, pour la pareille.

---

[1] Les alchimistes désignaient souvent l'or par le soleil, et l'argent par la lune.

[2] Priscien veut dire : Le souverain, le roi de la grammaire. — Rabelais fait allusion à une manie très-commune chez les écrivains de son temps, celle d'apporter des modifications arbitraires à certaines formes de conjugaisons.

CHAPITRE III.

Des maladies de ceste année [1].

Ceste année, les aveugles ne verront que bien peu, les sourdz oyront assez mal, les muetz ne parleront gueres, les riches se porteront un peu mieulx que les pauvres, et les sains mieulx que les malades. Plusieurs moutons, bœufz, pourceaulx, oyzons, pouletz et canars mourront : et ne sera si cruelle mortalité entre les cinges et dromadaires. Vieillesse sera incurable ceste année, à cause des années passées. Ceux qui seront pleuretiques auront grand mal ou cousté. Ceux qui auront flux de ventre iront souvent à la selle percée : les

---

[1] Notre auteur n'était pas le seul au XVIe siècle qui fît des *Pronostications*, sauf à s'en moquer au besoin. Vers 1532, se trouvait à Lyon, en même temps que Rabelais, un certain Joachim Sterck Van Ringelbergh d'Anvers, ou, comme on l'appelait en latin, Joach. Fortius Ringelbergius, personnage assez original, qui venait de donner chez Seb. Gryphe la 2e édition de son livre *De ratione studii*, espèce d'encyclopédie populaire alors, et depuis souvent réimprimée, où il traite des diverses sciences et de la manière de les enseigner. L'astrologie n'y est pas oubliée, et, à la fin du chapitre qui lui est consacré, on trouve la pièce suivante :

RIDICULA, SED JUCUNDA QUÆDAM VATICINIA.

« Proximo anno, cæci parùm, aut nihil videbunt, surdi malè audient, muti non loquentur..... Divites meliùs se habebunt quàm pauperes, sani quàm ægri..... Multi interibunt pisces, boves, oves, porci, capræ, pulli et capones : inter simias, canes et equos mors non tantopere sæviet... Senectus eodem anno erit immedicabilis, propter annos qui præcesserunt..... Bellum erit inter canes et lepores, inter feles et mures, inter lupos et oves, inter monachos et ova. . . . . »

En rapprochant ces passages du chap. III de la *Pantagrueline Pronostication*, il est évident que l'un des auteurs a copié l'autre. Nous ne serions pas éloignés de croire que Rabelais, trouvant sous sa main cette facétie latine, l'a mise en français, amplifiée et en a fait le chapitre que l'on va lire.

catharres descendront ceste année du cerveau es membres inferieurs : le mal des yeulx sera fort contraire à la veue : les oreilles seront courtes et rares en Guascongne, plus que de coustume. Et regnera quasi universellement une maladie bien horrible, et redoutable, maligne, perverse, espouvantable et mal plaisante, laquelle rendra le monde bien estonné, et dont plusieurs ne sçauront de quel bois faire flesche, et bien souvent composeront en ravasserie, syllogisans en la pierre philosophale, et es oreilles de Midas. Je tremble de peur, quand je y pense : car je vous dis que elle sera epidemiale, et l'appelle Averroys : *Colliget, faulte d'argent*. Et attendu la comete de l'an passé, et la retrogradation de Saturne, mourra à l'hospital un grand marrault tout catharrhé et croustelevé, à la mort duquel sera sedition horrible entre les chatz et les ratz, entre les chiens et les lievres, entre les faulcons et canars, entre les moines et les oeufz.

CHAPITRE IV.

Des fruictz et biens croissans de terre.

Je trouve, par les calculz de Albumasar[1] au livre de la *grande conjunction*, et ailleurs, que ceste année sera bien fertile, avec planté de tous biens à ceux qui auront de quoy. Mais le hobelon[2] de Picardie craindra quelque peu la froidure : l'avoine fera grand bien es chevaulx, il n'y aura gueres plus de lard que 'de pourceaulx, à cause de *pisces* ascendant. Il sera grand année de caquerolles[3]. Mercure menasse quelque peu le persil : mais, ce non obstant, il sera à pris raisonnable. Le sousil et l'ancolie[4] croistront plus que de coustume, avec abondance de poyres d'angoysse. De bledz, de vins, de frutaiges et legumages on n'en vit onques tant, si les souhaitz des pauvres gens sont ouys.

---

[1] Astrologue arabe du IXe siècle.
[2] Houblon.
[3] Hannetons.
[4] L'auteur joue sur le double sens de ces deux mots. Tout le monde connaît la fleur dite *souci* ; quant à *ancolie*, qui se disait aussi pour chagrin, c'est une fleur appelée en latin *aquilegia*.

CHAPITRE V.

De l'estat d'aucunes gens.

La plus grande folie du monde est de penser qu'il y ait des astres pour les roys, papes et gros seigneurs, plus tost que pour les pauvres et souffreteux : comme si nouvelles estoiles avoient esté créées depuis le temps du deluge, ou de Romulus ou Pharamond, à la nouvelle creation des roys. Ce que Triboulet ny Caillette ne diroient pas qui ont esté toutesfois gens de haut sçavoir et grand renom. Et, par adventure, en l'arche de Noé, ledit Triboullet estoit de la ligne des roys de Castille, et Caillette du sang de Priam : mais tout cest erreur ne procede que par deffault de vraye foy catholicque.

Tenant donc pour certain que les astres se soucient aussi peu des roys comme des gueux, et des riches comme des maraulx, je laisseray es autres folz pronosticqueurs à parler des roys et riches, et parleray des gens de bas estat.

Et premierement des gens soumiz à Saturne, comme gens despourveuz d'argent, jaloux, resveurs, malpensans, soubsonneux, preneurs de taulpes, usuriers, rachapteurs de rentes, tireurs de rivetz[1], tanneurs de cuirs, tuilliers, fondeurs de cloches, compouseurs d'empruntz, rataconneurs de bobelins[2], gens melancolicques, n'auront en ceste année tout ce qu'ilz vouldroient bien : ilz s'estudieront à l'invention Sainte Croix[3], ne jetteront leur lard aux chiens, et se gratteront souvent là où il ne leur demange point.

A Jupiter, comme cagotz, caffars, bottineurs[4], porteurs

---

[1] Ceux qui prennent de toutes mains : tirer au rivet, *to pluck as much from one as from another.* (Cotgrave.)

[2] Savetiers, proprement ceux qui raccommodent les brodequins.

[3] A des recherches tout à fait oiseuses et inutiles, comme serait celle de la sainte croix, qui n'est plus à trouver.

[4] Rabelais s'est souvent servi de ce terme pour désigner les

PRONOSTICATION. 527

de rogatons, abbreviateurs, scripteurs, copistes, bullistes [1], dataires [2], chiquaneurs, caputions [3], moines, hermites, hypocrites, chattemites, sanctorons [4], patepelues, torticolliz, barbouilleurs de papier, prelinguans [5], esperrucquetz [6], clercz de greffes, dominotiers, maminotiers [7] patenostriers, chaffoureurs de parchemin, notaires, raminagrobis, portecolles, promoteurs, se porteront selon leur argent. Et tant mourra de gens d'eglise qu'on ne pourra trouver à qui conferer les benefices, en sorte que plusieurs en tiendront deux, trois, quatre et davantage. Caffarderie fera grande jacture de son antique bruit, puisque le monde est devenu mauvais guarson, n'est plus guere fat, ainsi comme dit Avenzagul.

A Mars, comme bourreaulx, meurtriers, adventuriers, brigans, sergens, records de tesmoings, gens de guet, mortepayes, arracheurs de dents, couppeurs de couilles, barberotz [8], bouchiers, faulx monnoyeurs, medecins de triquenicque [9], Tacuins et Marranes [10], renieurs de Dieu, allumetiers, boutefeux, ramoneurs de cheminées, franctaupins, charbonniers, alchymistes, coquassiers, grillotiers, chaircuictiers,

---

moines, généralement les religieux qui *usent de bottines*, dit Le Duchat, conformément à l'explication de Cotgrave : « *botineurs*, one « that continually wears boots, or « buskins; as a monk, etc. »

[1] Les bullistes étaient, à Rome, les écrivains qui copiaient les bulles. On sait que ce travail était fait avec une attention scrupuleuse.

[2] Les dataires étaient des officiers de la chancellerie romaine, chargés de dater les suppliques.

[3] Les moines. *Caputions* et capucins ont la même origine.

[4] Les hypocrites, ceux qui parodient les saints. (Cotgrave.)

[5] Des fatz, suivant Cotgrave ; des dégustateurs, suivant de l'Aulnaye.

[6] Les tonsurés, suivant Oudin. That wears long locks or curled hair. (Cotgrave).

[7] Les dominotiers étaient des papetiers-imagiers qui formaient un corps d'état à Paris, à Troyes, etc. Quant aux *maminotiers*, ce nom nous parait forgé à plaisir.

[8] Petits barbiers, chirurgiens.

[9] Sans valeur ; comme nous dirions : C'est un médecin de deux sous.

[10] Nous ne pouvons mieux faire que de répéter ici la note de Le Duchat :

« Dans l'édition de 1542 on lit *aricinistes*. La plupart des suivantes ont ici *taquins*, parce qu'on n'a pas entendu *tacuins*. Buhahylyba Bengezla, Arabe, médecin de Charlemagne, fit un livre intitulé *Tacuins*, mot qui signifie *tables, répertoires*, parce que c'étaient des tables où toutes les maladies étaient rapportées, et où les remèdes étaient

bimbelotiers, manilliers, lanterniers, maignins[1], feront ceste année de beaulx coups : mais aucuns d'iceux seront fort subjectz à recevoir quelque coup de baston à l'emblée. Un des susdits sera ceste année fait evesque des champs, donnant la benediction avec les pieds aux passans[2].

A Sol, commè beuveurs, enlumineurs de muzeaulx, ventres à poulaines, brasseurs de bierre, boteleurs de foin, portefaix, faulcheurs, recouvreurs, crocheteurs, emballeurs, bergiers, boviers, vachiers, porchiers, oizilleurs, jardiniers, grangiers, cloisiers, gueux de l'hostiere, gaigne deniers, degresseurs de bonnetz, embourreurs de bastz, loqueteurs, clacquedens, crocquelardons, generalement tous portans la chemise nouée sus le dos[3], seront sains et alaigres, et ne auront la goutte es dents quand ilz seront de nopces.

A Venus, comme putains, macquerelles, marjoletz[4], boulgrins[5], braguardz[6], napleux[7], eschancrés[8], ribleurs, ru-

---

aussi contenus. Ce livre fut traduit d'arabe en latin par le juif Ferragut, autre médecin de Charlemagne. La traduction reste, mais l'original est perdu. Les Italiens ont adopté le mot *tacuino*, qu'on doit expliquer par *faiseur d'almanachs*. — Cette explication convient fort à ces médecins de *triquenique*, lesquels, s'attachant à de ridicules et scrupuleuses observations d'astrologie, selon la pratique des Arabes et des Juifs, méritent le nom de tacuins et de marranes. »

[1] Chaudronniers ambulants. Ce mot est resté dans plusieurs de nos patois. On désigne encore ainsi, dans le canton de Mesvres (Indre-et-Loire), les ouvriers de passage qui viennent au printemps raccommoder les souliers, les parapluies, la faïence.

[2] Il sera pendu.

[3] C'est-à-dire gens portant une chemise tellement déloquetée, qu'il faut la nouer par derrière pour qu'elle ne tombe pas en lambeaux.

Sordidus ex humeris nodo dependet amictus.

a dit Virgile en parlant de Charon, *En.*, ch. 6, vers 301.

[4] Ceux que nous appelons *lions* ont été autrefois appelés par nos pères *muguets*, mugueteurs, *marjolets*. Le nom leur venait des fleurs du muguet et de la marjolaine.

[5] Ce mot était très-usité dans le sens d'hérétiques. Rabelais s'en est servi maintes fois, et, entre autres, dans le chapitre des Fanfreluches.

[6] Galantins. *Gallant*, Cotgrave. Faut-il croire, avec Le Duchat, que ce terme s'appliquait aux jeunes gens qui se distinguaient par la magnificence de leurs brayes? — Une autre qualité aurait été plus volontiers vantée par Rabelais.

[7] Vérolés, *pieni di mal di Napoli* (Oudin).

[8] Rongés par les chancres.

PRONOSTICATION.

fiens[1], caignardiers[2], chambrieres d'hostellerie, *nomina mulierum desinentia in* iere, *ut* lingiere, advocatiere[3], taverniere, buandiere, frippiere, seront ceste année en reputation : mais, le soleil entrant en cancer et autres signes, se doivent garder de verole, de chancres, de pisses chauldes, poulains grenés, etc. Les nonnains à grant peine concepvront sans operation virile : bien peu de pucelles auront en mammelles laict.

A Mercure, comme pipeurs[4], trompeurs, affineurs, thiracleurs[5], larrons meusniers[6], batteurs de pavé, maistres es ars, decretistes, crocheteurs, harpailleurs, rimasseurs, basteleurs, joueurs de passe passe, enchanteurs, vielleurs, oblieurs, poëtes, escorcheurs de latin, faiseurs de rebus, papetiers, cartiers, baguatins[7], escumeurs de mer, feront semblant d'estre plus joyeux que souvent ne seront, quelquefois riront lorsque n'en auront talent, et seront fort subjectz à faire bancquerouptes, s'ilz se trouvent plus d'argent en bourse que ne leur en fault.

A la Lune comme bisouars, veneurs, chasseurs, asturciers, faulconniers, courriers, saulniers, lunaticques, folz escervelés, acariastres, esventés, courratiers, postes[8], laquays, nacquetz, verriers, estradiotz, riverains, matelotz, chevaulcheurs d'escurie, alleboteurs, n'auront ceste année

---

[1] Coureurs de nuit, libertins et voleurs.

[2] Vagabonds. *Câgne* dans le sens de lêche, fainéant, appartient encore à divers de nos patois.

[3] Maquereile peut-être (dit Le Duchat), nommée communément *l'advocate des pécheurs*. Mais il se pourrait bien aussi que Rabelais eût entendu parler tout simplement des femmes d'avocat.

[4] Escrocs.

[5] Crieurs de theriaque, charlatans de la pire espèce.

[6] Qui dit meunier, dit larron, suivant un de nos anciens proverbes.

[7] De l'Aulnaye croit qu'il faut lire *bagarin*, nom espagnol que l'on donnait aux Maures employés pour ramer.

[8] « Ce terme, dit Le Duchat, est proprement du quartier de l'Université de Paris, où l'on appelle *poste* un fripon de collége, qui court toujours, sans se soucier de sa leçon. » Voyez les *Dialogues du nouveau langage françois italianisé*, p. 618, et le *Dict. de rimes* de 1596, p. 135. — « Toutes choses qui conviennent bien à un vray *poste* d'escolier, » dit le roman de *Francion*, liv. 3

gueres d'arrest. Toutefois ne iront tant de lifrelofres à saint Hiacco[1], comme firent l'an DXXIIII[2]. Il descendra grand abondance de micquelotz des montaignes de Savoye et de Auvergne : mais *Sagitarius* les menasse des mules aux talons.

---

[1] Il n'ira pas tant d'Allemands à Saint-Jacques de Compostelle.
[2] Plusieurs prédictions avaient annoncé la fin du monde pour l'année 1524. Cette plaisanterie s'est souvent renouvelée.

CHAPITRE VI.

De l'estat d'aucuns pays.

Le noble royaume de France prosperera et triumphera ceste année en tous plaisirs et delices, tellement que les nations estranges voluntiers se y retireront. Petits banquetz, petits esbatemens, mille joycusetés se y feront où un chascun rendra plaisir[1] : on n'y vit onques tant de vins, ny plus frians : force rabes en Limousin, force chastagnes en Perigort et Daulphiné, force olives en Languedoc, force sables en Olone, force poissons en la mer, force estoilles au ciel, force sel en brouage[2] : planté de bledz, legumaiges, fruitaiges, jardinaiges, beurres, laictaiges. Nulle peste, nulle guerre, nul ennuy, bren de pauvreté, bren de soulcy, bren de melancholie : et ces vieulx doubles ducatz, nobles à la rose, angelotz, aigrefins, royaulx, et moutons à la grand laine retourneront en usance avec planté de serapz et escuz au soleil. Toutesfois sus le milieu de l'esté sera à redoubter quelque venue de pusses noires, et cheussons[3] de la Deviniere ; *adeo nihil est ex omni parte beatum*[4]. Mais il les fauldra brider à force de collations vespertines[5].

Italie, Romanie, Naples, Cecile, demeureront où elles estoient l'an passé. Ilz songeront bien profondement vers la fin

---

[1] A la fin de 1532 et au commencement de 1533, le roi d'Angleterre et le pape vinrent en France, et eurent avec François Ier des entrevues qui furent signalées par des réjouissances publiques.

[2] Dans la Charente-Inférieure. Ces marais, abandonnés aujourd'hui, ont été autrefois très-exploités.

[3] Cousins.

[4] Nous avons rencontré dans le 5e livre cette citation d'Horace :
... Nihil est ab omni
Parte beatum.

[5] Du soir (en lat. *vespertinus*).

du quaresme, et resveront quelquesfois vers le haut au jour.

Allemaigne, Souisse, Saxe, Strasbourg, Anvers, etc., profiteront s'ilz ne faillent. Les porteurs de rogatons les doibvent redoubter, et ceste année ne se y fonderont pas beaucoup de anniversaires.

Espagne, Castille, Portugal, Aragon, seront bien subjectz à soudaines alterations et craindront de mourir bien fort autant les jeunes que les vieulx : et pourtant se tiendront chauldement et souvent compteront leurs escuz, s'ilz en ont.

Angleterre, Escosse, les Estrelins [1], seront assez mauvais Pantagruelistes. Autant sain leur seroit le vin que la bierre, pourveu que il fust bon et friant. A toutes tables leur espoir sera en l'arriere jeu. Saint Treignant d'Escosse fera des miracles tant et plus : mais des chandelles que on luy portera, il ne voyra goutte plus clair.

Si *Aries* ascendant de sa busche ne trebusche, et n'est de sa corne escorné, Moscovites, Indians, Perses et Troglodytes souvent auront la cacquesangue, parceque ilz ne vouldront estre par les Romanistes belinés.

Attendu le bal de *Sagitarius* ascendant, Boesmes, Juifz, Egyptiens, ne seront pas ceste année reduicts en plate forme de leur attente. Venus les menasse aigrement des escrouelles guorgerines : mais ilz condescendront on vueil du roy des Parpaillons.

Escargotz, Sarabouytes, Cauquemarres, Canibales, seront fort molestés des mouches bovines, et peu joueront des cymbales et mannequins, si le guayac n'est de requeste.

Autriche, Hongrie, Turquie, par ma foy, mes bons hillotz, je ne sçay comment ilz se porteront, et bien peu m'en soucie, veu la brave entrée du soleil en *Capricornus* : et si plus en sçavez, n'en dictes mot, mais attendez la venue du boyteux.

---

[1] Ou *Osterlings*, habitants des villes Hanséatiques.

CHAPITRE VII.

DES QUATRE SAISONS DE L'ANNÉE[1].

Et premieremen du Printemps.

En toute ceste année ne sera qu'une lune, encores ne sera elle point nouvelle : vous en estes bien marriz vous autres qui ne croyez mie en Dieu, qui persecutez sa sainte et divine parole, ensemble ceux qui la maintiennent. Mais allez vous pendre : ja ne sera autre lune que celle laquelle Dieu créa au commencement du monde, et laquelle, par l'effect de sa dite sacre parole, a esté establie au firmament pour luyre, et guider les humains de nuyt. Ma Dia[2], je ne veux par ce inferer qu'elle ne monstre à la terre et gens terrestres diminution ou accroissement de sa clarté, selon qu'elle approchera ou s'esloignera du soleil. Car pourquoy? Pour autant que, etc. Et plus pour elle ne priez que Dieu la garde des loups, car ilz n'y toucheroient de cest an, je vous affie[3].

A propos, vous verrez ceste saison à moitié plus de fleurs qu'en toutes les trois autres. Et ne sera reputé fol cil qui en ce temps fera sa provision d'argent, mieulx que de aranes[4]

---

[1] Les quatre chapitres qui vont suivre ne se trouvent point dans les premières éditions de la *Pronostication*. Il se pourrait bien qu'ils eussent été tirés d'un des almanachs composés plus tard par Rabelais.

[2] Par Jupiter! C'est un juron grec, que nous avons déjà rencontré maintes fois dans Rabelais.

[3] Garantis.

[4] On lit ainsi dans les éditions de 1553, 1558, 1569, etc. De plus anciennes portent : *arancz*. Si *aranes* est la bonne leçon, il y a là sans doute une allusion au proverbe : *Araneas ejicere.* (Ἐν δ' ἀγγείου ἐλάσειας ἀράχνια. Hésiode, Σ., 473.)

Sic enim (dit Érasme) significant inanitatem et inopiam.

toute l'année. Les gryphons et marrons[1] des montaignes de Savoie, Daulphiné et Hyperborées, qui ont neiges sempiternelles, seront frustrés de ceste saison, et n'en auront point, selon l'opinion d'Avicenne, qui dit que le printemps est lorsque les neiges tombent des monts. Croyez ce porteur[2]. De mon temps, l'on comptoit *ver*[3], quand le soleil entroit au premier degré d'*Aries*. Si maintenant on le compte autrement, je passe condemnation. Et jou mot[4].

---

[1] « Ce sont, dit Le Duchat, des gens qui, comme de vrais gryphons, gravissent les plus roides montagnes. »

[2] On appelait ainsi les habitants des Alpes qui transportent les voyageurs en chaise à porteur. Montaigne en parle dans son Journal d'Italie.

[3] Le printemps en latin.

[4] Et je ne souffle mot (suivant une note manuscrite de Johanneau). « Und Hand aufs Maul, » lisons-nous dans la traduction de Regis (littéralement : et la main sur la bouche). Cotgrave l'entend ainsi : *I will be whist, or not speak one word.*

CHAPITRE VIII.

De l'Esté.

En esté je ne sçay quel temps ny quel vent courra : mais je sçay bien qu'il doit faire chauld et regner vent marin[1]. Toutesfois, si autrement arrive, pourtant ne fauldra renier Dieu. Car il est plus sage que nous et sait trop mieulx ce que nous est necessaire que nous mesmes, je vous en asseure sus mon honneur, quoy qu'en ait dit Haly[2] et ses suppostz. Beau fera se tenir joyeux, et boire frais : combien qu'aucuns ayent dit qu'il n'est chose plus contraire à la soif. Je le croy. Aussi *contraria contrariis curantur*.

---

[1] Vent du sud, suivant une dénomination provençale.

[2] Mathématicien arabe du XIIe siècle

CHAPITRE IX.

De l'Automne.

En automne l'on vendangera, ou devant ou aprés : ce m'est tout un, pourveu qu'ayons du piot à suffisance. Les cuidés[1] seront de saison, car tel cuidera vessir qui baudement fiantera. Ceux et celles qui ont voué jeuner jusques à ce que les estoilles soient au ciel, à heure presente peuvent bien repaistre, par mon octroy et dispense. Encores ont ilz beaucoup tardé : car elles y sont, devant seize mille et ne sçay quants jours, je vous dis, bien attachées. Et n'esperez dorenavant prendre les allouettes à la cheute du ciel : car il ne tombera de vostre aage, sur mon honneur. Cagotz, caffars, porteurs de rogatons, perpetuons, et autres telles triquedondaines[2] sortiront de leurs tesnieres. Chascun se garde, qui vouldra. Gardez vous aussi des arrestes, quand vous mangerez du poisson : et de poison Dieu vous gard!

---

[1] Ceux qui se trompent dans leurs suppositions. On appelait *cuidés* ou *cuideurs* de vendanges ceux qui s'étaient abusés sur leur récolte de vin. Ce terme est resté dans divers patois.

[2] Racaille (*rascally company*, Cotgrave).

CHAPITRE X.

De l'Hyver.

En hyver, selon mon petit entendement, ne seront sages ceux qui vendront leurs pellices pour achepter du bois. Et ainsi ne faisoient les antiques, comme tesmoigne Avenzouar. S'il pleut, ne vous en melancholiez, tant moins aurez vous de pouldre par chemin. Tenez vous chaudement. Redoubtez les catharres. Beuvez du meilleur, attendans que l'autre amendera. Et ne chiez plus dorenavant au lict. O o poullailles, faites vous vos nidz tant haut[1]?

---

[1] Ces mots n'ont qu'un sens fantastique. Le Duchat fait observer qu'ils ont été adoptés par Jean-Édouard du Monin, qui termine ainsi une de ses préfaces. C'est au lecteur à deviner.

FIN DE LA PRONOSTICATION PANTAGRUELINE.

LA CHRESME PHILOSOPHALE

DES

QUESTIONS ENCYCLOPEDIQUES DE PANTAGRUEL [1],

Lesquelles seront disputées sorbonicolificabilitudinissement es escoles de Decret, prés Saint Denys de la Chartre à Paris.

Utrum, une idée Platonicque, voltigeant dextrement sous l'orifice du chaos, pourroit chasser les esquadrons des atomes Democriticques [2].

Utrum, les ratepenades [3], voyans par la translucidité de la porte cornée, pourroient espionniticquement descouvrir les visions morphicques, devidans gyronicquement le fil du crespe merveilleux enveloppant les atilles des cerveaux ma. calfretés [4].

Utrum, les atomes, tournoyans on son de l'harmonie Hermagoricque [5], pourroient faire une compaction [6], ou bien une

---

[1] Rabelais veut tourner en ridicule les philosophes scolastiques de son temps. Il nous reste plus d'un échantillon de leurs discussions qui, pour le fond et la forme, ressemblaient bien parfois au pastiche de Me François.

[2] C'est-à-dire trouverait-on dans Platon un argument pour combattre le système des atomes de Démocrite?
Nos lecteurs se rappelleront sans doute ce passage de Cicéron (*Fin.*, I, 6) : « Democritus atomos, id est corpora individua, propter soliditatem censet in infinito inani, in quo nihil nec summum, nec infinitum, nec medium, nec ultimum, nec extremum sit, ita ferri, ut concursionibus inter se cohærescant, etc. »

[3] Les chauves-souris.

[4] Nous ne savons pas trop à quoi l'auteur veut ici faire allusion. — Les chauves-souris (c'est-à-dire les oiseaux de nuit, qui ont le privilége de voir à travers les ténèbres) pourraient-elles par espionnage découvrir les images des rêves, en déroulant les fils du voile qui enveloppe les débris des cerveaux mal bouchés, vides?

[5] Du philosophe Hermagoras.

[6] Assemblage.

dissolution d'une quinte essence, par la substraction des numbres Pythagoricques.

Utrum, la froidure hybernale des Antipodes, passant en ligne orthogonale par l'homogenée solidité du centre, pourroit, par une douce antiperistasie, eschauffer la superficielle connexité de nos talons.

Utrum, les pendans de la zone torride pourroient tellement s'abbreuver les cataractes du Nil, que ilz vinssent à humecter les plus causticques parties du ciel empyrée.

Utrum, tant seulement par le long poil donné, l'Ourse metamorphosée, ayant le darriere tondu à la bougresque pour faire une barbute à Triton, pourroit estre gardienne du pole Articque [1].

Utrum, une sentence elementaire pourroit alleguer prescription decennale contre les animaulx amphibies, et *e contra* l'autre respectivement former complaincte en cas de saisine et novelleté [2].

Utrum, unes Grammaires historicques et meteoricques, contendentes de leur anteriorité et posteriorité par la triade des articles, povoient trouver quelque ligne ou charactere de leurs chronicques sus la palme Zenonicque [3].

Utrum, les genres generalissimes, par violente elevation dessus leurs predicamens, pourroient grimper jusques aux estages des transcendantes, et par consequent laisser en friche les especes speciales et predicables, on grand dommaige et interest des pauvres maistres es ars.

Utrum, Protée omniforme, se faisant cigale, et musicalement exerceant sa voix es jours caniculaires, pourroit, d'une rousée matutine soingneusement emballée on mois de may,

---

[1] Un ours qui n'aurait pas de poil pourrait-il vivre au pôle arctique?

[2] Si les animaux amphibies sont soumis à certaines règles du droit.

[3] « Disputandi ratio et loquendi dialecticorum sit, oratorum autem dicendi et ornandi. Zeno quidem ille, a quo disciplina stoicorum est, manu demonstrare solebat quid inter has artes interesset; nam cum compresserat digitos, pugnumque fecerat, dialecticam aiebat ejusmodi esse; cum autem diduxerat, et manum dilataverat, palmæ illius similem eloquentiam esse dicebat. » (Cicer., *Orat.*, 32.)

faire une tierce concoction, davant le cours entier d'une escharpe zodiacale.

Utrum, le noir Scorpion pourroit souffrir solution de continuité en sa substance, et, par l'effusion de son sang, obscurcir et embrunir la voye lactée, on grand interest et dommaiges des lifrelofres jacobipetes[1].

---

[1] Parmi les nombreuses *questions encyclopédiques* de Pantagruel, on ne trouve pas celle-ci, qui est tout à fait dans le même goût, et qui a été bien souvent citée : « *Utrum* Chimæra bombinans in vacuo possit comedere secundas intentiones. »

EPISTRE

DU LIMOSIN DE PANTAGRUEL [1],

GRAND EXCORIATEUR DE LA LINGUE LATIALE,

Envoyée à un sien amicissime, resident en l'inclyte et famosissime urbe de Lugdune.

Aucuns, venans de tes lares patries,
Nos aures ont de tes noves remplies,
En recitant les placites extresmes
Dont à present fruitz, et pisques à mesmes :
Stant à Lugdune es guazes palladines,
Où on convys nymphes plus que divines
A ton optat s'offerent et ostendent
Les unes, pour tes divices, pretendent
T'accipier pour conjuge. Autres sont
Lucrées par toy, aussi tost qu'elles ont
Gusté tes dicts d'excelse amènité
Tant bien fulcis, qu'une virginité

---

[1] Rabelais s'est déjà moqué de l'écolier limousin et de son singulier style. Nous avons omis de citer, parmi ceux qui avaient employé le même langage avant lui, frere Jean Gachi de Cluses, dont le *Trialogue nouveau*, publié cinq ou six ans auparavant, renferme des passages tels que celui-ci : « Cancellant ses candides mains, et élevant aux sidères ses yeux saphirins, madides et irrigues de ses defluentes et lucides larmes, elle déplore son oppression. » La manie de parler latin en notre langue avait dû être assez générale, puisque notre auteur revient ici à la charge contre les partisans de cette méthode. Voy. ce que nous avons dit à ce sujet, t. I, p. 339, note 1.

Nous regarderions comme oiseux de donner l'explication des mots latins francisés. — Le sel de cette plaisanterie ne peut être goûté que par ceux qui possèdent la langue latine.

Rendroient infirme, et preste à corruer,
Lorsque tu veulx tes grands ictes ruer.
  Par ainsi donc, si ton esprit cupie,
A tous momens de dapes il cambie.
Puis, si de l'urbe il se sent saturé
Ou du coit demy desnaturé,
Aux agres migre, et opimes possesses
Que tes genitz t'ont laissé pour successes,
Pour un pauxille en ce lieu reveiller
Tes membres las, et les refociller
  Là tout plaisir te fait oblation,
Et d'un chascun prends oblectation.
  Là du gracule et plaisant philomene
Te rejouit la douce cantilene.
  Là ton esprit tout mal desangonie,
S'exhilarant de telle symphonie.
  Là les satyrs, faunes, Pan, et seraines,
Dieux, demy dieux courent à grands haleines.
Nymphes des bois, dryades et nayades,
Prestes à faire en feuillade guambades,
Y vont en grande acceleration,
Pour visiter ceste aggregation.
Et quand la turbe est toute accumulée,
Jucundité se fait, non simulée,
Avec festins, où dape ambrosienne
Ne manque point : liqueur nectarienne
Y regurgite aux grands et aux petits,
Comme on festin de Peleus et Thetis.
Et, toust aprés les menses sublevées,
Les uns s'en vont incumber aux chorées :
L'un s'exercite à vener le ferine,
Et l'autre fait venation connine.
Dirons nous plus ? Ludes et transitemps
En omniforme inveniez es champs,
Pour evincer la tristesse despite.
  O deux, trois fois, tres felice la vite,
Pour le respect de nous, qui, l'omnidie,

Sommes sequens l'ambulante curie,
Sans ster, n'avoir un seul jour de quiete.
Infaustissime est cil qui s'y souhaite.
Depuis le temps que nous as absentés,
Ne sommes point des eques desmontés
Ne le cothurne est mové des tibies,
Pour conculquer les burgades patries,
Où l'itinere aspere et montueux,
En aucuns lieux aqueux et lutueux,
Souvent nous a fatigués et lassés,
Sans les urens receptz qu'avons passés.
Je ne veulx point tant de verbes effundre,
Et de nos maux ton auricule obtundre,
Enumerant les conflictz martiaulx,
Obsidions, et les cruelz assaulx
Qu'en Burgundie avons faits et gerés.
J'obmetz aussi les travaulx tolerés
Dans les maretz du monstier envieux,
Que nous faisoit l'aquilon pluvieux :
Où, par longs temps, sans castre ne tentoire,
Avons esté, desperans la victoire :
Finablement, pour la brume rigente,
Chascun du lieu se depart et absente.
 Aussi, voyant la majesté regale
Qu'appropinquoit la frigore hybernale,
Et que n'estoit le dieu Mars de saison,
S'est retirée en sa noble maison,
Et est venue on palais delectable
Fontainebleau, qui n'a point son semblable,
Et ne se voit qu'en admiration
De tous humains. Le superbe Ilion,
Dont la memoire est toujours demourée,
Ne du cruel Neron la case aurée,
Et de Diane en Ephese le temple,
Ne furent onq pour approcher d'ex-
De cestuy cy. Bien est vray qu'autresfois,
L'as assez veu : si est ce toutesfois

Que l'oeil qui l'a absenté d'un seul jour
Tout esgaré se trouve à son retour,
Pensant à voir un nouvel edifice,
Dont la matiere est plus que l'artifice.
   Or (pour redir au premier proposite)
Il n'est decent que tu te disposite,
Tant que l'hiberne aura son curse integre,
De relinquer l'opime pour le maigre.
Puisque bien staz (grace au souverain Jove),
Nous t'exhortons que de là ne te move[1],
Si tu ne veulx voir tes aures vitales
Bien tost voller aux sorores fatales :
Car cest air est inimice mortel
D'un jouvenceau delicat et tenel :
Mesme en ce temps glacial, qui transfere
La couleur blonde en nigre et mortifere,
Estans inclus es laques et nemores :
A peine avons, pour pedes et femores
Califier, un pauvre fascicule.
   Conclusion, tout aise nous recule,
Et si n'estoit quelque proximité
Que nous avons en la grande cité,
Où nous pouvons aller aliques vices,
Pour incumber aux jucunds sacrifices
De Genius, le grand dieu de nature,
Et de Venus, qui est sa nourriture,
De rester vifz nous seroit impossible
Une hebdomade : ou bien sain et habile
Seroit celuy qui pourroit eschapper
Que febvre à coup ne le vinst attraper.
   Voy par cela quelle est la difference
Du tien sejour, en mondaine plaisance,
Et de la vie amere et cruciée
Que nous menons, tousjours associée

---

[1] Allusion au proverbe italien : *Chi ben sta non si muove.*

EPISTRE DU LIMOSIN.

D'ennuy, de soin, d'accident et naufrage.
Et si tu es (comme cogitons) sage,
Ja ne viendras qu'à ceste prime vere :
Si ce n'estoit qu'ambition severe
Devant tes yeulx se voulsist presenter,
Pour tes esprits aucunement tenter
De grands credits, faveur, et honorences,
Dons gratuits, et grands munificences,
Que tu reçois en l'office auquel funge,
Estant icy : mais quoy ? ce n'est qu'un songe :
Car nous n'avons que la vite et la veste :
Et qui pour biens se jugule est vray beste.
 A tant mettrons calce à ceste epistole
Qui de transir indague en ton escole,
Où la lime est pour les locutions,
Et eloquents verbocinations,
Escorticans la lingue latiale.
 Si obsecrons que ta calame vale
Attramenter charte papyracée,
Pour correspondre en forme rhythmassée.
En quoy faisant compliras le desir
De ceux qui sont prestz te faire plaisir.

Ainsi signé :

Desdride Gousier.

DIZAIN.

Pour indaguer en vocable authenticque
La purité de la lingue gallicque,
Jadis immerse en caligine obscure,
Et profliger la barbarie antique,
La renouant en sa candeur Atticque
Chascun y prend solicitude et cure.
Mais tel si fort les intestines cure,
Voulant saper plus que l'anime vale,
Qu'il se contrainct transgredir la tonture,
Et degluber la lingue latiale.

EPISTRE

DE MAISTRE FRANÇOIS RABELAIS[1],

HOMME DE GRANS LETTRES GRECQUES ET LATINES

A JEHAN BOUCHET,

Traictant des ymaginations qu'on peut avoir attendant chose desirée.

L'espoir certain, et parfaicte asseurance
De ton retour, plein de resjouissance
Que nous donnas à ton partir d'icy,
Nous a tenu jusques orc en soulcy
Assez fascheulx, et tres griefve ancolie
Dont nos esprits teincts de merencolye,
Par longue attente et vehement desir,
Sont de leurs lieux, esquelz souloient gesir,
Tant deslochés, et hautement ravis,
Que nous cuidons, et si nous est advis,
Qu'heures sont jours, et jours pleines années,
Et siecle entier ces neuf ou dix journées :
Non pas qu'au vray nous croyons que les astres,
Qui sont reiglés, permanens en leurs atres
Ayent devoyé de leur vray mouvement,
Et que les jours telz soient asseurement

---

[1] Voy. pour les circonstances dans lesquelles furent écrites l'Epitre de Rabelais et la réponse de J. Bouchet, la *Notice biographique*, p. 17. Elles se trouvent dans les *Epistres familieres du Traverseur* (on sait que Bouchet avait adopté ce surnom), feuill. XXXV et XXXVI.

Que cil quant print Josue Gabaon.
Car un tel jour depuis n'arriva on :
Ou que les nuytz croyons estre semblables
A celle là que racontent les fables,
Quant Jupiter de la belle Alcmena
Fit Hercules qui tant se pourmena.
Ce ne croyons, ny n'est aussi de croire :
Et toutesfois, quant nous vint à memoire
Que tu promis retourner dans sept jours,
Nous n'avons eu joye, repos, sejours,
Depuis que fut ce temps prefix passé,
Que nous n'ayons les momens compassé,
Et calculé les heures et minutes,
En t'attendant quasi à toutes meutes.
Mais quant avons si longtemps attendu
Et que frustrés du desir pretendu
Nous sommes veuz, lors l'ennuy tedieux
Nous a renduz si tres fastidieux
En nos esprits que vray nous apparoit
Ce que vray n'est et que nos[1] sens ne croit :
Ny plus ne moins qu'à ceux qui sont sur l'eau
Passans d'un lieu à l'autre par basteau,
Il semble advis à cause du rivage[2],
Et des grans flots, les arbres du rivage
Se remuer, cheminer, et danser,
Ce qu'on ne croit et qu'on ne peut penser
   De ce j'ay bien voulu ta seigneurie
Assavanter qu'en ceste resverie
Plus longuement ne nous veuilles laisser :
Mais quant pourras bonnement delaisser
Ta tant aimée et cultivée estude,
Et differer ceste sollicitude
De litiger et de patrociner,

---

[1] Faut-il lire *qu'en nos?*
[2] Il y a là une faute évidente. Nous la retrouvons dans l'édition des Epitres de Bouchet, Poitiers, 1545. Ne faudrait-il pas lire *mirage* au lieu de *rivage?*

Sans plus tarder et sans plus cachiner,
Apreste toy promptement, et procure
Les tallonniers de ton patron Mercure,
Et sus les vents te metz alegre et gent.
Car Eolus ne sera negligent
De t'envoyer le bon et doux Zephyre,
Pour te porter où plus on te desire,
Qui est ceans, je m'en puis bien vanter.
Ja (ce croy) n'est besoin t'assavanter
De la faveur et parfaicte amitié
Que trouveras : car presque la moitié
Tu en cogneuz quant vins dernierement :
Dont peuz la reste assez entierement
Conjecturer comme subsecutoire.
   Un cas y a, dont te plaira me croire.
Que quant viendras, tu verras les seigneurs
Mettre en oubly leurs estatz et honneurs
Pour te cherir, et bien entretenir.
Car je les oy tester et maintenir
Appertement, quant escheoit le propos,
Qu'en Poictou n'a, ny en France suppos
A qui plus grant familiarité
Veullent avoir, ny plus grant charité.
   Car tes escrits, tant doux et meliflues,
Leur sont, au tems et heures superflues
A leur affaire, un joyeux passetemps,
Dont deschasser les ennuytz et contemps
Peuvent des cœurs, ensemble profiter
En bonnes mœurs, pour honneur meriter.
Car, quant je lis tes œuvres, il me semble
Que j'apperçoy ces deux points tout ensemble
Esquelz le pris est donné en doctrine,
C'est assavoir douceur et discipline.
   Par quoy te prie et semons de rechief
Que ne te soit de les venir voir grief.
Si eschapper tu puis en bonne sorte,
Rien ne m'escris, mais toy mesmes apporte

Ceste faconde et eloquente bouche
Par où Pallas sa fontaine desbouche
Et ses liqueurs Castallides distille.

Ou si te plaist exercer ton doux style
A quelque traict de lettre me rescrire,
En ce faisant feras ce que desire.

Et toutesfois ays en premier esgard
A t'appriver sans estre plus esguard,
Et venir voir icy la compagnie
Qui de par moy de bon cœur t en supplic.

A Ligugé, ce matin de septembre
Sixieme jour, en ma petite chambre,
Que de mon lict je me renouvellais
Ton serviteur et amy Rabellays[1].

---

[1] Si Rabelais avait écrit beaucoup de pièces comme celle-ci, nous serions fort disposés à lui assigner une place honorable parmi les poëtes de son temps. Rien, dans cettre épitre, ne nous rappelle la gêne, la roideur, la prétention qui le trahissent le plus souvent quand il *rhythmaille*. On voit qu'ici son imagination ne trouve plus les obstacles ordinaires. Son cœur parle et s'épanche.

Si nous nous appesantissons sur cette remarque, ce n'est ni pour faire de la *rhétorique* à l'usage de nos lecteurs, ni pour ajouter à la couronne de notre auteur une feuille de laurier fané : il nous paraît que l'amitié a été assez puissante pour rendre dans cette occasion Rabelais plus *poëte* qu'il ne lui appartenait d'ordinaire.

C'est aussi honorable pour lui que pour J. Bouchet.

EPISTRE RESPONSIVE

DUDIT BOUCHET AUDIT RABELAIS [1],

CONTENANT

La description d'une belle demeure, et louanges de messieurs d'Estissac.

Va, lettre, va, de ce fascheux palais,
Te presenter aux yeulx de Rabelais.
Le promettre est on pouvoir des humains.
Mais le tenir n'est toujours en leurs mains.
Car advenir peut tel cas sans finesse
Qu'on ne sçauroit accomplir sa promesse,
Et mesmement à moy qui subject suis
A plusieurs gens, veu l'estat que j'ensuis
Cecy t'escris à ce qu'on ne m'accuse,

---

[1] Ce n'est pas ici la seule mention que J. Bouchet fasse de Rabelais dans ses poésies. La suivante, qui se trouve dans la XXXe des *Epistres familières*, adressée à l'abbé de la Fontaine-le-Comte (Ardillon), mérite d'être rappelée ici. Elle paraît se rapporter au séjour de Rabelais à Ligugé entre les années 1525 à 1530 :

Si la pitié de mon petit mesnage
Ne retenoit mon cueur et mon courage
Pour employer à pratiquer mon sens,
Si tresauly des Muses je me sens
Que je vouldrois tousiours estre avec elles
Et leurs amys, y vollant avec ailes,
Ainsi que vous, qui à vos clers ruysseaulx,
Boys verdoyans, et petits arbrisseaulx

Les festoyez de doulce rethorique,
Mieulx que Mercure au champ heliconique,
Ou bien souvent se treuve au cler matin
Ce Rabellay, sans oublier Quentin,
Troian, Pelit, tous divers en vesture,
Et d'ung vouloir en humaine escripture,
Desquelz parfois quelques mots je soubs-
[traitz]
Qu'à mon vulgaire et naturel j'atrais,
Tout en ce point que je les puis comprendre,
Selon mon sens et mon petit entendre,
Non hautlement, car des infimes suis,
Le naturel seulement je poursuis, etc.

Rabelais est encore mentionné avec éloge dans l'Epitre CXIX, envoyée à l'acteur par Me Jean Breche, advocat à *Tours*, et dans l'Epitre CXX, responsive de l'acteur à la dicte epistre audict Breche.

De menterie, et à toi je m'excuse,
Seigneur tres cher, l'un de mes grans amis,
Du brief retour lequel j'avois promis.
Car si n'estoit le labeur de practique
Auquel pour vivre il fault que je m'applique
De trois jours l'un irois voir Ligugé,
Et pour m'induire à ce maints arguz j'ay.

Le premier est le lieu tant delectable,
De toutes pars aux nymphes tressortable :
Car d'une part les Nayades y sont
Dessus le Clan, douce riviere, où font
Cheres tres grans avecques les Hymnides,
Se gaillardans es prez verdz et humides.

Apres y sont, par les arbres et bois,
Autres qui font resonner haut leur voix,
C'est assavoir les silvestres Driades
Portans le verd, et les Amadriades,
Et davantage Oreades aux mons,
Don bien souvent on oyt les doux sermons
Et puis apres les gentilles Nappées,
Qui rage font, par chansons decouppées,
De bien chanter aux Castellins ruisseaux
Par les jardins nourrissans arbrisseaux.

Et lors qu'Aurore est en son appareil,
Pour denoncer le lever du soleil,
En cheminant sous les verdoyans ombres,
Pour oublier les ennuyeux encombres,
Tu puis ouyr des nymphes les doux chants
Dont sont remplis bois, boucages et champs.

Et qui vouldra prier Dieu (ce que prise),
On trouvera la tres plaisante eglise
Où saint Martin fit habitation
Par certain temps, en contemplation,
Et où deux morts par fureur et tempeste,
Resuscités furent à sa requeste.

Apres y sont les bons fruitz et bons vins,
Que bien aimons entre nous Poictevins.

Et le parfaict, qu'il ne fault qu'on resecque,
C'est la bonté du reverend evesque
De Maillezays, seigneur de ce beau lieu,
Partout aimé des hommes et de Dieu
Prelat devot, de bonne conscience,
Et fort savant en divine science,
En canonique, et en humanité,
Non ignorant celle mondanité
Qu'on doit avoir entre les roys et princes,
Pour gouverner villes, cités, provinces.
  A ce moyen, il aime gens lettrés,
En grec, latin, et françois bien estrés
A diviser d'histoire ou theologie :
Dont tu es l'un : car en toute clergie
Tu es expert. A ce moyen te print
Pour le servir, dont tres grand heur te vint,
Tu ne pouvois trouver meilleur service
Pour te pourvoir bien tost de benefice.
  Aussi est il de noble sang venù :
Ses peres ont (comme il est bien cognu)
Tres bien servy jadis les rois de France
En temps de paix, de guerre, et de souffrance.
Et tellement que leur nom de Stissac
On ne sçauroit par oubly mettre à sac.
Leurs nobles faits militaires louables
Si demourront au monde pardurables.
  Du sien nepveu les vertus et les mœurs
Augmenteront leurs immortelz honneurs,
Car, pour parler au vray de sa personne,
Onq je n'en vis mieulx aux armes consonne,
Parce qu'il est chevalier tres hardy,
De corps, de bras et jambes bien ourdy
Moyen de corps, et de la droite taille
Que les vouloit Cesar en la bataille.
En son aller il est tout tempéré,
En son parler et maintien, moderé,
Tant bien orné d'éloquence vulgaire,

Qu'il est partout estimé debonnaire.
  Et, quant à moy, encores suis honteux
Du bon recueil si franc et non doubteux
Que ces seigneurs me firent de leur grace,
Presens plusieurs, voire en publique place,
Et au privé, dont les cornes d'honneur
Prins de Moyse, et presage en bon heur.
  Non seulement me firent telle chere,
Mais tous leurs gens, qui est relique chere :
Car le penser de ce tant bon recueil
Me fait ouvrir l'intellectuel œil
Pour mediter qu'en telle seigneurie
A plus d'honneur, hors toute flatterie,
Plus de douceur et plus d'humilité
Cent mille fois qu'en la rusticité
Des palatins et gros bourgeois de ville,
Dont l'arrogance est tant fascheuse et vile,
Et leur cuider si tres presumptueulx
Qu'on ne peut voir entre eux les vertueux.
Qui fait cognoistre en grosse compaignée
Les gens de bien et de bonne lignée.
  Or pense donc, tant devot orateur,
Que rien de moy n'a esté detenteur
De retourner voir le tien hermitage,
Fors seulement le petit tripotage
De plaidtz, proces et causes que conduis
De plusieurs gens, où peu je me desduis.
Mais conctrainct suis le faire pour le vivre
De moy, ma femme et enfans. Car le livre
D'un orateur, ou son plaisant diviz
Mieulx aimerois, ainsi te soit advis.
  Plus n'en auras, fors que me recommande
Tres humblement à la tres noble bande
De ces seigneurs, dont j'ay dessus escrit.
En suppliant le benoist saint esprit
Qu'à tous vous donne et octroye la vie
Du vieil Nestor, en honneur, sans envie

Et que tousjours puissions leur grace avoir,
Et bien souvent par epistres nous voir.
C'est de Poictiers, le huitieme septembre,
Lorsque Titan se mussoit en sa chambre,
Et que Lucine un peu se desbouchoit.
Par le tout tien serviteur Jehan Bouchet.

LA SCIOMACHIE[1]

ET FESTINS FAITS A ROME

AU PALAIS DE MONSEIGNEUR REVERENDISSIME

CARDINAL DU BELLAY,

POUR L'HEUREUSE NAISSANCE

DE MON SEIGNEUR D'ORLEANS

Le tout extraict d'une copie des lettres escrites à Monseigneur le reverendissime Cardinal de Guise, par M. Françoys Rabelais, docteur en medecine.

Au troisieme jour de fevrier M. D. XLIX[2], entre trois et quatre heures du matin, nasquit au chateau de saint Germain en Laye...... duc d'Orleans, filz puisné du tres chrestien roy de France, Henry de Valois, second de ce nom, et de tres illustre madame Catharine de Medicis sa bonne espouse. Cestuy propre jour, en Rome, par les banques fut un bruit tout commun sans auteur certain de ceste heureuse

---

[1] Du grec σκιομαχία ou σκιαμαχία, combat à l'ombre ou contre une ombre, disent tous les dictionnaires. Suivant nous, ce serait plutôt l'ombre, le simulacre d'un combat (*pugna umbratilis*). En effet, ce mot s'appliquait toujours à une lutte simulée. Rabelais l'emploie ici pour désigner une joute navale, un tournoi et la représentation d'un siége. L'auteur de la description d'une *Fête brésilienne*, célébrée à Rouen en 1550, description reproduite par M. Ferdinand Denis, Paris, 1850, gr. in-8º, dit que la reine Catherine de Médicis « prit délectation aux jolys esbatements et *schyomachie* des sauvages. »

[2] Ou 1548 avant Pâques, suivant la supputation anciennement usitée. Voy. la *Notice biographique*, p. 54.

naissance, non seulement du lieu et jour susdits, mais aussi de l'heure, savoir est environ neuf heures, selon la supputation des Romains. Qui est chose prodigieuse et admirable, non toutesfois en mon endroit, qui pourrois alleguer, par les histoires grecques et romaines, nouvelles insignes, comme de batailles perdues ou gaignées à plus de cinq cens lieues loing, ou autre cas d'importance grande, avoir esté semées au propre et mesme jour, voire devant, sans auteur cognu. Encore en vismes nous semblables à Lyon pour la journée de Pavie, en la personne du feu seigneur de Rochefort, et recentement à Paris au jour que combattirent les seigneurs de Jarnac et Chastaigneraye : mille autres. Et est un point sus lequel les Platoniques ont fondé la participation de divinité es dieux tutelaires, lesquelz nos theologiens appellent anges gardians. Mais ce propos excederoit la juste quantité d'une epistre. Tant est, que l'on creut par les banques cestes nouvelles si obstinement que plusieurs de la part Françoise sus le soir en firent feux de joye et marquerent de croye blanche sus leurs calendriers ceste fauste et heureuse journée. Sept jours aprés, furent ces bonnes nouvelles plus au plein averées par quelques courriers de banque, venans uns de Lyon, autres de Ferrare.

Mes seigneurs les reverendissimes cardinaux françois qui sont en ceste court romaine, ensemble le seigneur d'Urfé, ambassadeur de sa Majesté, non ayans autre advis particulier, delayoient tousjours à declarer leur joye et alaigresse de ceste tant desirée naissance, jusques à ce que le seigneur Alexandre Schivanoia, gentilhomme mantuan, arriva au premier jour de ce mois de mars, expressement envoyé de la part de sa Majesté, pour acertainer le Pere Saint, les cardinaux françois et ambassadeur de ce que dessus. Adonc furent faits de tous costés festins et feux de joye, par trois soirs subsequens.

Mon seigneur reverendissime cardinal du Bellay, non content de ces menues et vulgaires significations de liesse pour la naissance d'un si grand prince, destiné à choses si grandes en matiere de chevalerie et gestes heroiques, comme il appert par son horoscope, si une fois il eschappe quelque triste aspect en l'angle occidental de la septieme maison, voulut, par maniere de dire, faire ce que fit le seigneur Jean Jordan Ursin, lorsque le Roy François, d'heureuse memoire, obtint la victoire à Marignan. Iceluy, voyant, par la part ennemie, à un faux rapport, estre faits feux parmy les rues de Rome, comme si ledit Roy eust perdu la bataille, quelques jours aprés, adverty de la verité du succes et de sa victoire, acheta cinq ou six maisons contigues en forme d'isle, prés mons Jordan, les fit emplir de fagotz, falourdes et tonneaux, avec force pouldre de canons, puis mit le feu dedans. C'estoit une nouvelle Alosis[1], et nouveau feu de joye. Ainsi vouloit le dit seigneur reverendissime, pour declarer l'exces de son alaigresse pour cestes bonnes nouvelles, faire, quoy qu'il coustast, quelque chose spectable, non encores veue en Rome de nostre memoire. Non la pouvant toutesfois executer à sa fantaisie et contentement, obstant quelque maladie survenue en cestuy temps audit seigneur ambassadeur, auquel le cas touchoit pareillement à cause de son estat, fut relevé de ceste perplexité par le moyen du seigneur Horace Farnese, duc de Castres, et des seigneurs Robert Strossi et de Maligni, lesquelz estoient en pareille combustion. Ilz mirent quatre testes en un chapperon. Enfin, aprés plusieurs propos mis en deliberation, resolurent une Sciomachie, c'est-à-dire un simulacre et representation de bataille, tant par eau que par terre.

La Naumachie, c'est-à-dire le combat par eau, estoit designé au dessus du pont Aelian, justement devant le jardin secret du chasteau saint Ange, lequel feu, de memoire eternelle, Guillaume du Bellay, seigneur de Langey, avoit avec ses bandes fortifié, gardé, et deffendu bien long temps contre les lansquenez, qui depuis saccagerent Rome. L'ordre d'iceluy combat estoit tel, que cinquante menuz vaisseaux, comme fustes, galiotes, gondoles, et fregates armées, assailleroient un grand et monstrueux Galion composé de deux les plus

---

[1] Prise de ville, en grec.

grands vaisseaux qui fussent en ceste marine, lesquelz on avoit fait monter d'Hostie et Porto à force de beufles. Et, aprés plusieurs ruses, assaultz, repoulsemens, et autres usances de bataille navale, sus le soir on mettroit le feu dedans iceluy Galion. Il y eust eu un terrible feu de joye, veu le grand nombre et quantité de feux artificielz qu'on avoit mis dedans. Ja estoit iceluy Galion prest à combattre, les petits vaisseaux prestz d'assaillir, et peints selon les livrées des capitaines assaillans, avec la pavesade et chorme bien galante. Mais ce combat fut obmis, à cause d'une horrible crue du Tybre et vorages par trop dangereuses, comme vous savez que c'est un des plus inconstans fleuves du monde, et croit inopinement, non seulement par esgoutz des eaux tombantes des montaignes à la fonte des neiges ou autres pluies, ou par regorgemens des lacs qui se deschargent en iceluy, mais encores par maniere plus estrange par les vents austraux qui, soufflans droit en sa boucque prés Hostie, suspendans son cours, et ne luy donnans lieu de s'escouler en ceste mer Hetrusque, le font enfler et retourner arriere, avec miserable calamité, et vastation des terres adjacentes. Adjoint aussi que, deux jours devant, avoit esté fait naufrage d'une des gondoles, en laquelle s'estoient jettés quelques matachins imperitz de la marine, cuidans fanfarer et bouffoner sus eau, comme ilz font tres bien en terre ferme. Telle Naumachie estoit assignée pour le dimanche dixieme de ce mois.

La Sciomachie par terre fut faite au jeudi subsequent. Pour laquelle mieux entendre est à noter que, pour icelle aptement parfaire, fut eslue la place de Sant Apostollo, parce qu'aprés celle d'Agone, c'est la plus belle et longue de Rome : par ce aussi et principalement que le palais dudit seigneur reverendissime est sus le long d'icelle place. En icelle donc, devant la grand'porte d'iceluy palais, fut, par le desseing du capitaine Jean Francisque de Monte Melino, erigé un chasteau en forme quadrangulaire, chascune face duquel estoit longue d'environ vingt et cinq pas, haute la moitié d'autant, comprenant le parapete. A chascun angle estoit erigé un tourrion à quatre angles acutz[1], desquelz les trois estoient projettés au dehors : le quatrieme estoit amorti en l'angle de la muraille du chasteau. Tous estoient percés pour canonnieres par chascun des flans et angles interieurs en deux endroits, savoir est au dessous et au dessus du cordon. Hauteur d'iceux avec leur parapete, comme de ladite muraille, pour la face principale qui regardoit le long de la place, et le contours de ses deux tourrions, de fortes tables et esses jusques au cordon : le dessus estoit de brique, pour la raison qu'orrez par cy après. Les autres deux faces avec leurs tourrions estoient toutes de tables et limandes[2] : la muraille de la porte du palais estoit pour quarte face. Au coing de laquelle, par le dedans du chasteau, estoit erigée une tour quarrée de pareille matiere, haute trois fois autant que les autres tourrions. Par le dehors tout estoit aptement joint, collé et peint, comme si fussent murailles de grosses pierres entaillées à la rustique, telle qu'on voit la grosse tour de Bourges. Tout le circuit estoit ceint d'un fossé large de quatre pas, profond d'une demi toise et plus. La porte estoit selon l'advenue de la porte grande du palais, eslevée pour le machicoulis environ trois pieds plus haut que la muraille, de laquelle descendoit un pont levis jusques sus la contrescarpe du fossé.

Au jour susdit, XIIII de ce mois de mars, le ciel et l'air semblerent favoriser à la feste. Car l'on n'avoit de long temps veu journée tant claire, serene et joyeuse comme icelle fût en toute sa durée. La frequence du peuple estoit incroyable. Car, non seulement les seigneurs reverendissimes cardinaux presque tous, les evesques, prelatz, officiers, seigneurs et dames, et commun peuple de la ville y estoient accouruz, mais aussi, des terres circunvoisines à plus de cinquante lieues à la ronde, estoient convenuz nombre merveilleux de seigneurs, ducz, comtes, barons, gentilzhommes, avec leurs femmes et familles, au bruit qui estoit couru de

---

[1] A quatre angles aigus, du latin *acutus*.

[2] Pièce de bois étroite et plate. Terme de charpenterie.

ce nouveau tournoy, aussi qu'on avoit veu es jours precedens tous les brodeurs, tailleurs, recameurs, plumaciers, et autres de telz mestiers employés et occupés à parfaire les accoustremens requis à la feste. De mode que, non les palais, maisons, loges, galeries et eschaffautz seulement estoient pleins de gens en bien grande serre, quoy que la place soit des plus grandes et spacieuses qu'on voye, mais aussi les toitz et couvertures des maisons et eglises voisines. Au milieu de la place pendoient les armoiries de mondit seigneur d'Orleans, en bien grande marge à double face, entournoyées d'un joyeux feston de myrtes, lierres, lauriers, et orangiers mignonnement instrophiées d'or clinquant, avec ceste inscription :

« Cresce, infans, fatis nec te ipse vocantibus aufer. »

Sus les XVIII heures, selon la supputation du pays, qui est entre une et deux aprés midy, ce pendant que les combattans soy mettoient en armes, entrerent dedans la place les deux caporions Colonnois, avec leurs gens embastonnés, assez mal en point. Puis survindrent les Suisses de la garde du pape, avec leur capitaine, tous armés à blanc, la pique au poing, bien en bon ordre, pour garder la place. Alors, pour temporiser, et esbattre l'assemblée magnifique, furent laschés quatre terribles et fiers taureaux. Les premier et second furent abandonnés aux gladiateurs et bestiaires, à l'espée et cappe. Le tiers fut combattu par trois grands chiens corses, auquel combat y eut de passetemps beaucoup. Le quart fut abandonné au long bois, savoir est picques, partusanes, halebardes, corsecques, espieux Boulonnois : parce qu'il sembloit trop furieux, et eust peu faire beaucoup de mal parmy le menu peuple.

Les taureaux desconfitz, et la place vuide du peuple jusques aux barrieres, survint le Moret, archibouffon d'Italie, monté sur un bien puissant roussin, et tenant en main quatre lances liées et entées dedans une, soy vantant de les rompre toutes d'une course contre terre. Ce qu'il essaya, fierement picquant son roussin, mais il n'en rompit que la poignée, et s'accoustra le bras en coureur buffonique. Cela fait, en la place entra, au son des fifres et tabours, une enseigne de gens de pied, tous gorgiasement accoustrés, armés de harnois presque tous dorés, tant picquiers qu'escoulpetiers, en nombre de trois cens et plus. Ceux furent suivis par quatre trompettes, et un estanterol[1] de gens de cheval, tous serviteurs de sa Majesté, et de la part françoise, les plus gorgias qu'on pourroit souhaiter : nombre de cinquante chevaux, et d'avantage. Lesquelz, la visiere haulsée, firent deux tours le long de la place en grande alaigresse, faisans poppizer[2], bondir, et penader[3] leurs chevaux, uns parmy les autres, au grand contentement de tous les spectateurs. Puis se retirerent au bout de la place à gauche, vers le monastere de Saint Marcel. D'icelle bande, pour les gens de pied, estoit capitaine le seigneur Astorre[4] Baglion : l'enseigne duquel et escharpes de ses gens estoit de couleurs blanc et bleu. Le seigneur duc Horace estoit chef des hommes d'armes, desquelz voluntiers j'ay cy dessous mis les noms, pour l'honneur d'iceux.

L'excellence dudit seigneur Duc
Paul Baptiste Fregose.
Flaminio de Languillare.
Alexandre Cinquin.
Luca d'Onane.
Theobaldo de la Molare.
Philippe de Serlupis.
Dominique de Massimis.
P. Loïs Capisucco.
P. Paule de la Cecca.
Bernardin Piovene.
Ludovic Cosciari.
Jean Paule, escuyer de son excellence.

---

[1] Escadron : voy. ci-après, page 564, note.
[2] Voy. t. I, p. 176, note 1.
[3] Voy. ce même t. I, p. 127, note 1.
[4] Arthur.

Tous en harnois dorés, montés sur gros coursiers, leurs pages montés sus genetz et chevaux turcs pour le combat à l'espée.

La livrée de son Excellence estoit blanc et incarnat, laquelle pouvoit on voir es habillemens, bardes, caparassons, pennaches, panonceaux, lances, fourreaux d'espées, tant des susdits chevaliers que des pages et estaffiers qui les suivoient en bon nombre. Ses quatre trompettes, vestus de casaquins de velours incarnat, descouppé et doublé de toile d'argent. Son excellence estoit richement vestue sus les armes d'un accoustrement fait à l'antique, de satin incarnat broché d'or, couvert de croissans estoffés en riche broderie de toile et canetille d'argent. De telle parure estoient semblablement vestuz et couvers tous les hommes d'armes susdits, et leurs chevaux pareillement. Et n'est à obmettre qu'entre les susdits croissans d'argent à haut relief, par certains quadres estoient en riche broderie posées quatre gerbes recamées à couleur verde, autour desquelles estoit escrit ce mot, FLAVESCENT : voulant signifier (selon mon opinion) quelque sienne grande esperance estre prochaine de maturité et jouissance.

Ces deux bandes ainsi escartées, et restant la place vuide, soudain entra, par le costé droit du bas de la place, une compagnie de jeunes et belles dames richement atournées, et vestues à la nymphale, ainsi que voyons les nymphes par les monumens antiques. Desquelles la principale, plus eminente et haute de toutes autres, representant Diane, portoit sus le sommet du front un croissant d'argent, la chevelure blonde esparse sus les espaules, tressée sus la teste avec une guirlande de laurier, toute instrophiée de roses, violettes, et autres belles fleurs : vestue, sus la sottane et verdugalle de damas rouge cramoisi à riches broderies, d'une fine toille de Cypre toute battue d'or, curieusement pliée, comme si fust un rochet de cardinal, descendant jusques à my jambe, et, par dessus, une peau de leopard bien rare et precieuse, attachée à gros boutons d'or sus l'espaule gauche. Ses botines dorées, entaillées, et nouées à la nymphale, avec cordons de toille d'argent. Son cor d'ivoire pendant sous le bras gauche, sa trousse, precieusement recamée et labourée de perles, pendoit de l'espaule droite à gros cordons et houppes de soye blanche et incarnate. Elle, en main droite, tenait une dardelle argentée. Les autres nymphes peu differoient en accoustremens, excepté qu'elles n'avoient le croissant d'argent sus le front. Chascune tenoit un arc turquois bien beau en main, et la trousse comme la premiere. Aucunes, sus leurs rochetz, portoient peaux d'africanes : autres, de loups cerviers, autres de martes calabroises. Aucunes menoient des levriers en lesse, autres sonnoient de leurs trombes. C'estoit belle chose les voir. Ainsi soy pourmenans par la place, en plaisans gestes comme si elles allassent à la chasse advint qu'une du troupeau, soy amusant à l'escart de la compagnie pour nouer un cordon de sa bottine, fut prise par aucuns soudars sortis du chasteau à l'improviste. A ceste prise fut horrible effroy en la compagnie. Diane hautement crioit qu'on la rendist, les autres nymphes pareillement en cris piteux et lamentables. Rien ne leur fut respondu par ceux qui estoient dedans le chasteau. Adonc, tirans quelque nombre de flesches par dessus le parapete, et fierement menassans ceux du dedans, s'en retournerent portans face et gestes au retour autant tristes et piteuses comme avoient eu joyeuses et gayes à l'aller.

Sus la fin de la place rencontrans son Excellence et sa compagnie, firent ensemble cris effroyables. Diane luy ayant exposé la desconveneue, comme à son mignon et favorit, tesmoing la devise des croissans d'argent espars par ses accoustremens, requist aide, secours et vengeance : ce que luy fut promis et asseuré. Puis sortirent les nymphes hors la place. Adonc, son Excellence envoye un heraut par devers ceux qui estoient dedans le chasteau, requerant la nymphe ravie luy estre rendue sus l'instant. Et, en cas de refus ou delay, les menassant fort et ferme de mettre eux et la forteresse a feu et à sang. Ceux du chasteau firent response qu'ilz vouloient la nymphe pour soy, et que, s'ilz la vouloient recouvrir, il failloit jouer des cousteaux et n'oublier rien en la boutique. A tant non seulement ne la rendirent à ceste sommation, mais la monterent au plus haut de la tour quarrée, en veue de la part foraine. Le heraut retourne, et entendu le refus, son Excellence tint sommairement conseil avec ses capitaines. Là fut resolu de ruiner le chasteau et tous ceux qui seroient dedans.

Auquel instant, par le costé droit du bas de la place entrerent, au son de quatre trompettes, fifres et tabours, un estanterol[1] de gens de cheval et une enseigne de gens de pied, marchans furieusement, comme voulans entrer par force dedans le chasteau, au secours de ceux qui le tenoient. Des gens de pied estoit capitaine le seigneur Chappin Ursin, tous hommes galans, et superbement armés, tant picquiers que harqueboursiers, en nombre de trois cens et plus. Les couleurs de son enseigne et escharpes estoient blanc et orange. Les gens de cheval, faisans nombre de cinquante chevaux et plus, tous en harnois dorés, richement vestuz et enharnachés, estoient conduits par les seigneurs Robert Strossi et Maligni. La livrée du seigneur Robert, de son accoustrement sus armes, des bardes, capparassons, pennaches, panonceaux, et des chevaliers par luy conduits, des trompettes, pages et estaffiers, estoit des couleurs blanc, bleu et orangé. Celle du seigneur de Maligni, et des gens par luy conduits, estoit des couleurs blanc, rouge et noir. Et, si ceux de son Excellence estoient bien et advantagement montés, et richement accoustrés, ceux cy ne leur cedoient en rien. Les noms des hommes d'armes j'ay icy mis à leur honneur et louenge.

Le seigneur Robert Strossi.
Le seigneur de Maligni.
S. Averso de Languillare
S. de Malicorne le jeune.
M. Jean Baptiste de Victorio.

---

[1] Diminutif de *stantarum* pour *standarum*, étendard (Du Cange). Ce mot s'appliqua d'abord au drapeau, puis à l'escadron qui le portait. Nous l'avons vu déjà employé ci-dessus, p. 561.

S. de Piebon.
M. Scipion de Piovene.
S. de Villepernay.
Spagnino.
Baptiste, picqueur du seigneur ambassadeur.
Le cavalcador du seigneur Robert.
Jean Baptiste Altoviti.
S. de la Garde.

Ces deux derniers ne furent au combat, parce que, quelques jours davant la feste, soy essayans dedans les Thermes de Diocletian avec la compagnie, au premier fut une jambe rompue, au second le poulce taillé de long. Ces deux bandes donc, entrans fierement en la place, furent rencontrées de son Excellence et de ses compagnies. Alors fut l'escarmouche attaquée des uns parmy les autres, en braveté honorable, sans toutesfois rompre lances ni espées. Les derniers entrés tousjours soy retirans vers le fort : les premiers entrés tousjours les poursuivans jusqu'à ce qu'ilz furent prés le fossé. Adonc fut tiré du chasteau grand nombre d'artillerie grosse et moyenne, et se retira son Excellence et ses bandes en son camp : les deux bandes dernieres entrerent dedans le chasteau.

Ceste escarmouche finie, sortit un trompette du chasteau, envoyé devers son Excellence, entendre si ses chevaliers vouloient faire epreuve de leurs vertus en monomachie, c'est à dire homme à homme contre les tenans. Auquel fut respondu que bien voluntiers le feroient. Le trompette retourné, sortirent hors le chasteau deux hommes d'armes ayans chascun la lance au poing, et la visiere abbattue. Et poserent sur le revelin du fossé, en face des assaillans : de la bande desquelz pareillement se targerent les deux hommes d'armes, lance au point, visiere abattue. Lors, sonnans les trompettes d'un costé et d'autre, les hommes d'armes soy rencontrerent, piquans furieusement leurs dextriers. Puis, les lances rompues tant d'un costé comme d'autre, mirent la main aux espées, et soy chamaillerent l'un l'autre si brusquement que leurs espées volerent en pieces. Ces quatre retirés, sortirent quatre autres, et combattirent deux contre deux, comme les premiers, et ains consequentement combattirent tous les gens de cheval des deux bandes controverses.

Ceste Monomachie parachevée, ce pendant que les gens de pied entretenoient la retraite, son Excellence et sa compagnie changeans de chevaux, reprindrent nouvelles lances, et, en troupe, se presenterent devant la face du chasteau. Les gens de pied, sus le flanc droit, couvers d'aucuns rondeliers, apportoient eschelles, comme pour emporter le fort d'emblée : et ja avoient planté quelques eschelles du costé de la porte, quand du chasteau fut tant tiré d'artillerie, tant jetté de mattons[1], micraines[2], potz et lances à feu que tout le voisinage en retondissoit et ne voyoit on autour que feu, flambe et fumée, avec tonnoirres horrifiques de telle canonnerie. Dont furent contraints les forains soy retirer et abandonner les eschelles. Quelques soudards du fort sortirent sous la fumée, et chargerent les gens de pied forains, de maniere qu'ilz prindrent deux prisonniers. Puis, suivant leur fortune, se trouverent enveloppés entre quelque escadron des forains, caché comme en embuscade. Là, craignans que la bataille ensuivist, se retirerent au trot, et perdirent deux de leurs gens, qui furent semblablement emmenés prisonniers. A leur retraite sortirent du chasteau les gens de cheval, cinq à cinq par rang, la lance au poing. Les forains de mesme se presenterent, et rompirent lances en tourbes, par plusieurs courses, qui est chose grandement perilleuse. Tant y a que le seigneur de Maligni, ayant fait passe sans attainte contre l'escuyer de son Excellence, au retour le choqua de telle violence qu'il rua par terre homme et cheval. Et en l'instant mourut le cheval, qui estoit un bien beau et puissant coursier. Celuy dudit S. Maligni resta espaulé.

Le temps pendant qu'on tira hors le cheval mort, sonnerent

---

[1] Carreaux, de l'italien *mattoni*, briques.

[2] Grenades. *Miugrano*, en provençal.

en autre et plus joyeuse harmonie les compagnies des musiciens, lesquelz on avoit posé en divers eschaffautz sus la place, comme hautboys, cornetz, sacqueboutes, flutes d'Allemans, doucines, musettes et autres, pour esjouir les spectateurs par chascune pose du plaisant tournoy. La place vuidée, les hommes d'armes tant d'un costé comme d'autre, le S. de Maligni monté sus un genet frais, et l'escuyer sus un autre (car peu s'estoient blessés), laissans les lances, combattirent à l'espée en tourbe, les uns parmi les autres, assez felonnement, car il y eut tel qui rompit trois et quatre espées : et, quoy qu'ilz fussent couvers à l'advantage, plusieurs y furent desarmés.

La fin fut qu'une bande de harquebousiers forains chargerent à coups d'escoulpettes les tenans, dont furent contraintz soy retirer au fort, et mirent pied à terre. Sus ceste entrefaite au son de la campanelle du chasteau, fut tiré grand nombre d'artillerie, et se retirerent les forains, qui pareillement mirent pied à terre et delibererent donner la bataille, voyans sortir du fort tous les tenans, en ordre de combat. Pourtant prindrent un chascun la picque mornée[1] en poing, et, les enseignes desployées, à desmarche grave et lente se presenterent en vue des tenans, au seul son des fifres et tabours, estans les hommes d'armes en premiere filliere, les harquebousiers en flanc. Puis, marchans oultre encore quatre ou cinq pas, se mirent tous à genouilz, tant les forains que les tenans, par autant d'espace de temps en silence qu'on diroit l'oraison dominicale.

Par tout le discours du tournoy precedent fut le bruit et applausion des spectateurs grand en toute circumference. A ceste precation[2], fut silence de tous endroits, non sans effroy, mesmement des dames et de ceux qui n'avoient autre fois esté en bataille. Les combattans, ayans baisé la terre, soudain au son des tabours se leverent, et, les picques baissées, en hurlemens espouvantables, vindrent à joindre : les harquebousiers de mesme sus les flancs tiroient infatigable-

---

[1] Emoussée.   [2] Prière.

.nent. Et y eut tant de picques brisées que la place en estoit toute couverte. Les picques rompues, mirent la main aux espées, et y eut tant chamaillé à tors et à travers qu'à une fois les tenans repousserent les forains[1] plus de la longueur de deux picques, à l'autre les forains furent repoussés jusqu'au revelin des tourrions. Lors furent sauvés par l'artillerie tirant de tous les quantons du chasteau, dont les forains se retirerent. Ce combat dura assez longuement. Et y fut donné quelques esraflades de picques et espées, sans courroux toutesfois, ne affection mauvaise. La retraite faite tant d'un costé comme d'autre, resterent en place, à travers les picques rompues et harnois brisés, deux hommes morts : mais c'estoient des hommes de foin, desquelz l'un avoit le bras gauche couppé, et le visage tout en sang : l'autre avoit un transon de picque à travers le corps sous la faute du harnois. Autour desquelz fut recreation nouvelle, ce pendant que la musique sonnoit. Car Frerot, à tout son accoustrement de velours incarnat feuilleté de toille d'argent, à forme d'aisles de souris chauve, et Fabritio, avec sa couronne de laurier, soy joignirent à eux. L'un les admonestoit de leur salut, les confessoit et absolvoit comme gens mors pour la foy : l'autre les tastoit aux goussets et en la braguette pour trouver la bourse. Enfin, les descouvrans et despouillans, montrerent au peuple que ce n'estoient que gens de foin. Dont fut grande risée entre les spectateurs, soy esbahissans comment on les avoit ainsi là mis et jettés durant ce furieux combat.

A ceste retraite, le jour esclaircy et purgé des fumées et parfums de la canonnerie, apparurent au milieu de la place huit ou dix gabions en rang, et cinq pieces d'artillerie sus roue : lesquelles durant la bataille, avoient esté poussées par les canonniers de son Excellence. Ce qu'estant apperceu par une sentinelle montée sus la haute tour du chasteau, au son de la campanelle fut fait et ouy grand effroy et hurle-

---

[1] *Sic* dans le texte original, mais il paraît évident qu'il faut lire : *les forains* repousserent *les tenans*.

ment de ceux du dedans. Et fut lors tiré tant d'artillerie par tous les endroits du fort, et tant de sciopes[1], fusées en canon, palles et lances à feu vers les gabions posés qu'on n'eust point ouy tonner du ciel. Ce non obstant, l'artillerie posée derriere les gabions tira furieusement par deux fois contre le chasteau, en grand espouvantement du peuple assistant. Dont tomba par le dehors la muraille jusques au cordon, laquelle, comme ay dit, estoit de brique. De ce advint que le fossé fut remply. A la cheute, resta l'artillerie du dedans descouverte. Un bombardier tomba mort du haut de la grosse tour : mais c'estoit un bombardier de foin revestu. Ceux du dedans adonc commencerent à remparer ceste breche, en grand effort et diligence. Les forains ce pendant firent une mine par laquelle ilz mirent le feu en deux tourrions du chasteau, lesquelz, tombans par terre à la moitié, firent un bruit horrible. L'un d'iceux brusloit continuellement : l'autre faisoit fumée tant hydeuse et espaisse qu'on ne pouvoit plus voir le chasteau.

Derechef fut faite nouvelle batterie, et tirerent les cinq grosses pieces par deux fois contre le chasteau. Dont tomba toute l'escarpe de la muraille, laquelle, comme ay dit, estoit faite de tables et limandes. Dont, tombant par le dehors, fit comme un pont tout couvrant le fossé jusques sur le revelin. Resta seulement la barriere et rempart que les tenans avoient dressé. Lors, pour empescher l'assaut des forains, lesquelz estoient tous en ordonnance au bout de la place, furent jettées dix trombes de feu, canons de fusées, palles[2], mattocas[3] et potz à feu : et, du rempart, fut jetté un bien gros ballon en la place, duquel, à un coup, sortirent trente bouches de feu, plus de mille fusées, ensemble et trente razes[4]. Et couroit ledit ballon parmy la place, jettant feu de tous costés, qui estoit chose espouvantable : fait par l'inven-

---

[1] Coups de fusil, de l'italien *schioppo*.
[2] Balles, *palla* en italien.
[3] Gros carreaux
[4] Fusée tournoyante, de l'italien *razzo*, qui est aussi en usage pour exprimer les rais ou rayons d'une roue.

tion de messer Vincentio romain, et Francisque florentin bombardiers du Pere Saint. Frerot, faisant le bon compagnon, courut aprés ce ballon, en l'appellant gueulle d'enfer et teste de Lucifer : mais, d'un coup qu'il frappa dessus avec un tronson de picque, il se trouva tout couvert de feu, et crioit comme un enragé, fuyant de çà et de là, et bruslant ceux qu'il touchoit. Puis devint noir comme un Ethiopien, et si bien marqué au visage qu'il y paroistra encores d'icy à trois mois.

Sus la consommation du ballon, fut sonné à l'assaut de la part de son Excellence, lequel, avec ses hommes d'armes à pied, couverts de grandes targues d'airain doré à l'antique façon, et suivy du reste de ses bandes, entra sus le pont susdit. Ceux du dedans luy firent teste sus le rempart et barriere. A laquelle fut combattu plus felonnement que n'avoit encores esté. Mais, par force, enfin franchirent la barriere, et entrerent sus le rempart. Auquel instant l'on vit sus la haute tour les armoiries de sa Majesté, enlevées avec festons joyeux. A dextre desquelles, peu plus bas, estoient celles de mon seigneur d'Orleans : à gauche, celles de son Excellence qui fut sur les deux heures de nuyt. La nymphe ravie fut presentée à son Excellence, et sus l'heure rendue à Diane, laquelle se trouva en place comme retournant de la chasse.

Le peuple assistant, grands et menuz, nobles et roturiers, reguliers et seculiers, hommes et femmes, bien en plein esjouis, contents et satisfaits, firent applaudissement de joye et alaigresse de tous costés à haute voix, crians et chantans : Vive France, France, France ! vive Orleans ! vive Horace Farnese ! Quelques uns adjousterent : Vive Paris ! vive Bellay ! vive la coste de Langey ! Nous pouvons dire ce que jadis l'on chantoit à la denonciation des jeux seculaires : Nous avons veu ce que personne en Rome vivant ne vit, personne en Rome vivant ne verra.

L'heure estoit ja tarde et opportune pour souper, lequel pendant que son Excellence se desarma et changea d'habillemens, ensemble tous les vaillans champions et nobles combattans, fut dressé en somptuosité et magnificence si grandes qu'elle pouvoit effacer les celebres banquets de plusieurs anciens empereurs romains et barbares, voire certes la patine et cuisinerie de Vitellius, tant celebrée qu'elle vint en proverbe, au banquet duquel furent servies mille pieces de poisson. Je ne parleray point du nombre et rares especes des poissons icy servis, il est par trop excessif. Bien vous diray qu'à ce banquet furent servies plus de mille cinq cens pieces de four, j'entends pastés, tartes et dariolles. Si les viandes furent copieuses, aussi furent les beuvettes numereuses. Car trente poinsons de vin et cent cinquante douzaines de pains de bouche ne durerent gueres, sans l'autre pain mollet et commun. Aussi fut la maison de mon dit seigneur reverendissime ouverte à tous venans, quelz qu'ilz fussent tout iceluy jour.

En la table premiere de la salle moyenne furent comptés douze cardinaux, savoir est :

Le reverendissime cardinal Farnese.

R. C. de Saint-Ange.

R. C. Sainte Flour.

R. C. Sermonette [1].

R. C. Rodolphe.

R. C. du Bellay.

R. C. de Lenoncourt.

R. C. de Meudon.

R. C. d'Armignac [2].

R. C. Pisan.

R. C. Cornare.

R. C. Gaddi.

Son Excellence le seigneur Strossi, l'ambassadeur de Venise : tant d'autres evesques et prelats.

Les autres salles, chambres, galleries d'iceluy palais estoient toutes pleines de tables servies de mesmes pain, vin

---

[1] Nicolas de Sermoneta, cardinal, qui fut promoteur du saint-siége en Écosse.

[2] Sur le cardinal Georges d'Armagnac, voy. la *Notice biographique*, p. 27, et la lettre à Bernard de Salignac, que l'on trouvera ci-après, p. 621.

et viandes. Les nappes levées, pour laver les mains, furent présentees deux fontaines artificielles sus la table, toutes instrophiées de fleurs odorantes, avec compartimens à l'antique. Le dessus desquelles ardoit de feu plaisant et redolent, composé d'eau ardente musquée. Au dessouz, par divers canaux sortoit eau d'Ange, eau de Naphe, et eau Rose. Les graces dites en musique honorable, fut, par Labbat, prononcée avec sa grande lyre, l'ode que trouverez icy à la fin, composée par mon dit seigneur reverendissime.

Puis, les tables levées, entrerent tous les seigneurs en la salle majour, bien tapissée et atournée. Là cuidoit on que fust jouée une comedie : mais elle ne le fut parce qu'il estoit plus de minuyt. Et, au banquet que mon seigneur reverendissime cardinal d'Armignac avoit fait au paravant, en avoit esté jouée une, laquelle plus fascha que ne plut aux assistans, tant à cause de sa longueur et mines bergamasques assez fades, que pour l'invention bien froide et argument trivial. En lieu de comedie, au son des cornetz, hautz boys, sacqueboutes, etc., entra une compagnie de matachins nouveaux, lesquelz grandement delecterent toute l'assistance. Aprés lesquelz furent introduites plusieurs bandes de masques, tant gentilzhommes que dames d'honneur, à riches devises et habillements somptueux. Là commença le bal, et dura jusques au jour, lequel pendant mes dits seigneurs reverendissimes ambassadeurs et autres prelatz soy retirerent en grande jubilation et contentement.

En ces tournoy et festin je notay deux choses insignes. L'une est qu'il n'y eut noise, debat, dissention ne tumulte aucun : l'autre que, de tant de vaisselle d'argent, en laquelle tant de gens de divers estatz furent servis, il n'y eut rien perdu n'esgaré. Les deux soirs subsequens, furent faits feux de joye en la place publique, devant le palais de mon dit seigneur reverendissime, avec force artillerie, et tant de diversités de feux artificielz que c'estoit chose merveilleuse : comme de gros ballons, de gros mortiers jettans par chascune fois plus de cinq cens sciopes et fusées, de rouetz à feu, de moulins à feu, de nues à feu pleines d'estoilles coruscantes, de sciopes en canon, aucunes pregnantes, autres reciprocantes, et cent autres sortes. Le tout fait par l'invention dudit Vincentio, et du Bois le Court, grand salpetrier du Maine[1].

---

[1] Il existe une pièce différente de la Sciomachie sur le même sujet. Elle est intitulée : *La magnificence des triumphes faictz à Rome, pour la nativité de monseigneur le duc d'Orleans*, traduite d'italien en françoys. La Bibliothèque nationale en possède deux éditions différentes de la même année 1549. Cette pièce, écrite originairement sous forme de lettre au cardinal de Ferrare et signée A. B., est bien plus sobre de détails que la Sciomachie. Il est probable que son auteur n'avait pas, comme Rabelais, assisté à toutes les scènes de la fête.

ODE SAPPHICA

R. D. JO. CARDINALIS BELLAII.

Mercuri interpres superum, venusto
Ore qui mandata refers vicissim,
Gratus hos circum volitans, et illos
    Præpete cursu,
Adveni sanctis Patribus, senique,
Præsidet qui concilio deorum,
Quem sui spectat soboles Quiritum
    Numinis instar.

Dic jubar, quod Sequanidas ad undas
Edidit Gallis Italisque mixtim
Diva, quam primum Tyberi tenellam
    Credidit Arnus,
Tritonum post hanc comitante turba
Phocidum celsas subiisse turres,
Nec procellosum timuisse vidit
    Nereis æquor.

O diem Hetruscis Populis colendum,
Et simul Francis juveni puellam
Qui dedit, forma, genio, decore
    Ore coruscam!
Fauste tunc in quos Hymenææ, quos tu
In jocos Cypri es resoluta! vel quas
Juno succendit veniente primum
    Virgine tædas!

LA SCIOMACHIE.

Ut tibi noctes Catharina lætas,
Ut dies Errice tibi serenos,
Demum ut ambobus, sobolique fausta est
    Cuncta precata!
Ut deam primo dea magna partu
Juvit! ut nec defuerit subinde,
Quartus ut matri quoque nunc per illam
    Rideat infans.

Quartus is, quem non superi dedere
Galliæ tantum : sibi namque partem
Vendicat, festisque vocat juventus
    Nostra choreis.
Læta si Franciscum etenim juventus
Hunc petat, cui res pater ipse servat
Gallicas, et cui imperium spopondit
    Juppiter orbis :

Provocet divos hominesque : tentet
Pensa fatorum : fuerit Latinis
Et satis Tuscis apibus secundos
    Carpere flores.
Nam sibi primos adimi nec ipsæ
Gratiæ Errici comites perennes,
Nec sinat raucis habitans Bleausi
    Nympha sub antris.

Nec magis vos, o, Latio petitæ
Celticis, sed jam Laribus suetæ, et
Vocibus Musæ, ac patriis canentes
    Nunc quoque plectris.
Et puellarum decus illud, una
Margaris tantum inferior Minerva,
Ac Navarrææ specimen parentis
    Jana reclamet.

Ne quidem nympha id probet illa, ab imis
Quæ Padi ripis juvenem secuta est,
Si Parim forma, tamen et pudicum
    Hectora dextra.
Nec tuos hæc quæ patefecit ignes
Ignibus præclare aliis Horati,
Cuncta dum clamant tibi' jure partam
    Esse theatra.

Tu licet nostro a genio tributam ob
Gratiam nil non Catharina nobis
Debeas, nostro at genio tuoque heic
    Ipsa repugnes.
Spe parum nixis igitur suprema
Sorte contentis media, faveto,
Et recens per te in Latios feratur
    Flosculus hortos.

At nihil matrem moveat, quod ipsis
Vix adhuc ex uberibus sit infans
Pendulus, nullæ heic aderant daturæ
    Ubera matres?
Nec tamen lac Romulidum parenti
Defuit : neve heic queriteris, esse
Lustricas nondum puero rogatum
    Nomen ad undas.

Nominis si te metus iste tangit,
Sistere infantem huc modo ne gravere,
Diique, divæque hunc facient, et omnis
    Roma Quirinum.

        Τέλος.

FIN DE LA SCIOMACHIE.

DE GARO SALSAMENTO

EPIGRAMMA [1].

Quod medici quondam tanti fecere priores
  Ignotum nostris en tibi mitto Garum.
Vini addes acidi quantum vis, quantum olei vis.
  Sunt quibus est oleo plus sapidum butyrum.
Dejectam assiduus libris dum incumbis, orexim
  Nulla tibi melius pharmaca restituent.
Nulla et aqualiculi detergent mage pituitam,
  Nulla alvum poterunt solvere commodius.
Mirere id potius quantumvis dulcia sumpto
  Salsamenta Garo nulla placere tibi.

---

[1] Cette épigramme, tirée des Poésies latines de Dolet, Lyon, 1538, in-8º, p. 175, y est précédée d'une espèce de réclame en faveur du Garum, remis en honneur par Rabelais, et que Dolet engage Marot à célébrer dans ses vers.

Ad Franciscum Rabelæsum.

Tuo ingenio, Rabelæse, Garum salsamen-
  [tum]
Ætate ab antiqua reductum est. Jam nos-
  [tris]
Marote, versibus celebretur animosè,
Quando palatum utrique nostrum tam bellè
Irritat, et stomachum recreat tam odorato
Sapore. Res tam grata non est relicenda.

LES EPISTRES

DE FRANÇOIS RABELAIS

DOCTEUR EN MEDECINE,

A

MONSEIGNEUR L'EVESQUE DE MAILLEZAIS[1].

EPISTRE I.

Monseigneur,

Je vous escrivis du vingt neuvieme jour de novembre bien amplement, et vous envoyay des graines de Naples pour vos salades, de toutes les sortes que l'on mange de par de ça, excepté de pimpernelle, de laquelle pour lors je ne pus recouvrir. Je vous en envoye presentement, non en grande quantité, car pour une fois je n'en peus davantage charger le courrier : mais, si plus largement en voulez, ou pour vos jardins, ou pour donner ailleurs, me l'escrivant, je vous

---

[1] Les frères de Sainte-Marthe, lorsqu'ils publièrent en 1651, in-8°, cette correspondance de Rabelais avec Geoffroi d'Estissac, évêque de Maillezais (voy. sur ce personnage la *Notice biographique*, p. 17, 31, 32, etc.), la divisèrent en XVI épîtres, dont trois seulement sont datées. Dans le volume 606 des manuscrits Dupuy qui nous en a conservé la copie, elle ne forme que trois grandes lettres avec des subdivisions qui prouvent que l'auteur a plusieurs fois pris et déposé la plume dans chacune d'elles. Nous avons reproduit cette forme qui nous paraît la plus naturelle d'après le rapprochement des dates et la difficulté des communications à cette époque.

l'envoiray. Je vous avois par avant escrit, et envoyé les quatre Signatures concernantes les benefices de frere dom Philippes[1], impetrés au nom de ceux que couchiez par vostre memoire. Depuis, n'ay receu de vos lettres qui fissent mention d'avoir receu lesdites Signatures. J'en ay bien receu une dattée de l'Ermenaud[2], lorsque madame d'Estissac[3] y passa, par laquelle m'escriviez de la reception de deux pacquets que vous avois envoyé; l'un de Ferrare, l'autre de ceste ville, avec le chiffre que vous escrivois; mais, à ce que j'entends, vous n'aviez encores receu le pacquet auquel estoient lesdites Signatures.

Pour le present, je vous puis advertir que mon affaire[4] a esté concedé et expedié, beaucoup mieux et plus seurement que je ne l'eusse souhaité; et y ay eu aide et conseil de gens de bien; mesmement du cardinal de *Genutiis*[5], qui est juge du palais, et du cardinal Simonetta[6], qui estoit auditeur de la chambre, et bien savant, et entendant telles matieres. Le pape[7] estoit d'avis que je passasse mondit affaire *per cameram*: les susdits ont esté d'opinion que ce fust par la cour des Contredits. Pource que, *in foro contentioso*, elle est irrefragable en France, *et quæ per contradictoria transiguntur transeunt in rem judicatam; quæ autem per Cameram, et impugnari possunt, et in judicium veniunt*. En tout cas, il ne me reste qu'à lever les bulles *sub plumbo*.

Mgr le cardinal du Bellay, ensemble Mgr de Mascon[8] m'ont asseuré que la composition me sera faite gratis. Combien que le pape, par usance ordinaire, ne donne gratis, fors ce qui est expedié *per cameram*. Restera seulement à payer

---

[1] Religieux de l'abbaye de Maillezais.

[2] Château des évêques de Maillezais, près Fontenay-le-Comte.

[3] Catherine Chabot, sœur de l'amiral.

[4] Pour ces affaires personnelles que Rabelais poursuivait à Rome et dont il va être si souvent question, V. la *Notice biogr.*, p. 32 et suiv.

[5] Geronimo Ghinucci fut nonce apostolique à la cour de Charles-Quint, de François Ier et de Henri VIII.

[6] Evêque de Pesaro.

[7] Paul III.

[8] Charles Hémard, évêque de Mâcon et ensuite d'Amiens, cardinal en 1536.

les referendaires, procureurs et autres telz barbouilleurs de parchemin. Si mon argent est court, je me recommanderay à vos aumosnes : car je croy que je ne partiray point d'icy que l'empereur[1] ne s'en aille.

Il est de present à Naples, et en partira, selon que il a escrit au pape, le sixieme de janvier. Ja toute ceste ville est pleine d'Espagnolz : et a envoyé par devers le pape un ambassadeur expres oultre le sien ordinaire, pour l'advertir de sa venue. Le pape luy cede la moitié du palais[2], et tout le bourg de saint Pierre pour ses gens, et fait apprester trois mille licts à la mode romaine, savoir est des matelatz. Car la ville en est despourveue depuis le sac des lansquenets[3]. Et a fait provision de foin, de paille, d'avoine, spelte et orge, tant qu'il en a peu recouvrir : et de vin, tout ce qu'en est arrivé en Ripe. Je pense qu'il luy costera bon ; dont il se passast bien en la pauvreté où il est, qui est grande et apparente, plus qu'en pape qui fust depuis trois cens ans en ça. Les Romains n'ont encores conclud comment ilz s'y doivent gouverner, et souvent a esté faite assemblée de par le Senateur, conservateurs et gouverneur ; mais ilz ne peuvent accorder en opinions. L'empereur, par sondit ambassadeur, leur a denoncé qu'il n'entend point que ses gens vivent à discretion, c'est à dire sans payer ; mais à discretion du pape, qui est ce que plus griefve le pape. Car il entend bien que, par ceste parole, l'empereur veult voir comment et de quelle affection il le traictera, luy et ses gens.

Le Saint Pere, par election du consistoire, a envoyé par devers luy deux legatz, savoir est le cardinal de Senes[4], et le cardinal Cesarin. Depuis, y sont d'abondant allés les cardinaux Salviati[5] et Rodolphe[6], et Mgr de Saintes[7] avec eux. J'entends que c'est pour l'affaire de Florence, et pour le

---

[1] Charles-Quint.
[2] Du Vatican.
[3] La prise de Rome par l'armée du connétable de Bourbon, en 1527.
[4] De Sienne, Jean Piccolomini.
[5] Jean, cardinal Salviati, légat du pape.
[6] Nicolas, cardinal Rodolfi, archevêque de Salerne.
[7] Giuliano Soderini, Florentin.

differend qui est entre le duc Alexandre de Medicis[1] et Philippe Strossi[2], duquel vouloit ledit duc confisquer les biens qui ne sont petits : car, aprés les Fourques[3] de Auxbourg, en Allemagne, il est estimé le plus riche marchand de la chrestienté. Et avoit mis gens en ceste ville pour l'empoisonner ou tuer, quoy que ce fust. De laquelle entreprise adverty, impetra du pape de porter armes. Et alloit ordinairement accompagné de trente soldars bien armés à point. Ledit duc de Florence, comme je pense, adverty que ledit Strossi, avec les susdits cardinaux, s'estoit retiré par devers l'Empereur, et qu'il offroit audit Empereur quatre cens mille ducatz pour seulement commettre gens qui informassent sur la tyrannie et meschanceté dudit duc, partit de Florence, constitua le cardinal Cybo[4] son gouverneur, et arriva en ceste ville le lendemain de Noël, sus les vingt et trois heures : entra par la porte saint Pierre, accompagné de cinquante chevaux legers armés à blanc, et la lance au poing, et environ de cent arquebusiers. Le reste de son train estoit petit et mal en ordre. Et ne luy fut faite entrée quiconques, excepté que l'ambassadeur de l'Empereur alla au devant jusques à ladite porte. Entré que fut, se transporta au palais, et eut audience du pape, qui peu dura. Et fut logé au palais Saint Georges. Le lendemain matin, partit accompagné comme devant.

Depuis huit jours en çà, sont venues nouvelles en ceste ville, et en a le Saint Pere receu lettres de divers lieux, comment le Sophy, roy des Perses, a defait l'armée du Turc. Hier au soir arriva icy le neveu de M. de Vely[5], ambassadeur pour le roy par devers l'Empereur, qui conta à M. le cardinal du Bellay que la chose est veritable, et que ç'a esté la plus grande tuerie qui fust faite depuis quatre cens ans

---

[1] Fils naturel de Laurent et frère de Catherine de Médicis.
[2] De l'illustre famille florentine de ce nom.
[3] Les Fugger, riches marchands d'Augsbourg.
[4] Innocent Cibo, évêque de Marseille, abbé de Saint-Ouen de Rouen, cardinal en l'année 1513.
[5] Claude Dodieu, sieur De Vely. Il fut aussi ambassadeur près du pape Paul IV.

en ça. Car, du costé du Turc, ont esté occis plus de quarante mille chevaux. Considerez quel nombre de gens de pied y est demeuré. Pareillement du costé dudit Sophy. Car, entre gens qui ne fuyent pas voluntiers, *non solet esse incruenta victoria.*

La defaicte principale fut prés d'une petite ville nommée Coni, peu distante de la grande ville Tauris, pour laquelle sont en differend le Sophy et le Turc. Le demeurant fut fait prés d'une place nommée Betelis. La maniere fut que ledit Turc avoit party son armée, et part d'icelle envoyé pour prendre Coni. Le Sophy, de ce adverty, avec toute son armée, rua sur ceste partie, sans qu'ilz se donnassent garde. Voyla qu'il fait mauvais advis de partir son ost devant la victoire. Les François en sçauroient bien que dire, quand, de devant Pavie, M. d'Albanie[1] emmena la fleur et la force du camp. Ceste roupte et defaicte entendue, Barberousse s'est retiré à Constantinople pour donner seureté au pays, et dit, par ses bons dieux, que ce n'est rien en consideration de la grande puissance du Turc. Mais l'Empereur est hors celle peur qu'il avoit que ledit Turc ne vint en Sicile, comme il avoit deliberé, à la prime vere. Et se peut tenir la chrestienté en bon repos d'icy à longtemps, et ceux qui mettent les decimes sus l'Eglise, *eo pretextu* qu'ilz se veulent fortifier pour la venue du Turc, sont mal guarnis d'argumens demonstratifs.

MONSEIGNEUR,

J'ay receu lettres de M. de Saint Cerdos, dattées de Dijon, par lesquelles il me advertit du procez qu'il a pendant en ceste court de Rome. Je ne luy oserois faire responce sans me hasarder d'encourir grande fascherie. Mais j'entends qu'il a le meilleur droit du monde, et qu'on luy fait tort manifeste. Et y devroit venir en personne. Car il n'y a procez tant equitable qui ne se perde quand on ne le sollicite : mes-

---

[1] Jean Stuart, duc d'Albany, de la maison royale d'Écosse.

mement ayant fortes parties, avec authorité de menacer les solliciteurs s'ilz en parlent. Faute de chiffre[1] m'engarde vous en escrire davantage. Mais il me deplaist voir ce que je voy, attendu la bonne amour que luy portez principalement, et aussi qu'il m'a de tout temps favorisé et aimé. En mon advis, M. de Basilac, conseiller de Tholoze[2], y est bien venu cest hiver pour moindre cas, et est plus vieil et plus cassé que luy, et a eu l'expedition bien tost à son profit.

MONSEIGNEUR,

Aujourd'huy matin est retourné icy le duc de Ferrare[3] qui estoit allé par devers l'Empereur à Naples. Je n'ay encores sceu comment il a appointé touchant l'investiture et recognoissance de ses terres : mais j'entends qu'il n'est pas retourné fort content dudit Empereur. Je me doubte qu'il sera contraint mettre au vent les escuz que son feu pere luy laissa, et que le pape et l'Empereur le plumeront à leur vouloir, mesmement qu'il a refusé le party du roy, après avoir dilayé d'entrer en la ligue de l'Empereur plus de six mois, quelques remonstrances ou menaces qu'on luy ait fait de la part dudit Empereur. De fait, M. de Limoges[4], qui estoit à Ferrare ambassadeur pour le roy, voyant que ledit duc, sans l'advertir de son entreprise, s'estoit retiré vers l'Empereur, est retourné en France. Il y a danger que madame Renée[5] en souffre fascherie. Ledit duc luy a osté madame de Soubise[6], sa gouvernante, et la fait servir par Italiennes, *qui n'est pas bon signe.*

---

[1] Les chiffres servaient autrefois, comme aujourd'hui, aux correspondances secrètes de la diplomatie. Faute de *chiffres convenus*, Rabelais n'ose pas dire sa pensée.

[2] Sainte-Marthe pense qu'il s'agit de Jean de Basilhac, conseiller au parlement de Toulouse.

[3] Hercule IIe, fils aîné d'Alphonse Ier et de Lucrèce Borgia, venait de succéder à son père dans le duché de Ferrare, le 31 octobre 1534.

[4] Jean de Langeac, évêque de Limoges.

[5] Renée de France, deuxième fille de Louis XII, avait épousé le duc de Ferrare en 1527.

[6] Michelle de Saubonne, mariée à Jean l'Archevêque, cinquième du nom, seigneur de Soubise, dame

MONSEIGNEUR,

Il y a trois jours qu'un des gens de Crissé[1] est icy arrivé en poste, et porte advertissement que la bande du seigneur Rance[2], qui estoit allé au secours de Geneve, a esté defaite par les gens du duc de Savoye[3]. Avec luy venoit un courrier de Savoye, qui en pourte les nouvelles à l'Empereur. Ce pourroit bien estre *seminarium futuri belli* : car, voluntiers, ces petites noyses tirent après soy grandes batailles, comme est facile à voir par les antiques histoires, tant grecques que romaines, et françoises aussi : ainsi que appert en la bataille qui fut à Vireton[4].

MONSEIGNEUR,

Depuis quinze jours en ça, André Doria[5], qui estoit allé pour avitailler ceux qui de par l'Empereur tiennent la Gouleta[6] prés Tunis, mesmement les fournir d'eau (car les Arabes du pays leur font guerre continuellement et ne osent sortir de leur fort), est arrivé à Naples, et n'a demeuré que trois jours avec l'Empereur : puis est party avec vingt et neuf galeres. On dit que c'est pour rencontrer le Judeo et Cacciadiavolo[7] qui ont bruslé grand pays en Sardaigne, et Minorque. Le grand maistre de Rhodes piemontois est mort ces jours derniers[8] : en son lieu a esté esleu le commandeur de Forton entre Montauban et Tholose.

---

d'honneur d'Anne de Bretagne et gouvernante de Renée.

[1] Jacques Turpin II, baron de Crissé, allié au cardinal du Bellay.

[2] Rance, baron de Cère, gentilhomme romain, comte de Pontoise, général des troupes du pape, du roi de France et des Vénitiens, joua un très-grand rôle dans les guerres d'Italie de cette époque.

[3] Charles III.

[4] Quelle est cette bataille? De Thou parle d'une place de Vireton en Lorraine, qui fut prise par le duc de Lorraine, mais à la date d'octobre 1552.

[5] Gouverneur de Gênes et général des galères de l'empereur Charles-Quint.

[6] Le fort de la Goulette, bâti en 1535 par Charles-Quint, sur le canal qui forme le port de Tunis.

[7] Noms de corsaires.

[8] C'était, suivant Sainte-Marthe, Didier de Tolon Sainte-Jaille, mort à Montpellier, le 26 septem-

Monseigneur,

Je vous envoye un livre de prognosticz duquel toute ceste ville est embesoignée, intitulé *de Eversione Europæ*. De ma part je n'y adjouste foy aucune. Mais on ne vit onques Rome tant addonnée à ces vanités et divinations, comme elle est de present. Je croy que la cause est, car

Mobile mutatur semper cum principe vulgus [1].

Je vous envoye aussi un almanach pour l'an qui vient M.D.XXXVI. Davantage je vous envoye le double d'un bref que le saint Pere a decreté nagueres pour la venue de l'Empereur. Je vous envoye aussi l'entrée de l'Empereur en Messine et Naples, et l'oraison funebre qui fut faite à l'enterrement du feu duc de Milan [2].

Monseigneur, tant humblement que faire je puis, à vostre bonne grace me recommande, priant Nostre Seigneur vous donner en santé bonne et longue vie.

A Rome, ce xxxe jour de decembre 1536 [3].

Vostre tres humble serviteur,

FRANÇOIS RABELAIS.

---

bre 1536; mais Sainte-Marthe le dit Dauphinois, tandis que Rabelais en fait positivement un Piémontais.

[1] L'auteur d'un libelle contre Paul III, cité par Sainte-Marthe, et reproduit par Hospinianus, reproche à ce pape sa prédilection pour l'astrologie et les astrologues : « *Annon turpissimum est te pendere totum ab astrologis et negromanticis?* etc. »

[2] François Sforce, deuxième du nom et dernier duc de Milan, mort en 1535.

[3] Il est donc probable, comme l'a supposé l'éditeur de 1710, qu'il faut lire plus haut : l'an qui vient M. D. XXXVII. Du reste, cette date manque dans la copie manuscrite.

EPISTRE II.

Monseigneur,

J'ay receu les lettres que vous a pleu m'escrire, dattées du second jour de decembre. Par lesquelles ay cognu que aviez receu mes deux pacquetz : l'un du dix huitieme, l'autre du vingt et deuxieme d'octobre, avec les quatre signatures que vous envoyois. Depuis, vous ay escrit bien amplement du vint et neuf de novembre, et du trentieme de decembre[1]. Je croy que, à ceste heure, ayez eu lesdits pacquets. Car le sire Michel Parmentier, libraire, demeurant à l'escu de Basle[2], m'a escrit, du cinquieme de ce mois present, qu'il les avoit recus et envoyés à Poictiers. Vous pouvez estre asseuré que les pacquets que je vous envoiray seront fidelement tenuz d'icy à Lyon. Car je les metz dedans le grand pacquet Ciré qui est pour les affaires du roy : et, quand le courrier arrive à Lyon, il est desployé par M. le gouverneur[3]. Lors son secretaire, qui est bien de mes amis, prend le pacquet que j'adresse, au dessus de la premiere couverture, audit Michel Parmentier. Pourtant n'y a difficulté sinon depuis Lyon jusques à Poictiers. C'est la cause pourquoy je me suis advisé de le taxer, pour plus seurement estre tenu à Poictiers par les messagiers, sous l'espoir de y gaigner quelque teston. De ma part, j'entretiens tousjours ledit Parmentier par petits dons que luy envoye des nouvellettés de par de çà, ou à sa femme, afin qu'il soit plus diligent à

---

[1] Ces dates, qu'il paraît difficile de concilier, sont ainsi indiquées dans le manuscrit.

[2] A Lyon.

[3] Jean d'Albon, seigneur de Saint-André, gouverneur du Lyonnais et père du maréchal du même nom.

chercher marchands ou messagiers de Poictiers qui vous rendent les pacquets. Et suis bien de cest advis que m'escriviez, qui est de ne les livrer entre les mains des banquiers, de peur que ne fussent crochetés et ouverts. Je serois d'opinion que, la premiere fois que m'escrirez, mesmement si c'est affaire d'importance, que vous escriviez un mot audit Parmentier, et, dedans vostre lettre, mettre un escu pour luy, en consideration des diligences qu'il fait de m'envoyer vos pacquets et vous envoyer les miens. Peu de chose oblige aucunes fois les gens de bien, les rend plus fervens à l'advenir, quand le cas importeroit urgente despeche.

Monseigneur,

Je n'ay encores baillé vos lettres à M. de Sainctes, car il n'est retourné de Naples où il estoit allé avec les cardinaux Salviati et Rodolfe : dedans deux jours, doit icy arriver. Je luy bailleray vos dites lettres, et solliciteray pour la response. Puis vous l'envoiray par le premier courrier qui sera depesché. J'entends que leurs affaires n'ont eu expedition de l'Empereur, telle comme ilz esperoient et que l'Empereur leur a dit peremptoirement qu'à leurs requeste et instance, ensemble du feu pape Clement[1] leur allié et proche parent, il avoit constitué Alexandre de Medicis duc sur les terres de Florence et Pise : ce que jamais n'avoit pensé faire, et ne l'eust fait. Maintenant, le deposer, ce seroit acte de basteleurs, qui font le fait et le defait. Pourtant, qu'ilz se deliberassent le recognoistre comme leur duc et seigneur, et luy obeissent comme vassaulx et subjectz, et qu'ilz n'y fissent faulte. Au regard des plaintes qu'ilz faisoient contre ledit duc, qu'il en recognoistroit sur le lieu.

Car il delibere, aprés avoir quelque temps sejourné à Rome, passer par Senes, et, de là, à Florence, à Bologne, à Milan et Gennes. Ainsi s'en retournent lesdits cardinaux, ensemble M. de Sainctes, Strossi, et quelques autres, *re infecta*.

---

[1] Jules de Médicis, pape sous le nom de Clément VII.

Le 13 de ce mois furent icy de retour les cardinaux de Senes et Cesarin, lesquelz avoient esté esleuz par le pape et tout le college, pour legatz par devers l'Empereur. Ilz ont tant fait que ledit Empereur a remis sa venue en Rome jusques à la fin de febvrier. Si j'avois autant d'escuz comme le pape vouldroit donner de jours de pardon, *proprio motu, de plenitudine potestatis*, et autres telles circonstances favorables, à quiconques la remettroit jusques à cinq ou six ans d'icy, je serois plus riche que Jacques Cueur ne fut onques. On a commencé en ceste ville le gros apparat pour le recevoir. Et l'on a fait, par le commandement du pape, un chemin nouveau par lequel il doit entrer. Savoir est, de la porte Saint Sebastien, tirant au camp Doly[1] (*Templum Pacis*) et l'amphitheatre. Et le fait on passer sous les antiques arcs triumphaulx de Constantin, de Vespasian et Titus, de Numetianus, et autres. Puis à costé du palais Saint-Marc, et de là, par le camp de Flour[2], et devant le palais Farnese où souloit demeurer le pape, puis par les banques et dessous le chasteau Saint-Ange. Pour lequel chemin dresser et esgaler, on a desmoly et abbattu plus de deux cens maisons, et trois ou quatre eglises raz terre. Ce que plusieurs interpretent en mauvais presage. Le jour de la conversion Saint Paul, nostre saint Pere alla ouir messe à Saint Paul, et fit banquet à tous les cardinaux. Aprés disner, retourna passant par le chemin susdit, et logea au palais Saint Georges. Mais c'est pitié de voir la ruine des maisons qui ont esté desmolies, et n'est fait payement ny recompense aucune es seigneurs d'icelles.

Aujourd'huy sont icy arrivés les ambassadeurs de Venise, quatre bons veillards tous grisons, qui vont par devers l'Empereur à Naples. Le pape a envoyé toute sa famille au devant d'eux, cubiculaires, chambriers, janissaires[3], lansquenetz, et les cardinaux ont envoyé leurs mules en pontificat.

---

[1] On a de la peine à reconnaitre sous ce travestissement le Capitole, *il Campidoglio*.

[2] *Il campo di Fiore*.

[3] *Gannizeri* (en italien). On désignait ainsi des espèces de solliciteurs ou procureurs du palais à Rome.

Au septieme de ce mois furent pareillement receuz les ambassadeurs de Senes, bien en ordre, et, aprés avoir fait leur harangue en consistoire ouvert, et que le pape leur eust respondu en beau latin, brievement sont departis pour aller à Naples. Je croy bien que, de toutes les Itales, iront ambassadeurs par devers ledit Empereur, et sçait bien jouer son rolle pour en tirer denares, comme il a esté descouvert depuis dix jours en ça. Mais je ne suis encores bien à poinct adverty de la finesse qu'on dit a usé à Naples. Par cy aprés je vous en escriray.

Le prince de Piemont[1], filz aisné du duc de Savoye, est mort à Naples depuis quinze jours en ça : l'Empereur luy a fait faire exeques fort honorables, et y a personnellement assisté.

Le roy de Portugal[2], depuis six jours en ça, a mandé à son ambassadeur qu'il avoit en Rome que, subitement ses lettres receues, il se retirast par devers luy en Portugal : ce qu'il fit sur l'heure, et, tout botté et esperonné, vint dire adieu à M. le revendissime cardinal du Bellay. Deux jours aprés, a esté tué en plein jour, prés le pont Saint Ange, un gentilhomme portugalois, qui sollicitoit en ceste ville pour la communauté des Juifz, qui furent baptisés sous le roy Emmanuel, et depuis estoient molestés par le roy de Portugal moderne, pour succeder à leurs biens quand ilz mouroient, et quelques autres exactions qu'il faisoit sur eux, oultre l'Edict et ordonnance dudit feu roy Emmanuel. Je me doubte que, en Portugal, y ait quelque sedition.

MONSEIGNEUR,

Par le dernier pacquet que vous avois envoyé, je vous advertissois comment quelque partie de l'armée du Turc avoit esté defaite par le Sophy auprés de Betelis. Ledit Turc n'a gueres tardé d'avoir sa revanche. Car, deux mois aprés, il

---

[1] Louis de Savoie, fils aîné du duc Charles III, mort en l'année 1536, à peine âgé de treize ans.
[2] Jean III.

a couru sus ledit Sophy, en la plus extreme furie qu'on vit onques : et, aprés avoir mis à feu et à sang un grand pays de Mesopotamie, a rechassé ledit Sophy par delà la montagne de Taurus. Maintenant fait faire force galeres sur le fleuve de Tanais, par lequel pourront descendre en Constantinople. Barberousse n'est encores party dudit Constantinople pour tenir le pays en seureté, et a laissé quelques garnisons à Bona et Algiery[1], si, d'aventure, l'Empereur le vouloit assaillir. Je vous envoye son portraict tiré sur le vif, et aussi l'assiette de Tunis et des villes maritimes d'environ.

Les lansquenetz que l'Empereur mandoit en sa duché de Milan pour tenir les places fortes, sont tous noyés et peris par mer, jusques au nombre de douze cens, en une des plus grandes et belles navires des Genevois : et ce fut prés un port des Lucquois, nommé Lerzé[2]. L'occasion fut parce qu'ilz s'ennuyoient sur la mer, et, voulans prendre terre, mais ne pouvans à cause des tempestes et difficulté du temps, penserent que le pilot de la nave[3] les voulust tousjours dilayer sans aborder. Pour ceste cause le tuerent, et quelques autres des principaux de la dite nef : lesquelz occis, la nef demeura sans gouverneur, et, en lieu de caller la voile, les lansquenetz la haulsoient comme gens non pratics en la marine, et, en tel desarroy, perirent à un ject de pierre prés ledit port.

Monseigneur, j'ay entendu que M. de Lavaur[4], qui estoit ambassadeur pour le roy à Venise, a eu son congié, et s'en retourne en France. En son lieu va M. de Rhodez[5], et ja tient à Lyon son train prest quand le roy luy aura baillé ses advertissemens[6].

Monsieur, tant comme je puis, humblement à vostre bonne

---

[1] Bone et Alger.
[2] Probablement Lerici, ville qui fait actuellement partie des Etats sardes, l'*Ericis-Portus* des Romains.
[3] Du vaisseau (*navis*).
[4] George de Selve, évêque de Lavaur, ambassadeur à Venise, puis à Rome.
[5] Georges d'Armagnac, cardinal.
[6] Ses instructions.

grace me recommande, priant nostre Seigneur vous donner en santé bonne vie et longue.

A Rome, ce xxviiie de janvier 1536.
Vostre tres humble serviteur,

FRANÇOIS RABELAIS.

EPISTRE III.

Monseigneur,

Je vous escrivis du vingt et huitieme du mois de janvier dernier passé, bien amplement, de tout ce que je savois de nouveau, par un gentilhomme serviteur de M. de Montreuil, nommé Tremeliere, lequel retournoit de Naples, où avoit acheté quelques coursiers du royaume pour son dist maistre, et s'en retournoit à Lyon vers luy en diligence. Ledit jour je receus le pacquet que vous a pleu m'envoyer de Legugé[1], datté du dixieme dudit mois. En quoy pouvez cognoistre l'ordre que j'ay donné à Lyon touchant le bail de vos lettres, comment elles me sont icy rendues seurement et soudain. Vos dites lettres et pacquets furent baillés à l'Escu de Basle, au vingt et unieme dudit mois : le XXVIII me ont esté icy rendues. Et, pour entretenir à Lyon (car c'est le poinct et lieu principal), la diligence que fait le libraire dudit Escu de Basle en cest affaire, je vous reitere ce que je vous escrivois par mon susdit pacquet, si d'aventure survenoient cas d'importance par cy aprés, c'est que je suis d'advis que, à la prime fois que m'escrirez, vous luy escriviez quelque mot de lettre, et dedans icelle mettez quelque escu sol, ou quelque autre piece de viel or, comme royau, angelot ou salut, en consideration de la peine et diligence qu'il y prend : ce peu de chose luy accroistra l'affection de mieux en mieux vous servir.

Pour respondre à vos lettres de poinct en poinct, j'ay fait

---

[1] Ou Ligugé, château de Geoffroy d'Estissac, en Poitou.

diligemment chercher es registres du palais, depuis le temps que me mandiez, savoir est l'an 1529, 1530 et 1531, pour entendre si on trouveroit l'acte de la resignation que fit frere dom Philippes à son neveu. Et ay baillé aux clercs du registre deux escuz sols qui est bien peu attendu le grand et fascheux labeur qu'ilz y ont mis. En somme, ilz n'en ont rien trouvé, et n'ay onques sceu entendre nouvelles de ses procurations. Parquoy me doubte qu'il y a de la fourbe en son cas. Ou les memoires que m'escriviez n'estoient suffisans à les trouver. Et faudra, pour plus en estre acertainé, que me mandiez *cujus diœcesis* estoit ledit frere dom Philippes, et si rien avez entendu pour plus esclaircir le cas et la matiere, comme si c'estoit *pure et simpliciter*, ou *causa permutationis*.

MONSEIGNEUR,

Touchant l'article auquel vous escrivois la response de M. le cardinal du Bellay, laquelle il me fit lors que je luy presentay vos lettres, il n'est besoin que vous en faschiez. M. de Mascon vous en a escrit ce que en est. Et ne sommes pas prests d'avoir legat en France. Bien vray est il que le roy a presenté au pape le cardinal de Lorraine[1]. Mais je croy que le cardinal du Bellay taschera par tous moyens de l'avoir pour soy. Le proverbe est vieux qui dit : *Nemo sibi secundus* : et voy certaines menées qu'on y fait, par lesquelles ledit cardinal du Bellay pour soy emploira le pape, et le fera trouver bon au roy. Pourtant, ne vous faschez si sa response a esté quelque peu ambigue en vostre endroit.

MONSEIGNEUR,

Touchant les graines que vous ay envoyées, je vous puis bien asseurer que ce sont des meilleures de Naples, et desquelles le Saint Pere fait semer en son jardin secret de Belveder. D'autres sortes de salades ne ont ilz par de çà, fors

---

[1] Jean, cardinal de Lorraine, né en 1498, mort en 1550.

de Nasicord et d'Arrousse. Mais celles de Legugé me semblent bien aussi bonnes, et quelque peu plus douces et amiables à l'estomach, mesmement de vostre personne : car celles de Naples me semblent trop ardentes et trop dures.

Au regard de la saison et semailles, il faudra advertir vos jardiniers qu'ilz ne les sement du tout si tost comme on fait de par de ça : car le climat ne y est pas tant advancé en chaleur comme icy. Ilz ne pourront faillir de semer vos salades deux fois l'an, savoir est en quaresme et en novembre, et les cardes ilz pourront semer en aoust et septembre : les melons, citrouilles, et autres, en mars : et les armer certains jours de joncs et fumier legier, et non du tout pourry, quand ilz se doubteroient de gelée. On vend bien icy encores d'autres graines, comme des œillets d'Alexandrie, des violes matronales, d'une herbe dont ilz tiennent en esté leurs chambres fraiches, qu'ilz appellent Belvedere, et autres de medecine. Mais ce seroit plus pour madame d'Estissac. S'il vous plaist de tout, je vous en envoiray, et n'y feray faute.

Mais je suis contraint de recourir encores à vos aulmones[1]. Car les trente escuz qu'il vous pleut me faire icy livrer sont quasi venuz à leur fin, et si n'en ay rien despendu en meschanceté, ny pour ma bouche : car je boy et mange chez M. le cardinal du Bellay, ou M. de Mascon. Mais, en ces petites barbouilleries de depesches et louage de meubles de chambre et entretenement de habillement s'en va beaucoup d'argent, encores que je m'y gouverne tant chichement qu'il m'est possible. Si vostre plaisir est de me envoyer quelque lettre de change, j'espere n'en user que à votre service, et n'en estre ingrat au reste. Je voy en ceste ville mille petites mirolifiques à bon marché, qu'on apporte de Chypre, de Candie et Constantinople. Si bon vous semble, je vous en envoiray ce que mieux verray duisible tant à vous que à madite dame d'Estissac. Le port d'icy à Lyon n'en coustera rien.

---

[1] Voyez, pour les détails qui précèdent et qui suivent, ce que nous avons dit dans la *Notice biographique*, p. 30.

J'ay, Dieu mercy, expedié tout mon affaire, et ne m'a cousté que l'expedition des bulles : le Saint Pere m'a donné de son propre gré la composition. Et croy que trouverez le moyen assez bon, et n'ay rien par icelles impetré qui ne soit civil et juridique. Mais il y a fallu bien user de bon conseil pour la formalité. Et vous ose bien dire que je n'y ay quasi en rien employé M. le cardinal du Bellay, ny M. l'ambassadeur, combien que, de leurs graces, se y fussent offerts à y employer, non seulement leurs paroles et faveur, mais entierement le nom du roy.

MONSEIGNEUR,

Je n'ay encòres baillé vos premieres lettres à M. de Sainctes, car il n'est encores retourné de Naples, où il estoit allé comme je vous ay escrit. Il doit estre icy dedans trois jours. Lors je luy bailleray vos lettres premieres et quelques jours aprés bailleray vos secondes, et solliciteray pour la responce. J'entends que ny luy, ny les cardinaux Salviati et Rodolphe, ny Philippes Strozzi avec ses escuz, n'ont rien fait envers l'Empereur de leur entreprise, combien qu'ilz luy aient voulu livrer, au nom de tous les forestiers et bannis de Florence, un million d'or du content, pour achever la *Rocqua*[1], commencée en Florence, et l'entretenir à perpetuité aux garnisons competentes au nom dudit Empereur, et, par chascun an, luy payer cent mil ducatz, pourveu et en condition qu'il les remist en leurs biens, terres, et liberté premiere.

Au contraire, le duc de Florence a esté de luy receu tres honorablement, et, à sa prime venue, l'Empereur sortit au devant de luy, et, *post manus oscula*, le fit conduire au chasteau Capouan en ladite ville, auquel est logée sa bastarde[2] et fiancée audit duc de Florence, par le prince de Salerne, viceroy de Naples, marquis de Vast[3], duc d'Albe, et au-

---

[1] Citadelle bâtie à Florence par le duc Alexandre de Médicis.

[2] Marguerite d'Autriche, remariée depuis à Octavien Farnèse, le duc Alexandre ayant été tué l'année même de ses noces.

[3] Alphonse d'Avalos, marquis du Guast, de Pescaire, etc.

tres principaux de sa court : et la parlementa tant qu'il fut avec elle, la baisa et souppa avec elle. Depuis, les susdits cardinaux evesques de Sainctes et Strozzi n'ont cessé de solliciter. L'Empereur les a remis pour resolution finale à sa venue en ceste ville, en la Rocqua, qui est une place forte à merveilles, que ledit duc de Florence a basty en Florence. Au devant du portail il a fait peindre une aigle qui a les aisles aussi grandes que les moulins à vent de Mirebalais[1], comme protestant et donnant entendre qu'il ne tient que de l'Empereur. Et a tant finement procedé en sa tyrannie, que les Florentins ont attesté *nomine communitatis*, par devant l'Empereur, qu'ilz ne voulent autre seigneur que luy. Vray est il qu'il a bien chastié les forestiers[2] et bannis. Pasquil[3] a fait depuis nagueres un chansonet auquel il dit :

A Strozzi :
Pugna pro patria.

A Alexandre, duc de Florence :
Datum serva.

A l'Empereur :
Quæ nocitura tenes, quamvis sint chara, relinque.

Au roy :
Quod potes, id tenta.

Aux deux cardinaux Salviati et Rodolphe :
Hos brevitas sensus fecit conjungere binos.

MONSEIGNEUR,

Au regard du duc de Ferrare, je vous ay escrit comment il estoit retourné de Naples, et retiré à Ferrare. Madame Renée est accouchée d'une fille[4] : elle avoit ja une autre belle fille

---

[1] Rabelais parle aussi dans son *Pantagruel* de ces moulins à vent renommés.

[2] De l'italien *foresticri*.

[3] Ou Pasquin. On sait que la statue ainsi appelée à Rome était en possession de donner son nom aux satires sur les affaires du temps, que l'on avait coutume d'y afficher.

[4] Lucrèce d'Este, qui devint duchesse d'Urbin.

agée de six à sept ans[1], et un petit filz, agé de de trois ans[2]. Il n'a pu accorder avec le pape, parce qu'il luy demandoit excessive somme d'argent pour l'investiture de ses terres, non obstant qu'il avoit rabattu cinquante mille escuz pour l'amour de ladite dame, et ce par la poursuite de MM. les cardinaux du Bellay et de Mascon, pour tousjours accroistre l'affection conjugale dudit duc de Ferrare envers elle. Et ce estoit la cause pourquoy Lyon Jamet estoit venu en ceste ville; et ne restoit plus que 15 mille escuz. Mais ilz ne peurent accorder, parce que le pape vouloit qu'il recogneust entierement tenir et posseder toutes ses terres en feode[3] du siege apostolique. Ce que l'autre ne voulut : et n'en vouloit recognoistre sinon celles que son feu pere avoit recogneu, et ce que l'empereur en avoit adjugé à Bologne, par arrest du temps du feu pape Clement.

Ainsi departit *re infecta*. Et s'en alla vers l'Empereur, lequel luy promit qu'à sa venue, il feroit bien consentir le pape, et venir au poinct contenu en sondit arrest, et qu'il se retirast en sa maison, luy laissant ambassade pour solliciter l'affaire quand il seroit de par deça, et qu'il ne payast la somme ja convenue, sans qu'il fust de luy entierement adverty. La finesse est en ce que l'Empereur a faulte d'argent, et en cherche de tous costés; et taille tout le monde qu'il peut, et en emprunte de tous endroits. Luy estant icy arrivé, en demandera au pape, c'est chose bien evidente. Car il luy remonstrera qu'il a fait toutes ces guerres contre le Turc et Barberousse pour mettre en seureté l'Italie et le pape, et que force est qu'il y contribue. Ledit pape respondra qu'il n'a point d'argent, et luy fera preuve manifeste de sa pauvreté. Lors l'Empereur, sans qu'il debourse rien, luy demandera celuy du duc de Ferrare, lequel ne tient qu'à un *Fiat*. Et voyla comment les choses se jouent par mysteres. Toutesfois ce n'est chose asseurée.

---

[1] Rabelais veut parler d'Anne d'Este, qui fut mariée depuis à François de Lorraine, duc de Guise.

[2] Alphonse II, dernier duc de Ferrare.

[3] En fief.

MONSEIGNEUR,

Vous demandez si le seigneur Pierre Farneze est legitime filz ou bastard du pape Paul III[1], sachez que le pape jamais ne fut marié. C'est à dire que le susdit est veritablement bastard. Et avoit le pape une sœur belle à merveille[2]. On monstre encore, de present, au palais, en ce corps de maison auquel sont les Sommistes, lequel fit faire le pape Alexandre[3], une image de Nostre Dame, laquelle on dit avoir esté faite à son portraict et ressemblance. Elle fut mariée à un gentilhomme cousin du seigneur Rance, lequel estant en la guerre pour l'expedition de Naples, ledit pape Alexandre la voyoit.....
. . . ., et ledit seigneur Rance, du cas acertainé[4], en advertit sondit cousin, luy remonstrant qu'il ne devoit permettre telle injure estre faicte en leur famille par un Espagnol pape. Et, en cas qu'il l'endurast, que luy mesme ne l'endureroit point. Somme toute, il la tua. Auquel forfait le pape Paul III fit ses doleances[4]. Lequel, pour appaiser son grief et dueil, le fit cardinal estant encores bien jeune, et luy fit quelques autres biens.

Auquel temps entretint le pape une dame romaine de la case Ruffine, de laquelle il eut une fille qui fut mariée au seigneur Bauge, comte de *Santa Fiore*[5], qui est mort en ceste ville depuis que j'y suis. De laquelle il a eu l'un des deux petits cardinaux, qu'on appelle le cardinal de Sainte-Flour. Item eut un filz qui est ledit Pierre Louys que demandiez, qui a espousé la fille du comte de Cervelle, dont il a tout plein foyer d'enfans, et entre autres, le petit cardinalicule Farnese, qui a esté fait vice chancelier par la mort du feu cardinal de Medicis. Par ces propos susdits, pouvez entendre la cause

---

[1] Pierre-Louis Farnèse, duc de Parme. Suivant la *Biogr. univers.*, il était fils légitime de Paul III, qui avait été marié.
[2] Julie Farnèse.
[3] Alexandre VI (Rodrigue Borgia), né à Valence, en Espagne.
[4] Ceci se rapporte à la lacune qui précède, et où l'auteur racontait les liaisons adultères de Julie Farnèse avec le pape Alexandre.
[5] Boso II, comte de Santa Fiore.

pourquoy le pape n'aimoit gueres le seigneur Rance, et, *vice versa*, ledit Rance ne se fioit en luy : pourquoy aussi est grosse querelle entre le seigneur Jean Paule de Cere, filz du dit seigneur Rance, et le susdit Pierre Louys : car il veult venger la mort de son ente.

Mais, quant à la part dudit seigneur Rance, il en est quitte ; car il mourut le unziesme jour de ce mois, estant allé à la chasse, en laquelle il s'esbattoit volontiers, tout vieillard qu'il estoit. L'occasion fut qu'il avoit recouvert quelques chevaux turcs des foires de Racana, desquelz en mena un à la chasse, qui avoit la bouche tendre, de sorte qu'il se renversa sur luy, et de l'arson de la selle l'estouffa, en maniere que, depuis le cas, ne vesquit point plus de demie heure. Ce a esté une grande perte pour les François, et y a le roy perdu un bon serviteur pour l'Italie. Bien dit on que le seigneur Jean Paule, son filz, ne le sera pas moins à l'advenir. Mais, de long temps, ne aura telles experiences en fait d'armes, ny telle reputation entre les capitaines et souldars, comme avoit le feu bon homme. Je voudrois de bon cœur que monsieur d'Estissac de ses depouilles eust la comté de Pontoise : car on dit qu'elle est de beau revenu.

Pour assister es exeques, et consoler la marquise sa femme, M. le cardinal a envoyé jusques à Ceres, qui est distant de ceste ville prés de vingt milles, M. de Rambouillet [1], et l'abbé de Saint Nicaise, qui estoit proche parent du deffunt (je croy que l'ayez veu en court) : c'est un petit homme tout esveillé, qu'on appelloit l'archidiacre des Ursins [2], et quelques autres de ses protonotaires. Aussi a fait M. de Mascon [3].

MONSIEUR,

Je me remetz à l'autre fois que vous escriray pour vous advertir des nouvelles de l'Empereur plus au long : car son en-

---

[1] Jacques d'Angennes, seigneur de Rambouillet.
Cette famille, que les femmes devaient illustrer au siècle suivant, était alliée à celle des du Bellay.
[2] Charles Juvénal des Ursins, archidiacre de Reims.
[3] Charles Hémard.

treprise n'est encores bien descouverte. Il est encores à Naples, on l'attend icy pour la fin de ce mois [1]. Et fait on gros apprest pour sa venue, et force arcs triumphaux. Les quatre mareschaux de ses logiz sont ja pieça [2] en ceste ville; deux Espagnolz, un Bourguignon, et un Flamand.

C'est pitié de voir les ruines des eglises, palais, et maisons que le pape a fait demolir et abattre pour luy dresser et applaner le chemin. Et, pour les frais du reste, a taxé pour leur argent sur le college de MM. les cardinaux, des officiers courtisans, les artisans de la ville, jusques aux aquarolz [3]. Ja toute ceste ville est pleine de gens estrangers.

Le cinquieme de ce mois, arriva icy, par le mandement de l'Empereur, le cardinal de Trente [4] (*Tridentinus*) en Allemagne, en gros train, et plus somptueux que n'est celuy du pape. En sa compagnie estoient plus de cent Allemans vestuz d'une pareure, savoir est, de robes rouges avec une bande jaune, et avoient, en la manche droite, en broderie, figuré une gerbe de bled liée, à l'entour de laquelle estoit escrit *unitas*.

J'entends qu'il cherche fort la paix et appointement pour toute la chrestienté, et le concile en tout cas. J'estois present quand il dist à M. le cardinal du Bellay : « Le saint pere, les « cardinaux, evesques, et prelatz de l'Eglise reculent au con- « cile et n'en veulent ouyr parler, quoy que ilz en soient se- « mondz du bras seculier : mais je voy le temps prés et pro- « chain que les prelatz d'eglise seront contraints le deman- « der, et les seculiers n'y voudront entendre. Ce sera quand « ilz auront tollu de l'Eglise tout le bien et patrimoine, le- « quel ilz avoient donné du temps que, par frequens conci- « les, les ecclesiatiques entretenoient paix et union entre les « seculiers [5]. »

André Doria [6] arriva en ceste ville le troisieme de ce dit

---

[1] Il n'arriva à Rome que le 5 avril.
[2] Depuis longtemps.
[3] Marchands d'eau, *acquaroli*.
[4] Bernard de Glos, Tyrolien, évêque et prince de Trente.
[5] Nous avons cité ce passage dans la *Notice biographique*, comme une preuve du caractère sérieux et confidentiel de la position que Rabelais occupait à Rome auprès du cardinal du Bellay.
[6] Le grand amiral génois. Avant d'être au service de Charles-Quint,

mois, assez mal en point. Il ne luy fut fait honneurs quiconques à son arrivée, sinon que le seigneur Pierre Louys le conduit jusques au palais du cardinal camerlin[1], qui est genevois, de la famille et maison de Spinola. Au lendemain, il salua le pape, et partit le jour suivant, et s'en alloit à Gennes de par l'Empereur, pour sentir du vent qui court en France touchant la guerre. On a eu icy certain advertissement de la mort de la vieille royne d'Angleterre[2], et dit on davantage que sa fille est fort malade.

Quoy que ce soit, la bulle qu'on forgeoit contre le roy d'Angleterre, pour l'excommunier, interdire et proscrire son royaume, comme je vous escrivois, n'a esté passée par le consistoire, à cause des articles : *de commeatibus externorum, et commerciis mutuis,* auxquelz se sont opposés M. le cardinal du Bellay et M. de Mascon, de la part du roy, pour les interestz qu'il y pretendoit. On l'a remise à la venue de l'Empereur.

Monsieur, tres humblement à vostre bonne grace me recommande, priant Nostre Seigneur vous donner en santé bonne vie et longue.

A Rome, ce 15e de fevrier 1536.

Vostre tres humble serviteur,
FRANÇOIS RABELAIS.

---

il avait été à celui de François Ier, et l'avait battu sur les côtes de Provence.

[1] Cette charge est la même que celle de chambellan.

[2] Catherine d'Aragon, femme de Henri VIII, qui l'avait répudiée en 1533, morte le 6 janvier 1536. Elle n'avait que cinquante ans.

ALMANACH DE 1533[1].

Almanach pour l'an 1533 calculé sur le meridional de la noble cité de Lyon, et sur le climat du royaume de France.

Composé par moy François Rabelais, docteur en medecine, et professeur en astrologie, etc.

La disposition de ceste presente année 1553[2].

Parce que je voy entre tous gens sçavants la prognostique et judiciaire partie de astrologie estre blasmée, tant pour la vanité de ceux qui en ont traité que pour la frustration annuelle de leurs promesses, je me deporteray pour le present de vous en narrer ce que j'en trouvois par les calculs de A. Ptolomée, et autres, etc. J'ose bien dire, considerées les frequentes conjonctions de la Lune avec Mars et Saturne, etc., que led. an, au mois de may, il ne peut estre qu'il n'y ait notable mutation tant de royaumes que de religions, laquelle est machinée par convenance de Mercure avec Saturne, etc...

Mais ce sont secrets du conseil estroit du Roy eternel, qui tout ce qui est et qui se fait, modere à son franc arbitre et bon plaisir. Lesquels vaut mieux taire et les adorer en silence, comme est dit Tob. xii, c'est bien fait de receler le secret du Roy et David le prophete, psal. cxiiij, selon la lettre chaldaïque, seigneur Dieu, silence t'appartient en Sion, et la raison il dit psal. xvij. Car il a mis sa retraicte en tenebres dont en tous cas il nous convient humilier et le prier, ainsi que nous a enseigné Jesus Christ nostre Sei-

---

[1] C'est d'après la copie d'Antoine Leroy que nous donnons les deux almanachs suivants. *Rabelæsina Elogia*, p. 127, 130, 131, 132.

[2] 1553 est ici une faute évidente de Leroy. Il n'est pas douteux qu'il faut lire 1533 comme au commencement.

gneur, que soit fait non ce que nous souhaitons et demandons, mais ce que luy plaist et qu'il a estably devant que les cieux fussent formés, seulement que en tout et partout son glorieux nom soit sanctifié. Remettons le pardessus à ce qu'en est escrit ès ephemerides eternelles, lesquelles n'est licite à homme mortel traiter ou cognoistre, comme est protesté. R. 2 4. Ce n'est pas à vous de cognoistre les temps et momens que le pere a mis en sa puissance, et à ceste temerité est sa peine interminée par le sage Salomon, prov. 25. Qui est perscrutateur de Sa Majesté, sera opprimé de la mesme, etc.

ALMANACH DE 1535.

Almanach pour l'an 1535, calculé sur la noble cité de Lyon, à l'elevation du pole par XLV degrez, XV minutes en latitude et XXVJ en longitude,

Par Maistre François Rabelais, docteur en medecine et medecin du grand hospital dud. Lyon [1].

De la disposition de ceste année 1535.

Les anciens philosophes qui ont conclud à l'immortalité de nos ames, n'ont eu argument plus valable à la prouver et persuader que l'advertissement d'une affection qui est en nous. Laquelle descrit Aristoteles, lib. I. Metaph., disant que tous humains naturellement desirent sçavoir, c'est-à-dire que nature a en l'homme produit convoitise, appetit et desir de sçavoir et apprendre, non les choses presentes seulement, mais singulierement les choses advenir, pource que d'icelles là cognoissance est plus haute et admirable. Parce doncques qu'en ceste vie transitoire ne peuvent venir à la perfection de ce sçavoir (car l'entendement n'est jamais rassasié d'entendre, comme l'œil n'est jamais sans convoitise de voir, ny l'oreille de ouyr, Eccl. I), et nature n'a rien fait sans cause, ny donné appetit ou desir de chose qu'on ne peut quelquefois obtenir, autrement seroit celuy appetit ou freustratoire ou depravé, s'ensuit qu'une autre vie est aprés ceste-cy, en laquelle ce desir sera assouvi. Je dis ce propos, pour autant que je vous vois suspens, attentifs et convoiteux d'entendre de moy presentement l'estat et disposition de ceste année 1535. Et reputeriez en gaing mirifique, si certainement on vous en predisoit la verité. Mais si à cestuy fervent desir voulez satisfaire entierement, vous convient souhaiter (comme saint Pol disoit Philipp. I : Cupio dissolvi et esse cum Christo), que vos ames soient hors mises ceste chartre tenebreuse du corps terrien, adjoinctes à Jesus Christ. Lors cesseront toutes passions, affections et imperfections humaines : car en jouissance de luy aurons plenitude de tout bien, tout sçavoir et perfection, comme chantoit jadis le roy David, psalme, 16 : Tunc satiabor, cum apparuerit gloria tua.

Autrement en predire seroit legereté à moy, comme à vous simplesse d'y ajouter foy. Et n'est cuore depuis la creation d'Adam, né homme, qui en ayt traité ou baillé chose à quoy l'on doibt acquiescer et arrester en asseurance. Bien ont aucuns studieux reduit par aprés quelques observations qu'ils ont pris de main en main. Et c'est ce que tousjours j'ay protesté, ne voulant par mes prognostics estre en façon quelconque conclud sur l'advenir, ains entendre que ceux qui ont en art redigé les longues experiences des astres ont ainsi decreté comme je le descris. Cela que peut-ce estre ? Moins certes que neant, car Hyppocrates dit Aph. I. Vita brevis, ars longa. De l'homme la vie est trop breve, le sens trop fragile et l'entendement trop distraict pour comprendre choses eloignées de nous. C'est ce que Socrates disoit en ses communs devis : qua supra nos, nihil ad nos. Reste doncque, que suivant le conseil de Platon *in Gorgia*, ou mieux la doctrine evangelique, Matthieu, 6, nous deportons de ceste curieuse inquisition au gouvernement et decret invariable de Dieu tout puissant, qui tout a créé et dispensé selon son sacré arbitre : Supplions et requerrons sa sainte volonté estre continuellement parfaite tant au ciel comme en la terre. Sommairement vous exposant de ceste année ce que j'ay peu extraire des auteurs en l'art, grecs, arabes et latins. Nous commencerons en ceste année sentir partie de l'infelicité de la conjonction de Saturne et Mars, qui fut l'an passé, et sera l'an prochain le XXVe de may. De sorte qu'en ceste année seront seulement les machinations, menées, fondements et semences du malheur suivant. Si bon temps avons, ce sera outre la promesse des astres, si paix, ce sera non par defaut d'inclination et entreprise de guerre, mais par faute d'occasion. Ce est qu'ilz disent : Je dis quant est de moy, que si les roys, princes et communités christianes ont en reverence la divine parole de Dieu et selon ycelle grievement, soy et leurs sujets, nous ne veismes de nostre aage année plus salubre es corps, plus paisible es asmes, plus fertile es bien, que sera ceste-cy : et voyrons la face du ciel, la vesture de la terre et le maintien du peuple, joyeux, gay, plaisant et benin, plus que ne fut depuis 50 ans en ça.

La lettre dominicale sera C. Nombre d'or XXVJ. Indiction pour les romanistes, VIIJ, cycle du soleil IIIJ.

Viderint oculatiores adversarii quid ipsorum reprehensione subjacere valeat, in istius modi astronomicis demonstrationibus de quibus ampliores potuisset sermones justi ingerere voluminibus, cœlestia absque mendacio metiri, veterumque Arabum errores emendare.

Corrigere ut res est tanto magis ardua, quanto aiebat Suid. :

« Magnus Aristarcho maior Homerus erat. »

ALMANACH DE 1541.

ALMANACH POUR

l'an m. D xlj calcule sus le meridien de la noble cite de Lyon a leleuation du pole pour XLV degrez. XV. minutes en latitude et XXVJ en longitude, PAR

MAISTRE

FRANÇOYS RABELAIS

DOCTEUR EN MEDECINE[1].

---

[1] Nous reproduisons ici, avec une scrupuleuse exactitude, le titre de l'almanach acquis par la Bibliothèque nationale, et dont il est au moins question dans la note 1 de la p. 518.

EPISTOLA NUNCUPATORIA

EPIST. MEDICIN. MANARDI.

F. RAB. MEDICUS ANDREÆ TIRAQUELLO,

JUDICI ÆQUISSIMO APUD PICTONES,

s. p. d [1]

Qui fit, Tiraquelle doctissime, ut in hac tanta seculi nostri luce, quo disciplinas omneis meliores singulari quodam deorum munere postliminio receptas videmus, passim inveniantur, quibus sic affectis esse contigit, ut e densa illa gothici temporis caligine plusquam Cimmeria ad conspicuam solis facem oculos attollere aut nolint, aut nequeant? An quod (ut est in Euthydemo Platonis) ἐν παντὶ ἐπιτηδεύματι οἱ μὲν φαῦλοι πολλοί, καὶ οὐδενὸς ἄξιοι, οἱ δὲ σπουδαῖοι ὀλίγοι καὶ τοῦ παντὸς ἄξιοι; An vero quod ea vis est tenebrarum hujuscemodi, ut quorum oculis semel insederint, eos suffusione immedicabili perpetuo sic hallucinari necesse sit, et cæcutire, nullis ut postea collyriis, aut conspiciliis juvari possint : quemadmodum ab Aristotele in Categoriis scriptum legimus : ἀπὸ μὲν τῆς ἕξεως ἐπὶ τὴν στέρησιν γίνεται μεταβολή, ἀπὸ δὲ τῆς στερήσεως ἐπὶ τὴν ἕξιν ἀδύνατον. Mihi sane rem totam arbitranti, atque ad Critolai (quod aiunt) libram expendenti, non aliunde ortum habere isthæc errorum Odyssea, quam ab infami illa

---

[1] Placée en tête de l'édition donnée par Rabelais des *Epistolæ medicinales Manardi*. Lyon, Séb. Gryphe, 1532, in-8°. Voy. dans la *Notice*, pp. 6 et suiv., 27, etc., les motifs de reconnaissance qui le portèrent à dédier cet ouvrage au jurisconsulte André Tiraqueau.

philautia tantopere a philosophis damnata videtur, quæ simul ac homines rerum expetendarum aversandarumque male consultos perculit, eorum sensus et animos præstringere solet et fascinare, quominus videntes videant, intelligentesque intelligant. Nam quos plebs indocta aliquo in numero habuit hoc nomine, quod exoticam aliquam et insignem rerum peritiam præ se ferrent, eis si personam hanc καὶ λεοντῆν detraxeris, perfeceris que, ut cujus artis prætextu, luculenta eis rerum accessio facta est, eam vulgus meras præstigias, ineptissimasque ineptias esse agnoscat, quid aliud quam cornicum oculos confixisse videberis? ut qui pridem in orchestra sedebant, vix in subselliis locum inveniant, donec eo ventum sit, ut moveant non risum tantum populo ac pueris, qui nunc passim nasum rhinocerotis habent, sed stomachum et bilem, indigne ferentibus, quod sibi tandiu eorum dolis et versutia impositum sit. Proinde quemadmodum naufragio pereuntibus usu venire didicimus, ut quam sive trabem, sive vestem, sive stipulam semel discissa pessumque eunte nave arripuerint, eam consertis manibus retineant, natandi interim immemores, ac securi, modo ne quod in manibus est, excidat, donec vasto gurgite funditus hauriantur: ad eum pene modum, amores isti nostri quibus libris a pueris insueverunt, etiam si confractam videant et undequaque hiantem pseudologiæ scapham, eos sic qua vi quaque injuria retentant, ut si extundantur, animam quoque sibi e sedibus extundi putent. Sic vestra ista juris peritia cum eo evaserit, ut ad ejus instaurationem nihil jam desideretur, sunt tamen etiamdum quibus exoleta illa Barbarorum glossemata excuti e manibus non possunt. In hac autem nostra medicinæ officina, quæ in dies magis ac magis expolitur, quotusquisque ad frugem meliorem se conferre enititur? Bene est tamen, quod omnibus prope ordinibus subolevit quosdam esse inter medicos et censeri, quos si penitus introspicias, inanes quidem ipsos doctrinæ, fidei et consilii; fastus vero, invidentiæ ac sordium plenos depræhendes. Qui experimenta per mortes agunt (ut est Plinii querela vetus) a quibusque plus aliquanto periculi quam a morbis ipsis imminet. Magnique nunc ii demum apud optimates fiunt, quos priscæ illius ac defecatæ medicinæ opinio commendat. Ea enim persuasio si latius invalescat, res nimirum ad manticam reditura est propediem circulatoribus istis et planis, qui pauperiem longe lateque in humanis corporibus facere institerant.

Porro, inter eos qui nostra tempestate, ad restituendum nitori suo priscam germanamque medicinam, animi contentione adpulerunt, solebas tu, dum istic agerem, plausibiliter mihi laudare Manardum illum Ferrariensem, medicum solertissimum doctissimumque; ejusque epistolas priores ita probabas, ac si essent Pæone aut Æsculapio ipso dictante exceptæ. Feci itaque pro summa mea in te observantia ut ejusdem posteriores epistolas, cum nuper ex Italia recepissem, eas tui nominis auspiciis excudendas invulgandasque darem. Memini enim et scio quantum tibi ars ipsa medica, cui felicius promovendæ incumbimus, debeat, qui tam operose laudes ipsius celebraveris in præclaris illis tuis in Pictonum leges municipales ὑπομνήμασι. Quorum desiderio ne diutius studiosorum animos torqueas te etiam atque etiam rogo. Vale : saluta mihi clarissimum virum d. antistitem Malleacensem, Mæcenatem meum benignissimum si quando eum invisas, et Hilarium Coguetum nostrum, si forte istic sit.

Lugduni, III nonas junii 1532.

EPISTOLA NUNCUPATORIA

APHORISMORUM HIPPOCRATIS.

Lyon, Seb. Gryph., 1532, in-16 [1].

CLARISSIMO DOCTISSIMOQUE VIRO

D. GOTOFREDO AB ESTISSACO,

MALLEACENSI EPISCOP.

FRANC. RAB. MEDICUS,

S. P. D.

Quum anno superiore Monspessuli aphorismos Hippocratis, et deinceps Galeni artem medicam frequenti auditorio publice enarrarem, Antistes clarissime, annotaveram loca aliquot in quibus interpretes mihi non admodum satisfaciebant. Collatis enim eorum traductionibus cum exemplari græcanico, quod præter ea quæ vulgo circumferuntur, habebam vetustissimum, literisque Ionicis elegantissime castigatissimeque exaratum, comperi illos quam plurima omisisse, quædam exotica et notha adjecisse, quædam minus expressisse, non pauca invertisse verius quam vertisse. Id quod si usquam alibi vitio verti solet, est etiam in medicorum libris piaculare. In quibus vocula unica, vel addita, vel expuncta, quin et apiculus inversus, aut præpostere adscriptus, multa

---

[1] Voy. la *Notice biographique*, p. 27.

hominum millia haud raro neci dedit. Neque vero hæc a me
eò dici putes, velim, ut viros bene de literis meritos suggillem, εὐφήμει γάρ. Nam eorum laboribus et plurimum deberi
arbitror, et me non leviter profecisse agnosco. Sed sicubi ab
eis erratum est, culpam totam in codices quos sequebantur,
eisdem nævis inustos, rejiciendam censeo. Annotatiunculas
itaque illas Sebastianus Gryphius[1] chalcographus ad unguem
consummatus et perpolitus, cum nuper inter schedas meas
vidisset, jamdiuque in animo haberet priscorum medicorum
libros ea qua in cæteris utitur diligentia, cui vix æquiparabilem reperias, typis excudere, contendit a me multis verbis
ut eas sinerem in communem studiosorum utilitatem exire.
Nec difficile fuit impetrare quod ipse alioqui ultro daturus
eram. Id demum laboriosum fuit, quod quæ privatim nullo
unquam edendi consilio mihi excerpseram, ea sic describi
flagitabat ut libro adscribi, eoque in enchiridii formam redacto, possent. Minus enim laboris nec plusculum fortasse
negotii fuisset, omnia ab integro latine reddere. Sic quia
libro ipso erant quæ annotaveram altero tanto prolixiora,
ne liber ipse deformiter excresceret, visum est loca duntaxat,
veluti per transennam, indicare, in quibus Græci codices
adeundi jure essent. Hic non dicam qua ratione adductus
sim, id quicquid est laboris, tibi ut dicarem. Tibi enim jure
debetur quicquid efficere opera mea potest : qui me sic tua
benignitate usque fovisti, ut quocunque oculos circumferam
οὐδὲν ἢ οὐρανὸς ἠδὲ θάλασσα munificentiæ tuæ sensibus meis
obversetur. Qui sic pontificiæ dignitatis ad quam omnibus
senatus populique Pictonici suffragiis assumptus es, munia
obis, ut in te, tanquam in celebri illo Polycleti canone,
nostrates episcopi absolutissimum probitatis, modestiæ,
humanitatis exemplar, veramque illam virtutis ideam habeant, in quam contuentes, aut ad propositum sibi speculum se, moresque suos componant, aut (quod ait Persius)

---

[1] Sur les rapports de Rabelais avec l'imprimeur Lyonnais Sébastien Gryphe, voy. la *Notice biographique*, pp. 21, 23, 24, 25.

virtutem videant, intabescantque relicta. Boni itaque omnia consule, et me (quod facis) ama. Ἔρρωσο, ἄνερ εὐδοκιμώτατε καὶ εὐτυχῶν διατέλει.

Lugduni, idibus julii 1532.

FRANCISCUS RABELÆSUS

D. ALMARICO BUCHARDO

CONSILIARIO REGIO,

Libellorumque in Regia magistro.

Ex Reliquiis venerandæ antiquitatis : Lucii Cuspidii Testamentum, item Contractus Venditionis antiquis Romanorum temporibus initus. = Lugduni, apud Gryphium, 1534, in-8° [1].

Habes a nobis munus, Almarice clarissime, exiguum sane, si molem spectes, quodque manum vix impleat, sed (mea quidem sententia) non indignum, quod, tum tuis, tum doctissimis cujusque tui similium oculis sese sistat. Id est L. illius Cuspidii testamentum, ex incendio, naufragio et ruina vetustatis, fato quodam meliore servatum, quod hinc discedens ejuscemodi esse censebas propter quod vadimonium deseri vel ad Cassiani judicis tribunal [2] vocari possit. Neque vero tibi id uni privatim manu describendum putavi (quod tamen ipsum optare potius videbare,) sed prima quoque occasione excudendum in exemplaria bis mille dedi [3],... ne

---

[1] Cet opuscule ne forme que 16 pp. non chiffrées; mais « il est si rare, dit Prosper Marchand, selon le sort ordinaire de ces pièces volantes et fugitives, qui se perdent facilement, que j'ai vu payer celle-là un ducat par un amateur de ces espèces de monuments antiques. » (*Dict. histor.* t. 1, p. 121.)
Rabelais, éditeur de ces deux pièces sur lesquelles Dreux du Radier a donné un *Mémoire* dans le *Journal de Verdun*, octobre 1756, les dédia à Aymery Bouchard en lui adressant l'épître latine du 4 septembre 1532 que nous donnons ici.

[2] L. Cassius Longinus, au VIIe siècle de Rome, dont on appelait le tribunal *Scopulus reorum*.

[3] N'ayant pu nous procurer la publication originale, nous donnons cette lettre d'après le *Dictionnaire* de Prosper Marchand. A

diutius nesciant qua prisci illi Romani, dum disciplinæ meliores florerent, in condendis testamentis formula usi sint [1].... Exspecto in dies novum libellum tuum de *architectura orbis*, quem oportet ex sanctioribus Philosophiæ scriniis depromptum esse [2]...

Lugduni, pridie nonas septembris 1532.

---

cet endroit et deux autres plus bas, il laisse dans le texte des lacunes indiquées par des points. A défaut du texte latin, nous insérerons ici les passages français correspondants de la traduction de Dreux du Radier qui avait ce texte sous les yeux.

« Par ce moyen, en vous satisfaisant, je contenterai aussi, sous vos auspices, bien des honnêtes gens qui y apprendront la manière dont usaient les anciens Romains, etc. »

[1] « J'ai vu bien des gens qui prétendaient avoir dans leur cabinet le manuscrit original, mais je n'ai jamais pu voir personne qui me l'ait montré. A ce sujet, je vous prie de vous souvenir du célèbre imprimeur Gryphius. »

[2] « Car jusqu'ici vous n'avez encore rien publié, ni rien écrit qui ne fît voir des connaissances rares. un sçavoir recherché et tiré de cet antre obscur où, suivant Démocrite, la vérité se plaît à se cacher à nos yeux. Adieu, sçavant ami, et puissiez-vous jouir en paix des honneurs attachés à la haute place que vous remplissez. »

BERNARDO SALIGNACO

S. P.

A JESU CHRISTO SERVATORE [1].

Georgius ab Arminiaco, Rutenensis episcopus clarissimus, nuper ad me misit Φλαουίου Ἰωσήφου ἱστορίαν Ἰουδαϊκὴν περὶ ἁλώσεως, rogavitque, pro veteri nostra amicitia, ut si quando hominem ἀξιόπιστον nactus essem qui istuc proficisceretur, eam tibi prima quaque occasione reddendam curarem. Lubens itaque ansam hanc arripui, et occasionem tibi, pater mi humanissime, grato aliquo officio indicandi, quo te animo, qua te pietate colerem. Patrem te dixi, matrem etiam dicerem, si per indulgentiam mihi id tuam liceret. Quod enim utero gerentibus usui venire quotidie experimur, ut quos numquam viderunt foetus alant, ab aerisque ambientis incommodis tueantur, αὐτὸ τοῦτο σύγ' ἔπαθες, qui me tibi de facie ignotum, nomine etiam ignobilem sic educasti, sic castissimis divinæ tuæ doctrinæ uberibus usque aluisti, ut

---

[1] Cette belle lettre a paru pour la première fois dans les *Clarorum virorum Epistolæ centum ineditæ, ex Museo Johannis Brant*, Amsterdam, 1702, in-8º, p. 241. Nous l'avons collationnée avec soin sur ce texte, ce que n'avaient pas pris la peine de faire jusqu'ici les autres éditeurs de Rabelais, et nous avons reproduit scrupuleusement la suscription et les indications qui l'accompagnent. Sur sa provenance, nous n'avons trouvé que la mention suivante, contenue dans la Préface de Brand :

« C'est le célèbre Jean Le Clerc et le savant Scherpezelius qui m'ont communiqué les lettres du cardinal Sadolet, de François Rabelais et d'André Rivet. »

En traduisant certains passages de cette lettre, p. 28 de la *Notice biographique*, nous avons émis quelques conjectures sur le personnage à qui pouvaient s'adresser des témoignages de reconnaissance aussi bien sentis de la part de Rabelais.

EPISTOLA AD SALIGNACUM.

quidquid sum et valeo, tibi id uni acceptum ni feram, hominum omnium qui sunt, aut aliis erunt in annis, ingratissimus sim. Salve itaque etiam atque etiam, pater amantissime, pater decusque patriæ, litterarum adsertor ἀλεξίκακος[1], veritatis propugnator invictissime.

Nuper rescivi ex Hilario Berthulpho[2], quo hic utor familiarissime, te nescio quid moliri adversus calumnias Hier. Aleandri[3], quem suspicaris sub persona factitii cujusdam Scaligeri, adversum te scripsisse[4]. Non patior te diutius animi pendere, atque hac tua suspicione falli. Nam Scaliger ipse Veronensis est, ex illa Scaligerorum exsulum familia, exsul et ipse. Nunc vero medicum agit apud Agennates. Vir mihi bene notus οὐ, μὰ τὸν Δί᾽ εὐδοκιμασθεὶς, ἔστι τοίνυν διάβολος ἐκεῖνος, ὡς συνελόντι φάναι, τὰ μὲν ἰατρικὰ οὐκ ἀνεπιστήμων, τ᾽ ἄλλα δὲ πάντη πάντως ἄθεος, ὡς οὐκ ἄλλος πώποτ᾽ οὐδείς[5]. Ejus librum nondum videre contigit, nec huc tot jam mensibus

---

[1] Rabelais s'est servi de ce mot dans l'*Épître à Monseigneur Odet*. Voy. p. 18 de ce volume et la note 4.

[2] Hilaire Bertolph, natif de Liége ou de Gand, avait étudié à Paris avec le célèbre Espagnol Louis Vivès. Vers 1522, il était secrétaire d'Érasme. En 1524, il passa au service de la duchesse d'Alençon. Plus tard il habita Lyon où il se lia avec Rabelais, comme l'atteste ce passage. Le 31 août 1533, Érasme écrivait à Boniface Amerbach : « Hilaire Bertolph est mort à Lyon de la peste avec sa femme et ses trois enfants. »

[3] Jérôme Aléandre, helléniste, recteur de l'Université de Paris, nonce du pape, archevêque et cardinal.

[4] Johanneau renvoie au *Dictionnaire de Bayle*, articles *Aléandre* et *Érasme*, pour l'éclaircissement de ce passage. On y voit bien qu'Érasme attribuait à Aléandre une *Harangue* publiée contre lui en 1531 par Scaliger; mais ici il s'agit d'attaques contre B. de Salignac, dont nous ne trouvons pas trace dans la Harangue en question, bien que la date, l'attribution à Aléandre d'une œuvre de Scaliger, et la circonstance, mentionnée à la fin de la lettre, d'un retard apporté à la publication, puissent s'appliquer à l'*Oratio I, contra Desiderium Erasmum*, Parisiis, 1531. Il s'agissait probablement de la querelle du *Ciceronianus*, à laquelle B. de Salignac, philologue éminent, avait pu prendre part.

[5] Jules-César Scaliger, le célèbre érudit, exerça en effet la médecine à Agen, lorsqu'il vint s'y établir vers 1524. Rabelais le traite ici de διάβολος (calomniateur), à cause de ses attaques contre son maître et

delatum est exemplar ullum; atque adeo suppressum puto ab iis qui Lutetiæ bene tibi volunt. Vale καὶ εὐτυχῶν διατέλει.

Ludguni, pridie calend. decembr. 1532.

Tuus quatenus suus.
Fr. Rabelæsus, medicus.,

---

son protecteur Salignac, contre Erasme, etc. Il lui accorde des connaissances en médecine, mais l'accuse d'athéisme, ce qui prouve au moins son antipathie personnelle contre les athées.

[1] A.-L. Herminjart qui, à la p. 414 du t. III de la *Correspondance des Réformateurs dans les pays de langue française*, a cité quelques passages de cette lettre, la dit adressée à Érasme, d'après une copie contemporaine qui se trouve à la bibliothèque de la ville de Zurich. Le besoin de substituer un nom célèbre au nom à peu près inconnu de celui à qui elle est écrite, certaines obscurités relevées par nous dans les notes qui précèdent, peuvent expliquer cette attribution hasardée, mais ne sauraient prévaloir sur la désignation positive du destinataire donnée par l'éditeur Brand, paraît-il, d'après l'original, non plus que sur l'impossibilité d'appliquer à Érasme les rapports personnels avec Rabelais, auxquels celui-ci fait allusion dans sa lettre et dont nous n'avons pas trouvé trace.

EPISTOLA NUNCUPATORIA

TOPOGRAPHIÆ ANTIQUÆ ROMÆ,

JOANNE BARTHOLOMÆO MARLIANO AUCTORE [1].

Lugduni, apud Seb. Gryphium, 1534, in-8°.

FRANC. RABELÆSUS, MEDICUS,

CLARISS. DOCTISSIMOQUE VIRO

D. JOANNI BELLAIO

PARISIENSI EPISCOPO, REGISQ. IN SANCTIORI CONSESSU CONSILIARIO,

S. P. D.

Ingens ille beneficiorum cumulus quibus me nuper augendum, ornandumque putasti, Antistes clarissime, ita in memoria mea penitus insedit, nullo ut evelli modo, aut in oblivionem diuturnitatis adduci posse confidam. Atque utinam mihi tam esset immortalitati laudum tuarum satisfacere expeditum, quam certum est meritam tibi gratiam usque persolvere, teque si non paribus officiis (qui enim possem?) at justis tamen honoribus, et memori mente remunerare! Nam quod maxime mihi fuit optatum jam inde ex quo in literis po-

---

[1] Voy. ce que nous avons dit de cet ouvrage et de la part que Rabelais a pu y prendre, p. 33 de la *Notice biographique*.

litioribus aliquem sensum habui, ut Italiam peragrare, Romamque orbis caput invisere possem, id tu mirifica quadam benignitate præstitisti, perfecistique, ut Italiam non inviserem solum (quod ipsum per se plausibile erat), sed etiam tecum inviserem, homine omnium quos cœlum tegit doctissimo, humanissimoque (quod nundum constitui quanti sit æstimandum). Mihi sane pluris fuit Romæ te quam Romam ipsam vidisse. Romæ fuisse, sortis cujusdam est in medio omnibus tantum non mancis et membris omnibus captis positæ : vidisse vero Romæ te incredibili hominum gratulatione florentem, voluptatis : rebus gerendis interfuisse, quo tempore nobilem illam legationem obires, cujus ergo Romam ab invictissimo rege nostro Francisco missus eras, gloriæ : assiduum tibi fuisse cum sermonem περὶ τῶν κατὰ γὰρ τῆς Βριταννίας Βασιλέα in illo orbis terræ sanctissimo gratissimoque consilio inferres, felicitatis fuit. Quæ nos tum jucunditas perfudit, quo gaudio elati, qua sumus affecti lætitia, cum te dicentem spectaremus, stupente summo ipso pontifice Clemente, mirantibus purpuratis illis amplissimi ordinis judicibus, cunctis plaudentibus! Quos tu aculeos in eorum animis a quibus es ipse auditus cum delectatione reliquisti! Quanta in sententiis argutia, in disserendo subtilitas, majestas in respondendo, acrimonia in confutando, libertas in dicendo enitebat! Dictio vero illa tua erat pura sic, ut latine loqui pene solus in Latio viderere : sic autem gravis, ut in singulari dignitate omnis tamen adesset humanitas ac lepos. Animadverti equidem sæpenumero virorum illic quicquid erat naris emunctioris vocare te Galliarum florem delibatum (quemadmodum est apud Ennium) prædicareque unum post hominum memoriam antistitem Parisiensem vere παῤῥησιάζειν, et vero etiam cum Francisco rege agi perbelle, qui Bellaios haberet in consilio, quibus aut temere Gallia ullos aut gloria clariores, aut autoritate graviores, aut humanitate politiores tulit. Ante autem multo quam Romæ essemus, ideam mihi quandam mente et cogitatione firmaveram earum rerum quarum me desiderium eo pertraxerat. Statueram enim primum quidem viros doctos, qui iis in locis jactationem haberent, per quæ nobis via esset, convenire, conferreque cum eis familiariter, et audire de ambiguis aliquot problematis, quæ me anxium jamdiu habebant. Deinde (quod artis erat meæ) plantas, animantia, et pharmaca nonnulla contueri, quibus Gallia carere, illi abundare dicebantur. Postremo, sic urbis faciem calamo perinde ac penicillo depingere [1] ut ne quid esset, quod non peregre reversus municipibus meis de libris in promptu depromere possem. Eaque de re farraginem annotationum ex variis utriusque linguæ autoribus collectam mecum ipse detuleram. Ac primum quidem illud etsi non usquequaque pro voto, haud male tamen successit. Plantas autem nullas, sed nec animantia ulla habet Italia quæ non ante nobis et visa essent et nota. Unicam platanum vidimus ad speculum Dianæ Aricinæ. Quod erat postremum, id sic perfeci diligenter, ut nulli notam magis domum esse suam quam Romam mihi Romæque viculos omneis putem. Neque non tu quod temporis vacuum erat in celebri illa tua et negotiosa legatione, id lubens collustrandis urbis monumentis dabas. Nec tibi fuit satis exposita vidisse, eruenda etiam curasti, coempto in eam rem vineto non contemnendo. Cum itaque manendum nobis illic esset diutius quam sperabas, et, ut mihi studiorum meorum fructus aliquis constaret, ad Urbis topographiam aggrederer, ascitis mecum Nicolao Regio, Claudioque Cappuisio, domesticis tuis juvenibus honestissimis, antiquitatisque studiosissimis, ecce tibi excudi coeptus est Marliani liber. Cujus mihi quidem ita levationi confectio fuit, ut esse solet Juno Lucina cum ægre parientibus adest. Eundem enim foetum conceperam, sed de editione angebar equidem animo atque intimis sensibus. Etsi enim argu-

---

[1] M. Paul Lacroix, traduisant ce passage, fait dire à Rabelais « qu'il voulait employer *la plume et le crayon*, pour faire une description topographique de la ville de Rome ». *François Rabelais, sa vie et ses ouvrages.* Paris, 1854, in-4°, p. 18. Les mots *perinde ac* ne peuvent avoir ce sens. L'auteur veut dire qu'il se proposait de décrire Rome avec sa plume d'une manière aussi exacte, aussi pittoresque, que s'il se servait du crayon ou du pinceau.

mentum ipsum excogitationem non habebat difficilem, non facile tamen videbatur rudem et congestitiam molem enucleate, apte et concinne digerere. Ego ex Thaletis Milesii invento, sublato Sciothero urbem vicatim ducta ab orientis obeuntisque solis, tum Austri atque Aquilonis partibus orbita transversa partiebar, oculisque designabam : ille a montibus graphicen maluit auspicari. Hancce tamen scribendi rationem tantum abest ut reprehendam, ut valde ego ipsi gratuler, quod id ipsum cum agere conarer, anteverterit. Plura enim unus præstitit, quam exspectare quis ab omnibus sæculi hujusce nostri quamlibet eruditis potuisset. Ita thesim absolvit, ita rem ex animi mei sententia tractavit, ut quantum ipsi studiosi omnes disciplinarum honestiorum debeant, quominus tantumdem ego unus debeam non recusem. Molestum id demum fuit quod clara principis patriæque voce revocatus [1] urbe ante cessisti quam ad umbilicum liber esset perductus. Curavit tamen sedulo ut simul atque in vulgus editus esset, Lugdunum (ubi sedes est studiorum meorum) mitteretur. Id factum est opera et diligentia Joannis Sevini, hominis vere πολυτρόπου, sed nescio quomodo missus sine epistola nuncupatoria. Ne igitur in lucem sic ut erat deformis et veluti ἀκέφαλος prodiret, visum est sub clarissimi nominis tui auspiciis emittere. Tu, pro singulari tua humanitate boni omnia consules, nosque (quod facis) amabis.

Vale, Lugduni, pridie calend. septemb. 1534.

---

[1] M. Lacroix, qui probablement n'avait pas sous les yeux ce passage si clair, a cru que *revocatus* s'appliquait ici à Rabelais. Il en a tiré la conséquence assez logique que notre auteur devait être attaché par ordre du roi à l'ambassade du cardinal du Bellay. Mais *revocatus* s'appliquant à ce dernier, le raisonnement tombe de lui-même.

Nous avons plus d'un motif pour supposer que Rabelais était avant tout attaché au cardinal en qualité de médecin.

FRANCISCI RABLESII ALLUSIO[1].

Patrum indignantum pueri ut sensere furorem
    Accurrunt matrum protinus in gremium;
Nimirum experti matrum dulcoris inesse
    Plus gremiis, possit quam furor esse patrum.
Irato Jove, sic, cœlum ut mugire videbis,
    Antiquæ matris subfugit in gremium :
Antiquæ gremium matris vinaria cella est;
    Hac nihil attonitis tutius esse potest.
Nempe Pharos sciunt atque Acroceraunia, turres
    Aerias, quercus, tela trisulca Jovis,
Dolia non feriunt hypogeis condita cellis,
    Et procul a Bromio fulmen abesse solet.

---

[1] La pièce se trouve avec ce titre dans le manuscrit français 2870 in-f°, p. 109. Elle y est précédée de deux épigrammes déjà citées dans le *Menagiana*, l'*Anti-Baillet*, etc., et qu'avaient échangées Antoine de Gouvéa et Briand Vallée, le premier accusant l'autre de se cacher dans les caves quand il tonnait, et le second ripostant par une allusion aux tendances de son adversaire vers le judaïsme.

    ANTONII GOVEANI......
Cum tonat, ad cellas trepido pede Vallius
                        [limas
  Aufugit : in cellis non putat esse Deum.
RESPONSIO VALLII EX TEMPORE.
Antoni, genus hoc vestrum, Marrana pro-
                             [pago,
  In cœlo et cellis non putat esse Deum.

Nous croyons avec M. Dezeimeris (*Actes de l'Académie de Bordeaux*, 1863, p. 541) que cette petite guerre de plume doit se placer vers les années 1539 à 1540. L'attribution à notre auteur des vers qu'elle inspira au tiers intervenant dans la querelle se recommande par beaucoup de vraisemblance. Mais nous avons peine à comprendre que le recueil qui les contient, œuvre d'un copiste dont l'ignorance éclate à chaque page, ait pu être, avec insistance, présenté comme un manuscrit autographe de Rabelais. Voy. le *Bulletin des arts*, t. V, pp. 316, 354, 359, 387, 423, et *François Rabelais, sa vie et ses ouvrages*, par P. L. Jacob, bibliophile, en tête de l'édition illustrée de 1854, in-4°, p. 31.

LETTRE

AU CARDINAL DU BELLAY.

Monseigneur,

Si, venant icy dernierement, M. de Saint-Ay[1] eust eu la commodité de vous saluer à son partement, je ne fusse de present en telle necessité et anxiété, comme il vous pourra exposer plus amplement. Car il m'affirmoit qu'estiez en bon vouloir de me faire quelque aumosne, advenant qu'il se trouvast homme seur, venant de par deça. Certainement, Monseigneur, si vous ne avez de moy pitié, je ne sache que doive faire, sinon en dernier desespoir me asservir à quelqu'un de par deça, avec dommage et perte evidente de mes estudes. Il n'est possible de vivre plus frugalement que je fais, et ne me sçauriez si peu donner de tant de biens que Dieu vous a mis en main, que je ne eschappe en vivotant et me entretenant honnestement, comme je ay fait jusques à present, pour l'honneur de la maison dont j'estois issu à ma departie de France.

Monseigneur, je me recommande tres humblement à vostre

---

[1] Ce seigneur de Saint-Ay, que Rabelais nomme ailleurs parmi les gentilshommes attachés à M. de Langey, devait être Orson Lorens, écuyer. Cela résulte des recherches qu'a bien voulu faire pour nous, dans les Archives du Loiret, sur ce point et sur quelques autres, M. de Pibrac, qui porte dignement un nom historique.

Cette lettre a été publiée pour la première fois, par M. Libri, dans le *Journal des Savants* (janvier 1841, p. 45), d'après un manuscrit de la bibliothèque de la Faculté de médecine de Montpellier. Ce manuscrit, portant le n° 409, et provenant du président Bouhier, contient des lettres adressées au cardinal du Bellay par ses contemporains, copiées par le père du président. Nous avons pu du reste la collationner sur un texte manuscrit, appartenant à M. Dubonne grace et prie Nostre Seigneur vous donner, en parfaite santé, tres bonne et longue vie.

Vostre tres humble serviteur,
FRANÇOIS RABELAIS, medecin,

De Metz[1], ce 6 fevrier (1547).

brunfaut, texte qui paraît du temps, bien que l'écriture présente d'assez grandes différences avec les autographes incontestés de notre auteur.

Il est bien étonnant que cette lettre soit la seule retrouvée jusqu'ici de la nombreuse correspondance qui a dû exister entre Rabelais et le cardinal du Bellay. Nos recherches à cet égard n'ont amené qu'un résultat négatif. Une lettre inédite du cardinal, datée de Rome, le jour de Noël 1536, et adressée à M. de Vély (*voy.* p. 551, note 3), nous avait d'abord paru renfermer un passage pouvant se rapporter à Rabelais, alors à Rome auprès du cardinal, en qualité de secrétaire et de médecin : « Mon- « sieur, il ne s'est à la fin perdu « nulle de vos lettres qui ne me soit « venue presentement. Vray est « que celle du xv avoit passé par « les mains du *docteur*... qui en « avoit fait l'essay. » Nous donnons le passage, sans insister autrement sur notre conjecture.

[1] Nous profiterons de cette mention du séjour de Rabelais à Metz pour donner ici un extrait des comptes de la ville, que nous avons connu trop tard pour l'insérer dans notre *Notice biographique*. Voici cet Extrait transcrit par le ministre Paul Ferry dans ses *Observations séculaires*, manuscrit de la bibliothèque de Metz :

« 1547 payé à Mre Rabellet p. ses gages d'un an, c'est à sçavoir à la Saint-Remy 60 livres, à Pasques darien passé 60 livres, comme plus con lui ont p. le quart d'an de saint Jean 30 livres. »

Ces derniers mots, comme l'explique Paul Ferry, signifient qu'indépendamment de l'année échéant à Pâques 1547, on lui paya un demi-semestre de Pâques à la Saint-Jean de cette même année, après quoi il reçut son congé. Voy. la Notice, p. 52, et *Rabelais, médecin stipendié de la cité de Metz*, par M. Charles Abel, dans les *Mémoires de l'Académie de Metz*, 1869, p. 543.

LETTRE[1]

A M. LE BAILLIEF DU BAILLIEF DES BAILLIEFS, M. MAISTRE ANTOINE HULLET, SEIGNEUR DE LA COURT POMPIN, EN CHRESTIANTÉ, A ORLEANS[2].

He, pater reverendissime, quomodo bruslis? Quæ nova? Parisius non sunt ova[3]? Ces paroles, proposées devant vos Reverences, translatées de patelinois en nostre vulgaire orleanois, valent autant à dire comme si je disois : « Monsieur, vous soyez le tres bien revenu des nopces, de la feste, de Paris. » Si la vertu de Dieu vous inspiroit de transporter vostre paternité jusques en cestuy hermitage, vous nous en raconteriez de belles : aussi, vous donneroit le seigneur du lieu certaines especes de poissons carpionnés, lesquelz se tirent par les cheveux. Or vous le ferez, non quand il vous plaira, mais quand le vouloir vous y apportera de celuy Grand, Bon, Piteux Dieu, lequel ne crea onques le caresme, ouy bien les salades, harancs, merlus, carpes, brochets, dars, umbrines,

---

[1] C'est l'Estoile qui nous a conservé cette épître joviale de l'auteur du *Pantagruel*, en la faisant précéder du *Memorandum* suivant : « Le jeudi 22 (janvier 1609) M. Du « Puy m'a donné la suivante lettre « de Rabelais, plaisante, mais ve- « ritable, extraite de l'original. » Nous avons donc été réduit à collationner le texte sur le *Registre-Journal* de l'Estoile. M. Fr. 10,300.

[2] Une note manuscrite de M. Vergnaud-Romagnési, adressée à M. Eloi Johanneau, porte ce qui suit : « Je crois que, pour la lettre de Rabelais, il faudrait lire : à M. le bailli d'Husset (nous avons des familles de ce nom à Orléans), seigneur de la Cour-Compain. La Cour est encore une terre située près de Brionne, et elle a appartenu à la famille Compain d'Orléans, qui était fort riche alors. »

[3] Magister amantissime,
Pater reverendissime,
Quomodo brulis? quæ nova?
Parisius non sunt ova.

La Farce de Patelin, édition Génin, p. 178.

ablettes, rippes, etc. *Item*, les bons vins, singulierement celuy *de veteri jure enucleando*[1], lequel on garde icy à vostre venue, comme un sang greal, et une seconde, voire quinte essence. *Ergo veni, Domine, et noli tardare*, j'entends *salvis salvandis, id est, hoc est*, sans vous incommoder ne vous distraire de vos affaires plus urgens.

Monsieur, aprés m'estre de tout mon coeur recommandé à vostre bonne grace, je prieray Nostre Seigneur vous conserver en parfaite santé. De Saint Ay, ce premier jour de mars.

Vostre humble architriclin et amy,
Franç. RABELAIS, *medecin*.

M. l'esleu Pailleron trouvera icy mes humbles recommandations à sa bonne grace, aussi à Madame l'esleue, et à M. le bailliuf Daniel, et à tous vos autres bons amis et à vous. Je prieray M. Le Seeleur m'envoyer le *Platon*, lequel il m'avoit presté : je luy renvoierai bien tost.

---

[1] Équivoque bien rabelaisienne, et tout à fait à l'adresse d'un magistrat bon buveur, sur le double sens du mot *jus* en latin.

[2] Voy. p. 24 de ce volume, note 5, ce que nous avons dit du village de Saint-Ay près Orléans, et des souvenirs traditionnels que le séjour de Rabelais y a laissés.

Il a évidemment existé un plus grand nombre de lettres de Rabelais que nous n'avons pu en recueillir ici. Dans notre *Notice*, nous avons cité, p. 7 et 14, des passages de lettres de Pierre Amy et de Budé, où il est question des lettres que frère François leur adressait. Du Verdier dit dans sa *Prosopographie*, p. 2452 : « J'ay veu *beaucoup* de ses Epistres latines. » Nous avons constaté, p. 528, qu'il adressait de Rome des lettres au cardinal de Châtillon, et tout à l'heure encore nous signalions la correspondance suivie qui a dû avoir lieu entre lui et le cardinal du Bellay.

Nous aurions pu, il est vrai, grossir ce recueil trop peu nombreux, en insérant ici quatre pièces inédites provenant des papiers du généalogiste Letellier, et qui se trouvent dans les mains de divers amateurs. Mais, il faut le dire, les objections produites contre leur authenticité nous ont paru d'une gravité telle que nous avons dû nous décider à les rejeter. Ces lettres sont datées de Rome, de Plaisance, etc., à une époque (1538) où nous avons vu (*Notice biographique*, p. 38) l'auteur de Gargantua professer l'anatomie à Montpellier. Style des plus médiocres, orthographe suspecte, noms propres et noms de lieux défigurés, faux archaïsmes, emprunts maladroits aux lettres authentiques publiées par les frères de Sainte-Marthe et au texte latin du continuateur des *Annales ecclésiastiques* de Baronius souvent traduit à contre-sens, tels sont les arguments que l'on a fait valoir contre ces lettres et qui nous ont empêchés de les reproduire.

ÉPIGRAMME.

ÉPIGRAMME GRECQUE.

Φραγκήσκου τοῦ Ῥαβελαίσου.

Βίβλον ἐν οἴκοισιν τήνδ' ἠλυσίοισιν ἰδόντες
Ἄμμιγα μὴν ἄνδρες θηλυτέραι τ'ἔφασαν·
Οἵσι νόμοις ὅδ' ἑοὺς Ἀνδρέας τήνγε διδάσκει
Συζυγίην Γαλάτας, ἠδὲ γάμοιο κλέος,
Τοὺς ἐδίδαξε Πλάτων ἄν γ' ἡμέας, εἰν ἀνθρώποις
Κεδνότερος τίς κ' ἂν τοῦγε Πλάτωνος ἔῃ[1];

TRADUCTION.

A la vue de ce livre dans les demeures elyséennes, les hommes et les femmes indistinctement dirent : « Ces lois par lesquelles le fameux André (Tiraqueau) a instruit ses Gaulois des devoirs de l'union conjugale et de la gloire du mariage, si Platon nous les avait enseignées, y aurait-il parmi les hommes un (maître) plus illustre que Platon? »

---

[1] Cette épigramme grecque, imprimée avec des caractères, des abréviations et ligatures qui rappellent les manuscrits grecs du XIVe siècle, se trouve en tête de l'édition de 1524, Paris, Galiot du Pré, in-4°, du traité de Tiraqueau *De legibus connubialibus* (Bibl. Mazarine, 13801).

Elle est suivie de ce quatrain :

P. Amici ad F. Rabelæsum.

Quem, Rabelæse, probas graio latioque politite
Eloquio, rerum qui monumenta tenes,
Doctum quis neget esse? Probe mihi cognitus idem
Doctior hoc multo est, quod, Rabelæse, probas.
Ib.

TABLE DES MATIÈRES.

LIVRE QUATRIÈME.

	Pages.
Le quart livre des faits et dicts heroiques du bon Pantagruel, composé par M. François Rabelais, docteur en medecine..	1
Ancien prologue.............................	ib.
A tres illustre prince et reverendissime Monseigneur Odet, cardinal de Chastillon.........................	13
Prologue de l'auteur............................	21

Chap. Ier. Comment Pantagruel monta sur mer pour visiter l'oracle de la dive Bacbuc................. 44
    II. Comment Pantagruel, en l'isle de Medamothi, acheta plusieurs belles choses............... 49
    III. Comment Pantagruel receut lettres de son pere Gargantua, et de l'estrange maniere de savoir nouvelles bien soudain de pays estrangiers et loingtains. 53
    IV. Comment Pantagruel escrit à son pere Gargantua, et luy envoye plusieurs belles et rares choses.. 57
    V. Comment Pantagruel rencontra une nauf de voyagiers retournans du pays Lanternois.......... 61
    VI. Comment, le debat appaisé, Panurge marchande avec Dindenault un de ses moutons......... 64
    VII. Continuation du marché entre Panurge et Dindenault................................ 68
    VIII. Comment Panurge fit en mer noyer le marchant et les moutons........................... 73
    IX. Comment Pantagruel arriva en l'isle Ennasin, et des estranges alliances du pays............... 76
    X. Comment Pantagruel descendit en l'isle de Cheli, en laquelle regnoit le roy saint Panigon...... 82
    XI. Pourquoy les moines sont voluntiers en cuisine.. 86
    XII. Comment Pantagruel passa Procuration, et de l'es-

TABLE DES MATIÈRES.

		Pages.
	trange maniere de vivre entre les Chiquanous.	90
XIII.	Comment, à l'exemple de maistre François Villon, le seigneur de Basché loue ses gens.	95
XIV.	Continuation des Chiquanous daubés en la maison de Basché.	100
XV.	Comment par Chiquanous sont renouvellées les antiques coustumes de fiansailles.	104
XVI.	Comment par frere Jean est fait essay du naturel des Chiquanous.	109
XVII.	Comment Pantagruel passa les isles de Tohu et Bohu, et de l'estrange mort de Bringuenarilles, avalleur de moulins à vent.	114
XVIII.	Comment Pantagruel evada une forte tempeste en mer.	120
XIX.	Quelles contenances eurent Panurge et frere Jean durant la tempeste.	125
XX.	Comment les nauchiers abandonnent les navires au fort de la tempeste.	129
XXI.	Continuation de la tempeste, et brief discours sus testaments faits sus mer.	132
XXII.	Fin de la tempeste.	137
XXIII.	Comment, la tempeste finie, Panurge fait le bon compagnon.	142
XXIV.	Comment, par frere Jean, Panurge est declaré avoir eu peur sans cause durant l'orage.	146
XXV.	Comment, apres la tempeste, Pantagruel descendit es isles des Macreons.	150
XXVI.	Comment le bon Macrobe raconte à Pantagruel le manoir et discession des Heroes.	154
XXVII.	Comment Pantagruel raisonne sus la discession des ames heroiques, et des prodiges horrifiques qui precederent le trespas du feu seigneur de Langey.	157
XXVIII.	Comment Pantagruel raconte une pitoyable histoire touchant le trespas des heroes.	162
XXIX.	Comment Pantagruel passa l'isle de Tapinois, en laquelle regnoit Quaresmeprenant.	165
XXX.	Comment par Xenomanes est anatomisé et descript Quaresmeprenant.	169
XXXI.	Anatomie de Quaresmeprenant quant aux parties externes.	173
XXXII.	Continuation des contenances de Quaresmeprenant.	176
XXXIII.	Comment par Pantagruel fut un monstrueux Physe-	

TABLE DES MATIÈRES.   633

		Pages.
	tere apperceu pres l'isle Farouche............	182
XXXIV.	Comment par Pantagruel fut defait le monstrueux Physetere..................................	185
XXXV.	Comment Pantagruel descend en l'isle Farouche, manoir antique des Andouilles................	189
XXXVI.	Comment, par les Andouilles farouches, est dressée embuscade contre Pantagruel...............	192
XXXVII.	Comment Pantagruel manda querir les capitaines Riflandouille et Tailleboudin; avec un notable discours sur les noms propres des lieux et des personnes..................................	196
XXXVIII.	Comment Andouilles ne sont à mespriser entre les humains...................................	202
XXXIX.	Comment frere Jean se rallie avec les cuisiniers pour combattre les Andouilles...................	205
XL.	Comment par frere Jean est dressée la Truye, et les preux cuisiniers dedans enclous.............	208
XLI.	Comment Pantagruel rompit les Andouilles aux genoulx....................................	212
XLII.	Comment Pantagruel parlemente avec Niphleseth, royne des Andouilles.......................	215
XLIII.	Comment Pantagruel descendit en l'isle de Ruach..	217
XLIV.	Comment petites pluyes abattent les grands vents..	220
XLV.	Comment Pantagruel descendit en l'isle des Papefigues.....................................	224
XLVI.	Comment le petit diable fut trompé par un laboureur de Papefiguiere........................	228
XLVII.	Comment le diable fut trompé par une vieille de Papefiguiere................................	232
XLVIII.	Comment Pantagruel descendit en l'isle des Papimanes.....................................	235
XLIX.	Comment Homenas, evesque des Papimanes, nous monstra les Uranopetes Decretales...........	239
L.	Comment par Homenas nous fut monstré l'archetype d'un pape.............................	243
LI.	Menus devis durant le disner, à la louange des Decretales.....................................	246
LII.	Continuation des miracles advenuz par les Decretales.....................................	250
LIII.	Comment par la vertu des Decretales est l'or subtilement tiré de France en Rome.............	257
LIV.	Comment Homenas donna à Pantagruel des poires	

de bon christian....................................	261
LV. Comment en haute mer Pantagruel ouit diverses paroles degelées................................	264
LVI. Comment, entre les paroles gelées, Pantagruel trouva des motz de gueule...................	267
LVII. Comment Pantagruel descendit on manoir de messere Gaster, premier maistre es ars du monde..	270
LVIII. Comment, en la court du maistre ingenieux, Pantagruel detesta les Engastrimythes et les Gastrolatres..	274
LIX. De la ridicule statue appelée Manduce : et comment et quelles choses sacrifient les Gastrolatres à leur dieu ventripotent...........................	277
LX. Comment, es jours maigres entrelardés, à leur dieu sacrifioient les Gastrolatres.................	282
LXI. Comment Gaster inventa les moyens d'avoir et conserver grain....................................	286
LXII. Comment Gaster inventoit art et moyen de non estre blessé ne touché par coups de canon......	289
LXIII. Comment, pres de l'isle de Chaneph, Pantagruel sommeilloit, et les problemes proposés à son reveil..	293
XLIV. Comment, par Pantagruel, ne fut respondu aux problemes proposés..........................	297
LXV. Comment Pantagruel haulse le temps avec ses domesticques.....................................	302
LXVI. Comment, pres l'isle de Ganabin, on commandement de Pantagruel furent les Muses saluées....	305
LXVII. Comment Panurge, par male peur, se conchia, et du grand chat Rodilardus, pensoit que fust un diableteau..	308

LIVRE CINQUIÈME.

Le cinquieme et dernier livre des faits et dicts heroiques du bon Pantagruel...............................	315
Epigramme..	ib.
Prologue de M. Fr. Rabelais..........................	316
CHAP. 1er. Comment Pantagruel arriva en l'isle Sonnante, et du bruit qu'entendismes...........................	325

TABLE DES MATIÈRES.

Pages.

II. Comment l'isle Sonnante avoit esté habitée par les Siticines, lesquels estoient devenus oiseaux.... 329
III. Comment en l'isle Sonnante n'est qu'un Papegaut. 333
IV. Comment les oiseaux de l'isle Sonnante estoient tous passagers.......................... 336
V. Comment les oiseaux Gourmandeurs sont muets en l'isle Sonnante...................... 340
VI. Comment les oiseaux de l'isle Sonnante sont alimentés................................. 343
VII. Comment Panurge raconte à maistre Aeditue l'apologue du roussin et de l'asne............... 346
VIII. Comment nous fut monstré Papegaut à grande difficulté................................. 352
IX. Comment descendismes en l'isle des Ferremens... 356
X. Comment Pantagruel arriva en l'isle de Cassade. 359
XI. Comment nous passasmes le guichet habité par Grippeminaud, archiduc des chats fourrés........ 362
XII. Comment par Grippeminaud nous fut proposé une enigme.................................. 368
XIII. Comment Panurge expose l'enigme de Grippeminaud..................................... 371
XIV. Comment les Chats fourrés vivent de corruption. 374
XV. Comment frere Jean des Entommeures delibere mettre à sac les Chats fourrés............. 377
XVI. Comment Pantagruel arriva en l'isle des Apedeftes à longs doigts et mains crochues, et des terribles adventures et monstres qu'il y vit.......... 382
XVII. Comment nous passasmes Outre, et comment Panurge faillit d'estre tué..................... 390
XVIII. Comment nostre nauf fut enquarrée, et fusmes aidés d'aucuns voyagers, qui tenoient de la Quinte................................... 393
XIX. Comment nous arrivasmes au royaume de la Quinte Essence, nommée Entelechie............... 398
XX. Comment la Quinte Essence guerissoit les malades par chansons............................. 402
XXI. Comment la royne passoit temps après disner... 407
XXII. Comment les officiers de la Quinte diversement s'exerçoient, et comment la dame nous retint en estat d'abstracteurs.................... 411
XXIII. Comment fut la royne à soupper servie, et comment elle mangeoit....................... 415

TABLE DES MATIÈRES.

Pages.

XXIV. Comment fut en la presence de la Quinte fait un bal joyeux, en forme de Tournoy............ 418
XXV. Comment les trente deux personnages du bal combattent.................................. 422
XXVI. Comment nous descendismes en l'isle d'Odes, en laquelle les chemins cheminent............ 429
XXVII. Comment passasmes l'isle des Esclots, et de l'ordre des freres Fredons.................. 433
XXVIII. Comment Panurge interrogeant un frere Fredon, n'eut response de luy qu'en monosyllabes... 440
XXIX. Comment l'institution de Caresme desplaist à Epistemon................................. 446
XXX. Comment nous visitasmes le pays de Satin...... 449
XXXI. Comment au pays de Satin nous vismes Ouy dire, tenant escole de tesmoignerie............. 454
XXXII. Comment nous fut descouvert le pays de Lanternois.. 458
XXXIII. Comment nous descendismes au port des Lychnobiens, et entrasmes en Lanternois......... 459
XXXIV. Comment nous arrivasmes à l'oracle de la bouteille. 467
XXXV. Comment nous descendismes sous terre pour entrer au temple de la bouteille, et comment Chinon est la premiere ville du monde............. 470
XXXVI. Comment nous descendismes les degrés tetradiques, et de la peur qu'eut Panurge.......... 472
XXXVII. Comment les portes du temple par soy mesme admirablement s'entr'ouvrirent............... 476
XXXVIII. Comment le pavé du temple estoit fait par emblemature admirable....................... 479
XXXIX. Comment en l'ouvrage mosaique du temple estoit representée la bataille que Bacchus gagna contre les Indiens................................. 481
XL. Comment en l'emblemature estoit figuré le Hourt, et l'assaut que donnoit le bon Bacchus contre les Indians.................................. 485
XLI. Comment le temple estoit esclairé par une lampe admirable.................................. 488
XLII. Comment par la pontife Bacbuc nous fut monstré dedans le temple une fontaine fantastique.... 491
XLIII. Comment l'eau de la fontaine rendoit goust de vin, selon l'imagination des beuvers.......... 497
XLIV. Comment Bacbuc accoustra Panurge pour avoir

TABLE DES MATIÈRES.

	Pages.
le mot de la bouteille.	501
XLV. Comment la pontife Bacbuc presenta Panurge devant la dive bouteille	503
XLVI. Comment Bacbuc interprete le mot de la bouteille.	506
XLVII. Comment Panurge et les autres rithment par fureur poetique	509
XLVIII. Comment, avoir pris congé de Bacbuc, delaissent l'oracle de la bouteille	513

PANTAGRUELINE PRONOSTICATION.

Au liseur benivole	518
CHAP. Ier. Du gouvernement et seigneur de ceste année	521
II. Des ecclipses de ceste année	522
III. Des maladies de ceste année	523
IV. Des fruictz et biens croissans de terre	525
V. De l'estat d'aucunes gens	526
VI. De l'estat d'aucuns pays	531
VII. Des quatre saisons de l'année, et premierement du Printemps	533
VIII. De l'Esté	535
IX. De l'Automne	536
X. De l'Hyver	537

La chresme philosophale des questions encyclopediques de Pantagruel	538
Epistre du Limosin de Pantagruel	541
Epistre à Jehan Bouchet	546
Epistre responsive	550
La Sciomachie	555
Ode sapphica	574
De Garo salsamento Epigramma	577
1re Epistre à l'Evesque de Maillezais	578
2me Epistre au même	586
3me Epistre au même	592
Epigramme grecque	602
Almanach pour 1533	603
Almanach pour 1535	605

TABLE DES MATIERES.

	Pages
Almanach pour 1541	608
Epistola nuncupatoria Epist. medicin. Manardi	609
Epistola nuncupatoria Aphorismorum Hippocratis	612
Franciscus Rabelæsus D. Almarico Buchardo	615
Bernardo Salignaco S. P. a Jesu Chrito servatore	617
Epistola nuncupatoria Topographiæ antiquæ Romæ	620
Rabalesii allusio	624
Lettre au cardinal du Bellay	625
Lettre à M. Antoine Hullet	627

FIN DE LA TABLE DU SECOND ET DERNIER VOLUME.

www.ingramcontent.com/pod-product-compliance
Lightning Source LLC
Chambersburg PA
CBHW071154230426
43668CB00009B/949